ユング・コレクション 6

結合の神秘

錬金術に見られる心の諸対立の分離と結合

II

C・G・ユング著

池田紘一訳

人文書院

結合の神秘 II 目次

第四章 王と女王 9
一 序 9
二 黄金と霊 12
三 王の変容 16
四 王の救済――『リプラエウスの古歌』 26
五 王の暗い側面 100
六 アントロポスとしての王 114
七 王象徴の意識との関係 129
八 王の更新の宗教的問題性 141
九 女王 154

第五章 アダムとエヴァ 162
一 アルカヌムとしてのアダム 162
二 彫像 172
三 最初の達人〔錬金術師〕としてのアダム 180
四 アダムの対立的性質 190
五 「古きアダム」 196

六　全体性としてのアダム　200

七　変容　206

八　まるきもの——頭と脳　220

第六章　結合　243

一　対立の結合に関する錬金術の見方　243

二　結合の諸段階　256

三　クウィンタ・エッセンティアの製造　266

四　錬金術の作業手順の意味　271

五　錬金術の作業手順の心理学的解釈　278

六　自己認識　290

七　モノコルス　302

八　結合の最初の二段階の内容と意味　321

九　結合の第三段階——「一なる宇宙」　341

一〇　「自己」と認識論的制限　354

原注　367

著者あとがき　491

訳者あとがき　495

人名・論説名索引　521

事項索引　568

図版

図A　ゼバスティアン・ブラント『著名な福音書家によせる六行詩』（一五〇三年）から
図B　ゼバスティアン・ブラント『著名な福音書家によせる六行詩』（一五〇三年）から
図C　原人間
図D　二人のモノコルス（一本足）
図E　「隠されたものの啓示」
図F　世俗的な力と宗教的な力
図G　一対の王と女王
図H　ニグレド（「化学の劇場」、一六一三年、第Ⅳ巻、五七〇頁）
図I　現代人の描いた目のモチーフ
図J　現代人の描いた目のモチーフ

〔図1～6および二二七頁のセフィロト樹の図式は訳者によって補われた〕

凡例

一、本書は Carl Gustav Jung : Mysterium Coniunctionis—Untersuchungen über die Trennung und Zusammensetzung der seelischen Gegensätze in der Alchemie の翻訳である。原著は二分冊の形で一九五五年と五六年に出版された。翻訳出版にあたっても原著の体裁通りⅠ、Ⅱの二分冊とした。底本には一九六八年の全集版第十四巻（二分冊 Gesammelte Werke, Bd. 14）を用いた。

一、原著では第二分冊の末尾に置かれている「文献」は、本訳書ではⅠの末尾に掲げた。人名・論説名・事項索引は若干の注釈をほどこしてⅡに収録する。

一、原著においてドイツ語以外の言葉が使用されたり、引用されたりしている場合には、本書の性質を顧慮して、ラテン語、ギリシア語の主として錬金術に関連する語句、引用（および若干のアラビア語、ヘブライ語、サンスクリット語等の語句）はこれを併記した。ただし英語、フランス語、イタリア語等はそのかぎりではない。

一、人名、地名、神話に出てくる神ないしは登場人物名、錬金術用語等を外国語音片仮名表記で表わす場合、ギリシア語、ラテン語等の長音は原則として単音表記とした。

一、聖書からの引用は「新共同訳聖書」を参照した。ただし必要に応じて訳し変えたところも多い（なお章節の番号には「雅歌」をはじめ新共同訳とは若干ずれているものもある）。

一、原著においてイタリック体が用いられている場合は原則として傍点を付した。錬金術文献の引用中のイタリック（傍点）による強調はユングによるものである。

原著の（　）は、そのまま踏襲した。ただし（　）は原語を併記する場合にも用いた。

本文中の〔　〕内は訳注か、または単一の単語では不十分な場合の補充訳語である。ただし引用文中の〔　〕はユングによる注釈である場合が多い。いずれの場合も訳者による挿入には本文より一ポイント小さな活字が用いられている。

原著の引用符は「　」で表わされている。ただし錬金術用語は原著において引用符が用いられていない場合も、必要に応じて「　」を付した。引用符中の引用は〈　〉を用いた。

書名、錬金術論説名、およびユングの著書・論文名は『　』で括った。ただし、第I巻末「文献」の「錬金術テクスト集成」の叢書名は「　」で括った。

ただし以上はすべて原則であって、分かりやすさを考えてこれに従わなかった部分も若干ある。

一、錬金術用語のうち若干のものについては片仮名原音表記を用いた。頻出する主なものを左に挙げ原語と訳語を付す。訳語は便宜的な直訳である。その意味するところは本書全体を通じて知るしかない（この点ではユング『心理学と錬金術』〔人文書院〕の第II巻も極めて示唆に富む）。他の片仮名原音表記の用語にはそのつど訳語が補われている。

オプス（opus＝錬金術作業・錬金術の業）、**アルカヌム**（arcanum＝究極の秘密・神秘・奇蹟の物質・秘薬）、**プリマ・マテリア**（prima materia/materia prima＝第一質料・原物質）、**ラピス**（lapis＝〔賢者の〕石）、**メルクリウス**（mercurius＝変幻自在の変容物質、〔化学的には〕水銀）、**ティンクトゥラ**（tinctura＝チンキ・染色剤）、**クウィンタ・エッセンティア**（quinta essentia＝第五元素・精髄）、**ソル**（sol＝太陽）、**ルナ**（luna＝月）、**ニグレド**（nigredo＝黒〔化〕）、**アルベド**（albedo＝白〔化〕）、**ルベド**（rubedo＝赤〔化〕）、**プトレファクティオ**（putrefactio＝腐敗）

一、他の重要な三幅対の用語 spiritus, anima, corpus には原則としてそれぞれ「霊」、「魂」、「肉体」という訳語を当てた。corpus は純物理・化学的には「物体」を意味する。しかし錬金術師にとっては物質も人間と同様「霊」、「魂」、「肉体」をそなえており、それに重きを置いて「肉体」と訳した。spiritus（霊）は同時に「精神」でもある。

一、錬金術のことばで「哲学者」とあるのは、すべて「錬金術哲学者」ないしは「錬金術師」の意味である。また、「われらが水」、「哲学の黄金」、「哲学者の火」などの「われらが……」「哲学の……」、「哲学者の……」はすべて、「錬金術の……」ないしは「錬金術でいうところの真の……」という意味である。

一、本書は錬金術の若干の基礎知識なしには理解できない。ユングは『心理学と錬金術』IIのなかで「錬金術の基本概念」なる一章をもうけ、読者の手引きとしている。その箇所を一部抜粋して第I巻の巻頭に「付録」として掲げる。

結合の神秘　II

――錬金術に見られる心の諸対立の分離と結合

第四章　王と女王

一　序

これまでの論述においてわれわれは、王と女王〔王妃〕、とりわけ王という形象にすでに何度となく出会った〔「女王」のラテン語 regina は「女王」と「王妃」のいずれをも意味する。regina は錬金術ではつねに「王」rex との「結合」（結婚）のペアと考えられていて、「王妃」のニュアンスを含む〕。『心理学と錬金術』のなかでもこのテーマにかかわるいろいろな材料が取り扱われていることは周知のとおりである。教会的観念世界の王たるキリストというイメージに倣って、錬金術においても「王」は中心的役割を演じており、それゆえこれを単なる比喩として簡単に片づけるわけにはいかない。この象徴をやや立ち入って問題にする深い理由は、すでに『転移の心理学』（一九四六年）で示唆しておいた。王は卓絶した人格を表わしている。王という人格は日常的なものを超越しているがゆえに、神話の、すなわち集合的無意識の担い手になる。このことは純外面的にはすでに王権の象徴的付属物に現われている。王冠は輝く太陽とのある関係を示している。宝石を縫い取ったガウンは星に覆われた天空に照応する。十字架つきの宝珠は地球の一象徴である。高く据えられた玉座は王を衆に抜きんでた高処に引き上げる。「陛下」Majestät という呼びかけは王を神々に近づける〔Majestät は「至高の権威・尊厳」の意〕。歴史を遡ればさかのぼるほど王の神的性格は顕著になる。王権神授という考えはごく最近まで残っていた。ローマのカエサルたちからしてすでに、自らを神に等しい者と僭称し、神たるにふさわしい個人崇拝を要求している。西南アジアの王権にいたっては、その在り方の全体からいって、政治的前提よりもはるかに神学的前提の上に成り立っている。そこでは王権神授の真の、究極的な根拠をなしているのは民の心である。すなわち民にとって王は、人間、動物、有用植物からなる生活共同体全体の安寧と繁栄の当然至極の魔術的源泉であり、臣民の生命と繁栄も、家畜の繁殖も、大地の豊饒も、ことごとく王という泉から湧き出る。王権のこのような意義は決してあとから考え出されたものではなく、原初の、有史以前の心性の深みに根ざす一個の心理的ア・プリオリであって、それゆえ心的構造の自然な啓示と見て差支えないものである。このような現象をわれわれが合理的な合目的的理由によって説明しても、それは客観的なものを拠りどころにしているわれわれの物の見方をある程度納得させるだけで、このような見方に比べれば想像もできない程度に純粋に心的かつ無意識的な諸前提に発している原初の心理には通用しない。

　王権の神学でわれわれが最もよく知っている、おそらくはまた最も豊かに築き上げられているのは、古代エジプトのそれである。すなわち、主としてギリシアを経てヨーロッパ諸民族の精神的発展のなかに流れ込んだあの諸観念である。それによれば、王は神性の化身であり、[1]神の息子である。[2]王の内には神の生命力と生殖力であるカーがやどっている。すなわち神は、人間の身である神の母の胎内に自らを産みつけ、神人として彼女から生まれる。[3]王は神人として国土と民の生長と繁栄を保証し、[4]この保証のためには、最期が来れば、つまり生殖力が尽きれば、殺されることもいとわない。[5]

　父と息子はその本質を同じくし、[6]王は死後ふたたび父なる神になる。[7]というのも王のカーもまた父と本質を同じくしているからである。[8]カーはいわば王の祖先の魂からできていて、これらの祖先の魂のうち原則として十四の魂が王によって敬われるが、[9]これは創造神のカーの数が十四であることから来ている。[10]人間的次元の王が神的次元の息子なる神に相当するように、王のカーは産む者としての神、すなわち「王母の牡牛」を意味するカー・ムテフ（ka-mutef）に相当する。[11] そして母なる女王は神々の母（たとえばイシス）に相当する。となると、つまりここには独特の二重の三位一体が存在していることになる。一方では純然たる神的系列として「父なる神」—「息子なる神」—「カー・ムテフ」という組合せが、他方では神人的系列として「父なる神」—「息子なる神人」（ファラオ、すなわち王）—「王のカー」という組合せが成立するわけである。前者の系列では、父が息子に、息子が父に、カー・ムテフの生殖力によって変容する。三つの形象はその本質において同じなのである。第二の、これまた本質的同一性によって一つに結びついている神人の系列は、地上世界における神の顕現を表わしている。[12] 神の母はこの三位一体には含まれていず、あるときは単に神の、あるときは単に人間の姿をとって、その外に立っている。この点で言及に値するのは、シュピーゲルベルクによって公けにされた後期エジプトの三位一体の護符である。ホルスとハトホルが向かい合って座し、両者のあいだの上方に、翼をつけた蛇（龍）が飛んでいる。これら三つの神性はみな、アンク（ankh＝生命）のしるしをおびている。護符に付された文言はこうである。「バイトは一であり、ハトホルは一であり、アコリは一であり、それらの力は一である。挨拶を受けよ、宇宙の父よ、挨拶を受けよ、三様の姿をした神よ」*Εἷς Βάϊτ, εἷς Ἀθὼρ μία τῶν βία, εἷς δὲ Ἀχῶρι, χαῖρε πάτερ κόσμου, χαῖρε τρίμορφε θεός.* バイトはホルスのことである。護符は三角形をしており、紀元後一世紀もしくは二世紀のものであると思われる。シュピーゲルベルクはこう述べている。「わたしの感じでは、この文言はギリシア的形式をとっているにもかかわらず、ヘレニズム的なエジプト精神の影響を受けており、キリスト教的なものはまったく見られない。しかしこれは、キリスト教の三位一体の教義が形成される際に一役買ったと思われる同じ精神から生まれたものである。[13]」わたしとしてはさらに、『哲学者の薔薇園』に見られる結合象徴の諸図（王—女王—聖霊の鳩）がこの護符の構図にぴったり一致していることを付言しておかねばならない（これらの図の完全なシリーズは拙著『転移の心理学』に再録されているので参照願いたい〔図1はそのうちの一つ」)。

二　黄金と霊

ある種の錬金術的観念がキリスト教の教義に著しく類似しているのは偶然ではなく、伝統的関連によってもたらされた結果である。王による象徴表現のかなりの部分は、キリスト教の教義の源泉から生じた。キリスト教の教義が部分的にエジプト・ヘレニズムの民間信仰（およびアレクサンドリアのピロンのそれのようなユダヤ・ヘレニズムの哲学）から生まれたように、錬金術もそこに淵源をもっている。錬金術は純キリスト教起源

図1

というわけではなく、部分的には異教的・グノーシス主義的なものに端を発する。その最も古い論説はこの異教的・グノーシス主義的世界に属するもので、たとえばコマリオスの論説（一世紀?）[14]、偽デモクリトスの諸著（一—二世紀）、ゾシモスの諸著（三世紀）などがそうである。ゾシモスの論説の一つは、『エジプト人にしてヘブライ人たちの神のごとき主であるソペ[15]によって著された、サバオトの諸力に関する真の書』*Βίβλος ἀληθὴς Σοφε Αἰγυπτίου καὶ θείου Ἑβραίων κυρίου τῶν δυναμέων Σαβαὼθ* という表題を有する。ベルトロはゾシモスがこの書の真の著者だと見ているが、これは大いにありうることである。ところでこの書では、太古に由来する（*ἐκ τῶν αἰώνων*）ところの認識（*ἐπιστήμη*）ないしは智慧（*σοφία*）のことが語られている。

それは何ものにも依存せず（ἀβασίλευτος）自ずから（αὐτόνομος）生まれた。それは非物質的（ἄϋλος）であり、物質的で完全に朽ち滅びる運命にある[16]いかなる肉体をも必要としない。すなわちそれは何のはたらきかけも受けることなく（ἀπαθῶς）はたらく。けれどもつぎのような人々に対しては、しるしを与え給えという願いに応じて、創造された世界のなかから化学の象徴が立ち現われる。諸元素の内に閉じこめられている神的な魂、いや、肉の内に混在している神的なプネウマ〔霊〕を救出し、浄化しようとする人々である。たとえば太陽が火の花であり、天の太陽であり、宇宙の右眼であるように、銅もまた浄められて花ひらけば、天の太陽と同じように地上の太陽であり、地上の王なのである[17]。

この文言、および（ここには引用しない）これにつづくテクストからはっきり分かることは、「化学の象徴」τὸ σύμβολον τῆς χημείας と王は、金属の王たる黄金以外の何ものでもないということである[18]。しかし同時にまた明らかなのは、この黄金は神的な魂ないしはプネウマを「肉」σάρξ の捕縛から解き放つことによってしか生じえないということである。合理的思考にとってはここは「肉」ではなく「鉱石」あるいは「地」〔土〕となっている方がしっくりするであろうことは疑いない。けれども、諸元素は神的なプシュケー〔魂〕の獄屋として言及されてはいるが、この場合それはただピュシス〔自然・物資〕全般を暗示しているだけなのである。従ってそれは、地ないし鉱石であるばかりでなく、水でも、気でも、火でもあり、そればかりか「肉」でもあるのだ——「肉」は三世紀にはすでに、ごくふつうに、霊に対立するところの道徳的意味での「世界」（この世）をあらわす一表現として用いられており、単に人間の肉体を意味するというようなものではなかった。以上の事実からして、つぎのことには誤解の余地がない。すなわちクリュソポエイア（chrysopoeia＝黄金造りの術）は、物質的プロセスと並行して進行するところの、物質的プロセスにいわば依存しない作業と見なさなければならないということである。そこにおいて生ずる道徳的・精神的変容は物質的処理のプロセスに依存していないばかりか、そのプロセスを惹き起こす動力因でさえあるように見える。そう考えれば、純化学的処理プロセスの説明としてはほとんど似つかわしくない、霊的に高められたことばづかいも納得がいく。それ以前は諸元素のなかに囚われていた魂と肉の衣で覆われていた神的な霊とが、物質的不完全さを克服し、いわば最も高貴な物質、すなわち王の黄金を身にまとうのである。それゆえ「哲学者」の黄金は、ともにいわば「生命の霊」を意味するプシュケーとプネウマとの一種の化身である。事実それは「卑俗ならざる黄金」aurum non vulgi、いわば生ける黄金であって、生ける黄金としてあらゆる点でラピスに照応している。なぜならラピスもまた肉体（corpus）と魂（anima）と霊（spiritus）とをそなえた一個の生ける存在であって、それゆえ容易に人格化されて神的な生きもの、あるいは「卓絶した」人間、たとえばほかでもない、昔から神の化身と見なされてきた王の姿をとるからである。[19] その意味でまさしくゾシモスは、神的アントロポス（原人間）の形姿をかりて一個の原像を持ち出したのであった。神的アントロポスはゾシモスの時代には、哲学的にも宗教的にもすでに決定的な意義をおびるに至っており、これはキリスト教の影響圏でもミトラ教の影響圏でもそうであった。その証拠は聖書のみならず、ミトラ教の遺物にも、グノーシス主義者たちの断片にも見られる。ゾシモスにいたっては、このテーマに関するかなり詳細な論述を遺している。[20] ゾシモスの思想は、錬金術のその後の哲学的・グノーシス的方向の全体に直接間接に決定的影響を及ぼした。これに関してはすでに拙著『心理学と錬金術』のなかで詳しくふれたので、ここではこれ以上述べる必要はあるまい。しかしこの事実を指摘しておくことは、上に引いた箇所がわたしの知るかぎりでは王に関する最も早い言及であるという意味で適切であると思う。エジプト人ゾシモスの生きていた当時、王の神秘は依然としてローマのカエサルたちのもとで新たな隆盛を見せていたから、彼がこの神秘に通暁していたことはまちがいなく、それゆえまた、神的なプネウマ〔霊〕と王とのあの同一視を、自然的・物質的であると同時に霊的・精神的であった錬金術的実践のなかにも移し置いてみることは、彼にすれば容易なことであった。偽デモクリトスの（いにしえのものとされる）著書が「神的ピュシス〔自然〕」θεία φύσις に関する見方を示すことによって道をひらいてくれていたことを考えればなおさらである。[21]
ところで錬金術においては、王（rex）を霊的とする定義のほうが、王を黄金とする解釈に比べて著しく優勢であった。一例を挙げると、一六一二年刊行のルランドゥスの『錬金術事典』では王はこう説明されている。

王、すなわち魂にして霊的な水、
それは地を湿らせることによって
それが引き出された源である泉の女に
ふたたび返される。
それは水のなかの霊であり、
水気を含んだ霊である。

つまりここでは王はまだ神的な魂、湿ったオシリス、[22]生命を賦与し、受胎させ実りをもたらす霊であって、第一義的には決して物質的な黄金ではない。王の神秘がもっと明瞭に表明されているのはハインリヒ・クーンラートの例である。クーンラートはいう、「最後に、灰色の状態が終わり白化と黄化とが終わったあとで、汝は見るであろう、賢者の石、われらが王、支配者のなかの支配者（dominus dominantium）が、ガラスの墓[23]の王の部屋のなかから、その玉座から、肉体を栄光化されて、すなわち再生させられて（regeneratum）、完全以上のものとなって、すなわち光り輝くざくろ石となって……宇宙の舞台へと現われ出るのを。[24]」クーンラートは、自らのラピスの生成の歴史について語る際にも、つぎのようなぐあいに神秘的な王誕生を物語る。ルアク・エロヒム（神の霊）は処女たる混沌塊（massa confusa）の最下層へと、その真ん中（meditullium）へと突き進み、自らの生殖力の火花と光線とを撒き散らした。「かくして形が形づくられ（forma informavit）、最も純粋な魂は、それまでは空虚にして実体なきもの（Tohu va Bohu）であったところのものに生命を吹き込み、これを孕ませた（impraegnabat）。」これはまさしく一箇の「象徴的な神秘」mysterium typicum、「大宇宙《マクロコスモス》および小宇宙《ミクロコスモス》の守護者にして救済者」の受胎であった。「すなわち、ことばが肉となり……王が肉において自らを開示し、王の霊が肉において現われたのである。片や大宇宙の息子……片や神の息子、すなわち神にして人……一は大宇宙の子宮において、他は小宇宙の子宮において」、そして両者いずれの場合も子宮は無垢であった。「賢者の石、すなわち大宇宙の守護者は、自然の書物ないしは鏡においては、十字架にかけられたイエス・キリストの象徴、全人類、すなわち小宇宙の救済者の象徴である」Jesuh Christi crucifixi, Salvatoris totius generis humani, id est Mundi minoris, in Naturae libro, seu Speculo, typus est, Lapis Philosophorum, Servator Mundi maioris.(25) 神的なプネウマ（すなわちエジプトのカー・ムテフ）によって生み出された「大宇宙の息子」Μακροκόσμου Filius は、「生みの親と本質を同じくし、相似ている」consubstantialis similisque parenti. その霊も、その魂も、一個の「カトリコン」Katholikon、普遍的なるものである。その魂は、宇宙の魂の「火花」scintilla である。「われらがラピスは三重にして一なるもの、すなわち三一なるもの、すなわち地上的であり、天上的であり、神的である」Lapis noster trinus existit et Unus, h. e. Triunus, videlicet Terrestris, Caelestis atque Divinus（この三つのものの配列は、これに対応するエジプトの、王―カー―神という配列を想い起こさせる）。三一なるラピスは「三つの互いに異なる実体、すなわち塩―メルクリウス〔水銀〕―硫黄から成っている。(26)」

三　王の変容

すでにエジプトの王の神秘が示していることであるが、王はあらゆる元型がそうであるように、単に静的な像であるばかりでなく、同時に一つの過程ないしは動的経過を意味する。王の神秘を体現する人間が、神性の受肉の神秘的過程のなかに引き入れられるのである。これはファラオの誕生、戴冠、ヘブ・セドの祭礼に際して、また統治の期間中に、[27]そして死に際して生ずる。エジプトの寺院の、いわゆる「誕生の間」birth chambers の文言と絵は、ファラオの神的な生殖と誕生を、王の母と父なる神との神秘の結婚というかたちで描写している。ヘブ・セドの祭礼の目的は、王のカーを畑の耕作と関係づけること、そしておそらくはまた、王のカーを維持し、強化することである。[28]王と父なる神との同一性は死に際して最終的に確証され、永遠の保証を与えられる。

錬金術もまたこれと同じように、原則的には、王が不完全な状態から無疵の、完全な、全き、不朽の存在へと変容するありさまを描写する。すなわち王の生殖と誕生を王の両親の聖婚《ヒエロスガモス》のかたちで表現するか、それとも、王の不完全な原初の状態とその後の完全な姿での再生とを表現するかする。そこで以下、この変容の様相を、いくつかの例を手がかりに紹介することにしよう。

かなり古い中世の論説のなかにいわゆる『メルリヌスの寓喩』と称される寓話がある。[29]メルリヌス（Merlinus）という名前に関していえば、この名が魔術師マーリン（Merlin）[30]を指すのか、それともメルクリヌス（Merculinus）[31]という名の転訛したものか、わたしとしては断定することができない。さて、この寓話の語るところによれば、ある王さまが戦《いくさ》の支度をしていた。王は、馬に乗ろうとしたとき、水が飲みたいといった。ひとりの従者が、どんな水をお飲みになりたいのですかと尋ねると、王は「余が一番心にかけている、そして余を何よりも愛してくれている水が所望じゃ」と答えた。従者がそれを持参すると、王は「その四肢のすべてが満たされ、その血管のすべてが膨れあがり、からだ全体が変色して色褪せる（discoloratus）」まで飲んだ。兵士たちは王に、馬に乗るよう促したが、王は乗る力がないといった。「苦しくて頭が痛い。まるでからだ全体がばらばらになるような気がする。」王は、汗をかいて水を体外に出すことのできる暖められた部屋に自分を連れていくよう要求した。それからしばらくして兵士たちがその部屋の扉を開いて中を見ると、王は死んだように横たわっていた。エジプトの医師たちとアレクサンドリアの医師たちが呼ばれたが、両者のあいだにどちらが王を治療するかで争いが生じた。結局、アレクサンドリアの医師たちがエジプトの医師たちに譲歩した。そこでエジプトの医師たちは王のからだを引き裂いて（dilaniaverunt）ごく細かな小片にし、すりつぶし、これを彼らの「湿らせる」薬と混ぜ合わせ、この状態で王をふたたび前と同じ暖められた部屋のなかに寝かせた。しばらくして彼らは、微かに生命をとどめているだけの半死の王をふたたび部屋から運び出した。そこに居合わせた者たちはこれを見て、嘆きの叫びを発した。「ああ何たることか、王が亡くなられた！」医師たちは王はただお眠りになっているだけだといって彼らを慰めた。それから彼らは王を甘い水で洗い、からだから例の薬の汁を洗い落とし、王を新たな物質と混ぜ合わせた。それからふたたび例の部屋のなかに移し置いた。彼らが再度王を部屋から運び出すと、王は今度はほんとうに死んでいた。けれども医師たちは、「わたしたちが王さまを殺したのは、王さまが裁きの日の復活ののちこの世でより良く、より強くなられるためなのです」といった。王の身内の者たちはしかし、彼らを嘘つきだと思い込み、その手から薬を奪い取り、王国から追放した。こうして身内の者たちは王の屍を葬ろうとしたが、この出来事を聞きつけたアレクサンドリアの医師たちは、埋葬を思いとどまるよう進言し、王をふたたび生き返らせてみせると約束した。身内の者たちは疑念をいだいたが、しかしやらせてみることにした。そこでアレクサンドリアの医師たちは王の屍体を手にとり、それを（もう一度）すりつぶし、前の薬がすっかり抜け落ちるまでよく洗滌し、それからそれを乾かした。そのあとで彼らは、一片のサル・アルモニアクム（sal armoniacum＝鉱石塩ないしは岩塩）と二片のアレクサンドリア硝石（nitrum Alexandrinum）を手にとり、これらを粉末状の屍体と混ぜ合わせ、亜麻油（oelum lini）を少々加えて練り粉を作り、それをそっくりそのまま、底にたくさんの孔のある坩堝（crucibolum）状の部屋のなかに入れ、その部屋の下に純然たる坩堝を据え置いて、この状態で屍体を一時間放置した。それから火で屍体を覆い、これを溶解させると、液体が下に置かれた器のなかへと流れ落ちた。すると王は死から生へと蘇って立ち上がり、大声で呼ばわった。「わが敵はいずこにあるか。余に服従せぬなら皆殺しにしてくれよう。」他国の王侯たちはみな王を敬い恐れた。「そして王侯たちは、王の奇蹟のいくばくかでもわが眼で見たいと思ったときには、よく洗い浄めた一オンスのメルクリウス〔水銀〕を坩堝のなかに入れ、その上に黍粒ほどの分量の爪（ungulis）、あるいは髪の毛、あるいは自らの血を撒き散らし、石炭で弱火をおこして温め、それからメルクリウスをこれらの爪や髪の毛や血とともに冷し、こうしてわたしが知っているようなラピスを見出した。」

この寓話には、国土の豊饒を促進する王の力の更新のための王の殺害ないしは犠牲というプリミティヴなモチーフが見られる。そのもともとの形は、年老いて不能になった王の殺害である。ここに紹介した物語のなかでは王は実際にも、比喩的にも「水腫」を患っている。特別の「水」を飲みすぎたために全身が多血症と水腫に罹っているのである。われわれはただちに、王が心にかけている、そして王をこよなく愛している水というのは「火酒」（蒸溜酒）のことで、火酒の飲みすぎによくある肝硬変を患っているのでないかと考えてみたくなるであろう。もっともこれはつぎの事実が存在しなければの話である。すなわち、諸元素の湿った魂を諸元素のなかから抽出すること——これがアルコール蒸溜以前の極めて古い時代の化学の重大関心事の一つであったという厳然たる事実である。[32]その狙いは、物質（たとえば黄金）からプネウマ（霊）あるいはプシュケー（魂）あるいは力（virtus）を、揮発性ないし液状の（すなわち気化しうる）実体という形で抽出すること、と同時に、それによって肉体（corpus、すなわち物質）をいわば殺すことであった。こうして抽出された「永遠の水」aqua permanens[33]は、「死んだ」肉体〔物質〕にふたたび魂を吹き込み蘇生させるために用いられ、さらにまた、矛盾した話であるが、再度「魂の抽出」のために用いられた。[34]古い肉体は犠牲に供せられるか、それともあっさり殺されるかすることによって死ななければならなかった。それはちょうど年老いた王が自ら死ぬか、それとも自ら死ぬ代わりに神々に犠牲をささげなければならなかったのと同じである（たとえばファラオは自分自身の彫像に犠牲の酒をささげた）。エジプトのヘブ・セドの祭礼ではこれと似たような儀式が行なわれた。モレは、ヘブ・

セドの祭礼全体が王殺害の人間化された形であると見なしている。[35]

水はむかしから供犠において一役買っていた。しかも「蘇生」の意義を担っていた。たとえばエドフ出土のある文書にはこういう文言が見える。「汝に神の四肢を入れた容器の数々〔＝ナイル河〕をもたらそう、汝がそこから水を飲むように。汝の心〔心臓〕に新たな生気を与えよう、汝が満ち足りるように。」ナイルの水はそもそもエジプトの真の「心の慰め」consolamentum であった。バタの物語《メルヘン》ではアヌビスが死んだ兄弟バタの心臓をヒマラヤ杉の実のかたちで見出す。バタが自分の心臓をヒマラヤ杉の花の上に置いていたのが実になっていたのである。アヌビスはこの実を冷たい水を盛った容器のなかに入れる。心臓は水をたっぷり吸い込み、こうしてバタは生き返りはじめる。この物語では水は生命賦与のはたらきをしている。しかし「永遠の水」については「それは殺し、かつ生気を与える」quae occidit ac vivificat といわれる。つまりそれは二重の、相反する作用力をそなえているということである。

王は水に対して多様な関係を有する。先に引用した硫黄の寓話では、王〔領主〕はディアナとともに水に溺れ、沈む[36]〔本書I、一六二頁〕。聖婚《ヒエロスガモス》はしばしば水のなかで行なわれる。「沈溺」というモチーフは実際に水に溺れるというばかりでなく内的沈溺というかたちでも現われる。すなわち水腫がそれである。「母なる錬金術」Mater Alchimia の太股は水腫に罹っている。[37] あるいは王が水腫を患い、発汗によって水を絞り出すために「馬の腹」に閉じこもる。[38] 水は浴房というかたちでも現われる。たとえば『アラヌスの言説』では「老人」が浴房の水のなかに座している。[39] またこの関連では、わたしが先に詳しく紹介したベルナルドゥス・トレヴィサヌスの「王の浴房」も想起される〔本書I、一〇四頁以下〕。水はまた洗礼、浸礼、洗浄（ablutio）にも用いられる。洗浄のアレゴリーとして癩を病むナアマン（「列王記」上五―一〇以下）への言及がしばしば見られる。[40]

われわれが取り上げた寓話では、王のからだの解体[41]〔寸断〕が行なわれるが、それに先立って奇蹟の水それ自体が、解体し溶解させるはたらきをすでにもっている。発端をなす物質の溶解は、錬金術全般において、オプスの一プロセスとして大きな役割を演じている。この点については詳細に立ち入らず、ただ、ドルネウスがソルティオ（solutio＝溶解）に与えた独特の解釈に言及するにとどめたい。ドルネウスはその『思弁哲学』のなかでオプスの七つの階梯（gradus）について語っている。第一の階梯は、真理探求のための道であるところの「哲学者たちによる研究」で始まる。

> けれども真なるものとは、何一つ欠けるところのないもの、何一つ付け加える余地のないもの、そしてそれ以上に、それに対しては何一つ対立しえないものである。……それゆえ真理とは最高の力（virtus）であり、難攻不落の城砦であり……それを所有している人々にとっては非の打ちどころのない担保である。この城砦に、哲学者たちの真の、正真正銘紛れもないラピスと宝が隠されており、虫に食われることもなく泥棒に盗掘されることもなく、すべての他のものが消え失せても未来永劫に存続しつづける。それは多くの人々には破滅をもたらすが、他の人々には救いをもたらす。この物（res）は、卑賤な人々にはすこぶる価値の低いものであり、大抵は軽蔑され、憎悪されている（exosa）が、しかし憎むべきものであるどころかむしろ愛すべきものであり、哲学者たちにとっては宝石よりも高価なものである。……[42]

「第一の階梯の要約」[43] Recapitulatio primi gradus においてドルネウスはこう語る。「感覚的な物において、かの感覚的ならざる真理（veritas）を、すなわち、それ通してはじめて天上的な諸力（virtutes）が極めて繊細な理性的精神によって捉えられるところの真理を、囚われの鎖から解き放つこと」――これが「化学者たち」chemistae の探求の努力の目標である。[44]

認識とは、真理についていだいているあらゆる意見をレソルティオ（resolutio＝解体・分解または止揚）

することである。……真理を経験するとは、明白な証明を行なうこと（demonstratio）である。レソルティオとは疑念の除去（depositio）である。疑いを解いて確実性に達するには、経験による以外に道はないし、われわれ自身の内部より以上に良い場所はない。それゆえわれわれは、われわれが上で真理について述べたことを、われわれ自身から始めることによって実証する。われわれは上で、敬虔（pietas）は自己認識に存する（in cognitone sui ipsius）といった[45]。それゆえ哲学的認識は自己認識において始まる。けれども何人も、自分自身が誰であるか（quis）をではなく、何であるか（quid）を[46]、自分が誰に依存しているか、あるいは誰のものであるかを知らずして（というのも真理の法則に従えば何人も自らに所属している〔sui iuris est〕わけではないからである）、また自分がいかなる終局的目的のために創られているのかを知らずして、自己を認識することはできない。これらを知ることによって敬虔は始まる。敬虔は二つのものを事とする。すなわち創造主と、創造主に似せて創られた被造物とである。被造物には自分自身を通じて自己を認識することは不可能であり、それはただ、それに先立って自らの創造主を認識することによってしか可能ではない[47]。

われわれは芸術家をその作品から知るが、創造主を認識する場合もこれ以上によい手立てはない[48]。

化学におけるプトレファクティオ（putrefactio＝腐敗もしくは解体）は哲学者たちの行なう研究に比せられる。なぜなら、哲学者たちが研究を通じて認識しうる状態に置かれるように、自然の事物はプトレファクティオを通じてソルティオへと（ad solutionem）導かれるからである。ソルティオは哲学者の認識に比せられる。なぜなら、ソルティオによって肉体が解体される（solvuntur）ように、認識によって哲学者たちの疑念は解かれる（resolvuntur）からである[49]。

さらに『トリテミウスの自然学』においては、ドルネウスは第一の階梯についてこう書いている。

上なるものへの（ad superos）上昇の第一段階は、信（fides）の研究である。信の研究はすなわち人間の心を、水のなかでの溶解へと（ad solutionem in aquam）向かわしめる。(50)

最後に『化学哲学』のなかではこう説いている。

ソルティオとは認識である。あるいは、女が男から、受胎すべきすべてのものを受胎することによって生ずるところの、男と女の錬金術的結合である。これは特別のゲネラティオ（generatio＝生殖または創造）の始まりであり、このゲネラティオを通じてわれらが錬金術的結婚（coniugium spagiricum）(51)、すなわち二重の精子の胎児への結合が、感覚的に知覚されることになる。(52)

以上の引用を見れば、ドルネウスが錬金術のソルティオをまず何よりも精神的・道徳的なものとして理解していること、そして物質的現象としてのソルティオが副次的なものにすぎないことは一目瞭然である。錬金術作業の第一部は、疑念や葛藤の心的「溶解」（ソルティオ）であり、それは、神の認識なしにはありえない自己認識によって招来される。この精神的・道徳的溶解は「錬金術的結婚」、すなわち内的な、心的な一化であって、この一化のなかから類比作用と魔術的照応によって、敵対する諸元素の一なるラピスへの融和が生ずるのだと見なされねばならない。自らが「何であるか」quid を問い、これを精神的に理解することによって、もともと原罪によって惹き起こされた自我中心的な心の硬化が解きほぐされる——心が溶解して水となるのである。これによってより高い段階への上昇が始まる。自我執着は意識に特有な必然であり、同時に罪である。[53]しかし意識に対しては、客観的所与として無意識が対峙している。実際しばしば、報復する「ノアの洪水」でもあるかのように対峙している。水とそのあらゆる形態、海、湖、川、泉などは、最も頻繁に見られる無意識の類型表現の一つであり、これは水と密接に結びついているルナ（月）的・女性的なるものがそうであるのと同じである。とすれば、心の水への溶解が男性的なものの女性的なものとの結合に照応し、男性的なものの女性的なものとの結合は意識と無意識との結合に照応するということになる。そしてこれこそまさに「錬金術的結婚」の意味するところにほかならない。[54]同じように砦や城も女性的なものの象徴であり、そこに「真理」という宝が隠されている。真理はドルネウスにおいては人格化されたサピエンティア〔智慧〕としても登場する。[55]智慧はルナの属性である塩に照応する。こうして「錬金術的」結合は胎児を生むが、この胎児は術によって生み出されるホムンクルスに、したがってまたラピスに照応する。このラピスはラピスでまた、自己《ゼルプスト》の象徴と解しうる。[56]

以上、「溶解」の心理学に関してある程度の洞察を得たところでふたたびメルリヌスの寓話にもどると、いろいろなことが判然としてくる。王は強められた自我執着を表わすものであろう。それはやがてその補償を経験することになる。王はいままさに戦に、すなわち暴力的行為に赴かんとしているところである。これは彼の道徳的に欠陥のある、修正を要する状態を表わしている。彼ののどの渇きは放縦な情欲ないしは欲求を示す。彼は水に、すなわち無意識に打ち負かされ、医師の助けを必要とする状態に陥る。二組みの医師団はすでに生じている溶解を、それに加えて解体と正真正銘の粉末化を実行することによって促進する。[57]オシリスあるいはディオニュソスの解体がそのお手本であるとも考えられる。[58]ここで展開されているのは明らかに溶解の種々の形、つまり解体すること、すりつぶすこと、水によって溶解させることである。[59]つづいて、暖められた部屋に移し置かれるが、これはのちにしばしば錬金術の絵に描かれる王の「発汗浴」laconicum の原型で、インディアンの「発汗小屋」sweat lodge の例にも見られるような一種の治療法である。部屋には墓の意義もある。「エジプト」の医師たちと「アレクサンドリア」の医師たちとの相違は、前者が屍体を湿らせるのに対して後者が乾かす（そしていわば防腐のためにミイラにする、ないしは塩漬けにする）点に存するように見える。つまりエジプトの医師たちの治療法の誤りは意識を無意識から十分に分離しなかった点にあるように思われるのに反して、アレクサンドリアの医師たちはこの誤りを回避するのである[60]。いずれにしてもアレクサンドリアの医師たちは王を再生させることに、また明らかに王を強化すること（ないしは若返らせること）に成功する。

ところで、錬金術的解釈学の見地からこのような医師たちの意見の相違を立ち入って検討してみると、この寓話の暗示しているものをやや深く理解することができる。アレクサンドリアの医師たちもエジプトの医師たちと同じようにテュポン〔＝セト〕的解体療法を徹底してほどこすが、上述したように（テュポンの）海の水の使用を避け、そればかりか屍体の粉末を乾かしさえする。しかしその代わりに「大洋の水」aqua pontica から取り出された別の物質、すなわちサル・アルモニアクム（鉱石塩ないしは岩塩、これはまたアラビア塩〔sal de Arabia〕とも呼ばれる）とサル・ニトリ（sal nitri＝カリ硝石）という二種類の塩を使用する[61]。これはまず第一に、これら二つの塩の保存する性質のことをいっている。が、第二に、錬金術師の精神においては、この「塩水漬け」ないしは「塩漬け」salsura は、卑俗な塊のなかへの「智慧」sapientia（ドルネウスの場合は「真理」veritas）の「教化的」な「浸透」penetratio というあの事態を意味しており、これによって朽ち滅びゆく形態が不朽不変の形態へと変化するのである。

もちろんこのことについては、かなり荒削りなこの寓話ではまったくふれられてはいない。また王の変容にしても、プリミティヴなかたちでの力の更新しか意味していないように見える。それが証拠に、王の再生後の第一声には以前と少しも変わらぬ激しい闘争欲が露呈している。しかし、後代の錬金術テクストになると、最終的に産み出されるものは決して単に最初の状態の強化、若返り、あるいは更新といったものではなく、そこでは高貴な性質へのある種の変容が生じている。それゆえ、この寓話の起源は相当古いものだと考えてもおそらく誤りではあるまい。その根拠として挙げることができるのはアレクサンドリア人（すなわちギリシア人）とエジプト人との確執で、この争いは、エジプト人の古代風の魔術的医術がギリシア人のより科学的な医術の進出に対して退却戦を演じていたイスラム以前の時代を指し示すものと見てよかろう。エジプト人の方法の「技術的」誤り――つまり意識と無意識との混合――もこれを裏づけている。ギリシア人のより分化した意識はこの誤謬を回避している。

四　王の救済――『リプラエウスの古歌』

王はなぜ更新される必要があるのか、その理由が示されていない点は注意を要する。古いプリミティブな段階にあっては、王の魔術的な力といえどもまさしく歳には勝てず、老齢化とともに減退するという理由で、更新は自明のことだったのである。のちの寓話になると事情は異なる。そこでは王はそもそもの初めから不完全で、その不完全さが問題になっているからである。

たとえばつぎに挙げる寓話的歌謡の著者であるブリドリントンの司教座聖堂参事会員ゲオルギウス・リプラエウス〔ジョージ・リプリー　一四一五―九〇年〕はすでに、「病める王」に関して憂慮に満ちた思いをめぐらせている。「病める王」という観念がどの程度まで聖杯伝説の影響を受けているかについては、わたしには判断を下すことができない。リプラエウスはイギリス人であるから、彼がこの伝承を知っていたということは十分ありうるであろう。わたし自身は――この関係もやや怪しいものではあるが――lapis exillis（貧相な石）という共通のモチーフを除けば（ヴォルフラム・フォン・エッシェンバッハの『パルチファル』では lapsit exillis となっている）、錬金術象徴表現のなかにこれ以上に信憑性のありそうな聖杯伝説圏の痕跡は何ひとつ見出すことができなかった。もっとも神秘的な「変容の容器」のことを持ち出すなら話は別である。この点で聖杯伝説と錬金術を結びつける共通項を求めうるとすれば、それはむろんカリス〔ミサ聖祭の葡萄酒を入れる聖杯〕である。

『リプラエウスの古歌』の第五連はつぎのごとくである。[62]〔リプラエウスはこの「古歌」のなかに錬金術哲学の秘密が啓示されていると語ったのち、ローマの国々を旅したときに聞き知ったある珍しい出来事を紹介する。それは生まれながらにして不妊不毛に悩むある王にまつわる話である。以下第十二連まではその王の嘆きのことばである。〕

ここには何か自然な原因か
何か原初の欠陥のようなものがある、
余は汚れなき自然の母胎から生まれ
太陽の翼の下で育みそだてられたのだが。

Causa quaedam extitit naturalis
Vel defectus aliquis est originalis,
Quamvis sine maculis alvi naturalis
Eram sub solaribus enutritius alis.

著者が聖職者であることは、そのことばづかいに露呈している。「原初の欠陥」defectus originalis はすなわち「原罪」peccatum originale のパラフレーズであり、「太陽の翼」alae solares は「義の太陽の翼」pennae solis iustitiae である（「あなたたちには……義の太陽が昇る。その翼には癒す力がある」orietur vobis … Sol iustitiae, et *sanitas in pennis eius*「マラキ書」四―二〔三―二〇〕）。この点で『古歌』と、翼をもたない男性的なものは翼を有する女性的なものの下位にあるというセニオルの言[63]とのあいだには、何らかの関係が存するかもしれない。『古歌』は翼を有する女性的なものを一方では「マラキ書」の翼を有する日輪と、他方では育みそだてる母というイメージと結びつけて一つに圧縮しているが、これは夢がよくやる混交と同じである。つづく第六連では、地の内臓から生まれ出る自然界の植物や生きものの生長のありさまがうたわれる。そして第七連ではこうである。

けれども余の自然〔内にやどる自然〕は著しく制限されている。
余のからだからティンクトゥラが流れ出ないからだ。
それゆえ余の自然は不妊不毛で、
発芽させる力もさほどない。

Mea sed restringitur fortiter natura,
Quod de meo corpore non fluit tinctura,
Infecunda igitur mea est natura
Nec ad actum germinis multum valitura.

ここでも教会のことばが使われていることに気づく。すなわちティンクトゥラ〔チンキ・染色剤〕は「永遠の水」aqua permanens、変容を惹き起こす奇蹟の水と同じものであるが、これは教会の教義の「恩寵の水」aqua gratiae に照応する。また、「からだから流れ出る」水は「キリストの脇腹から流れ出る川」flumina de ventre Christi のアナロジーと見て差支えなかろう。これは教会の比喩表現においてばかりでなく、錬金術においても

図2

大きな役割を演じているひとつの典型的雛型である。[64] 教会の言語に関しては、フーゴー・ラーナーの論文『キリストの脇腹から流れ出る川』がすこぶる啓発的である。[65] オリゲネスは「われらが救世主たる川」salvator noster fluvius ということをいっている。[66] 脇腹を刺し貫かれた救世主と、モーセの杖に打たれて泉が湧き出る岩〔「出エジプト記」第一七章〕とのアナロジーは錬金術においても用いられており、ラピスからの「永遠の水」ないしは「魂」の抽出を表わしている。あるいはまたこれは、王がメルクリウスに刺し貫かれるという形をとって現われることもある[67]〔図2参照〕。オリゲネスにあっては「水」は、「教義の水」aqua doctrinae および「知識の水」aqua scientiae の意義を有する。それは「信仰篤き者の内に湧き出る泉」でもある。聖アンブロシウスは「智慧と知識の泉」fontes sapientiae et scientiae[68] ということをいっている。アンブロシウスによれば、四つに分岐したロゴスの川をもつ楽園《パラダイス》は魂の根柢である。[69] そしてそれは「始原」principale〔原理〕、「腹腔」*κοιλία*/venter、ヌース（*νοῦς*）でもあるがゆえに、彼はそれを「最も内なる魂」と呼んでいる。[70] 以上はラーナーの研究が提供している豊富な例のごく一部であるが、これらの例だけでも、アルカヌムの粋である「永遠の水」の意義を正しい光のもとに眺めるには十分であろう。錬金術師たちにあっても「永遠の水」は同じように「智慧」sapientia あるいは「知識」scientia、「真理」veritas あるいは「霊」spiritus なのである。そしてそれらの源泉は内面的な人間のうち深く隠れている。それでいて同時に、あまねく拡がる水、ないしは海が、その象徴なのである。錬金術師たちの念頭に浮かんでいたのは明らかに、いたるところに現われ、あらゆるものに滲透する存在、（錬金術師の述語をかりれば）「宇宙の魂」anima mundi であり、同時に、人間の内なる「最高の宝」maximus thesaurus、人間における最も内的な、最も秘密に満ちたヌミノースなものだったのである〔ヌミノースは宗教的信仰の対象であるヌーメン（神霊・精霊）がそなえる畏怖させるとともに魅惑する非合理的な性質を表わすことば〕。この存在の事実を心理学の概念でいい表わそうとすれば、自己（錬金術師およびグノーシス主義者のいうモナス〔モナド〕）をその核、中心、秩序づける原理（「始原」principale）としてもつところの集合的無意識以上にぴったりするものはあるまい。

第九連はこうである。

　母は球の形をした家で余を産んだ、
　余がまるきものに心を配るように……

Meque mater genuit sphaererica figura
Domi, quod *rotunditas* esset mihi curae …

球状の家は、そのまるい形によって宇宙を表わす「まるい容器」vas rotundum であると同時に、物理的な宇宙を外からすっぽりと覆って自らの内に包含している「宇宙の魂」でもある。「ヘルメスの容器」vas Hermeticum のなかに入っている秘密の中身は原初のカオスを表わしており、このカオスから宇宙創造が生ずる。「大宇宙の息子」として、また「最初の人間」primus homo として、「王」もまたまるくあるべく、すなわち完全であるべく定められているが、「原初の欠陥」がこの定めの実現を妨げているのである。

第十連にいわく。

しかし余に分かっているのはただ一つ、
焦眉の急である薬の助けをただちに仰がなければ
余は子種を植えつけることができぬ。人生の日はすでに傾き、
余、この「日の老いたる者」の命数も尽きようとしているからだ。

Modo tamen anxia illud scio verum
Nisi fruar protinus ope specierum
Generare nequeo quia tempus serum
Est et ego stupeo antiquus dierum.

この詩句は王が老いのために弱り、更新を必要とする状態にあることをはっきり物語っている。王はここでは「原初の欠陥」にさらに加えて、あるいはその欠陥の結果として、老衰に悩まされている。それにしても聖堂参事会会員たる人間が王と「日の老いたる者」とを同一視するとは、あまりにも思いきった所業である。「日の老いたる者」は「ダニエル書」に由来する——「なお見ていると、玉座が据えられ、日の老いたる者がそこに座した。その衣は雪のように白く、その頭髪は羊の毛のように清らかであった。その玉座は燃える炎、その車輪は燃

える火、その前からは火の川が激しく流れ出ていた」Aspiciebam donec throni positi sunt, et *antiquus dierum* sedit : Vestimentum eius candidum quasi nix, et capilli capitis eius quasi lana munda ; thronus eius flammae ignis ; rotae eius ignis accensus./Fluvius igneus rapidusque egrediebatur a facie eius（七―九～一〇）。ここではもはや疑いもなく、聖職者の身分はそっちのけで錬金術師リプラエウスが思いをめぐらせており、その結果、すでに中世においては瀆神の誹りを免れないような言辞を弄する至っているのである。瀆神とは、錬金術変容物質の神性との同一視である。「日の老いたる者」とはまさしく神にほかならないのだから。近代人の悟性的思考にとっては、このようなアレゴリーないしは象徴の使用は不条理かつ不可解の極みである。それは中世にとっても理解しがたいことであった[71]。にもかかわらずそれが是認されているケースを見れば――これは哲学的錬金術には多かれ少なかれ当てはまるが――、錬金術論説のある種のものがなぜときとして讃美歌風の、少なくとも荘重に高められた言語で書かれているのかということも、このようなアレゴリー的・象徴的同一視から説明がつく。つまり、これは新たな宗教的発言にほかならない。それはこう主張しているのである。神はキリストの汚れなき無疵の肉体にやどり聖餅のうちに絶えず現在するばかりでなく、――そのあとにくるつぎの主張が原理的に新しく重要なのであるが――「安っぽい」、「蔑まるべき」、どこにでも転がっている物質のうちにも、いや、「この世の不浄のうち、糞便のうち」in immunditia huius mundi, in stercore にも隠れており、それは錬金術師の術によってしか発見されえない、いやそれどころか錬金術師の術に作業対象としてゆだねられており、この術によって段階的に変容せしめられる――ただし「神の助力によって」Deo adjuvante――。これはまことに奇妙な神学命題であるが、むろん錬金術師たちは、神性が化学変化の手の及ぶ物質にほかならないと考えてこういう論理を展開したわけでは決してない。このような誤った考えはむしろ、神に代えて物質ないしはエネルギーを神の座に据え置いた近代人にこそふさわしい後代の産物である。錬金術師たちは、彼らがいまだ異教徒であったかぎりでは、ゾシモスなどがそうであるが、グノーシス的と呼んでもいいような古典古代後期風の神秘的な神観念をいだいていた。そうでなければ彼らは歴としたキリスト教徒であった。ただしかし、そのキリスト教信仰には、ダイモニオン〔デーモン〕、あるいは神的な力（virtus）ないしは魂、ピュシス〔自然・物質〕に内在するかもしくはそのなかに囚われている「宇宙の魂」anima mundi というような、異教的・魔術的観念が見紛う余地なく付け加わっていたのである。「宇宙の魂」は神の一部分、すなわちピュシスの精髄と本来の実体とをなしている部分であると考えられた。神のこの部分が神にいかに関係しているかは——イシドロス[72]の的確な表現をかりれば——プロスピュエース・プシュケー（προσφυὴς ψυχή）が人間の神的な魂に関係する仕方と同じであった。プロスピュエース・プシュケーは「成長した魂」と訳しうる。「成長した魂」とはすなわち、鉱物界、植物界、動物界を通過して成長し、ついには人間の高処にまで達するところの、つまり自然全体に限なく浸透し作用する第二のプシュケー〔魂〕であり、自然がとる諸形態もいわば「付随物」προσαρτήματα としてこのプシュケーに付着している。イシドロスのこの風変わりな観念はわれわれ現代人の集合的無意識の諸現象に高度に一致しており、それゆえこの観念は、経験的に実証されうる心的事実としてのこれらの現象が形而上的な実体という形をとって投影されたものだといっても不当ではない。

はじめにわたしが、神の老化という観念、およびそれにともなう神の更新の必要性という観念は、非常に古い原初的なものだといったことを、読者はお忘れではあるまい。この発想は事実、古代エジプトの昔まで遡る。もっとも十五世紀の人であるブリドリントンの司教座聖堂参事会会員が、もし聖書からでないとすると、いったいどのような典拠からこのような神学を継承したのかほとんど見当もつかない。ともかく彼の著作を読んでもこの点では何の手がかりも得られない。とはいえ、錬金術の伝統それ自体の内部であれば、あるつながりの糸は存在する。腐敗堕落したアルカヌム〔秘密物質〕という観念がそれで、その腐敗堕落の原因は原初の罪だとされる。似たような考えは聖杯伝説、すなわち病める王の伝説のなかにも登場する。病める王は聖杯のなかに盛られている救済の血と、したがってまたミサにおける変容の奇蹟と極めて密接な関係にある。同時にこの王は、一種の救済者像と見なしうるパルチファルの祖先でもある。同じように錬金術でも老いたる王には救済者としての息子がひとりある。ないしは老王自身が救済者としての息子になる（ラピスは始めにおいても終わりにおいてもラピスである！）。さらに、王がよりよきものに改まる必要性という点では、中世のある考え方を考慮に入れなくてはならない。それは旧約聖書の怒れる神の新約聖書の愛の神への変容にかかわる考え方で、神は一角獣のように処女〔マリア〕の膝のなかで〔胎内で〕怒りを鎮められ変貌したというのである。この種の考えはすでにフランシスコ会の聖人ヨハネス・フィダンツァ・ボナヴェントゥラ（一二七四歿）にも現われているように思われる(73)。その際注意すべきは、教会の比喩言語は父なる神を老人の姿で思い浮かべることを好み、父なる神が息子における若返りという形で誕生するというイメージを好むという事実である。ノラのパウリヌスはある讃歌のなかで教会を神の母〔聖母〕のアナロジーとして讃美しているが、そこにはこういう詩句が見える。

けれどもこの妻は、なんぴとも触れなかったその肉体においてはいつまでも妹のままだ。
彼女が抱擁するのは霊である。彼女の愛する人は神なのだから。
この母から老人が、いまだ可愛らしい子どもの姿で生まれ……(74)

ここにいわれているのは、たとえば受洗者――「新たな子どもへと生まれ変わる者」renatus in novam infantiam――のことであるが、しかし教会と神の母のアナロジーはまさに、父なる神自身が髭をたくわえた老人として、息子なる神が新たに生まれる子どもとして崇拝されたという点に存するのである。

「老人」senex と「子ども」puer のこのような鮮やかな対置はおそらく一再ならず古代エジプトの神学の神の更新という元型と接触したことであろう。エフラエム・シュルスのつぎの詩句に見られるようにこの対立の本質同一性《ホモウシア》がはっきりと前面に現われている場合には特にそのことをうかがわせる。「崇高さに満ちた〈日の老いたる者〉が、子どもとして、子宮のなかにやどっていた」Antiquus dierum cum sua celsitate habitavit, ut infans, in utero.[75]「おお処女よ、汝の小さな子は老人である。いな、〈日の老いたる者〉であり、あらゆる時に先立って存在していたのだ」Puerulus tuus senex est, o virgo, ipse est Antiquus dierum et omnia praecessit tempora.[76]

以上、何らかの伝統との関連可能性を種々さぐってみたが、しかしこれらすべてには「老化」という極めて特異なモチーフは含まれていず、したがってリプラエウスがいかなる源泉に典拠を求めたかはっきりしないままである。もちろんいろいろな神話素が集合的無意識から自然発生的に再生してくる可能性はつね存在する。この種の一ケースがヤン・ネルケンの報告のなかにある。患者は妄想症《パラノイド》をわずらっている小学校の男の教師であったが、途方もない生殖力を有する原初の父に関するひとつの教義を編み出したのである。この原初の父はもともとは五百五十の男性生殖器（membra virilia）をそなえていたが、それが時とともに三つにまで減少した。原初の父はまた、それぞれに三つの睾丸の入った二つの陰嚢を所有していた。ところが際限のない精子生産によって彼は徐々に衰弱してゆき、ついには収縮して重さ五トンの塊になり、ある峡谷で鎖につながれているのが発見されたというのである。この神話素には、「老化」と「生殖力の減退」というモチーフが含まれている。そして患者自身が原初の父の若返り、ないしは化身なのである。[77]これは一個の元型的定式であるが、しかしそれがまとっている衣装、道具立てはこの場合極めて独創的で、そこから判断してこの元型的定式は自然発生的産物だと見なすことができる。

リプラエウスのケースはしかし、既成の伝統的観念に何らかの手を加えたと考える方が自然であり、その可能性は十分残っている。つまり、一方の父なる神、「日の老いたる者」という観念と、他方のそれよりは当然若い、ないしはそのものずばり若者である息子、グノーシス主義者ヴァレンティヌスの幻視においてもマイスター・エックハルトにおいても小さな男の子〔童児〕の姿で現われるロゴス、という観念がそれである。これらの観念は神々の子ディオニュソスに極めて近しい関係にあり、同様に「子どもとしてのホルス」、すなわちハルポクラテス、あるいは〔子どもとしての〕アイオーン等にも密接な関係を有しており、そこからもちろん老齢化した神の更新という観念もただちに生じてくる。キリスト教的観念世界を出て異教的領域に入り込むのに道は実際遠くはなく[78]、息子が現われれば父親は消える、あるいは父親は息子において若返るという自然主義的な論理的帰結は、大昔の原初の時代の諸前提からすれば至極当然のことであって、この前提は、意識的確信がこれを拒否すればするほど、それだけ強い作用力を発揮するのである。それゆえ当人がリプラエウスのように聖職者である場合には特に、まずまちがいなく以上に述べたような観念の結びつきが生ずると見てよい。もっともその観念結合がどれほどの意義をおびているかについては、周知の錬金術師流儀で、当の本人はほとんど自覚していなかったであろうが。

『古歌』の第十一連は以下のごとくである。

余は青春の花をすっかり奪われてしまい、
死が余の内深く巣くっている。けれども余は大いなる驚きをもって聴いた、
余はキリストの樹によって天上から
新たに生まれ変わることになると。それがいかなる愛によるものか余には分からぬが。

Me praedatum pentius iuventutis flore
Mors invasit funditus Christi sed arbore
Me audivi coelitus grandi cum stupore[79]
Renascendum denuo nescio quo amore.

ここでは「日の老いたる者」である王が「キリストの樹によって再生する」ということが明言されている。これは、何よりも錬金術的と称すべき観念、すなわち「哲学の樹」arbor philosophica にほかならないが、この観念が、いわばリプラエウスの手のとどく範囲、つまり十五世紀のある写本に出てくる。(80) この写本は一種の系統樹とでもいうべきものを描写している。始原に神があり、そのあとに「自然」natura、「火」ignis、「気」aër、「水」aqua、「地」terra がつづき、最後にラピスが来る。つまり、アダムからキリストに至るそれを思わせる一種の系統樹である。この観念は画による無数の表現を生むきっかけになったが、そのうちのいくつかをわたしは『心理学と錬金術』に翻刻しておいた。リプラエウス自身も彼の有名な「リプリー・スクロウル」(81) にこの樹を描いている〔本訳書I、図14参照〕。リプラエウスのそれは疑いもなく楽園《パラダイス》の樹で、その梢からはメルジーネの姿をした蛇が「王の息子」filius regalis、すなわち再生した王を抱擁するために這い降りている。この樹は諸元素の、原材料の状態からラピスに至るまでの変容を表わしている。リプラエウスは教父神学の寓意《アレゴリー》表現を知っていたと見て差支えないが、そこではキリスト自身が樹の姿で現われる(82)(単に十字架としてではなく)。またあるときはキリストは人間の心のなかで育まれるべき「実を結ぶ樹」arbor fructifera として、(83) さらにカシオドルスでは、伐り倒され、その後復活するときに「増殖」された樹として登場する。(84)「増殖」multiplicatio は錬金術でも用いられるモチーフである。彼らの「卑俗ならざる黄金」aurum non vulgi は、成長し増大する「生ける黄金」である。このモチーフはすでに『賢者の群』に見られ、アルフルトゥスの講話ではこういわれている。「おお、諸元素を処理（regimen）によって分離し変容させる自然力よ！　まことに、合成されたものを増し殖やすティンクトゥラにやどるこの自然力以上に貴重なものはない。(85)」

『賢者の群』では樹は老人と注目すべき関係にある。そこにはこうある。

かの白い樹を手に取り、そのまわりにそれを取り囲む、まるい、黒い、露に覆われた家を建て、そのなかに高齢の人間、百歳の人間をひとり入れ、それら〔樹と老人〕の上で家を閉じ、風や塵埃がなかに入り込まないようにその家を堅く縛れ。そしてそれらをそのなかに[86]百八十日間入れたままにしておけ。しかと聴け。かの老人はかの樹の果実をその数〔百八十〕が満たされて完全なものとなるまで、すなわちかの老人が若者になるまで食べつづけるであろう。おお、何と不可思議な自然力であることか。それはかの老人の魂を若い肉体に変え、かくして父が息子になったのだ。[87]

ベルナルドゥス・トレウィサヌスの王の浴房のなかに、あるいはそのかたわらに立つ樫の木のことはすでに以前の章で言及し、その女性的・母性的性質を指摘しておいた〔本書I、一〇四頁以下〕。つぎのことに言及しておくのもあながち無意味ではあるまい。ヘゲモニオスの伝えるところによれば、マニ教の伝統はイエスを楽園の樹、しかも認識の樹と名づけた。これに反して楽園の他の樹々は人間の情欲とさまざまな誘惑を表わしている。[88]この見方によれば認識の樹は「欲望」concupiscentia〔淫欲〕を矯め癒すものである。が、樹としての外見上は腐敗堕落をもたらす他の樹々と何も違ったところはない。錬金術の「哲学の樹」arbor philosophica ないしは「智慧の樹」arbor sapientiae は、このようにマニ教徒がイエスと同一視した「知識の樹」arbor scientiae の一種の写しである。

リプラエウスの「キリストの樹」を十字架と解すべきだとすれば――これはテクストからは明瞭には読み取れないが――、「王」はキリスト教のこの古典的象徴によって再生するということになる。ということはつまり、たとえば回心、洗礼によって、あるいは一般的にキリスト教信仰によって再生するということである。けれども錬金術師の頭を占めているのはあくまで化学物資であるから、いくら空想力をたくましくしても、どうしてそういうことが可能なのか理解に苦しむ。けれども樹は同時に――そしてこれはリプラエウスの場合には特に当てはまることであるが——錬金作業過程のひとつのアレゴリーでもあるから、そうなると樹はもっと比喩的に考えられなければならない。つまりそれは心の成長および変容過程の象徴であって、この心的な成長・変容過程が、キリスト教の洗礼の奇蹟、すなわち「浸礼」immersio および「洗浄」ablutio が変容をもたらし洗礼の性格を刻印するというあの奇蹟との類比で、同時にアルカヌムの、そしてまた達人〔錬金術師〕自らの変容をもたらすのである。すでにふれたように、この変容は錬金術の見方からいっても、それ自体、神の能力を必要とするような一個の奇蹟である。

以前の章でわたしはすでに樹と浴房との関係に言及した〔本書I、一〇四頁以下〕。樹は一方では誕生の場として、他方では墓（棺桶、死の樹、石棺等）として母性的な意味を有するが、同様に浴房も、子宮および羊水として同じ意味を有する。これらの観念はマニ教の「生命の母」mater vitae を想い起こさせる。「生命の母」は五つの元素から成っていて、善き父によって闇との闘いのために創造された最初の人間を包み込むのである。(89)

第十二連はこうである。

他の仕方では余は神の王国に入ることはできない。
それゆえ新たに生まれ変わるために
余は母の胎内に身を沈め
プリマ・マテリアの状態に身を置いて、溶解に身をゆだねよう。

Regnum Dei aliter nequeo intrare
Hinc ut nascar denuo humiliare
Volo matres sinibus meque adaptare

In primam materiam et me disgregare.

「神の王国」に到達するためには、王は母の胎内でプリマ・マテリアに身を変じなければならない。つまり錬金術師たちがカオスと呼んだ暗い未分の発端状態に戻らなくてはならない。この「混沌塊」massa confusa の状態では諸元素は互いに争い、反撥しあっており、関連の糸はことごとく断たれ、一切は溶解〔解体〕する。溶解（Auflösung）は救済（Erlösung）の前提条件である。それは、秘儀の奥義に通じた者が変容を経験するために甘受しなければならないあの儀礼的・比喩的な死である。たとえばアリスレウスの幻視においてはガブリクスが妹にして妻である女の胎内で原子に解体し溶解するのもそのためである。そして上で言及したように、錬金術の目標を具体的イメージで表わすためにキリスト教のアナロジーが用いられる。すなわち、達人も物質も神の王国に比せられる全き状態に到達しなければならないというのである。ここではひとまずこの事実を指摘するだけで、この一見甚だ傲慢な比較の正当性については深く立ち入らないことにする。

第十三連はこうである。

そのために王はわれとわが母の心を動かし、
母は王を受け入れるためにすばやく身をととのえ、
王を自らのガウンの下に隠し、
かくして王をふたたび自らの内より肉体化して蘇らせた。

Ad hoc mater propria regem animavit
Eiusque conceptui sese acceleravit,

Quem statim sub chlamyde sua occultavit,
Donec eum iterum ex se incarnavit.

この詩句は古代の養子縁組儀礼の形式をとった「化学の結婚」を描写している。この儀礼では周知のように、養子になる子どもが養母のスカートの下に隠され、それからふたたび引き出された。[90] この形式をかりることでリプラエウスは、ふつうは錬金術文献では当たり前である近親相姦をあからさまに表現することを避け、淫らな印象を与えないように配慮しているのである。

養子縁組は古くから儀礼的・比喩的な出産行為によるか、あるいは養子になる子どもに授乳するという形で表現された。[91] このようにしてたとえばヘラクレスはヘラの乳を与えられることによって彼女の「養子になる」のである。ネボをたたえるある讃歌では神が王アスルバニパルに向かってこう語りかける。

アスルバニパルよ、わたしが汝を神々しいニネヴェの女王のもとに残して行ったとき、汝は小さかった。
アスルバニパルよ、汝が神々しいニネヴェの女王の膝に抱かれていたとき、汝はか弱であった。
汝は口にふくまされた四つの乳房のうちの二つから乳を呑み、
他の二つに顔を埋め隠して……。[92]

ガウンの下に隠すという風習は広く流布しており、ボスニア系トルコ人のあいだではごく近年に至るまで行なわれた。「守護のガウンをまとう聖母」というモチーフも同じ意義を有する。敬虔な信仰をいだく者たちを養子にするのである。

リプラエウスの養子縁組の場面は、まずまちがいなくマルコスの「ライオン狩り」[93] からとられている。そこではある火のことが語られているが、この火は「敬虔な母が息子の腹の上を歩みゆくかのように」sicut graditur mater pia super ventrem filii sui 炭の上を這いのぼる。さらにこういうことばも見える。「彼は火の暖かさの繊細微妙な感じを息子の腹の上を行く敬虔な母の歩みにたとえた」assimilavit subtilitatem caloris ignis gressui piae matris super ventrem filii sui.[94] これらの文言は実は王マルコスとその母とのある対話の一部なのである。『古歌』とは異なりここでは、変容させられるのは王ではなくライオンである（これについては五六頁を見よ）。第十五連では、そのあと母が「新婚の恥じらいの部屋」thalamus pudoris[95] に入り、新床に身を横たえ、やがて、来るべき苦悩の兆候を示すさまが描かれる。第十六連では、王の死滅してゆく肉体の毒が母の顔を醜くゆがめる。彼女はすべての人を部屋から遠ざけ、部屋の扉に閂をかける。そうしておいて、第十七連では、

> 彼女はやがて孔雀の肉を食べ、
> 緑のライオンの血を飲んだ。
> その血は苦悩の矢〔情熱の矢〕を携えたメルクリウスが
> 黄金製のバビロンの杯に入れて手渡したものであった。

> Vescebatur interim *carnibus pavonis*
> Et bibebat *sanguinem viridis leonis*
> Sibi quem *Mercurius telo passionis*
> Ministrabat aureo *scypho Babylonis*.

ここに示されている妊娠中の栄養食は、変容物質へのいわゆる「滋養供給」cibatio に照応する。「滋養供給」

という発想のもとになっているのは、変容さるべき物質はティンクトゥラ〔染色剤〕によってであれ、「己れ自らの水」aqua propria すなわち「魂」anima によってであれ、あるいは「羽」や「翼」（「飛翔する霊」spiritus volatiles）を、もしくは「己れ自らの尾」（ウロボロス！）を、もしくは「哲学の樹」の果実を食べることによってであれ、それらによって受胎させられ滲透されなければならないという考えである。それがここでは「孔雀の肉」なのである。孔雀は錬金術では「孔雀の尾」cauda pavonis という概念の形をとって出てくる。アルベド〔白〕あるいはルベド〔赤〕が作り出される前に[96]「あらゆる色」omens colores が、まるで孔雀が多彩にして変幻自在な色の尾を輪状にひろげたときのように、現われるのである。この現象はおそらく、何らかの融解した金属（たとえば融解した鉛）の表面にしばしばスペクトル色の「薄い小板状の瘡」の数々が現われることにもとづいているのであろう[97]。「あらゆる色」は錬金術テクストにおいてしばしば強調されているが、それによって一種の総体性のようなものが暗示されているのである。あらゆる色はそのあと一つに合わさってたとえば白色に変ずるが、錬金術師の多くはこれを錬金術作業の絶頂、到達点と見ている。いずれにしてもこれで「オプス第一部」prima pars operis は完了したことになる。カオスの混乱を物語る分離した多が、白化によって白に統一され、「全から一が」ex omnibus unum 生じたからである。これは同時に、精神的・道徳的には、そもそもの初めの自分自身との不一致に起因する心の雑多性、心の諸部分の衝突による内的なカオス、オリゲネスの「獣の群」が、一なる人間（vir unus）になったということを意味する。したがって孔雀の尾を食べるというのは一種の補助的措置であって、そのいわんとするところは、多くの色（心理学的にはそれと同じ程度に多くの、種々雑多な、対立する感情価値）が白という一つの色に統合されるということである。それゆえトマス・ノートンの『錬金術作業案内』のある詩句では、こううたわれている。

考えうるかぎりのあらゆる色に代わって、

われわれが作り出したあの白がここに現出するであろう。[98]

ラピスはあらゆる色を包含している、あるいはあらゆる色を産み出す。[99] ホゲランデは「われらがヘルマプロディトス〔両性具有〕」noster Hermaphroditus について、それは「あらゆる色を自らの内に含んでいる」continens in se omnes colores と語っている。[100] またあらゆる色をたとえばイリス（Iris）と呼ぶというぐあいに、詩的な比喩が用いられることもある。イリスはあるときは虹の意味で、[101] またあるときは虹の意味と目の虹彩の意味で使われている[102]〔Iris という語は、イリス女神・虹・虹彩の三つの意味を有する〕。目とその色については、ヒポリュトスがある意味深い関連において言及している。グノーシス主義拝蛇派の教義を紹介する際に、そこにエデンの園の四つの川と人間の感官との対比が見られることを指摘しているのである。黄金の産地であるハビラ地方を潤す第一の川ピションは、目に対応する。すなわち「彼ら〔拝蛇教徒〕はいう、この川は、その尊厳と色とによって、語られたことの真実を証する目である。」アブル・カシムは多くの色の花をつけた樹について語っている。[103] ミューリウスは、「かくしてわれらがラピスは、一面に星をちりばめたソル〔太陽〕である。そこからあらゆる色が変容を通じて、春に芽吹く花のように現われる」といい、[104]『アリストテレスの論説』にはもっと詳しいつぎのような描写が見られる。「月の輪の下方に包摂されているすべてのものは……四角形をした最終局面で[105]一なるものに変容するであろう。地中で天の露によって受胎されたさまざまな種類の色・花・芳香に飾られた、一面に花咲く野原のように。[106]」

オプス〔錬金術作業〕の諸段階はそれぞれある色に対応しており、この色は色で諸惑星に結びついている。この惑星との関係のゆえにすでに古くから七つの色が区別された。[107] そこから色の占星術との関連が生まれ、同時に自然の勢いとして、色の人間心理に対する関係も生じた。惑星は個人の性格の本質を規定するある種の要素と対応関係にあるからである。すでに『立ち昇る曙光』では意味曖昧な一文において色が人間の「魂」に関係づけられている。[108] ラグネウスは四つの基本色（colores principales）と四つの気質とを並行関係に置いている。[109] ドルネウスにいたると色の心理的意義はもはやまったく疑問の余地がない。ドルネウスはこう書いている。

まことに、人間の知性にほかならない形（forma）こそ、術の処方（praeparationes）の初めにして、真ん中にして、終わりである。この形は黄金色（croceus color）によって暗示される。そして黄金色は、錬金術のオプスにおいては人間こそ偉大で主要な形であり、天よりも力のある（caelo potior）形であるという事実を物語っている。[110]

ドルネウスの見解に従えばつまり、黄金色（黄色）は人間、特にその知性を指し示す。人間ないしはその知性こそ錬金術作業プロセスにおける主たる「形成者」informator だからである。したがって、黄金色が知性を意味するとすれば、同様に他の三つの（基本）色も、ちょうど七つの色が七つの占星術的（ないしは惑星的）な性格構成要素を表わしているのと軌を一にして、心の他の（根本）機能を表わしていると見て差支えない。となると、四つの、ないしは七つの色の総合統一は、ほかならぬ人格の統合、すなわち心の四根本機能の結合統一を意味するということになる。事実、四根本機能の統一は色の四要素一組、すなわち一組の青―赤―黄―緑で表現されるのが通例である。[111]

イリス、すなわち色彩現象としての虹に照応するのは「孔雀の尾」で、これは古い時代の錬金術の印刷物や写本の画に頻繁に描かれたモチーフであった。とはいえむろんそこに描かれているのは尾だけではなく、つねに孔雀全体である。孔雀は「あらゆる色」を、つまりあらゆる質の統合を意味しているから、そこから考えて当然であるが、ハインリヒ・クーンラートの『智慧の円形劇場』のなかのある画ではレビス（Rebis＝ふたなり）の二つの頭の上に孔雀がとまっているところが描かれており、孔雀は明らかにその二つの頭の統一を表わしているものと思われる。それには一種の銘が添えられていて「ヘルメスの鳥」ならびに「祝福された緑」benedicta viriditas とあり、この二つは聖霊、ないしは、クーンラートにあって重要な役割を演じているルアク・エロヒム[112]〔神の霊〕を指している。緑は聖霊の色である。この画の「孔雀の尾」にはさらに銘文がほどこされていて、「宇宙の魂、自然、クウィンタ・エッセンティア、これがすべてのものを芽生えさせる」anima mundi, natura, essentia quinta, res cunctas germinare facit とある。[113]すなわちここでは孔雀が聖霊の一象徴として最上位に置かれているのである。なぜならヘルマプロディトスとレビスとによって表現されている男性的なものと女性的なものの対立という最上位の対立は、まさに聖霊において統合されているからである。

クーンラートは別の箇所で、「結合」coniunctio の刻限には「黒」と「鴉の頭」と「宇宙のあらゆる色」が、そしてまた「イリス、この神の使者と、孔雀の尾と」が現出するだろうといっている。それにさらに「旧約聖書と新約聖書の虹の秘密に注意せよ」[114]と付け加えている。これによってクーンラートは一方ではノアの洪水のあとの神の和解のしるし〔「創世記」九―一三以下〕のことを、他方では「ヨハネ黙示録」四―三、つまり二十四人の長老の真ん中に座を占める一者の幻視――「その方は、碧玉や赤瑪瑙のようであり、玉座のまわりにはエメラルドのような虹が輝いていた」[115]――と、頭に虹をいただいた天使の幻視〔「ヨハネ黙示録」一〇―一〕[116]のことをいおうとしているのである。イリスが「神の使者」nuncia Dei であるということはオプスの理解にとってむろん特別な意味をもっている。「あらゆる色」の統合はいわば神が到来しつつあること、あるいは神が間近に在ること、あるいはそれどころか神が現在することを物語っているからである。

クーンラートが強調している緑色はウェヌスに関係している。たとえば、フィラレタの『閉ざされた王宮への開かれた門』にはこうある。「穏やかに温めるとその化合物はおのずから融けて液状になり、増え膨らみ、神の命によって（iubente Deo）霊を賦与される。霊は上方に向けて飛び立ちラピスを生ずるであろう。それはまた新たな色、とりわけウェヌスの緑（viride venerum）を産むが、この色は長く消えずに残るであろう。[117]」この作業手順、すなわち「ウェヌスの処理」（その意味するところはともかくこれがこの手順の名である）のあと、この緑色は青黒い紫色《パープル》に変わる。このとき哲学の樹の花が開く。そのあとに「マルスの処理」、「虹と孔雀の移ろい消え去りゆく色を最高の輝かしさで示す」処理がつづく。そして「これらの日々」に「ヒヤシンス色」[118] hyacinthinus color、すなわち青色が現われる。

「ウェヌスの処理」の最後に現われる青黒い紫色は紛れもなく死の影をおびており、これは紫に関する教会の見方に非常によく合致している。紫は「主の受難の神秘」mysterium dominicae passionis を表わすとされているからである[119]。それゆえ「ウェヌスの処理」は暗示的に「受難の苦しみ」passio と死とに通じており、このことをわたしは『古歌』の「苦悩の矢」telum passionis〔＝受難の矢〕を説明するものとして特に指摘しておきたい。色が道徳的な事実や事情の表現手段でもあることは『賢者の水族館』[120]のつぎのような箇所によって裏づけられる。「けれども、死せる霊的な肉体〔物質〕の浸漬（digestio）と煮沸を行なっているあいだに、人間においても、地のオプスにおいて（in terreno opere）見られるのと同じように、多くの、種々さまざまの色としるしが、すなわちあらゆる種類の悲惨、不安、苦難（tribulationes）が現われるであろう。その最たるものは……悪魔と現世とわれわれの肉に発し、それらによって惹き起される誘惑である[121]。」

以上「ウェヌスの処理」について述べたことはつぎの点でペノトゥスの『象徴一覧』と符合している。そこでは孔雀が、緑色の蜥蜴《とかげ》（lacerta viridis）と同じように、「結合の神秘」mysterium coniugii ならびにウェヌスに振り当てられているのである。緑は聖霊、生命、生殖、そして復活の色である。これをいうのは、ペノトゥスが「結合」coniugium に「死せる神々」dii mortui を振り当てているからで、これは察するに、死せる神々が復活を必要としているからであろう。孔雀はつまり、フェニックス〔不死鳥〕とともに、復活を表わすキリスト教の古くからある象徴なのである。メロエ遺蹟の迷宮にあった青銅板には、イシスによって元どおりの姿に蘇らせられたオシリスが孔雀たちの牽く車に乗り込み、太陽神ヘリオスさながらに、復活の凱歌をあげながら颯爽と走る様子が描かれていたという。[122]

「死せる霊的な肉体」spirituale corpus mortuum はドルネウスにおいては「翼のない鳥」avis sine alis である。この鳥は「〈鴉の頭〉caput corvi に、最後には孔雀の尾に変容するが、それはそのあとで最も白い白鳥の羽に、そして最後の最後に最高の赤に至るためである。赤はすなわちこの鳥の火の本性を示するしである。[123]」最後の文には明らかにフェニックスへの暗示が含まれている。更新と復活の象徴として孔雀とともに錬金術において絶大な役割を[124]、しかも主としてラピスの象徴としての役割を演じているフェニックスである。

イリスも「孔雀の尾」もともにオプスの終局を告知している。それはすでにふれたように、虹〔イリス〕が「神の使者」であり、神の到来を暗示していることにも現われている。ひろげられた孔雀の尾の華麗な色の戯れは、「賢者の石」の「まるい」〔完全な〕存在におけるあらゆる色の、すなわちあらゆる性質やあらゆる要素の総合統一が間近に迫っていることを表わしているのである。「賢者の石」は、拙著『心理学と錬金術』ですでに述べたように、実証可能な錬金術の千七百年の歴史を通じて最初からつねにアントロポス〔原人間〕という原初の観念と多かれ少なかれ顕著な関係にあった。この関係は時代がくだるとキリストにまで押し拡げられた。キリストはいわば、そもそものはじめから、「ヨハネ福音書」に太初の、宇宙創世のロゴス〔言〕として登場するところの、そして「このロゴスは神と共にあった。万物はロゴスによって成った。成ったもので、ロゴスによらずに成ったものは何一つなかった」（「ヨハネ福音書」一―二以下）といわれているところの、あのアントロポス、あるいは「アントロポスの息子」*υἱὸς τοῦ ἀνθρώπου*〔＝人の子〕以外の何ものでもないのである。ヒポリュトスの伝えるグノーシス主義バシレイデス派の教義ではつぎのようにいわれている。「在らざる神」が一粒の「種子を播いた」。この種子は「辛子種」のように、あるいはそれ自らのうちに「溢れんばかりの多彩な色をもつ」ところの「孔雀の目」のように[125]、全植物を内に含んでいた。この種子のなかには「在らざる神と本質を同じくする」*τῷ οὐκ ὄντι θεῷ ὁμοούσιος*「三つの部分からなる息子身分」*υἱότης τριμερής* が含有されていた。錬金術では「孔雀の尾」の出現は、オプスのほどない完了、ないしは「王の息子」filius regius の誕生を意味する。ということはつまり、バシレイデス派の教義において孔雀の尾の色の戯れはいちはやくしかるべき位置を占めていたことになる。となるとここでも他の場合と同じように問いを発せざるをえない。伝統によるものか自然発生的なものかという例の問いである。

孔雀は象徴的付属物として女神ユノ（Juno）に帰属し、他方、イリスの別名の一つはユノニア（Junonia）である。女王たる母あるいは神々の母が更新をもたらすように、孔雀も毎年その羽を更新し、それゆえ自然のあらゆる変化に対してある関係を有している。このことについてデ・グベルナティスはつぎのようにいっている。

> 星をちりばめた晴朗な大空と輝く太陽はともに孔雀である。千の煌めく目をもって輝く静謐な紺碧の蒼穹、千変万化あらゆる色に輝く日輪、それはいろとりどりの斑紋をちりばめた羽をひろげ、燦然と光輝につつまれている孔雀さながらに見える。大空、あるいは千の光を放つ太陽（sahasrânçu）が雲に隠れるか、秋の霧雨に覆われると、それはそれでまた孔雀に似ている。孔雀は一年の暗鬱な季節のあいだ、鮮やかな色で華麗に身を飾る数多くの他の鳥たちと同じように、その美しい羽を脱ぎすて、黒っぽく飾りけのない姿に変わる。それまで孔雀の羽を身にまとっていた鴉が、ふたたび他の鴉たちとともに鳴き声をたて、悲しい音楽を奏でるのだ。冬になると、鴉と化した鴉－孔雀には、鴉にそっくりの気持ちの悪い金切り声のほかには何も残されていない。孔雀についてはよくこういわれる、孔雀は天使の羽と、悪魔の声と、盗人の歩みをもっていると。鴉－孔雀は天下に知らぬものとてない[126]。

ドルネウスは孔雀を「鴉の頭」に関係づけていたが、それもここから説明がつくかもしれない。

さらに言及するに値するのは中世の文献に出てくる孔雀の若干の副次的な意味である。たとえばピキネルスはこういっている。孔雀は太陽と同列に見られて「義の人」を意味する。「千の色、すなわち千の徳で飾られているが、にもかかわらず神の現在に由来するより大きな光輝」に浴している「義の人」である。同様にまた孔雀は、「くりかえし罪に汚されながらふたたび魂の内的無垢へと（ad animi integritatem）蘇る」人間を、さらには「魂の内的美しさ（venustas）と完全さ」を表わす。(127) メルラはこういっている、孔雀は毒物の入った容器をからにし、これを打ち砕く、と。(128) メルラの指摘するこの特質も錬金術における孔雀の位置を根拠づける要素の一つかもしれない。なぜなら錬金術において孔雀は、有毒の龍が治癒［救済］をもたらす薬へと変容するのを助ける媒介者を、同時にこの変容そのものを表わしているからである。メルラはこうも主張している、孔雀の牝はその雛を、それが成鳥に育ってからはじめて父親である牡に見せる、と。ピキネルスはこの主張から、孔雀と聖母マリアとの類似性を引き出す。すなわち聖母も同じように自分の庇護する者たちを完全な状態においてはじめて神の御前に差し出すからだというのである。ここにもふたたび母による更新というモチーフが顔を出している。(129)

したがって、女王たる母が妊娠中に孔雀の肉を食べるというのは、自分自身がすでにそなえている一側面、つまり、再生をもたらす自らの能力を、改めて取り入れているということになる。ほかならぬ孔雀が、再生をもたらすという能力の象徴なのであるから。ちなみにアウグスティヌスによれば、孔雀の肉は腐敗しないという特性をそなえている。(130) つまりそれは、錬金術師ならこういうであろうが、一個の「不死の食物」cibus immortalis なのであって、かのアリスレウスとその従者たちが海の底の再生の家でそれを食べることによって生きのびる「哲学の樹」arbor philosophica の果実と同種のものなのである。孔雀の肉は女王たる母の試みにとってまたとない滋養物で、彼女はこれによって年老いた王を若返らせるばかりでなく、同時に王に不死性をも授けようとするのである。

孔雀の肉(131)が女王の固体の食物であるのに対して、飲み物の役目を果たすのが緑のライオンの血である。「血」(132) sanguis は「永遠の水」aqua permanens の最もよく知られた象徴の一つであり、教会の血の象徴表現ないしはアレゴリー表現に幾重にも依存している。[133] われわれが『メルリヌスの寓喩』で出会った「死せる」[134] アルカヌムの「浸潤」[135] imbibitio がここでは、「滋養供給」cibatio ないしは「栄養供給」nutritio の場合と同じように、王の身にではなく女王たる母の身に起こる。イメージの移動ならびに交差は錬金術では、神話やフォークロアにおけるのと同程度に頻繁に見られる現象である。これらにおいて現われる元型的イメージは直接無意識から流れ出ている以上、それがさらに内容混交という無意識独特の性質[136]を大いに分けもっているとしても別段驚くにはあたらない。そして錬金術の理解をことさら難しくしているのはまさにこの要因なのである。錬金術において重きをなしているのは論理ではなく、元型的モチーフの戯れであって、この戯れは外形上は「非論理的」であるが、しかしそれでいて、自然法則性とでもいうべきある法則に従っているのである。この法則をわれわれはまだまだ十分に明らかにしたとはいえない。この点で中国人はおそらくわれわれ西洋人よりもはるかに進んでいて、これは『易経』を精読してみればよく分かる。もっとも西洋の近視眼はこれを「古い呪文」の集成と呼びたがり、近代化された中国人もこれに機械的に口裏を合わせているけれども。しかし易経は、諸元型の戯れ、「自然の驚異の業」mirabiles naturae operationes を、ある仕方で整理し、「読解可能」なものにしようとするひとつの意味深い体系である（理解できない事柄の価値を低く見積もるのは昔から愚かさのしるしである）。

イメージの移動ならびに交差は、それらのイメージのあいだに実体の本質的同一性、一種のホモウシアがなければおそらくまったく不可能であろう〔ホモウシア＝同一本質は、通例キリスト教の父なる神と息子なるキリストの同質性の主張に用いられることば〕。父、母、息子は同じ一つの実体を有しており、そのどれかについていいうることは場合によっては他のものにも当てはまるのであって、たとえば母―息子、兄―妹、父―娘等々の近親相姦のヴァリエーションの生ずる原因もそこにある。われとわが尾を呑み込むウロボロスの、その頭と尾とは別々のもののように見え、無意識の薄明りのなかでもやはり別々のものと映ずるけれども、それは分かちがたい一つのウロボロスなのである。錬金術師たちはしかし彼らの根本物質相互のホモウシア性に十分気づいていて、結合のドラマの二人の主役を同じ一つのメルクリウスと呼ぶばかりでなく、プリマ・マテリアと「容器」vasとをまったく同一物だと言明しているほどである。「永遠の水」という湿った魂的物質が、それがいずれは溶解する定めにある肉体〔物質〕から生ずるように、息子を己れの内部で溶解する母もまた、父―息子の女性的位相以外の何ものでもないのである。この錬金術師たちにとっては馴染みの見方のもとになっているのは諸物質の本質的同一性であり、しかもそのような同一性が存在するのはまさにそれらの物質が化学的ではなく心理的な性質を有するものであるからとしか考えられない。さらにそのようなものとしてこれらの物質は意識に帰属するのではなく――意識のなかにあればそれらは区別可能な概念にとどまるだろう――、むしろ無意識に帰属しており、無意識のなかではそれらは無意識の暗さが増すにしたがってますます広範な混交のなかに呑み込まれるのである。

話を血の象徴にもどせば、『古歌』の母が血を飲むというイメージはすなわち、王が水を飲むという行為[137]、樫の木を利用した「王の浴房」balneum regis、海で溺れる王、洗礼の行為、紅海の横断、そして神々の母の授乳に、完全に、寸分違わず重なり合う。そしてそのいずれにおいても、「水」はそれを入れる「容器」ともども母ないしは女性的なものであって、この母ないしは女性的なものはおそらく中国でいう陰と名づけるのが、王を陽と名づけるのと同様に、最も適切であろう。実際中国の錬金術でもそういう呼称が用いられている[138]。母が飲む血は緑のライオンの血である。この百獣の「王」はメルクリウスの一象徴[139]、より精確にいえばメルクリウスの一変容段階である。緑のライオンは、龍を最初の形態とするところの喰らい引き裂く獣の温血的形態である。龍が殺されるか、時としては解体されるかすると、大抵そのあとにライオンの形態がつづく。そしてこのライオンのあとには鷲がつづく。クリスティアン・ローゼンクロイツの『化学の結婚』に描写されている諸変容は、メルクリウスのもろもろの変容と象徴を理解する上で格好の材料である。メルクリウスと同じようにライオンもたとえば牡ライオンと牝ライオンの二重の形で現われるか[140]、あるいは「二重のメルクリウス」Mercurius duplex と呼ばれる[141]。二頭のライオンは場合によっては赤と白の硫黄と同一視される[142]。これを描いた画では、翼をもたないライオン（「赤い硫黄」sulphur rubeum）と翼をもつライオン（「白い硫黄」sulphur album）とが激しい格闘を演じている。この二頭は「王と女王」という組合せの前段階を表わしており、それゆえ王冠をつけている。この段階では両者の間には明らかにまだ多くの不和争闘が存在しており、火のように激したライオンが表わそうとしているのはまさにこの争闘、つまり、無意識内容の認識の一前段階を意味する激情的な情動〔エモーション〕である。[143] むろん相争う一対のライオンはまたウロボロスをも表わす。[144] 要するにライオンは――マイアーによれば――あるときは「地」terra[145]、あるときは「肉体」corpus、しかも「不浄な肉体」corpus immundum[146]と呼ばれるアルカヌムを意味しているのである。その同義的表現としてマイアーはつぎのようなものを挙げている。「荒寥とした場所」locus desertus[147]、「毒、なぜならそれ〔この地たる毒〕は死をもたらすから」、「樹、なぜならそれは果実をつけるから」、あるいは「秘め隠されたヒュレ〔物質〕、なぜならそれは全自然の基礎であり、あらゆる元素の根幹（subjectum）であるから」[148]。これらの言とは一見裏腹に、マイアーはリプラエウスの『十二の門の論説』を引用してこういっている、緑のライオンは「太陽《ソル》と月《ルナ》のあいだにあるもろもろのティンクトゥラを結合する手段である」と。[149] けれどもこれは矛盾ではなく、情動が結びつけると同時に分離するというのは、心理学的に見れば真実である。マイアーと同じようにバシリウス・ウァレンティヌスもライオンをアルカヌムの意味で理解している。それが証拠に彼はライオンをメルクリウス・塩・硫黄の三位一体だと説明し、それゆえ「龍」draco、「鷲」aquila、「王」rex、「霊」spiritus、「肉体」corpus と同義だと述べている。[150]『宇宙の栄光』は「緑のライオン」leo viridis を「己れ自らの霊を大量にたいらげる」[151] 鉱石と呼んでいるが、その意味するところは、自己自身の魂による自己懐胎（すなわち「浸潤」imbibitio、「滋養供給」cibatio、「栄養補給」nutritio、「滲透」penetratio 等）である。[152]

　中世も後期になると、緑のライオンと並んで赤いライオンも登場する。[153] 両者はともにメルクリウスである。[154] アルテフィウスはライオンの像（および蛇の像）が呪術に用いられたことを伝えているが、この事実はここで問題にしているライオンの象徴的意義に特別の光を当ててくれる。呪術に用いられるのはそれが戦《いくさ》に「効き目がある」からだというのである。[155] これはわれわれに格闘する二頭のライオン、そしてまた、『メルリヌスの寓喩』で王が彼にとって特別の重要性をおびた水を飲みはじめるのがちょうど戦に出陣しようとした瞬間であったという事実を想い起こさせる。ライオンのこの側面を前にすればこう仮定してもまず誤りではあるまい。すなわち、すでにヘレニズムの時代に太陽神ヘリオスの一変容段階を表わすと見なされていた[156]この百獣の王は、更新の一段階にある老いたる王を、『古歌』の場合はそれどころか「日の老いたる者」Antiquus dierum を意味しており、ひょっとしたらこの関連で「老いたるライオン」Leo antiquus という奇妙な表現[157]も生まれたのだということである。同時にライオンは変容する王を動物形姿（theriomorph）で表わしているということである。とはつまり、王はその無意識のなかから自らを示して見せているということになる。動物形姿は、王がいわば獣に圧倒されていて、あるいは獣が王の上に覆いかぶさっていて、その結果彼の生の表現のすべては、まさに情動以外の何ものでもない獣的諸反応に満たされているということを示している。制御されない情動という意味での情動性は、本質的に動物にかかわる事柄であって、それゆえこのような性質の人間、あるいはこのような状態にある人間とうまく付き合うにはジャングルの作法[158]、ないしは調教師もしくは猛獣使いの流儀による以外にないのである。

錬金術の言説に従えば、年老いた王はその動物的属性に変身する。すなわち更新の心的源泉、動物的自然〔本性〕へと逆戻りする。ヴィーラントはそのメルヘン『賢者の石』[159]のなかでこの心理素を用い、落ちぶれた王マルクを一匹のろばに変身させた。これはもちろんアプレイウスの『転身物語』〔『変身譚』〕におけるルキウスの黄金のろばへの変身を、意識的に模倣したのである。[160]

ホゲランデはレオ（leo＝ライオン）を「犬」canis と同列に置いている。[161] レオはわれわれが以前出会った〔本書I、一九七頁以下〕「狂犬」canis rabidus の性質をいくばくかそなえていて、それゆえソルの火のごときデュナミス〔潜勢力〕としてすでにわれわれに馴染みの「硫黄」に近接する。同様にレオは王たるソルの「潜勢力」

potentia[162] なのである。

レオのこの好戦的な力は、硫黄と同様に、悪の側面をそなえている。オタンのホノリウスにおいてはレオはアンチ・キリストと悪魔の一アレゴリーであって、[163] これは「ペトロの手紙一」五―八（「悪魔が吠えたけるライオンのように」diabolus tamquam leo rugiens）にもとづく。しかし一組のレオ（牡ライオン）とレエナ（leaena＝牝ライオン）は、それが（近親相姦的）結合の前段階の一つでもあるという意味では、あるときは闘いあるときは睦まじく交わるあの動物形姿の対《つい》、たとえば雄鶏と雌鶏（gallus et gallina）、二匹の蛇（蛇杖カドゥケウスに絡る二匹の蛇！）、二匹の龍などの系列に属する。レオは他の諸側面とともに紛れもないエロス的側面を有しているのである。それゆえ『開かれた門』にはこうある。

> やさしい愛撫で（mulcendo）ライオンに打ち勝つ、あのディアナの鳩の何ものであるかを学べ、[164] しかと心得よ、このライオンは、実はその毒ですべてを殺すバビロンの龍である緑のライオンなのだ。最後に、メルクリウスが奇蹟をなすあのメルクリウスの蛇杖カドゥケウスの何たるかを、そしてまた、メルクリウスがその魔術で操る（incantando inficit）あの妖精たちの何ものであるかを学べ、もし汝が汝の願い〔すなわちオプスの成就〕を叶えたいのならば。[165]

ここで緑のライオンと並べて「バビロン」の龍に言及されているのは必ずしも偶然ではない。「バビロン」は教会の言語慣用においては極めて両義的だからである。[166] ニコラウス・フラメルス〔ニコラ・フラメル〕もある箇所でそれとなくバビロンに言及しているが、その箇所の話題は燃え立たせられたメルクリウス〔水銀〕の悪臭と毒気である。[167] すなわちこの悪臭と毒気は「二つないしは三つのマイル標石に囲まれたバビロンから、ものすごい速さで飛来する〈龍の頭〉」にほかならないというのである。[168]

マルコスの[169]「ライオン狩り」においては、すでに述べたように王の位置をライオンが占めている。ライオンは、王マルコスが落し穴を仕掛けたあと、目を美しく見せる飾りの役をしていると思われる[170]ひとつの石《ラピス》の芳香に誘き寄せられて穴に落ち、その魔法の石に呑み込まれる（quem transglutit lapis）。「ライオンが愛するこの石はひとりの女なのである」Et hic lapis, quem diligit Leo, est foemina. 落し穴は「ガラス張りの屋根」tectum vitreum で覆われている。そのおかげでそこは閉ざされた空間になっており、セニオルはこのような空間を「瓢箪」cucurbita（すなわちフラスコ）と名づけたが、ここでは「花嫁の部屋」thalamus と呼ばれている。したがってライオンは花婿（sponsus）として花嫁（sponsa）の部屋に落ちるわけであるが、そこの炭でできたベッドの上には、「目によく似合う」、そして女であるところの、例の魔法の石が横になっている。そしてこの石ないしは女がライオンを呑み込み、「もはやそれは跡形もなく見えなくなるであろう」ita quod non potero videre aliquid de eo. これは『アリスレウスの幻視』（第二異本）と並行関係にあり、そこではベヤがガブリクスを呑み込んで自分のからだのなかに消滅させる。

「ライオン狩り」でもこの幻視の場合と同じく近親相姦は隠蔽されているが、しかしはっきり透けて見える。このスキャンダラスな色恋沙汰はライオンに、すなわち王の獣的本性あるいはプロスピュエース・プシュケー、「成長した魂」〔本書三三頁〕に転移されている。情事はいわば王の無意識のなかで、もしくは夢のなかで演じられているのである。その両義的な性格のおかげでライオンは、このとても見上げたものとはいえない情夫の役を引き受けるのにこの上なくぴったりである。王が彼の動物、すなわちライオンによって代理されている一方で、マルコス王の母も同じように魔法の石によって代理されており、その結果王とその母との近親相姦はあたかもどこか外の世界で、王と女王の個人的な世界とはまったく異なる領域で起こっている出来事であるかのように生じている。いや、この結婚はただ単に自然に生じているというのではない。それはまさにオプスの「術策」artificium として意図されているのだ。タブーである近親相姦が果たさるべき課題とされているのである。しかも、豊かにくりひろげられる寓喩表現の数々が示しているように、それはつねに何らかの象徴の形をとっており、決してむきだしには現われない。そこからわれわれはこういう印象を受ける。この「聖なる」宗教儀式的行為、錬金術師たちがその近親相姦的本性にまったく気づいていなかったこの行為は、彼らによって「瓢箪」〔フラスコ〕あるいはガラスの家に封じ込められているというよりは、むしろ最初からのそのなかにあるかのように感ぜられるのである。つまり、このような行為にほんとうに及ぼうと思えば、初めから自分の外に出ていて（außer sich geraten＝われを忘れていて）、自分自身の彼岸であるガラスの家のなかに入り込んでいなくてはならず、その場合このまるい、ガラスの「瓢箪」はまさに心それ自体の小宇宙《ミクロコスモス》的空間にほかならないのである。ある種の理性はわれわれにつぎのように諭したがるであろう。そんな目的のために「自分の外へ」出てゆく必要などまったくない。そうではなくて、近親相姦やそれに類する他の多くの可能性を経験するためにはほんの少しばかり深く自分自身の内部に入り込みさえすればいいのだ。どんな人間のなかにも「獣的」な未開人はまどろんでいるもので、この未開人はディアナの鳩によって目覚めさせられうるのだから〔注164参照〕。――〈人間の心からは何ら善きものは生じない〉という一般に広く流布している考えないしは疑念は、以上のような見方にもとづいている。物質間の聖婚《ヒエロスガモス》が無意識内容の投影であることは疑いない。だから――とふつう一般には結論をくだす――――それらの無意識内容は心に属しており、心そのものと同じように人間の「内」にあるに決まっている、証明終わり！　これに反してはっきりしているのは、真剣な問題として近親相姦空想を所有していると意識している、あるいはかつて一度は意識したことのある人間は、ごくごくわずかしかいないということである。そういう空想がそもそも存在する以上、それらは一般には、集合的無意識全体がそうであるように、まだ意識されていないというだけである。このような空想をはっきりさせるためだけでも、すでに夢やその他の無意識の産物の分析を要する。それを意識化する途上ではしばしば非常に強い抵抗の数々が克服されなければならない。まるで未知の領域に、もはや自分に関係しているとは感じられない、ましてや自分自身のものだとは到底感じられないような心の領域に足を踏み入れようとしているかのように思われるからである。そして、ぼんやりしていたためか、つい過《あやま》ってか、この領域に入り込んでしまうと、自分が自分自身から引き離されて、自分自身の外にいるように感ずるのである。わたしが思うに、われわれはこのような事実に考慮を払うべきで、心的内容として現われるものを何がなんでもすべて自分自身の心の構成要素と考えるべきではないのではあるまいか。まさか視界をかすめて飛び去る鳥を心の構成要素と考えたりはしないであろう。心的なものを厳しく「体内存在」Innerhalb-des-Körpers に限定し、すべて自分の内にあると考えるのは一種の偏見であろう。心が空間を超えた側面を有している以上、心的な「体外存在」Außerhalb-des-Körpers もありうるのである。すなわち、自分の心的空間からはあまりにもかけ離れているために、そこに到達するには初めから自分の外に出ていなければならないか、さもなくばある技法に助けられて努力を重ねた末に到達できるような領域が存在するということである。このような見方に何らかの正当性があるとすれば、レトルトのなかでの王と女王の結婚という錬金術の儀式は、心的な「外我」Außer-Ich における一個の総合統一過程だと見なすことができるだろう（これについては拙著『共時性―非因果的連関の原理』を参照願いたい）。

　何らかの仕方でこの領域に到達する、あるいは踏み迷う可能性があるからといって、上述したように、だからそれは直接わたし個人に属しているということには必ずしもならない。自我は〈ここ〉にして〈いま〉であり、外我は〈見知らぬあそこ〉にして〈いまより前、いまより後〉〈以前、以後〉である。[171] それゆえプリミティヴな精神が心の外我を死者たちの霊が住まう別の国と感ずるのは何ら不思議ではない。精神がそれよりもやや高い段階に達すると、この国は影のような半現実の性格をおびるようになり、古代文化の段階に至ると、この彼岸の国のもろもろの影はもろもろのイデーに変ずるまでになる。グノーシス主義的キリスト教の領域ではそこからさらに、教義として秩序づけられた、ヒエラルヒー的〔位階的〕、宇宙創造論的、千年至福説的な一体系が生ずる。そしてこの体系を現代の心理学的認識は、心が心的な非我（Nicht-Ich）の構造について思わず知らず語り告げ

たもの、いわば無意識的、象徴的な表明だと見なすのである。(172)

この国は一方、それが彼岸の、死霊の国という性格をまだ完全には脱ぎすてていない場合には、宇宙と同じくらい広く大きく映じ、他方、それが「心的」で「内」に存在すると感じられる場合には、極小の小宇宙《ミクロコスモス》、たとえばゲーテが『新しいメルジーネ』で描いている宝石箱のなかのあの小人の一族、あるいは錬金術師がそのなかに宇宙創造、王と女王との結婚、人造小人ホムンクルスを見ているところの「瓢簞」のあの狭い空間のようなものと映ずる。(173) 錬金術哲学においてアントロパリオン（ἀνθρωπάριον＝小人）ないしはホムンクルスがラピスとしてグノーシス主義的キリスト教のアントロポロス〔原人間〕に照応するように、「化学の結婚」nupitae chymicae もキリスト教教義の小羊の結婚、花婿と花嫁の合一と並行関係にあり、また神々の世界における神々の母とその息子との聖婚《ヒエロスガモス》とも重なる。このようなことは本論からの逸脱と見えるかもしれないが、しかしあえて言及したのは、これを知っていればこのあとさらに論述されるライオン象徴の複雑でデリケートな性質に関して読者が理解しやすくなると考えたからである。

『古歌』の女王に飲物として与えられる緑のライオンの血は、黄金製のバビロンの杯に入れて供せられる。この杯は「ヨハネ黙示録」一七―一以下の箇所に関係する。すなわちこうである。「多くの水の上に坐っている大淫婦……地上の王たちはこの女とみだらなことをし、地上に住む人々は、この女のみだらな行ないの葡萄酒に酔ってしまった。……〔女は〕自分のみだらな行いの忌まわしさと汚れで満ちた黄金の杯を手に持っていた。……わたしは、この女が聖なる者たちの血と、イエスの証人たちの血に酔いしれているのを見た」meretrix magna, qui sedet super aquas multas, cum qua fornicati sunt reges terrae et inebriati sunt qui inhabitant terram de vino prostitutionis eius ... habens poculum aureum in manu sua, plenum abominatione et immunditia fornicationis eius ... Et vidi mulierem ebriam de sanguine sanctorum et de sanguine martyrum Jesu.

「淫婦」ないしは「娼婦」meretrix は、錬金術に馴染みの形象である。それはアルカヌムの呼び名の一つで、その最初の、「混沌《カオス》」の状態にある母性的な形態を表わす。『開かれた門』は混沌《カオス》についてこう語っている。それは諸金属に対して「母親のように」ut mater ふるまう。それは、「われらが娼婦の月経から」ex meretricis nostrae menstruo「王冠」diadema regale が析出されるまでは「われらが月」luna nostra とも呼ばれる[174]——とはつまり、月なる母から王が再生するまでは、ということである——。『賢者の石に関する黄金論説』[175]ではアルカヌムとしての「ラピスのマテリア」lapidis materia について、「かの高貴な（nobilis）娼婦ウェヌスは溢れんばかりに豊かな色をまとい、豊かな色に覆われている」、これらの色は変色して赤に近づく（ad ruborem vergit）といわれている。[176]このウェヌスの高貴さは、ウェヌスが娼婦であると同時に「女王」regina、王の「純潔の花嫁」casta sponsa でもあることに由来する。[177]バシリウス・ウァレンティヌスはその『賢者の石に関する作業』のなかで、「浸潤」imbibitio のアレゴリーとして、雛にわれとわが血を飲ませて育てるペリカンを挙げてこういう。「それはわれらが達人の薔薇であり、[178]色はティル紫〔古代紫〕である。それはかつて多くの人々によって言及された赤い龍の血であり、また紫のガウンであって、[179]……女王はこのガウンで覆われる。[180]」さらにこの異文ともいうべきある文章には、「この最も貴重な物質はいにしえ人のウェヌス、すなわち二つの性を身につけたヘルマプロディトス的ウェヌスである」とある。[181]ミヒャエル・マイアーは、「化学〔錬金術〕のなかにウェヌスとクピドが存在する。プシュケーはすなわち女性的なものであり、クピド〔キューピッド＝アモル〕は、龍と見なされる男性的なものである」と書いている。[182]「赤に至るオプス」opus ad rubeum、すなわち赤化は、ウェヌス〔金星〕の第二の宿《しゅく》（天秤宮）で生ずる。[183]これに応じて『賢者の群』には、ウェヌスは「太陽に先行する」という言及が見える。[184]ニコラ・フラメルはウェヌスをアルカヌムの重要な構成要素ととらえる。そして「マグネシア」へのある呼びかけのなかでは「汝は汝の内に多様な形態をとるウェヌスの像と、献酌侍従と、火を吐く召使とをやどしている」と語っているが、[185]最後の「火を吐く召使」はメルクリウスの硫黄的側面を指し示しており、そのメルクリウスが『古歌』ではなんと献酌侍従の役割をも演じているのである。ニコラ・フラメルにあってはラピスは、「好戦的ウェヌス」Venus pugnax(186)とメルクリウスとの一種の結合を意味しているが、これは明らかに結合に先行する争いを暗示するものである（例の闘争を演ずる二頭のライオンを想起願いたい）。バシリウス・ウァレンティヌスの「ラピスのプリマ・マテリア」に関するある詩では、ウェヌスは「泉」と、王の母にして花嫁と同一視される。

それは石《ラピス》であって、しかし石ではなく、
その内ではたらいているのは自然の力だけだ。
自然の力にうながされてそこから澄んだ泉が湧き出し、
その確固不動の父を浸し溺れさせ、
からだもいのちも呑みつくす。
しかしついには魂がそれを彼にふたたび返し与え、
かくして彼の流れ動く母は彼の王国で彼にふさわしいものとなる。
……
アダムを水を張った浴槽に入れよ。
浴槽のなかでウェヌスは彼女にふさわしいものを見出す。
それは老いたる龍が
強さと力を失ったがために用意したものだ。(187)

他の錬金術テクストでもウェヌスは王の婚礼における女王を表わしており、たとえば『開かれた門』には、「汝はウェヌスの床入りの儀〔婚礼の儀〕を入念に準備するよう心を配り、それからウェヌスを新床の上に置き」云々とある。[188]ウェヌスは一般に王の女性的側面として、現代風にいえば王のアニマとして現われる。たとえばバシリウス・ヴァレンティヌスは浴槽のなかで水浴するアダムとウェヌスについてこう語る。

哲学者はいう、それは
二重のメルクリウス以外の何ものでもない。

王の沐浴はウェヌスないしは母との結婚（connubium）[189]を意味しており、同じ一つの事態、「女にいだかれる男」vir a foemina cirkumdatus を示している。その場合どちらかがヘルマプロディトス的両性具有存在と見なされるが、それは時に応じて王であったりウェヌスであったりまちまちである。[190]両者はともに究極的には「二重のメルクリウス」Mercurius duplex 以外の何ものでもないからである。ウェヌスないしは「娼婦」はライオンのエロス的側面に照応しており、ライオンはライオンで王の象徴的付属物であって、王の特性を表わしている。「黙示録」においては七つの頭をもつ龍が「淫婦」〔娼婦〕の乗る獣であるのと同じように、バシリウス・ヴァレンティヌスでは（女性的な姿をとった）「二重のメルクリウス」としてのライオンが乗り物の役目を果たしている。[191]クーンラートはウェヌスを「緑のライオン」と同義に扱っている。[192]硫黄のソルに対する関係がライオンの王に対する関係に類似していることを考えれば、クーンラートがウェヌスを硫黄の「生ける魂」anima vegetativa と見なしていることも納得がゆく。[193]この最も繊細な（subtilissima）物質は、ソルと混ぜ合わされて、栓に十字のしるしがほどこされたフラスコに保存されなければならない。[194]これは魔除けの十字架によって祓われる悪霊と同じである。[195]石《ラピス》のウェヌスとの関係はすでに早くギリシアの錬金術テクストに登場しており、そこでは「キュテレの石」τῆς κυθερείης λίθος と「キュテレの真珠」μαργαρίτης τῆς Κυθήρης について述べられている[196]〔キュテレはアプロディテ＝ウェヌスの別名〕。アラビア語文献の『クラテスの書』ではウェヌスには染色力

〔ティンクトゥラの能力〕があると見なされ、ために「書記」écrivain と呼ばれたとある。[197] ウェヌスは同時にまた絶えず水銀の湧き出る容器を手にしているので、そこから考えて、「書記」という名称はトート・メルクリウス（Thoth-Merucurius）に関連している可能性が極めて大きい〔エジプトのトートは筆写・学問の神でもあり、メルクリウスは化学的には水銀を意味する〕。クラテスの幻視のなかでウェヌスは多くのインド人に囲まれて現われ、インド人たちは弓の狙いをクラテスに定めている。このイメージはラテン語錬金術文献でもふたたび登場し、セニオルのヘルメス・トリスメギストスに関する幻視でも、九羽の鷲が弓をヘルメス・トリスメギストスに向けている。メルクリウスは「射手」sagittarius であり、射手として化学的には唯一黄金を溶解することができ、精神的・道徳的には、魂を「苦悩の矢」telum passionis〔＝情熱の矢〕で刺し貫く。キュレニオス〔キュレネ生まれのヘルメス〕としてメルクリウスはクピドとまったく一致しており、クピドもローゼンクロイツの『化学の結婚』において矢を使って刺すのである。[198]

ウェヌスの有害な性質を指摘しているのは『ロシヌスからサラタンタへ』である。それによれば、黄金と銀を造るという自然の企図はウェヌスに妨げられる。なぜならウェヌスは腐敗堕落した「生ける銀」argentum vivum〔水銀〕であって、さらには息子に癩の苦しみを負わせもする。[199] 最後にわたしはいま一つ、『化学の結婚』のなかの芝居に出てくる王女に言及しておきたい。王女は王の息子の花嫁に選ばれながら、その媚態ゆえにモール人の王に捕らえられる。彼女はモール人の王の情婦になることに同意し、かくして正真正銘の「娼婦」であることを露呈するのである。またローゼンクロイツがベッドに眠るウェヌスを訪れるというエピソードは、この両義的な女神が何らかの仕方で秘かにオプスに関係していることを物語っている。[200]

明らかにそれがウェヌスと密接に関係しているためであると思われるが、緑のライオンは意外にも薔薇色の血を有しており、ドルネウス[201]と彼の同時代人であるクーンラート[202]がこの事実に言及している。クーンラートはこの「薔薇色の血」の原因を「大宇宙の息子」filius macrocosmi にも帰している。[203] ライオンの血のこの特異性はしかし、キリストの類似形象として錬金術では周知の「息子」filius に対してばかりでなく、また――そしてまず第一に――「薔薇」rosa に対してもある関係を有する。錬金術師に人気を博したタイトル「薔薇園」rosarium のみならずあの「薔薇十字」[204] Rosenkreuz という名称もその象徴表現の産物であるところの、あの薔薇である。白い薔薇と赤い薔薇はアルベド[205]〔白化〕とルベド〔赤化〕の同義語の一つである。ティンクトゥラ〔染色剤〕は「薔薇色」rosei coloris をしていてキリストの血に照応しており、このキリストの血はラピス〔〈賢者の〉石〕と「比較され、同一視される」comparatur et unitur. キリストは「天の基の石であり隅のかなめ石」coelestis fundamentalis angularisque lapis なのである[206]。そして「薔薇園」は「閉ざされた園」hortus conclusus であり「薔薇」と同じくマリアの異名であって、そのマリアは閉ざされたプリマ・マテリアの並行的類似形象である[207]。

愛の女神ウェヌスを赤い色に関係づけるのはすでに古代に端を発しているが[208]、緋色は大バビロン[209]〔大淫婦〕と彼女の乗る獣の色でもある。赤は罪の色なのである[210]。同様に薔薇は、ウェヌスのものでもありディオニュソスのものでもある。錬金術においては、すでに見たように、赤と薔薇色は血の色であり、血は「永遠の水」の、またプリマ・マテリアから抽出され「死せる肉体」にふたたび生命を賦与する「魂」anima の同義語の一つである[211]。そしてこのプリマ・マテリアは「娼婦」meretrix とも呼ばれ、龍とライオンが「バビロンの龍」と等置されるのと同じように、「大バビロン」と等置される。ラピスと「王の息子」filius regius はこの娼婦の息子である。しかし教会の伝統では、「娼婦の息子」filius meretricis は、オタンのホノリウスの『教えの手引』に書かれているように、悪魔によって生まれたアンチ・キリストである[212]。

すでにずっと前のところで言及したように〔本書I、五〇頁以下〕、教会のある種の象徴は歴然と二重の意味を有しているが、薔薇もまた例外ではない。薔薇はわけてもマリアとさまざまな徳のアレゴリーである。薔薇の芳香は、テューリンゲンの聖エリーザベトとアビラの聖テレサの例に見られるように、「聖女たちの不朽の肉体のこの上なく甘い香り」in corrupti Sanctorum corporis dulcissimum odorem を表わしている。しかし薔薇は同時に、「人間の美」venustas humana、いやそれどころか「この世の愉悦」voluptas mundi をも意味する。(213)
ゲーテの詩『秘儀』は薔薇のこのような変幻自在な象徴的意味に満たされている。

けれどもいまこの像〔十字架〕を目の前にして
彼〔修道士マルクス〕はまったく新たな感覚に襲われる。
彼は見る、十字架に薔薇が隙間なく絡みついているのを。
十字架に薔薇をまきつけたのは誰だろう？
花は咲きこぼれ、峻厳な十字架の木を
やわらかくくるんでいる。
…………
手に松明をもった三人の若者が
急ぎ足に回廊を曲がるのを彼は見る。
ぴったりと気持ちよくまとった白い衣が
きらめき輝くのを彼は見る。
捲毛の頭が花環に飾られ、
帯には薔薇がまきついているのを彼は見る。
それはまるで夜の舞踏からの帰りかと見紛うばかりで、
たのしい務めに身も心も洗われて美しく輝いている。
そしていま足早に駆けながら夜空の星を消すように
松明を消し、かなたに消え去る。

天上的な愛と地上的な愛とのあらゆる色をおびて多彩な姿をとるのは薔薇だけではない。プリマ・マテリアを、すなわち「自然が不完全なままに放置した」ものを意味するところの、母‐恋人、「敬虔な花嫁にして娼婦」casta sponsa et meretrix という女性形姿もまた、変幻自在な色彩をおびている。錬金術論説の記述からはっきり分かるのは、この神話素が心理学的意味でのアニマに対応しているということである。アニマは、いたるところに遍在しつつしかも秘め隠されているあのカオスなるものであり、もろもろの矛盾と多くの色とのあの容器である。それは無秩序な寄せ集めという形をとった総体性である。がしかしそれは、秘密の神性がその豊かさをそこに十全に表現しうるところのあらゆる性質をそなえた、一個の物質でもある。

女王たる母の食べ物が孔雀の肉とライオンの血であるということは、この食べ物が同時に女神ウェヌスの象徴的付属物でもあるということである。とはつまり、この女神が自らを食べ、自らを飲むということを意味する。『結合の会議』はこの事実をこういい表わしている。「かくして最後にそれを、一つの酵素、すなわち一つの水を用いた浸潤を通じて、一つの内容へと合流させよ。なぜなら水は水の酵素であるから。」[214] これらすべてに見られるのはつねに同一の観念であり、その最も適切な表現は、われとわが尾を咬むウロボロスにほかならない。ところでこれと似たような言いまわしに教父神学の領域で出くわすのは、意外ではあるが別段不思議ではない。クリュソストモスのことばがそれで、彼は、キリストがわれとわが血を自らすすんで飲んだ最初の人である（最後の晩餐を始めるにあたって！）、と語っている。[215] またテルトゥリアヌスは、主は二つのギリシア語の文字AとΩとを、つまり最初の文字と最後の文字を、初めと終わりのしるしとして身にまとっていた、これは主において初めから終わりへの流れと終わりから初めへの逆流が生ずるということを意味すると語っている。[216] この考えは錬金術師たちがウロボロス、すなわちこの「一にして全」ἓν τὸ πᾶν によっていい表そうとしたことと、あらゆる点で、寸分違わず一致する。ウロボロスは非常に古い異教的象徴である。したがって、自らを産みかつ殺す存在という観念が教会の観念世界からの借用、たとえばほかならぬテルトゥリアヌスからの借用であると推測すべき根拠はまったくない。たしかにキリストとの類似は明白である。キリストは神としては唯一自らを産み、すすんで自らを犠牲に供し、しかも聖体の儀式においてはパンと葡萄酒の聖変化のことばを通じて自らの供犠（immolatio）を実行するからである。けれども、ウロボロスという観念はおそらくこれよりは古く、その究極の大もとはまずまちがいなくエジプトの神学であろう。すなわち父たる神と息子たる神ファラオとのホモウシア〔本質同一性〕の教義がそれである。

　意外でもあり異常でもあるのは、司教座聖堂参事会会員リプラエウスの『古歌』ではこのウロボロスという神話素が、女性的形態に移し変えられているということである。一つに合流するのはここでは父と息子ではない。先の『メルリヌスの寓喩』で王が己れ「自らの」[217]水を飲むのと同じように、ここでは母が、「自らの尾を食べる」caudam suam devorat あるいは「己れ自らを孕む」se ipsam impraegnat ことによって、己れ自らのうちに流れ込み、己れ自らと合体するのである。女王の現在の状態はいわば「魂の受胎」である。ということはつまり、アニマが活性化し、自らの内容を意識に送り込んでいるということである。アニマの内容とは孔雀の肉とライオンの血である。アニマの産物（たとえば夢、空想、幻視、症候、発作など）が意識に受け入れられ、消化され、統合されれば、それはふたたび心の成長と発展（心の「栄養補給」）に役立つようになる。同時にこの「魂にして母」anima-mater の「滋養供給」cibatio と「浸潤」imbibitio は、人格そのものの統合と完全化を意味する。アニマは、老いたる王が彼女の内部で更新されると、創造的な力を発揮しはじめる。王は心理学的にはまず、われわれが先に意識であると解釈したあのソルに照応する。しかしそれにとどまらず、王は、意識を支配している一主要因子の具象化、すなわち世間一般に認められている原理、集団的・集合的な信念、あるいは伝統的な物の見方などを具体的に体現したものなのである。周知のようにこのようなシステムや支配的な「上位観念」は「年老いて」古び、かくして神々に、シュピッテラーがその小説『オリュンポスの春』で詳細に描いてみせたような

「形態の変容」を、つまり神々がその姿形を変えることを強要する。『オリュンポスの春』はわれわれの時代、この現代の落し子であり、シュピッテラーが特別に心を砕いた作品である。このことは彼の『プロメテウス』からもはっきり読み取れる。ところでこのような変容が何らかの集団的現象として生ずることは稀であって、それは大抵は個々人の心の変容という形で生ずる。しかし、状況がうまくととのっていれば、すなわち「時満ちて」機が熟すれば、この個人の変容が社会的なものに波及することもありうる。このことは個人にとってはただ、支配的な上位観念が、外的ないしは内的な条件の一定の変化に対応するために、更新と変化を必要としているということを意味するにすぎない。王がラテン語の錬金術文書において幾世紀ものあいだ甚大な役割を演じたという事情は、エジプト・ヘレニズム時代の昔から保持されてきた王の更新の痕跡が十三世紀頃からふたたび重要性を獲得したということを物語っている。その痕跡が新たな意味を獲得したからである。すなわち、西洋の精神がそれまで未知であった自然について思いをめぐらせ始めるにしたがって、「自然の光」lumen naturae の教説もまた芽生え始めたのである。教会の教義〔ドグマ〕もスコラ哲学も自然の事物の本質に何ら光を与えることができないということがすでに明らかになっていた。それゆえこういう憶測が否応なく湧き上ってきた。自らの本質を神の啓示の光のなかで露《あらわ》にする精神と同じように、自然もまた、照明〔啓示〕の源となりうるような「ある種の光性」quaedam luminositas を所有しているのではあるまいかという思いである。したがって、自然の探求を特別の関心事とする個々の人間に対して、「自然の光」が魅力を増すのと反比例して、支配的な教義的世界観の原理が、直接疑念にさらされたわけではないけれども、その影響力を失っていったのは納得がいく。まじめな錬金術師たちは、彼らのことばを真実だと見てよいとすれば、啓示された真理を批判するなど到底思いも及ばないような宗教的な人間であった。わたしが概観しえたかぎり錬金術文書には教義に対する攻撃の文句は見られない。この種の唯一の例外は、新プラトン主義的・ヘルメス哲学的見解の肩をもつために、教会によって権威づけられていたアリストテレス哲学をいわば貶めたことである。(218) いにしえの錬金術師たちは教会の教義に批判的な態度をとらなかったばかりではない。それどころか逆に彼らは、一部は現実の一部は想像上の諸発見によって天上的な事物と地上的な事物との「対応」correspondetia の教義を豊かにしているのだと確信していた。なぜなら彼らは「信仰の神秘」mysteria fideiが自然の事物に映し出されていることを証明すべくつとめていたのであるから。(219)彼らは、自然探求の情熱のせいで啓示された真理への集中心がどれほど奪われたかということ、そして、自然への関心が目覚めたのはそもそも教義の魅惑が薄れはじめた結果であったということに、まったく気づいていなかった。かくして、夢においてよく見られるように、彼らの無意識のなかで、王の更新という補償像が生まれたのである。

　このように考えてくると、『古歌』の作者がなぜほかならぬ聖職者であったかということも、ずっと納得がいくように思われる。血の飲物が「苦悩の矢（telum passionis）を携えた」メルクリウスの手で——「苦悩の矢」はほかならぬクピド〔キューピッド〕を指し示している(220)——「バビロンの杯」に入れて手渡されるという作者の描写、これは歴とした「地獄への下降」descensus ad inferno である。「バビロンの杯」は、「忌まわしいものや、自分の淫らな行ないの汚れで満ちた黄金の杯」poculum aureum plenum abominatione et immunditia fornicationis（「ヨハネ黙示録」一七—四）以外の何ものでもない。このいささかどぎつい情景から見て取ることができるのは、女王たる母は自分自身の心的内容を食べさせられ飲まされるのだということである——容赦なく尊厳を踏みにじられて。彼女のなかに統合されるのは、獣的な心的内容、すなわちプロスピュエース・プシュケー（προσφυὴς ψυχή・成長した魂）、肯定的と否定的とを問わず一切の特性を含むところの孔雀とライオンにほかならない——ライオンとはこの場合、淫蕩の杯に入れられた飲物としてのライオンであって、これによってライオンのエロス的な性質、情欲ないしは愛欲（libido/cupiditas）が、さらに特別に強調されている。このような統合は意識化と呼ぶに値する。

　けれども母たる女王はなぜ、さしあたりはこれほど不味いものはないと思われるような食餌療法をほどこされなくてはならないのか。それは明らかに、老いた王に何かが欠けており、「老化」しているからにほかならない。欠けているものはすなわち、暗い、地上的な自然の相である。しかし欠けているのはそればかりでない。被造物の神の似姿としての在り方に対する生きいきとした関係、つまり、中世においてはじめは逸脱であり迷妄であるにすぎないものとして知られていたあの古代の自然感情もまた欠けているのである。けれども地上世界は単に暗い、底無しの奈落ではなく、したがってまた上述の動物形姿による諸象徴は退化的な意義ばかりでなく、神秘的で精神〔霊〕的な意義をも有している。ということはつまり、これらの象徴はパラドクシカルであり、同時に上方をも下方をも指し示しているということである。それゆえ女王のこのような心的内容が統合されるということは、彼女の本質ないしは彼女の意識がこの両方向に向かって拡大されるということを意味する。この食餌の狙いはもちろん王の更新再生に資することである。つまりそれ以前は王に欠けていたがゆえに王が必要としているものを食餌として与えるということである。それは——ぜひとも強調しておかねばならないが——外観はそう見えても決して単に獣的領域の暗い側面であるばかりでなく、むしろ一種の精神的な自然、ないしは自然的な精神であって、これはしかも、錬金術が力説してやまなかったように、「信仰の神秘」に類似した何ものかなのである。

こうして女王は自らを孕んだ妊娠期間中に心理療法のようなものを経験する。つまり彼女の意識は、集合的無意識に関するある種の知識を獲得することによって、そして、おそらくはまた彼女の内部で精神的本性と地上的本性とが激しい葛藤を演ずることによって、その分だけ豊かさをますのである。因習的な心の境界を超えた上方と下方の高さと深さの測定——始動しはじめた意識拡大の法則はしばしばこれを道徳的課題として突きつける。自らのなしていること、自らの心の内で動いていることに対する無知は、あたかも罪のような作用を及ぼし、罪と同じように高い代価を支払わなければならなくなる。葛藤を身に引き受けたということは、葛藤なしには合一もありえず、第三のより高きものも生じえないという意味で、特別の利点であるかもしれない。葛藤なしには王の更新も再生もかなわないであろう。そしてこの葛藤は女王の長患いというかたちで顕現する。

『古歌』第十八連はこうである。

かくて身ごもった女王はまる九ヵ月のあいだ
重い病いを患って注ぐ涙に濡れ伏し、産む前に
溢れんばかりの乳をしたたらせ、
それを緑のライオンが飲んだ。

Impraegnata igitur graviter languebat
Certe novem mensibus in quibus madebat
Fusis ante lachrymis quam parturiebat
Lacte manans, viridis Leo quod sugebat.

女王とライオンとのウロボロス的関係が、ここに明瞭に現われている。女王はライオンの血を飲み、ライオンは女王の乳を飲む。この一見奇異なイメージは、われわれの感情を害することであるが女王と聖母とが同一視されていると考えれば説明がつく。人類の人格化である聖母マリアは神をその胎内に受け入れ、その胸の乳で育てたのである。キリストのアレゴリーとしてのライオンはその返礼として人類に自らの血を贈る。この解釈はのちの詩行によって裏づけられることになる。ちなみにアンゲルス・ジレージウスも「人間になった神」に寄せたエピグラムのなかで同様のイメージを使っている。

神は人間性の乳を飲み、自らの神性の葡萄酒を人間に与える。

以後神は、すっかり人間になったのではあるまいか？(221)

第十九連はこうである。

やがて女王の肌の色はとりどりに変化し
黒くなったり、緑色になったり、赤くなったりした。
何度も身を起こしては
また身を横たえたからである。

Eius tunc multicolor cutis apparebat
Nunc nigra, nunc viridis, nunc rubea fiebat,
Sese quod multoties sursum erigebat
Et deorsum postea sese reponebat.

この多彩な色の変化は女王のウェヌス的かつ孔雀的な性質を物語っている（「孔雀の尾」cauda pavonis!）。この色の変化は心理学的には何を意味しているか。それは、無意識の意識化が行なわれる過程では人格は多くの変身を経験し、そのためあるときはこれ、あるときはあれというぐあいに別の光に照らされて現われ、同様にまた、まったく性質の異なるさまざまな気分がつぎからつぎに襲ってくるということである。この変化は来るべき誕生を告知している。

第二十連にはこうある。

百五十日のあいだ夜も昼も女王は
かくも悲しむべき病いの状態にありつづけ、
それから三十日後に王は生き返った。
その誕生は春の花の香りをあたりにまきちらした。

Centum et quinquaginta noctibus languebat
Et diebus totidem moerens residebat,
In triginta postmodum rex reviviscebat,
Cuius ortus vernulo flore redolebat.

錬金術には主として二種類の匂いが登場する。「墓の臭い」odor sepulchrorum と花の香りがそれで、後者は蘇った生の象徴である。教会の寓意表現では、また聖人の人生においても、芳香は聖霊の顕現を示するしの一つであって、これはグノーシス主義の場合も同様である。錬金術では聖霊とサピエンティア〔智慧〕とはいわば同じもので、したがって花の香りは、この再生が聖霊からの聖賜物〔カリスマ〕であること、もしくは、再生の過程を実現に導いたサピエンティアからの賜物であることを物語っている。

王が生まれる寝室（thalamus）は、究き出た角《かど》がなく（sine scopulis）、平ら（または、滑らか=planus）で、[222]「さもなくば……健やかな息子は生まれないであろう」（第二十二連）。新生児を暖めるために小さなベッドの下と上方にストーブ（stufa）がしつらえられている（第二十三連）。寝室（cubiculum）の入り口の扉は閉ざされており、暖炉の口（os camini）も閉じている（第二十四連）。これはずばり「ヘルメスの容器」vas Hermetis

に入れられたホムンクルス〔人造小人間〕のイメージである！
第二十五連では、閉ざされた寝室での変容の描写が試みられる。母親はすでに子どもを産んでしまっているのか、それとも「部屋」はまだ妊娠中の子宮を指しているのか、はっきりしない。わたしは、第二十五連の詩句の内容からいって、後者の可能性が高いと見る。それはつぎのごとくである。

子どもの四肢が腐れ頽《くず》れてしまうと
彼女は醜怪な肉のかたまりを脱ぎ捨て、
月《ルナ》がこれを真似しつつ、天をもたないまま、
身をくねらせて太陽《ソル》の輝きへと転身する。

Postquam computruerunt ibi membra prolis
Carneae tetredinem deponebat molis
Illam Luna similans sine coeli polis
Postquam spirificans in splendorem Solis.(223)

この詩句は妙にぎくしゃくしており、その上ひどく不明瞭である。ただ一つだけある程度はっきり見て取れるのは、「子宮」uterus もしくは「寝室」thalamus における「胎児」foetus の死と解体、さらにルナが割って入って母の位置を占めるということ、そしてそれによって肉の不完全さが除去されるということである。いずれにしてもこれは錬金術文書では珍しくない思考のもつれである。われわれとしては、この詩句の作者はこのような混乱したものいいによって何か意味深いことをいおうとしているのだと信じたい。そして、彼がそれを明瞭にい

い表わさなかったのはひとえに彼の思考能力と表現能力の不十分さのせいだと見なしたい。事実ここに表現されているのは極めてこみいった考え、つまり決定的な変容の思想なのである。涙に溢れ乳をしたたらせている「母」は化学的には「溶液」と解しうる。彼女は「水」であり、『アリスレウスの幻視』（その第二番目の幻視）に見られるように、老いたる王はそのなかで「原子へと解体される」。老王はここでは「子宮」のなかの「胎児」さながらに描写されている。解体は老王の死を意味し、「子宮」もしくは「瓢箪」cucurbita〔＝レトルト〕が老王の墓場となる。つまり老王は溶液のなかに消える。と、この瞬間、奇蹟のようなことが起こる。物質としての溶液が地上的な重力を失い、溶剤と溶解されたものとが同時により高次の状態へと、しかも「孔雀の尾」つまりアルベド〔白化〕につづく状態へと移行する。アルベドは完成の第一段階であり、ルナと同一視される。ルナはそれ自体としては一種の「霊」spiritus であるが、ただちに夫ソルと一つに結びつき、こうして第二の、大抵の場合は最終的な段階、すなわちルベド〔赤化〕が達成される。かくしてオプス、錬金術の業は完了する。すなわち「肉体」corpus と「魂」anima と「霊」spiritus を合わせもつラピス、生ける存在でありながらしかも不滅の肉体であるラピスが、姿を現わしたのである。

　中世の錬金術師たちの精神が変容を前にしたとき、周知のように、多かれ少なかれつねに全質化〔ミサにおけるパンと葡萄酒のキリストの肉と血への変化〕という日々の経験がその目先にちらついていた。リプラエウスは司教座聖堂参事会会員であったからいうまでもなくなおさらそうであった。われわれはすでにいくつかの例から、リプラエウスの錬金術に宗教的観念が入り込んでいることを知った。『古歌』の女王はまず第一には妻でも母でもなく、王を養子（adoptio filii/*υἱοθεσία*）にする「守護のガウンをまとう聖母」なのである。これは彼女が王に対して、「母なる教会」mater Ecclesia が信者に対するのと同じ関係にあることをそれとなく物語っている。王は死んで、いわば教会に、あるいは聖別された地に葬られ、そこで栄光化された肉体となって復活するのを待つのである。

孔雀は雛が成鳥に育ってからはじめて父親に見せるが、聖処女マリアも、すでに前のところで見たように、これと同じようなぐあいにその養子を父なる神に示す。化学溶液である子宮内の「母質」が物質の状態からルナへと高められるというのは、すでに言及したように教会の古典的なアレゴリー表現であって、リプラエウスがこれを知っていたことは疑いない。『古歌』において突然オプスのなかに踏み入ってくる女神は、たとえば『沈黙の書』でも同じように突然錬金作業工程の途中で現われるが、それはからだに月のしるしをおびた裸の女性で、腕にひとりの子どもを抱いている。これによって奇蹟が神々の介入というかたちで描かれているのである。[224]つまり神々は洗礼の際の代父〔名親〕のように地上の両親の身代わりとなり、「錬金術の胎児」foetus spagiricus を（霊的・精神的に）産む役割を引き受けるのである。『古歌』でルナが教会―聖処女マリア（Ecclesia-Beata Virgo）を寓喩的に表わしていることは、老人―少年（senex-puer）が作者自身によって「日の老いたる者」antiquus dierum と呼ばれている点からいって、絶対にまちがいない。したがってわたしは「月《ルナ》がこれを真似しつつ」illam Luna similans の「これ」illam を母親ととり、ルナが母親に取って代わるという意味に解した。母親はこの瞬間に老人―少年の融解を完了し、その結果のあとに残るのはただ等質の溶液だけであるから、母親に取って代るルナはこの溶液をいわば自分自身と同一視し、したがっていまや王を自分の胎内にやどしているのだと、もしくは自分の衣服の下で養子にしたのだと考える以外にない。これによって王は、神的にして不朽の肉体における不死性を獲得するのである。『沈黙の書』ではこのあとソルによる養子化がつづき、その上さらに最後に「ソルとルナの結合」coniunctio Solis et Lunae が生ずるが、そこでは当の養子はソルとルナの実体のなかに同質化され、結合の儀式のなかに含み込まれている。

これと似たような事態が『古歌』でも出来していると思われる。つまりこうである。ルナとその養子である息子とは最初はまだ同一の溶液のなかで一つになっている。母親はその寝室に閉じこめられているから、その姿は描写されていず、読者には見えない。月《ルナ》が母親のこの状態を受け継ぐとなると、それはおそらく新月の位相にあって、太陽《ソル》との合《ごう》（σύνοδος）に向かおうとしていると考えられる。新月が不気味さと蛇の性質とに関係していることはすでに述べた〔本書I、五〇頁以下、一八七頁以下〕。それゆえわたしは spirificans in splendorem Solis という一節を「身をくねらせて太陽《ソル》の輝きへと転身する」という意味に取る。錬金術における女性形姿は道徳的にマイナスの負荷をおびており、楽園の蛇と近しい関係にあるように思われる。だからこそ司教座聖堂参事会会員であるリプラエウスは新月の太陽への接近を表わすのに「（蛇のように）身をくねらせる」spiram facere というイメージを容易に思いついたのである。[225] 十五世紀の教養あるひとりの錬金術師がどれほどの象徴の知識を自家薬籠中のものとしていたか忘れてはならない。少なくともわれわれがここに展開している説明と同程度には象徴の世界に通じていたし（その心理学的意義となれば話は別である）、錬金術師によってはそれ以上のケースも存在したかもしれない（なにしろわたしが参照しえなかった未翻刻の手稿もまだたくさんあるのだから）。

第二十六連はこうである。

時至って母は、かねて身ごもっていた息子に
再生をもたらした。
天の心に完全にかなう子どもを所有し、
その子がふたたび王位を獲得したのだ。

Sic cum tempus aderat mater suum natum
Prius quem conceperat, edidit renatum.
Qui post partum regium repetebat statum,
Possidens omnimodum foetum coeli gratum.

第二十七連にはこうある。

四角であった母のベッドは
しばらくすると環の形になり、
円形をしたその天蓋〔あるいは蓋《ふた》〕は
くまなく月光のように輝く。

Lectus matris extitit qui *quadrangularis*
Post natata tempora fit *orbicularis*
Cuius cooperculum formae circularis
Undequaque candeat fulgor ut Lunaris.

この連は、すべての溶液がルナのうちへと移行したことを物語っている。しかも変容したのは溶液だけではなく、母質〔母液〕がはいっていた容器そのものも変容したのである。それ以前は四角であった、あるいは——こう補ってもよいと思うが——正方形であった「ベッド」が、いまや満月のようにまるくなる。cooperculum はベッドの天蓋というよりもむしろ容器の蓋のことをいっていると考えられるが、ほかならぬこの蓋が月のように輝くのである。蓋は容器の最上部をなしており、したがって明らかに月がそこから昇ってくる部分、つまり容器の中身がそこから外に現われ出てくる部分を意味する。マギステリウム（magisterium〔最終究極のオプス〕）の象徴として錬金術が好んだあの「円積法」がここで成就したのである。角をもつものは不完全であり、円がその現われであるような完全なものに取って代られる。[226] 母は（「母質」〔母液〕として）中身であると同時に容器でもあり、容器は錬金術ではしばしば中身と同一視される。たとえば「容器」vas は「永遠の水」aqua permanens と同じものと見られている。[227] まるい、完全なものが作り出されたということは、母から生まれた子どもがいまやその全き状態を達成したということ、すなわち王が（永遠の）若さを獲得し、王の肉体が不朽不滅になったということを意味する。真四角・正方形は敵対する四大元素の四要素構成を表わしており、したがって円形はそれらの元素が一つに統合されたことを暗に示している。四なるものから成る一なるものは、すなわちクウィンタ・エッセンティア〔第五元素・精髄〕である。このプロセスの心理学的意義については、ここではもはや詳細に立ち入る必要はあるまい。このテーマは『心理学と錬金術』においてすでに詳しく論じられているからである。

第二十八連はこうである。

かくしてベッドの四角形からまるい者が、
漆黒から白い、清浄な者が生じた。
ベッドからたちまち赤い息子が現われ出て
よろこばしげにふたたび王笏をつかんだのだ。

Lecti sic quadrangulus factus est rotundus
Et de nigro maximo albus atque mundus
De quo statim prodiit natus rubicundus
Qui resumpsit regium sceptrum laetabundus.

容器とその中身と、父親を内包する母親みずからとが、息子に変容した。漆黒の闇から立ち昇ってルナの純白に変じ、「太陽化」solificatioを通じて赤色を獲得したのである。この息子のうちに一切の対立が融け合っている。第二十九連にはこううたわれている。

つづいて神が楽園の門を開き、
この息子を白い月《ルナ》のように、
神がのちに支配者の座へと高めた白い月《ルナ》のように飾り、
火を吐く太陽《ソル》の壮麗な冠をかぶせた。

Hinc Deus paradysi portas reservait
Uti Luna candida illum decoravit
Quam post ad imperii loca sublimavit
Soleque ignivomo digne coronavit.

作者は王の更新と息子の誕生をさながら新たな救済者の示現のごとくに描写しているが、中世の聖職者の口からこのよう言辞を聞くのはなんとしても異様な感じを受ける。ルナの「支配者の座」への高揚が一方では聖母被昇天の、他方では花嫁たる教会（sponsa Ecclesia）の婚礼のパラフレーズであることは、誰の目にも明らかである。楽園の開門は地上における神の国の幕開け以外の何ものをも意味しない。太陽と月の属性を賦与することは「王の息子」filius regius を完全に、宇宙そのものである原人間にしてしまうことである。だからといってこの讃辞を些細なことと見たり狂気の産物だと見なすとすれば、的外れであろう。すべての錬金術師を精神病者として片づけるわけにはいかない。わたくしにはむしろ、聖職者ですら自らの信仰と並べて、あるいは信仰を超えて神的な現われを想定せざるをえなかったその誘因をさぐってみる方が得策であるように思われる。ラピスすなわち「賢者の石」がもっぱら黄金であるなら、錬金術師たちはまさしく金持ちになる。それが「万能薬」panacee であるなら、万病に効く良薬を手にすることになる。それが「生命の霊液《エリキシル》」elixir vitae であるなら、千年も万年も生きることができる。しかしこれらのどの一つをとっても、ラピスについて宗教的な発言をしなければならない十分な動機とは到底考えられないだろう。それにもかかわらずラピスが救世主《メシア》の第二の到来ででもあるかのように称揚されている以上は、錬金術師たちは事実そのようなものを意図していたのだと考える以外にない。なるほど彼らは自分たちの術を一種の聖賜物（charisma）、聖霊の贈物（donum S. Spiritus）、あるいは神の智慧の贈物（donum sapientiae Dei）だと見ていたが、[228]しかしそれはあくまで人間の業であったし、たとい決定的瞬間が神的な奇蹟として現出したとしても、神秘的な神の息子は一個の人為的な作品としてレトルトのなかで産み出されたものであった。

以上のように見てくるとどうしてもこう推測しないではいられなくなる。つまり、アラビア人とアラビア学者に倣っておよそ十三世紀頃に発展しはじめる、そして『立ち昇る曙光』をその雄弁な証人とする中世錬金術は、とどのつまり、教会では端緒の域を越えては発展しなかった聖霊の教えの継続的発展とさえいえるのではあるまいかと。[229] パラクリト〔真理の霊・聖霊〕は個々の人間に与えられており、それによって人間は三位一体的生命過程に与っている、[230] そして産む霊、生命の霊が人間に内在しているからには、神もまた人間の内部で生まれる可能性を有している——この思想はマイスター・エックハルト以来もはや二度と消えることはなかった。[231] アンゲルス・ジレージウスの詩はこれを疑問の余地のない明瞭さで示している。

神の霊がその本質的実体で汝に触れれば、

汝の内で永遠の子が生まれるだろう。
汝の魂が乙女であり、マリアのように純潔であれば、
汝の魂はたちまちにして神の子を孕むにちがいない。

わたしは神によって孕むにちがいない。神の霊がわたしの上に漂い、
神がわたしの魂の内部に真に生きるものを造り出すにちがいない。

ガブリエルよ、汝がマリアに受胎を告知しても、わたしにとって何の意味があろう、
もし汝がわたしに対しても同じ告知者とならないならば(232)。

これらの詩句でアンゲルスは、錬金術師たちが物質において体験したことを、またリプラエウスが複雑曖昧なアレゴリーを用いて描いていることを、宗教的・心理的体験として表現している。リプラエウスの『古歌』に露呈している荘重な語調と感動も、この体験の性質から十分に説明がつく。ここに体験されているのは、もろもろの秘蹟の恩寵の作用より以上の、より偉大な何ものかなのだ。すなわち神自らが聖霊を通じて人間の業に入り込むのである——霊感というかたちで、同時にまた、直接の介入によって奇蹟的変容を惹き起こすというかたちで。このような奇蹟が、ほんとうに黄金を造り出した者がいるという主張がくりかえしなされたにもかかわらず、実際にはレトルトのなかでは一度も生じなかったという事実、「万能薬」によっても「生命の霊液《エリキシル》」によっても定めを越えて長生きした人間など証明しうるかぎりでは皆無であったという事実、さらにまた、ホムンクルスが炉から立ち昇ってきたためしなどついぞなかったという事実、つまり成果はまったくの零であったという事実を考

えると、錬金術の達人たちのあの感動と熱狂の最終的な根拠はいったい何であったのかという疑問が湧いてくる。

この難問に答えようとすればいにしえの錬金術師たちの置かれていた状況を彼らの身になってありありと思い浮かべてみなくてはならない。すなわちいにしえの達人たちは、探求者の衝動に駆られて希望に溢れた道を歩んでいたのである。なぜなら錬金術が千数百年の努力の末に最終的に生み出した成果は、ほとんど計測しがたいほど無数の発見をともなった化学だったからである。錬金術に見られる生きいきとした興奮と感動の少なからぬ部分は、未曾有の可能性に対する予感から説明できる。彼らの実験室での作業が、実際に役立つ成果という点で、あるいはまた単に啓発的な成果という点でも、どれほど実りの少ないものであったにしても、この実験作業はしかし――つねにくりかえされた実験の失敗のことはまったく度外視するとして――肯定的な性質の心理的効果、たとえば満足感のようなもの、あるいはそれどころか自分はますます賢くなっていくというはっきりした感じのようなものを呼び覚ましたと思われる。さもなくば、ほとんどつねに報いられることのなかった企図を達人たちがなぜ飽くことなく実践しつづけたのか、どうにも腑に落ちない。彼らにしても失望のあまり何もかも放棄してしまおうと思わなかったわけではないのだ！　所期の成果が達成できないということで錬金術は再三再四悪評にさらされ次第に評判を落としていった。しかし他方では、化学の立場からは見込みのない試行錯誤も心理的側面から見ればまったく異なる様相を呈することを雄弁に物語る一連の証言が遺されている。拙著『心理学と錬金術』で示したように、化学的な作業工程の進行中に、無意識諸内容を具象的に示す、いやそれどころかはっきり目に見える幻視のかたちで示す心理的投影が生じたのである。現代の医学的心理学によって認識されたように、このような投影は場合によっては心理療法上すこぶる大きな効果を有する。いにしえの「達人たち」artistae が彼らのニグレド〔黒化〕をメランコリー〔鬱状態〕と同一視し、彼らのオプスを「心の苦しみ」afflictiones animae の治療薬として称揚したのは決して故なきことではなかった。なぜといって彼らは――実をいえばこれ以外に期待できなかったのだが――財布は小さくしぼむが心は儲けるという経験をしたのである。もちろんそれには前提があって、心が脅かされるという決して小さくないある種の危機をうまく切り抜けた場合であったが。錬金術師が投影したものは物質に顕現した無意識内容以外の何ものでもない。この無意識内容を現代の心理療法は能動的想像という方法で、それが無意識的に投影像に変ずる前に意識化する。このような無意識の意識化、形態なきものの形態化は、意識の態度が溢れんばかりの無意識内容からその表現可能性を奪っているケースで特別の効果を発揮する。このような状況下では無意識には、投影像と神経症の症候を生み出す以外にいわば手がないのである。中世の意識世界はある種の事柄に対して十分な表現可能性を許容しなかった。自然科学の途方もない世界は当時は、蕾のなかで生長を制限され窮屈に押し込められているようなものであったし、また、われわれが非常に多くの錬金術論説で出会う、そして——こう推測してもかまわないと思うが——自然科学的探求の経験主義と密接な関係にあるある種の宗教的な精神もまた、同様の状態に置かれていたのである。

かかる宗教的精神を最も明瞭に告知しているのはおそらく、第一にマイスター・エックハルトの、個々の人間の内における神の子の誕生という理念、そして第二にこの理念を前提とする、人間の神の子としての特性であろう[233]。この精神の第一の部分はプロテスタンティズムにおいて実現され、第二の部分はヤーコプ・ベーメ以後の神秘思想家、とりわけアンゲルス・ジレージウスにおいて予感的に感知された。アンゲルスはその結果、錬金術師の言にあるように、まさに真の意味で「業《わざ》のゆえに破滅した」perit in opere。彼はいわばプロテスタンティズムの域をはるかに超え出て、インドや中国の哲学と宗教性とをもたなければとても支えることができなかったような、ということはつまり、西洋ではどんなに早く見積っても十九世紀の終わり頃までは到底不可能であったような精神態度に陥ってしまったのである。彼の時代には彼は朽ち果てるほかなかった。事実またそれは悲劇的なかたちで現実のものとなった。ところでここに問題にしている宗教的精神の第三の部分は、いかなる権威にも拘束されない経験的諸科学の自由な態度に具現化され、最後に第四の部分は東の精神を摂取し、その巧みさと洗練度に程度の差はあれ、これを西の精神に併合した。

ものを考える人間なら、現代の状況が永続的な最終状況だと主張する気にはならないであろう。反対に誰もが、変化と移り変りのテンポが際限なく速まってきていることを痛感している。すべてはばらばらに分裂し、解体にさらされてきた。そして、既存の統一的な精神的組織の一つが辛うじて我慢できる程度に変化しないかぎり、当然期待される「より高い」総合《ジンテーゼ》を果たして達成できるかどうか、はなはだ疑問である。極めて大きな、厄介きまわりない障害は、あの信条主義、特定宗派への執着である。それはつねに自分だけが正しく、正しさは有するが寛容を欠いており、神聖この上ない理由をかかげて争いという争いを惹きおこし、煽りたて、自分だけが宗教を代表するものであるかのようにふるまい、考えの異なる者なら誰かれかまわず貶めて、最善の場合でも迷える羊のレッテルを貼りつける。果たして人間に自分こそ全体を体現するものだというような要求をかかげることが許されるであろうか。このような要求は倫理的に極めて危険であって、そういう要求の実現は神の全能にゆだねる方が、自分たちの同胞である他の人間たちを犠牲にして身のほど知らずにも神の似姿を僭称する危険を冒すよりはましなのではあるまいか。

やや横道に逸れたところで話をふたたび『古歌』にもどそう。

第三十連は以下のごとくである。

神は、それぞれ四大元素のしるしをほどこされ
優美に飾られた四つの武器を汝に与えた。
それらの真ん中には身請けされて自由の身になった処女がいて、
第五の円のなかにしっかり定着されている。

Elementis quatuor Deus insignita

図3

Arma tibi contulit decenter polita
Quorum erat medio virgo redimita
Quae in quinto circulo fuit stabilita.

宇宙的なアントロポス〔原人間〕の特性をそなえた更新された王に、ここではその武器として、四大元素が神から与えられる。そのいわんとするところは、王がほかならぬこの四つの元素によって宇宙ないしは世界を支配するということである。四つの元素は明らかに円として想定されている。というのも「処女」、すなわちクウィンタ・エッセンティアが、第五の円のなかに姿を現わしているからである。四大元素の円としての描写は周知の中世的形式である[234]〔図3参照〕。クウィンタ・エッセンティアが「処女」という形象で表わされているのは特異である。彼女は「身請けされて自由の身になった」redimita とされているが、これは彼女がこれ以前は囚われの身であったことを暗に物語っている。彼女は、ギリシア錬金術の「四大元素に囚われた魂」、ラテン語錬金術文献の「足を縛られた魂」anima in compedibus の再来であり、これは「中間的〔仲介的〕本性をそなえた魂」anima media natura あるいは「宇宙の魂」anima mundi 以外の何ものでもない。「中間的〔仲介的〕本性をそなえた魂」ないしは「宇宙の魂」とは、宇宙に内在する神的な生命を表わすところの、そしてまたプネウマ〔霊〕のあの部分、すなわち原初の水の上に漂ってこれを孵化し、そこにその生命の芽を植えつけ、こうして被造物の肉体に囚われてしまったあの部分を表わす呼び名の一つである。「宇宙の魂」とはすなわちメルクリウスの女性的な半身である。[235]

『古歌』では「処女」は若返った女王たる母を意味しており、彼女はいまこのとき、「花嫁」sponsa として登場する。「身請け」は母の長きにわたる苦しみを通じて、つまり、受難（passio）に相当するといってもいいようなオプスの苦労を通じて実現するのである。[236]

処女の第五の円への「定着」は、不調和な四大元素を統一として示すクウィンタ・エッセンティアが最も精妙な物質であるエーテルに匹敵するものであることを暗示している。クウィンタ・エッセンティアはそれゆえ、霊の世界に最も近くありながら同時に物質的な月下界をも表わしている。したがってそれは、一方では月《ルナ》の位置に、他方では聖処女マリアの位置にあらゆる点で符合するような位置を占めている。

第三十一連から第三十五連までの詩句は以下のとおりである。

かくして彼女は月のものの血から浄められたあと
馥郁たる香料をおびて流れくる。
全身が光を放ち、顔は輝き、
あらゆる宝石に飾られて。

けれども彼女の膝には緑のライオンが横たわり、
鷲(237)がライオンに食べ物を運んできた。
ライオンの脇腹からは血が流れ出て、
それを処女がメルクリウスの手から飲んだ。

彼女は両の乳房から不可思議な乳を注ぎ出し、
それをライオンに与えた。
彼女は海綿を何度も自分の乳で湿しては
それでライオンの顔を浄めた。

彼女は頭を王冠で飾られて
火と燃える気に乗って地から運び去られ、
きらめく星の衣を身にまとい
天の真ん中のエンピュロス〔神と天使の国〕に移し置かれた。

彼女の髪で網のように綯いあわされていた
黒い霧が消え去ったあと、
彼女はもろもろのしるし、時、さらには惑星に取り囲まれて坐っていたが、
その姿を王はよろこびの眼差しでうち眺めた。

Et unguento affluit haec delicioso
Expurgata sanguine prius menstruoso
Radiebat undique vultu luminoso
Adornata lapide omni pretioso.

Ast in eius gremio viridis iacebat
Leo, cui aquila prandium ferebat,
De leonis latere cruor effluebat,
De manu Mercurii, quem Virgo bibebat.(237)

Lac, quod mirum extitit illa propinabat
Suis de uberibus, quod leoni dabat.
Eius quoque faciem spongia mundabat,
Quam in lacte proprio saepe madidabat.

Illa diademate fuit coronata
Igneoque pedibus aere ablata
Et in suis vestibus splendide stellata,
Empyreo medio coeli collcata.

Signis, temporibus et ceteris planetis
Circumfusa, nebulis tenebrosis spretis,
Quae, contextis crinibus in figuram retis,
Sedit, quam luminibus Rex respexit laetis.

これらの詩行は王妃の神格化を描いているが、その表現の仕方を見れば、お手本が何であるかすぐに分かる。マリアの戴冠がそれである。とはいえそのイメージは錯綜していて、一方の死せる息子を膝に抱く母(ピエタ)のイメージと、他方の幼児に乳房をふくませる母のイメージとが重なっている。ふつうは夢のなかでしか起こらないことであるが、ここではそれと同じように、聖母の別々の状態のイメージが混交している。これはキリストのアレゴリーについてもいえることで、一方ではライオンのイメージ、他方では幼児のイメージが、脇腹に傷をもつ十字架にかけられた人の屍を表わしている。ここに見られる象徴表現は、夢の場合と同じように、美的感情や宗教的感情におかまいなく、相反する内容を一つに圧縮し交差させるというグロテスクを平然と押し通している。それはあたかも、異なる金属でできた装身具が坩堝のなかで溶かされ、形がくずれてしだいに輪郭がぼやけ、互いに混じり合って区別がつかなくなるのに似ている。こうしてこれらのイメージはその本来の表情、特徴、意義を失う。事実——われわれはそのたびに驚愕させられるのであるが——夢のなかでわれわれの最上の信念や価値がこのような聖像破壊的毀損をこうむることは稀ではない。しかしこれは夢にかぎったことではない。精神病の場合にもときとして、吐き気を催すような神の冒瀆や、宗教的観念の信じられないほどひどい歪曲が行なわれる。「美」を標榜する純文学も同じようなことをやってはばからない。ここでは、E・R・クルティウスがまことにもっともなことながら反キリスト者の作品と呼んだジェイムス・ジョイスの『ユリシーズ』に注意を促すにとどめておこう。このような作品は一作者の異常な着想の才の産物というよりは、むしろより多く時代精神の産物である。つまり今日のような時代であるからこそジョイスのような「預言者」が生まれるのである。ところで似たようなことはいわゆるルネッサンスの時代精神のなかでも起こった。その好例はゼバスティアン・ブラントがその『著名な福音書家によせる六行詩』の挿画で神聖な諸観念に関してやってのけたグロテスクな混交である(238)(図A、Bを参照)。ブラントの産物はジョージ・リプリー〔リプラェウス〕の空想と瓜二つといっていいほど似ている。しかもこのふたりの作者は、自分のやっていることのいかがわしさにはこれっぽちも気づいていない。けれどもこれらの産物は、その夢のような性格にもかかわらず、はっきり意図して作られたものであると思われる。なぜならブラントの場合は挿画の各部分に、わざわざ福音書の各章を意味する数字をほどこすほどの念の入れようだからである。リプリーのパラフレーズの場合も、聖なる伝説の主要内容を全体の関連から一つひとつ解きほぐすのは造作もない。ブラントは、挿画の各部分と番号とによって読者がいわば記憶術の要領で福音書の当該内容を想い出すのに便利だと思い込んでいるのであるが、しかしその反面、その画のまさに悪魔的なおどろおどろしいグロテクスによって読者の福音書の記憶にある刻印が押されてしまう。そしてこの刻印は実際、たとえば「カナでの婚礼」が「ヨハネ福音書」第二章に書かれていたという事実よりもはるかに強烈な印象として読者の心に刻み込まれる。まったく同様に、神々しい処女が傷ついたライオンを膝に抱いているというイメージも、日頃馴れ親しんでいる公式のイメージから奇妙に逸脱しているところからくる何か独特の魅惑的要素をそなえている。

以上わたしは、空想による歪曲の傾向を一種の溶解〔融合〕として説明し、それが本質的には破壊的なプロセスの印象を与えることを述べた。しかし実際はこれは――錬金術の場合は――啓示された真理と自然認識とのあいだの同化過程なのである。いかなる無意識的意図がゼバスティアン・ブラントを突き動かしたのかをここで探索するつもりはない。われわれのこのまったく独特の世紀に属するジョイスについてはすでに別のところで書いたから(239)、ここで贅言を弄するには及ぶまい。これらの例に見られるすべての溶解過程は、それが一つの時代精神

図A　ゼバスティアン・ブラント『著名な福音書家によせる六行詩』（1503年）から

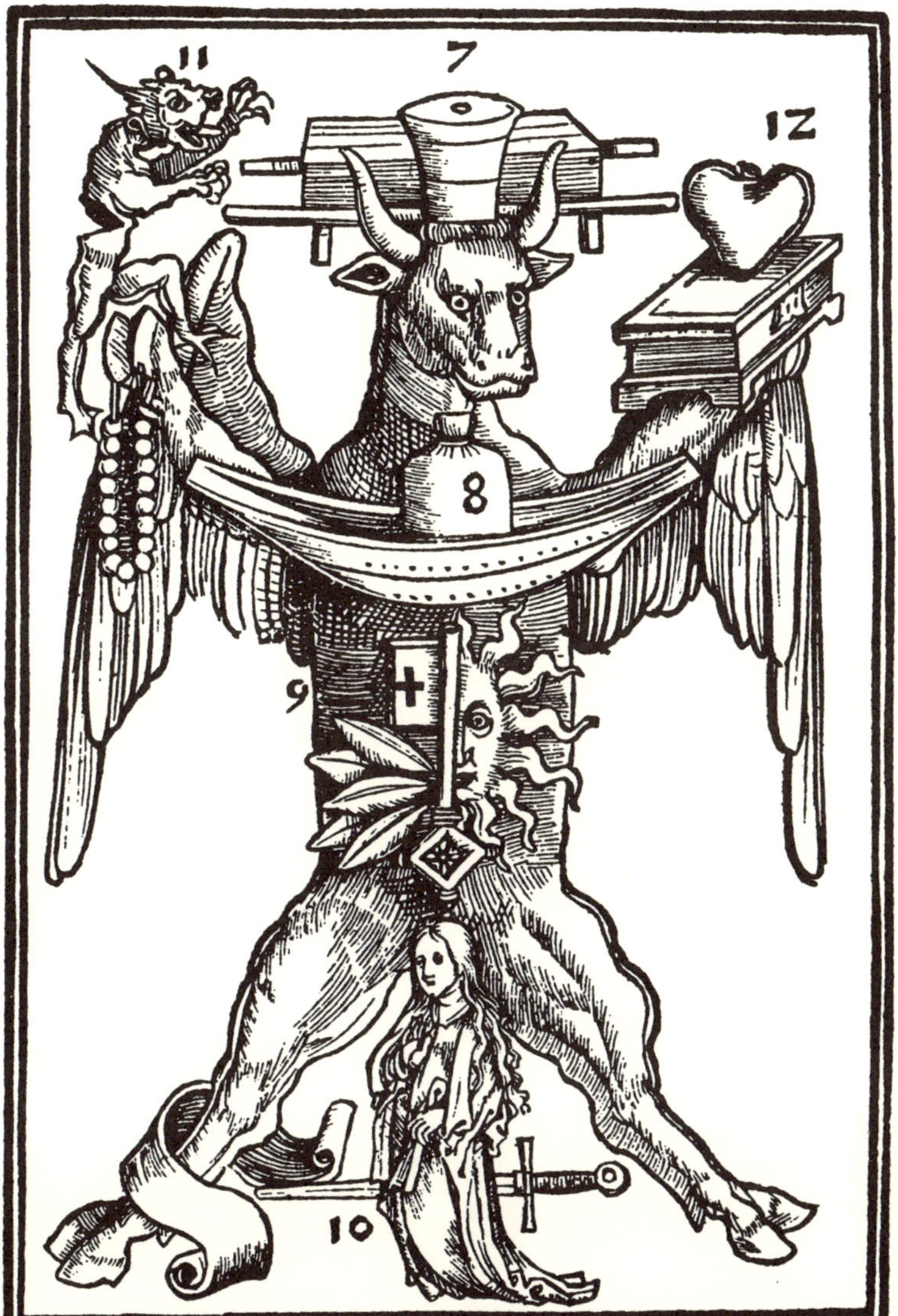

図Ｂ　ゼバスティアン・ブラント『著名な福音書家によせる六行詩』（1503年）から

に帰属しているというかぎりでは、そのときまで公認されてきた意識世界の支配因子の、一種の相対化を意味する。これらの支配因子と同一化しているか、あるいはそれに絶対的に依存してきた人々の目には、この溶解過程は敵対的で破壊的な攻撃であるように映じ、これに対して全力をあげて身を守らなければならない。けれども、これらの因子がもはやそれが表向き約束しているところのものではなくなっていると感じている別の人々にとっては、この溶解過程は、老化して活力を失い、精神力の枯渇してしまった物の見方・考え方のシステムの、待ちに待った豊饒化を意味する。つまりこの溶解過程は見る人の立場によって、甚だ好ましくないものであったり、極めて望ましいものであったりするのである。[240]

この、あとの場合、二つの可能性を区別しなくてはならない。一方には、教会が代表しているような啓示された神聖な真理は自然における神の認識と結びつくことによってのみ獲得しうると考える錬金術師がいる。他方には、キリスト教の「信仰の神秘」mysterium fidei を自然界へと移し置くことは、後者に、すなわち自然に、神秘的意義を与え、この自然の神秘的意義の輝きは教会の儀式の壮麗な不可解さを照らし出すと考える錬金術師がいる。前者が熱望しているのは信仰システムの一種の再生であり、後者が熱望しているのは信仰システムの新たな受肉、すなわち信仰システムの自然の啓示への変容である。

わたしが錬金術における同化現象に特別の重要性を認めているのは、それがある意味では、現代において生じた、経験的心理学のキリスト教の教義の諸観念への接近の、序曲をなしているからである——ニーチェがすでに明瞭に予感し、また口にしているあの接近である。自然科学としての心理学は宗教的観念世界を、その神学的内実には手を触れずに、あくまで心的現象学の面から観察する。それは、宗教的観念世界のもろもろのイメージを、まさにそれこそが自らの研究領域であるところの心理的内容の領域に引き入れる。心理学のこのような研究の仕方は心の性状それ自体を通じておのずから生じたものである。この作業の狙いは、錬金術の場合とは異なって、たとえば心的事象を神学的に説明することにあるのではなく、むしろ宗教的な諸イメージの曖昧な不可解さに、これらのイメージをそれに類似した心的諸内容と関連づけることによって、解明の光を当てようとするものである。このような関連づけによって、見たところ素姓をまったく異にする諸観念の、一種のアマルガムないしは合金が出来上がる。それはときとしては、認識論的思考に縁のない無批判的悟性には冒瀆とも曲解とも見えかねないような類比や比較に通ずる。もしこれを理由に心理学に異議を唱えようとするなら、教父たちのしばしば極めて大胆な聖書解釈に対しても、あるいは聖書本文批評の疑いのまなざしに対しても、容易に同じ異議を唱えることができるだろう。心理学は宗教的な諸象徴と取り組み、これを研究するが、それは、心理学の領域には神学者には通常まったく知られていない経験材料があって、この材料がそれを強いるからである。生体内にあって生きている蛋白体の化学的研究を、それは生きており、生きているものの研究はすなわち生物学の問題であるという理由で、生物学にゆだねてしまうなどということはしないであろう。経験科学が宗教的経験領域を研究することは、科学と宗教の双方にとって生産的でありうる。有害であるとすればそれはただ、双方のどちらかが自らの妥当性要求の限界を自覚していない場合だけである。むろん、錬金術がこの点で無自覚であったという非難に対しては、弁解の余地はない。リプリーのような人物が、神学的に見た場合自分のイメージが途轍もなく恐ろしいものであるということを考えてみたことがあるかどうか、もしあるとすればどう考えていたのか、これはひとつの謎であるし、いつまでも謎のままでありつづけるだろう。ただし、自然科学的心理学の側から見れば、彼の精神状態は正真正銘の夢の状態に近似しているのである。

さて、われわれはマリアの戴冠ないしは天上の婚礼とともに『古歌』の終結部に達する。第三十六、三十七連ではこううたわれる。

この方はあらゆる王を凌駕する最高の凱旋者、
病んだ肉体の偉大なとりなし人、

はたまたあらゆる過ちの偉大な改良者、
それゆえ皇帝も道行く民もこの方に服従する。

この方は位高き聖職者と王たちを顕彰し、
病める者と弱き者の慰めとなる。
この方の薬の効かない者がいようか、
それはあらゆる困窮の苦しみを追い払う。

Est hic Regum omnium summus triumphator
Et aegrorum corporum grandis mediator,
Omnium defectuum tantus reformator
Illi ut obediant Caesar et viator.

Praelatis et regibus praebens decoramen,
Aegris et invalidis fit in consolamen.
Quis est quem non afficit huius medicamen,
Quo omnis penuriae pellitur gravamen.

これは「王の息子」filius regius の神格化であって、多くの錬金術論説に類似のものが見られる。たとえば古い論説である『ヘルメスの黄金論説』にはこうある[241]。

いままさに蘇ったわれらが息子は火を打ち負かす戦士となり、もろもろのティンクトゥラ〔染色剤〕を凌駕する。なぜならこの息子は救いの化身であり智慧の所有者だからである。汝ら、賢者たちの息子らよ、来たってわれらをよろこばせ、凱歌をあげしめよ。死に終止符がうたれ、われらの息子が支配権を握り、いまや赤いマントを、深紅を、身にまとったのだから。

この形姿は先に言及したマニ教の、五つの元素で武装し闇と戦うために出陣する「最初の人間」を想い起こさせる[242]〔注89参照〕。再生した王は「宇宙の奇蹟」mundi miraculum、「あらゆるものにまさって清浄な霊」[243]である。『賢者の水族館』はつぎのように明言する。再生した王は

あらゆる天上の霊たちをさしおいて選ばれた霊、暗黒の、高貴この上なき、清浄この上なき霊であり、あらゆる他の霊は王に対するようにこの霊に服従し、この霊は人間にもあらゆる安寧と繁栄をもたらし、あらゆる病いを癒し、敬虔な人々にこの世の栄誉と長き生を与えるが、しかしこの霊を悪用しようとする邪悪な者たちには永劫の罰を加えるといわれる。この霊はあらゆる点において信頼できる、完璧な、無謬の存在として創られていて……要するに、天の下で見られる最極限のもの、最高のものであるといわれる。そこで彼らはこの霊を、あらゆる哲学の業の驚嘆すべき帰結にしてエピローグと名づけた。それゆえすべての敬虔な哲学者たちもかつてこう明言しているのだ。この霊は最初の人間たるアダムに上方から示現し、そののちあらゆる聖なる太祖らによって類を絶する憧憬をもって待ち望まれた、と[244]。

フィラレタの『開かれた門』にはこういうことばが見える。

……全能の神は彼〔王の息子＝選ばれた霊〕を際立ったしるしによって知らしめた。すなわち彼の誕生は全能の神の半球の水平線に哲学的な上昇[245]〔出現・始まり〕が生ずることによって告知された。賢きマギ〔東方の三博士〕は新たな宇宙年《アイオーン》の始めにそれを見て、驚愕し、ただちに至高の王がこの世に生まれたことを知った。もしも汝がその星を目にしたなら、その星の導きに従って揺りかごのところまでついて行け。するとそこに、美しい幼な児を見出すだろう。自らの汚れを浄めたら、王の子を敬い、宝の包みをあけ、黄金の贈物をささげよ。そうすれば王の子は死してのち、汝に肉と血を、地上の三つの王国で最高の治療薬をお与えになるであろう。[246]

「王の衣」をまとったエリキシル〔霊液・仙薬〕というイメージがすでに『賢者の群』に出てくる。[247]『結合の会議』は王を「天より降り来た」と形容している。[248]完成されたアルカヌムの比喩としての王はすでに、ゾシモスの手になるとされる『エジプト人の智慧の書』βίβλος Σοφε Αἰγυπτίου に見られる。すなわちこういわれている。「火の花としての太陽と宇宙の右の目としての太陽が存在するように、銅もまた、洗浄によって花となれば、天の太陽と同じように、地上の太陽、地上の王[249]である。[250]」これと同じ意味でミューリウスは王たる太陽についてこう語っている。「輝く黄金の髪をもつポイボス〔アポロ＝太陽〕が真ん中に座している。さながら世界の王にして皇帝のように王笏と支配の舵を手にして。」ポイボスのうちには「天上的なるもののあらゆる力がやどる。[251]」また別の箇所でミューリウスはつぎのようなことばを引用している。「ついには王が汝の前に出現するであろう、王冠をいただき、太陽のように光を放ち、ざくろ石のように明るく輝いて。[252]」クーンラートは「不可思議な、自然の三位一体を体現した〈大宇宙の息子〉」について、この息子を賢者らは彼らの「宇宙の卵から（ex Ovo Mundi）術によって孵化した息子、王冠をいただく王」と呼ぶ、と語っている。[253]クーンラートはまた別の箇所で、

「大宇宙の息子」filius Mundi Maioris についてつぎのようにいっている。

テオコスモス（Theocosmos）、すなわち一個の神的な力にして世界であるところの大宇宙の息子は（多くの、異教精神にもとづいて自然を説く者たち、また医学の家を建てる者たちは、最高の学問の府において、遺憾ながら今日なおこれを捨てて顧みないが）、テアントロポス（Theanthropos）、すなわち神にして人であるところのあの石（聖書が伝えるように教会の家を建てる者たちが捨てた石）の原型である〔「詩篇」一一八―二二、「マタイ福音書」二一―四二〕。そしてまさにこの原型から、大宇宙の自然の書のなかで、またそのなかから、賢者らとその子どもたちのための永遠不滅の教えが生じた。いな、われらが救世主イエス・キリストと対《つい》をなすもの、生きいきと輝く像が、大宇宙のなかで、またそのなかから生じたのだ。それはその自然本性からして（奇蹟の受胎、誕生、名状すべからざる力と徳と作用からいって）イエス・キリストに極めてよく似ている。すなわち主なる神は、自らの息子の事蹟を聖書に書き記させたばかりでなく、同時にわれわれのために、自然の書のなかにも、特別の、自然の像を描かしめたのである。[254]

ここに挙げたわずかな例にわたしがすでに『心理学と錬金術』で示した例を合わせ考えれば、読者は、錬金術師たちが凱旋者たる王をどのようなものと見ていたか、想像がつくであろう。

最後の第三十八連はこうである。

それの一部[255]を手にするというわれらが願いを
神が聞きとどけられんことを。
われわれがその増殖[256]によって術を更新し、

術の三倍も甘く豊饒な果実をつねに享受できんがために。アーメン。

Nostrum Deus igitur nobis det optamen
Illius in speciem per multiplicamen
Ut gustemus practicae semper regeneramen
Eius fructus, uberes et ter dulces. Amen.

王の更新の最も完璧な寓話の一つである『古歌』はこれをもって終わる。しかしながらこの『古歌』といえども、クリスティアン・ローゼンクロイツの王の更新の神話の多彩でしかも意味深い造形には遠く及ばない（ローゼンクロイツの『化学の結婚』は内容があまりにも豊かすぎてここで表面的に取り扱うというわけにはいかない）。『化学の結婚』と同様に『ファウスト』第二部も「老人」senex から「少年」puer への変容という同じモチーフを含んでいて、天上的な聖なる結婚の必要にして十分な暗示に満ちおり、この結婚は錬金術の場合と同じように、『ファウスト』全体において異なる段階で繰り返される（グレートヘン、ヘーレナ）。また、『ファウスト』第二部には王の更新のモチーフも含まれていて、王の更新はファウストが死を迎えるまでに三度失敗するのである（童形の馭者、ホムンクルス、オイフォーリオン）。

五　王の暗い側面

『古歌』のほかにも詳細なディテールをそなえた王の更新に関する寓話が存在するが、王に関するわたしの論述が必要以上に長くなるのを避けるためにここでは取り上げないことにする。[257] 目下の関心事である王の変容過程についてある程度具体的なイメージをいだくには、以上に挙げた材料で十分であろう。しかし王の更新の神話は関連の拡がりが極めて大きいので、この象徴の全容を示すにはこれまでの説明だけでは不十分である。それゆえ以下、特にニグレドの、つまり腐敗と死の、そして再生の危険な側面にもっと立ち入って光を当ててみることにする。王の衰滅の原因は王の不完全さ、あるいは病いにある。『古歌』ではすでに見たように、それは不妊であった。不妊に悩む王というこの形象は『アリスレウスの幻視』[258] に由来するのかもしれない。『アリスレウスの幻視』では「海の王」Rex Marinus は自身は不妊ではないが不毛の国土を支配している。王という存在は暗黒の世界にある種の関係をもっている。たとえば『閉ざされた王宮への開かれた門』では、王は初めは「秘密の、地獄の火」[259] ignis infernalis, secretus であるが、再生した「王の男の子」puellus regius としてはキリストのアレゴリーである。ミヒャエル・マイアーでは王は死ぬが、しかし海の底で囚われの身となって生きていて、助けを呼び求める。[260] サロモン・トリスモジンの『太陽の輝き』では王の物語がつぎのように語られている。

> いにしえの賢者たちは、遠くから霧が立ち昇り、地の全体を覆い、湿らせるのを見た。彼らはまた海が荒れ狂い、水が地の表面を奔流し、闇のなかで腐敗し悪臭を放つのを見た。さらに彼らは地の王が水に沈むのを見、王が切々たる声で叫ぶのを聞いた、[261]「余を救ける者は余とともに永遠に生きつづけ、余の光輝に浴して余の玉座の上で支配しつづけることになるのだ！」それから夜がすべてのものをつつみこんだ。つぎの日彼らは、明けの明星とおぼしき星が一つ王の頭上高くに昇り、昼の光が闇を照らし、明るい太陽が雲間から色も綾に、星のように煌めく光線を放ちながら、どんな麝香も及ばない芳香を漂わせて大地から立ち昇り、美しく明るく輝くのを見た。そしてこのとき王はあらゆる栄誉に満ちて救済され蘇ったが、それは完璧この上なく、王は全身をまことに美しく飾られ、その美しさは太陽と月をも驚かせた。王は三つの華麗な冠をいた

だいていて、その一つは鉄で、もう一つは銀で、三つ目は黄金でできていた。見れば王は右手に七つの星をあしらった王笏を持っており、それらの星はすべて燃えるような輝きを放ち……[262]

七つの星は「ヨハネ黙示録」（一―一六）の「右の手に七つの星を持ち……」に関係している。七つの星を持つ者は「人の子のような方」（一―一二）であり、これは『開かれた門』の「王の男の子」の場合と同じである。水底に沈む王はアルカヌム、すなわち秘密物質で、ミヒャエル・マイアーにおいては「哲学者のアンチモン」と呼ばれる。[263] この秘密物質は、もともと意識中に生きいきと存在していたのが無意識のなかに沈降してしまい、いまふたたび新たな形態をとって意識に引きもどされようとしているキリスト教の主要因子と対応関係にある。アンチモンは黒〔黒色〕に関係している。それは三硫化アンチモン（Sb_2S_3）として、髪を黒く染めるオリエントの最上の染髪料（kohol）なのである。これに反して五硫化アンチモン（Sb_2S_5）、いわゆる「黄金硫黄」Goldschwefel（「アンチモン黄金硫黄」Sulphur auratum Antimonii）は、黄味をおびた赤である。

錬金術の「沈んだ王」は、冶金学のいわる「金属の王」、すなわち「レギュラス〔マット〕」〔＝Regulus、ラテン語で「小さな王」を意味する〕となって生きのびた。レギュラスとは、鉱石精錬の際に炉の底のスラグの下にできる金属塊の名称である。「アンチモン黄金硫黄」という名称も「黄金硫黄」という名称も、アンチモン化合物において硫黄が強力に前面に押し出てくることを物語っている。硫黄はすでに見たように〔本書I、一五二頁以下〕ソルの能動的実体であり、二硫化硫黄と硫化水素が地獄の悪臭を体現しているという意味で文字どおりやや「臭い」（anrüchig＝胡散臭い・いかがわしい）存在である。硫黄がソルに帰属しているのは、ライオンが王に帰属しているのと同じである。ライオンもまた一方では「悪魔のアレゴリー」allegoria Diaboli として、他方では（錬金術における）ウェヌス〔ヴィーナス〕夫人との関係ゆえに、両義的ないかがわしさをおびている。それゆえ錬金術師たちに周知のアンチモン化合物（Sb_2S_3、Sb_2S_5）のなかには、王とライオンの本質を明示するある物質が含まれており、「アンチモンの凱旋」triumphus Antimonii ということがいわれるのはそのためである。[264] 拙著『心理学と錬金術』で証明したように[265]、沈んだ王は『立ち昇る曙光』の第七の寓話と並行関係にある。そこにはこうある。

> 汝らはいまこそ心からわたしに立ち返れ。わたしが日焼けして黒いからといってわたしを軽んずるな。深淵がわが顔を覆い、地はわが業において汚され辱められた。すなわち、わたしが深淵の泥に沈みわたしの本質が打ち開かれなかったがゆえに、闇が地の上を覆ったのだ。それゆえわたしは深き淵から叫ぶ、そして汝ら道行く人よ、わが声は地の深淵から汝らすべてにとどく、「わたしをよく見て考えよ、かつて汝らのなかにわたしに等しい者を見出した者があるかないかを。もしあればその者に明けの明星を与えよう。」

「深淵の泥」はウルガタ聖書「詩篇」六八—三の「わたしは深淵の泥にはまりこみ、足がかりにすべき何ものもありません」Infixus sum in limo profundi et non est substantia に依拠する（チューリッヒ聖書「詩篇」六九—三「わたしは底無しの深い泥沼に沈んだ」）。このダヴィデのことば「わたしは深淵の物質のなかにはまりこみ」[266] *Ἐνεπάγην εἰς ὕλην βυθοῦ*（＝infixus sum in materia profundi）をエピファニオスはつぎのように解釈する。これはすなわち「汚い思量」と「罪深い泥のような思考」から成り立っているある物質が存在するということである、と。ところがそのエピファニオスが、「詩篇」のいま引用した箇所と同一の関連にある第一三〇章一節の「深い淵の底から、主よ、あなたに呼びかけます」については『アンコラトゥス』のなかでこういう解釈をほどこしている。「聖者たちは聖霊が彼らの内に住むという恩寵に与るが、すると聖霊は、その住まいを聖者たちの内に建て終わるやいなや、彼らが深淵〔深み〕から聖霊を称えるように彼らに神性の深淵〔深み〕を探求するというカリスマ〔特殊な神的能力〕を授ける。このことをダヴィデもまた告白している。すなわち彼は〈深い淵から、主よ、わたしはあなたに呼びかける〉と語っているではないか。[267]」

「深淵」profunda の解釈のこの矛盾対立は錬金術においてはもっと間近に同居している。いやしばしば、矛盾対立は同一の事柄の異なる側面にすぎないと思われるほどに近接している。もちろん錬金術においては「深淵」は時に応じて反対の意味をもち、一義的明晰の愛好者は例外なく絶望的な気分に陥るだろう。永遠の力を有するイメージというものは、何はともあれ絶対に一義的ではない。そして、イメージ内容の矛盾対立を決してないがしろにせず、そのことによって、一義性を重んずるがゆえに矛盾対立を計測不可能なものとして斥けるドグマ的な観念世界を明らかに補償しているというところに、錬金術のまさに錬金術たる特徴が存するのである。対立を能うかぎり対立として分離するという姿勢、つまり一義性を求めてやまないという態度は、明晰な意識を生み出すためには絶対になくてはならない。なぜなら区別は意識の本質的要素の一つだからである。しかしこの分離ないしは区別があまりにも極端に走り、対立をまさに対立として成り立たしめている相補的関係が無視され、白いものの黒い側面、善いものの悪い側面、高いものの低く深い側面等々がもはや目に入らなくなると、一義性に代わって一面性が生じ、この一面性はわれわれが何もしなくとも、無意識によって自ずから補償される。いやそれどころか、その調整作用はわれわれの意志に逆らって起こりさえする。その結果われわれの意志は狂熱的な振舞いにおよばざるをえず、次第にそのファナティックの度を強め、ついには破局的なエナンティオドロミー、逆流現象を招来せずにはおかない。これに反して智慧は、あらゆる物事には二面があるということを片時も忘れない。もし智慧に何らかの力、権力があれば、智慧によってこのような破局的災厄は未然に防がれるだろう。ところが力は智慧の支配するところには決して存在せず、つねに群衆《マス》的な利害関心の焦点に存在し、不可避的に群衆的人間の底無しの愚かさと手を組む。

　王の権力はもともとはまさに、王の主要特徴が存在の諸対立を象徴的に包摂しているという点にあったのであるが、権力の一面性が強まるとともに崩壊の道をたどる。けれども他方では、一面的理念がはっきり前面に現われ出れば出るほど、意識はますます明るくなり明瞭の度を加え、意識内容はますます妥当性を強め君主的になり、その前では一切の矛盾対立は後景に退かざるをえない。このような極端な状態への到達は、絶頂はつねにまた終焉を意味するにもかかわらず、避けることができない。そうなると人間の内なる自然、すなわち無意識は、ただちにこの極端な状態を補償しようとする。これはこの状態にとっては極めて不快なことである。なぜといって、この状態は自らを理想的だと思い込んでおり、また自らの卓越性を最上の論拠で理由づけることのできる立場にあるからである。その結果われわれはこの状態が理想的であることを容認せざるをえない。しかしだからといってこの状態が完全なわけではない。それは生命あるもの、生きいきと存在するものの一部を表わしているにすぎないからだ。生命あるものは明澄ばかりでなく混濁をも、明るいものだけではなく暗いものをも必要不可欠のものとして欲する。いや、昼の後には必ず夜が来ることを、智慧といえども自らのカーニヴァルを祝うことを欲する――まさにその智慧のカーニヴァルこそ、錬金術にその少なからぬ痕跡を見ることのできるものである――。それゆえ王は繰り返し更新を必要とするのである。そしてこの更新は己れ自らの暗闇へと下降すること、己れ自らの深みへと沈潜すること、そして自らの敵対者と自らとの血縁を想起することをもって始まる。

　誇り高き不死鳥フェニックスがエピファニオスの見解によれば己れ自らを焼きつくしたあとまず自らの灰のなかから「蠕虫」σκώληξ〔からだをくねらせて動く細長い虫〕となって這い出るように、[268]王もまた自らの「地獄の火」ignis infernalis のなかからまず龍の姿をとってふたたび姿を現わす。[269]例の王冠をいただいた龍〔蛇〕がしばしば像に描かれているのはそのためなのだ。それは悪臭の場に特別の関係を有するところの（「糞尿のなかに見出される」in sterquilinis invenitur!）「メルクリウスの蛇」serpens mercurialis なのである。[270]エピファニオスの『アンコラトゥス』が「そのなかから一つの日に貧相な蠕虫が生まれる」πρὸς μίαν ἡμέραν ἀφανισθέντα σκώληκα γεννᾷ というふうに「一つの日」をいわば強調しているのは〔注268参照〕、つぎの点で注目に値する。つまりこれによって、ハインリヒ・クーンラートの『信条』のなかにアルカヌムである「自然のヘルマプロディトス」Hermaphroditus Naturae の呼び名として見出される「一つの日の息子」filius unius diei（わたしの知るかぎりこの表現は全錬金術文書中でこの一回しか出てこない）[271]にある光が当てられるかもしれないということである。そこでは「一つの日の息子」は、「サトゥルヌス〔土星・鉛〕[272]、哲学者の両性具有の哲学的人間（ambigui sexus Homo Philosophorum Philosophicus）、賢者の鉛、哲学者の宇宙の卵（Mundi Ovum Philosophorum）、……宇宙の最大の奇蹟（summum mundi miraculum）、緑と赤のライオン、……茨のなかの一本の百合[273]」の同義語として出てくる。

「王の息子」filius regius はすでに言及したようにメルクリウスと、そしてオプスないしは更新のこの特別の段階では「メルクリウスの蛇」と同じものである。この段階にあるということは、暗くて冷たい凶星であるサトゥルヌスによって、さらに、明らかに始原の状態を意味する哲学者の「宇宙の卵」によって、最後に、いわば王の獣の魂を表わしている「緑と赤のライオン」によってはっきり示されている。これらすべてを総体として表現したものがすなわち龍ないしは蛇なのである。王の最も低次の最も原初的な生命形態としての「龍」draco は、錬金術文書のいたるところで何度も繰り返されているように、毒をもち、死をもたらす危険性をおびており、初めは危険な毒であるがのちには解毒剤（Alexipharmakon）そのものに変ずるメディキナ（medicina＝霊薬）なのである。

プリニウスに見られるフェニックス神話[274]のなかでも、われわれは蠕虫に関する見解に出くわす。まずはじめにフェニックスの骨髄のなかから一匹の蠕虫が這い出て、そのあとそれが小さな鳥に変容する。同じ見方がクレメンス・ロマヌス[275]、アルテミドロス[276]、エルサレムのキュリロス[277]、アンブロシウス[278]、カルダヌス[279]において繰り返されている。しかしそのどこにもエピファニオスにおけるように一つの日ということは主張されてはいない。フェニックス神話を理解する上でつぎの事実を承知しておくことは重要である。すなわちキリスト教の聖書解釈学がフェニックスをいみじくもキリストのアレゴリーの一つと見たという事実である。これは優に一個のすぐれた神話解釈に匹敵する。[280] フェニックスの自己焼尽にキリストの自己犠牲が、フェニックスの灰にキリストの葬られた肉体が、そしてこの奇蹟の鳥の再生にキリストの復活が相当する。[281] また、後世に受け継がれたホラポロ（四世紀）の見解によれば、[282] フェニックスは魂とその再生の地への旅を意味する。[283] フェニックスはまた「万物の長期にわたるアポカタスタシス（ἀποκατάστασις πολυχρόνιος）」を表わしている。いやフェニックスは変化そのものなのである。[284] アポカタスタシス（ἀποκατάστασις＝restitutio＝〈万物〉復元・〈万物〉更新）という概念――「万物が新しくなる」（「使徒言行録」三―二一）――および「キリストにおける統一・更新」instauratio in Christo という概念――「エフェソの信徒への手紙」一―一〇、ギリシア語原典「あらゆるものをキリストのもとに一つにまとめる」ἀνακεφαλαιώσασθαι τὰ πάντα ἐν τῷ Χριστῷ、ウルガタ聖書「あらゆるものをキリストにおいて更新する」instaurare omnia in Christo[285]――は、自己更新という主要モチーフとならんで、フェニックスをキリストのアレゴリーと見る上で恰好の本質的近親性を示すものであるといってかまわないであろう。

「一つの日の息子」filius unius diei に言及する際にクーンラートは、先の注271でふれたように、「一つの」unius のあとに「彼の」を意味する三人称所有代名詞 SVI（＝sui）という語を、しかも大文字で挿入している〔一つの（彼の）日の息子〕。表記法によってそれが何か神的なものを意味しているということをはっきり示そうがためである。この神的なものは、神あるいはキリストとのあるアナロジーに関連しているとしか考えられない。一つの日についてふれた例は錬金術文書ではこれ以外には、いわば神の特別の恩寵によってオプスすなわち錬金術の業も一つの日で完了することがあるという言及がときおり見られるだけである。けれどもこの SVI はむしろ神性そのものを指しているように思われる。たとえば、王の息子は、「彼の」日に、つまり神に属する日、神の日に、あるいは神によって選ばれた日に、生まれたというようなことをいわんとしているのではあるまいか。ところでフェニックスは復活のアレゴリーであるから、そうなると誕生（再生）の一つの日は、キリストが墓に埋葬されていた、ないしはキリストの「地獄行」descensus ad inferos の三日間に当たるとしなければならない。

このことについてはしかし、キリスト教聖書解釈学の教義では何一つ言及されていない。もっともクーンラートは例外で、この思弁的頭脳の持ち主は、のちのある種の（プロテスタントの）教義学者たちの議論を先取りしていた。彼らは「ルカ福音書」二三―四三の「あなたは今日わたしと一緒に楽園にいる」に依拠して以下のような教義を立てたのである。キリストは死後（カトリックの教義が前提としているように）ただちに地獄に降ったのではなく、復活祭の日の朝まで楽園に滞在したのだ。キリストの魂が死において肉体を離れた瞬間に地震が起こるが、復活祭の日の朝ふたたび地震が起こった（「マタイ福音書」二八―二）。この二度目の地震の際にキリストの魂はふたたび肉体と一つに結びつき、[286] そのあとではじめてキリストは、「囚われている霊たち」に説教するために（「ペトロの手紙一」三―一八）地獄へと降ったのだ。いわばその間に天使が墓に現われ、婦人たちに語りかけたのである。だから地獄行の期間はこの短い時間に限定されるべきである。[287]

この見解に従えば一つの日とはすなわち復活祭の日だということになる。肉体の魂との合一は錬金術においては、ラピスがそれを通じて生ける肉体へと変容するところの「結合」coniunctio という奇蹟である。フェニックスはまさしくこの奇蹟の瞬間を意味している。[288] 錬金術的変容はよく「日の出」（ortus solis＝太陽《ソル》の出現）に喩えられる。しかし、クーンラートがこういうことを思いめぐらしていたとする手がかりは何一つないということとはまったく度外視するとしても、復活祭の朝という仮定は十分説得的であるようには思われない。つまりここには、一つの日ということを強調しているほかならぬエピファニオスによって言及されているあの蠕虫という特別の要素が欠けているのである。「一つの日の息子」の意味を解明するにあたって、この要素を見過ごしてはならないように思われる。一つの日はおそらく「創世記」一―五（ウルガタ聖書）の「夕べがあり、朝があった。一つの日であった」Factumque est vespere et mane, *dies unus*[289] に関係している。このことが起こるのは光と闇が分けられたあと（ないしは光の創造のあと）であり、その際留意しなければならないのは、闇のほうが光よりも前に存在していて、いわば光の母であるという事実である。[290] ここにいう一つの日の、その息子は、光であり、

（「ヨハネ福音書」一―五に従えば）ロゴス〔言〕であって、このロゴスはすなわちヨハネの伝えるキリストに符合する（「わたしは世の光である」Ego sum lux mundi ――「ヨハネ福音書」八―一二）。そして一つの日の息子をこのように解釈すると、この息子は「自然のヘルマプロディトス」[291]あるいは「哲学的人間」homo philosophicus に対して直接の関係を有することになる。いやそれどころか、誘惑者にして圧政者であるサトゥルヌス、[292]ライオンもそれに帰属するヤルダバオトすなわち最高位のアルコン〔暗黒の宇宙の創造者にして支配者〕であるところのサトゥルヌスに対して、とどのつまりはライオンそれ自身、その野蛮な粗暴さから解き放たれるには達人〔錬金術師〕によって両前足を切断されなくてはならないところのライオンそれ自身に対して、直に関係することになる（これらの形象はすべてメルクリウスの同意語である！）。

ここにフラ・マルカントニオ・クラッセラメの『賢者の石の合成について』と題するイタリア語の教訓詩がある（一六六六年初版）。[293]フランスで出た版ではタイトルがいみじくも『闇それ自身から生ずる光』となっており、このタイトルは、ここに描かれている光がロゴスによって創造された光ではなく、「自発の光」lux spontanae、つまり自ら産み出された光であることを暗に物語っている。[294]この詩は宇宙創造に始まっていて、そこではロゴス〔言〕がカオスを創造したと、いわば虚偽の主張がなされる。

全能者の口から発せられた最初のことばによって
闇につつまれたカオス、形なき塊が
無から生じ来った。

では、すべての被造物がいかにして生まれたかを知っている者は誰か。それはヘルメスである。

おお、聖なるヘルメスの、父をも凌駕せんと励む息子たちよ、
父の術が汝らに自然のありのままの姿を隠さずに見せてくれる。
汝らのみが、汝らのみが知る、
いかにして永遠の手が区別なきカオスから
地と天とを造り出したかを。
汝ら自身の偉大な業が
汝らに明瞭に示す、
自然のエリキシル〔霊液〕が作られるのと同じ仕方で
神が万物を合成したことを。

「錬金術のオプス」opus alchymicum において、孵化すべく水を覆い抱くことに始まる天地創造の秘密が繰り返される。こうして哲学者のオプスにおいてメルクリウス、すなわち生ける宇宙の霊が地へと降り、不純な硫黄と混じり合い、それによって霊は確固不動のものとなる。

わたしの理解が正しければ、
汝らの未知のメスクリウスは
自ずから生まれる生ける宇宙の霊以外の何ものでもない。
それは大気の靄〔水蒸気〕のなかで絶え間なく攪拌され、
地の虚ろな中心を満たすために
太陽から降り来る。

そのあとそれは地の中心から
不純な硫黄のなかに姿を現わし、
揮発性から確固不動のものに変じて
形態を獲得し、
その形態を根源的湿気へと形づくる。

しかしメルクリウスは、この「下降」descensus によって囚われの身となり、ふたたび解き放たれるには術の力による以外にない。

けれどもこの黄金のメルクリウス、
硫黄と塩のなかに溶解し
もろもろの金属の生ける種子となる根源的湿気は、
いったいどこにいるのか。
ああ、それは牢獄のなかに
しっかりと囚われていて、
自然ですらそれを
峻厳な牢獄から救出することはできない、
達人の術が道を開かないかぎりは。

ここに描かれているのは太陽から被造物の世界に下降する光の霊である。[295] あらゆる被造物のなかに「智慧ある霊」spiritus sapiens として生きている「生ける霊」spiritus vivens であり、[296] この霊が人間に「諸元素のなかに囚われている魂」をふたたび解き放つことのできる術を教示する。錬金術の達人に啓示をもたらす光はメリクリウスに発しており、そして被造物のなかに囚われているメルクリウスは、ほかならぬその達人の業によって鎖から解き放たれるのである。上昇し下降する「二重のメルクリウス」Mercrius duplex は、定義にしたがえば「創造されざるもの」increatum であるところのウロボロスである。[297] それは己れを己れ自らの内から産み出す蛇龍である。[298] われわれがここに引用した教訓詩はメルクリウスを主として光の霊ととらえているけれども、しかしウロボロスは「地下世界のヘルメス」Ἑρμῆς καταχθόνιος である。メルクリウスは相反する二つの面を内包する一個の対立存在であって、錬金術師たちが第一に取り組んだのはその暗黒面、すなわち蛇の側面であった。

太古の神話的観念によれば、ヘロス〔半神〕はその生命の光が消えると蛇の姿に身を変えて生きのび、また蛇として敬われる。[299] 他方ではまた死者の霊が蛇の姿をとるという考えも原始的観念として広く見られる。おそらくこれが「蠕虫」が登場するフェニックス神話のヒントになったのであろう。

エジプトの地下世界〔地獄・冥府〕であるアメンテには七つの頭をもつ大蛇が住んでおり、[300] キリスト教のそれには蠕虫の粋、すなわち悪魔、「年老いた蛇」が住んでいる。[301] 地獄に住んでいるのはもともとは一対の兄弟、すなわち死と悪魔であり、死は蠕虫によって、悪魔は蛇によって特徴づけられる。古いドイツ語の Wurm（蠕虫、ただし蛇や龍のように大きな蠕形動物！）、Schlange（蛇）、Drache（龍）とのあいだにはラテン語の vermis（蠕虫）、serpens（蛇）、draco（龍）とのあいだにおけると同じように境界線が曖昧であった。地獄はハデス[302]〔陰府〕、地下世界、墓[303]を意味する。蠕虫ないしは蛇は、一切を呑み込む死である。それゆえ龍を殺す者はそのひとりひとりが死の克服者でもある。ゲルマン神話でも地獄は蠕虫のイメージと結びついている。『エッダ』ではこううたわれている。

ひとつの広間をわたしは見た、
太陽から遠く離れたところに、
死者の岸辺に、
入り口を北に向けた広間を。
毒のしずくが
屋根を伝わってしたたり、
蠕虫の胴体の数々がその広間の壁を形づくっていた。(304)

地獄はアングロサクソン語では vyrmsele（蠕虫の広間）といい、中世高地ドイツ語では wurmgarten（蠕虫の園）という。(305)

半神〔ヘロス〕や死者の霊と同じように、神々（とりわけ「地の神々」χθόνιοι）も蛇に関係している。たとえばヘルメスやアスクレピオスがそうである(306)（彼らが手にしている蛇杖カドゥケウス！）。テンテュラのエジプトの女神ハトホルの神殿に見られるある碑文にはつぎのように記されている。

始原から存在する太陽は自らの蓮の蕾の真ん中から一羽の鷹のごとくに上昇する。太陽の花びらの扉がサファイア色に輝きながら開くと、太陽は夜を昼から分け隔てた。汝は聖なる蛇のごとくに生ける霊となって上昇し、始原の開花を産み出し、日の出の小舟のなかで汝の光輝に満ちた姿がまぶしい光を放つ。その像がテンテュラの神殿に秘かに安置されているあの神のごとき巨匠が、その業によって宇宙の創造者となる。一、な、る者としてやってきた神のごとき巨匠は、自らの内部から光がひとりの子どもの形(307)をとって生ずると、百万もの多彩な姿に分かれる。(308)

神が蛇に喩えられるという事実から、若返ったフェニックス（あるいは鷹）もまず最初は蠕虫の姿をとったように、[309] 神も地下世界では同じような地下的形態をとるのだと考えられる。キリスト教はエジプトの宗教観念から多くのものを継承した。したがって、蛇のアレゴリーがその継承の一つとしてキリスト教の観念世界に侵入したことも（「ヨハネ福音書」三―一四）、また錬金術がよろこんでこのアレゴリーにとびついたことも十分納得がゆく。[310] ギリシアの医神アスクレピオスもまた卵から出てくるときには蛇の姿をしていたと伝えられる。[311] ライオンはキリストのアレゴリーであるが、同時にアンチ・キリストのそれでもある。[312] 同じ龍が対立して現われる注目すべき例が『誓約について』と題する匿名の文書（五世紀）に見られる。[313] 聖シルヴェスターについての伝説であるが、そのある話によれば、この聖人は一匹の龍をタルベーヤの岩〔古代ローマの処刑の岩〕に閉じ込めて悪業ができないようにした。この話の別の版では「ある修道士」quidam monachus のことが語られていて、この修道士は、毎年処女が犠牲に供せられる龍の姿をしたものが実は機械仕掛けの張り子にすぎないことを発見する。聖シルヴェスターはこの龍を鎖で封じ込めるが、これは「ヨハネ黙示録」二〇―一、二に符合している。ところが、これと類似のまた別の話では、この人工の龍は「口に一本の剣をくわえて」gladium ore gestans いて、これは「黙示録」一―一六の、「その〔人の子の〕口からは……剣が突き出て」de ore eius . . . exibat に一致しているのである。

六　アントロポスとしての王

わたしはすでに『パラケルスス論』のなかで「詩篇」二四―七～一〇〔「城門よ、頭を上げよ、とこしえの門よ、身を起こせ。栄光に輝く王が来られる。栄光に輝く王とは誰か。強く雄々しい主よ、雄々しく戦われる主よ」云々」に関するグノーシス主義的解釈についてのヒポリュトスの論述の箇所を特に取り上げて紹介した。[314]「詩篇」の「栄光に輝く王とは誰か」という修辞的疑問にヒポリュトスはこう答えている。「蠕虫であって人間ではなく、人間の汚辱であり民の排泄物。[315] それが栄光の王であり、戦いにおいて強き者である」σκώληξ καὶ οὐκ ἄνθρωπος, ὄνειδος ἀνθρώπου καὶ ἐξουδένημα λαοῦ αὐτός ἐστιν ὁ βασιλεὺς τῆς δόξης, ὁ ἐν πολέμῳ δυνατός. ヒポリュトスによれば「詩篇」のこの箇所はアダムと、「肉的にならず霊的になるための」アダムの再生（「上昇」ἄνοδος と「再生」ἀναγέννησις）のことをいっている。[316] つまり蠕虫は第二のアダム、すなわちキリストを指しているというのである。エピファニオスもキリストのアレゴリーとしての蠕虫に言及しているが、[317] しかしその根拠についてはは立ち入って述べてはいない。

錬金術はこのような考え方を自覚的にか無自覚的にか継承している。たとえば『賢者の水族館』はこう語る。[318]

> 哲学者たちはこのようなプトレファクティオ〔腐敗〕をその黒い色のゆえに鴉の頭と名づけた。だからキリスト自身も（「イザヤ書」第五三章）「輝かしい風格も、好ましい容姿も」もたず、あらゆる人のなかで最も軽蔑される者であり、多くの痛みを負い病いに苦しめられ、人々は彼をひどく軽蔑するあまり彼の前では顔を隠し、そもそも彼をまったく無視したのだ。いやそれどころか「詩篇」第二二章で自ら嘆いているように彼は「虫けら〔蠕虫〕、とても人とはいえない」存在であり、人間の屑、民の恥であった。それゆえ鴉の頭がキリストに比較されるのも決して故なしとはしない。このソルの腐敗した肉体はしばらくのあいだまるで灰のように、容器の底に……死んで横たわっており、やがてソルの魂が強い火のおかげでふたたび徐々に、一滴一滴天からしたたり落ちてきて、腐敗し死んでいる肉体にいわば浸透し、これを湿らせ、潤し、完全な壊滅から守るに至るからである。これと同じことがキリスト自身の身にも起こった。すなわちキリストはオ

リーブ山と十字架において神の怒りの火[319]によって苦しめられ[320]（「マタイ福音書」第二六、二七章）、天にいる彼の父から見捨てられることを嘆いたが、それにもかかわらず彼はたえず生気を吹き込まれ潤され（「マタイ福音書」第四章、「ルカ福音書」第二二章）、いわば神の美酒に浸され、湿らされ、潤されたのである。いやそればかりか彼は最後に、神聖この上なき受難において、死のさなかにおいて、生命の力を霊それ自身とともどもに完全に奪われ、そのまままっすぐに地底の最も深い深みに到達したが（「使徒言行録」第一章、「エフェソの信徒への手紙」第一章、「ペトロの手紙一」第三章）、しかしその一方では永遠の神性の力によって守られ、生気を吹き込まれ、ふたたび引き起こされ、生命を賦与され、栄光化され（「ローマの信徒への手紙」第一四章）、そしてついに彼の霊は墓のなかに引き離されていた自らの死せる肉体との完璧な、解きがたい合一に達し、歓喜に満ちた復活と勝ち誇る上昇によって天へと、主にしてキリストなるものへと（「マタイ福音書」第二八章）、父の右の座へと高められたのである（「マルコ福音書」第一六章）。そしていま彼は父とともに、聖霊のはたらきと力のおかげで、真実の神にして人にそなわるものと同じ栄光と威光とをもって、万物を治め支配している（「雅歌」第八章）。自らの力あることばによって万物を支え維持し（「ヘブライ人への手紙」第一章）、それればかりかすべての存在に生命を賦与している（「使徒言行録」第一七章）。この奇蹟による合一、そしてまた神による高めは、天上においても地上においても、いや地下においても（「フィリピの信徒への手紙」第二章、「ペトロの手紙一」第一章）、驚愕と戦慄を覚えずして天使たちと人間たちがこれを理解することはなく、ましてこれを目のあたりに見ることはない。この合一の力、威力、そして薔薇色のティンクトゥラ[321]は、われわれ不完全な人間と罪人《つみびと》の肉体と魂をいまもなお変化させ、染色し、完全この上なき仕方で癒し、健全にすることができる。……以上われわれは天上の礎石でありかなめ石であるイエス・キリストについて考察したが、それはイエス・キリストがどんな点で地上の「賢者の石」に喩えられ、一つのものと見なされうるかを悟るためである。「賢者の石」の材料と処方は……キリストの受肉の傑出した象徴であり、生きた写しなのである。

老いたる王のたどる運命、すなわち沐浴の水のなかへの、あるいは海の水のなかへの王の沈溺、溶解と腐敗、闇のなかでの光の消滅、火のなかでの王の灰化（incineratio）、混沌のなかでの更新――錬金術師たちはこれらを酸による溶解、金属の焙焼、硫黄の除去、金属酸化物の還元等々から導き出したが、それはまるでこれらの化学的処方自体が、少し空想をたくましくすればキリストの受難史と勝利に比較することのできるようなイメージを生み出すかのごとくである。自分たちがキリストの受難を無意識の前提として、それを化学変化のプロセスに投影しているのだということには、彼らははっきりとは気づいていなかった(322)。このような状態にあれば化学変化の観察と思い込んでいる事象とキリストの受難との一致を難なく証明しえたとしても何の不思議もない。ただしその観察は物質の観察ではなく、自らの内面の観察だったということである。しかし真の投影像は決して意のままに作り出されるものではなく、前意識的な所与として現われるものである以上、錬金術師たちの無意識にはあらかじめ、一方では投影に適した（ということは意識化へのエネルギーをおびた）、そして他方では錬金術作業のうちに何らかのかたちで自らを表現できる魅力的な機会を見出した、そういうある心的事実が存在していたにちがいない。投影はつねに間接的な意識化である。それが間接的であるのは意識の側からある抑制がはたらくからである。しかもその抑制はつねに、真の経験の代わりをつとめ、それによって真の経験の成立を妨げるようなもろもろの（伝統的・因習的な種類の）観念による抑制である。未知のものを前にして妥当な真理を所有していると感じ、そう感ずるために未知のものの真の認識ができなくなるのである。上でふれた無意識の心的事実は意識の立場とは相容れない性質を有していたにちがいない。それが実際にいかなる性質のものであったかは、錬金術の諸発言から学び知られる。すなわちそれは、異教起源の神話素とのみならず、とりわけまたキリスト教の教義《ドグマ》と相通ずるひとつの神話なのであった。けれどももし万一この神話がキリスト教の教義と完全に一致していて、そういうものが投影像として現われているとすれば、われわれは錬金術師たちの意識的精神態度が徹頭徹尾反キリスト教的であることを証明できなくてはならないだろう（しかし事実はこれに反している）。反キリスト教的な精神態度が存在しなければキリスト教の教義と完全に一致した神話の投影などということは心理学的に不可能だからである。これに反して無意識のコンプレックスが、決定的な点で教義から逸脱しているような姿をとっている場合には、それが投影されることは可能である。というのもこの場合無意識のコンプレックスは、意識を満たしている教義に逆らうことによってこの教義を補償するものとして形成されたものだからである。

錬金術師たちの発言の特異な性質については本書でもすでに言及したし、他の著述のなかでも繰り返し指摘しておいたので、もはや再説するには及ぶまい。ただ、「哲学者の息子」filius Philosophorum という中心観念が独特のアントロポス〔原人間〕観にもとづいていることだけは再度はっきりさせておかなければならない。このアントロポス観では「人間」〔人〕あるいは「人間の息子」〔人の子〕はキリスト教的な、歴史的な救済者像とは一致していないのである。錬金術のアントロポスはむしろ、ヒポリュトスが伝えるところの、「人間」あるいは「人間の息子」に関するバシレイデスの見方に符合している。「バシレイデスのいうところでは、救世主自身、この大いなる充溢を予言されていた存在もまた、星辰の成立と復活の時とに支配されていた。彼らの見方に従えば、救世主は心的なものに内在する内的な霊的人間である。それは魂を、死すべき魂ではなくその本性上永遠に生きつづける魂を、心的なもののうちに残していった息子身分である。片や天上ではこれと同じように第一の息子身分が、自らと境を接する聖霊をそれにふさわしい場所に残していき、そのあとで自らを独自の魂のうちにくるみ込んだのである。[323]」

ここにいわれている内的な霊的人間はキリストに似ている。この相似が「王の息子」filius regius に関する錬金術師たちの発言の無意識の前提である。[324] この内的な霊的人間の理念はしかしキリスト教の教義の見方とは対立しており、それゆえ抑圧され投影される十二分な原因になりうる。同時にこの理念はつぎのような精神的状況の論理的帰結でもある。つまり、キリストの歴史的な形姿が意識からとっくの昔に消え去ってしまった、そしてそれにもかかわらずその精神的な現在性が極度に強調されるような、それも内なるキリスト、ないしは人間の魂のなかで生まれた神というかたちで強調されるような精神的状況である。教義のキリストの外の実態に対して内から答えているものがあるのである。それは、インドの原人間プルシャやイランの原人間ガヨマルトのような形姿を産み出したところの、そしてそれに支えられてはじめて啓示が人々の心に受け容れられたところの、あの原像である。とどのつまり、いかなる教義もその生きた実体である魂を次第に失ってゆくという運命を避けることはできない。生は絶えず新たな形態を創造しようとする。それゆえ、教義から生きた魂が消え去れば、当然の勢いとして、大昔から人間が魂の神秘を表現することを可能にしてきた元型が新たに蘇る。御注意願いたいが、わたしは元型が神的な形姿を産み出すとまで主張するつもりはない。心理学者がこのようなことを主張する以上は、その前にあらゆる発展段階のすべての動因について確実な知識を所有していなくてはならないし、またこの知識を立証できるのでなければならない。それは到底不可能である。わたしはただ、心理的元型は神的な形姿を心にとらえそれに形を与える可能性を示しているといいたいだけである。そのために必要な、何にもまして重要な動因、ある種の歴史的瞬間にこの元型的可能性を活性化させる原動力は、元型そのものからは説明できない。そういう瞬間にどのような元型が動き出して力をふるうかは単に経験の上からいいうるだけで、その元型が必ず現われるなどと予言することは決してできないであろう。たとえば、ユダヤの預言者イエスがヘレニズムの諸宗混合《シンクレティズム》的精神状況に決定的な解答を提示する、あるいは、いまだまどろみのなかにあったアントロポスの像が目覚めて世界的に力をふるうなどということを、誰が論理的に前もって断言できたであろうか。

　人間の知には限界があり、非常に多くの不可解なことや不思議なことが解明されないままに残るのは已むを得ない。しかしだからといって、たとえばキリスト教の教義に具体化されている難解な霊〔精神〕の啓示の数々を少しでも理解に近づけるという課題を怠っていいというわけではない。それを怠れば、まさしく教義のなかに隠されている最高の認識という宝が、翳りを知らぬ昼の光に照らされて血のかよわない幽霊のように実体を失い、浅薄な啓蒙家や一知半解の屁理屈屋にやすやすと餌食にされてしまう危険が高まり、恐ろしい結果をもたらすだろう。わたしの考えでは、教義の真理が人間の手で造られたものではない魂にどの程度深く根ざしているか、少なくともこれを見抜くだけでも大いなる一歩前進である。

グノーシス主義者のいう「内的な霊的人間」とは、アントロポス－ヌース（ἄνθρωπος-νοῦς）、すなわち霊的・精神的理念において創造された人間、「真の人間」ἀληθινὸς ἄνθρωπος である。[325] これと照応するのが魏伯陽の錬金術（紀元一四二年頃）に出てくる「真人」である。真人はオプスによって造り出されたものである。それは一方ではオプスによって変容させられた達人〔錬金術師〕その人であり、[326] 他方では西洋錬金術のホムンクルスないしは「息子」であって、この息子もまた「真の人間」から生まれ出た子にほかならない。[327] 魏伯陽の論説では（第四七章）真人についてこういわれている。

> 耳と目と口とは三つの貴重なものである。コミュニケーションを断つためにそれらは閉ざされなくてはならない。真人は深淵に住み、まるい容器の中心のまわりを浮流している。〔……〕心は、永遠の無思惟状態を獲得するために、非存在の国に追いやられる。心が完全であれば、心は道に踏み迷うことはないだろう。心は眠りにあっては神に抱かれるであろうが、目覚めているあいだは自らの存在の持続あるいは終結について思いわずらう。[328]

この真人はドルネウスの「一なる男」であり、同時に「賢者の石」でもある。[329]

「真の人間」は個人の内部に存するアントロポスを表わしている。これはキリストにおける人の子〔人間の息子〕の啓示的顕現と比べれば一歩後退であるように見える。というのもキリストの人間としての顕現の歴史的一回性は、その当時、四散した羊たちをひとりの羊飼いのまわりに集めた偉大なる進歩以外の何ものでもなかったからである。これに対して個人の内部の「人間」は、羊の群の一種の四散を意味するのではないかと危惧される。そうであれば実際それは一種の後退であろう。けれどもこの後退は「真の人間」のせいではなく、むしろ、昔からいつの時代も文化の営みや建設を妨げ脅かしてきた、人間のありとあらゆる悪しき性質によって生じたものである。この点に関してはしばしば羊たちも羊飼いたちもその無能さにおいてはまったく同じである。「真の人間」はそういうこととは一切関係ない。何よりも価値ある文化形式を破壊したりはしないだろう。彼自身が最高の文化形式なのであるから。真の人間はたしかに羊飼いと羊の芝居を演ずることはしない。なぜなら彼は、羊飼いとして自分自身の番をし、自分自身の面倒を見るので手一杯だからである。

　達人がそのオプスにおいて己れ自らを、つまり「真の人間」を経験すると、冒頭で引いた『賢者の水族館』のテクストから分かるように、「真の人間」のアナロジー、すなわちキリストが、新たな姿をとって直に彼の前に立ち現われ、彼は自分の身に生じている変化がキリストの受難（passio Christi）に似ていることを悟る。それはもはや「キリストのまねび」imitatio Christi とはいえない。その逆である。キリストに倣うのではなく、キリストの像を己れ自らの自己《ゼルプスト》に、ほかならぬ「真の人間」[330]に同化するのである。それはもはや「まねび」のための骨折り、意図的な努力ではなく、聖者伝に伝えられている事柄の現実性を、何ら意図せずに体験することなのである。錬金術作業の最中にそれが現実となって、ちょうど聖人に聖痕が現われるようなぐあいに、達人の身に生ずるのである。聖人もまた意識的に聖痕を求めるわけではなく、それはむしろ自然発生的なものである。達人の身に受難が生ずる、しかもそれはたとえば古典的な形式においてではない（もしそうであれば彼は、たとえば「心霊修行」を実践しているのだというふうな自覚があるであろう）。そうではなくて錬金術の神話がいい表わしているような形式において生ずるのである。つまりこうである。あの自然的《ピュシス》でもあり道徳的でもある、肉体的でもあり精神的でもある十字架の苦しみを蒙るのは、アルカヌムなのだ。死に、あるいは殺され、死体となって葬られ、三日目に甦るのは、王なのだ。これら一切を蒙るのは達人ではなく、彼の内部の秘密に満ちた何ものか、エス（es）が蒙るのであり、エスが苦悩するのであり、エスが死を通過し、エスが甦るのである。つまりこれら一切は錬金術師の身に生ずるのではなく、「真の人間」の身に生ずるのである。けれどもこの真の人間を錬金術師は自分の間近に、いや自分の内部に感じとり、同時にレトルトのなかにいると信じている。『賢者の水族館』のテクストには『立ち昇る曙光』におけると同じように何かに打たれたような感じが行間に脈搏っているが、この感動は真実である。が、「賢者の石」が化学的物質にすぎないとしたら、その感動はまったく理解不可能であろう。けれどもまたこの感動は受難を傍から観察すれば生ずるというようなものでもない。それは、未知のもの（無意識）の探求に真剣に献身した末に補償的な無意識内容の世界に踏み入ったひとりの人間の、正真正銘の固有の体験なのである。むろん彼は、彼が体験した（投影された）諸内容が教義の諸観念と同じであると考えざるをえなかったし、それゆえ自分の体験している観念は、自分が化学過程の解明のために用いた自分のよく知っている観念以外の何ものでもないといとも簡単に思い込むことができた。しかしテクストの文言は事情は逆であることをはっきり示している。逆にオプスの固有の体験の方が、教義を同化する傾向を、ないしは教義によって自らを増幅する傾向を次第に強めていることが分かる。それゆえにこのテクストでも「喩える」comparare、「一つのものと見なす」unire ということがいわれているのである〔「……イエス・キリストが……地上の「賢者の石」に喩えられ、一つのものと見なされうるかを……」〕。錬金術のアントロポスの形姿は教義に対して自律的なものとして現われたのであった。[331]

　錬金術師たちはアントロポスの像を、新たな生命と清新さと直接性を充電された形式で体験した。これは諸文書のテクストの陶酔と感動に満ちた調子に反映している。事態はこのようであったから、原人間のドラマを形づくる個々の部分もまたまったく新たな意味で理解されたとしても当然である。ニグレド〔黒化〕は、解体、苦悩、死、地獄の責苦を実験に携わる錬金術師の眼前にありありと見せただけでなく、ニグレドにそなわる鬱状態《メランコリー》が実

図4

験者の孤独な魂に影を落としもした(332)。絶望の黒――絶望は実験者のものではなく、実験者はいわばその絶望のそばに居合わせているにすぎなかったが、この絶望の黒において彼は、エスが蠕虫に、毒をふくむ龍に変容するのを体験した(333)。その内的な必然（「自然は自然に打ち勝つ」natura naturam vincit）にしたがって龍は自らを破壊してライオンに変じ(334)、思わず知らずドラマのなかに引きずり込まれた達人は、二頭のライオンが互いに相手を喰いつくすのでないかぎりはライオンの前足を切り落とす必要があると感じた(335)。龍が自らの翼を食べる（alas suas comedens）ように、鷲も己れの翼を呑み込んだ(336)〔図4〕。これらのグロテスクなイメージには達人がそのあくなき探求心によって陥った諸対立の葛藤が映し出されている。達人の辿る道の最初はカタバシス（katabasis）、すなわち下降（「地獄への下降」descensio ad inferos）であった。これはダンテが体験したのと同じである(337)。しかしダンテと異なるのは、達人の場合は魂が単に強い感銘を受けるだけでなく、根本的に変容させられるという点である。『ファウスト』第一部がよい例であろう。自殺の試みと悪魔との契約を通じてファウストは俗っぽい女たらし、詐欺師風の野心家に変容するのである。戯れ好きなクリスティアン・ローゼンクロイツ〔『化学の結婚』〕の場合はウェヌス夫人のもとへの下降はクピド〔キューピッド〕の矢で手に軽い傷を負うという結果しかもたらさないが、しかしテクストをよく読めばもっと深刻な危険が示唆されている。それゆえオリュンピオドロスにはこういう文言が見える(338)。「数々の艱難辛苦を閲することなくしてオプスを成し遂げることはできない。争闘、力と力のぶつかり合い、戦争が待ちかまえている。そればかりかデーモンのオピウコスがわれわれの企てを阻むことによってわれわれの心に投げ遣りな気持ち（ὀλιγωρία）を吹き込む。オピウコスは至る所を徘徊する。内からも外からも現われ、あるときは投げ遣りな気持ちを起こさせ、あるときは恐怖心を呼び起こし、あるときは不意打ちをくらわせ、またあるときは妨害（λύπαις、文字通りの意味は「侮辱」）と損傷によってわれわれを作業から（πραγμάτων）遠ざけようとする。」これよりもはるかに強烈な表現で語っているのはオリュンピオドロスが引用している哲学者ペタシオス（ペテシス）である。「鉛はこのようにデーモンにとり憑かれ（δαιμονοπληξίας）厚顔無恥で（αὐθαδείας）であって、そのため探求にいそしむ者は狂乱に陥るか悟性を失うかする。」これが単なるたわごとでないことは他の錬金術文書によっても裏づけられる。それらの文書はしばしば、実験者の魂がいかにオプスに巻き込まれ、とり憑かれていたかを強調している。たとえばドルネウスはヘルメス・トリスメギストスのことば「それゆえ汝からすべての闇が消え去るだろう」Ideo fugiet a te omnis obscuritas にこう注釈を加えている。

すなわちヘルメスは、汝からすべての闇が消え去るだろうといっているのである。金属からとはいっていない。つまりこの「闇」は肉体および精神（mens）の病いと苦悩を意味するとしか考えられない。……著者の意図（mens auctoris）は要するにつぎのことを教えることにある。つまり、錬金術の治療薬を獲得した者たちは、辛子種の例もすでに示しているように[341]極小の粒によって、それが何らかの仕方で服用されさえすれば、どんな病気も区別なく癒すことができるということ、そしてその理由は、治療薬の化合の単一性[342]が極めて強い効き目を有していて、多くの病気がいかに多様でもこの治療薬には抵抗できないためであるということである。ちなみに、狂気（vesania）、狂躁（mania）、狂乱（furia）、放心（stoliditas）のような、その他ありとあらゆる種類の精神（mens）の多様な暗黒化と病いとが存在し、これによって悟性（animus）が暗くされ害されるが、それらはこの一なる錬金術治療薬によって完全に癒される。それは悟性（animus）に健康をとりもどしてやるばかりでなく、実に人間の精神（ingenium）と悟性（mens）を尖鋭化しもし、その結果その人間には奇蹟[343]にかかわるあらゆることが理解（intellectus）と把握（perceptus）において容易になり、上と下の世界に存在する何ものも覆い隠されているものはなくなる。[344]

『エメラルド板』の文章「なぜなら彼はすべての繊細なものに打ち勝つであろうから」quia vincet omnem rem subtilem をドルネウスはこう解釈する。「繊細なもの」res subtilis とはメルクリウス、ないしは「悟性を支配している精神の闇」spiritales tenebrae mentem occupantes のことであると。また、繊細なものは精神（spiritus）を意味するともいっている。それゆえ闇は、ドルネウスの見解にしたがえば、精神の憑依状態であり（先に引いたオリュンピオドロスと同じである！）[345]、それがオプスによって駆逐されるのである（「あらゆる繊細なものを駆逐する」expellet omenm rem sutilem）。病気は一種の「悪の刻印」impressio mali であり、「真にして普遍的な中心点の肉体への作用による悪の抑制」repressio mali per actum veri centri et universi in corpus によって癒される。中心点はウナリウス（unarius＝単一のもの）ないしはウヌム（unum＝一なるもの）であり、「一なる人間」unicus homo、それ自体において全き一つのものである人間は、このウナリウスないしはウヌムに根ざしている。それゆえ彼がその肉体的かつ精神的な病いから癒されたいと願うなら、彼は

> 中心点を正確に認識し、それを知悉するように努め、この中心点によって自らを全き一つのものに統一しなくてはならない。そうすれば中心点はあらゆる不完全さと病気から[346]解き放たれ、原初の一なる支配の状態へと再生させられるだろう（ad amussim studeam centrum cognoscere ac scire, eoque se totum conferat, et centrum liberabitur ab omnibus imperfectionibus et morbis, ut ad prioris monarchiae statum restituatur[347]）。

以上に紹介したドルネウスの見解はたしかにオプスのもたらす危険よりはむしろオプスの成果による治癒[348]に力点が置かれている。がしかし、治療薬はまさにメルクリウスから、すなわち哲学者たちが「この老いたる黒き霊を手に取り[348]、この霊によって肉体を破壊し苦しめ、ついに変容に至らしめよ」accipite spiritum nigrum veterem, et eo corpora diruite et cruciate, quosque alteratur[349] と語っているあの霊から生まれるのである[350]。肉

体の破壊は戦いの形で描写されることもある。たとえば『賢者の群』の四十二番目の教説にはこうある。「銅と生ける銀〔水銀〕とのあいだに戦いを誘発せよ、なぜならそれらは死を目ざしているが、その前に破滅を経験し……」Irritate bellum inter aes et argentum vivum, quoniam peritum tendunt et corrumpuntur prius... 「それらのあいだに戦いを誘発し、銅の肉体を破壊して、粉末に至らしめよ」Inter ea pugnam irritate aerisque corpus diruite, donec pulvis fiat.[351] この戦いは、オプスにおけるセパラティオ〔分離〕・ディウィシオ〔分割〕・プトゥレファクティオ〔腐敗〕・モルティフィカティオ〔死〕・ソルティオ〔溶解〕を意味し、これらの状態は始原の混沌《カオス》、つまり敵対する四大元素の争闘を表わしている。ドルネウスはこの闘争的で邪悪な四要素一組を寓意的に「四本の角をもつ蛇」quadricornutus serpens で表わしているが、それは悪魔が天上から墜落したのち人間の精神に刻みつけようとしたもので、ドルネウスによればそれは「野心、残忍、中傷、離反」である。[352] このことから明らかなように、ドルネウスは戦いのモチーフ[353]を道徳的領域に移し置き、[354] それによってこのモチーフを心の分裂という現代的概念に近づけている。心の分裂は周知のように、心因性の精神病ならびに神経症を生むもとである。『賢者の水族館』にはいう、「十字架という溶解炉」と火のなかで人間は「地の黄金と同じように正真正銘の黒い鴉の頭を身につける（rectum nigrum corvi caput sortitur）。すなわち彼は醜く歪められ、世の笑い者になる、[355] それも四十昼夜、あるいは四十年のあいだにとどまらず、[356] しばしば人生の全期間を通じてひどい笑い者になり、人生において慰めと喜びよりも多くの心痛を、楽しみよりも多くの悲しみを味わう」ことを余儀なくされる。「この精神的な死を通じて彼の魂は完全に解き放たれることになるのである」Per spiritualem istam suam mortem, anima sua omnino eximitur.[357] これらのことばから明らかなのは、達人によって惹き起こされたニグレドが彼自らの歪曲（deformatio）であり、魂の病い、魂の苦悩を意味しているということである。そしてこれを『賢者の水族館』の著者は哀れな男ヨブの苦悩に喩えている。神によって与えられたヨブの罪なき不幸は周知のように、神の僕の苦悩でありキリスト受難の予示形態の一つである。ここにわれわれは、人の子イエスの姿が

「業《オプス》」を自らの身に引き受けた普通の人間の内部へと徐々に移行し歩み入るさまを窺い見ることができる。魏伯陽は西洋錬金術の影響などまったく受けず、キリスト教的心理に煩わされることもまったくなかった人であるが、すでに紀元二世紀の段階で、オプスの失敗から生ずる病気ないしは苦悩を生々しく描写している。

失敗は黒い塊を生ずるだろう。すると食べた食物から発するガスが腸と胃のなかでごろごろと音を立てるだろう。良いエッセンスは排出され、悪いエッセンスは吸収されるだろう。毎夜毎夜、眠れない日々が蜒々とつづくだろう。ついに肉体は憔悴しつくし、そこから錯乱の徴候が現われるだろう。百の脈拍が荒々しく沸きたち騒ぎ、心とからだの平安を奪い去るだろう。……幽霊じみたものが姿を現わし、眠っていてさえ夢に現われ驚愕するだろう。それから自分は永生を保証されたのだと思い込んで喜びに浸る。しかし突然、不慮の死に襲われ、早世する。(358)

したがってクーンラートがつぎのようにいうのもうなずける。(359)

けれども何よりもまず神に祈れ……思慮分別のできる善き精神を、善を悪から区別できる善き精神をお与えくださり、それが汝を自然の光の真の認識と理解へと、自然の偉大な書物のなかへと導いてくれますようにと。そうすれば汝は実に実に多くの誤れる書物の迷路から、いや羊皮紙に書かれた書物の迷路からさえ抜け出るばかりでなく、真理の根本に、しかも正しい道を通って達するであろう。

『ヘルメスの黄金論説』でさえ達人の鬱状態、意気消沈にふれている。第一章の末尾でヘルメスはいう。

わが息子よ、このラピスは隠されている。それは多くの色をしているが、生まれたときは一つの色であった。この石《ラピス》をよく知り、その秘密を人にもらすな。そうすれば、全能の方のお許しが出れば、汝らはその石に助けられて、大病から、悲しみ[360]から、あらゆる危険と不安から逃れ出て、闇から光に、荒野から人里に達するであろう[361]。

これらの証言は、実験に携わる錬金術師たちが彼らのオプスに巻き込まれ、とり憑かれていたことを示すばかりでなく、彼らがそれを自覚していたことを示すに十分ではないかと思われる。

七　王象徴の意識との関係

王の神格化〔讃美〕、ソル〔太陽〕の更新された上昇は、われわれの仮説に従えば、ある新たな意識支配因子が生み出され、心の勢力関係にある逆転が生じたことを示そうとしている。つまり、この支配因子は無意識に支配されている状態では心の闇に隠れていて意識されずにいたが、意識はもはやこのような無意識の支配を脱し、ある極めて高い目標を見出し、認識したということである。王の神格化はこの転換を描いており、これと同じ更新の感情をわれわれのこの上なく美しい讃美歌のいくつか以上に明瞭に表現しているものはない。例の『古歌』は、夜の母的側面を示す母なるルナ〔月〕をこの神格化のなかに引き入れているが、『ファウスト』第二部の最後の神格化の場面を読むと『古歌』のこの箇所が想い起こされる。あたかも月が太陽と同じ神々しい輝きをおびて夜空に昇ったかのごとくである。『古歌』の王妃が「馥郁たる香料をおびて流れてくる」ように、「トマス行伝」（第六章）で讃美される天の女神からは芳しい香が漂い流れる。彼女は母であるばかりでなく、「少女、光の娘」

κόρη, τοῦ φωτὸς θυγάτηρ でもある。彼女はグノーシス主義のソピアであり、[362] このソピアに錬金術の母が照応している。王ソルについてのわれわれの解釈が正しいとすれば、無意識としての母ルナがいま神格化によって視界に入ってきた、いわば意識化されたのにちがいない。これははじめは形容矛盾のように思われるかもしれないが、よくよく考えてみると、無意識の本質的ないしは主要な内容の意識化だということが判明する。それは何よりもまず第一に男のなかの女性的なもの、アニマであり、それが視界に入って見えてくる。第二に月の明るさであり、それが暗い夜に見ることを可能にする。つまり無意識の照明ないしは透視を可能にする。[363] そして第三に月はまるきもの（rotundum）を表わしている。このまるきものについてはすでに『心理学と錬金術』で詳しく扱ったので、ここで立ち入った説明をするには及ぶまい。まるきもの（「満月」plenilium、「月の輪」circulus lunaris）[364] は太陽の鏡像として太陽に照応し、月下界に現われる原人間（アントロポス）であり、心理学的にいえば自己〔ゼルプスト〕、すなわち心の全体性である。[365]

月は処女なる母のイメージと、まるく、五体健全で、まったき状態にある幼な子のイメージとを仲立ちして結びつける。それゆえ月からの新たな誕生はキリスト教徒の復活祭の歓びによっても、また神秘的な曙光、立ち昇る曙光（aurora consurgens）に伴う感情によっても表現されうる。というのも復活した王は「死せる石に注ぎ込まれた魂」だからである。[366] まるきものという観念は王権を意味する冠の形でも表現される。王冠（corona regis）は「灰」cinis、「肉体」corpus、「海」mare、「塩」sal、「母」mater、「聖処女」virgo sancta の同義語として引き合いに出され、[367] 明らかに女性的なものと同一視されている。

まるきものと母とがなぜこのような独特の関係にあるかといえば、それは無意識としての母が、そこで、またそのなかから全体性の象徴が現われ出る場であるからである。まるきものがアニマのうちにいわば含まれていて、アニマによってその存在をいわば告知されるという事実、この事実によってアニマは、良い意味でも悪い意味でも「永遠に女性的なるもの」だけにそなわるあの並はずれた意義と魅力を獲得している。したがってある段階では女性的なものが、渇望されている全体性と救済するものとの真の担い手として現われるのである。

われわれの解釈の試みの出発点は、王が基本的にはソルと同義であり、そのソルが心の真昼の明るさを、つまり意識を表わしていているということであった。意識は太陽の運行の忠実な随伴者として毎日眠りと夢の海から立ち昇り、夕べには太陽とともにふたたび眠りと夢の海のなかに消えてゆく。ソルは惑星の輪舞のなかを、そして無数の星に満たされた天の諸空間を旅するが、ただし一つの存在者として、他の惑星の支配者《アルコン》たちのいずれかひとりと同じひとりの支配者として旅するのである。これと同じように意識も、「自意識をもって」あらゆるものを宇宙の中心としての自らの自我に関係づけはするが、無意識の諸元型のなかの一元型なのである——それはたとえばユリアヌス・アポスタタに出てくる古代後期の諸宗混合《シンクレティズム》の王ヘリオス〔太陽神〕に似ている。意識コンプレックスは、それをもし地球から太陽を見るようなぐあいに心のなかの他の惑星の一つから見ることができるとすれば、おそらくこのような外観を呈しているであろう。事実、主観的な自我コンプレックス、換言すれば自我とその諸内容は、種々の側面から、意識されていないひとりの観察者によって、というよりはむしろ無意識の空間に住まうひとりの観察者によって見られているのである。これが事実であることは夢が証明している。夢のなかではしばしば意識された人格、すなわち夢を見ている人の自我は、意識の観点とは天と地ほどにかけ離れたまったく異なるある観点から描写される。無意識中に自我意識とは矛盾するか張り合っている別の観点の可能性が存在しないとすれば、このような現象が生じうる余地はまったくないであろう。意識と無意識とのこのような関係を的確に示すのが惑星の比喩である。われわれがここで問題としている錬金術の王は、主観〔主体〕の粋ともいうべき自我意識を客観〔客体〕として表現している。彼はその神話的な運命を通じて、天地創造によって生み出されたあらゆる現象のなかで最も輝かしい、最も神々しい現象〔自我意識＝太陽〕、それがなければ世界がその対象としての実体を失うことになる現象の、上昇と下降を示す。というのも、存在する一切のものはそれが直接にであれ間接にであれ知られていることによってのみ存在しているからであり、しかしそれにとどまらず、この知られているということは場合によっては、知っているもの自体は己れ自らのことを知らないというふうな形で、つまり喩えていえば、他の惑星からあるときは好意的な、あるときは悪意あるまなざしで見られているというふうな形で現われるからである。

この必ずしも単純ではない事態は、一つには、自我のパラドクシカルな性質、自我は知るという行為の主体でもあり客体でもあるという事実に起因しており、また一つには、心は一なる統一体ではなく、太陽のほかにも他のいろいろな光が存在する星座のような「布置」構造であるという事情による。自我コンプレックスが唯一の心的コンプレックスではない[368]。無意識の諸コンプレックスがある種の光明性を、つまりある種の意識を生むという可能性を斥けることはできない。なぜといって、精神病理学の経験が証明しているように、無意識のコンプレックスから一種の二次的な諸人格が生ずることもありうるのだから。そしてそれがありうるとすれば、自我コンプレックスが同一の心のなかに存在する別のある観点から見られるということもありうる。すでに述べたように、夢や心的異常において自我コンプレックスが批判的に描写されるのはこの点に根ざしているようにわたしには思われる。

意識はしばしば自分自身の変化について僅かのことしか知らないか、まったく知らないかで、またそれを知ろうとする気もない。意識が主人顔に、自分のいだく真理の永遠の妥当性を確信しているかのごとくにふるまえばふるまうほど、また実際にその真理に自信があればあるほど、意識はその真理と一体になる。すると自然界の神であるソルの王権が人間界の王の上に移行し、彼は支配権を得た真理という上位観念の化身となり、これと運命を共にせざるをえなくなる。しかし現象世界には「万物は流転す」*πάντα ῥεῖ* という法則、永遠の移行の法則が当てはまるのであって、すべて真なるものは変化し、真でありつづけるのは変化するという事実だけであるように思われる。すべては老いてゆき、変容と更新を必要とする。

他の惑星の仮借ないまなざしは、王自身がそれを納得する前に、すでに王が老化している事実に気づいている。

上位観念、いわゆる支配因子は変化する。この変化はすでに述べたように意識にはしばしば隠されたままで、夢にしか映し出されない。王たるソルは、意識という元型として、これと同じように意識的になる能力を有しているかもしれない多くの形態の一つとして、無意識世界のなかを旅して行く。これらの形態、すなわち多くの小さな光は、占星術が心のなかにあると断定した惑星の対応物と一致していると昔の人々は考えた。それゆえ錬金術師がサトゥルヌス〔土星〕の霊を自分のパレドロス〔助ける霊・家僕霊〕に無理やり仕立てあげている場合、それはある非自我的観点の意識化の試みを意味し、同時に、自我意識とその諸内容のある種の相対化を意味する。惑星の霊の錬金術作業への介入は助けとして望まれていたし、思想的にもそのようなものと見なされていた。王が年老い更新が必要となると、一種の惑星の浴房が作られたが、それはすべての惑星がその作用力をそのなかに「注ぎ入れる」浴槽である〔本書I、図14参照〕。これによって表現されているのは、老化して衰弱した支配因子はまわりにある副次的なもろもろの光の助力によって強化され更新される必要があるという考えである。それは他の惑星的な諸元型の実体のなかにいわばいったん溶解されて、しかるのちに改めて合成される。こうして溶解され溶かしなおされるというプロセスを経て新たな合金が生まれるが、この合金は他の諸惑星ないしは諸金属の作用を受け入れたことによって前よりも幾分包括的な自然を内に含んでいるのである。[369]

この錬金術のイメージに心の変容過程が投影されていることを見抜くのは雑作ない。ある心的支配因子の老化は、それが心の全体性を包括し表現する度合いが次第に低くなる点に現われる。こういい表わすこともできる。つまり、心にはその支配因子のなかに自分の全体が受け入れられているとはもはや感じられなくなるのである。そして心がそう感じないのは、その支配因子が魅惑的な力を失い、心をもはや以前ほど完全には感動のとりこにしないからである。他方では当の支配因子の意義と真価ももはや十分には理解されなくなる。あるいは、それを理解しても、理解したものがもはや心をとらえないのである。そこでこの種の「不充足感」sentiment d'incomplétude から補償的な反応が生じ、空疎な箇所を埋めようとして他の精神的領域とその内容を引き寄せようとする。

このプロセスはふつうは無意識中で起こり、つねに、意識の方向づけと根本態度が不十分であることが判明したときに始まる。わたしがこの点を強調するのは、意識は自分の状態に関しては判断の目がくもっていて、自分の態度こそ正しい態度にほかならず、その態度が効力を発揮できないとすればそれはただ何らかの外的な障害のせいだという幻想に凝り固まっているからである。こういう場合に夢の内容を検討してみれば、なぜ意識の前提が効力を発揮できないかがすぐに判明するだろう。こうして最終的には神経症の症候までもが現われ、そうなると意識の態度、つまり意識の上位観念は否認され、それまで意識の根本態度によって最も強く抑圧されていた諸元型の一種の暴動が無意識中で準備される。ここに至れば心理療法の治療にとって残された道はただ一つ、自我をその敵対者と対決させる以外に手はなく、それによって溶解と溶き直しのプロセスが始まるのである。この対決は錬金術の王の神話では、男性的・精神的な父性世界、すなわち王たるソルと、地上的・女性的な母性世界、すなわち「永遠の水」aqua permanes ないしは「混沌」chaos との衝突という形で表わされる。この関係の非合法性は近親相姦の形で現われる。『古歌』の場合はそれが養子縁組という形式をとることによって糊塗されているが、しかしそれにもかかわらず養子縁組の結果として母親は妊娠する。すでに他の箇所で説明したように、近親相姦は類似するものないしは同質のものの合一を表わしている。ということはつまり、ソルの敵対者は、ソルが忘れてしまっていたかのように見えるソルそれ自身の地上的・女性的側面だということである。ソルの反映したものが女性的なルナであり、ルナはその湿気によって王を溶解する。それはあたかも、ソルが上なるものの諸力を下なるものの諸力と結びつけるために月下界の深い水底に下り降りたかのごとくである(母たちのもとに下降するファウストを想起願いたい!)。こうして効力を失った意識支配因子は浮上してきた無意識内容のなかに消失するという危険に見舞われ、その結果まず最初は光の暗黒化が生ずる。原初世界の混沌《カオス》のなかで互いに敵対していた諸要素が、まるで一度も馴致されたことがないかのように戦いの火ぶたをきる。この戦いのなかで自我意識の支配因子と無意識の諸内容との葛藤にけりがつけられることになる。最初は理性がその対立物を押さえ込もうと試みるが、しかしこの試みは結局のところうまくゆかず、とどのつまりは自我が自らの無力を認め、自我のなかでくりひろげられている心的諸力の激しい戦いをなるがままに任せることになる。自我が理性の賢しらな介入による挑発をやめると、ほかならぬこの戦いを通じて、対立するもの同士は互いに歩み寄りはじめ、死と破滅と見えたものが徐々に潜在的な融和合一状態へと変貌をとげる。(370) これは適切にも妊娠の象徴で表現される。それとともに王、つまり以前の意識支配因子も、以前はただ全体性の要求を掲げていたにすぎなかったが、いまや真の全体性へと変化してゆく。

『古歌』には、リプリーの場合のみならず多くの他の錬金術師たちの場合もこのような変化にゆだねられる上位観念がいかなるものであるかが、はからずも露呈している。それは中世的・キリスト教的世界観である。したがってこの問題は、中世においては漠然とですら意識されていたとは期待できないような問題の次元に属する。この問題は当時はまだ完全に投影という形で、つまり無意識裡に展開せざるをえなかったのである。それが無意識であったというまさにその理由でこの問題は今日でもまだほとんど霧につつまれており、そのため一なるもの、つまり「王の息子」filius regius の心理学的解釈もとてつもなく大きな困難にぶつからざるをえない。錬金術師たちが彼らの「息子」を称讃するときの讃歌風の調子からいって、彼らがこの象徴でキリスト自身か、それともキリストに対応する何ものかを意味していることははっきり分かる。当然のことながらそれはもはや歴史上のイエスという人格ではない。なぜなら歴史上のイエスは錬金術師たちの時代には、三位一体の第二の位格という教義上の神的形象に完全に覆いつくされていたからである。この象徴はそれ以前に何世紀にもわたる長い議論を通じて徐々に形成されたものである——もっとも「ヨハネ福音書」のロゴスのうちにすでにその雛型は示されてはいたが［「はじめに言《ことば》があった」の言の原語はロゴスであるが、これはヘレニズム的解釈の影響を受けて「神の息子」の意味にも解された］。神を「老人にして少年」senex et puer と見るイメージも錬金術師たちによってのみ変容の象徴と見られたわけではなく、錬金術とは無関係な聖職者たちによってもやはり変容を示すものであると、つまり旧約聖書の怒り報復する神ヤハウェの新約聖書における愛の神としての示現のひとつだと見られた。したがって王の更新という元型は「哲学者たち」のもとに顕現したのみならず、教会に属する人々のあいだにも顕現したのである[371]。

「王の息子」象徴の心理学的解明が意味を持ちうるのは、この象徴がその投影形態を脱ぎ去って純然たる心の体験になっている場合だけである。「賢者の石」とキリストとが並行的類比関係に置かれていることだけを見ても、「王の息子」が物質上の事象というよりは心に生じた事象であったことは明らかである。なぜなら「賢者の石」という側面から見た場合それは物質的に実証可能な形では生じえないし、キリストという側面から見た場合それが心的な宗教的体験であることは疑問の余地がないからである。錬金術文書のテクストのなかには——たといどんなに奇妙に聞こえようとも——物質におけるキリスト体験を語っているとすぐに判別できる多くの箇所がある。他方では、石の方に力点が置かれていて、教義上のキリスト像の更新と補償の現われだと見る以外にないような箇所もある。「神たるキリスト」がまったく疑問の余地なく「王の息子」によって置き換えられているというような例は、わたしの知るかぎりでは存在しない。その結果われわれは錬金術を、異端的ではあるがキリスト教的であると呼ばざるをえないのである。「賢者の石-キリスト」は混合形象にとどまりつづけた。

この事実を確認しておくことは「王の息子」の心理学的把握にとって著しい重要性を有する。心理学的解釈においては魔法のように魅惑する物質に代わって、その物質に投影されていた無意識が問題になる。現代の意識についていえば、福音書にもとづくプロテスタンティズムの影響を受けて教義のキリスト像は個人的なイエス・キリストの形姿へと変化し、その形姿はあらゆる「神秘思想」を忌避する自由主義的合理主義において次第に色褪せたものになっていった。プロテスタンティズムにおける女性的要素の、つまり聖母崇拝の脱落は、それ以上の副産物を生んだ。それによって教義のキリスト像の霊性が地上的な人間との結びつきを失い、その結果徐々に無意識のなかにすべり落ちていったのである。キリストや聖母のようなこれほどにも大きな、これほどにも重要な像が忘却される場合、だからといってそれは人間の領域から消え去ることもなければ、その心に及ぼす力を失うわけでもない。中世において錬金術の神秘思想を所有していた人たちは生きた教義との関係を保ちつづけた。たといその人がプロテスタントであってもそうであった。いや、錬金術がほかならぬ十六世紀の終わりと十七世紀に最盛期を迎える理由もまたおそらくこの点にあったと思われる。つまり錬金術はプロテスタントにとって、依然としてカトリック教徒でありつづけるためのいわば最後の手段を意味していた。人々はまだ「錬金術のオプス」という形でまったき実質をそなえた変容儀礼と具体的な神秘とを持っていたのである。錬金術はしかしプロテスタンティズムの国々で栄えたばかりでなく、カトリックの国々においても栄えた。しかもフランスでは十八世紀になってもなお異例の拡がりを見せた。たとえばドン・ペルネティ（一七一六―一八〇〇あるいは一八〇一年）やラングレ・デュ・フレノア（一六七四―一七五二あるいは一七五五年）の例に見られるような無数の手稿や著作が、またJ・J・マンジェ〔マンゲトゥス〕編纂の一大叢書〔「霊妙化学叢書」〕が、その拡がりぶりを物語っている。これは当時フランスで近代的な反キリスト教的「教会分裂《シスマ》」の動きが蔓延していたことを考えれば驚くにあたらない。のちにフランス革命という、現代の怖気をふるう出来事の比較的罪のない序曲において、最初の頂点をきわめる運命にあったあの動きである。啓蒙主義時代の錬金術の凋落は多くのヨーロッパ人にとって、それまでは少なくとも化学物質の見せかけの神秘や秘密のなかに直接に現存していたあらゆる教義上の像の「地獄への下降」をも意味したのである。

　意識支配因子の崩壊は個人において混沌《カオス》の侵入という結果をともなうが[372]、それは大衆《マス》についても同じであって（農民戦争、宗教改革期の再洗礼派運動、フランス革命等を想起願いたい）、個人の場合にあらゆる要素の戦いに火がつくように、大衆にあっては太古の世界の死と血を欲する残虐が鎖を解かれて荒れ狂う。それは『古歌』に極めて具体的な形で描かれているあの重い病い、長患いである。永遠の諸像の喪失は炯眼な人間にとっては決して些細なことではない。しかし眼の見えない人間が比較を絶して圧倒的に多いので、教義に表わされている真実が霧に覆われて遠い彼方に消え去ったことに誰ひとり気づいていないかの観を呈しており、また誰ひとり喪失感に悩まされているふうにも見えない。炯眼な人間は、自分たちの祖先にとって生の核心をなしていたものが失われたために自分の魂が憂いと不安に満たされていることを、知りもし感じもしている。眼の見えない人間（ἄνοος）は大切なものを失ったことにまったく気づかず、ようやく新聞を通じて（もはやあまりにも遅きに失して）いまや現実となって外に存在する不安な恐ろしい徴候を発見する。それはそのような徴候を前もってわれとわが身において気づいていなかったからで、これは現に存在する象徴の力に気づいていなかったのとまさに表裏一体をなしている。この力に注意を払っていれば、かつて古代において偉大なるパンの死に際してそうであったように、失われた神を悼む嘆きの声が上げられたことであろう[373]。死を悼むかわりに善意の人々が、神はまだ存在すると信じさえすればいいのだと請け合ったが、しかしこれはただ無自覚を助長するだけである。いったん徴候が外側に政治的・社会的な精神病の形をとって存在するようになると、葛藤は個々人の心のなかに存在するのだといっても、もはや誰も耳をかさなくなる。誰もが自分の敵を外にはっきり見ているからである。かくして、炯眼な人々の心にあっては内部心的な現象でありつづけるが投影のレベルでは政治的分裂、血なまぐさい暴力行為となって現われるあの葛藤が生ずる。このような結果を呼び起こすには、人間に対しておまえの心には、いやそもそも人間の心理などというものには何らの意味も価値もないのだということを徹底的に説き聞かせ、そう思い込ませさえすればいい。ありとあらゆる権威の説教壇の上から、救いと幸福はすべて外からやって来る、おまえの存在意義は「民族共同体」に存するのだということを肝に銘じさせなくてはならない。何のためにかというと、それでなくとも人間がその本性上一番行きたがっているところ、つまり要求はすべて自分にではなく他人に対してのみ行なう「子どもの国」にやすやすと連れてゆくためであり、そうなるとしめたもので、どこかで何か不正が起これば、それはつねに他人がやったのだということになる。自分の心が何によって保持されているのかがもはや分からなくなると、無意識の勢力が高まり、無意識が指揮権をにぎる。欲望が人間を襲い、永遠の諸像のかわりに据え置かれた幻想的なまやかしの目標が人間の欲望を駆り立てる。内なる猛獣が彼をとらえ、やがて忘れさせる、自分が人間であることを。猛獣は彼の情動と手をたずさえて、幼児的な願望夢に立ちはだかりそうな熟慮に彼が向うことは一切許さず、かわりに新たに獲得された存在の正当性の感情で彼を満たし、同時に餌食と血への欲望で彼を酔わせることによってこの感情に拍車をかける。

永遠の諸像の生きいきとした現存のみが、心にあの尊厳を与えることができる。つまり、自らの心をあくまでも保持すること、そして自らの心のもとにありつづけるのは意味があると信ずること、人間になるほどそういうこともありうるのだと思わせ、また道徳的にそう決断させるところのあの尊厳である。自らの心のもとにありつづけるときにのみ人は悟る、葛藤は自らに属するのだということ、この分裂は自らの苦悩に満ちた宝であって他人を攻撃することによってこの宝を手放してはならないということ、そして運命が責任を要求してくるとすればそれは己れ自らに対する責任であることを。かくして人は自らの心の価値を認める。なぜなら無価値なものに対して責任が生ずるなどということはありえないからである。しかし人間が自分自身の価値を失うと、彼は飢えた盗賊に、狼やライオンやありとあらゆる猛獣になる。これらの猛獣を錬金術師たちは、混沌《カオス》（つまり投影された無意識）の黒い水が王を呑み込んでしまうや発動する食欲〔欲望〕の象徴として用いている。[374]

その意味で、母なる太古世界の妊娠中の食欲が孔雀の肉、つまり己れ自らの肉と、ライオンの血、つまり己れ自らの血とによって癒されるという『古歌』の箇所は実に絶妙である。[375]投影された葛藤が癒されるためには、葛藤はいったんそれが無意識裡に始まった場所、すなわち個々人の心のなかへと引き戻されなければならない。この心への下降を克服しようと思うならば、己れ自らと最後の晩餐を祝い、自らの肉と血を食べ飲むことができなければならない。ということは自らのうちに他者の存在を認め、これを受け容れるということである。しかし自らの一面性に固執すれば、二頭のライオンが引き裂き喰らい合うことになるだろう。これがおそらくは、自らの十字架を自ら担えというキリストの教えの意味であろう。そして己れ自らを担わなければならないとしたら、それでも他者を引き裂き喰らうことができるだろうか。

錬金術の象徴表現には以上に縷々述べてきたような考えが暗示されている。このことは、錬金術のいわゆるアレゴリー、寓意表現の数々をはじめから無価値なナンセンスだと非難するのではなく、やや詳しく微細な点にわたって考察してみれば、難なく見て取ることができる。自分自身の内にある実体を食べるという、範例としてのキリストに極めて独特の仕方で照応しているこの不思議な滋養供給は、それまではまだ自我意識の外にとどまっていなければならなかった人格部分の統合を意味するものにほかならない。ライオンと孔雀、この「欲望」concupiscentia と「傲慢」superbia の象徴は、自らの罪と責任を他に押しつけようと好んで隣人の上に投影されるところの、人間の「影」の思い上がった要求を暗示している。ウロボロスという原像にすでに、自らを呑み込み自らとのあいだに円環を形成するという思想がひそんでいる。それというのもある程度聡明なすべての錬金術師たちには、術のプリマ・マテリアはある意味では人間それ自身だということが分かっていたからである[376]。自らの尾を喰らうウロボロスは、対立、つまり影の自らへの同化と統合の鮮烈な象徴である。同時にウロボロスに体現されたこの円環的プロセスは不死、すなわち永遠に繰り返される自己更新の象徴とも見なされた。ウロボロスについて、それは自らを殺し、自らを蘇生させ、自らを孕ませ、自らを産むといわれているからである。それは古くから、対立するもの統一から生まれる一なるものを表わしており、それゆえ、投影されたものとして疑いもなく人間の無意識に由来しているプリマ・マテリアの秘密をなしている。したがってこの無意識のなかにウロボロスに関するこのような発言のきっかけとなった心的事実が存在しているにちがいなく、たとい文字どおりには受け取れないにせよ、このような発言は何らかの仕方でその心的事実の特徴をいい表わしているにちがいない。このような発言ないしは表明の動機が究極において何であったかは依然として秘密のままである。しかしそれは、「信仰の神秘」mysteria fidei とのその内的な親近性が達人たちによって予感され、感じられ、それゆえにまた「信仰の神秘」と同一視された、そういう秘密なのである。

八　王の更新の宗教的問題性

現代の医学的心理学は、意識をその影と対決させること、これが療法上必要不可欠であり、それどころかあらゆる周到な心理学的方法の前提であるという認識に達した。(377) この対決によって最終的には意識と影とが何らかのかたちで結びつくにちがいない。その結びつきが最初は、そしてかなり長いあいだ、あからさまな葛藤の形をとるとしてもである。この抗争は理性的手段によっては取り除くことができない。(378) 意志の力で排除することに成功すれば、それは無意識のなかで継続し、間接的にしか現われてこなくなるが、しかしこれは決してよい結果を生まない。それどころか場合によっては却って危険である。この抗争はその力が尽き果てるまでつづく。抗争の結果どういう事態が生ずるかは、理性には予測できない。一つだけはっきりしていることは、両陣営が変化するということである。けれども和解と統一の産物が最終的には何であるかは、考えて分かるようなものではない。それは、さしあたりは主観的な体験としてもっぱら経験の裁量にまかせられている。この体験は、精神史上のさまざまな証言の一致するところに従えば、つねに宗教的次元に属する一現象であることが分かる。それゆえ医者が、この種の葛藤が意識化されて演ぜられる場合にその展開と経過を偏見を持たずに追ってゆくと、無意識の側からの、何らかの統一に向かおうとするさまざまな補償の動きを必ず観察することになる。その際医者は錬金術のそれに似ている、それどころかしばしばそっくり同じといっていいような多くの象徴に出くわすだろう。また、自然発生的に生まれたこれらの象徴の少なからぬものが歴史上の諸証言の神秘的性質と符合するヌミノースな性格を示すのに気づくだろう。それればかりでなく、それまで宗教的な問題にはまったく無縁であった患者がほとんど突然といってもいいほど思いがけなくこの方面の関心を示しはじめるというケースにぶつかることもまったく稀ではないだろう。それが現代の異教からキリスト教への、あるいはキリスト教のある宗派から別の宗派への改宗である場合も、それどころかキリスト教の根本思想のはじめのうちは素人には理解しがたい方向への展開である場合もありうる。以上のことに関連して改めて強調するには及ばないと思うが、必ずしもすべての心理的な治療が自動的に決定的葛藤の意識化に向かうわけではない。それはちょうど必ずしもすべての外科手術が胃切除クラスの大がかりな手術ではないのと同じである。いわゆる小さな外科手術が存在するように、小さな心理療法も存在するのであって、そこで行なわれる手術は危険がないことを特徴とし、わたしがいまここで行なっているような考慮を全然必要としない。要はある種の精神的要求を内にもっている少数の患者で、わたしがここで述べている種類の問題を医者に投げかけるような展開を辿るのはこういう人々に限られる。

経験の示すところに従えば、対立するものの統一は「神秘的」と呼んでもかまわないような非合理的体験である。非合理的体験を、正当性をもってそれ以上別の何かに還元することがもはやできないような体験、あるいはどこか本当とは思えないような体験という意味に解した上での話であるが。この体験において決定的なのは、合理主義的な先入見や承認済の理論に照らしてみることではなく、ただひとえに患者によって見出され体験された解決が患者の人生に対して持っている価値である。その意味では、生命の維持を第一の任務として課せられている医者は有利な立場にある。医者は受けた教育のせいで経験主義者であり、昔から学問的にはなぜなのか理解できなくとも治癒効果があると分かっている薬を用いなくてはならなかったからである。同様に医者は、学問的には効果が解明され立証されている薬の治癒効果が実際の治療で使ってみると決していつどこでも発揮されるわけではないということを、いやというほど始終経験させられる。

ところで錬金術師たちが彼らの老いた王によって、この老いた王が神そのものにほかならないことを暗示しているとすれば、それは王の息子にも当てはまる。錬金術師たち自身はおそらく彼らの象徴表現の必然的帰結を最後まで考え抜くことには躊躇があったであろうし、恐ろしくてとてもそんなことはできなかったであろう。さもなくば、神それ自身が老化していて術によって更新されなければならないと宣言するはめに陥ったことであろう。

このような思考が可能であったのはせいぜいのところ、呪文を唱えて平気で神々を呼び出していたアレクサンドリア時代までである。中世の人間にはとても考えられないことであった。[379] 術が彼自身のなかの何かを変えるのだという思考の方が錬金術師にははるかに近しいものであった。それゆえにまた、術の産物を一種のファルマコン（φάρμακον＝霊薬）と考えたのである。彼らが「心理学」という概念を知っていたとしたら、自分たちのメディキナ（medicina＝霊薬）をきっと「心的」なものと呼び、王の更新を彼らの意識支配因子の変容ととらえたであろう。これであれば決して神的領域への魔術的介入を意味しなかったであろうから。

神性に関する人間の見方と定義は数千年にわたって連綿と連なりながら多彩に変化しており、福音書著者マルコがハルナックの著した『教義史』を覗くことができたとしたらきっと度胆をぬかれたことであろう。けれどもこと自らの意識支配因子に関しては、人間が意識支配因子のどんな定義を拘束力あるものと見なすか、あるいはどのような見方の囚になるかは、決してどうでもよいことではない。意識が王であるかないかという問いはこれに左右されるからである。もっぱら無意識が支配的であれば、われわれの現代の歴史が危惧させるように、すべては破滅に終わる危険がある。支配因子が弱すぎれば、生は不毛な葛藤に呑み込まれる。ソルとルナが一つに結びつこうとしないからである。けれども息子が支配因子であれば、ソルはその右の目に、ルナはその左の目になる。支配因子は両者を、つまり自我意識の立場と無意識の側からの諸元型の立場とを含んでいなければならない。支配因子をつねに律する法律は、一方に対しては有罪を他方に対しては無罪を宣告するようなものであってはならず、両方に対する義務と権利を規定するものでなくてはならない。

しかし対立抗争するものを不可解にも一つに結びつける統一の性質がいかなるものでなければならないかは、人間の判断の及ばないところにある。理由は簡単で、意識の拡がりを無意識の拡がりと一つに結びつけているようなものがいかなる様相を呈しているかをいうことは何びとにもできないからである。人間は自らの意識以上のものは知らないし、知っているのは意識がどこまで達しているかだけである。その意識の拡がりを越えたところに、どこまで拡がっているか境界づけることのできない無意識の領域があって、これも同様に人間という現象に属しているのである。したがってこういってもよいかもしれない、一なるものはひょっとしたらひとりの人間のような様子をしていると。つまりひとりの人間と同じように、輪郭を有し輪郭づけることができると同時に輪郭をもたず輪郭づけることができないようなものだと。認識可能性が終わるところではわれわれはつねにパラドックス的表現で終わらざるをえない。たしかに自我は自分がこのようなものの部分をなしていることを知ってはいるが、しかしそれはまさに一部分にすぎないのである。たしかに無意識の象徴的現象学は、意識に精神の王国の尊厳あるいは危険がそなわっていることを認識させてはくれるが、しかし王の性質は確たるものではなく、二つの条件に、一方では自我の決定、他方では無意識の同意に依存している。どんな支配因子もそのどちらか一つを欠いていれば、いつかは不十分であることを暴露する。たしかにわれわれは、歴史の流れのなかで意識がいかにしばしば自らのいだく最も中心的で最も崇高な観念に決定的な修正を加えてきたかを知ってはいるが、しかし無意識の周期的変化、あるいは元型的性質の律動的な変動ということになると、わずかしか知らないか、あるいはまったく知らない。それをひょっとしたら予感するかもしれないし、それについてすでに多くのことを思いめぐらしてきたかもしれないが、そこには信頼するに足る基盤が欠けている。いずれにしてもわれわれは、無意識はつねに予期せざる「自己啓示」の道を歩きはじめる可能性を有しているということだけは否定するわけにはいかない。

読者はわたしが説明に用いる比喩がしばしば教義《ドグマ》の表現とことばの上で類似することをおゆるしいただきたい。一般に、それについて観念を持ちえないでいる事柄についてことばを通じて観念を持つと、観念と事柄が外見上一致して見えるものである。加えて、自分の知らない二つの異なる事柄は区別できないということもある。それゆえ、そういう事情から生ずる読者の誤解を避けるためにここではっきりいっておかなければならないが、わたしは形而上学を展開しようとしているわけでもなく、神学に取り組んでいるわけでもない。わたしはここで、認識可能なものの極限を往き来している心理学的所与を問題にしているのである。したがって神学のことばを想わせるある種の表現を用いているとすれば、それはただことばの貧困のせいであって、たとえば神学の対象と心理学の対象とが一致すると考えているからではない。心理学は神学とはまったく異なるものであって、経験可能な心的諸現象を記述しようとする一種の自然科学である。その際心理学はたしかに、神学がこれらの諸現象をいかにとらえいかに名づけているか、そのやり方を知ろうとする。これもまた心理学が問題にしている諸内容の現象学的考察の一部をなしているからである。しかし経験科学である以上心理学には、神学の特権に属する真理および価値の問題については、これを決定する可能性もなければ権限もない。

「王」という錬金術形象についてこのように長々と論じてきたのは、一方ではそれが王の更新と神の更新とを含む英雄神話全体を包摂しているからであり、他方では——われわれの推測するところ——意識を支配する支配因子を表わしているからである。「王たるソル」Rex Sol という表現は類義語の反復などではない。それは単にそのものずばり意識的であるばかりでなく、まったく特別の仕方で意識的であるような意識を意味している。すなわちこの意識は、究極的にものの見方や価値について決定をくだすようなある支配因子に導かれ方向づけられているのである。ソルは一般的な自然の光であるが、しかし王、まさしく支配因子にほかならない王は、人間的要素を意識のなかに持ち込み、人間を太陽に、あるいは太陽を人間に近づける。[380]

意識は無意識のなかへと下降し、そこで無意識と結びつけられることによって更新される。更新された意識は無意識を含み込んでいるのではなく、息子によって象徴されるようなある全体性を無意識とともに形づくるのである。けれども父と息子が同一の本質を有しているだけでなく、更新された意識としての「王たるソル」も錬金術の言語慣用ではまさに息子にほかならず、とすれば、意識は支配的因子そのものである「王」と同一であるということになるだろう。錬金術師にとってはこの難点は存在しない。なぜなら王は、実在すると前提されている物質のうちに投影されており、したがって達人の意識に対しては純然たる客体としてかかわるだけだからである。

しかし心理学的批判によってこの投影を解除すると、更新された意識は更新された王と、ないしは息子と、見たところ一致することになるという上述の難点が生ずる。この難点の心理学的側面については拙著『自我と無意識の関係』の「マナ人格」の章ですでに論じた。純然たる概念的論理による思考をもってしてはこの難点を解決することはできない。それができるのはこの心的状態の細心にして入念な観察と分析によってのみである。具体的事例にもとづくこみいった説明を避けるために、ここではむしろ人口に膾炙しているパウロのことばを引き合いに出したいと思う。「生きているのはもはやわたしではありません。キリストがわたしの内に生きておられるのです」(「ガラテヤの信徒への手紙」二―二〇)。これはこの心的状態の独特の性質をこの上なく的確にいい表わしている。ここで明らかになるのは、それ以前のもうひとつの状態、すなわち支配因子が老化し消滅してしまった状態は、つぎのような意識によって特徴づけられるということである。つまりその意識においては、一個の自我が病める王に批判と認識のまなざしを向け、ほかならぬこの自我が自分は自分よりも崇高で強力な非自我に絶対的に依存していると感じていたかつての「神話的」時代を回顧しながら、病める王に代わってその位に就くのである。依存感情の消滅とそれに並行する批判の強化は、王の玉座に登ったのは一面的で限られた一存在にすぎないとはいえ、進歩、啓蒙、解放と、それどころか救済とさえ感じられる。一個の個人的な自我が権力の手綱をにぎる、已れ自らを破滅に至らしめるために。単なる自我性は、「理性的な心」anima rationalis を所有しているにもかかわらず、一個人の生を導くためにさえ不十分であり、いわんや人間を導くことなどできない。これらの目的のためにはつねに「神話的」な支配因子が必要である。けれどもこのような支配因子は、ただ考えて捻り出され、そうやって捻り出しさえすれば人々の信仰を集めるというような単純なものではない。われわれが体験してきた現代の時代状況を振り返ってみれば、真に効力を有する支配因子の必要性が極めて強く認識されていたといわざるをえないが、しかし支配因子として提供されたものは、頭で考え出された刹那的思いつきであった。そんなものでも人々の信仰を集める結果になったのは、一面では世間一般の信じやすさと無批判性を示しているが、しかし他面では、自我性の上に立つ精神的な意味での審判機関を望む深甚な欲求が存在する証拠でもある。このような精神的審判機関はしかし、自我性に覆われた意識の圏内につねにとらわれている合理的思考や刹那的思いつきから生ずるものではなく、歴史的かつ心理的にはるかに深いところに根ざしている伝統のなかから生まれてくるのである。となると、真実にして根本的な宗教的更新の基盤は、ヨーロッパにおいてはキリスト教以外に考えられない。ブッダによるヒンドゥー教の極度に急進的な改革はインドの伝統的精神性の全体を自らのうちに取り入れてなされたのであって、それを越えて根無し草の新奇なものを世界に持ち込んだのではない。彼は幾百万の神々に充ち満ちた神殿を否定したり無視したりしたのではなく、大胆尖鋭なやり方で、それ以前にはどこにも存在しなかった人間を世界のなかに据え置いたのである。最初はユダヤの改革者としか見られなかったイエスは律法を破壊したのではなく、それを志操上の一問題に変じたのであって、時代の革新者として、ギリシア・ローマの神々の世界と哲学的思弁に人間という形姿を対置したのである――すでに彼以前に久しく存在していたひとつの神話素に対立するものとしてではなく、それの成就として。その神話素とはすなわち、エジプト・ペルシア・ヘレニズム的な複合的背景をもつアントロポス〔原人間〕のイデーにほかならない。

最高の精神的伝統に深く根ざしていない更新は一時的で、はかない。歴史的な根から生え出た支配因子は自我性にとらわれた人間の内で生きもののようにふるまう。彼がそれを所有するのではなくて、それが彼を所有しているのである。それゆえある錬金術師も、達人はラピスの支配者ではなくその下僕（minister）であると語っているが、このことばから明らかなのは、ほんとうはラピスが王なのであり、錬金術師はこの王に対して下臣の関係にあるということである。

更新された意識はたしかに更新された王と一致しているが、しかしそれは、「王の息子」が老衰した王とは区別されるように、以前の意識とは異なる。老王が権力を失って小っぽけな成り上がり者にすぎない自我にその座を明け渡すように、自我は更新された王がその座に復帰するとふたたび背景に退かなければならない。自我はなるほど意識の必須条件としてとどまりつづけはするが、[381]もはや自らの意志で一切を決定し一切を達成しうると自惚れるわけにはいかない。もはや、意志あるところに道あり、と公言することはないだろう。自分のうまい思いつきを功績だといい立てることはもはやないであろうし、そもそも、自分がどれほど危険なまでに自我膨張にとらわれていたかに気づくだろう。彼の傲慢の上に懺悔と改悛の「灰の水曜日」[382]が訪れたあとでは、彼の意志と能力の範囲はふたたびそのあるがままの現実に即した程度にまで縮小されるだろう。

錬金術の象徴はこの変化を論理的正しさをもってつぎのように表現している。

弱い意識支配因子をともなった、自我性にとらわれた状態	死に向おうとする、老衰し、病んだ王
無意識の浮上、ないしは自我の無意識への下降	王が母の体中に消滅する、あるいは水中に溶解する
意識と無意識とのあいだの葛藤と統合	妊娠、産褥の病床、諸徴候、色のたわむれ
新たな支配因子の誕生、自己《ゼルプスト》の象徴としてのまるきもの（マンダラ）	王の息子、ヘルマプロディトス、まるきもの[383]

平均的な錬金術的見解はこの対応関係に一致している。では『古歌』の象徴表現はどうかというと、それがここに掲げた図式と異なる点は、「王の息子」の神格化と同時に王妃たるルナの神格化が生ずることで、これは「ヨハネ黙示録」の婚礼の場面にぴったり符合している。つまりリプリーにあってはキリスト教のお手本が優位

を占めたわけで、これに対して通常は、「結合」coniunctio がラピスの製造に先立ち、ラピスがソルとルナの息子と解されている。その意味でラピスは、意識と無意識の合体から生まれる「自己《ゼルプスト》」という心理学的理念に完全に一致している。これに反してキリスト教の象徴表現では、小羊（黙示録のイエス）の花嫁（ルナ＝教会）との婚礼が行なわれる。ラピスはそれ自体すでにアンドロギュノス〔半陰陽〕、つまり男性的なものと女性的なものとの統合であるから、新たな「結合」は不必要なのである。キリストが象徴的にアンドロギュノスとして登場する例もあるが、この場合は不思議なことに小羊の婚礼は消去されていず、両方が並存している。リプリーの象徴表現はすでにいったようにキリスト教の象徴表現に依拠しているのであって、これは錬金術の通例の描写とは対立している。

この点で錬金術的・心理学的象徴表現とキリスト教的象徴表現とのあいだにはある相違が存在する。実際、更新された支配因子における意識（男性的なもの）と無意識（女性的なもの）との合体を超えたところにどんな「結合」が考えられるのか、思い浮べるのは難しい。これを思い浮べようとすれば、教義の伝統に従って、更新された支配因子は人類という「神秘体〔神秘の肉体〕」corpus mysticum（すなわちルナ〔月〕としての教会）をも輝かしめるのだと想定する以外にない。孤立的傾向の強い錬金術師たちの場合は「小羊の婚礼」と呼ばれる黙示録的婚礼（「ヨハネ黙示録」一九―七）のモチーフは欠けている。このモチーフでは力点は犠牲の動物の名「小羊」に置かれている。すなわち王は、最古の最もプリミティヴな伝統に倣って、その尊厳と権力にもかかわらず自らの国と民の繁栄のために犠牲になり、しかも神的な形態となって食べられるのである。この元型は周知のごとくほかならぬキリスト教においてひとつの最高の実現を見た。キリスト教の象徴表現の立場から見れば、錬金術の目標観念には第一に「天の婚礼」のモチーフが欠けており、第二に、それよりもはるかに重要だといえる「犠牲」ならびにトーテミズム的「会食」のモチーフが欠如していることになる（近東の嘆かれる神々――タムズ、アドニス等――はおそらく、もともとは一年の豊穣を祈って供された犠牲であろう）。ラピスは紛れもなく隠者的理想、個人にとっての目標である。たしかにラピスは食物（「不滅の食物」cibus immortalis）でもあり、無限の増殖能力をもち、精神と魂と肉体をそなえた生ける存在、不朽の肉体をそなえたアンドロギュノス等々でもある。たしかにそれは王たるソルに比せられ、あるいはそのものずばりそう呼ばれもする。しかしラピスは「花婿」sponsus ではなく、犠牲でもなく、いかなる集い〔共同体〕にも属していない。それは「見つけたらそのまま隠しておく畑の宝」（「マタイ福音書」一三―四四）のごときものであり、ある男が自分の全財産を売り払って買ったという「高価な真珠」（同一三―四六）に喩えることのできるものである。ラピスは個人がしっかりと隠しもっている、高価な秘密なのである。[384] なるほどいにしえの達人たちは、自分たちの秘密を他への「嫉妬」から隠すつもりはなく、すべての探求者のためにこれを公表すると強調しているが、[385] しかし、ラピスが個人の関心事であることはまったく疑いを入れない。

ところで、この関連で見落としてはならないのは、古代においてはどうやらグノーシス主義のヘルマプロディトス的両性具有の「原人間」の教理が[386]キリスト教に影響を及ぼし、そこに、アダムはアンドロギュノスとして創造されたという考え[387]を産みつけたのだということである。そしてアダムはキリストの、その脇腹から生まれるエヴァは教会の原型であるから、そこから明白に女性的特徴を示すキリストというイメージが生み出されたということは納得がゆく。[388] この性格を宗教芸術におけるキリスト像は今日まで保持している。[389] キリスト像のこのヴェールをかぶせられたアンドロギュノス的半陰陽性はラピスのヘルマプロディトス的両性具有性と一致する。ただしラピスがこの点でグノーシス主義的観念にはるかに近いことは断るまでもない。

アンドロギュノス的半陰陽・男女両性具有というテーマに関しては、最近カトリックの側からの極めて異色の論考が一冊の書物にまとめられたが、この本は注目に値する。それはゲオルク・ケプゲンの『キリスト教のグノーシス』で、一九三九年に司教の認可を得てザルツブルクで出版され、わたしの聞いたところではそれ以来教会の禁書目録に載せられたという、曰くつきの著作である。ケプゲンは古代のアポロン的なものとディオニュソス的なものとの葛藤について述べ、そのキリスト教的解決は「イエスという人格において男性的なものと女性的なものとが一つに結びつく」点に存しているという。「イエスにおいてのみわれわれは男性的なものと女性的なもののこの共存を見出すことができる。」「キリスト教のミサでは男と女が同等の資格で集うことができるが、この事実は単なる偶然以上の意味を持っている。それはキリストにおいて顕在化した両性具有性の実践なのである。(390)」信者たちにおける性の変化は「ヨハネ黙示録」(一四—四)に暗示されており、彼らは「処女」παρθένοι であるといわれている〔「彼らは、女に触れて身を汚したことのない者である。彼らは処女だからである。……」——文語訳では「潔き者」、口語・新共同訳では「童貞」〕。ケプゲンはこの箇所に関してこう述べる。

ここに新たな両性具有的存在形式が目に見えるかたちで現われている。キリスト教は男性的でもなければ女性的でもない。それは、イエスという魂において男性的なものと女性的なものとが一対になったという意味で両性具有的なのである。性的なものの緊張と対立抗争はイエスにおいて、両性具有的統一を通じて解消され和解させられている。そしてこれを教会が遺産としてイエスから受け継いだ。教会はすなわち、アンドロギュノス的、男女両性具有的なのである。……

(教会は制度という点では)男性的に階級組織化されているが、しかし教会の魂は徹底して女性的である。……

処女である司祭は……彼の魂において男性的なものと女性的なものとのアンドロギュノス的統一を実践している。最初にキリスト自らがその魂の「男性的処女性」を啓示したときに示して見せた魂の領域を、司祭はふたたび顕在化するのである。(391)

すなわちケプゲンにとってはキリストだけが両性具有なのではなくて、注目すべきことに教会もまたそうなのである。論理的に反駁の余地なき帰結である。この主張から必然的に出てくるのは、第一に男女両性具有性の特別の強調、第二にキリストと教会との独特の同一性であって、この同一性もまたキリストの「神秘体」としての教会という教えにもとづいていることはむろんである。この見方はまちがいなく黙示録的終末の「小羊の婚礼」を先取りしている。というのもアンドロギュノスは「自らが必要とする一切のものを自らのうちにもっている」Habet enim in se totum, quo indiget からであり、[392] それはすでに「対立の結合」complexio oppositorum なのであるから。ここでアレクサンドリアのクレメンスに見られるあの「エジプト福音書」の断片を想い起こさない者があるであろうか。それはこうである。「サロメが、自分の尋ねたことはいつになったら分かるかと聞いたとき、主はいわれた、〈あなた方が羞恥の被いを踏みくだくとき、そして二つのものが一つになり、男性的でもなく女性的でもなく、男性的なものと女性的なものとが一つになるときである〉と。[393]」

ケプゲンは著書の最初に一つの献辞と一つのモットーを掲げている。献辞には「予定により再生する人々に」Renatis Praedestinatione とある。モットーには「ヨハネ福音書」第一四章のなかのことば、「わたしを信じる者は、わたしが行なう業を行ない、また、もっと大きな業を行なう」（一四―一二）を引いている。献辞には選ばれてあることというモチーフが輝いているが、これは錬金術師たちにも共通するモチーフである。すでにモリエヌスは錬金術についてこう語っている。

それというのも、神はこの神聖にして純粋な知識をその信者と僕《しもべ》に、すなわち自然物の存在した太初のときからそれを与えようと決めていた者たちに与えるからである。……というのも、この仕事は最も高き神の贈り物にほかならず、神が自ら欲するがままに、またその信者と僕のなかで神が欲する者に、これを委託し開示するからである。……それというもの、主はその僕のうちで自ら欲し選び出した者たちに、人間には隠されているこの知識を探し求め、探し出したものは手放さずに秘密にしておくという課題を与えるからである。[394]

同様にドルネウスもこういっている。「時折こういう事態が生ずる。すなわち、多くの年月と労苦と研究を経たあとで……幾人かが選ばれるのである。それ以前に数限りなく扉をたたき、[395]祈り、絶えざる探求に打ち込んでいたならば。[396]」

上に引いた「ヨハネ福音書」の箇所は第一四章のつぎのような文脈の一部である。キリストは弟子たちに、自分を見ている者はすなわち父を見ているのだと教える。彼は父の内におり、父は彼の内にいる。すなわち、彼は父の内におり、弟子たちは彼の内におり、彼は弟子たちの内にいる。さらに弟子たちはパラクリトとしての聖霊をもち、業を、それもキリストの行なう業よりももっと大きな業を行なうだろう。以上がその文脈であるが、この第一四章では、未来の展開へと通ずる問題提起がなされている。ここにはキリストを通じて人間のもとにやって来てキリストが去ったあとも人間のもとにとどまる聖霊という問題が提示されていて、ここに紹介しているケプゲンの神的なものと人間的なものに関する解釈を裏づけて余りある。なぜなら、弟子たちの、したがって人間の、全きキリスト化ということを口にしても不適切ではあるまいと思われるからである。実際、キリスト教の神秘主義者たちにあっては神と人間とのこの同一性は幾度も繰り返し実践され、ついには聖痕が現われるまで徹底された。宗教的な意味で創造的であるのはひとり神秘主義者のみである。それゆえにこそ彼らは聖霊の現存と作用をありありと感ずることができるのであり、同様にキリストを同胞《はらから》として体験することも可能なのであろう。

ケプゲンは、献辞とモットーが物語っているように、この方向で考えている。すなわち「ヨハネ福音書」第一四章の論理を徹底して推し進めると何が引き出され、どういうことになるか、それは容易に分かる。キリストの業（opus Christi）が個人に移し置かれるということである。個人に移し置かれたキリストの業、これが奇蹟の担い手であって、この決定的展開は、無意識的な前形成ないしは先取りというかたちで錬金術の問題となり、錬金術は「聖霊」と「神の智慧」の宗教といういわば試行的な宗教への展開の、明らかな徴候を示すことになるのである。ケプゲンの立場は創造的な神秘主義のそれであり、神秘主義は昔から教会に対して批判的な態度を見せてきた。この態度はケプゲンの場合には決して公然とは現われていず、随所でキリスト教教義の諸理念の深化と新たな展開に突き進む彼の著書の生きいとした内容を通じて間接的に窺い知られるだけである。彼は自分の論を最後まで推し進めればどんな結論に達するかを自覚しているので、教会の圏内をほんのわずか外に出たところで立ち止まっているが、これに反して錬金術は無自覚であり、意図的でなく、知的責任に煩わされることがなかったから、象徴を通じてケプゲンのはるか先まで進んでいた。しかし両者の原点は、「思いのままに吹く風」〔「ヨハネ福音書」三―八〕である聖霊、己れ自らの業を越えて進み、その業よりも「もっと大きな業を行なうようになる」et maiora horum faciet 聖霊――聖霊のこの産み出し啓示する作用の継続である。創造的神秘主義者は昔から教会の難題、教会の十字架であった。しかし人類は自らの有する最上のものをこれらの人々に負っているのである。[397]

九　女王

女王という形姿にはこれまでの論述のなかで頻繁に出会った。したがって特に女王にささげられるこの節では、手短に要点を述べるだけで十分であろう。すでに見たように、女王はルナ〔月〕として、ソル〔太陽〕の元型的な伴侶である。それはソルとともに錬金術の古典的なシジギー〔男女の相関的対立対《つい》〕をなし、一方では黄金と銀（ないしはこれに類似するもの[398]）を意味するとともに、他方では『立ち昇る曙光I』に描かれているような天上的な男女のペアを意味する。そこにはこんな描写が見られる。

それゆえわたしは起き上がり、町のなかをめぐり歩こう。路地と通りをさがし求め、顔は美しく、からだつきはなお美しく、まとう衣装はもっと美しい、純潔な処女と夫婦の契りをかわそう、彼女がわたしの墓の入口から石を転がし除いてくれるように。彼女はわたしに鳩のような翼を与えるだろう。そうすればわたしは彼女とともに天空を飛んでゆくだろう。そしてわたしはこういうだろう、わたしは永遠に生き、彼女のうちに安らうだろう、なぜなら彼女は黄金の衣を身にまとい、色とりどりの飾りに身をつつんで、わたしの右に立っているから、と……おお天上界の女王よ、恋人よ、花嫁よ、最愛のひとよ、急いでここにやって来て、話してくれ、あなたの愛するこのわたしに、あなたが誰で、どんなひとで、どんなに偉大であるかを。シオンのためにあなたは口を閉ざしてはならず、エルサレムのためにわたしと話すことをやめてはならない。あなたの愛するこのわたしはあなたのことばに耳を傾けているのだから。――「よく聴くがよい。……わたしの赤い友がわたしにいった、自分は乞い願った、すると自分の願いは叶えられたと。わたしは野の花、谷間の百合。わたしは美しい愛の母、知識と聖なる希望の母。わたしは芳しく愛らしい実を結ぶ葡萄の樹。わたしの花は名誉と品位から咲き出た。わたしはわたしの愛するひとの安らぎの床……そしてわたしの目の一つ、わたしの頸にかかる髪の一束で、愛するひとの心に傷を負わせる。わたしは香油の香り、わたしからはニッケイやバルサムやミルラのようなあらゆる香料も及ばない芳香が漂い流れる。……」(399)

この宗教的なミンネ〔恋愛〕のお手本は錬金術師たちにあってはソロモンのシバの女王に対する関係である。ヨハネス・グラセウスは、鉛のなかに隠されている白い鳩についてこういっている。この鳩こそ「白いヴェールに身をつつみソロモン王以外の誰にも服従しようとしなかった、かの純潔で、賢明で、豊かな富を誇るシバの女王である。(400)」ペノトゥスはこういう。

汝はすでに処女なる地を手にしている。それゆえ彼女に似合いの夫を与えよ。彼女はシバの女王だ。だから王冠を戴いた王が必要である——では、どこでそれを手に入れればよいか？　天の太陽が他の天体にその輝きを伝達していることをわれわれは知っている。地上の太陽もそれに相応しい天をあてがえばこれと同じことをなすだろう。その天は「シバの女王」と呼ばれ、ソロモンの栄光を見るために地の果てから来た。それゆえわれらがメルクリウスは己が地の数々（terrae）を去り、この上なく美しい衣に身をまとい（induta）、異国の（extraneus）不純な者にではなく、ソロモンに服従したのだ。[401]

一読明らかなように、ここでは（女としての）メルクリウスが女王でり、その女王は、太陽の輝やく場である天を意味している。つまり女王はソルを取り囲んでいる媒質だと考えられている——ソルはキリストについていわれているような「女にいだかれる男」vir a foemina circumdatus に等しく、[402]あるいは女王はシヴァを抱くインドのシャクティさながらである。この媒質はメルクリウスの、すなわちただひとえに無意識を意味するとしか考えられないこのパラドクシカルな存在[403]の性質を有している。女王はこのテクストではソルの母なる容器として、また王の光輪、つまり冠として現われている。[404]『黄金論説』[405]では女王は、神格化される際[406]に挨拶のことばを述べるが、とりわけつぎのようにいう。

死してのちわたしにはふたたび生命が与えられた。この貧しく哀れなわたしに賢者と強者の宝が委ねられ、手渡された（Mihi pauperi thesauri sapientum et potentium concrediti et traditi sunt）。それゆえわたしには、貧しき者を富める者にする、へりくだった者に恩寵を分かち与える、病める者に健康を取り戻す能力もそなわっている。けれども、これから死者たちのなかから甦らなくてはならないわたしの最愛の兄〔弟〕である強大な王にはまだ及ばない。けれども王がひとたびやって来れば、わたしのことばが真実であることをほんとうに証明してくれるであろう。

この「妹〔姉〕にして花嫁」soror et sponsa に教会のアナロジーを見て取るのは容易である。教会もまた「神秘体」として「キリストの魂」anima Christi の容器なのであるから。この容器、すなわち天は、われわれが問題にしているテクストでは「シバの女王」と呼ばれ、それも「マタイ福音書」一二―四二（および「ルカ福音書」一一―三一）の「……この女王はソロモンの智慧を聞くために、地の果てから来たからである」を踏まえた文脈においてそう呼ばれている。ところが福音書では彼女は「南の国の女王」regina Austri と呼ばれている。この関連でわたしとしては、オタンのホノリウスの『教会の神秘』のなかで、「南の国の女王」が登場する箇所にも言及しておきたい。それはこうである。[407]

ヨハネは彼の花嫁になるひとのもとを去り、――自らひとりの処女として――処女の息子に慕い服した。彼は処女への愛ゆえに肉の絆を蔑んでいたので、キリストはその彼を弟子たちの誰よりも愛した。すなわち、南の国の女王が彼女の肉と血を彼女の弟子たちに与えたとき、ヨハネはイエスの胸にやすんでいて、その胸から智慧の泉の水を飲み、のちにその智慧のことばの秘密を世に拡めた。ことばとはすなわち、イエスの胸に智慧と知識のあらゆる宝が隠されているがゆえに父のうちに隠されている[408]あのことばである。

先の『黄金論説』では「智慧の宝」を所持していることを誇っているのは南の国の女王であり、ここでの南の国の女王は「肉と血」を彼女の弟子たちに与える。それによって彼女は、どちらの場合も、キリストと同一視されているように思われる。ここから、錬金術においてはキリストのアンドロギュノス的両性具有という考えがいかに自然なものであるかということ、さらに、女王と王とがいかに分かちがたく、ちょうど肉体と魂、あるいは精神と魂のように一つに結びついているかということが分かる。[409] そして事実、女王はアニマ〔魂〕に一致し、王は精神に、つまり意識の支配因子に一致しているのである。[410] したがって、女王のこのような意義を考えれば、オプスの秘密が時折「女王の神秘」Reginae Mysteria と呼ばれているのも納得がゆく。[411]

女王の王への近しい関係は、女王が時として王と同じ運命を辿るという事情にも起因している。つまり、王とともに沐浴の水のなかで溶解させられるのである（女王自身が沐浴の水そのものになっているテクストもある！）。たとえばアブラハム・エレアザルには王の沐浴についてこういう文言が見られる。「……というのも、この火の海のなかでは王は生きながらえることはできないからだ。火の海は老いたるアルバオン（Albaon＝プリマ・マテリア、鉱石、黒い地）からそのすべての力を奪い去り、その形態を焼きつくし、それを赤い上にも赤い血に変える。女王もまたこの運命を免れず、この火の沐浴のなかで破滅せざるをえない。……」[412]

さらに、女王と王とがいわば一体として現われることも驚くにはあたらない。なぜなら錬金術では、両者はそもそも一つに合体する前段階を意味しているのであるから。この事実は、それにわれわれがほどこす解釈によってはじめて注目すべきものに変化する。つまり、ここでは神話素を通じて、意識の支配因子としての王が無意識の人格化である元型的形象、すなわちアニマとほとんど一つに重ねられているというのが、その解釈である。この二つの形姿も、意識と無意識も、ある点では互いに真っ向から対立しているが、人間という存在において男性的なものと女性的なものとが一つに結びついているのと同じように、――こういう表現が許されるなら――心を構成している材料は意識状態においても無意識状態においてもつねに同一なのである。ただ、その材料が一方の場合は自我と連結し、他方の場合は連結しないというだけのことである。

アニマはその否定的側面においては、つまりアニマが主体において意識されないまま覆い隠されている場合には、主体に対してこれをとりこにするような作用を及ぼす。この憑依状態の主要な徴候は、一方では見境いのないむら気と脅迫的な熱中というかたちで現われ、他方では何ものにも冷淡で無関心で、原則的な態度に閉鎖的にとじこもる（理念にとらわれる）というかたちで現われる。したがってアニマの否定的側面は特殊な形式の心理的不適応を意味する。この不適応は意識によって補償されるか、それともこの不適応が、その不適応とは反対の（そしてそれと同じように正しくない）態度によって特徴づけられる意識の方を補償するかのどちらかである。つまり、意識支配因子の否定的側面もまた、「神意にかなった」理念などというものではまったくなく、ある特定のマスクをつけることによってある種の役割を演じ、自分にとって有利な姿を人前に見せようとする、極度に自我性にとらわれたエゴイスティックな意図にほかならないのである（ペルソナとの同一化！）。このような意識の態度に照応するアニマは一種の陰謀家として立ち回り、自我がますますその役割に深入りするよう誘惑しながら、背後では、自分の役割に溺れる者が落ち込むことになるありとあらゆる落し穴を掘る。

しかし、意識の態度が、単にそう思っているというだけでなくほんとうに自我性にとらわれた利害的意図を捨てて、個人を超えた定めに従うならば、そのときこそそれは、自分は王に仕えているのだと誇ることができる。意識の態度がこのようにより高貴なものに変ずるということは、同時に、アニマを誘惑者から先導者へ高めるという地位の格上げを意味する。[413] 王の実体のライオンから王への変容に見合うのは、女性的なものの蛇から女王への変容である。戴冠、神格化、婚礼は、最高の段階で可能となった意識的なものと無意識的なものとの同等化と同権化、救済的な「対立の一致」coincidentia oppositorum を意味する。

婚礼という神話素で暗示されていると思われるものを心理学的に解明しはっきりさせることができれば、たしかにこれに越したことはないであろう。けれども心理学は未知のものが存在することに責任があるとは考えていない。心理学は真理の下女として、ある種の現象が、たといそれがさしあたり秘密と謎に満ちているにしても、ともかく現に存在しているということを確認することで満足しなければならない。「意識と無意識の統一」は王の婚礼というかたちでさしあたりは神話的イメージとして現われ、この神話的イメージはより高度な段階で心理学的概念の性格をおびることになる。けれどもここで是非ともはっきり強調しておかなければならないのは、この心理学的概念は歴史的にいっても症例上からいっても決して神話素から生じたものではなく、何よりも実際的経験の結果として生じたものである。この経験的材料がどういうものであるかは、『心理学と錬金術』で範例的に描写されたケースを見ていただければよく納得できると思う。それは何百という類似のケースを代表する模範的な一実例であって、それゆえ特異な個人的ケースと見なされてはならない。

　心理学的な「対立の統一」は、この事象の現象学を内包する一種の直観概念である。それは、定義によればわれわれの概念能力を超えるとされるところのものに対して、説明上設けられた仮説などというものではない。というのもわれわれが「意識と無意識が統一される」という場合、われわれはそれによって同時に「それは思い浮べることの不可能な事象である」といっているのである。なぜなら無意識は意識されないものであって、それゆえそれは把握することも思い浮べることもできないからである。対立の統一は意識超越的な事象であって、原理的に科学的解明の及ばないところにある。婚礼は「女王の神秘」、術の秘密にとどまる。『哲学者の薔薇園』の伝えるところによれば(414)、ソロモン王は術の秘密に関してこう語っている。

　それはわが娘である。この娘のゆえに南の国の女王は日の出る方角から立ち昇る曙光のようにやって来たといわれる、ソロモンの智慧を聴き、理解し、見るために。そしていま彼女の手には、権力と名誉と力と支配権が与えられている。その頭上では王権を示す冠が、きらきらと輝く七つの星の光を放ち、夫のために装った花嫁のように飾りをつけ、その衣装には黄金文字のギリシア語とアラビア語とラテン語でこう書かれている、「わたしは賢者のただひとりの娘、愚者はわたしをまったく知らない」と。

シバの女王、サピエンティア〔智慧〕、王の術、そして「賢者の娘」のすべては、その根柢にある心理素が透けて見えるようなぐあいに互いに入り混じっている。すなわち術とは、達人の心の女王であり、それは達人にとって母と恋人と娘を一身に兼ねており、達人の術、およびその術の寓意表現《アレゴリー》においては、達人自らの心のドラマ、その個性化過程が演ぜられているということである。

第五章　アダムとエヴァ

一　アルカヌムとしてのアダム

王と女王と同じように、人類の始祖であるアダムとエヴァという組合せも、錬金術が対立象徴表現に用いている形姿の一つである。アダムはエヴァとは比較にならないくらい頻繁に言及されており、それゆえわれわれはまず第一に、そして主として、アダムについて考察しなければならない。アダムは変幻自在、ありとあらゆる意味をおびて登場し、実に種々さまざまな角度から錬金術師の観念世界に侵入してきており、その点では考察の手がかりは豊富である。

ルランドゥスは「永遠の水」の同義語としてのアダムに言及し、これを「地」を意味するエヴァに対立させている。水はアルカヌムの粋、すなわち、変容するものであると同時に変容を惹き起こすものである。「水」はメルクリウスと同義であるから、ヨハネス・デー〔ジョン・ディー〕の、オプスの経過のなかで現われる「もうひとつのメルクリウス」は「哲学者のメルクリウスであり、かの極めて有名なミクロコスモスにしてアダム」であるということばは納得がゆく。[1] アダムはロシヌスにおいても変容物質として現われ、ともに（アダムと同じように）[2] ヘルマプロディトス的性質を持っている鉛と「アゾク」Azoch[3] とに関係づけられている。同様にドルネウスも、ラピスは「見えざるエヴァを内にやどすアダム」と呼ばれると語っている。[4] この古風な観念はときとして現代の精神病患者が産み出すイメージにも見られる。[5]『宇宙の栄光』にも同様に、アダムの二義性への言及がある。「万能の神がアダムを形づくりパラダイスに据え置いたとき、神はアダムに前もって二つのものを示しながらこういった。見よ、このアダムは二つのものからできている。一は固体で持続し、他は揮発性ではかない。[6]」したがって変容物質としてのアダムは、沐浴で若返り更新される王[7]である。バシリウス・ヴァレンティヌスのある詩にはこうある。

アダムは老いたる龍が準備した
浴房で水につかっていた。
そこにウェヌスは自らの伴侶を見出した。
……

Adam in balneo residebat,
In quo Venus sui similem reperiebat,
Quod praeparaverat senex Draco
[8]……

アダムとウェヌス〔ヴィーナス〕を結びつけるというのは、バロック的空想の産物だとしても無視できないものがある。この詩のなかでウェヌスは「石から流れ出て、父である石をその肉体と生命もろともに自らの内に吸い込んで水浸しにする泉」と等置されている。つまり彼女は、ガブリクスを自分の体内で粉々に解体するベヤの並行的類似形象なのである。先にふれたように、ルランドゥスはアダムを水の同義語と見ているが、その同じ箇所で、アダムは「気高き人間」とも呼ばれるとも述べている。(9) ルランドゥスはパラケルスス信奉者であるから、この表現はおそらく、彼が「われらが内なる不可視の人間」interior homo nostrum et invisibilis と名づけているところの、パラケルススの「大いなる人間」、すなわちアデク(Adech)(10) に符合すると考えられる。(11)

したがってこの詩では、秘密物質《アルカヌム》ないしは変容物質は「内なる」人間、原人間として現われていることになる。この内なる人間、原人間は、カバラのアダム・カドモン(Adām Kadomōn)という名称の意味するところでもある。内なる人間としてのアダムが愛の女神であるウェヌスに浸される。これは一個の紛れもない心理素、すなわちある特定の典型的な心的状態の一表現であって、この状態はグノーシス主義のヌース〔精神〕とピュシス〔自然〕との愛の関係によっても的確に象徴されている。つまりここで問題になっているのは、われわれが「自己《ゼルプスト》」と名づけている「より高い精神的人間」、より包括的な、より上位の全体性なのである。沐浴、水のなかへの沈降、水浸し、洗礼、溺死――すべて錬金術における同義語――は、自己の無意識状態を、いわば自己のインカルナティオ〔肉化・具体化〕を、より正確にいえば、自己が「再生」する、あるいは自己が経験可能な状態に移行する無意識過程を、象徴的に表わしている。この自己の経験可能な状態はさらに「王の息子」filius regius とも呼ばれている。浴房を準備したものは詩の文言から分かるように「老いたる龍」senex draco である。この年老いた龍は地の穴に棲む原初の生きもの、すなわち心理学的には本能的魂の化身であり、本能的魂は大抵は爬虫類によって象徴される。あたかも錬金術のイメージはこれによって、無意識それ自体が更新のプロセスを準備したことをいい表そうとしているかのごとくである。

あるラテン語の手稿でも、同様にアダムの沐浴が暗示されている。そこではアダムが、その何ものであるかがはっきりとは示されていないある存在からこうことばをかけられる。

聴け、アダム。わたしはおまえと語り合いたい。おまえはわたしと一緒に沐浴しなければならない。おまえには分かっている、わたしたちがお互いにどのように影響され合っているか、そしておまえがどのようにしてわたしの中を通っていかなければならないかが。それゆえわたしは鋭く研ぎすまされた矢を携えておまえに近づき、おまえの心臓〔心〕に狙いをさだめ……[12]

ここでもアダムは変容物質の意味をそなえている。彼は更新されなくてはならない「古きアダム」なのである。「矢」は一方では、メルクリウスのものとされる「苦悩の矢」〔情熱の矢〕telum passionis を連想させる。と同時に他方では月《ルナ》の矢を想起させるが、これは錬金術師たちが、フーゴ・フォン・S・ヴィクトルなる人物やその他の人々の神秘思想を経由して、われわれが以前の章〔本訳書I、五六頁以下〕で言及した「雅歌」の有名な箇所「あなたはわたしの心に傷を負わせた」Vulnerasti cor meum に遡ると見ているものである。上の引用でアダムに語りかけている存在は女性であるにちがいない。それというのもテクストではこのことばが発せられる直前で「男と女の同居」cohabitatio viri et mulieris が問題になっているからである。

ここに挙げた二つのテクストは、「花婿」sponsus と「花嫁」sponsa の近しい親縁関係をいわば前提とするような一種の聖婚《ヒエロスガモス》を暗示している。事実アダムとエヴァの親縁関係は近しく、同時に定義困難な関係である。古い伝統に従えば、アダムはエヴァが創造される前は、アンドロギュノス的半陰陽であった。[14] それゆえエヴァは、アダムの妹である以上にアダムに近く、ほとんどアダム自身だといっても差支えない。アダムの極めて非聖書的な結婚は、神が介添人(paranymphus)として婚礼に列席するという事実によって、聖婚であることが強調されている。[15] 十六世紀の錬金術の諸論説にはカバラの伝統が見て取れる。上の二つのテクストは比較的新しい時代に属するものであり、したがってこの伝統の射程内にある。

さて、ここでわれわれは、なぜほかならぬアダムがプリマ・マテリアの、ないしは変容物質そのものの象徴に選び出されたのかという問題に向かわなくてはならない。その理由の第一はおそらく、アダムが「土くれ」lutum から、つまりどこにでも転がっている「安っぽい物質」materia vilis から創造されたという点に求められるであろう。どこにでも見出される卑俗な物資というのがプリマ・マテリアの公理であり、それゆえそれは「万人の目の前に在る」にもかかわらず発見するのが絶望的に困難なのである。それは原初の混沌《カオス》、「混沌塊」massa confusa の一片であり、まだ未分化であるが分化する能力を有しており、いわば胚のようなまだ未分化な組織のごときものである。したがってそれはまだ何にでもなる可能性を有している。(16) プリマ・マテリアの定義でいまわれわれにとって本質的な点は、それが「混沌塊」および「混沌」と呼ばれていること、それが「四大元素の敵対」inimicita elementorum という原初の状態、達人が作業を通じて徐々に秩序づけることになる無秩序の混乱であるということである。元素の四という数に対応して作業プロセスにはいわば四つの区分（Tetramerie）が存在し、これらの区分は四つの色によって特徴づけられ、混沌状態にある秘密物質《アルカヌム》はこの四色を通過して最終的な統一、「一なるもの」unum、すなわちラピス（それは同時にホムンクルスでもある）に到達する。(17) これによって哲学者〔錬金術師〕は紛れもなく「創世記」第一章の神の創造の業を繰り返すのである。それゆえ、哲学者が自分のプリマ・マテリアをアダムと名づけ、アダムがプリマ・マテリアと同様に四大元素から成り立っている、あるいは四大元素から生まれると見ているのも、何ら不思議ではない。「われらが父アダムとその息子たちは四つの元素から……創造されている」Ex quatuor autem elementis pater noster Adam et filii eius... creati sunt と『賢者の群』はいう。(18) ジャビル・イブン・ハヤン(19)は『均衡の書』のなかでこう語っている。

　モーセ五書では最初の存在の創造に関して、この存在の肉体は四つのものから合成されており、この四つのものはそのあと遺伝によって受け継がれたといわれている。すなわち温と冷と湿と乾である。事実それは土と水と、霊〔精神〕と魂から合成されていた。乾燥は土から、湿気は水から、熱は霊から、冷たさは魂からそれにもたらされた(20)。

「四大元素の合成」compositio elementorum としてのアダムは、のちの時代の文献においてもなおしばしば言及されている(21)。四つの宇宙的原理から合成されているがゆえにアダムはミクロコスモス〔小宇宙〕と呼ばれる(22)。たとえば『ミクレリスの論説』にはこうある(23)。

同様に人間は、より小さな宇宙（mundus minor）と呼ばれるが、それは人間の内に天と地と太陽と月の形態が見られ、人間は地上における可視的形姿であり、〔同時に〕不可視の形姿でもあるからで、それゆえそれは「より小さな宇宙」と呼ばれるのである。それゆえいにしえの哲学者たちは人間について、「水が地上に落ちたとき、〈より小さな宇宙〉であるアダムが創造された」といったのである(24)。

このような、あるいはこれと似た見方は他の文書にも見られ、たとえば『ラビ・エリエゼルの聖なる諸章』では、アダムがそれから生じたところの塵を神は地〔世界〕の四つの隅から集めた、といわれている(25)。おなじくラビ・メイール（二世紀の人）は、アダムは全世界の塵から創られたと語っている。タバリーやマスウーディーをはじめとするイスラム教の伝統下にある人々にあっては、地〔土〕はアダムの創造のための素材を提供することを拒み、そこで死の天使が三種類の土、すなわち黒と白と赤の土を持ち来った、といわれている(26)。『シリアの宝の洞窟』はつぎのように伝えている。

彼らは見た、神が地の全体から一粒の塵を取り、水の全自然から一滴の水を、上にあるあらゆる気から一吹きの風を、火の全自然からわずかばかりの温かい熱を取るのを。それから天使らは見た、これら四つの小量の元素、すなわち冷、温、乾、湿が神の掌《てのひら》にのせられるのを。そこで神はアダムを形づくった。[27]

詩人ルーミーにあっては、アダム創造の素材となった土は七つの色すらそなえている。[28] 十五世紀のある英語のなぞなぞ集成には、アダムの創造に関するつぎのような問答が見られる。

オックスフォードの先生と生徒のあいだの問答。アダムは何から創られたか？ 八つのものから。第一に土、第二に火、第三に風、第四に雲、第五にそれを通じて彼が話し考えるところの空気、第六にそれによって彼が汗をかくところの露、第七にそこからアダムが彼の目を得るところの花、第八にそこからアダムが塩辛い涙を得るところの塩。[29]

アダムの材料に関するこれらの記述を見ればアダムが四ないしは八要素一組（ogdoas）の本性を有していることが明らかであり、同時にまたそこには三と七に見られるように、四か三か、八か七かという錬金術に特徴的な不確かさも欠けてはいない（四つの元素、四つの色、四つの性質、四つの体液〔humores〕[30]と並んで、三つの色や七つの色などがある）。[31]

ドルネウスは「三という数」ternarius を「アダムに固有のもの」Adamo proprius と呼び、こういっている。けれども「三という数」は「一という数の子どもである」proles est unarii から、その本性が二という数からできている悪魔は三という数に襲いかかることができず、攻撃の矛先を試みにまずエヴァに、すなわち「ちょうど自然の数である二という数が三にして一という数から切り離されているようにその夫から切り離されているエヴァ」[32]に向けざるをえなかったのだ。[33] ブラシウス・ウィゲネルスは「コリントの信徒への手紙一」の「最初の人は土でき、地に属する者であり、第二の人は天に属する者です」（一五―四七）への注釈としてこう書いている。

すなわち四大元素はヘルメスのいうごとく円環状に〔配列されており〕、各々の元素は二つの他の元素にはさまれている。そして当の元素は二つの他の元素の性質のうち自らに固有な一つの性質においてそれら二つの他の元素と一致している。〔たとえば〕地は火と水のあいだにあって、火とは乾燥を、水とは冷たさを分かち合っているというぐあいである。その他についてもこれと同じである[34]。

ウィゲネルスはさらにこうつづける。

すなわち、人間は大宇宙の似像であり、それゆえミクロコスモスないしは小宇宙と呼ばれるが（それはあたかも、小宇宙が原像に似せて作られ四大元素から合成されている場合に大いなる人間と呼ばれるのと同じである）、この小宇宙としての人間もまた自らの天と地とを持っている。すなわち魂と知性が彼の天であり、これに対して肉体とその官覚性が彼の地である。ひとりの人間の天と地とを知ることは、全宇宙と自然の事物の完璧にして全き知識を手に入れることにほかならない[35]。

宇宙と人間における四大元素の円環状の配列は、宇宙と人間を象徴的に表わすところの、四要素一組の構造をもつマンダラを暗示している。この点からいえばアダムは「四という数」quaternarius である。アダムは地の四つの隅から集められた赤と黒と白と緑の色をした塵から合成され、「その形姿は宇宙〔世界〕の一方の端から他方の端にまで達した[36]」。あるタルグム〔旧約聖書アラム語部分訳〕に従えば、神はこの塵を四つの宇宙部分から、そしてまた聖なる場所、すなわち「宇宙の中心点」から取ってきた[37]。四つの宇宙部分はアダム（Adam）という名を構成している四つの文字にも現われており、Aは anatole（朝・東）、dは dysis（日没・西）、aは arktos（大熊座・北）、mは mesembria（昼・南）を示している。[38] さらに『シリアの宝の洞窟』はつぎのように伝えている。アダムはのちに十字架が立てられた場所に立っていた。そしてこの場所は地の中心であった。またアダムも地の中心であるゴルゴタの丘に埋葬された。彼はある金曜日の、のちの救世主の場合と同じ時刻に死んだ。[39] エヴァは合わせて四人の子どもを生んだ。カインとレブフダ（Lebhûdhâ）、アベルとケリマト（Kelîmath）がそれで、彼らはのちに互いに結婚した（「結婚の四要素一組」！）。アダムの墓は「宝の洞窟」である。アダムのすべての末裔は彼の屍の前に敬い仕え、「そのもとを離れてはならない」。洪水が近づいたときノアはアダムの屍も一緒に方舟のなかに運び込んだ。方舟は風の翼に乗って、東から西へ、北から南へと洪水の上を飛んでゆき、こうして水の面に十字架を描いた。

アダムが埋葬されたあの中心点では

> 四つの隅が互いに結びついていた。というのも、神が地を創造したとき、神の力は地を先導しながら進み、地は四つの側から風のように、はたまた微風《そよかぜ》のように、神の力のあとにつき従い、地の中心点に来たとき神の力はとまって、しずまったからである。この中心点でアダムとそのすべての子孫たちのための救済がなしとげられるであろう。

墓の上には、のちに十字架が立つことになるところに一本の木が生え育った。そこにはまたメルキゼデクの祭壇もあった。セムがアダムの屍を地上におろし終わると

> 地の四つの部分が互いに分かれ、地が十字架の形に口を開いたので、セムとメルキゼデクは屍をそのなかに

置いた。彼らが置き終わるやいなや、四つの側〔隅・部分〕が動いて、われらが父アダムの屍を包み覆い、地表の扉が閉じた。そしてこの地点は、そこにあらゆる人間の頭《かしら》〔首長〕が据え置かれたから頭蓋骨の場所と呼ばれ、それがまるい形をしていたのでゴルゴタと呼ばれ、……そこにあらゆる民族が集められたのでガバタと呼ばれた。[40]

「その場所に神の力が顕現するであろう。世界の四つの隅がそこで一つになったからである」とエチオピア語版『偽クレメンス物語』にはいう。[41]『アダムの聖書』では、神はアダムに「わたしは汝を神にする。むろんいまではなく、大きな数の年月が経過したあとである」という。[42]旧約聖書外典「アダムとエヴァの生涯」では、アダムは楽園の東と北を、エヴァはその西と南を手に入れたといわれている。[43]『ラビ・エリエゼルの聖なる諸章』では、アダムは二重洞窟マクペラに葬られたと語られている。そしてそこにはエヴァも、またアブラハムとサラ、イサクとリベカ、ヤコブとレアも埋葬された、「それゆえ〔この洞窟は〕キリャト・アルバ（テトラポリス＝四の都市）と呼ばれた。なぜならそこに四人の夫〔と妻が〕同時に埋葬されているからである……」[44] Idcirco quoque appellatur Kiratharbah（τετράπολις), quia in ea sepulti sunt quaterni conjuges …

わたしはアダムが四要素一組である証拠をいたずらに積み重ねるつもりはない。ただアダムの本性が四要素一組であることにそれ相応の注意を払ってもらいたいだけである。四は心理学的には意識に方向を与える主導機能、すなわち二つの知覚（非合理的）機能〔直観と感覚〕と二つの判断（合理的）機能〔思考と感情〕とを意味する。したがって、四要素一組によって特徴づけられるあらゆる神話的形姿はまず何よりも意識の構造と関係しているといって差支えないであろう。それゆえイサーク・ルリャがあらゆる心的性質の源をアダムに求めているのは極めて納得がいく。アダムは心そのもの、心の粋なのである。[45]

ここに紹介した証拠材料は、詳しい注釈など余計なほどにそれ自体十分示唆的である。アダムは心のみならず、心の全体性をも表わしている。それればかりでなく、まさに心的全体性として、アダムは自己《ゼルプスト》の一象徴でもあり、したがってまた目に見ることのできない神性の一つの現われでもある。錬金術師たちがここに挙げたテクストの必ずしもすべてに目を通すことができなかったとしても、ゾシモスの論説やある種のカバラの伝承の知識さえあれば、アルカヌムをアダムと名づけた際に自分が何を意味していたかを知るには十分すぎるほどであったと思われる。これらの歴史上の発言の数々がほかならぬ心理学的観点から見ていかに重要なものであるか、取り立てて強調するまでもあるまい。それらはわれわれに、類似の夢象徴の解釈と評価の仕方について極めて貴重な示唆を与えてくれる。もともと形而上的な意味をもつ諸直観の心的性質を確認したからといって、決してこれらの直観の価値が貶められるわけではなく、まさにその事実性が裏づけられるのである。けれども、これらの直観を十分な根拠にもとづいて心的現象と見なすことによって、われわれは、周知のように人間の悟性によっては証明可能なことは何一ついうことのできない到達不可能な形而上的領域から、それらの直観を引き離すのであって、それによってまた、それが真理であるかどうかという解答不可能な問いを斥けるのである。われわれはただ事実の地盤に立つだけである。すなわち、無意識の元型的構造があらゆる伝統の差異を超えて、あらゆる時代と民族にその例を見ることのできる諸形象を繰り返し産みつづけ、昔からそれらに特有のものとしてそなわっていたヌミノースな性格と深い意味とを産み出される形象に刻印しつづけるという事実、われわれはただこの事実を認識するにとどまる。

二　彫像

ここで、一見われわれのテーマから逸脱していると思われる、が、深い意味ではやはりわれわれのテーマの一部をなしている可能性のあるある問題を挿入することをお許し願いたい。つまり、古い伝承ではアダムが「生命のない柱像〔立像〕」として創造されたといわれている問題である。古い時代の錬金術ではすでに、彫像がある謎めいた神秘的役割を演じている。[46] ギリシアの最も初期の錬金術論説の一つでは、それはコマリオスがクレオパトラに授けた教えで、変容〔変成〕の様子を描写したものであるが、つぎのようにいわれている。

> 肉体（σῶμα）が闇のなかに隠されたのち、〔霊〕が、光に満たされている肉体を見出した。そして魂は、肉体が魂に関係することによって神聖化されたあとで、肉体と結びつき、肉体はいま魂の内に住んでいる。なぜなら、肉体が神性の光を身にまとい、闇が肉体から消え去り、肉体と魂と霊（πνεῦμα）、そのすべてが愛において（ἐν ἀγάπῃ）結合し、かくしてそれらは、神秘を内に隠す一つのものとなったからである。けれどもそれらの合体のうちに神秘は成就したのであり、それらの住まう家は封印され、そこに銅像（ἀνδριάς）が立てられた、光と神聖さに満たされて。[47]

セニオル・ザディトの論説ではこれとはやや異なる意味の彫像に出会う。[48] そこでは「彫像の心臓から抽出される水」のことが語られている。セニオルはアラビアの錬金術師イブン・ウマイル・アル－タミミ（Ibn 'Umail Al-Tamimi）と同一人物である。この人物については、エジプトで墓と石棺を開いて、そのなかからミイラを持ち去ったと伝えられている。[49] ミイラには医療上の治癒をもたらす力があるとされていて、そのため死体のミイラ化した部分はヨーロッパの薬局ではその後も長いあいだ「ムーミア」Mumia〔ミイラ〕という名で商われていた。[50] それゆえ「ムーミア」が錬金術的目的に使用されたということも考えられないわけではない。ハインリヒ・クーンラートの場合には、それはプリマ・マテリアの同意語として出てくる。[51] クーンラートの典拠はパラケルススであったと推測されるが、そのパラケルススでは、注目すべきことに「バルサムをほどこされたムーミア」Mumia Balsamita は「生命の霊液《エリキシル》」と関係があり、それどころか肉体的な生命原理でさえある。[52] これらの点からいってセニオルのいう「彫像」が、周知のように人間の半身像からなる彫像であったエジプトの石棺のことをいっている可能性は十分にある。セニオルの同じ論説のなかに地下の礼拝堂に置かれた(ヘルメス・トリスメギストスの)彫像の描写がある。著者はこういっている。「わたしは汝に明かそう、この彫像を造った賢者がかの家に隠したものが何であるかを。かの家で彼はあの知識のすべてをいわば彼のこの彫像のなかに書き記し、彼の智慧をその石に託して教授し、聡明な者たちに啓示したのだ。」このことばにミヒャエル・マイアーは「これすなわち、その心臓から水が抽出されたところの彫像である」と注釈をほどこし、ギリシアのアカイア・パリスでも託宣をくだす石像がヘルメスに奉献されていることに言及している。[53]

ライムンドゥス・ルリウスの場合は、「彫像の心臓から」取り出されるのは一種の油である。その抽出の手順は「水を洗い浄め、火を乾燥させる」という経過をたどる。すなわち極めてパラドクシカルな作業で、その際「油」oleum は明らかに仲介するもの、結びつけるものの役割を演じていると思われる。[54]

セニオルの場合も「彫像」は一つではなく複数、つまり statuae となっているが、トマス・ノートンのつぎの箇所はこの複数性に関係している。

正しい聖なる錬金術は愛されるべきである。
それは貴重な薬を、正真正銘
見事な黄金と銀とを造り出すような薬を扱う術である。
それを証明する例は
キャティロニーの町にある。
それは思うに、騎士《ナイト》たる人ライムンドゥス・ルリウスが

> 真理を明かすために七つの彫像に形づくったものだ。
> 三つは良質の銀で、美しく輝く貴婦人の姿にかたどられた。
> 四つのそれぞれは黄金で、騎士の姿に造られた。
> その衣の縁飾りには文字が現われたが、それは
> ここに示されているような文による啓示であった。[55]

七という数は七つの惑星の神々、ないしは七つの金属に関係している。[56] そのうち三つ（金星《ウエヌス》、月、地球）が銀（ルナ）に、四つが黄金（ソル）に帰属しているのは、通例は三が男性的、四が女性的と見られているという意味で注目に値する。[57] ルリウスが疑いもなくセニオルに依拠していることを考えれば、この伝説的物語はセニオルの文の具体化であるように思われる。[58]

「彫像」のなかに隠されている貴重な物質という観念は古い伝統を有しており、それはいま問題になっているヘルメスないしはメルクリウスの彫像に特に当てはまる。たとえば（偽）ディオニュシウス・アレオパギタ[59]は、異教徒たちはメルクリウスの柱像（ἀνδριάς）をいろいろと造って、その内部にある像を、すなわちある神の像を隠したと語っている。こうして彼らは見栄えのしないヘルメス（メルクリウス）ではなく、そのなかに隠されている美しい像を崇め敬ったのだというのである。[60] このようなヘルメスへの言及の起源はプラトンの『饗宴』（二一五A）に見出される。「ソクラテスは彫刻家の仕事場で目にするシレノスの像に似ている。彫刻家は普通その手に牧笛と横笛を持たせ、像に二つの小さな扉をしつらえている。この扉を開くとその中に神々の小さな柱像（ἀγάλματα）が見られる。[61]」

本来の神を内に隠しているのがほかならぬメルクリウスの彫像であるという事実は、錬金術師たちの空想にとって魅惑的であったにちがいない。メルクリウスという名こそ、オプスにおいてプリマ・マテリアから完成され

た「賢者の石」に至るまで変容を繰り返してゆく存在、これを表わすために錬金術師たちが最も好んだ名だったからある。そして錬金術のメルクリウスの同義語を聖書に求めることは造作のないことであった。それはアダムの形姿である。まずアダムはアンドロギュノスすなわち半陰陽であるという点でヘルマプロディトス的メルクリウスに一致しており、さらに第一および第二のアダムというアダムの二重の側面がメルクリウスに符合していた。「第二のアダム」Adam secundus とは周知のとおりキリストのことであり、キリストの神秘的両性具有性は教会の伝統にも同様にしっかり根をおろしていた[62](アダムのこの側面についてはあとでもう一度言及する)。

ところで大いに注目すべきは、グノーシス主義マンダ教徒の伝統ではアダムが七つの者によって、自分では立ち上がることのできない「生命のない肉体の柱像」として創造されたということである。「肉体の柱像」というこの特異な表現は教典の叙述のなかに再三再四登場し、グノーシス主義拝蛇教徒によって伝えられたカルデア人の神話、デーモンたちによって創造された人間のからだが同様に「柱像」ἀνδριάς と呼ばれている神話を想い起こさせる[63]。マンダ教の宇宙創造者プタヒルは魂を「この柱像のなかに投げ入れよう」と試みたが、救済者マンダ・ダイエーは魂を腕に取って、この業をプタヒルの手をかりずに成し遂げた[64]。カバラ文献にもアダムの彫像の叙述を含むある著作が存在することもここにいい添えておかなければならない[65]。

ところで、キリスト教によって育まれた精神においてはアダムのイメージはつねにまた第二のアダムをも暗示的に含んでいることを考えれば[66]、錬金術師たちのもとで彫像としてのアダムという理念が回帰するのは当然の成り行きとして即座に納得がいく。たとえばミューリウスは、「ひとりの人間に生命を取り戻させるのは死に向かわせるよりもはるかに難しいからである。ここに神の業が必要となる。すなわち魂を産み出し生命なき肉体を生ける彫像へと形づくるのは最大の神秘なのである」と書いている[67]。この「生ける彫像」statue vivens はオプスの究極の成果を表わしている。錬金術師たちは周知のとおりオプスを、一方では宇宙創造の繰り返し、他方では救済の過程であると考え、それゆえラピスは復活したキリストと同一視された。錬金術テクストはときとして、貧困と病気を知らず長い生命を保証された一種の黄金時代を示唆することによって、千福年〔千年王国〕説的色調をおびている。[68] ところで注目すべきことに、ヘゲモニオスの伝えるマニ教徒の終末論的観念のなかにも「影像」が現われる。世界は焼きつくされ、罪ある魂〔人々〕は鎖につながれることになる、「しかしこれは影像が到来するときに起こる」[69]。この影像が錬金術師たちに影響を与えたのかどうか、わたしには決定をくだすことはできないが、しかしどちらの場合も「影像」が最終〔終末〕の状態、到達点の状態と結びついているように見える点は、注目に値すると思う。ヘゲモニオスによる伝承は近年再発見されたマニの手稿『ケパライア』[70]によって裏づけられた。そこにはつぎのような文言が見られる。

このとき彼〔偉大なものの父〕は、御使い、輝ける者イエス、光の処女、栄光の柱像、神々を形づくった。[71]

彼らが泣くであろう第四番目の時は、柱像（ἀνδριάς）が最後の日に立ち上がるであろう時である。[72]

最後の柱像が上昇するのと同じ刻限に、彼らは泣くであろう。[73]

最初の岩は栄光の柱像（στῦλος）、すなわち、輝ける御使いによって召命された完全な男である。……彼は全世界を担い、重荷の担い手たちすべての最初の者となった。[74]

知的要素（νοερόν）が〔凝集して〕栄光の柱像となり、栄光の柱像が原人間となった。[75]

「偉大なる衣」と呼ばれるそれらの衣は、栄光の柱像（στῦλος）の、すなわち完全な男の肉体を完全ならしめたところの、五つの知的要素（νοερά）である。[76]

これらの引用から明らかなのは、柱像が原人間（「完全無欠な原人間」τέλειος ἄνθρωπος）を、あるいは少なくともその肉体を、それも創造の最初と世の終わりにおけるそれを意味しているということである。

「彫像」は錬金術ではいま一つ別の意味で出てくるが、これも一考に値する。ブラシウス・ウィゲネルスは論説『火と塩』のなかで、太陽を「感覚世界の目と心臓にして、見えざる神の像」と呼び、聖ディオニュシウスはそれを「神の明らかに目に見える彫像（statua）」と名づけていると付言している。[77] この指摘はディオニュシウスの『神の名について』第四章の「太陽は神の善意の明白な似像である」（ἥλιος）ἡ τῆς θείας ἀγαθότητος ἐμφανὴς εἰκών）ということばにもとづくものと思われる。[78] その際ウィゲネルスは見てのとおりギリシア語の εἰκών（似像）をそれに対応するラテン語の imago（似像）ではなく statua で表現しているが、ウィゲネルスが依拠したと思われるマルシリウス・フィキヌスによる一五〇二年刊のディオニュシウスのラテン語版全集のテクストとは一致していない。ウィゲネルスが εἰκών を statua という語で表現したのは、あるいはすぐ前の文の最後に imago という語があるので反復を避けようとしたのかもしれないが（注77の原文を参照）、さもなくば理解に苦しむところである。しかしまた、その前の文に「心臓」cor という語が出てくるので、それがウィゲネルスにセニオルの「彫像の心臓から」a cordibus statuarum という言い回しを想い出させたとも考えられる。こういうことは非常に学識豊かな錬金術師の場合には十二分にありうることである。しかしウィゲネルスの場合にはいま一つ別の源泉が考えられる。すなわち上に挙げた論説『火と塩』を読めば、彼がカバラ聖典『ゾハル』の精通者であることが知られるのである。『ゾハル』の「創世記」二八―二二に関する注釈（Chaje Sarah ad Gen. XXVIII, 22）には、マルクトは彼女がティフェレトと一体であるかぎり「彫像」と呼ばれる、という言及がある。[79] ウルガタ聖書の当該箇所は「わたしが記念碑として立てたこの石は神の家と呼ばれるであろう……」Et lapis iste quem erexi in titulum, vocabitur domus Dei... となっている。(80) つまりこの石は明らかに上なるもの（ティフェレト）と下なるもの（マルクト）とが一体であることを想起させるというのである。ティフェレトは「息子」(81)であり、この息子は聖婚《ヒエロスガモス》によって「妻」（マルクト）と結合する。(82) つまりウィゲネルスの「影像」は、われわれの推測が正しければ、カバラ的コンテクストにおける「賢者の石」を意味している可能性もある。「賢者の石」もカバラの「影像」と同様に男性的なものと女性的なものとの合一を表わすものにほかならない。事実ウィゲネルスの論説の同じ節では太陽が「花婿」sponsus として現われる。(83) その数行あとで聖アウグスティヌヌが引用されているところから見て、ウィゲネルスは、同様に「花婿」が花婿の部屋から現われるアウグスティヌスのつぎの箇所を念頭に置いていた可能性もある。

キリストは花婿として花婿の部屋から現われた。婚礼の予感を胸に彼は世界の広野へと出ていった。さながら巨人のごとく、歓びに満たされて、彼はその道を駆けめぐり、ついに十字架の新床にたどりついた。そして新床にのぼりながら結婚を確かなものとした。そこで彼は、嘆息をもらし喘いでいる被造物〔人間〕を感じ取り、信愛にもとづく取引を通じて花嫁のかわりに苦しみに身をゆだねた。彼はざくろ石をも、彼の血の宝石として、引渡し、こうして妻との永遠の契りを結んだ。「わたしはあなたがたを」と使徒はいっている、「ひとりの男と婚約させた。あなたがたを純潔な処女としてキリストにささげるためである」（「コリントの信徒への手紙二」一一―二）。

Procedit Christus quasi sponsus de thalamo suo ; praesagio nupitarum exiit ad campum saeculi, cucurrit sicut gigas exsultando per viam : pervenit usque ad crucis thorum, et ibi firmavit ascendendo conjugium ; ubi cum sentiret anhelantem in suspiriis creaturam, commercio pietatis se pro conjuge dedit ad poenam.

Tradidit quoque carbunculum, tanquam sui sanguinis gemmam, et copulavit sibi perpetuo jure matronam. ,Aptavi vos', inquit Apostolus, ' ,*uni* viro virginem castam exhibere Christo.[84] (II Cor. XI, 2)'

すでに見たように、アダムはオプスの始まり、すなわちプリマ・マテリアを意味するだけでなく、その終わり、すなわち「賢者の石」をも意味しており、この「賢者の石」は王の婚礼の産物であるから、テクスト類では普通は「神の似像〔似姿〕」imago Dei となっているものに取って換わった「神の彫像」statua Dei の場合も、カバラ的に解釈されたベテルの石との関連があると思われる〔ベテル／ベト・エル Bethel の原意は「神の家」〕。ベテルの石はこれまたティフェレトとマルクトの婚礼による結合を意味しているからである。「彫像」はアダムの、これからまだ生命を与えてくれる魂を必要とするところの、生命なき物質性を表わしており、これによって錬金術の主要課題を象徴的に示しているのである。

三　最初の達人〔錬金術師〕としてのアダム

アダムは錬金術においてつねに四大元素から創られているというわけではない。たとえばフィラレタの『閉ざされた王宮への開かれた門』では、鉛のなかで黄金の魂がメルクリウスと結びつけられるが、これは「黄金の魂がそのあとでアダムとその妻エヴァを産み出すためである」と語られている。[85] ここではアダムとエヴァは明らかに王と女王の代わりをなしている。けれども一般的にはアダムは四大元素から合成されているがゆえにプリマ・マテリアでありアルカヌムそのものであるか、[86] それともプリマ・マテリアとアルカヌムを楽園《パラダイス》、すなわち宇宙の始まりから持ち来った、それもいわば最初の達人〔錬金術師〕として持ち来ったかのどちらかである。ミヒャエル・マイアーは、アダムがアンチモン（当時はアルカヌムと見なされていた）[87]を楽園から持ち来ったと述べている。[88]アダムとともに哲学者〔錬金術師〕の系列が始まる。たとえば『宇宙の栄光』にはいう。

神はアダムに大いなる智慧を恵み与えた。かくしてアダムは、いかなる師も持たずに、その根源的な完璧な正しさをただはたらかせるだけで（efficacia originalis iustitiae）七つの学芸に完全に精通し、同様にあらゆる生きもの、草、石、金属、鉱石を知った。それればかりではない、最も神聖な三位一体とキリストの受肉とを明瞭に理解した。[89]

この奇妙な見方は、主としてラビたちの原典に依拠して育まれた古い伝統に属する。[90]たとえばトマス・アクィナスは、アダムはその完全さのゆえにあらゆる自然の事物に関する知識をも有していたにちがいないと考えていたが、[91]ユダヤの典拠はこれよりももっとラディカルである。『ラビ・エリエゼルの聖なる諸章』は閏年の発見をはるかに遡ってアダムによるものとしている。[92]マイモニデスは、アダムが樹木と植物に関する書物を著したと伝えている。[93]アラビアの伝承では、シト（セト）はアダムから医術を受け継いだといわれている。[94]『聖なる諸章』によれば、神がのちに十戒を記すことになる石板はアダムに由来するという。[95]錬金術師ベルナルドゥス・トレウィサヌスが伝えるつぎのような話はたぶんこの典拠にもとづくものだと思われる。ヘルメス・トリスメギストスはヘブロンの谷でノアの洪水以前の時代のものである七枚の石板を発見した。石板には七つの学芸に関する記述があった。そしてこれらの石板は、アダムが楽園から追放されたあとこの谷に据え置いたものだというのである。[96]ちなみにドルネウスには別話が見られる。それは以下のごとくである。アダムは最初の「諸学芸の教授にして発明者」professor ac inventor artium であった。彼は「堕罪の前と後」のあらゆる事物の知識を有し、また水〔洪水〕による世界の更新ないしは矯正を預言した。[97]その後彼の子孫は二枚の石板を碑として立てたが、そこには象形文字であらゆる「自然の業」が書き記されていた。ノアはのちにアララト山の麓でこの石板の一枚を発見したが、そこには天文学が書き記されていた[98]。

この伝説も同じようにユダヤの伝承に淵源を持つものと思われる。それもたとえば『ゾハル』に出てくるつぎのような話がもとになっているようである。

> アダムが楽園にいたとき、神は天上の秘密を守護する長である聖天使ラシエル[99]を通じて、天上の聖なる智慧が書かれた一巻の書物をアダムに送った。この書物には七十二種類の智慧が六百七十節にわたって書き記されていた。この書物によってアダムには、天上の聖者の誰ひとりとして知らない、智慧のための千五百の鍵が手渡されたが、この書物がアダムのもとにとどくまではそれらの鍵はすべて秘密だったのである。……このとき以来アダムはこの書物を隠して秘密にし、主から賜ったこの宝を毎日用い、それは彼に対して天上の秘密を開示してみせたが、これらの秘密については、アダムが楽園を追放されるまでは、最高の天使といえども何一つ知らなかったのである。しかしアダムが罪を犯し主の掟を踏みにじったとき、その書物は彼の手から離れた。……彼はその書物を息子のセトに遺した。それはセトからエノクの手に渡り、……ついにアブラハムにまで至った[100]。

ローマのクレメンス（二世紀）の講話では、アダムが「真の預言者」ἀληθὴς προφήτης の八人の化身の系列の最初の者として登場する[101]。最後の者はキリストである。ひとりの智者・預言者が前もって存在するというこの思想はユダヤないしはユダヤ・キリスト教の伝統に端を発するものと考えられるが、しかしそれは中国でも生きいきとした具象的な姿をとって現われている。盤古という形姿がそれである[102]。盤古は熊の毛皮ないしは木の葉を身にまとった侏儒の姿で表わされる。頭には二本の角を持っている[103]。彼は陽と陰から生まれ出て、混沌を形づくり、天と地を創造した。この業をなす際に四つの象徴的動物、一角獣〔麒麟〕と不死鳥〔鳳凰〕と亀と龍とに助けられた(104)。盤古はまた片手に太陽を他方の手に月を持った姿でも描写される。別話では、龍の頭と蛇のからだをしていたともいわれる。彼は地とそのすべての被造物へと変身したが、それによって正真正銘の「最も偉大なる人間」homo maximus、アントロポス〔原人間〕であることが分かる。盤古は道教起源で、紀元四世紀以前にはその存在は知られていないようである(105)。盤古は生まれ変わって元始天尊、すなわち宇宙の第一原因にして天の最高存在として再来した(106)。真理の源として彼はあらゆる新たな時代に対して、不死を約束する秘密の教えを告知する。盤古はつぎのようなやり方で新たな形姿へと生まれ変わった。すなわち創造の業の完了後自らの肉体的形態を捨て去ったあと、彼は虚空にあって、あてどもなくそこを浮遊した。それゆえ彼は目に見える姿をとって再生したいと切望し、ついに、とある山で空気と雲で身を養いながらひとりで暮らしている、齢四十の聖なる処女に出会った。彼女は両性具有的性質を有し、陽であると同時に陰でもあった。彼女は日々太陽と月の精髄を集めていた。盤古は彼女の乙女らしい純潔に惹きつけられ、彼女が息を吸ったとき光線となって彼女のなかに入り込み、これによって彼女は身籠もった。妊娠は十二年間に及び、子どもは脊柱から生まれた。母親はこのときから太元聖母、すなわち「第一原因の聖なる母」と呼ばれるようになった(107)。盤古伝説の成立時期が比較的新しいことを考えると、キリスト教の影響の可能性も考えられなくはない。いずれにしても、この伝説がキリスト教およびペルシアの諸観念と類似しているからといって、それだけではそこに起源を持つかどうかは決定できない。

「真の預言者」の八人の化身の系列は、八番目の預言者、すなわちキリストの特別な位置づけによって際立った特徴を示している。この八番目の預言者は単にこの系列に連なっているばかりでなく、第一番目の預言者と一致していると同時に第七番目の預言者の成就でもあり、ある新たな秩序に踏み込むことを意味する。わたしは拙著『心理学と錬金術』のなかである現代人の夢を手がかりに、七つの存在が切れ目ない一系列を形づくっているのに対して八番目の存在への一歩は躊躇と不確かさの特徴をおびており、これは三と四との揺れという同一現象の繰り返しであることを指摘しておいた。[108] 後者の例は有名なマリアの公理である〔「一は二となり、二は三となり、第三のものから第四のものとして全一なるものの生じ来るなり」〕。ところで注目に値するのは、道教の「八人の不死の者」〔八仙人〕の系列も同じ現象を示しているということである。七つの存在は、不死の者として天上か地上で暮らしている偉大な賢者ないしは聖者であるが、八番目の存在は天の扉の前を掃き清める少女である。[109] その類話としてグリムの「七羽の鴉」[110]のメルヘンを引き合いに出すことができるだろう。この話では、ひとりの妹をもっているのは七人の兄弟である。この点ではグノーシス主義のソピア〔ソフィア〕のことが想い出される。エイレナイオスはソピアについて、「この母を彼らは八なるものと呼び、またソピア、地、エルサレム、聖霊、そして男性的に主と呼んでいる」、そしてそれはプレロマの下と外に存在している、と言及している。[111] さらにこの思想は、オリゲネスによって論駁されたケルソスの七つの惑星と結びついて現われる。それは、ケルソスがその論説のなかで用いているいわゆる「拝蛇教徒のダイアグラム」に関するオリゲネスの叙述においてである。[112] このダイアグラムはわたしが「マンダラ」と名づけるものと一致している。マンダラとは意識的に考え出されるか、あるいはまた自然発生的に無意識過程の産物として現われるかする規則的配列をもった構造図式である。[113] オリゲネスのダイアグラムに関する叙述は残念ながら特に明瞭だとはいいがたい。いずれにしても分かるのは、そこには十の円状の圏が描かれているということである。察するにそれらは同心円をなしている。というのもオリゲネスは一つの円周と一つの中心ということをいっているからである。[114] 一番外側の圏円は「レビヤタン」と、一番内側の圏円は「ベヘモト」と名づけられているが、しかしベヘモトはレビヤタンと同一の存在であると考えられる。レビヤタンは円周にして中心点と呼ばれているからである。[115] 同時にレビヤタンは「万物を通過してゆく」ところの「宇宙の魂」anima mundi でもある。[116]

オリゲネスはケルソスがその論説に用いているのと同じ種類のダイアグラムを実際に入手し、そこに、ケルソスが暗示している七人の天使の名前を発見した。これらの天使の支配者はケルソスによれば「呪われた神」と呼ばれ、天使たち自身もあるときは「光の天使」と呼ばれたり、またあるときは「アルコン〔悪の支配者〕的」天使と呼ばれたりしている。「呪われた神」Deus maledictus はユダヤ・キリスト教の宇宙創造者に関係しており、オリゲネスも正当にこのことを指摘している。エホバはケルソスにおいては明らかに七人のアルコンの支配者にして父の姿をとっている。[117] 第一のアルコンはライオンの形（leonina forma）をしていて、ミカエルと呼ばれ、第二のそれは牡牛で、スリエル（Suriel）、すなわち牡牛の形をしたものと呼ばれ、第三のそれは蛇の形をしたラファエル、第四のそれは、鷲の形をしたガブリエル、第五のそれは名をタウタバオト（Thauthabaoth）という熊のようなものとして登場し、第六のそれは犬のような姿をしていて、エラタオト（Erataoth）といい、おしまいの第七のそれはろばの形をしていて、名をオノエル（Onoël）あるいはタパバオト（Taphabaoth）あるいはタルタラオト（Thartharaoth）と称する。[118]

これらの名前はどうやら内側の八つの圏円に振り当てられているらしい。七人のアルコンは七つの惑星に照応し、同じ数の圏と、秘儀に参入しようとする者が通過しなければならないそれらの圏の門とを表わしている。そしてここに「八なるもの」Ogdoas の起源があるといわれているが、これは明らかに七人のアルコンとそれらの父であるエホバからなっている。ところでこの箇所に至ってオリゲネスは「最初にして七番目の者」として、われわれがそれまで一度も耳にしなかったヤルダバオト（Jaldabaoth）なるものに言及する。この最上位のアルコンは、これは他の典拠からも知られることであるが、ライオンの頭ないしはライオンのからだをしている。[119] してみると彼は、拝蛇教徒のダイアグラムの天使のリストのなかで最初に名を挙げられるミカエルに一致するということになろう。「ヤルダバオト」は「混沌《カオス》の子」と呼ばれており、それゆえ原初の混沌の状態に取って換わるある新たな秩序の最初に生まれた子なのである。最初の息子としてヤルダバオトは、同時に系列の最後の者でもあるという性格を、アダムと共有しており、[120] またレビヤタンとも共有している。というのもレビヤタンはすでに見たとおり、一番外側の圏円であると同時に中心点でもあるからである。これらのアナロジーを見れば必然の勢いとして例のダイアグラムがなぜ同心円的配列になっているかに思い当る。[121] 地球が宇宙の静止した中心点である古い宇宙像は、いくつもの「天」、すなわち球状の殻ないしは圏からなっており、それらが同心円状に中心のまわりに重なるように配置され、それぞれ惑星の名前で呼ばれている。惑星圏ないしはアルコン圏の最も外側の圏はサトゥルヌス〔土星〕のそれである。この圏から外側に向かって、ダイアグラムでは十番目の圏円としてのレビヤタンに相当する、恒星圏がつづいている――もしもそこに、造物主デミウルゴスのための、あるいはアルコンたちの父ないし母のための、ということは「八なるもの」ogdoas のための圏域を想定しなくてもよいとすればの話であるが。ここではしかし、テクストから分かるように、エイレナイオスの伝えているプトレマイオスの宇宙体系におけるような[122]「八なるもの」が問題になっている。[123] このプトレマイオスの体系では八番目の圏はアカモト（Achamoth＝ソピア・智慧）であって、[124] ということは女性的性質のものである。ちなみにダマスキオスにあってもクロノス〔サトゥルヌス〕に七なるものの、これに対してレアに八なるものの性格が与えられている。[125] われわれがここで問題にしているテクストでも、処女プルニコスが七つの圏円からなるマンダラと関係づけられている。「しかし彼らはつぎからつぎにつなぎ合わせてゆく、預言者のことばを、圏円に囲われた圏円を、……プルニコスなるひとりの処女から流れ出る力を、生ける魂を……」Isti autem aliis alia addunt, Prophetarum dicta, circulos circulis inclusos... virtutum ex quadam Prunico virgine manantem, viventem animam ...[126][127]

この「圏円に囲われた圏円」、すなわち惑星圏に囲われた惑星圏は、紛れもなく同心円の配列を示しており、これと似た構造は注目すべきことにヘロドトス（『歴史』I、九八）によって伝えられているエクバタナの七重の環状の城壁にも見出される。[128] これらの城壁の環状の胸壁はすべて異なる色をほどこされている。一番内側の最も高い胸壁は、一つは銀色で、もう一つは黄金色である。それゆえこれらの城壁は明らかに、異なる色で特徴づけられた同心円的惑星圏を表わしているものと思われる。

ケルソスはダイアグラムへの導入として、ペルシア人によって、またミトラの秘儀において暗示されているところの、七つの門が連なり、最上方に第八番目の門のある階段のイメージについて語っている。第一の門はサトゥルヌス〔クロノス〕であり、鉛に帰属しており、順次このようなぐあいに進む。第七の門は黄金であり、太陽を意味している。これと並行して色についての言及もある。[129] 階段は「魂の移行」animae transitus を表現している。[130] 第八の門は恒星圏に当たる。

七つのもの、ないしは七つの存在という元型は、週の区分と週を構成する曜日の名称においても、また音楽のオクターブにおいても現われており、その際最後の曜日、最後の音度が新たなサイクルの始まりを意味している。おそらくこの点に第八番目のものが女性的である理由が存しているのであろう。すなわち第八番目のものは新たな系列の母なのである。クレメンス・ロマヌスの講話の預言者の系列では、第八番目の預言者はキリストである。「第一および第二のアダム」Adam primus et secundus としてキリストは、一方では〔クレメンスの預言者の系列におけるように〕七つのものの系列を包摂し、他方ではグレゴリウス大教皇の言にあるように聖霊の七つの力を包含する。グレゴリウス大教皇はこういっている。「われわれの救済者が受肉して世に現われたとき、彼はプレイアデス星団〔すばる〕の〔七つの〕星々を結びつけた。なぜなら彼は七つの形態を持つ霊のあらゆる業を同時に、かつまた永遠に、自らの内に所有していたからである。[131]」

アダムの周知の二重の性質はキリストにおいてふたたび現われる。すなわちキリストは男性的でもあり女性的でもある。ヤーコプ・ベーメにあってはこの思想は、キリストは「心における処女」[133]である、という見方に示されている。[132] 処女は神の比喩であり、聖なる三という数の像としての現われであり、永遠にして、創造されず、生まれない。[134]「ことば」の在るところに処女もまた在る、「ことば」は彼女のなかに在るからである。[135] 彼女は「女の種子」であり、[136] それは「蛇の頭を踏み砕くであろう」(「創世記」三―一五)。[137]「蛇を踏み砕く者」はキリストであるから、したがってキリストはここでは「女の種子」ないしは「処女」と同一のものとして現われている。処女はベーメにおいてはアニマの性質をも有している。というのもベーメの言によれば、処女は心の「伴侶として与えられている」[138]からで、と同時に彼女は神的な力、「智慧」として、天国と楽園に住んでいる。[139]神が彼女を「妻」にしたのである。[140]彼女は神性とその永遠性をまったき深さにおいて表現しており、[141]インドのシャクティに一致している。[142]シヴァとシャクティの両性具有的一体性はタントラ仏教の聖像表現では「永遠の同居」cohabitatio permanens[143]というかたちで表わされている。

ベーメの思想はフランツ・フォン・バーダーに深甚な影響を及ぼした。バーダーはベーメに依拠しつつ、つぎのような主張を立てた。神はアダムにひとりの「助力者」adjutor を与えた。アダムはこの助力者にたすけられて本来なら「外面的な妻なしに生むべきであった」、ちょうどマリアが夫なしに生んだように。ところがアダムは獣の交合行為を見て、これに「惚れ込み」[144]、自ら進んで獣的性質に堕する危険にさらされた。その可能性を察知した神はただちにエヴァを創造した、「それでなくとも避けがたい人間の……獣的性質への落下を深みにはまる前に食い止めるための救済的な対抗措置として」[145]。アダムがこのように落下の危険にさらされたとき、神的な両性具有性はアダムから消え去ったが、しかしそれはエヴァのなかに「女の種子」として保存された。そしてこの種子のおかげで人間は「蛇の種子」から解放されるのである。すなわち、「処女マリアにおいて生まれたものは、アダムからその堕落のゆえに消え去らざるをえなかったところのものである。[146]」

人間の魂のなかに神的な男女の対《つい》、ないしはアンドロギュノス的半陰陽性がやどっているという観念の萌芽は、すでにオリゲネスに見られる。「太陽と月が偉大な二つの明かりとして天の蒼穹に在るようにわれわれの内にもキリストとエクレシア〔教会〕が在るといわれる。[147]」そして、グレゴリウス大教皇がいうように、これと同じようにどんな人間の内にもアダムとエヴァが住んでおり、アダムは霊〔精神〕を、エヴァは肉を表わしているのである。[148]以上、さまざまな証言を挙げてきたが、キリスト教のグノーシス〔知・認識〕においても第八番目のものが特別な性質と女性的なものへの傾きとを有していることを示すにはこれで十分であろう。

アダムの知識と智慧のもといであるその神人的本性について、本論を離れて長々と説明してきたが、ここでふたたびもとにもどって、アダムの諸特性についてさらに述べておくことにしよう。

アダムはありとあらゆる技芸に精通している。(149) 彼は書字を発明し、天使たちから農業とあらゆる職業とを習得し、同様に鍛冶の術をも学んだ。(150) 十一世紀のある文書では、アダムが楽園から持ってきた果物の種類が三十も挙げられている。(151)『賢者の水族館』は、アダムにはラピスの秘密が天から啓示され(a supernis revelatum)、この秘密はその後あらゆる聖なる族長たちによって「無比の憧憬をもって」singulari desiderio 追い求められた。(152) アラビアの伝承ではメッカのカーバ神殿を建てたのはアダムで、天使ガブリエルはそのためにアダムに設計図と一つの宝石を与えた。カーバ神殿の黒石は、この宝石がのちに人類の罪によって黒くなった結果である。(153) オリゲネスもクレメンス・ロマヌスと同様にアダムに預言の才を認めている。アダムがキリストの教会に対する関係を預言したというのがその理由である。すなわちアダムは「それゆえ男は父母を離れて女と結ばれ、ふたりは一体となるであろう」といったが、これはキリストと教会のことを指しているというのである。(154)〔「創世記」二—二四、「マタイ福音書」一九—五参照〕

最初の人間のすぐれた資質の描写をわたしは、すこぶる含蓄に富むアラビアのある伝説の紹介で終えたいと思う。アダムが楽園を去ったとき神は天使ガブリエルをアダムのもとに遣わした。ガブリエルの使命はアダムに三つの贈り物を差し出し、そのなかから一つを選ばせることにあった。すなわち羞恥心と知性と宗教の三つである。アダムはためらうことなく知性を選んだ。そこでガブリエルは羞恥心と宗教に対して、ただちに天国へ帰るよう命じた。ところが羞恥心と宗教は神のある命令を盾に、これを肯んじなかった。知性がいずこにあろうと決して知性のもとを離れてはならないという命令である。預言者はこういっている、「知性のひとかけらもない者に服従してはならない」と。(155)

四　アダムの対立的性質

最初の人間は「明るい」ものと考えたいという欲求はつねに広く存在した。太陽とその輝きに喩えられるのはそのためである。錬金術師はこの側面は強く主張しない。したがってこの点についてはごく簡単にすませることができる。錬金術以外の文献では一般にアダムはある種の光の形態をそなえていて、しかもその輝きは太陽のそれを凌駕すると見なされている。堕罪によってアダムのこの輝きは失われた。[156] ここにすでにアダムの二重の本性が暗示されている。すなわちアダムは、一方では光り輝く、完全な被造物であり、他方では暗い、地上的な性質をそなえている。アガーダ〔後期ヘブライ文学の伝説・物語部分〕における解釈では、Adam という名は adamah（地・土）に由来する。[157]

オリゲネスには同じようにアダムの二重の本性への言及が見られる。一方のアダムは土から造られているが、他方のアダムは「神の姿に倣って、似像として造られている。彼はわれらが内なる人間であり、目に見えず、肉体を持たず、汚れを知らず、不死である。[158]」類似の観念はフィロ・ユダエウス〔アレクサンドリアのピロン〕にも見られる。[159]「コロサイの信徒への手紙」（一―一五）によればキリストがまさにこの「神の姿」であることは注目に値する。すなわちキリストは「見えない神の姿であり、すべてのものが造られる前に生まれた方です」qui est imago Dei invisibilis, primogenitus omnis creaturae.

アダムの二重の本性は、アダムが男女両性具有であるという観念に反映している。たとえばドルネウスはこういっている。錬金術師たちは彼らのラピスを、「自らの目に見えない秘められたエヴァ」を内にやどしているアダムと呼んだ。そして「火と燃える、完璧なメルクリウス」こそ「真のヘルマプロディトスたるアダム」である。[160] この観念はグノーシス主義拝蛇教徒にすでに見られる。ヒポリュトスは書いている、「彼ら〔拝蛇教徒〕はあらゆる他のものの始まりとして、彼らの教えに従って、人間と人間の息子とを敬う。けれどもこの人間は男にして女（ἀρσενόθηλυς）で、彼らによってアダム（Ἀδάμας）と名づけられている。この人間に寄せてたくさんの美しい讃歌が生まれた。」その例としてヒポリュトスこういう讃歌を挙げている。「あなたから父が、あなたを通じて母が、この二つの不滅の名が、アイオーンの生みの親（γονεῖς）が生じたのだ、おお天に住まう者よ、おお偉大なる名の（μεγαλώνυμε）人よ。[161]」ユダヤの伝統においてもアダムは両性具有である。[162] ユダヤ教聖書注解「ミドラシュ」（三世紀）ではアダムは半陰陽（ἀνδρογύνης）である。もしくは男と女がアダムにおいて癒着し一つの肉体になっているが、しかし顔は二つある。神はのちにそのからだを鋸で二つに分け、半分になったそれぞれに背中を造り与えた。[163] この両性具有性という点でアダムは、プラトンの球形をした原存在に、同様にペルシアのガヨマルト（Gayomart＝原人間）のイメージに接近する。この球形という観念は錬金術にはごく僅かの痕跡しか残していない。その痕跡の一つはたとえばJ・R・グラウバーに見られ、彼はアダムは円のしるしを、これに対してエヴァは四角のしるしをおびていると考えている。[164] 円は錬金術ではふつう黄金と太陽を表わすしるしである。太陽のしるしとしての円は、『シリアの宝の洞窟』のなかにアダムと結びついて出てくる。そこには書かれている。「すると神はアダムを形づくった。……アダムの見事な姿を目にしたとき天使たちは、その顔の美しさに心打たれた。その顔は燃え上がり、まるで太陽の球体のように壮麗に輝き、両の目の光は太陽の光のようであり、そのからだは水晶の光のようであった。[165]」アラビア語のあるヘルメス文書はアダムの創造についてこう物語っている。処女（エヴァ）が支配者の位置についたとき、惑星の総意にもとづいて霊にして天使であるハルス（ホルス）が生まれた。彼はその肉体を処女から得た。ついでハルスは惑星から六十の霊を、獣帯から八十三の、最高の天から九十の、地から百二十七の、合わせて三百六十の霊を取り、それらを混ぜ合わせて、そこから「最高の天の形に倣って」最初の人間であるアダマヌスを創造したというのである。[166] 三百六十という数も「天の形」もともに円形ないしは球形を示唆している。

男女両性の対立を内包するという点以外に、アダムという存在にはそもそも一つの根本的対立がひそんでいる。肉体的性質と霊的〔精神的〕性質との対立である。この対立性はすでに早くから感じ取られていた。それはたとえば、「詩篇」（一三九—五）の「あなたは前からも後ろからもわたしを囲み」の解釈にもとづいてアダムは二つの顔を持っていたとするR・エレミア・ベン・エレアザルの見方に現われているし、[167] あるいはまた、アダムの魂は彼の肉体より何千年も前に創造され、その魂は粘土の形態のなかに入ることを肯んじなかったので、神は力ずくでこれを押し込んだという、イスラム教の見方に表われている。[168]

ラビたちの見方の一つによればアダムは尻尾さえ一つ持っていた。[169] そればかりでなく彼の最初の状態は何もかも思わしくなかった。アダムが生命を持たずに地に横たわっていたとき、彼は緑色をしていて、何千という不純な霊たちが彼のなかに入り込もうとそのまわりに唸りながら群がっていた。けれども神はその霊たちを一つをのぞいて全部追い払った。一つとは「霊たちの女支配者」であるリリトである。リリトはアダムのからだに付着することに成功し、その結果リリトはアダムによって身籠もった。エヴァが現われてはじめて、リリトは逃げ去った。[170] この悪霊的なリリトはある意味ではアダムの一側面であるように思われる。なぜなら伝説は、リリトはアダムと同じ土から造られたと語っているからである。[171] 彼の精子から（「精子の夜の放射から」ex nocturno seminis fluxu）無数の悪霊と幽霊が生まれ出たという事態も、アダムの本性に影を投げかけている。この事態はアダムがエヴァから引き離され、神の共同体から締め出されて（sub Anathemate Excommunicationis）過ごさなければならなかった百三十年のあいだに生じたことであった。[172] グノーシス主義の内部では、アダムのパラフレーズにほかならない原人間アダマスは、[173] ヘルメス・イテュファリコス〔男根像ヘルメス〕、ならびにディオニュソスの男色的誘惑者であるコリュバス〔コリュボス〕たちと、[174] 同様にまた男根的カベイロスたちと同列に置かれている。[175] 加えて『ピスティス・ソピア』では、アイオーンの支配者（τύραννος）である、サバオト（Sabaoth）としてのアダマスに出会う〔サバオトは第一のアルコンであるヤルダバオトの息子〕。彼はピスティス・ソピア〔ソフィア〕

の光と戦っており、[176]これによってすでに完全に悪の側にいることが分かる。中世ブルガリアのボゴミール派の教義によれば、アダムは、神の一番目の息子であり堕天使であるサタナエル（Satanaël）によって泥から造られた。[177]けれどもサタナエルはアダムに生命を吹き込まなかったので、神がサタナエルに代わってそれをなした。アダムとサタンとの内的関係はラビたちの伝承においても暗示されており、それによればアダムはいずれサタンの玉座に坐るだろうといわれている。[178]

最初の人間としてアダムは、そこからマクロコスモス〔大宇宙〕が生ずるか、あるいはマクロコスモスそのものであるところの、「最も偉大なる人間」homo maximus、原人間アントロポス（Ἄνθρωπος）である。アダムはプリマ・マテリアであるばかりでなく、少なくともすべての人間の魂であるところの、「普遍的魂」anima universalis でもある。[179]マンダ教の教義に従えば、アダムは「諸宇宙の神秘」である。[180]この種の観念は極めて広範に流布していて、ここではこの形姿の心理学的概念規定にとって大事な多少の暗示にとどめる。アントロポスの理念が錬金術にもたらされた最初はおそらくゾシモスによってであろう。ゾシモスにおいてはアダムはすでに二重形姿で、肉の人間であると同時に光の人間である。[181]わたしはすでに拙著『心理学と錬金術』のなかでアントロポスの理念の意義に関して詳細に論じたので、ここで同じ証言を並べ立てるのは余計である。したがって、理念史的に見て錬金術の思考過程の根柢をなしている材料に限定して述べることにする。

すでにゾシモスにおいて、[182]三つの異なる源泉が認められる。すなわちユダヤ的、キリスト教的、異教的源泉がそれである。後代の錬金術では当然のことながら異教的・諸宗混合的要素は後景に退き、キリスト教的要素に場所をゆずる。そして十六世紀になると、ユダヤの要素がふたたび以前よりも強く認められるようになるが、これはカバラの影響がもたらした結果で、カバラはまずヨハネス・ロイヒリーン[183]とピコ・デラ・ミランドラ[184]によって広範な人々の知るところとなった。やや遅れて人文主義者たちがヘブライ語ならびにアラム語の原典、特に『ゾハル』の紹介と研究によって寄与した。十八世紀にはヘブライ語の専門用語を多用した一見ユダヤのそれと見える論説が出現する。つまりアブラハム・エレアザルの論説で、[185] この論説は、ニコラ・フラメル（一三三〇―一四一七年）に黄金の術を啓示したと伝えられる書物、ユダヤ人アブラハムの神秘に満ちた『菩提樹の書』であると自称している[186]。この論説につぎのような箇所がある。

ノアがわたしを涯しなく深い海で苦労して洗ってくれなくてはならない、わたしの黒さが消え失せるように。わたしはこの荒野でたくさんの蛇のあいだで寝なくてはならない、たといそれを嘆いてくれる者が誰ひとりいなくとも。わたしはこの黒い十字架に磔にされなくてはならない。そして酢をともなった悲惨によってそれから洗い浄められ[187]、白くされなくてはならない、わたしの頭の内部にあるものが☉〔太陽・黄金〕あるいはマレッ[188]に似てきて、わたしの心がざくろ石のように輝き、古きアダムがわたしの内からふたたび生じ来るように。おお、アダム・カドモンよ、あなたは何と美しいことであろう！　宇宙の王のリクマ[189]で飾られたさまはどうだろう！　ああ、わたしはいまケダル〔「創世記」二五―一三〕のように黒い[190]。これがいつまでつづくのか！　おお、来たれわがメセク[191]よ、そしてわたしの衣をはぎとれ、わたしの内なる美が現われるように。……おお、蛇がエヴァの気を惹いたのだ！　それをわたしはわたしに付着したこの黒い色で示さなければならない。この色はこの確信の呪いによってわたしのものとなった。それゆえわたしはわたしの兄弟のすべてに相応しくない。おお汝、身も心も悲しみにくれるシュラムの乙女よ、大いなる都の見張りたちが汝を見つけ、打擲して傷を負わせ、汝の衣を奪い、汝を打ち砕き、汝のヴェールをはぎとるであろう。……けれども、わたしはふたたび幸福になるだろう、呪いがもたらした毒から解き放たれ、わたしの内なる種子、わたしの初子が生まれ出れば。なぜなら父は太陽で、母は月なのだから。いな、わたしを愛してくれるべき花婿はこれをおいてほかにない。なぜならわたしはこんなにも黒いのだから。ああ、あなたが天を引き裂き、わたしの山々を溶かし去ってくれたら！　あなたはかつて、多くの山々に取り囲まれた女を解き放つために、カナンの強大この上なき国々を粉々に挽きつぶし、ヨシュアの青銅の蛇でこれを粉砕し、アルギルΔ〔火〕の犠牲に供したのだから。

一読明らかなようにここで語っているのは、黒〔ニグレド〕の状態にあるプリマ・マテリアの女性的化身である。この黒い形姿は心理学的には無意識状態にあるアニマを意味する。それはその形姿からいってカバラ主義者たちのいうネフェシュ（nephesh）と同じである。ネフェシュは「生ける魂、ないしは形成力をひめた魂」anima vegetativa seu plastica であり、プラトン主義者たちのいう「欲求の座」ἐπιθυμητικόν/concupiscibile に類似している。それはまさに「欲望」であって、クノル・フォン・ローゼンロートはこれをいみじくも「母とは下なるものに傾斜しようとする父の志向にほかならない」Mater enim nil est nisi propensio Patris ad inferiora といい表わしている。[192] 黒はエヴァの罪に由来する。ここに擬人化されている女性形姿は、シュラムの乙女、エヴァ（＝Chawwa〔ヘブライ語〕）、地、これらが一つに混じり合った形象であって、それは一方では母が子をやどすように（第一の）アダムを内にやどしているが、他方では第二のアダムを、すなわち「堕罪以前のアダム」Adam ante lapsum、完全なる原人間を、恋人ないしは花婿として待ち望んでいる。それは第二のアダムによって自らの黒さから解き放たれることを願っている。ここに展開されているのはすなわち、『立ち昇る曙光I』にも見られるような「雅歌」的神秘思想である。そこではユダヤ的グノーシス主義（カバラ）とキリスト教神秘思想とが一つに融合しており、花婿と花嫁は前者においてはティフェレトとマルクトと呼ばれ、後者においてはキリストとエクレシア〔教会〕と呼ばれている。[193]「雅歌」的神秘思想は[194]ユダヤ的グノーシス主義の領域では、『肉体の尺度』Schiur Koma と題する論説の断片から分かるように、紀元三〜四世紀に現われた。そこに示されているのは「〈雅歌〉の〈恋人〉の描写との関係によって表面的にのみユダヤ化されている神秘思想」[195]である。ティフェレトという形象は樹木のかたちで想定されているセフィロトの体系の一部をなしている〔本訳書I、四八頁以下参照〕。ティフェレトはその中間に位置する。その際アダム・カドモンはセフィロトの樹の全体であるか、それとも最高の審問であるエン・ソフ（En Soph）とセフィロトとの仲介者と見なされているかのどちらかである。(196) われわれが取り上げたテクストの黒いシュラムの乙女は、ティフェレトとの結合とそれによる原初の全体性の復元を待ち望んでいる寡婦としてのマルクトに当てはまる。したがってこの場合アダム・カドモンがティフェレトの立場にあるといえる。アダム・カドモンはすでにピロンと「ミドラシュ」に登場しており、パウロに見られる天上的アダムと地上的アダムの区別の源はここにある。パウロはこう語っている。「最初の人間は土ででき、地に属する者であり、第二の人間は天に属する者です」（「コリントの信徒への手紙一」一五―四七）、「最初の人間アダムは生命ある魂となったが、最後のアダムは生命を与える霊となった」（同一五―四五）。こうして最初の物質的・魂的人間がのちの霊的人間に対置されているのである。

異教的源泉に関しては、おそらく三つの起源を区別しなくてはなるまい。一つはエジプト起源で、これは一方では神人オシリスならびにその非常に古い伝承と、他方では王の神学と結びついている。第二は、ガヨマルトに由来するペルシア起源、第三は、プルシャに由来するインド起源である。(197) 錬金術の理念のキリスト教的源泉は、たったいま言及したパウロの、第一および第二のアダムに関する教えである。

五　「古きアダム」

さて、これだけの前置き的説明をしておいて、ふたたびアブラハム・エレアザルのテクストに、それもまずはじめに中ほどの、アダムが登場している箇所に目を向けてみよう。ここですぐ目につくのは「古きアダム」der alte Adam という表現であり、これがアダム・カドモンと同一視されていることはまちがいないと思われる。

その場合普通なら「古い」の代わりにむしろ「第二の」あるいは「原初の」der ursprünglicheという形容詞を期待して当然ではあるまいか。それも主としてつぎの理由にもとづく。「古きアダム」は、「ローマの信徒への手紙」の範例に従って、いかなるコンテクストにあろうとまず何よりも「古い」、罪を負った、救済されていない人間を意味するに決まっているからである。「ローマの信徒への手紙」（六―六）には、「わたしたちは、わたしたちの内にある古い人間がキリストとともに十字架につけられたのは、罪に支配されたからだが滅ぼされ、もはや罪の奴隷にならないためであると知っています」とある。この箇所が著者の念頭にちらついていたことは、「わたしはこの黒い十字架に磔にされなくてはならない。そして酢をともなった悲惨によってそれから洗い浄められ……」という文章から明らかである。

著者は自分がユダヤ人であるという印象を与えようとしているが、まことに不手際で、時代錯誤を犯しているばかりでなく、彼の心理が紛れもなくキリスト教的であることを思わず知らず表に出してしまっている。聖書の精通者であり、「聖書的」言語に習熟していることが露呈している。しかも彼の書物に使用されていることばは、文体から見ても文法上からいっても流麗な、十八世紀のドイツ語である。著者には教化的な物言いへの強い傾向が見られる（つまるところ神学者ではあるまいかという印象さえ受ける）。いずれにしても一つだけ確かなのは、「古きアダム」という表現がこの種の人物の口にのぼる場合、普通はただ一つの意味しか持ちえないということである。それはつまり、「古い人間をその行ないとともに脱ぎ捨てなさい」（「コロサイの信徒への手紙」三―九）という要求に従ってわれわれが脱ぎ捨てるべき「古い人間」（「エフェソの信徒への手紙」四―二二）という意味である。こういう事情を著者が知らなかったわけは絶対になく、そこから生ずる矛盾、ないしはそれによって惹き起こされる二義的曖昧さを避けようと思えば、簡単にできたはずである。つまり「古き」の代わりにたとえば「原初の」といえば済むことであった。それは彼のような教義をそなえた人間にはいともたやすいことだったのだから。

わたしがここで字義の穿鑿まがいのことをやり、些事に拘泥して、さほど注意深くない著者の文章上の細かな過ちをあげつらっているという印象をいだかれるとすれば、読者に許しを乞わなければならない。しかしこれは単なる「筆の誤り」にとどまるものではない。玉虫色に絶えず変化し、思いもかけない関連を作り出し（たとえばアダムとシュラムの乙女との結びつき！）、まったく異質な状況をごちゃまぜにするような類のテクストは、紛れもなく夢の構造に近接しており、したがってテクストの暗号に注意し、それを入念に考量することを要求しているのである。「古きアダム」というような、他の意味を推測する余地のない、明確な刻印をおびた表現が「夢テクスト」に現われる場合、たとい夢見者が単なる「過失」だと弁解するとしても、理由がないなどということはまずありえない。たとい著者が——この場合がそうであると思われるが——「古き」アダムという表現を「原」アダムのつもりで用いたのだとしても、しかし同時に別の、まだよく分からない意図につき動かされて、そのことばを使えば誰の目にも一義的に明瞭な、まさにそれゆえに根本的な誤解を招かずにはすまない「古きアダム」というような表現を選んだのである。これが実際の夢の場合、もし解釈者が本人が思わず間違ったといっているからといってこれを不問に付すようなことがあれば、それは明白な処置ミスである。経験が繰り返し示しているように、このような「取り違え」は決定的な分岐点で、すなわち二つの対立的傾向が交差し、ぶつかるときに生ずる。

以下、この呼び覚まされ嫌疑について考えてみよう。その場合われわれは、「古きアダム」ということばは偶然の産物ではなく、少なくとも、錬金術にもその例に事欠かないあの神経を逆撫でするような二義的曖昧さを示しているという仮定に立つことにする。この二義性がわれわれを苛立たせるのは、それが意識的な欺瞞的意図に発したものか、それとも無意識中の対立葛藤に発したものか、稀にしか、いやほとんど確定できないといっていいからである。

「古き」アダムが黒い母であるシュラムの乙女から「ふたたび生じ来る」ことができるのは、彼がかつて何らかの仕方で彼女のなかに入ったことがあるからにちがいない。しかしこれは、おそらく古い、罪あるアダムであったとしか考えられまい。というのもシュラムの乙女の黒さは、テクストが示しているように、罪、すなわち「原罪」の現われなのであるから。このイメージの背後にはもちろん、物質《ピュシス》の力のなかに陥り、囚われているアントロポス〔原人間〕という元型がひそんでいる。この錬金術師、すなわち著者が、意識的にそのことを知っていたかというと、これは疑わしく思われる。もし著者が精通者として本当にカバラ的思考の上に立っているとすれば、アダム・カドモンが霊的な原人間としてプラトン的意味でのエイドス〔形相〕を表わしていることを知っているはずである。これは決して罪ある人間と取り違えられるようなものではない。つまり「古きアダム」とアダム・カドモンを等置することによって、著者は対立する二つのものを一つに混交しているのである。したがってこの箇所はこう解釈されなくてはならないだろう。すなわち、黒いシュラムの乙女のなかから生じ来るのは「古きアダム」とアダム・カドモンとの対立であると。黒いシュラムの乙女が万物の母としての地に関係していることは明らかであるから、彼女の息子は罪あるアダムであって、あの最高の審問であるエン・ソフの発現であるアダム・カドモンではないのが当然であるように思われる。にもかかわらずテキストは、これら二者を混交することによって、その両方をシュラムの乙女のなかから現出させている。しかもその場合「古き」アダムと原人間はまったく同一のものとしか見えないが、しかし著者は、ほかならぬ「古き」によって自分は「第一の」ないしは「原初の」を意味していたのだとただちに弁解できる仕掛けになっており、われわれとしてはこれにただちには異を唱えることができない仕掛けになっているのである。

アダム・カドモンの出現はシュラムの乙女に対して特徴的な結果をもたらさずにはいない。この出現は、テクストに示されているように、一種のソリフィカティオ（solificatio＝太陽化）、つまり「頭の内部にあるもの」の光明化であり、これは、一見ヴェールに覆われているけれども錬金術の心理の特徴を示す暗示を含んでいる。すなわちそれは、達人自身の、ないしは達人のうちにひそむ内的人間の「照明」illuminatio〔光明化〕であり「栄光化」glorificatio を暗示しているのである。アダムはまさしく「われらが内なる人間」interior homo noster、われわれの内部に存する原人間にほかならないのである。

六　全体性としてのアダム

クノル・フォン・ローゼンロート編の論説『魂の変転について』の第一部第一章の第一〇節、第一一節には、アダムの心理学的意義にとって重要なつぎのような箇所がある。〔（　）括弧内はクノルの注釈的挿入〕

……「エゼキエル書」第三四章三一節に、「汝らはアダムである」とある。[198] これはすなわち、汝らがアダムの名で呼ばれるのは正当であるということである。その意味は、この文言を文字どおりに解するかぎり、世界中のすべての民、あるいは異教徒が、イスラエルの民と同じように人間である、つまり正しい姿をしているということに対して、異議を申し立てるのは正当であるということである。さもなくば「あなたがたは人間である」ともいわれなくてはならないだろうからである。しかし実際には（その意味は、アダムのミクロコスモスは汝らの魂から成り立っているということである）[199]……

… inquit Ezechiel 34, v. 31: Vos Adam estis. Id est, vos merito vocamini Adami nomine. Sensus enim est: si literaliter textus intelligendus esset, objectio merito fieret, omnes etiam populos mundi sive gentiles eodem modo esse homines, quo Israelitae; statura nempe erecta. Ubi porro quoque dicendum fuisset, vos homines estis. Verum enim vero (sensus hic est, ex animabus vestris consistebat microcosmus Adami) …

第一一節、「汝らはアダムである。（著者はいわば、イスラエルの民のすべての魂はまことに最初に創造されたアダム以外の何ものでもないといっているのである。）そして、汝らはアダムの火花であり、アダムの四肢であった」Vos estis Adam. (Quasi diceret omnes Israelitarum animas nihil aliud fuisse quam Adamum nimirum protoplasten:) Et vos scintillae illius atque membra ejus extitistis.(200) ここではアダムは、一方ではいわばイスラエル民族の肉体として、(201) 他方ではその「全体的な魂」anima generalis として現われている。この見方は「内なるアダム」Adam interior の投影と解釈することができる。すなわち「最も偉大なる人間」homo maximus が一個の全体性として、民族の「自己《ゼルプスト》」として現われているということである。これに反して内なる人間としてのアダムは、個人の全体性に相当する。心のすべての部分の総合としての、ということはまず何よりも意識と無意識との総合としての全体性である。論説の第二〇節では、「それゆえわれらが先師たちはこういったのだ、ダビデの息子は、肉体のなかに（つまり最初に創造された者の肉体のなかに）いたすべての魂がすっかり外に出てきてしまわないうちはやって来ないと」Hinc quoque dixerunt Magistri nostri: Non veniet filius David, donec plene exiverint omnes animae, quae fuerunt in corpore (nimirum protoplastae).(202) 原人間のなかからもろもろの魂が外に出てくるというのは、心的な統合過程の投影であると理解しうる。すなわち、救済的な力を持つところの、内なる人間（つまり「救世主」）の全体性は、心のすべての部分が意識化されないうちは成就しないということである。この理由から、錬金術において決定的な第二のアダムが現われるのになぜこんなに長い時間がかかるのかということも、説明されうるであろう。

カバラの考え方では、アダム・カドモンは全体的な魂、ないしは心理学的な「自己」であるばかりでなく、変容の過程それ自体でもある。つまりその「三区分」Trimerie ないしは「四区分」Tetramerie（過程の三つの段階ないしは四つの段階と解しうる）をも表わしている。これに対応する錬金術の定式はマリアの公理（コプト婦人ないしはユダヤ婦人マリア！）、「一は二となり、二は三となり、第三のものから第四のものとして全一なるものの生じ来るなり[203]」である。ラビ・アブラハム・コヘン・イリラ[204]の論説にはこうある。

> さてアダム・カドモンは一つの単一なるものから生じた。その意味では彼は一なるものである。けれどもアダムは下界へと下降したばかりでなく自らの自然的本性のなかへと落下した。その意味では彼は二なるものである。そしてアダムはふたたび彼の内に存在する一なるものへと、さらにまた最高のものへと連れもどされることになる。その意味では彼は三なるものであり四なるものである[205]。

この思弁は「本源の名」nomen essentiale、神聖四文字（tetragrammaton）、すなわち神の名の四つの文字に関係している。神の四文字のうち「三つは異なっており、一つは二度使われている[206]」。これは母音化されていない神の名ＪＨＷＨ（Jhwh＝ヤハウェ）のことを指しており、この名は一つだけ二重に使用されている三つの異なる文字からなっている。Ｈは女性的性質を有し、[207]Ｊとに伴侶〔妻〕として帰属している。そこからまず第一に、こういう事態が生ずる。名前の最初の位置にある[208]Ｊと三番目の位置にあるＷ[209]は男性的であるということ、そして、女性的なＨは二重に使われているが二つは同じものであるから結局はただ一つのものにすぎないということである。その意味では「本源の名」は三なるものであるが、Ｈはやはり二重であることには変わりないから、神聖四文字は四なるもの、あるいは四要素一組でもあるということになり[210]、三と四とのこの揺れは奇妙なことに「マリアの公理」に一致している。そして第二に、こういうことがいえる。神聖四文字は二重の結婚を内包しており、それゆえこれまた奇妙にもわれわれが前節で見たアダムの構図〔アダムとアダム・カドモンとシュラムの乙女〕に一致しているということである。女性的なＨの二重性も同じように元型的である[211]。なぜなら結婚の四要素構成という元型は一方では女性形姿が異なることを、他方ではそれが同一であることを前提にしているからで、ちなみにこのことは、先のアダムとアダム・カドモンの例に見られるように、ふたりの男にも当てはまる。しかし男の場合には原則として同一性よりも相違の方が前面に出ている。けれども、こういう事柄はまず第一に男の想像力が産み出したものであるということを考えれば、これは驚くにあたらない。男の想像力の産物である結果、男性形姿は男性の意識と重なる。そしてこの領域ではいうまでもなく区別がほとんど絶対的なのである。これに対して、女性的なものはなるほど二重ではあるが、その相違は小さく、そのため同一性が前面に出てきている。二重にして同一であるこの形姿は、アニマの像に完全に一致している。アニマは主として「無意識」の状態にあるために、区別されていないという特徴をおびているのである。

　ラビ・アブラハム・コヘン・イリラの論説にはまたつぎのような言及がある。「エン・ソフから、すなわち、アダム・カドモンであるところの最も普遍的な一者から、宇宙は生まれた。アダム・カドモンは一にして多であり、万物は彼から生まれ、彼のなかにある。」「類の相違」は、彼から生じている、あるいは彼のなかに含まれている「求心的ないくつもの円〔同心円〕によって表わされる」。つまりアダム・カドモンは一種の心の構造図式のごときもので、そこでは「種の区別」〔種を特徴づけている区別〕は「直線」によって表わされる。ということは一つの円が半径によって区切られてその区別を表わしているということであろう。[212]「このようにアダム・カドモンは万物の秩序を、類をも種をも個をも表わしている[213]」。

　一方の側には原人間がはるかな高処にあり、他方の側には罪を負った、生身の人間がいる。われわれが夢の心理と未開人の心理において極めて頻繁に出会う両者の混交は決して単なる偶然の産物ではなく、両者のある種の共通性に根ざしている。つまりある点で対立の一致がある。だからこそまた混交の可能性が存在するのである。最もよく見られる例は動物と神との一致である。このようなパラドックスが生じうるのは、神の心理と動物の心理がともに、いわば人間の外側にあることにもとづいている。神の心が人間以上の高処に達しているように、動物の魂は人間以下の深処に根ざす。

「古きアダム」は、われわれ現代人の意識のなかの未開人、影に相当し、この未開人は、われわれの意識からはるかな昔に消滅した動物的人間（尻尾のあるアダム）[214]に根ざしている。未開人もまたわれわれにとってはすでに未知のものとなっており、その心理はこれから改めて発見しなおさなければならない。したがって分析心理学にとっては、現代人の無意識の産物に非常に多くの太古的材料を見出したということ、そればかりか、動物的な欲動世界の不気味な闇の痕跡を見出したということは、何ら驚くべきことではない。「本能」あるいは「欲動」「衝動」はたしかに生理学および生物学の専門用語で定式化しうるものではあるが、しかしそれに限定されうるものでもなければそれによって包括されうるものでもない。なぜならそれは同時に心的存在でもあって、心的存在に固有な空想世界においてまさに心的存在として顕現してくる。それは生理学的な現象であり、あるいは疑いもなく心理学的な現象であるが、単にそのようなものであるというのではなく、同時に、象徴的性格をおびた、重要な意味内容をもつ空想形成物でもある。欲動は自らの対象を闇雲に、無造作にわがものとするのではなく、ある種の心的な把握や解釈によってそうするのである。つまり、どんな欲動にもいわばそれに見合った状況像とでもいうべきものがア・プリオリに連結しているのであって、このことはたとえば動物と植物の共生というケースにおいて間接的に知ることができる。人間の場合にはわれわれは、自然の欲動に絡みついているあの奇妙な、いわゆる「魔術的」なイメージの世界を直接に知っている。このイメージは自然の欲動の形態と現象様式を表わしているというばかりでなく、それらを生み出しもするのである。[215] 本能世界は、合理主義的な文化的人間にはとてつもなく単純なものに思われるかもしれないが、未開の段階では、生理学的な事実とタブー・儀礼・階級組織・種族の教えとが複雑な絡り合いとして現われる。タブーをはじめとするこれらのものは、いわばア・プリオリに、つまり前意識的に[216]、欲動に対して制限的な形式を押しつけ、これによって欲動をより高い目的に役立つようにしているのである。そもそも自らを満足させることしか知らないとわれわれが考えている欲動の無制約性には、自然な状態ですでに、その精神的な制限をも伴っていて、それが欲動を分化させ、さまざまな用途に役立つようにしているのである。

イメージと欲動とのこの原初的結びつきから、欲動と最も広い意味での宗教との結びつきも説明される。欲動と宗教という二つの領域は互いに補償的な関係にある。それも決していわゆるエロスだけが問題なのではなく、「欲動」という名に値するすべてのものを視野に入れた上での話である。[217] 未開の段階における「宗教」は、欲動の無制約なダイナミズムに随伴する心的な制限システムを表わしている。段階が高度になるとこのような原初的結びつきはときとして消失し、そうなると宗教は容易に欲動の解毒剤になりさがり、その結果原初の補償関係は歪められて葛藤に変じ、宗教は単なる形式に堕し、欲動は却って毒される。宗教と欲動とのこのような分裂はおそらく純然たる偶然ではなく、あるいは無意味な破局といったようなものでもない。それはむしろ事の自然であり、意識のいっそうの拡大と分化に通ずるプロセスの端緒なのである。対立的緊張なしにはエネルギーも生じないように、区別の知覚なしには意識も生まれえない。けれども区別が強まれば必ず対立に至り、ついには、必要な対立的緊張をはぐくむ葛藤に至る。対立的緊張が必要なのは、一方ではエネルギーを増大させるためであり、他方では区別を分化させるためであって、両方とも意識の「発展」には欠かすことのできない前提条件である。葛藤はこのようにまちがいなく有用であるにもかかわらず、結果として、明らかなマイナスをもたらし、それは時として有害なものにまで高まる。その場合は、今度は両陣営の争いを調停しようとする反対の動きが起こる。このような過程が何千年何万年という長い期間にわたる意識の発展の経過のなかで数え切れないほど幾度も繰り返された結果、同時に対立の橋渡しをするためにそれにふさわしい慣習や儀礼が形成されてきたのである。このような調停作業の担い手は一方では人間の側で行なわれる儀礼であるが、しかしこの儀礼は他方では、神の側からその瞬間にもたらされる、ないしはそれ以前にもたらされた助力行為あるいは調停行為を内容としている。このような儀礼はたいてい人間の原初の状態と、そして英雄的な太古の、あるいは祖先の時代と結びついている。

神の調停に助けられて取り除かれるのは、普通は人類の窮境ないしは苦境である。この調停が儀礼において繰り返される。単純な例を一つ挙げれば、稲の稔りが思わしくないと、稲のトーテムの代表者が田圃に小屋を立て、そこで稲に向かって、稲が最初どのようにして稲の祖先から生まれたかを語って聞かせる。これを聴いて稲は自分の起源を想い出し、ふたたび成長力を取りもどす。儀礼において祖先を想起することは、祖先の調停的関与と同等の意味を持つのである。

窮境の最たるものは、好意的な神々が退き害をなす神々が現われることであるか、人間の過ちや罪によって神々が遠ざけられることである。あるいはまた道教の見方では、天と地が不可解な理由で分離し(218)、賢者が儀礼的に自らの内部に降りていってふたたびタオ〔道〕を造り出したときはじめて、両者はふたたびつながりを見出したといわれる。自らの内でタオを造り出すとは、つまり、賢者が自らの天と自らの地とをふたたび和合させるということである。

窮境にあって稲の生長がやむように、人間もまた、神々の悪意のせいであれ己れの愚行ないしは己れの罪のせいであれ、堕落し、それによってもともとの自然との矛盾に陥る。彼は自らが人間の祖先に起源を持つことを忘れ、それゆえそれを想起する必要がある。そうすればアントロポスという、原人間という元型が布置され、それが種々さまざまの偉大な宗教の本質的内容をなすことになる。「最も偉大なる人間」という理念において、宇宙創造によって生み出された上なるものと下なるものとがふたたび結合するのである。

七　変容

上のような観点から眺めると、われわれの議論の出発点であったアブラハム・エレアザルのテクストはある極めて興味深い様相を呈する。と同時に、錬金術の根本理念に特徴的な思考過程を含んでいることによって、他のさまざまな問題にも光を投げかける多彩な意味を獲得する。すなわち、錬金術のニグレド〔黒〕に相当するある窮境が存在するのである。花嫁である地を黒い色で塗ったように黒で覆ったのは罪の黒である。シュラムの乙女は、その名を「地」と呼ばれる黒い女神たち（イシス、アルテミス、パルヴァティー〔シヴァ神妃〕、マリア）と同一の系列に立っている。エヴァはアダムと同じように認識の木の実を食べ、それによって神の特権の領域に侵入した――「神のように善悪を知る者になるだろう」eritis sicut dii, scientes bonum et malum〔「創世記」三―四〕――。すなわち彼女は道徳的な意識の、当時はまだ意識の外にあった可能性を不意に発見したのである。こうして重大な結果を招く対立の亀裂が生ずる。天と地が引き離され、原初の楽園が廃棄され、明るい原人間の輝きが消え去り、マルクトは寡婦となり、火のように燃え光る陽《よう》は天上へと引き退き、湿った暗い陰《いん》が人類を闇で覆い、絶え間なく増大する罪によって堕落し、ついには洪水の黒い水という極点に達する。洪水は一方では一切のものを呑みつくす危険を孕むが、他方ではまた黒の洗浄を象徴するものと考えられる。かくしてノアもまた別の側面を獲得する。彼はもはや破局を逃れた者としてではなく、水を司って洗浄する水の王となって現われる。この洗浄の作業はしかし十分でないと見える。なぜならシュラムの乙女はこれによってただ正反対の側に、つまり乾燥した荒野〔砂漠〕に足を踏み入れるだけだからである。そこには悪が待ち受けていて、イスラエルの民と同様に彼女を毒をもつ蛇の姿をとって脅かす。[219] ここにはエジプト脱出の苦難が暗示されており、出エジプトはある意味では楽園追放の繰り返しなのである。なぜならエジプトの「肉のたくさん入った鍋」〔「出エジプト記」一六―三〕からの離別は、最初の両親であるアダムとエヴァが石ころだらけの畑、生涯そこから食物を苦労して得なければならなかった畑を目の前にしたときに味わった苦しみと同じ苦しみをもたらすものだったからである。けれどもこの正反対の極端によっても目標は達成されない。シュラムの乙女はさらに「黒い十字架に磔にされ」なくてはならないからである。十字架という理念は単一の対立ではなく、二重の対立、すなわち四要素一組を指

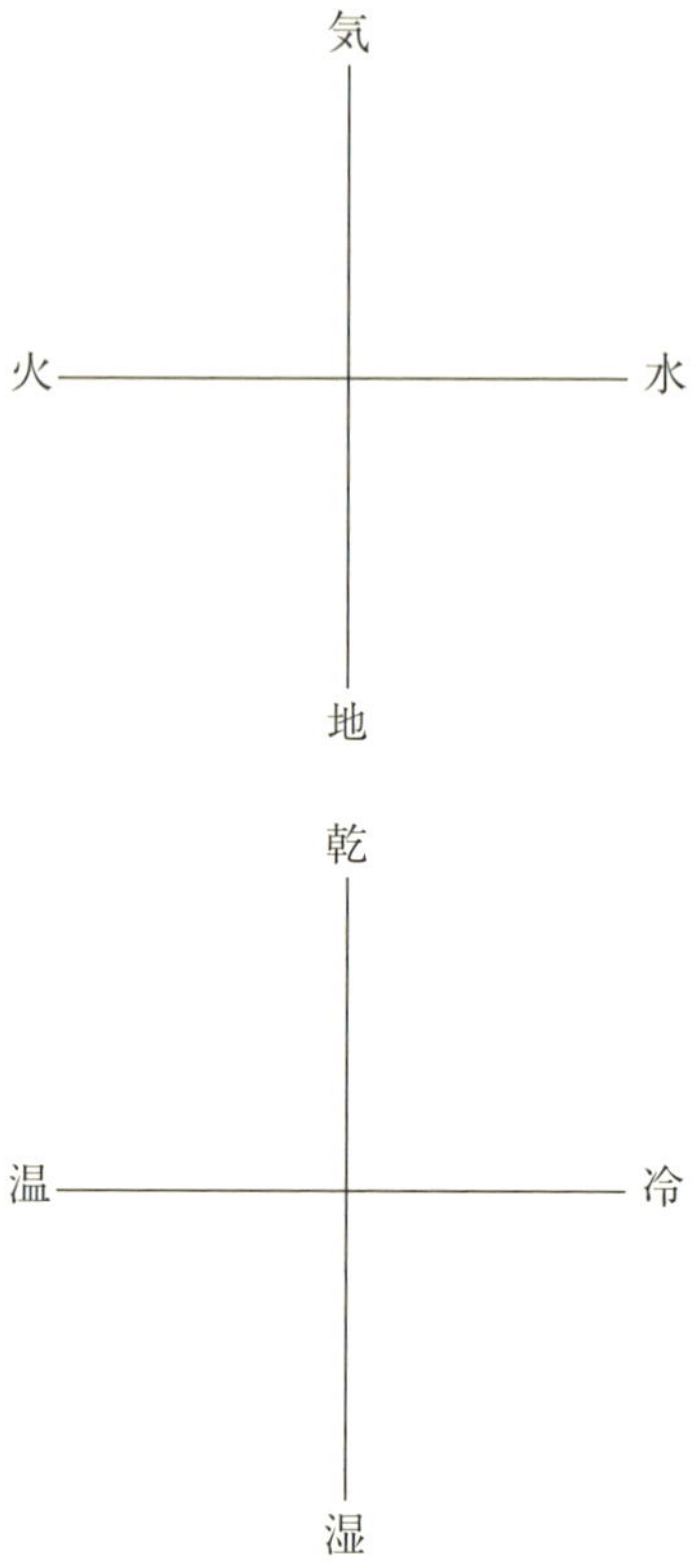

し示している。これは錬金術師たちの精神にあっては、上図に示すように、まず何よりも十字に結びついている四大元素を意味するか、同じように十字に結びついている四つの性質を意味する。われわれはこの十字架への磔が、四つに引き裂かれることではないまでも、[220]苦悩に満ちた浮遊状態を意味することを知っている。それゆえ錬金術は抗争する四大元素を和解させて統一に導くことを自らの課題にしているのである。問題のエレアザルのテクストでもこの抗争状態は、いまなお苦悩に満ちた罪の黒が「酢の苦さをともなう悲惨」によって洗われることによって克服される。これが十字架にかけられたイエスの唇を湿した「ヒソプの茎に取り付けた酢」〔「ヨハネ福音書」一九—二九〕へのほのめかしであることは明らかである。上で触れたミヒャエル・マイアーのテクスト〔第五章、注187〕では、「酢の苦さをともなう悲惨」miseria cum aceto はニグレドの鬱状態《メランコリー》を表わしており、救済された状態の「歓びをともなう悦楽」と対照をなしている。「酢をともなう悲惨」による「洗浄」ablutio はついには、白く洗われることによる白化を、さらには「わたしの頭の内部にあるもの」の「太陽化」solificatio〔光明化〕を惹き起こす。「頭の内部にあるもの」とは脳を、それどころか魂を意味すると考えられる。これはまさに変容と解釈する以外にないと思われるが、この変容がシュラムの乙女の身に起こるのだと取るのが正しければ、ある意味ではインドのパルヴァティー〔シヴァ神妃〕の場合と似たようなことが彼女の身にも生ずることになる。パルヴァティーは自らの色の黒さを悲しん

でいたが、神々から黄金色の肌を与えられたからである。ところでここで、つぎのことを強調しておく必要がある。すなわち、一方では苦悩の状態のなかで、四分された、あるいは引き裂かれた、あるいは四の上に磔にされた神として、四大元素の不和抗争を表わし、かつそれをわが身に蒙っているのは、そして他方では四の統一を惹き起こし、同時にその統一の産物そのものであるところのものは、ラピスないしはヘルマプロディトスにほかならないということである。錬金術師たちはこの彼らの原人間をキリストと同一視せざるをえなかった。テクストではこのキリストがアダム・カドモンというかたちをとって現われている。このテクストの十八世紀のあるフランス語の写本にはこの形姿の像が挿画として描かれている[221]（図C参照）。それは黙示録のキリスト（「ヨハネ黙示録」一―一二以下）で、le file de l'homme, ☿〔人の子・人間の息子。記号はメルクリウスを示す〕およびJezoth le Juste〔義の人イェゾト〕という名が冠せられており、十六個の点のかたちで重要な意味をもつ数四×四が与えられている。この形姿は正統信仰に反し女の衣をまとっていて、これは十七、十八世紀の錬金術の画のヘルマプロディトス的両性具有の姿をしたメルクリウスにしばしば見られる現象である。この形姿のお手本はヨハネの幻視（「ヨハネ黙示録」第一章および第四章）とダニエルの幻視（「ダニエル書」七―九以下）である。カバラのセフィロトの樹の九番目のセフィラはイェソド（Jessod）と呼ばれ〔二二七頁セフィロト樹参照〕、宇宙における生殖的で創造的な力を意味する。錬金術ではこれは「生命の霊」spiritus vegetativus、すなわちメルクリウスに当たる[222]。メルクリウスは錬金術では男根的側面を有しているが、『ゾハル』におけるイェソドも同じである。いや、「義の人」ないしは「ザディク」Zaddik――イェソドはこのようにも呼ばれている――は、ずばり生殖器官である[223]。このような比較に接すると現代人の悟性はつい一面的な解釈をしたくなる。たとえば、イェソドはペニス以外の何ものでもないとか、逆に、言語の上で明らかに性的意味をおびているが実際の性のことをいっているのではないといった解釈である。しかし神秘思想の領域でつねに顧慮しなければならないのは、いかなる「象徴的」なものも一義的ではないということである。それはつねにあれでもあり、これでもある。事実をつねに顧慮

図C　原人間

しなければならない。性的なものは精神〔霊〕を締め出したりはしない。その逆である。というのも神の内にはあらゆる対立が蔵されているからである。この点では、たとえばG・ショーレムが暗示するにとどめている[224]、『ゾハル』第三巻におけるシメオン・ベン・ヨハイの「神秘的合一」unio mystica の描写を参照願いたい。なお、四×四の四という数はエゼキエルの幻視における四つの動物の姿をしたもの〔ケルビム〕に関係している。そのそれぞれがまた四という数を内に含んでいる[225]（「エゼキエル書」一〇―一四）。

太陽と黄金は錬金術においては同意概念であるから、「太陽化」solificatio は、頭の「内部にあるもの」が何を指しているかはともかく、それが光に、極めて価値ある物質に、そして白い地に変化させられることを意味する。心〔心臓〕までもが「ざくろ石」のように輝く。「ざくろ石」carbunculus は中世以来「賢者の石」の同義語の一つと見なされている[226]。「心がざくろ石のように輝く」という表現の寓意的意味は明快である。頭が光り輝くように、心は恋に燃え輝くということである。

パルヴァティーとシュラムの乙女の違いはつまり、パルヴァティーは外面的に、シュラムの乙女は内面的に変化させられるという点にある。シュラムの乙女は外面的にはそれまでどおり黒いままである。その肌が黒い「雅歌」のシュラムの乙女とは異なって、われわれのテクストにおける彼女はこう主張している、黒い色がからだに付着していて、つまり黒い色を塗りつけられていて、「内なる美」が外に現われるためには衣をはぎとってくれさえすればよいと。彼女はエヴァの罪のせいでいわばインクに、ないしはティンクトゥラ〔染色剤〕に浸され、黒く染められたのである。これはあたかもアラーがアダムに与えた宝石がアダムの罪によって黒くなったというイスラム教の伝説と同じである。呪いのもたらす毒が彼女から取り去られれば――そしてこれは明らかに彼女の恋人が現われることによって可能なのであるが――、彼女の「内なる種子」、彼女の「初子」が生まれる。この誕生はテクストの文脈からいってアダム・カドモンの出現を指しているとしか考えられない。アダム・カドモンこそ彼女を愛してくれる唯一の者なのだ、彼女の黒さにもかかわらず。けれどもこの黒さは単に塗りつけられた色以上のものであるように思われる。というのもこの色は一向に消え去ろうとせず、花嫁の内なる光明化と美しさとによって補償されるにすぎないからである。シュラムの乙女は地を表わしており、その地中にアダムが葬られていることを考えれば、彼女には逆にまた母なる産みの親という意義が加わることになる。まさにそのようなものとして黒いイシスは、死んでばらばらに解体された兄弟にして夫オシリスのからだの部分を寄せ集め、元の姿へと合体する。つまりアダム・カドモンはここでは息子にして恋人という古典的形式をとって現われているのである。太陽と月の聖婚《ヒエロスガモス》では息子にして恋人が母にして恋人において自らをふたたび産む。したがってシュラムの乙女もここでは、イシュタル女神のヘリオドゥーレ〔神殿に仕える女奴隷兼娼婦〕という最も原初的な役割で登場していることになる。彼女は、錬金術師たちが彼らのアルカヌムをそう名づけているところの「娼婦」meretrix なのである。

ここにはシュラムの乙女の原初の役割への帰還が見事な的確さをもって描写されているが、これは著者である偽アブラハムの天才的芸当の賜というわけでは決してなく、「われらが子ども」infans noster、すなわち哲学者の息子は太陽と月の子どもであるという錬金術の伝統的な見方の表現であるにすぎない。けれども、この息子が太陽と月を自らの内に統一している両性具有の原人間そのものであるという意味では、この息子は同時に自分の両親の父でもある。錬金術は母-息子近親相姦という観念に深くとりつかれていて、ためにその思考法にかかると「雅歌」のシュラムの乙女でさえもいわば自動的にその原初の分母に還元されることになるという次第である。[227]

われわれは先に、シュラムの乙女の黒さが容易には消滅しない性質を有しているように見えるという事実に、しかるべく注意を払っておいた。この事実に照応しているのが、堕罪以前の完全なアダム、明るい原人間が現われると見えるまさにその瞬間に、古きアダムが生まれ出るという事実である。黒いシュラムの乙女の場合に決定的な、完璧なアルベド〔白化〕、つまり神格化が見られないように、この場合も第一のアダムから第一のアダムの父でもある第二のアダムへの変容を示すに必要な証拠が欠けている。それゆえ、黒さが消え去らないように、古きアダムも決定的には変化しないのではないかという疑いを抑えることができない。あるいはこの点に、著者が「古きアダム」という表現を厭わしいとは思わず、反対に好ましいと感じたいっそう深い理由があるのかもしれない。なぜなら残念ながらつぎに述べることの方が比較にならないほど真実に近いからである。つまり、より善きものへの変化は決して暗きものの明るきものへの、悪の善への余すところない完全な転換を意味するのではなく、最もうまくいった場合でも一種の妥協を意味するにすぎず、より善きものがより悪しきものにほんの少しだけ立ち勝るだけだということである。「古きアダム」をめぐるこの紛糾は、それによって元型的な四要素一組が生ずるという理由で、決して単なる偶然だとは思われない。それはつぎの上図または下図のような組合せになる。

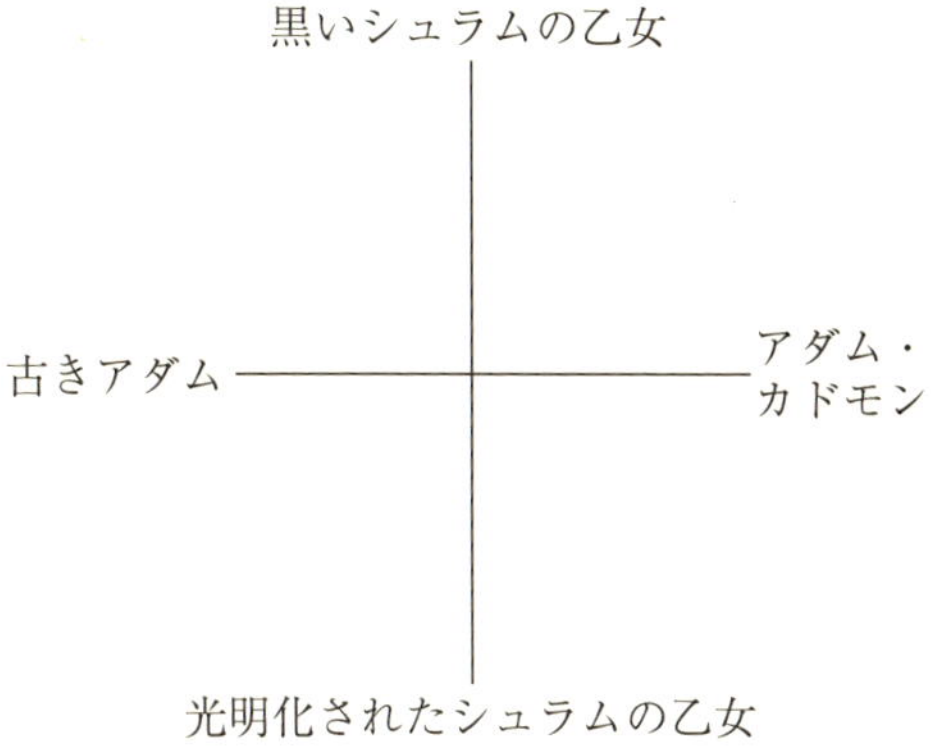

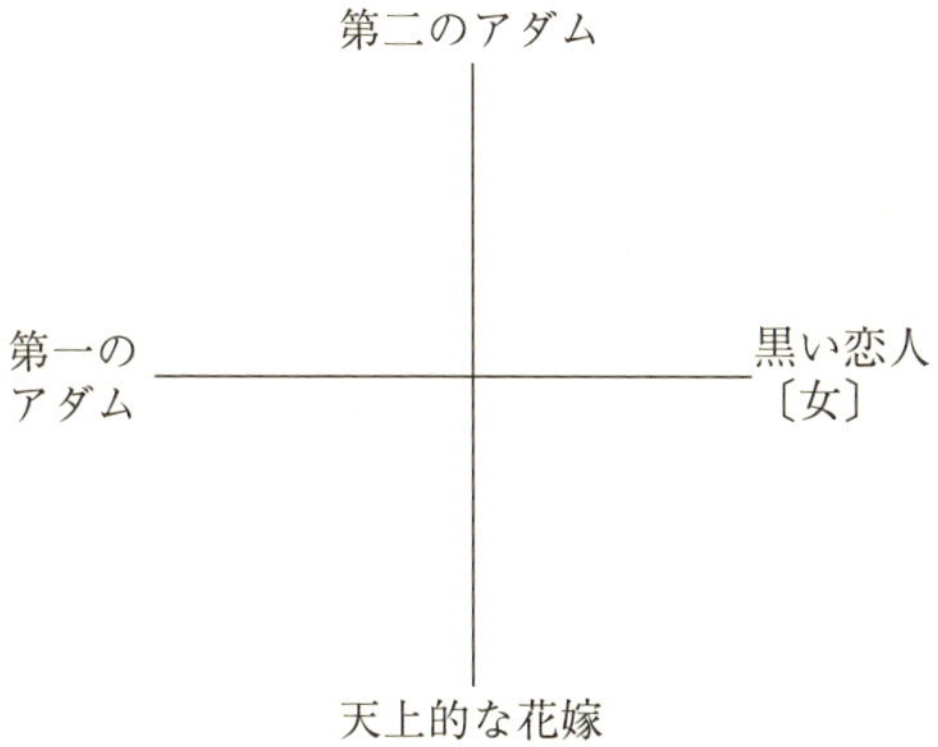

この構図はある意味では、わたしが『転移の心理学』のなかで叙述し説明を加えた結婚の四要素一組に対応している[228]。それはある種の心的事実にもとづくつぎのどちらかの構造図式〔次頁〕で示される。

この四要素一組は錬金術で極めて大きな役割を演じているにもかかわらず、実は錬金術的思弁の産物ではなく、未開人の結婚集団システム（四親族システム）にまで遡る一個の元型なのである。この元型は四要素構成をなしてい

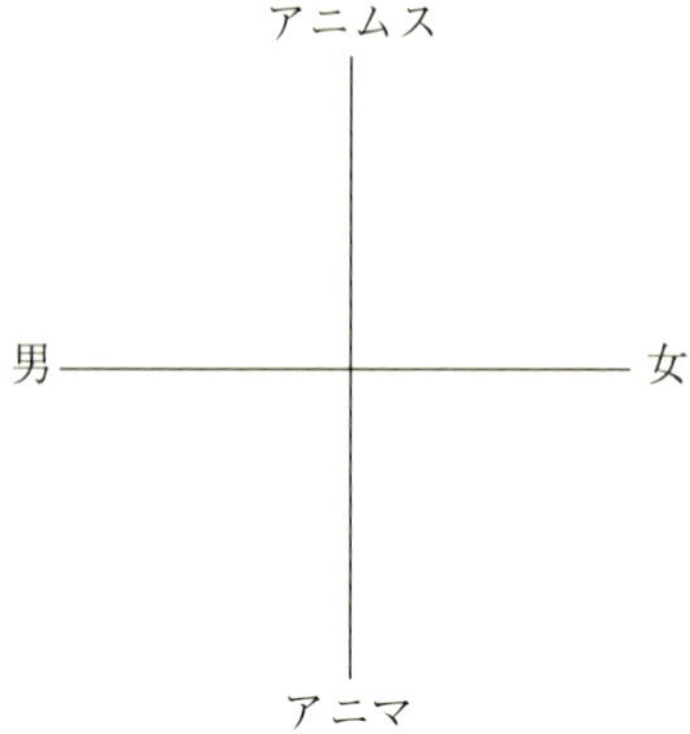

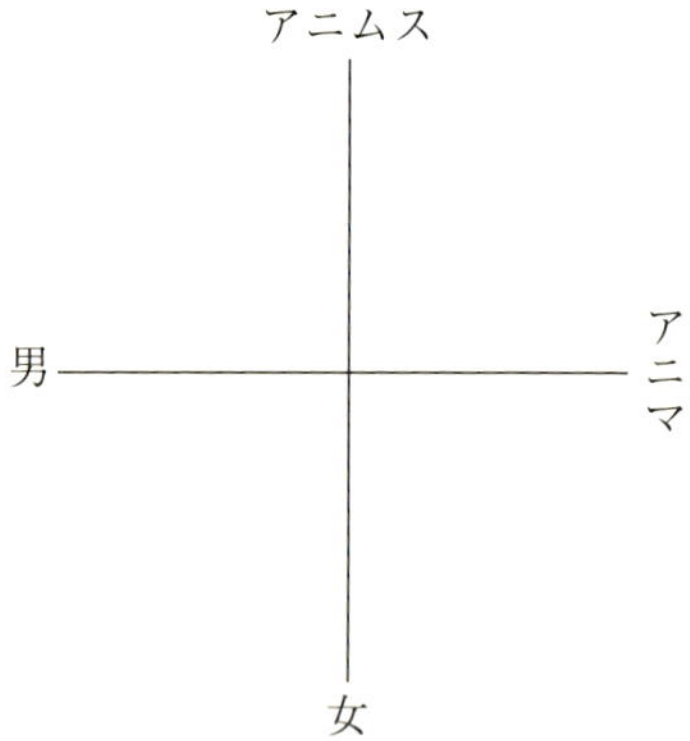

るがゆえに一個の全体判断であり、人間の心的全体構造そのものを定式化している。この心的全体構造は一方では個の構造を、すなわち、反対の性の特徴を有する無意識と結びついている（男の、あるいは女の）自我を表わしており、他方では、それなくしては心的な個が不完全であるところの異性との関係を表わしている（この場合の関係とはまず何よりも心的な関係である）。しかしこの図式には、錬金術の極めて大きな特徴であると思われる変容の思想が欠如している。自然科学の一専門分野としての経験的心理学は、意識的自我がアニマより「高い」か「低い」かを確定することはできない。自我と同様にアニマにも肯定的な側面と否定的な側面とがある。科学はそもそも価値判断はしない。もっとも心理学にもある種の「価値」概念はある。それはしかし強度という概念であって、それ以外のものではない。つまり、甲という観念コンプレックスが乙という観念コンプレックスより強い同化力を有している場合は、甲は乙より高い価値を所有しているということである[229]。これに反して錬金術の変容思想は精神的な価値概念を問題にし、変容させられたものは、より価値があり、より善く、より高く、より精神的〔霊的〕であると見なす。したがって経験科学としての心理学はこれに対応するものを提示することはできない。しかしながら、価値づけや評価の類は感情機能として無条件に心理学的考察の対象になるので、その意味では価値も顧慮されなければならない。その場合、価値は陳述ないしは判断として、対象の叙述のなかに取り込まれることになる。

意識的人格と無意識的人格とのエネルギー論的な、また道徳的な価値は、個人によって極めて大きく異なる。しかし一般的には意識が優勢である。が、これには多くの限定が必要である。つまり心理学的な構造図式は、錬金術の図式ともっと適切に比較されうるためには、変容という考えを加味することによって修正されなくてはならないということである。原則的にはこの修正は、アニムスおよびアニマの意識化が実際に人格のある種の変容を惹き起こすという意味でまったく不可能だというわけではない。変容を惹き起こすという事実があるからこそほかならぬ心理療法は、まず第一にこの間の問題に取り組んでいるのである。とりわけ意識化は、人格を変化させる重要な手段として心理療法上の諸原理の一つをなしている。変化が好都合な方向に展開した場合、それは改善と評価される。それも患者自身の発言にもとづいてそう評価されるのである。改善は第一には心的な健康状態のことを指しているが、第二には道徳的な改善をも含意している。改善かどうかの判断は、このような価値評価がそれと気づかれないかたちで世界観的先入見の領域に移行してゆくに従って困難の度を増すか、まったく不可能になる。この領域では客観的な考量は恣意による決定の前に引き退がらなくてはならないからである。改善か否かの決定は例外なく極めてデリケートな問題で、そのため骨の折れる考量と比較によるよりも素朴な先入見による方が比べものにならないほど容易に決着がつく。先入見の田畑をせっせと耕している「恐るべき単純化主義者」にとっては考量と比較の努力は侮辱以外の何ものでもないのである。

変容と改善の事実は疑いえないが、それを表わす誤解の余地のない的確な表現を見つけ、図式のなかに組み込むことは難しい。中世の人々は例の単純化主義者と同じように素朴で、何が「より善いもの」であるかを知っていた。現代のわれわれはそれほどの確信はないし、加えて意見の異なる人々をまったく無視することはできないと感じている。他の人はすべて間違っているという喜ばしい信念をいだくわけにはいかない。したがってまた、意識化およびそれにもとづく全体化（個性化）と結びついている変容の性格を、術語化して図式的に示すことも断念せざるをえないだろう。

素朴な見方にとっては、不完全な、いや腐敗堕落した古きアダムには完全な原人間が対峙し、黒いエヴァには光明化され、高められた存在が対峙している。しかしこれに比べて現代の見方は、つぎの点ではるかにリアリスティックである。つまり、もともと神話的諸関係に合わせて作られていた図式を投影から引き戻し、その構成要素にこれまでの神話的役者に代えて現実の人間とその現実の魂を振り当てるのである。するとこういうことになる。男ないしは男の自我意識にはアニムス、つまり女の無意識における男性形姿が対峙している。これによって女は男を過大に評価するか、あるいは男に対して抗議する。女ないしは女の自我にはアニマ、つまり男の無意識における女性形姿が対峙し、これが男が女に対して誤っていだくあらゆる幻想、誤って行なうあらゆる過大評価と過小評価の原因をなす。この図式からは男がアニムスよりも善いという事実もその逆の事実も、あるいはアニマが女よりも善いというような事実もまったく出てこない。またどちらの方向に向かうのが発展なのかということもこの図式からは明らかにならない。はっきりしているのはただ一つ、長期間にわたる心理療法の技法的ならびに精神的・道徳的な手順を経た末に療法を受けた者が経験にもとづいてこの構造図式を知り、それを知ったことから生ずる自らの責任を認めるに至れば、個の完全化への道が開けるということ、そして個はそれによって全体性に近づくということである。しかしこの場合の全体性は、ある種の世界観の理想であるところの究極的完璧ということではない。中世にあっては世界観が事実を凌駕していて、見栄えのしない卑俗な鉛に事情によっては黄金に変ずる可能性を押しつけ、暗い「プシュケー」的人間〔魂的人間〕に明るい「プネウマ」的人間〔霊的人間〕に変ずる能力を想定するほどであった。しかし、理論的には黄金になりうるが実際には一度もそうなったことのない鉛と同様に、酔いをさまされた今日の人間もまた、究極的完璧への可能性を待ち望むことの虚しさを思い知らされている。それゆえ科学の名に値する、事実の客観的考察も、その要求を引き下げて究極的完璧の理想を追い求める代わりに、近似的な完全性というもっと手近な理想に甘んじなければならない。これによって切り開かれた道の到達点は決して霊化という崇高な状態ではなく、善きものの少なさというマイナスを悪しきものを少なくするというプラスで相殺するという賢明な制限と節度である。

以上から分かるように、錬金術の図式に完全に一致する心理学的図式を提示することを妨げているのは、最終的には、古い時代の世界観と現代のそれとの相違、中世的なロマン主義と科学的な客観性との相違である。けれども、わたしがここに自然科学的心理学の客観性の立場から展開してみせた批判的見解は、錬金術の図式でもすでに暗示されている。つまり、一方では古きアダムが再登場して図式のなかにアダム・カドモンと共存しており、他方ではこれと同じようにシュラムの乙女の黒さも消滅してはいないのであって、これは変容過程が少なくとも完了はしていず、どう見てもまだその途中にあることを図らずも露呈している。この事態では古きアダムはまだ片づけられてはいず、シュラムの乙女はまだ白くなってはいない。

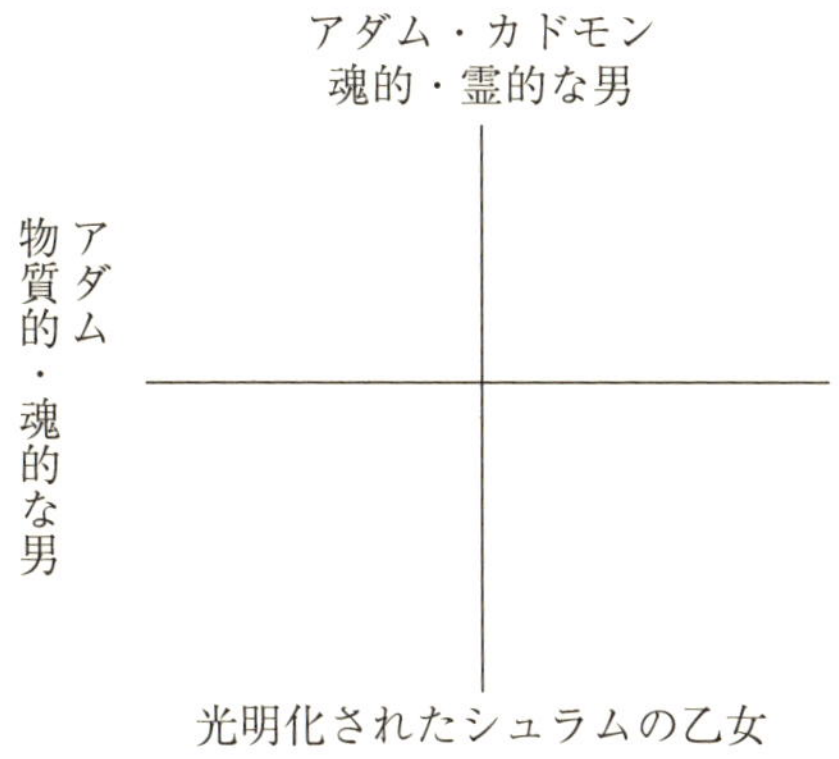

この観点を錬金術の図式に当てはめてみると、心理学的図式の場合にはどうしてもうまくいかなかった修正がこの場合には可能となる。すなわち二つの図式を共通の分母で括って上図のような一つの図式ができあがる。
決定的な点、すなわち変容が完了していないという事実は、引用したテクストの末尾から窺われる。変容の完了は切なる願いとして未来に託され、「多くの山々に取り囲まれた女を解き放つ」という事態が生じなくてはならない。そのためにはまだ神の奇蹟に等しい業が、つまりカナンを挽きつぶし炎上させ、天を引き裂き山々を溶かし去ることが必要なのであり、これは紛れもなく尋常ならざるエネルギーの傾注を意味する。完了までに克服されなくてはならない困難の大きさを推し量るに十分である。
シュラムの乙女を取り囲み囚われの身としている山々への言及は、ある点でパルヴァティーとの独特の類似を示している。パルヴァティーはほぼ「山に住む女」を意味し、ヒマヴァト（ヒマヤラ）の娘と見なされている。[230] 夫であるシヴァ神に色の黒さを非難されたパルヴァティーは、悲しみの余りこの山を去り、ひとり寂しい森の孤独のなかに引き籠もる。包囲のなかにひとり隠されてある黒いシュラムの乙女もこういう。

何といえばいいのだろう。わたしは包み隠すもののもとで孤独だ。けれどもわたしは嬉しい、それも心から。なぜならわたしは隠れて生きることができ、わたし自身のなかに沈潜して元気を回復することができるからだ。そしてわたしの黒さの下には類なく美しい緑が隠れている。[231]

これによると、変容が完了していず待ち望まれているだけの状態は苦しみであるばかりでなく、隠されてはいるが喜ばしい幸福でもあるように見える。つまりここに描かれているのは、ときとして苦悩以上の何か別のもののように思われる心の変容の、変転に満ちた遍歴の途上で、ある隠れた幸福を見出した人間の状態である。この人間は見たところ孤独であるが、しかし隠された幸福のゆえに孤独に堪えることができる。自分自身との交流においてこの人間が出会ったのは、極度の退屈と憂鬱《メランコリー》ではなく、うまく折り合うことのできるひとりの相手である。いや、それ以上のもの、秘められた恋の幸福にも似たひとつの関係に出会ったのである。[232] あるいはその関係は隠された春にも似て、一見干からびた地面から若い緑の種子が芽吹き、未来の収穫を告げ知らせているかのようである。ここに見られるのは錬金術的にいえば「祝福された緑」benedicta veriditas であって、これは部分的には「金属の癩」leprositas metallorum として緑青を意味するが、しかし他方では万物に秘かにやどる神的な生命の霊を意味する。「おお汝、祝福された緑、あらゆるものを産み出すものよ」O benedicta veriditas, quae cunctas res generas と『薔薇園』の著者は声高に呼びかける。[233] ミューリウスはこう書いている。「火と燃える愛である主の霊は、水の面を漂っていたとき、何ものも温かさなくしては産み出されないがゆえに、水に対してある種の火の力を与えたのではなかったか。神は被造物に……あらゆるものの増殖を促すある種の発芽力、すなわち緑を吹き込んだのだ。……万物は緑であると称された。緑であることは生長することを意味するからだ。……それゆえこの産む力と物の保持とは、宇宙の魂と呼ぶことができる。[234]」

緑は希望と未来を意味し、そこにシュラムの乙女の内に隠された喜びの根拠がある。そうでなければそれを喜びと称するのは困難であろう。しかし緑は錬金術では「完成」perfectio をも意味する。たとえばアルナルドゥス・デ・ウィラノウァはこういう。「それゆえアリストテレスはその著書でこう語っている。われらが黄金は卑俗な黄金ではない、なぜならこの物質にやどる緑はこの物質の全き完成を表わしているからであり、それはなぜかといえばその緑はわれわれの術によってすみやかに最高に真なる黄金に変ぜられるからである。[235]」したがってシュラムの乙女もこうことばをつづける。

> けれどもわたしは、翼をつけたヨナ〔＝鳩〕にならなければならない。そして不純な水が流れ去った晩禱の刻限には、緑のオリーブの葉を口にくわえてやって来て自由の身となるだろう。するとわたしの頭はこの上なく美しいアソフォル〔＝黄金〕となり、わたしの髪は☽のように縮れ輝く。ヨブは、わたしの🜃〔地〕から血が流れ出すだろうといっている（「ヨブ記」二七―五）[236]。というのもそれ〔地〕はすべてこれ△〔火〕といってもよく、光り輝く△と混じり合った光り輝く赤いアダマ〔adamah＝赤い地、ラトンの同意語〕であるからである。わたしは外側は毒され、黒く、醜いが、しかし浄められたならば、わたしは、サムソンによって裂き殺されたライオンからそのあと蜂蜜が流れ出たように、英雄たちの食物となる。それゆえ「ヨブ記」二七―二には、「その道を鳥も知らなかったし、禿鷹の目もそれを見なかった」Semitam non cognovit ill (e) avis, neque aspicit eam oculus vulturis[237] といわれているのだ。なぜならこのラピスはただ神によって試され選ばれた者たちにのみふさわしいものなのだから[238]。

黒いシュラムの乙女の希望とはすなわち、「晩禱の刻限」に、とはおそらく人生の夕べに、オリーブの枝を嘴にくわえ大洪水の終焉を告知して神と人類との和解のしるしとなって現われたあのノアの鳩のようになることなのである。[239] シュラムの乙女について「雅歌」(二—一四)はこううたっている。

岩の裂け目、崖の穴にひそむわたしの鳩よ
姿を見せ、声を聞かせておくれ。

上に引いたテクストでは彼女の頭は太陽のように黄金色になり、彼女の髪は月のようになる。これによってシュラムの乙女は、いわば「ソルとルナの結合」coniunctio Solis et Lunae を告知しているのであろう。これに見合っているのは、黄金の頭と縮れた髪が「雅歌」の「恋しい人」の特徴であるという点である(五—一一)。[240] 事実彼女はここに至って恋人と混じり合っているのであり、そこから分かるのは、「花婿と花嫁」sponsus et sponsa の完成された状態は両者の一つの形象への、つまり太陽と月の子どもへの融合を意味するということである。[241] 縮れ毛がお似合いの黒いシュラムの乙女は月になり、月となった彼女はこうして「縮れ輝く」髪を獲得するのである。[242]

八　まるきもの——頭と脳

上に引いた「雅歌」の章句〔注240〕が「黄金の頭」という発想を生んだ第一の要因であるとはいえ、このモチーフが錬金術では「雅歌」との直接的関連なしに登場する場合もあることに触れておく必要がある。トリスモジンの『太陽の輝き』では、ばらばらに解体された人間について「彼の頭は純金であった」、そのからだは「塩のように」白かったといわれている。(243) ギリシアの錬金術では、達人たちは「黄金の頭をした子どもたち」τῆς χρυσέας κεφαλῆς παῖδες として登場する。(244)「単一」な物質、すなわちアルカヌム〔秘密物質〕は、「神に遣わされた、神のように語るダニエルによれば黄金の頭」Χρυσέα κεφαλὴ κατὰ τὸν θεσπέσιον Δανιὴλ τὸν θεηγόρον と呼ばれる。(245) アラビアの学術の仲介者として知られる教皇シルウェステル二世（一〇〇三年歿）については、彼に対して神託を授ける黄金の頭を一つ所持していたという伝説が残っている。(246) この言い伝えはあるいはハラン派の「神託の頭」の儀礼に由来するとも考えられる。(247) 頭には「まるい肉体」corpus rotundum という副次的意味があり、「まるい肉体」はアルカヌムを示す表現であるが、(248) これはわれわれが取り上げているエレアザルのテクストにとって示唆に富む。テクストでは頭の内部にあるものが黄金のように、あるいは（同時に？）マレッ、すなわち白い地になるからである。白い地は錬金術では周知の「葉の繁る白い地」terra alba foliata であり、これはこの場合は脳に相当すると思われる。こう推測される根拠はまず第一に、「頭の内部にあるもの」はギリシア語の ἐγκέφαλος μυελός（頭のなかにある髄）のいわば直訳に等しいという点にある。この外面的な関連のほかに内面的な関連もある。つまり「脳」はアルカヌムの同義語の一つなのであって、たとえばそれは『薔薇園』に見られるヘルメスからの引用、「その脳を手に取り、この上なく鋭い酸味をもつ酢でそれをこすりつぶせ……それが黒くなるまで」Accipe cerebrum eius, aceto acerrimo terite ... quosque obscuretur(249) から分かる。錬金術師たちは脳に極めて大きな関心を寄せたが、それは脳が「天上的な水の霊」の座所、(250) すなわち「創世記」第一章の「上なる水」〔大空の上の水〕の座所だったからである。(251)『アリスレウスの幻視』では「海の王」rex marinus の脳は兄‐妹の一対が生まれる場所である。『プラトンの四つのものの書』では脳は「神聖なものの居所」mansio partis divinae と呼ばれている。(252) すなわち脳は、これまた「単一性」simplicitas を有する「理性的な魂に近接するもの」vicinitas cum anima rationali であり、これはその単一性を神性と共有している。[253] 錬金術師には脳が神秘的な仕方で術の過程にかかわっているように思われたので、[254] すでに二世紀の中国最古の錬金術師魏伯陽は、「脳が必要な期間しかるべく鍛錬されていれば奇蹟は確実に達せられるだろう」と指示している。[255] 脳への言及はギリシアの錬金術にも見られる。そこでは特に、「石にあらざる石」λίθος οὐ λίθος に比せられる「脳の石」λίθος ἐγκέφαλος がある役割を演じている。[256] ゾシモスは脳（κεφάλαιον）を「石にあらざる石、与えられていないが神によって与えられている（ἀδώρητον καὶ θεοδώρητον）石」、そして「ミトラの神秘」と呼んでいる。[257] 「賢者の石」に関する論説では、アラバストロン〔雪花石膏〕は「白きが上に白き脳の石」であるといわれている。[258] ペノトゥスの『象徴一覧』では脳は、とりわけ月、「洗礼の神秘」mysterium baptismale および「冥府の神々〔デーモン〕」dii infernales に帰属している。[259] これは満月の状態にある月がアルベド〔白〕と白い石《ラピス》とを意味していること、[260] 洗礼が海の王の子どもたち〔兄妹〕と類比関係にあり、この子どもたちが海底のガラスの家で結合させられ変容させられることに関連している。[261] 冥府のデーモンへの帰属は脳が意識と知性の座所であることと関連づけることができるだろう。なぜなら意識は、神的な全体性から脱け落ちた反神的な存在を内にかかえているからである。[262]

ゾシモスは錬金術とグノーシス主義を結ぶ接点をなしており、グノーシス主義においてもわれわれは類似のイメージに出会う。ヒポリュトスによれば、「脳」cerebrum（ないしは「小脳」cerebellum）は蛇〔龍〕の頭に似た形をしている（τὸ σχῆμα τῆς παρεγκεφαλίδος ἐοικὸς κεφαλῇ δράκοντος）.[263] 一方ではアダムに、他方ではヘルメス・キュレニオス〔キュレネのヘルメス〕に関係のある[264]邪悪なコリュバスは、「上なる頭と、それと識別できない脳から（ἀπὸ τοῦ ἀχαρακτηρίστου ἐγκεφάλου）」生まれ、万物に浸透するが、「どんなふうに、いかなるやりかたで」かは分からない。このことに関連してヒポリュトスは「ヨハネ福音書」五―三七をやや変形して「わたしたちは父の声を聞いたことはあるが、お姿を見たことはない」ということばを挙げているが、これによって部分的に無意識な要因がはたらいていることが暗示されている。この側面をさらに強調するために彼は、コリュバスは「粘土の形象のなかに」*ἐν τῷ πλάσματι τῷ χοϊκῷ*、ということはつまり人間のなかに存在していると付言している[265]。さらにこうつづける、「それは、ノアの洪水のなかに住んでいるところの、そして〈詩篇〉で、大水のなかから叫び呼ばわるといわれているところの神である」[266]。これは無意識の意識化への憧れを暗示するものである。この描写が現代の意味における心理学についてはまだ微かな予感さえ持っていなかったような時代（二世紀頃）のものであることを考えれば、当時の乏しい手段でよくもまあこれほど見事に心理学的事態を表現しえたものだと感嘆せざるをえない。ヒポリュトスの報告するグノーシス主義拝蛇教徒が語るこのアダムは「岩石」である。

彼らのいうところに従えば、それはアダム（*ἀδάμας*）、つまり、隅の頭（*κεφαλή*）となった隅のかなめ石（*λίθος ὁ ἀκρογωνιαῖος*）である。すなわち頭のなかには特徴づけられた［ないしは特徴づける］（*χαρακτηριστικόν*）脳、つまり、そのなかからすべての家族が形成される（*χαρακτηρίζεται*）本質（*οὐσία*）が存しており、「このアダムをわたしはシオンの土台に組み込む」[267]というのである。この「わたし」はつまり寓意的に人間の形象（*πλάσμα*）のことをいっているのであるが、しかし組み込まれる者はあくまでもアダム［内なる人間、シオンの土台］である。

そしてこの「内なる人間」は原人間（*ἀρχάνθρωπος*）アダムから下に落ちてきた者だというのである[268]。

このような例を見ると、錬金術の諸観念がどのような淵源に基礎をもっているかが分かる。いまの場合、あるいはこれと似たようなケースで、もし万一伝統の継続が証明できないとすれば、まさに元型的基盤からまったく同一の観念が繰り返し生まれてくるのだとしか考えられないであろう。

脳の説明、および月ー地〔月＝白い石〕の説明で脇道に逸れたが、ここでふたたびわれわれが問題にしているエレアザルのテクストの注釈にもどろう。注釈は「白い地」のモチーフにふれたところで止まっていた。錬金術師たちが「葉の繁る白い地に黄金を播け」Seminate aurum in terram albam foliatam[269]といっているように、「葉の繁る白い地」に黄金の種子が播かれる。こうして黄金と白い月ないしは地とが合体する[270]。ちなみにキリスト教の見方においては地と月とは、神的な母の形姿を通じて結びつき、極めて近しい関係にあるが、これは錬金術においても同様である。黄金〔太陽〕と月〔地〕の結合は頭の内部で起こる。これはこの出来事が心的な性質のものであることを示している[271]。前にもいったように「心的なもの」という概念は中世には、われわれが今日用いているような意味では存在しない。そればかりでなく現代のしかるべき教養をそなえた人ですら「心的なもののリアリティー」、「魂の現実性」を理解することは容易でない。それゆえ、中世の人々にとって、「物の内にある存在」esse in re と「まったくの知性の内にある存在」esse in intellectu solo との中間に何かを想像することがはるかに困難であったとしても驚くにはあたらない[272]。活路は「形而上的なもの」にしかなかった。したがって錬金術師たちは、彼らが見出した疑似化学的な事実を形而上学的にもいい表わすことを、いわば強いられたのである[273]。そこで白い地が、人類を意味するところの、そして「宇宙のあらゆる圏域を越えて高められ[274]、至聖の三位一体の霊的な天上に据え置かれる[275]」ところの地と一致することになる。さらに付け加えることが許されるなら、その天上で白い地は明らかに三位一体に第四のものとして加わり、こうしてはじめて全体性を形づくることになる[276]。この悦ばしい異教的想念はしかし無意識にとどまり、その論理的帰結は表面にはまったく顔を出さなかった。

　アブラハム・エレアザルの引き出す帰結〔二一九頁を見よ〔注236参照〕〕は説明を要する。彼が完成に達した状態、すなわち「太陽と月の結合」の描写に関連して「ヨブ記」のほかならぬこの箇所〔二七―五＝二八―五〕を引き合いに出すのは、それだけも奇妙である。その辻褄が合うのは、この結合が両性具有の「第二のアダム」、すなわちキリストの、およびエクレシア〔教会〕というキリストの「神秘の肉体」〔神秘体〕の創出を意味する場合しか考えられない。教会の儀礼でこの「結合」coniunctio に見合うのは、二つの実体〔パンと葡萄酒〕の「混合」commixtio あるいはその二つの形態における「聖体拝領」communio である。したがって「ヨブ記」の箇所は、あたかもキリストが「わたしの地から、すなわちわたしの肉体から、地が流れ出すだろう」と語っているかのように聞こえる。ギリシア正教会の儀礼ではパンの塊がキリストのからだを表わす。司祭は小さな銀製の槍でパンの塊を突き刺すが、これは血と恩寵の流れ出る脇腹の傷を、そしておそらくはまた犠牲者の殺戮(「キリストの犠牲死」mactatio Christi)を寓意的に表現するためである。

錬金術の「地」はすでに見たようにアルカヌムであるが、それがここでは一方では「キリストの肉体」corpus Christi と、他方ではアダマ〔赤い地〕として楽園の赤い地と関係づけられている。というのもアダムという名は昔からこのアダマに由来すると考えられてきたからであり、それゆえここでも楽園の地が「神秘の肉体」と結びつけられているのである(このキリスト教独特の考えは問題のテクストの著者がユダヤ教徒であるという触れ込みとまったく調和しない!)。しかし奇妙なのは、テクストでこのアダマが「火と混じり合っている」といわれている点である。ここに現われているのは何よりも錬金術の観念だと考えざるをえない。つまり自然がその温かさと力のなかから緑の芽を吹いて生い育つあの「地獄《ゲヘナ》の火」ignis gehennalis、「中心の火」という観念である。[277] 自然が緑に生い育つのはこの火のなかに「メルクリウスの蛇」serpens mercurialis、火が焼き尽くすことのできないあのサラマンダー、火を食べて生きるあの龍が住んでいるからである。[278] この火はたしかに神の霊の火(ヤーコプ・ベーメのいう「神の怒りの火」)の一部にはちがいないが、しかしまた紛れもなく、神の最も美しい天使であったにもかかわらず自ら地獄の火となったルシファーを思わせるような何ものかをも意味している。アブラハム・エレアザルはそれについて、「この古き産む父は[279]いつの日か原初の混沌《カオス》[280]のなかから引き出される。それは△〔火〕を吐く龍を意味」し、この空中を漂う龍は普遍的な「ピュトン[281]」(Phyton)、すなわち万物の始原

である」と説明している。(282)

火と混じり合ったアダマのもう一つの別の源泉が「ヨハネ黙示録」（一―一四以下）の人間の息子〔人の子〕のイメージであることは十分にありうる。すなわちそこにはこうある。

その頭、その髪の毛は、白い羊毛に似て、雪のように白く、目はまるで燃え盛る炎、足は火の炉で精錬された真鍮(283)のように輝き、声は大水のとどろきのようであった。右の手に七つの星を持ち、口からは鋭い両刃の剣が出て、顔は強く照り輝く太陽のようであった。

ここでもエレアザルの場合と同じように頭部が、満月（luna plena）の白さ（アルベド）と一つに融合した太陽に喩えられている。これに対してからだ全体の最下部をなす足はいわば火中に立っていて、溶ける真鍮のように燃え輝いている。「下なる」火には「ヨブ記」（二八―五）でも出会う。下では「地が火によって沸き返っている」terra igne subversa est、つまり地が火によって覆される、あるいは滅ぼされるということである。ところが上では地は「食物を産み出している」――極端に対立するものの一致を示すイメージの一つである！　実際、神の愛の真の受肉〔化身〕である人の子を、「黙示録」の人の子の像と重ね合わせることは困難であろう。この像は事実、四福音書のキリスト像よりは錬金術のパラドックスにずっと近いのである。四福音書のキリスト像にあっては「去れ、悪魔《サタン》よ」apage Satanas(284) 以来、内的な対立は背景に隠れてほとんど目に見えなくなっている。けれども「黙示録」と黙示録的精神においてこの対立はふたたび視界に現われ、のちの錬金術象徴においてますます明瞭の度を加えてくるのである。

著者の念頭には「黙示録」の人の子があったという推測は、このテクストのパリ写本に事実「人の子・メリクリウス」file de l'homme ☿ の挿画が見られるというかぎりでは裏づけられる〔注221および図C参照〕。この人物像は「義の人イェゾト」Jezoth le Juste と名づけられている。イェゾト、すなわちイェソド（Jessod）は、セフィロト樹の第九番目のセフィラであり、同時に最下位のセフィロト三幅対〔ティフェレト、イェソド、マルクト〕のなかの真ん中に位置する。イェソドにおいて「合一」unitio[285] の神秘が実現される。つまり上なるものであるティフェレトと下なるものであるマルクトとの合一が生ずる。イェソドは多くの意味を持っているが、これらの意味を写本はメルクリウスと関連づけている。メルクリウスは錬金術においては魂（anima）として、霊（spiritus＝精神）と肉体（corpus）とを結びつける「紐帯」ligamentum であって、その意味でイェソドと同じ機能を有する。メルクリウスは二重の性質をそなえており、そのおかげで仲介者の役割を果たすことができる。それは肉体的でもあり霊的〔精神的〕でもあって、それ自体は両原理の合一体である。これに照応してイェソドも「平和の盟約」foedus pacis[286] と呼ばれている。類似の呼び名はいろいろある。「顔と顔のパン〔糧《かて》〕」panis facierum あるいは「顔と顔の支配者」princeps facierum（顔と顔とは、上なるものと下なるものの顔ということである）[287]。「頂上」apex、これは地と天に触れているから[288]。「近き者」propinquus、これはティフェレトよりもシェキナ（光輝）すなわちマルクトに近

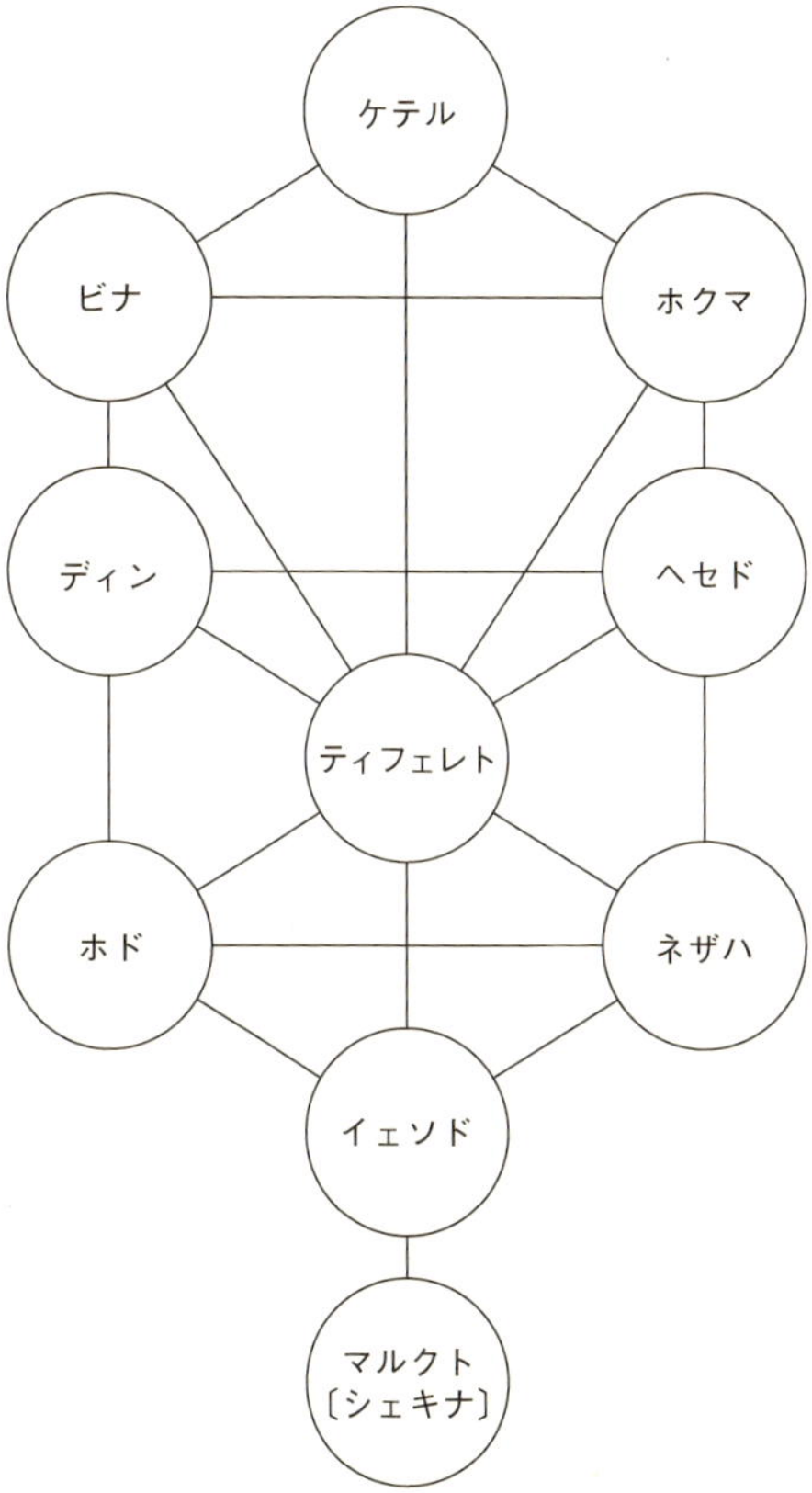

セフィロト樹

いから。[289] あるいは「イスラエルの強き者」robustus Jisraël とも呼ばれる。[290] つまりイェソドは右の、男の側（ネザハ〔Nezach〕＝生命力）のエマナティオ〔流出〕と、左の、女の側（ホド〔Hod〕＝美）のエマナティオとを一つに結びつける。[291] イェソドはまた「堅固なもの、信頼すべきもの、永続的なもの」firmum, fidum, stabile とも呼ばれているが、[292] これはイェソドがティフェレトのエナマティオをマルクトへと導くという意味である。[293]

メルクリウスは象徴的にしばしば樹によって表わされるが、イェソドは「樹の幹」frutex と「灌木」virgultum によって表わされる。[294] メルクリウスは「生命の霊」spiritus vegetativus（生命と生長の霊）と見なされるが、イェソドは「生ける」vivus という添え名をもち、[295]「永劫に生きつづける」vivens per aeones と形容される。[296] メルクリウスがプリマ・マテリアであると同時に錬金術の全プロセスの基盤をなしているように、イェソドも「礎《いしずえ》」fundamentum を意味し、[297]「自然の事物においてはイェソドは自らの内に生ける銀〔水銀〕を含んでいる。なぜなら生ける銀は変容の術全体の礎だからである」といわれている。[298] しかしもちろんそれは通常の水銀ではなく、「まことに神秘的に星と呼ばれている」それである。[299] この星から「善きエル〔神〕の水ないしは生ける銀の水[300] Aquae El boni, seu Argenti vivi」、「まるい水」aqua sphaerica ないしは「浸礼の水」が流れ出る。

これ〔水〕はマトレドゥスの娘、すなわち……倦まずたゆまず黄金造りに勤しむ者の娘と呼ばれる。なぜならこの水は地から流れ出たものでも鉱山から掘り出されたものでもなく、大いなる作業と多くの忍耐とによってもたらされ完成せれたものだからである。マトレドゥスの妻は黄金の水、あるいは、黄金を産み出す水と呼ばれる。黄金造りの達人がこの妻と結婚して一つに結ばれれば、彼はひとりの娘を産み、この娘は王の沐浴の水となるであろう。[301]

「黄金の水」aqua auri はイソプセポス的思弁による計算値[302]にもとづいてイェソドと同一視される。パリ写本の人の子の足もとに置かれている、十六の太陽（ないしは黄金）のしるし⊙の描かれた板は、この事実を示そうとしたものであると思われる。[303]『ヴェールを剝がれたカバラ』には、二×八ではなく、「黄金の水という名の総計を表わす」八×八＝六十四という番号の刻まれた「カメア」Kamea〔カメオ浮彫り〕の描写が見られる。[305]

プリマ・マテリアは鉛ないしはサトゥルヌス〔土星・鉛〕とも呼ばれるから、[304]サバト〔ユダヤ教安息日・土曜日〕がイェソドに帰属していること、また惑星シャブタイ（Schabtai＝土星）の影響下にあるヘブライ文字T〔テト〕も同様であることを指摘しておくのも無意味ではなかろう。[306]メルクリウスが揮発性の物質として「鳥」avis、「鵝鳥」anser、「ヘルメスの雛」pullus Hermetis と、あるいは「白鳥」cygnus、「鷲」aquila、「禿鷹」vultur、フェニックス〔不死鳥〕と呼ばれるように、イェソドも「鳥の雛」pullus avis と呼ばれ（これはティフェレトも同様である）、[307]さらには「羽」penna、「翼」ala とも名づけられる。[308]羽と翼は錬金術でもある役割を演じている。自分の羽ないしは翼を食べる鷲、[309]あるいはミヒャエル・マイアーにおけるフェニックスの羽などがそれである。己れ自らの羽を食べる鳥というイメージは己れ自らの尾を食べるウロボロスの一変形であり、[310]これはこれでまたレビアタンに関係している。レビアタンと「大いなる龍」draco magnus は、イェソドならびにティフェレトの呼び名でもある。[311]

イェソドが le Juste〔義の人〕と呼ばれている点は、イェソドの異名ザディク（Zaddik）すなわち Justus（注307参照）と一致しており、これもイェソドと同じく男根によって象徴される。男根的なものとしてのイェソドは「水の出口」effosorium aquarum、[312]あるいは「水道管」fsutula/canalis[313] とも「湧出する水」scaturigo〔噴泉〕とも呼ばれる。[314]類似の暗示は錬金術にも見られ、メルクリウスはヘルメス・キュレニオス〔キュレネのヘルメス、ヘルメス・イテュファリコス＝男根像ヘルメス〕と関係づけられる。[315]

イェソドは全体に対する部分の関係にあり、全体は太陽と呼ばれるティフェレトである。[316]火中にあるかのように燃え輝く黙示録の「人の子」はあるいはマルクトに関係しているかもしれない。足は地に触れている器官だからである。地、すなわちマルクトは、「彼〔イェソド〕の足を置く足台」scabellum pedum eius である。[317] しかしまたマルクトは「炉」fornax とも呼ばれる。それは「夫から彼女に降《くだ》り流れてくる流入物を群を養うために沸き立たせ煮立たせるべく定められた場」である。[318]

月のように銀色に輝く髪をそなえた黄金の頭、そして火と混じり合った赤い土でできたからだは、黒い、毒をおびた、醜い姿——シュラムの乙女がいまその姿で現われているわけであるが——の内側にあるものを表わしている。黒い、毒をおびた、醜い、といった特性は明らかに道徳的・精神的に理解されなければならない。それらが同時に化学的には初期状態の「黒い鉛」plumbum nigrum を意味しているのはむろんであるが。けれどもその内側にあるのは、ライオンがサムソンに裂き殺されたあと蜜を提供する蜜蜂の群の住処となるというアレゴリーに見て取れるように、第二のアダム、神秘のキリストである。ここには例のサムソンの謎、「食べる者から食べ物が出た。強いものから甘いものが出た」（「士師記」一四—一四）がほのめかされている。このことばは「キリストの肉体」corpus Christi、すなわちホスチア〔聖餅〕を暗示しており、これが「英雄たちの食物」なのである。[319] この奇妙な表現の仕方と、これよりもはるかに奇妙な、ホスチアのなかにいる「キリスト」という見方は、錬金術の神秘を示している。それゆえ著者は「ヨブ記」二七—七（二八—七）を援用して、道は未知であり、禿鷹の目をもってしても発見されえないと主張しているのである。それははっきり捉えられない神秘、すなわち、「神によって試され選ばれた者たち」にのみ与えられるよう定められたあの「石《ラピス》」なのである。

ラピスはカバラでもある役割を演じている。クノル・フォン・ローゼンロートはいう、「究極のセフィラの名であるアドナイ〔神の異名〕は、そして王国であるマルクトでさえも、しばしばこう呼ばれる〔石《ラピス》と呼ばれる〕。王国は宇宙創造全体の礎だからである。[320]」そればかりか石は最高度の意味をそなえてさえいる。というのもそれは「創造の業に際してありとあらゆる上なる群と下なる群とがそれによって存在に至らしめられるところの、かなめ石[321]」として、アダム・カドモンの機能を果たすからである。それは「サファイア石」と呼ばれる、「なぜならそれは上なるものから種々さまざまの色を抽き出し、被造物のなかであるときはある仕方で、あるときはそれとは反対の仕方ではたらくからである。すなわちそれは善を与えるときもあれば悪を与えるときもあり、あるときは生、あるときは死を、あるときは病い、あるときは癒しを、あるときは欠乏、あるときは豊かさを与える。[322]」ここではラピスは運命の力となって、いやそればかりか、テクスト中で「申命記」三二—三九が指示されていることからも分かるように、神そのものとして現われている（「しかし見よ、わたしこそ、わたしこそそれである。わたしのほかに神はない。わたしは殺し、また生かす。わたしは傷つけ、また癒す。」）これらのことば[323]を語っているクノル・フォン・ローゼンロートは自ら錬金術師であって、彼はこれらのことばをはっきりした意図のもとに語っている。[324] このラピスは「家を建てるものが退けた、にもかかわらず隅のかなめ石となった」あの石だと彼はいう[325]（「詩篇」一一八—二二、「マタイ福音書」二一—四二参照）。それは、上なるもののもろもろの力を自らの内に一つに集め、下なるものに分かち与える、といわれているところから見て、セフィロト樹の体系の真ん中の位置を占めている。[326] つまりその位置からしてそれはほぼティフェレトに相当するというのである。[327]

わたしは、パラケルススの時代より前の錬金術文献にサファイアがアルカヌムとして出てくる例を発見することはできなかった。サファイアはどうやらパラケルススを通じてカバラから錬金術のなかにアルカヌムの同義語として侵入してきたかに見える。アルカヌムとしてのサファイアという意義は『パラグラヌムの書』のある箇所に起源をもつ。それは以下のとおりである。

> なぜならサファイアにやどる徳は、天によって、溶解、凝結、固定を通じて与えられる。天はこのようにこれら三つの手順を経て作用し、それによってサファイアとその徳とを生み出すように創られているので、サファイアの分解も同じようにこれら三つの手順に即して行なわれなければならない。この分解は、肉体が消滅し、アルカヌムが残るようにするものである。なぜならサファイアが存在する以前にはアルカヌムは存在

しなかったのである。しかしそのあと、生命が天によって人間に与えられたように、アルカヌムも天によってこの物質に与えられたのである。[328]

この描写にはカバラ的見方との関係が認められる。パラケルススの弟子であるアーダム・フォン・ボーデンシュタインはその『オノマスティコン』Onomasticon のなかで、「サファイア物質、すなわち、有害な物質を含まない液体」と説明している。[329] ドルネウス[330]は「サファイアの花」sapphiricum Anthos をパラケルススの秘薬《アルカヌム》、ケイリに関係づけている。[331]『ヘルマヌスへの書簡』ではロドカエウス・デ・ゲレイネン・フシオなる人物からつぎのような引用が見られる。[332]「それからヘルマプロディトスのサファイアの花、マクロコスモスの驚嘆すべき神秘が、現われる。その一部が、溶解したオフィリズムの千の部分に注がれれば、それはそのすべてを己れみずからの自然本性へと変化させるだろう」Tunc exsurgit Hermaphroditi flos Saphyricus, admirandum Maioris Mundi Mysterium. Cuius pars, si in mille liquati Ophirizi partes infundatur, id omne in sui naturam convertit.[333] この箇所はパラケルススに依拠している。

「サファイア石」lapis Sapphireus/Sapphirinus はその起源を一方では「エゼキエル書」にもっている。そこでは「生き物」の頭上に広がる「大空」firmamentum が「恐れを呼び起こす水晶」および「サファイア石」に喩えられている（一―二二、二六、および一〇―一）。他方では「出エジプト記」に源を発している。「彼らがイスラエルの神を見ると、その御足の下にはサファイアの敷石のような物があり、それはまさに大空のように澄んでいた」Et viderunt Deum Israel: et sub pedibus eius quasi opus lapidis sapphirini et quasi caelum cum serenum est（二四―一〇）。錬金術では「われらが黄金」は「水晶のようなもの」crystallinum である。[334]「哲学者の黄金」thesaurus philosophorum は「水晶に似た、一種のガラスの天であり、黄金と同じように抽出しうる。[335]」「黄金のティンクトゥラ」tincutura auri は「水晶のように透明で、ガラスのように脆い。[336]」『シリアの宝の洞窟』では、アダムのからだは「水晶の光のように」輝く、といわれている。(337)「内も外も同じように澄んで見える」qui intus et extra ex aequo purus apparet 水晶は、教会の言語ではマリアの「無疵の純潔」candor illaesus に関係づけられる。(338) エゼキエルの幻視に現われる玉座がサファイアに喩えられたのは正当である、なぜならこの石は天の色〔空色〕をしているからである、と大グレゴリウスはいっている。(339) しかし彼はキリストをも水晶に喩えており、その喩え方も、錬金術の見方と言語表現の直接のお手本かと見紛うばかりである。(340) すなわち彼はこういう。救世主の肉体は、受難に至る人生のあらゆる変転を「流動しつつ貫き流れた」水のようなものである。救世主は、水が固まって不変の水晶へと変化したように、朽ち滅びるものから永続する不朽不滅のものへと変化したのだ。この水晶は義の人々には壮麗に見えるが、瀆神の徒には恐ろしいものに映ずる。(341)

カバラの『シフラ・デ・ゼニウタ』にも水と水晶の結びつきが見られる。(342) その一七八節にはこうある。「第二の形態は水晶の露と名づけられ。それは、マクロプロソポス(343)の智慧のなかに入り込んだところの、第一のアダムの王国の厳格さによって形づくられる。それゆえ水晶にはある種の色、すなわち極めつけの赤が現われる。そしてこれ〔第二の形態〕こそ、そこに判断が根をおろしているといわれた、あの智慧なのである。(344)」錬金術は疑いもなくこのような比喩の影響を受けてはいるが、錬金術の石《ラピス》は、そこにどれほど類似が見られようとも、キリストに由来すると見ることはできない。(345) それは、まさしく「石にあらざる石」λίθος οὐ λίθος として、あるいは「霊をやどす石」、「ナイルの流れ」のなかに見出される石として、(346) 錬金術固有の神秘的財産なのである。この象徴をキリスト教の神秘の曖昧なかたちでの再現、まったくあらずもがなの曖昧化だとして矮小化することは絶対に許されない。それはキリスト教の形象に対して新たな、独自の形象として登場したものである。この形象は初期の時代には、キリスト教思想がグノーシス主義の材料に受け継がれることによって徐々にその輪郭を現わす。これに反してのちの時代になると、錬金術思想を徐々にふたたびキリスト教思想に同化させようとする明瞭な試みが前面に出てくる。とはいえその場合でも、われわれがここで問題にしているテクストに見られるように、橋渡しすることのできない相違が依然として残っている。その理由はどこに存するかといえば、それは「石《ラピス》」という象徴が、あらゆる類似にもかかわらず、キリスト教的観念世界の純精神的〔霊的〕な諸前提とは折り合わない要素を含んでいるからにほかならない。「石」という概念からしてすでに、この象徴の特別な性質を物語っている。「石」は、揺るぎなく堅固な、地上的なものの粋である。それは女性的物質であり、この女性的物質のイデーが錬金術の精神的〔霊的〕象徴形成のなかに侵入する。その際、教会によってキリストを指すと解された「隅のかなめ石」lapis angularis や「人手によらず山から切り出される石」lapis de monte sine manibus abscissus（「ダニエル書」二―三四）といった教会の解釈学的アレゴリーは、原因的に作用するなどということはまったくなく、錬金術師たちによって彼らの象徴を正当化するものとして利用され、応用されたのである。なぜといって、「石にあらざる石」はキリスト教起源ではない。この石は神の「受肉」以上のものである。この石は、物質の無機的な、最も暗い底辺領域にまで達するところの、あるいはまさにその領域から生じ、しかも神性のうちで創造者に対立した部分から生ずるところの、具体化であり、物質化なのである。神性のその部分がなぜ創造者に対立したかといえば、――バシレイデス派の表現にならえば――それが汎授精（pansperimia）の状態に、水晶と金属と生きものの造形原理として、潜在的にとどまりつづけたからである。物質の無機的な最も暗い領域には、悪魔の領域に属する「地獄の火《ゲヘナ》」ignis gehennalis も含まれていた。そればかりか「三つの頭を持つメルクリウスの蛇」tricepale serpens mercurialis は、神的三位一体に対立する、物質における三位一体[347]（いわゆる「下なる三一性〔Triade〕」）であった[348]。

したがって、錬金術には象徴的な悪の同化への試みが事実として存在しているのだと推測してもよいであろう。しかもその試みは、神の救済のドラマを人間そのものの内に移し置くことによってなされたのである。このプロセスは、ときには救済を人間を超えて物質の上にまで拡大するもののようにも見え、ときには「模倣霊」*ἀντίμιμον πνεῦμα* あるいはルシフェルの上昇のようにも見え、ときにはまたそれらと上から手を差し伸べて近づいてくる霊との和解のようにも見える。この場合、上なるものと下なるものとは、互いに相手に影響されながら変容の過程を辿る。いま問題にしているアブラハム・エレアザルのテクストはこのプロセスを理解する上で役に立つあるイメージを与えてくれているようにわたしには思われる。すなわち黒いシュラムの乙女は、すでにディオニュシウス・アレオパギタが神秘的上昇を特徴づけるものとして提示しているあの三段階を経て変容しているのである。すなわち「浄化」emundatio/κάθαρσις、「照明」illuminatio/φωτισμός〔光明化〕、「完成」perfectio/τελεσμός がそれである。[349] ディオニュシウスは「純化」に対して「詩篇」の「わたしを洗ってください、雪よりも白くなるように」Lavabis me et super nivem dealbabor（ウルガタ聖書五〇—九〔五一—九〕）を引き、「照明」に対しては同じく「詩篇」の「わたしの目に光を与えてください」Illumina oculos（ウルガタ聖書一二—四〔一三—四〕）を引いている。天の二つの光明体（luminaria）、太陽と月は、昔の考え方に従えば両の目に相当する。最後に「完成」に対しては「マタイ福音書」五—四八の「あなたがたの天の父が完全であられるように、あなたがたも完全な者となりなさい」Estote perfecti sicut et Pater vester coelestis[350] を引いている。ここにキリスト教思想の錬金術思想への同化の一側面を見ることができる。そのもう一つの側面は、すでに上で説明した黙示録の人の子の像の錬金術的現われに見て取ることができる。

エレアザルのテクストに描写されたシュラムの乙女の変容は、無意識からいわば直接に立ち昇ってくるような象徴的前段階と捉えることができる。それは、個性化過程を素描しようとして、そのためにあるときは宗教的な、あるときは「学問的」な諸像を用いる夢に比較することができる。このように見てくると、そして心理学的な観点から眺めると、事態は以下のように説明することができる。

ニグレド〔黒〕は、まず何よりも下位人格である影を含む無意識の暗さに対応する。影は、いわば影の背後に立って影を操る女性形姿、つまりアニマに変化する。シュラムの乙女はこのアニマを特徴的に具現化したものである。「わたしは黒いけれども愛らしい」Nigra sum, sed formosa（「雅歌」一—四〔五〕）のであって、問題の偽エリエゼルが事態をもう一度よく考えた末にわれわれに信じ込ませようとしているように「醜い」のでは決してない。というのも自然がアダムの罪によって歪められているのだから。それだから、とエレアザルは考えた、この黒は醜さと見なされる、罪の黒、暗い、サトゥルヌス的な、鉛のように重く黒い初期状態と見なされる、と。けれどもシュラムの乙女はイシュタル女神に仕える身であり、地、自然、豊饒を、湿った月の光のもとで繁栄する一切のものを、また、自然な生そのものを意味する。アニマはまさに、いかなる意味も責任も超えた生そのものの元型なのである。われわれの目に最初は不可解に映じたこと、すなわち宇宙創造過程が逆転して古きアダムがシュラムの乙女からふたたび生まれてくるという事実が、いまや納得される。というのも、もし誰かが自然な生を生きる術を心得ているとしたら、それは古きアダムを措いて他にないからである。とはいえこのアダムはもはやそれほど甚だしく「古き」アダムではなく、エヴァの娘から生まれたアダム、自らの原初の自然性のなかで再生したアダムである。エヴァがアダムをふたたび生み出すという事実、そして黒いシュラムの乙女が原初の人間を自然に拘束された、救済されざる状態でふたたび生み出すという事実を顧慮すれば、古きアダムの「古き」が筆の誤りか印刷ミスではないかという疑念は完全に払拭される。ここには、なぜ著者がユダヤ人の偽名に身を隠そうとしたのか、その動機を窺わせるからくりが潜んでいる。ユダヤ人は当時、非キリスト者の最も卑近な、万人が眼前に見ることのできる例であり、それゆえ、キリスト者が思い出すことのできない、あるいは思い出したがらない事柄の一切合財が納められている容器にほかならなかった。したがって、後期キリスト教の聖霊宗教である「自由精神」の運動とともに始まり、ルネサンスの精神と活力となったあの暗い、大抵は半ば無意識でしかなかった思考過程を、ユダヤ人の著者を仕立ててその口に語らせるのは、実際すこぶる自然なことであった。旧約聖書の預言者の時代が、神の命を受けてシュラムの乙女のような女を愛した人物、すなわちホセアとともに始まったように、恋愛歌《ミンネザング》と神への求愛《ミンネ》との混合であるルネ・ダンジュなる人物の「愛の法廷」cours d'amour「恋愛問答を目的とした一種のサロン」は、自由精神の修道士団と時代的に一致する。われわれが問題にしているテクストは、キリスト教精神の様相を根柢から変えてしまったこれらの世俗的な出来事の遅ればせの残響である。けれどもこの残響のうちには未来の展開の予兆もまた萌していた。すなわちこれと同じ世紀に、重大な意味を持つことになるあの作品、すなわち『ファウスト』の作者が生まれるのである。

古きアダムとともに、シュラムの乙女も、変容しないままの状態にとどまっている。ところが同時に、非キリスト教的な第二のアダム〔アダム・カドモン〕が生まれる、しかも変容が未だ成就していない瞬間にである。この甚だしい矛盾は最初は解消しがたいかに見える。しかしテクストの文言をよく見ればこの矛盾は理解可能になる。すなわち、変容は内部において起こるのであり、しかもそれは一番目の変容ではなく、二番目のそれなのである。一番目の変容はすでに前提されているのである。けれどもこの二番目の変容が起こるのは普通の人間においてではない。普通の人間が「古きアダム」とどれほど一致していようとも、変容は普通の人間に生ずるのではなく、原人間において、つまりわれわれの誰もが内に持っている原人間の元型において生ずるのである。前提されている一番目の変容は従って、原人間の女性的側面を表わしている黒いアニマの意識化なのである。男であれば誰でも男性として、原人間との同一性を感じている――むろん実際には同一ではない――。けれどもアントロポス〔原人間〕のその男性的側面を意識化するとなると、これは男にとって、その女性的側面を意識化する場合よりも比較にならないくらい困難である。というのもそこには、自らの問題として直接双肩に担うにはあまりにも多くの黒さがやどっており、一方では、あまりにも多くの善いもの、肯定的なものがやどっていて、それと同一化する誘惑に抗うことができないからである。それゆえこの黒さは投影された形で見るほうが多少とも容易である。そこで「あなたがわたしと共にいるようにしてくださった女が、木から取って与えたので、食べました」Mulier, quam dedisti mihi sociam, dedit mihi, et comedi（「創世記」三―一二）ということになる。この口上は最も啓蒙化された人間心理に至るまで、すべての心理に当てはまる。しかしいくら投影しようと男性的側面も女性的側面と同じように暗い深淵をやどしているのである。ところでもちろん現実の生身の人間には、彼の自我感情がどれほど大きく膨らんでいようとも、高さも低さもすべて合わせ持った全体としてのアダムを自らに担うというわけにはいかない。人間であるからといって、人間が到達しうる最高最美なものの一切が自らにそなわっているとするいわれもなければ理由もないし、同様にまた、人間を動物以下に引き下げるあらゆる悲惨と汚辱を罪として自らに認めることには必ずや逆らうであろう——精神に障害をきたし狂気に陥って元型に呑み込まれないかぎりは。

けれども原人間の男性的側面が「ふたたび生じ来る」とき、それはたしかにシュラムの乙女と同じように黒い「古きアダム」にはちがいないが、しかし同時にそれは「第二のアダム」、すなわちもっとも古い「堕罪以前のアダム」、つまりアダム・カドモンでもある。テクストのこの箇所の二義的曖昧さはあまりにも完璧で、全体として特に巧みな捏造ぶりを発揮しているわけでもない著者のことであるから、この二義的曖昧さはおそらく意識されなかったと思われる。それを意識化することは、当然のことながら大いなる照明〔光明化〕である。なぜならそれは男女の性の違いを超越した元型的統一をなしている原人間というイデーを悟ることであるから。原人間が神的であるというかぎりでは、それはテオファニー〔神の顕現〕であると称しても差支えない。シュラムの乙女は「白い鳩」になることを願っているが、これは未来の完成された状態を暗示している。この白い鳩は、シュラムの乙女がソピア〔智慧〕[351]になり聖霊になることを知らしめている。これに対してアダム・カドモンは誰の目にも明らかなキリストの並行的類似形象である。

もしも錬金術の思考過程が以上のように、「浄化」、「照明」、「完成」に照応する三段階を経るだけだとしたら、その過程で、たとえば「黒い十字架」への磔けにはっきり露呈しているように、キリスト教に類似する観念をなぜパラフレーズしなければならないのか、ないしはまったくそれと分からないように変形しなくてはならないのか、その理由が分からないであろう。しかし、キリスト教のそれとはまったく異なる象徴表現を用いなくてはならない理由は、この変容のプロセスが第二のアダムと鳩において極点に達するのではなく、ラピス、すなわち石において極まるという事実に目を向ければはっきりしてくる。石は、なるほど神の助力を得てではあるが、しかし現実の生身の人間に由来するものであるから。石は人間からの物質的・超物質的な、形而下的・形而上的な派生物である。心理学的にいえばそれは、人間にとって一方では人間によって生み出された物を意味するとともに他方では人間を超えた存在を意味するような、象徴なのである。おそらくこのパラドックスは、自己という象徴に似た何ものかであるとしか考えられない。すなわち自己は、人間の努力によって生み出されうる、つまり意識化されうるものであると同時に、その定義からいって、意識と無意識をア・プリオリに包含する全体性でもあるのである。(352)

錬金術のこのような思考は、そこにどれほど類似が見られようとも、キリスト教的観念世界を超え出ており、人間によって人間のなかで成就される神秘を意味する。それはあたかもキリストの生のドラマがいまや人間のなかに移し置かれ、人間をその生きた担い手にしているかのごとくである。その結果、教義において言語化された出来事が心理的経験の射程内へと動かされ、それによって個性化過程として認識可能なものとなったのである。むろん、このような精神的展開に超越的な真理の立場から価値判断を加えるのは、経験的心理学の仕事ではない。心理学は、このような事象の存在を一方では確認し、他方では現代の人間に見られる類似の観察結果と比較することでよしとしなければならない。さらに、このようなもろもろの心理素の論理的構造を思い切って再構築してみることは許される。信仰と懐疑とが真理の問題をめぐって相争っている領域に科学が足を踏み入れるからといって、それによって科学がこの争いに介入する、あるいは真理の決定をくだす資格があると考えているということには決してならない。科学の「真理」はただひとえに事実の確認をすること、そしてその事実を経験的心理学の枠内で先入見にとらわれずに解明することのうちに存する。科学には、事実の妥当性、非妥当性に判断をくだす権利もなければ、ましてその道徳的ないしは宗教的価値を確定する権利はない。こんなことをくどくどと述べ立てなければならないのは、わたしの方法が多かれ少なかれ偽装された神学ないしは形而上学であるという疑念に始終出会うからである。このような批判者たちがなぜわたしの方法を理解できないかといえば、それは、彼らが明らかに心的現実性という概念を体得できないでいるからである。すわち心的過程は現に実在するものであり、心的内容は植物や動物が現実であるのと同じように現実なのである。たとえばカモノハシは動物学の一般的諸前提から論理的に演繹しえないにもかかわらず、疑いもなく歴として存在している。先入見の目からすればどれほど考えられない存在であろうと、それが存在していることには変わりはない。それは空想でもなければ意見でもなく、まさに揺るぎない事実なのである。たしかに心的事実について形而上学を展開することはできる。特にこれまでつねに形而上的と見なされてきた諸観念については容易である。しかし観念それ自体は決して形而上的ではなく、自然科学的方法の対象として文句なくふさわしい、経験的に確定可能な現象なのである。

すでに述べたように錬金術のなかにも侵入したカバラ的諸見解に目を向けることによって、われわれのアダム解釈はほとんど類を見ないような拡がりと深さに達した。この解釈は女性的なものの粋であるエヴァをも含む。エヴァは主として「下なるもの」inferiora として、すなわちセフィロト樹でいえばマルクト（王国）、シェキナ（神の住処）として、あるいは、上なる王冠ケテルの下なる対応物であるアタラ（atarah=王冠）として現われる。けれどもエヴァは、右半分は男性的、左半分は女性的と呼ばれるセフィロト樹の「ヘルマプロディトス的両性具有性」のうちにも身を置いている〔二二七頁セフィロト樹参照〕。したがってアダム・カドモンは根を上にもち梢を下にもつセフィロト樹（「逆さまの樹」arbor inversa）全体の化身として半陰陽であり、セフィロト樹の体系そのものは高度に分化した結合象徴なのであって、それにふさわしく、三つの部分（それぞれ三つのセフィロトをもつ三つの柱〔頂点のケテルを除く〕）[353] からなる。たとえばヒポリュトスの言によれば、グノーシス主義拝蛇派も、両性具有のアダムをゲリュオンさながらに三つの部分に分かっている。ヒポリュトスはこう説明する。ゲリュオンは胃部から上が三体に分岐していて、[354]（至福の西の国の）エリュティア島の素晴らしい牛の群の所有者であった。ヘラクレスはゲリュオンを弓矢で射殺することになるが、その際ゼウスの妻ヘラが胸に傷を負わされた。ヘラクレスはここに向う旅の途上、あまりにも熱く照りつける太陽神ヘリオスをも弓で脅している。つまりこのゲリュオンの死は、一連の三つの瀆聖行為の最後に位置する。さらにヒポリュトスはこうつづける。

ゲリュオンについて彼ら〔拝蛇教徒〕はこういっている、その一部は霊的（νοερόν＝精神的）、一部は魂的（ψυχικόν）、一部は地上的（χοϊκόν）であると。彼らの考えるには、ゲリュオンを認識することが神の認識の可能性の始まり（ἀρχὴν）である。なぜなら彼らはこういっているからである、「完成の始まりは人間を認識することであるが、神の認識は完全な完成（ἀπηρτισμένη τελείωσις）である」と。彼らがいうには、これらすべて、すなわち霊的なもの、魂〔プシュケー〕的なもの、地上的なものが運動を開始し、下へと降って、揃ってひとりの人間のなかに、すなわちマリアから生まれたイエスのなかに入った。そしてこれ〔霊的なもの、魂的なもの、地上的なもの〕を通じてこの三人の男〔つまり三頭三身のゲリュオン〕は彼らの固有の本質について、それぞれがそれぞれの本質について語った、と彼らはいう。すなわちこれら三つの本質に応じて万物には三つの種類が、天使的な（ἀγγελικόν）、魂的な、地上的な種類があり、また教会も三つあるというのである。天使的な教会と、魂的な教会と、地上的な教会がそれである。これら三つの教会の名はすなわち、選ばれた教会、召命された教会、囚われた教会である(355)。

この見方とセフィロト樹の体系との類似は一目瞭然である(356)。特にゲリュオンは宇宙進化論的なアダム・カドモンとの著しい一致を示している。すなわちゲリュオンは「万物にやどる男女両性具有的人間」であり、これを

ギリシア人は天のものなる月の角《つの》と呼んだ(357)。というのも、彼らがいうには、万物はゲリュオンによって成っ

た、成ったものでそれによらずに成ったものは一つもなかったからである。[358] ゲリュオンのうちで成ったもの、生じたもの、それは生命であった。彼らはいう、これは、完成した（τελείων）人間たちの生命であり、ことばでいうことのできない種族〔ないしは世代〕（γενεά）であって、それはかつて存在した種族〔世代〕のまったく知らないものであった。[359]

第六章　結合

一　対立の結合に関する錬金術の見方

H・ジルベラーが結合を錬金術の作業手順の「中心理念」と呼んでいるのは正しい。[1] ジルベラーが錬金術が主として象徴的性格を有していることを的確に見抜いたのに対して、錬金術の歴史を書いた化学者フォン・リップマンは「結合」coniunctio というタームを事項索引にすら挙げていない。[2] 錬金術文献についてごく僅かな知識しか持たない者でも、達人〔錬金術師〕たちにとって物質の究極的な合一こそ――彼らがそれをどう名づけていようとも――最大の関心事であったことは知っている。この結合によって達人たちはオプスの目標、すなわち黄金あるいはそれに匹敵するものの製造に到達しうると考えていた。錬金術の「結合」が今日化学的結合〔化合〕と呼ばれているものの原型であることは疑いないが、しかし、いにしえの達人が現代の化学者と同じように具体的な物質の変化について考えていたということを明確に証明するのはほとんど不可能である。いにしえの達人がすでに「諸自然物」φύσεις の合一、あるいは鉄と銅の「合金」、あるいはまたS〔硫黄〕とHg〔水銀〕の結合ということをいっている場合、彼はそれによって同時にある象徴について語っているのである。すなわちFe〔鉄〕は同時にマルスであり、Cu〔銅〕はウェヌス〔ヴィーナス〕であって、それゆえこの二つのものの融合は同時に恋愛でもある。互いに「抱擁」し合う「諸自然物」の合一はさほど物質的でも具体的でもない。なぜなら自然物とは「神の命によって」nutu Dei 増大する「天の自然物」naturae coelestes なのであるから。(3)「赤い鉛」が黄金と一緒に焙焼されると「霊」〔精神〕が生ずる。ということは合成されたものは「霊的」〔精神的〕なものになるということであって、(4)「赤い霊」からは「宇宙の始原〔原理〕」mundi principium が生ずる。(5) Hg と S との結合の結果は「沐浴」と「死」である。(6) Cu と「永遠の水」aqua permanens――一般には水銀を意味する――の結合と聞いてアマルガムを思い浮べるのはわれわれだけである。錬金術師にとってはそれは秘密に満ちた「哲学の」海を意味した。というのも永遠の水は彼らにとってはまず何よりも、あらゆる種類の「液体」のうちに発見したいと願っていた、あるいは発見したと信じていた象徴ないしは哲学的要請《ポストラート》だったからである。彼らが実際に結びつけようとした物質的実体は彼らにとってはつねに（その性質が未知であったがゆえに）、明確にであれ微かにであれ霊的な化身の姿をとろうとする、ある程度ヌミノースな性格をおびていた。それは生物のように、互いに相手を「受胎させ」、それによって哲学者たちの求める生きもの（ζῷον）を産み出す(7)」実体であった。これらの実体は彼らには両性具有的性質をもっているように映じ、彼らが目指した結合は、哲学的な作業、すなわち形相と質料の結合であった。(8) 錬金術に多様な形で頻繁に登場する二重存在は、物質的実体に内在するこのような二重性の結果と見ることができる。たとえば二つの水銀、二つの硫黄などがそれであり、(9) また「白い銅」Venus alba と「赤い銅」Venus rubea、(10)「われらが黄金」aurum nostrum と「卑俗な黄金」aurumu vulgi などもこれに当たる。このような事情に鑑みれば、これまでの論述で十分に見てきたように、達人たちが物質の秘密に満ちた性質を表現しようとしてほとんど見渡しがたいほど多くの同義語の山を築いているのも驚くにはあたらない。これは化学者には不毛な努力と見えるにちがいないが、心理学者にとっては投影された諸内容の性質を知る上で有り難い啓発なのである。ヌミノースな性格をおびた内容がすべてそうであるように、われわれが問題にしている内容も自己増幅への傾向を有している。つまり多くの同義語が繁殖するための細胞核をなしているのである。

これらの同義語は結合されるべきものを対立対《つい》として表現する。[11] たとえば男と女、神と女神、息子と母[12]、赤と白[13]、能動的なものと受動的なもの、肉体と精神〔霊〕[14]等々の対がそれである。結合されるべきものは大抵は四要素一組をなす四大元素〔火、水、気、地〕から導き出される。[15] それが最もはっきり表現されているのはおそらく匿名の論説『硫黄について』の一節であろう。そこにはこうある。

かくして火が気に作用しはじめ、硫黄を生じた。それから気が水に作用しはじめ、水銀〔メルクリウス〕を生じた。水が地に作用しはじめ、塩を生じた。しかし地は、作用することのできる相手を何も持たなかったので、産物は生み出されないままその内にとどまりつづけた。それゆえ生じたのはただ三つの原理〔始原〕のみで、地は他のものの養い手となり母胎となった。

この三つの原理から男性的なものと女性的なものが生じた。ということは、明らかに男性的なものが硫黄と水銀から、女性的なものが水銀と塩から生じたということである。[16] そして男性的なものと女性的なものの二つが「一なる不朽不滅のもの」unum incorruptibile、すなわちクウィンタ・エッセンティアを生じ、「かくして四角が四角に呼応する。[17]」

「一なる不朽不滅のもの」ないしはクウィンタ・エッセンティアというジンテーゼは「マリアの公理」〔二〇二頁一行以下参照〕に従って生ずるが、その際地が第四のものを表わしている。四大元素の敵対的分裂は錬金術作業の初期状態、混沌《カオス》と闇に対応する。漸次的・連続的な結合のプロセスから能動的なもの（硫黄）と受動的なもの（塩）が、同時にまた中間的・媒体的でアンビヴァレントなもの、すなわちメルクリウス〔水銀〕が生ずる。そしてこの古典的な錬金術的三位一体から男と女の関係が究極的かつ本質的対立として生ずる。最初に火があり、火は何ものの作用も受けず、最後に地があり、地は何ものにも作用しない。火と地とのあいだには何らの作用関係もなく、したがって四つの元素は円環を、つまり全体性をなしてはいない。円環的全体性は男性的なものと女性的なものとのジンテーゼによってはじめてもたらされる。こうして最初の四角に、最後にクウィンタ・エッセンティアにおいて一つになった四大元素の四要素一組が呼応する――すなわち「四角が四角に呼応する」respondebit quadrangulus quadrangulo.

初期状態の特徴に関する錬金術の見解は、心理学的には、絶えず情動的な個別事象へと、いわば四方向へと分裂する危険にさらされているプリミティヴな意識に照応する。四大元素が物質的な自然世界の全体性を表わしている以上、分裂は、世界を構成する要素へと、すなわち純自然的な、したがって無意識の状態へと解体することを意味する。逆に四大元素の結合と、男性的なものと女性的なものの最終的なジンテーゼは、術の成果、すなわち意識的な努力の産物である。合成の成果を達人たちは当然の帰結として自己認識ととらえており、[18]「賢者の石」を拵えるには神の認識とともにこの自己認識も必要とされる。[19]オプスには敬虔な心（pietas）がなくてはならないが、敬虔とはすなわち自己認識（cognitio sui ipsius）にほかならない。[20]このような思想は決して後期の錬金術に固有な特徴というのではなく、すでにギリシアの錬金術の伝統にその萌芽が見られ、たとえばアレクサンドリアの（アラビア語で伝えられた）論説『クラテスの書』では、魂の完全な認識を俟ってはじめて達人たちは、哲学者たちがアルカヌムに与えた種々異なる多くの名称を理解することができるといわれている。[21]『プラトンの四つのものの書』[22]は、オプスにおいては時間的な節目〔潮時〕と同様に自己認識も顧慮すべき重要な要因であることを強調している。このことからはっきり分かるのは、化学的作業手順による「結合」は同時に心的なジンテーゼをも表わしており、その場合、自己認識が結合を生ぜしめるかのような外観を呈することもあれば、化学過程が動因であるように見えることもあるということである。後者のケースの方が文句なしに多い。なぜなら「結合」はレトルト（「ガラス」vitrum）で起こるか、[23]あるいは、それよりは曖昧なかたちではあるが、「自然の容器」vas naturale/naturae ないしは「子宮」matrix で起こる。[24]この容器は墓とも呼ばれ、結合は相共に死ぬことも称される。[25] この状態は「日蝕」と名づけられる。[26]

「結合」coniunctio は、それがある種の中間的な媒体を必要とする、ないしはそのような媒体において起こるというかぎりでは、必ずしも直接的な、ディレクトな結合を意味してはいない。その原則はこうである。「ある媒体を通じてのみ移行が生ずる」Non fieri transitum nisi per medium.[27]「メルクリウスは結合の媒体である」Mercurius est medium coniungendi.[28] メルクリウスは「肉体と精神〔霊〕との仲介者」たる「魂」anima である。[29] 同じことはメルクリウスの同義語である「緑のライオン」leo viridis[30] や「霊的な水」aqua spiritualis ないしは「永遠の水」aqua permanens[31] にも当てはまり、これらも同様に「結合の媒体」なのである。『結合の会議』は結合の媒体として「芳香」あるいは「煙状の蒸気」に言及している。[32] これはバシレイデスの聖霊の芳香というイメージを想い起こさせる。[33] これによって結びつけるメルクリウスの「霊的」性質が暗示されていることは明らかで、それはちょうど「霊的な水」が「気の水」aqua aëris とも呼ばれて生命原理を表わし、男性的なものと女性的なものの結合を生ぜしめるのに似ている。[34] 水の同義語として頻出するのは「海」で、これは化学の結婚が生ずる場を指している。『ミクレリスの論説』は水の同義語としてさらに「エジプト人のナイル」Nilus Aegypti、「インド人の海」mare Indorum、「子午線の海」mare meridiei に言及している。これらの海の「驚異」miracula は、それが対立を和らげ、結合する点にある。[35] それゆえ王の婚礼には、クリスティアン・ローゼンクロイツが描いているような航海がつきものなのである。[36] この錬金術のモチーフは周知のように『ファウスト』第二部に取り入れられ、エーゲ海の祝祭の現象と意義の根柢をなしている。K・ケレーニイは見事というほかはない増幅的解釈によって、この祝祭の元型的内実を浮彫りにしてみせた。ローマの石棺にネレイデスの乙女たちの行列が描かれている事実は、「婚礼的なものと墓穴的なもの」の結びつきを際立たせている。「古代の秘儀の根本的考え方のなかには……まさしく一方では婚礼と死との一致、他方では誕生と、死のなかからの永遠の生命の出現との一致の思想が含まれているのである。[37]」

しかしながらメルクリウスは「結合の媒体」であるばかりでなく、同時に結合されるべきものでもある。なぜならメルクリウスは男性的なものと女性的なもの双方のエッセンスないしは「種子的物質」materia seminalisだからである。「男性的メルクリウス」Mercurius masculinusと「女性的メルクリウス」Mercurius foemineusは「月経的メルクリウス」Mercurius menstrualis（すなわち「水」aqua）の中で、またそれによって結合される。[38]『トリスメギストスの自然学』でドルネウスはこれに「哲学的」説明をほどこしている。初めに神が一つの世界を創造した。神はこれを二という数に、つまり天と地に分けた。この二という数には第三の中間的・媒体的なもの、すなわち原初の一性〔統一〕が隠れていて、この二つの両極端に関わっている。この両極端は第三のものなしには、そして第三のものはこの両極端なしには存在しえない。この第三のものは世界の根源的統一であり、「聖なる結婚の絆」vinculum sacrati matrimoniiである。けれども二分割は「一なる」世界をその潜在的可能性の状態から現実へと移し置くために必要であった。現実は多数の事物から成っている。一はしかし未だ数ではない。二が最初の数であり、二をもって多は、したがって現実は始まる。[39]

ところでこの説明から分かるのは、絶望的に捉えがたい、遍在的なメルクリウス、無数の形態に身を包みあらゆる色彩を身におびるこの変幻自在のプロテウスは、「一なる宇宙〔世界〕」unus mundus以外の何ものでもなく、まさに世界ないしは存在の原初的な、何一つ区別を知らない統一にほかならないということである。それはすなわち、グノーシス主義者のいうアグノシア（ἀγνωσία＝無知・無自覚）、すなわち太初の無自覚性〔無意識性〕である。[40]「メルクリウスの霊」についてはわたしは同タイトルの論文において別途に詳しく論じたので、[41]ここでは重複を避けたいと思う。ただ一つだけ強調しておきたいのは、錬金術師のいうメルクリウスは、われわれが今日集合的無意識と名づけているものの化身であり具象化であるということである。「一なる宇宙」という概念が形而上学的思弁の産物であるのに対して、無意識は、そのさまざまな現われにおいて、少なくとも間接的には経験可能である。それはたしかに一個の仮説ではあるが、少なくとも原子という仮説と同程度には真実性をそなえている。今日われわれの自由になる非常に多くの経験材料から明らかなのは、無意識の諸内容は意識のそれとは対照的に甚だしい混交状態にあって、そのため互いにほとんど区別がつかず、したがって互いにいつでも役を取り替えることができるということである。これが最も顕著に見られるのはおそらく夢においてであろう。無意識諸内容のこのような相対的無差別性を観察すると、多かれ少なかれ何もかもがすべて相互関係にあり、したがって現象形態の多様性にもかかわらずその根本には統一のようなものが潜んでいるという印象を受ける。唯一比較的明瞭な内容をなしているのは、個々の連想がそのまわりに配列されているところの、諸モチーフあるいは諸タイプである。精神の歴史を見れば分かるように、これらの元型は非常に持続的な不変の性質をおびており、また、人格化されたり名づられたりできる程度には明瞭だということである。もっともその輪郭、境界線はぼやけていて、ないしは他のタイプの領域と重なっていて、その特性のあるものは他のタイプの特性のあるものと入れ替わる。特にマンダラ象徴は、諸元型の総体を共通の中心点に集中的に集めようとする顕著な傾向を有しており、これはあらゆる意識内容を自らに関係づけようとする自我関与性に比較することができる。両者の類似は、マンダラ象徴に精通していない素人であれば容易に目を眩まされて当のマンダラを意識による人為的産物だと思い込むほど際立っている。当然のことながらマンダラは人為的に模倣することができるが、しかしだからといって、すべてのマンダラが模倣であるということにはならない。マンダラはむしろ自然発生的に、何らの影響も受けずに、しかも一度もマンダラ的理念に触れたことのない子どもたちや大人たちに生ずる。(42)解釈に窮するとマンダラを意識中心性の一種の反映だととらえかねないが、これは、無意識が二次的性質のものであることが証明されてはじめて妥当性をもつ見方である。ところが無意識は疑いもなく意識よりも古く、かつ根源的であって、となると意識の自我中心性も同じように無意識の中心化傾向のひとつの反映だと呼んでも差支えないのであるまいか。

マンダラはその中心点によって、あらゆる元型の、同時にまた現象世界の多様性の究極的統一を象徴的に示しており、したがって「一なる宇宙」という形而上学的概念の経験的対応物である。その錬金術的対応物はすなわち「賢者の石」とその同義語、とりわけミクロコスモス〔小宇宙〕である。[43]

ドルネウスの説明は、われわれに錬金術師たちの「結合の神秘」mysterium coniunctionis の深みを垣間見させてくれるという意味でまことに啓発的である。それが宇宙の原初状態と宇宙の神的な無意識状態との復元にほかならないとすれば、この神秘から発せられた並々ならぬ魅惑も理解できる。なぜといってそれは、中国古典哲学の根本原理、すなわちタオ〔道〕における陽と陰との結合の西洋的対応物であり、同時に、わたしが一方では心理学的経験に、他方ではJ・B・ラインの実験結果にもとづいて共時性と名づけた「第三のもの」tertium quid の、予感に満ちた先取りなのであるから。[44] マンダラ象徴が「一なる宇宙」という形而上学的理念の心理学的対応物であるとすれば、共時性は超心理学的対応物である。共時的現象はなるほど時間と空間のうちで生ずるが、しかし物理的存在の不可欠の決定因子であるこれら二つのものからの著しい独立性を、したがって因果律への一種の不服従を示している。現代の科学的世界観の因果主義はあらゆるものを個別事象に解体し、その個別事象を他のすべての類似の事象から入念に区別しようとする。この傾向は信頼すべき確実な認識という点ではたしかに必要ではあるけれども、しかし世界観という点では諸事象の普遍的関連を弛め解体する、あるいは覆い隠すという短所をもっており、その結果、大きな諸関連の認識、すなわち宇宙の統一〔世界の統一〕の認識は次第に妨げられることになる。しかし生起する一切は、同じ一つの宇宙〔世界〕で生起するのであり、同じ一つの宇宙に属している。この理由からして諸事象はア・プリオリな統一的側面を有しているはずであるが、しかしそれは統計的な方法ではほとんど確定できない。われわれの現在の理解力が及ぶかぎりでの話であるが、ラインには彼の超感覚的知覚実験（ESP＝Extrasensory Perception Experiments）によってその証明に成功したように思われた。[45] 時間と空間からの独立は、現象学的には離れればなれの、因果的には無関係な事象の同時発生、ないしは意味ある一致を惹き起こす。それらはこれまでは精神感応《テレパシー》、透視、「予知」precognition といった純記述的概念でまとめられていた。当然のことながらこれらの概念には説明としての価値はない。そのそれぞれがそれ自体未知数Xを表わしており、そのXは他のもののXから区別できないからである。これらすべての現象、ラインの遠隔操作的作用〔念力〕をはじめとして、わたしが上述の著作〔注44〕で暗示しておいた他の共時的な事象を含めたすべての現象に相応しい特徴は、意味ある一致（sinngemäße Koinzidenz）であって、わたしは共時的原理をそのように定義しておいた。共時的原理は、因果的には結びつかない事象のある関連、ないしはある統一を指し示しており、それによって、おそらく「一なる宇宙〔世界〕」と呼びうるような、存在のある統一的側面を表わしているのである。

メルクリウスは普通にはアルカヌムを表わしており、このアルカヌムの同義語はパナケア（panacea＝万能薬）と「錬金術治療薬」[46] medicamentum spagiricum である。「錬金術治療薬」をドルネウスはパラケルススの「バルサム」balsamum と同一視しており、このバルサムはまた、バシレイデス派のミュロン（μύρον＝香油、バルサム）と近しい類縁関係にある。さらに「生命の霊薬」elixir vitae としてのバルサムという概念はパラケルススの論説『永き生について』ではガモニュムス（gamonyumus）という名称と関係づけられている――ガモニュムスは「婚礼と呼ばれるもの」と翻訳することができる。[47] ドルネウスは以下のようにいう。「自然よりも高きにある」バルサムは人体にも見出され、エーテル的物質に近似している。[48] それは生ける肉体のエレメンタルな部分の持続を保持し、確かならしめ、肉体にとってのみならず精神（mens）にとっても最良の治療薬である。それはたしかに肉体的〔物体的〕物質でできているが、精神〔霊〕（spiritus）と魂（anima）の統一された錬金術治療薬である以上、その本質は精神的（spiritualis）である。[49]「精神的統一」unio mentalis〔精神・霊と魂との統一〕による肉体の克服に「瞑想哲学」meditativa philosophia の本質がある。しかしこの純粋に精神的な「統一」だけでは賢者は生まれず、精神（mens）と肉体との第二の結合によってはじめて、「一なる宇宙」、宇宙の潜在的統一と完全に一つに融合することを願い、期待することのできるような哲学者〔賢者〕の実が示されるのである。われわれがこの目標に向って成長しうるよう神が配慮し給わんことを、そして神が全のなかの一者であらんことを。[50]

「精神的統一」はまだ錬金術作業の到達点ではなくその第一段階を意味するにすぎないという事実は、ドルネウスの見解にとってのみならず、錬金術全般にとって重要な示唆を含んでいる。第二段階は、「精神的統一」、すなわち精神〔霊〕と魂の統一が、肉体と結合させられることによって達成される。「結合の神秘」の完成はしかし、精神―魂―肉体の統一が原初の「一なる宇宙」と結びついてはじめて期待される。結合のこの第三段階は錬金術的図像表現の対象となり[51]〔本訳書Ⅰ、二三七頁、図17参照〕、マリアの被昇天と戴冠の様式で描写されたが、その場合聖母が肉体を表わしている。聖母被昇天はもともと一種の結婚の祝祭〔婚礼〕、すなわち聖婚《ヒエロスガモス》のキリスト教的ヴァージョンであって、この聖婚が本来そなえていた近親相姦的性質は錬金術師たちのあいだで大きな役割を演じた。[52]伝統的な近親相姦が逸早くつねに暗示していたのは、対立物の究極的な合一は同質ならざる類縁物の組合せを表わしているという事実である。これはまず差し当たりは、知性ないしは理性と、感情を表わすエロスとの、純心理内的な「精神的統一」の形をとって現われるかもしれない。このような心理内的操作は、認識と人格的成熟という点で大きな前進であるから、その意味では少なからぬ意義を有しているが、しかしその現実性はただ潜在的可能性の域にとどまっているにすぎず、真の現実となるためには自然的・物質的な肉体世界との結びつきに俟たなければならない。それゆえ錬金術師たちは「精神的統一」を父と子〔息子〕と、両者の鳩による結合とによって表現し〔鳩は父と子に共通の霊〔spiratio〕である〕、これに対して肉体世界は女性的なものないしは受動的なもの（patiens）、すなわちマリアによって表現したのである。彼らはこうして彼ら流のやり方で、千年以上もの長きにわたって、聖母被昇天の教義の下準備をしたのであった〔聖母被昇天が教義において承認されるのは一九五〇年〕。しかし教会の聖母被昇天の教義とその根拠づけからは、父的な精神的原理と「物質的」原理、すなわち母的肉体性との結婚に含蓄される意義の広大な射程は、ただちには見えてこない。とはいえこの教義によって、底無しと見えた深淵、すなわち精神と自然ないしは肉体との和解しがたく見えた分離に、橋が架けられることになったのである。聖母被昇天の教義の背景や基盤に明瞭な光を当ててくれるのは錬金術である。実に新教義は、象徴的表現形式をとって、達人たちが彼らの「結合」の秘密として認識したことと寸分違わぬことを語っている。実際その一致の程度は、いにしえの達人たちが生きていれば、新教義の定義は錬金術の秘密を天上に向けて書いたものだと主張して当然だといえるほどである。他方ではしかし、錬金術師たちは神秘主義的ないしは神学的な「婚礼」を彼らの曖昧模糊とした作業手順のなかに取り込んで秘密めかしただけではないかと主張する人もあるであろう。けれどもこの主張は、錬金術の「結婚」matrimonium はそれ自体が典礼や教父たちの同様の表現よりも歴史が古いというだけでなく、古代の、キリスト教以前の伝統に根ざしてもいるという事実[53]によって反駁される。錬金術の伝統は黙示録の小羊の婚礼に端を発すると見ることはできない。黙示録の高度に分化した象徴表現（小羊と都）は、それ自体がすでに元型的な聖婚《ヒエロスガモス》の一つの分枝であって、錬金術の「結合」の観念もこの聖婚に端を発しているのである。

　達人たちは、彼らの思弁的諸理念を、あらゆる魔術的な力を装備していると信じていた化学的肉体〔化学物質〕の形で現実化しようと試みた。あるいは少なくとも試みるに値することだと考えていた。これが彼らのいう「精神的統一」と「肉体」の結合の文字どおりの意味である。もちろん、道徳的・哲学的思弁をこのような結合に関係づけるという、錬金術師たちが明らかに行なったと思われる関係づけは、今日のわれわれには容易ではない。われわれは一方では化学的結合〔化合〕の本当の性質をあまりにも知りすぎているし、他方では精神に関してあまりにも抽象的な捉え方をしており、そのためもはや、いかなる仕方で物質のなかに「真理」veritas が隠されているかとか、真の「バルサム」はいかなる性状を有しているかというようなことは理解できないからである。中世は一方では化学に関して、他方では心理学に関して無知であり、またそもそもいかなる認識批判も存在していなかったから、ものの見方は容易に入り混じり、そのため、今日のわれわれの目からすればそのあいだにははっきり認識できる橋が架かっていないような事柄が、相互に関係づけられたのである。

聖母被昇天の教義も錬金術師の「結合の神秘」も、その象徴表現の仕方は非常に異なっているとはいえ、ともに同一の根本思想を語っている。教会が物質的肉体の天上への文字どおりの受け容れを主張しているように、錬金術も彼らのラピスあるいは（哲学の）黄金の可能性を、いやそれどころか事実としての実在性を信じている。どちらの場合も信仰が、欠如している経験的現実性の埋合わせをしている。たしかに錬金術は教義に比べてはるかに唯物論的であるけれども、しかし両方とも「結合」の第二段階、つまり「結合」の精神的レベルでの先取りである「精神的統一」の段階にとどまっていることには変わりがない。ドルネウスでさえ、彼自身かあるいは誰か他の達人が第三段階を達成したとまでは主張しえなかった。もちろん、いつどこにおいてもそうであるが、無数の詐欺師や軽信家は存在していて、彼らはラピスあるいは黄金のティンクトゥラを所持しているとか、あるいは製造することができるとか主張してはばからなかった。しかし錬金術師たちのうちで真摯な人々は、究極の秘密はまだ明らかにされていないということを認めていた。

聖母被昇天の教義の場合も「結合の神秘」の場合も、物質的な意味での不可能性に目くじらを立てることはできない。それは象徴であって、これに対して啓蒙的合理主義の態度で臨むのは見当違いも甚だしい。それでは的を射損じてしまう。象徴がそもそも何かを意味しようとしているとすれば、それは未だ認識不可能なある目標に向う、そして認識不可能であるがゆえにアナロジーによってしか自らを表現しえない、そういう一定方向への動き、傾向なのである。このような不確かな状態にあっては、事態をあるがままに放置しても別段の痛痒を感じないですむし、象徴を超えてそれ以上のことを知ろうなどということは断念しても差支えない。この意味での断念に好都合だったのは、教義の場合はひょっとして宗教的なイメージの神聖さを傷つけはしまいかと恐れるある種の躊躇である。他方錬金術の場合は、つい近年まで、中世の馬鹿げた想念に頭を悩ませるのはまったくの骨折り損だと思われていた。しかし今日ではわれわれは、心理学的理解によって錬金術のどれほど奇妙な象徴の意味にも分け入ることができる状態にあるし、それが効を奏すれば、同じ方法を教義に適用して悪いというわれはどこにもない。結局のところ、教義が人間の表象と思惟に発する見方から成り立っていることは何人も否定できないであろうからである。このような思惟がどの程度まで聖霊によって霊感を吹き込まれうるものかという問いには、心理学的研究は触れることも、ましてや決定を下すこともできない。だからといってまた、それによって何らかの形而上学的背景の可能性が否定されるわけではない。心理学は、形而上学的な前提や可能性とはまったくかかわらない一科学である。心理学はその対象を、対象の心理学的内実に即して研究するものであって、それを超えて思弁的な事柄に手を伸ばすような真似は決してしない。心理学は、心の未知の基盤について空想するようなことはせず、大脳の神話を作り上げることもなければ生理学のメルヘンを物語ることもなく、わけても、何らかの形而上学的見解の客観的妥当性を支持したり否定したりするような何らかの論拠を持ち出すことができるなどとは毫も自惚れてはいない。わたしはこのことをすでにいろいろな箇所で再三にわたって繰り返してきたが、それは、心理学的解明は必然的に心理主義に陥るか、それともその反対物、すなわち形而上学的主張に陥るという、頑固でもあれば馬鹿げてもいる意見を論駁するためである。心的なものは、大脳にも形而上学にも還元しえないような現象世界そのものなのである。

わたしは先に、象徴はその目標が未だ知られていない一定方向への傾向であるといった[54]。その場合、精神の歴史においても個人の心理におけるのと同じ原則が支配していると考えて差支えあるまい。心理療法では、ある種の無意識の傾向が、それが意識されるようになるずっと前に、その存在を象徴によってそれとなく告げるということがしばしばある。これらの象徴は大抵は夢に登場するが、しかしまた目覚めているときの空想や象徴行動に現われることもある。まるで無意識がありとあらゆる暗示やアナロジーを通じて意識中に侵入しようとしているかのような、あるいは無意識が意識を自分の味方につけるために多かれ少なかれ遊戯的な予行演習をやっているかのような印象をしばしば受ける。わたしが『心理学と錬金術』のなかで叙述した夢のシリーズはその好個の例である[55]。人間社会においても事態は個人におけると似たような展開を辿るといってよいであろう。もろもろの理念や観念はまず最初は、それらが以後の歴史のなかでどのような見解へと発展していくのか誰も分からないような萌芽から生まれる。その特大級の一例をわれわれはつい最近の過去において体験した。すなわちマリア被昇天の例がそれである。それは聖書によってもキリスト教教会の最初の五百年の伝統によっても認証されていない。それどころかさらにずっと長いあいだ公式には否認されてきた。けれどもそれは「敬虔なる意見」pia sententiaとして、中世および近・現代の全教会の黙認のもとに徐々に展開をとげ、ついには(「無原罪の御やどり」や「教皇不可謬性」という先例と同じように)、聖書の記されたことばによる証明と最初期にまで遡る伝統とを必要とするというそれまでの信仰を斥けて、その内容はとても定義できるようなものでないことが歴然としているにもかかわらず、一定の定義を受けることに成功するほどの力と影響とを持つに至った(56)。そして教皇の宣言が、人々がすでにとっくの昔に許容していたことを実現したのである。歴史的なキリスト教の境界をもはや取り消しがたいかたちで越え出ることを意味したこの一歩は、元型的なイメージの自律的な営みを物語る極めて強力な証左である。

二　結合の諸段階

錬金術における「結合」の理念は、一つの思想が数千年の経過のなかで徐々に発展をとげたもう一方の例である。この思想の歴史は、一は神学に属し他は錬金術に属するところの、大部分は互いに無関係な二つの流れを辿っている。錬金術の流れがおよそ二百年前に僅かな痕跡を残して消滅してしまったのに対して、神学のそれは聖母被昇天の教義というかたちで新たな開花を迎えた。この神学の例からはっきり分かるのは、発展の流れはまだ全然途絶えてはいなかったということである。たしかに二つの流れの分化の度合は、元型的な聖婚《ヒエロスガモス》の枠をまだ越えてはいなかった。すなわち「結合」の場合も相変わらず一種の母と息子、あるいは妹と兄の合一というかたちで表現されたからである。しかし、ただちに付け加えなければならないのは、十六世紀にはすでにゲラルドゥス・ドルネウスが、化学の結婚の心理学的側面を見抜き、今日われわれが個性化過程と呼んでいるものの中味をはっきり理解していたという事実である。わたしの見るところではこのドルネウスの試みは、教義の場合も錬金術の場合も元型的象徴表現によってその眼差しに加えられていた限界、その境界線を一歩踏み越えたことを意味する。同時にわたしにはドルネウスの見解は二重の意味で論理にかなった理解であるように思われる。第一に、化学的作業とそれに結びついた心的事象との区別は、注意深い批判的な観察者の目にはいつまでも隠されたままではありえないからである。そして第二に、結婚象徴はつぎのような意味で錬金術思想家を完全に満足させることができなかったからである。つまり彼らは自分たちの神秘の捉えがたい性質を表現するには聖婚のさまざまなヴァリエーション以外にもさらにいろいろな「結合象徴」を用いざるをえないという思いを繰り返し味わっていたのである。結合はたとえば、墓穴で女に絡みついている龍[57]〔本訳書I、図11参照〕、闘っている二匹の獣[58]〔同上、図5、7参照〕、水に溶解する王[59]をはじめとして、その他いろいろなものによって表現されている。同じように中国哲学でも陽の意味は男性的なものでは汲みつくされない。陽は同様に乾いたもの、明るいもの、山の南の側面をも意味する。同じく女性的な陰には湿ったもの、暗いもの、山の北の側面が対応している。

つまり、結合の象徴表現においては秘教的な結婚象徴が優位を占めているにもかかわらず、それは決して結合の神秘の全側面を表現しているわけではない。それと並んでかなりの度合で、死と墓による象徴表現が、そして何よりも、闘いのモチーフが目につく。結合の理念のパラドクシカルな本質を包括的に描写するには、明らかに非常に異なった種々の、いや互いに対立しさえする象徴を必要としたのである。これと似たような事態であればどんな場合でも、用いられている諸象徴のどの一つも全体を表現するには十分でないと考えてまちがいない。そこでわれわれは種々異なる側面を一つに括ることのできるような定式を求めたい気持ちに駆られる。ドルネウスはこの試みを、彼の時代に可能であった手段を用いて敢行したのである。当時まだ公理として力をもっていた対応（correspondentia）の理念が彼の試みの助けとなった分だけ事は容易に運んだ。つまり当時は、神・人間・物質の三者において同一であるような「真理」veritas を考えることは思想上何らの困難も意味しなかったのである。この対応の理念に支えられて彼は即座に、敵対する四大元素の融和と錬金術的対立の結合は、人間の精神においても同時に成就される「精神的統一」〔精神・霊と魂との統一〕に対して一種の対応をなしており、そしてこの「精神的統一」は人間だけではなく神性においても同時に成就される（「それ〔神〕は万物において一である」ut ipse [Deus] sit in omnibus unus）という洞察を得た。ドルネウスは、結合の生ずる場としての実体がわたしが心理学の立場から自己〔ゼルプスト〕と名づけたあの審級であることを、すでに極めて明瞭に認識していた。「精神的統一」、すなわちわれわれが今日個性化と呼んでいる内面的統一を、ドルネウスは「肉体の克服による」in superatione corporis 諸対立の心的融和、つまり肉体的に制約された情動性および欲動性の彼岸における一種の「心の落ち着き」aequaminitas と見ていた。[60]「精神的統一」unio mentalis において魂（anima）と結合されなくてはならない精神（animus）を、彼は「永遠なる生の風穴」spiraculum vitae aeternae と呼ぶ。つまり一種の「永遠への窓」〔ライプニッツ〕のことである。これに対して、魂は精神の器官であり、肉体はその魂の道具であるとする。魂は善と悪のあいだに位置し、両者を自由選択（optio）できる立場にある。「自然的統一」unio naturalis によって魂は肉体に生命を賦与し、魂は魂で「超自然的統一によって」per unio supernaturalis 精神〔霊〕（spiritus）から生命を賦与される。[61]精神と肉体がのちに再統一されるためには精神はまず肉体から分離（distracito）されなければならない。これは一種の自死（voluntaria mors）である。[62]分離されなければならないのは、結合しうるのは分離されたものだけだからである。明らかにドルネウスはこの「分離」なる概念で混交状態の区別と分解のことをいおうとしている。混合状態とは、肉体に拘束された情動性が精神の理性（ratio）に有害な影響を与える状態のことである。したがって分離の狙いは、精神をもろもろの情動的情緒から引き離し、それによって、混乱した肉体的領域の上位に位置する精神的立場を作り出すことにある。これはまず最初は人格のある種の分裂につながり、精神的立場の優位を保つために単に自然的でしかない人間を暴力的に押さえつけるという結果を招来する。この第一歩はいわばストア哲学を、同様にまたキリスト教的心理を意味し、意識の分化という点で不可欠の歩みである[63]。現代の心理療法もこのような区別の方法を用い、情動と欲動を客観化して意識と対立させる。しかしこのように精神的領域と生命的領域とを分離し、生命的領域を理性的観点に従属させるのは、理性だけでは無意識の非合理的な事象に包括的には、あるいは十全には対処できないという意味で、満足のゆくものではない。精神の優位によって生命的本質を切断するのは、長い目で見れば無益である。それが証拠に信者は繰り返し罪を犯すことを自らに禁じえないし、合理的人間は繰り返し自らの無分別に腹を立てざるをえない。このような葛藤の堪えがたさを免れるのは、もう一方の生命の側を意図的な無自覚で隠蔽することのできる者だけである。このような事情を考えれば肉体と精神の慢性的争闘は、たしかに混交状態よりはましであるが、理想的な解決にはほど遠いように思われる。それにはしかし、精神と肉体との両方の側がつねに意識されているという長所がある。意識されているものはすべて修正可能である。が、無意識にもぐり込んで姿を消したものは永遠に修正の手を逃れ、何の妨げも受けずに増殖し、いよいよ退化の度を強めかねない。しかし幸いなことにそこに自然の配慮が介入して、それらの無意識内容は遅かれ早かれ意識中に溢れ出て、意識にそれ相応の混乱を惹き起こす。したがって永続的で問題のない精神化は、もし本当にそういう人間がいれば教会によって聖人の列に加えられるほどに稀である。

錬金術師たちは正当にも「肉体の克服による精神的統一」を結合ないしは個性化の第一段階としか見なかった。それはたとえばハインリヒ・クーンラートがキリストを「小宇宙の救済者」servator microcosmi とは見たが、大宇宙のそれとしては提示しなかったという事実にも現われている。全体として見れば、錬金術師たちは（象徴的な意味で）対立の全き統合を目ざして努力し、あらゆる悪の救済のためにはそれは絶対に必要であると考えていた。それゆえ彼らは、いかにすればあらゆる対立をそれ自体において統一している実体を造り出せるか、その方法と手段を見出したいと願ったばかりでなく、実際にそれを見出すべく努力しもした。その実体は精神的〔霊的〕でもあり物質的でもあり、生命を有していながら有してもおらず、男性的でもあり女性的でもあり、老いてもい若くもあり、そして（察するところ）道徳的には善と悪に対して中立でなくてはならなかった。それは人間によって創造されたものでありながら同時に「創造されざるもの」increatum として神性それ自体であるもの、すなわち「地上の神」Deus terrestris でなければならなかった。

このような実体を産み出す道程の第二段階と考えられたのは、精神的立場と肉体的領域との再結合である。錬金術にはこの作業手順を表わす象徴が多数存在する。主要な象徴の一つはレトルトのなかで成就される「化学の結婚」である。比較的古い時代の錬金術師たちは彼らのオプスの心理学的含意のことはまったく無意識だったので、自分たちの諸象徴を化学的結合〔化合〕の単なるアレゴリーと、それどころか記号上の秘密の名と解しており、神話からおびただしい数の象徴を借用していながらその本来の意味は削り落として、単なる専門述語として用いたのである。むろんのちの時代になると事情は変化し、すでに十四世紀には、ラピスは単なる化学的結合物〔化合物〕以上のものであるという洞察が萌しはじめた。この意識は主としてラピスをキリストのアナロジーと見ることによって表現された。(64) けれども、心理学的含意そのものを認識したのは、当時の知的手段が許容する範囲ではあったが、おそらくゲラルドゥス・ドルネウスが最初である。これはまず弟子たちに健全な肉体的状態と極めて道徳的な心的状態を要求している点に現われている。(65) 宗教的な精神態度が不可欠とされる。(66) なぜなら個人の内部には、「その囚われの鎖から解き放つことのできる」、それも「それに対立するものによってではなくそれと似たものによって」解き放つことのできる、ごく少数の人間にしか知られていない「天上的性質の物質」substantia caelestis naturae、「不朽不滅の治療薬」medicamentum incorruptum がやどっているからである。人間の内に隠されているものを解放する「錬金術治療薬」は隠されている当の「物質に相似して」conforme substantiae いなくてはならない。この治療薬によってわれわれの物質的肉体は「分離」separatio が行なわれうるよう整えられる。すなわち肉体の準備が整えば、肉体はそれだけ容易に「残る他の部分から」reliquis partibus 切り離されうるからである。ただしその場合肉体は魂によって、絶対的必要限度を超えたものはすべて阻まれる。もちろんドルネウスもあらゆる錬金術師たちのスタイルに倣って、「錬金術治療薬」がどんな性状のものであるかについては述べていない。したがって推測するしかないが、それは物質的なものか、少なくともそれに近似したものと考えられていたようである。しかしそれと同時に彼は、その場合ある種の禁欲が望ましいと語っている。このことばは秘密に満ちた治療薬がひょっとしたら道徳的性状をも有していることを暗に示そうとしたものであるかもしれない。いずれにしても彼は急いでこう付言する。「熱心な読者」はこれよりのち瞑想的哲学から錬金術的哲学に、さらには真の、完璧な智慧に到達するであろう、と。これはあたかも「熱心な読者」lector studiosus がすでに最初から読書と瞑想にいそしんでいたかのように、そしてまさに読書と瞑想のうちに治療薬が、あるいは肉体の準備が存していたかのように聞こえる。[67] パラケルススにおいて正しい「観想」theoria が治療薬の一部をなしているように、錬金術師たちにおいては、無意識の投影である象徴が治療薬の一部をなしていた。無意識の投影こそまさに物質に魔術的な効力をもたらすものにほかならず、そのためそれは、錬金術作業手順から切り離すことのできない不可欠の構成要素にほかならなかったからである。

古い錬金術の伝統に従えば、魂は肉体に生気を与え、魂は魂で精神によって生気を与えられる。つまり魂は肉体およびあらゆる肉体的なもの、感覚的なもの、情緒的なものの方へと傾斜しているのである。魂は物質の「鎖」に捕縛されていて、「物質的必要の彼方」praeter physicam necessitatem に超え出ることを渇望している。それは、「精神の忠告」suasu animi によって物質と世界に埋没した状態から呼びもどされなくてはならない。これによって肉体は重荷から解き放たれる。なぜなら肉体は、魂によって生気を吹き込まれるという利益に浴しているだけでなく、魂の「欲望」appetitus に道具として仕えねばならないという不利益をも蒙っているからである。魂の願望空想は肉体を、このような空想による刺激がなければ敢えて行なわないような行為へと駆り立てる。なぜ刺激がなければそういう行為に及ばないのかといえば、物質的慣性〔怠惰〕が肉体に生来のものであり、生理的衝動を満足させることを除けばそれがおそらく肉体の唯一の関心事だからである。したがって分離は、魂とその投影とを肉体的領域から、また肉体に関係しているあらゆる環境条件から解き放つことを意味する。現代のことばで表現すればこれは、感覚的現実から目を転ずること、「幾千幾万の事柄」に魅力的であると同時に欺瞞的な外観を与えている、あの生気を吹き込む空想の投影を撤回すること、すなわち内向し、内省し、瞑想すること、つまりもろもろの欲望とそのもろもろの動機を入念に検討し認識することだといえる。ドルネウスがいうように魂は善と悪の中間に位置しているから、キリスト教徒である錬金術師はこの作業工程に携わる際に、彼の人格の暗い側面、劣等な願望や動機、子どもじみた空想やルサンチマン〔怒り、恨み、反感等〕、要するに自分自身に対して隠しているあらゆる性格や特徴を発見する種々さまざまな機会に出会うことになるであろう。それを通じて彼はみずからの影に対決させられることになる。また逆に、それよりは稀であるが、善い性格や特徴にも出会う機会があるだろう。それらの性格や特徴はいずれにせよ日頃誇示しているものではあるが。彼は、彼の前に幻惑的な仮象の世界をくりひろげて見せている彼の魂を、すなわち彼のアニマとシャクティを認識することになるだろう。この認識に彼が到達するのは、ドルネウスが想定しているように、精神（animus）の助けによる。この場合の精神は、理性、認識、道徳的決断のようなあらゆる高度な精神的能力を指している。ところで精神は、一種の「永遠への窓」のごときものをも意味しており、「理性的な魂」anima rationalis として不死であるから、そのかぎりでは精神は魂に対してある種の「神的な流入〔影響〕」influxus と、より高い世界秩序の認識とを仲介する――そしてこれこそまさに、魂に生命を賦与するという精神の役割の主たる内容なのである。このより高い世界秩序は非個人的性格をそなえており、その核心をなしているのは、一方では文化と教育が個人に仲介する伝統的かつ倫理的な諸価値の総体であり、他方では意識に対してもろもろの元型的イメージの姿をとって現われる無意識の諸構造である。一般に前者は後者に対して優勢である。しかし伝統的・倫理的な諸価値の説得力が老衰あるいは自己批判によって弱まると、無意識の諸構造がその裂目に入り込んで優勢を占める。フロイトは事態を正しく認識して伝統的・倫理的な諸価値を「超自我」と名づけたが、元型的イメージをとって現われる無意識の諸構造には気づかないままであった。十九世紀の理性信仰と実証主義精神の呪縛から逃れることができなかったからである。科学的実証主義の唯物論的世界観は魂の現実と自律性にそぐわない。

錬金術のアルカヌムはこのような元型的イメージのうちの一つで、それはキリスト教的世界観のある裂目、すなわち諸対立のあいだに存する橋を架けられていない深淵、なかでも善と悪とのあいだの深淵を埋めるものである。前に他の箇所ですでに述べたように〔本訳書I、二二二頁〕、排中律（「第三の中間的なものは与えられず」）が存在するのは論理学の世界だけである。これに反して自然は、もっぱらこのような「第三のもの」の数々から成り立っている。というのも、自然はもろもろの作用として提示されるのが、これらの作用は、たとえば「上」と「下」を前提にしている滝がこの上下を仲介しているように、ある対立を仲介しているからである。錬金術は物質の不和にのみならず、内面的な心的葛藤、すなわち「魂の苦悩」afflictio animae にも治癒をもたらすであろう作用を探求し、この作用を「賢者の石」と名づけたのである。この作用に達するために錬金術は、昔からずっとつづいている魂の肉体への拘束状態を解消し、それによって単に自然的でしかない人間と精神に規定された人間とのあいだに存在している葛藤を意識化しなければならなかった。こうして錬金術はいにしえの真理を再発見することになる。このような意識化の操作は、少なくとも比喩的な意味で死を意味するという真理である(68)。この真理は、自らの投影を見抜き、それによってアニマの本性を認識しなければならなくなったときに誰もが感ずる嫌悪を説明してくれる。己れの人格の虚構の像を問題化することは、実際並々ならぬ自己克服を必要とする。しかしながら、心理療法に携わる医者は時として患者に用いている薬をわが身で試さざるをえない事態に立ち至ってはじめて自分がいかに単純だったかに気づくのだが、心理療法が少しでも核心に近づこうと思えばどんな場合でもこの問題化は避けて通ることのできない要求となる。このような自己認識の困難さは、経験からしばしば分かるように、道徳的尺度をいわゆる客観的な科学性ないしは辛辣率直なシニシズムによって締め出せば、たしかに軽減される。しかしこれによって得られるある種の認識は、倫理的価値を人為的に抑圧するという犠牲を払って贖われたものである。このような欺瞞は、当の認識から実際的効力が奪われるという結果をもたらす。たとい認識しても道徳的反応がともなわないからである。それによって神経症的人格分裂の温床が用意されることになり、これは心理療法の意図にまったくそぐわない。心理療法の目標は「精神的統一」、すなわち己れの性格の高きも低きもともに自覚するという包括的認識を呼び覚ますことにあるからである。

ある人に運命的必然によって自己認識の要求が迫ってきて、しかもその人がそれを拒めば、このような否定的な態度は本当の死を意味することすらある。なぜなら、もし彼が見込みのある何らかの脇道を歩むことができたのであれば、このような要求が彼に迫ってくることもなかったであろうからである。しかし彼は袋小路に入り込み、そこから抜け出るにはもはや自己認識以外に方法がないのである。これを拒めば、もはやどんな道も開かれていない。普通こういう人はまた自らの状況を意識していず、そして無意識であればあるほど、それだけ予測できない危険にさらされている度合いも強い。走ってくる自動車をもはや敏速に避けることができなかったり、山登りをしていて足を踏み外したり、スキーをしていて危険な雪の斜面を何とか通り抜けられると思い込んだりして、病気にかかると急に生きる意欲を失う。無意識は、無意味な生存を驚くべき速さで抹殺する無数の方法を知っている。それゆえ「精神的統一」が死の動機と結びついていることは明白である。たといその死が単に精神的発展の停止にすぎないとしても。

ドルネウスの言によれば、「結合」の第二段階の本質は「精神的統一」がふたたび肉体と結合されるという点に存する。この歩みは特別の重要性をそなえているように思われる。なぜならこの歩みを通じてはじめて完全な「結合」、すなわち「一なる宇宙」unus mundus との結合を達成する道が開かれるからである。精神的立場と肉体との再結合の意味するところは明らかに、獲得された認識を現実のものとなせということである。認識はまったく同様に、それが全然用いられないことによって失効状態にとどまることもあるからである。しかし「結合」の第二段階は、自らのパラドクシカルな全体性についておよその輪郭をつかんでいる人間を現実化することにある。

第二段階の大きな困難は、人間のパラドクシカルな全体像をどうやれば現実化できるのか誰も知らないという事実に存する。これが個性化の悩みの種であるが、しかしもちろんこの悩みは「科学的」な、あるいは他の種類のシニシズムという逃げ道が閉ざされたときにのみ存在する。意識化された全体性の現実化が一見解きがたい問題を投げかけ、現代の心理学がためらいと不確かさをもってしか答えを出せない諸問題の前に立たされている現状を考えれば、中世の「哲学者」たちの比較的屈託のない象徴的思惟がいかにしてこの課題を解決しようとしているかを知ることは、おそらく最高に興味深いことであろう。われわれの手に遺されているテクストを見るかぎり、ドルネウスが彼の企ての全容を意識していたとはとても考えがたい。錬金術のプロセスにおける達人〔錬金術師〕の役割を全般的にははっきり理解していたとはいえ、この問題の鋭さの全貌はドルネウスの視野に入っていない。なぜならこの問題が道徳的・心理学的領域で演ぜられているのは彼の目から見ればほんの一部であり、他の大部分は生ける肉体〔物質〕のある種の神秘的な性質によって、あるいは肉体の内に隠されている魔術的実体によって体現されていたからである。この投影のせいで問題の上に霧のようなものが立ちこめ、問題のあまりにも鋭い面や輪郭にヴェールを投げかけている。当時の人々はまだ一般には形而上学的主張の証明可能性を信じており（現代でもやや子どもじみたこの考え方から部分的にはまだ完全には離れられないでいるが）、それによって一見より確実に見える立場を彼岸に打ち立て、この立場がいかなる疑念によっても揺るがないことを期待していた。こうして人々は重荷を著しく軽減することができた。どれほど軽減されたかは、道徳的あるいは世界観的ジレンマに悩まされ確信がいだけないときにクウィンタ・エッセンティアが、ラピスが、パナケア〔万能薬〕

が、いわば手近にあるということの意味を想像してみるだけで十分である。そしてこのような助けが何を意味するかを簡単に理解するには、現代人がホルモンや麻酔薬、インシュリンその他によるショックの助けを借りて心理的紛糾を消滅させることができると信じているその熱狂ぶりを想い起こしてみればよい。錬金術師たちがアルカヌムに関する彼らの諸観念の象徴的性質を見抜くことができなかったのは、われわれがホルモン信仰やショック信仰を象徴だと認識できないのと同じである。このような解釈に出会えばわれわれは憤激し、馬鹿げた牽強付会として一蹴するであろう。

三　クウィンタ・エッセンティアの製造

ドルネウスの論拠の大部分は象徴の領域を動いており、足に翼をつけて雲の上に舞い上がる。しかしそれにもかかわらず彼の諸象徴の背景に、現代の心理学にとって多かれ少なかれ把握可能であるように見えるある意味が暗示されている。それが証拠に彼は、賢者といえども「人間の肉体に隠されているある種の天上的実体」が助けてくれないかぎり対立を和解させることはできないことを知っている。その物質とはつまり「バルサム」、クウィンタ・エッセンティア、「哲学の葡萄酒」vinum philosophicum(69)、「力と天上的活力」(70)、そのものずばり「真理」(71)である。この「真理」は万能薬である。それはしかしながら、実際には人間に刻印されている神の似像（imago Dei）に存しており、その意味では肉体に隠されているといっても間接的にでしかない。神の似像は実はクウィンタ・エッセンティアであり、「哲学の葡萄酒」の力である。「哲学の葡萄酒」は、物質的な液体としては肉体〔物体〕を、これに反してアルコール〔酒・スピリット〕としては精神〔霊〕（spiritus）を表わしているがゆえに、神の似像の的確な同義語であるといえる。精神〔霊〕は「天上的な力」virtus caelestis と一致しているように見える。「天上的な力」は普遍的である。もっともそれは多数の個体のなかに分散されている。しかしそれはただ一つであり、「解放されればふたたび一なる状態にもどる。これは自然の秘密の一つであり、この秘密を通じて錬金術哲学者たちはより高いものにかかわる。[72]」「哲学の葡萄酒」は穀粒(grana)[73]から造ることができ、同様にまた他のすべての種子から造ることもできる。[74] 抽出されたエッセンスは持続的な周回運動[75]によってもっぱらその「最大の単一性」へと導かれ、その過程で純粋なものが不純なものから分離される。すると「純粋なものが透明な、輝く姿で、至純な天の色[76]〔すなわち空色〕をして、上に浮き上がってくる」のが見える。かくして「汝はそれまで錬金術的であった〔すなわち秘密であった〕天を目のあたりにするだろう。その天を汝は、上なる天が上なる星々で覆われているように、下なる星々で飾ることができる。[77]」ドルネウスはさらにこうつづける。

物理学者を真似てきた不信心者は、われわれが天と星々を両の手でつかみうることに驚嘆しないであろうか。……それゆえわれわれにとっては、下なる星々はすべて区別なく、この下なる世界の自然によってこれらの星々と天とが結合(coniunctio)して生じた個体である。それはちょうど上なる諸元素と下なる諸元素とが結合するのに似ている。[78] もうわたしには聞こえてくる、われわれに不平を鳴らす多くの者の上げる声が。「何だと、おまえのようなやつはとっとと消え失せろ。天と地が結合できるなどと主張する輩は根絶やしにしなければならん。」……

天はそれゆえ天上的な質料であり、内にすべての異なる形相をやどす一個の普遍的な形相である。これらのすべての形相は種々異なっているがただ一つの普遍的な形相から生ずるのである。それゆえ個体〔種々異なる存在〕を錬金の秘術を通じて最も普遍的な種(genus)へと導き、そのあとこれに特別な諸力(virtutes)、すなわち一でもあり多でもある力を賦与することを心得ている者は誰でも、万能薬(medicina universalis)を容易に見出すであろう。……すべての腐敗堕落(corruptio)がただ一点にその起源を持っている以上は、更新し、再生させ、生命を賦与する諸力の源泉も普遍的に唯一である（universaliter unicus）。気が触れでもしないかぎりこのような治療薬に疑いを持つ者が誰かいるであろうか。[79]

「穀粒」grana（ないしは「葡萄の種子」）の錬金術的処置によって

われらがメルクリウスが最高の高揚（exaltatio＝昇華）を通じて調製される。新たな天、すなわち蜜、[80]ケリドニア〔クサノオウ・白屈菜〕[81]、ロスマリン〔ローズマリー・マンネンロウ〕の花、[82]メルクリアリス、[83]赤い百合、[84]人間の血と、[85]赤あるいは白の葡萄酒の、ないしはタルタルス〔酒石〕の天とを混合することが可能になる。[86]……またもう一つ別の混合も行なうことができる。すなわち天と哲学の鍵[87]との、産出の作業手順による（generationis artificio）混合である。

そればかりでなくドルネウスはここで、読者の息がとまってはいけないと、こう付け加える。

これらの事柄が、術の用語（vocum artis）の完全な知識がなければほとんど理解不可能である（vix intelligibilia）というのは正しい。われわれの信ずるところでは、われわれは前に瞑想的認識を論じた第二段階のところで、これらの用語を定義した。すなわち瞑想的認識とは、真理についていだいているもろもろの何らかの意見を、経験の助けをかりて疑いが残らないようレソルティオ（resolutio＝解体・分解）することである。意見は精神に内在する疑わしい先入見（praesumptio）である。これに対して経験は真理の明白な証明であり、レソルティオとは疑念の除去である。疑いを解いて確実性に達するには、経験による以外に道はなく、われわれ自身の内部以上に良い場所はない。……われわれは前に、敬虔（pietas）は自己認識に存するといった。それゆえわれわれはまたこの自己認識という点から瞑想的認識を説明しようとする。けれども何人もまず熱心な瞑想にもとづいて見たり知ったりしないかぎり自己を認識することはできない。……すなわち、自分自身が誰であるかよりはむしろ自分自身が何であるか、自分が誰に依存しているか、あるいは誰のものであるか、そしてどんな目的のために造られ創造されたのか、同様に誰によって、誰を通じて造られ創造されたのかを見、かつ知るのである。

神は人間を神の栄光に与らせ、人間を神の像に似せて創造した。

われわれはすべてのものに嘲けられ蔑まれる最も安っぽい粘土から創造されているが、われわれを形づくっている素材であるこのプリマ・マテリアのゆえに、われわれは如何せん、われわれを安っぽい素材から最も価値ある被造物へと、ただし天使よりやや少なめの栄誉と名誉で飾ってではあるが、創造し給うた方に向かうよりは、あらゆる安っぽいものに向かう傾向がある。

最も安っぽい素材から神は黄金と宝石を造った。それゆえわれわれはわれわれの本性とわれわれの起源を認識することによって傲慢不遜（elationis superbia）を棄て去らねばならない。というのも神は人を見ているのではなくその人の貧しさと謙遜とを見ており、傲慢不遜を憎んでいるからである。水と葡萄酒とを創造した方だけが、あるものを他のものに、したがってまた地を生ける魂（anima vivens）へと変えることができる。そしてこの方はわれわれの治癒〔救済〕を確かなものとするためにこの生ける魂に自らの像と自らとの類似性を刻印したのである。にもかかわらずわれわれはアダムの罪によって反逆者となった。しかし神はわれわれと和解した。「誰が敵と和解しないほど石化する（lapideus）ことがあろうか。」神を認識する者は、自らの兄弟をも認識する。

これが真の哲学の基である。これらすべてをわが身において観察し、自らの精神をこの世のあらゆる喜怒哀楽から解き放つ者は[88]「徐々に、日に日に、自らの精神の目で（oculis mentalibus）神的照明の火花（scintilla divinae illustrationis）がきらめき輝くのを見るであろう……」。魂は、この火花に突き動かされて、精神と結合するであろう。

そしてついに肉体が、結合された二つのもの〔魂と精神（anima et animus）〕の統一に身をゆだね、これに服従するよう強いられる。[89]これこそ賢者らがわれわれに語り伝えている、肉体の精神（spiritus）への、精神の肉体への、あの奇蹟的な哲学的変容である。すなわち賢者らはいっている、「堅固なものを流動的なものに、流動的なものを堅固なものにせよ」fac fixum volatile et volatile fixum と。[90]これが汝が手にするわれらが神秘である。このことばはつぎのごとく理解せよ。惰性的な（pertinax＝頑固な）肉体を柔軟な（tractabile）ものにせよ、そうすれば、魂と調和している精神（animus）の卓越性を通じて、あらゆる試煉を身に引き受けることのできる極めて揺るぎない肉体が生ずるであろう、と。なぜなら黄金は火の試煉に耐えるからである。……歩み寄れ、汝ら、ありとある道を辿って宝を探し求める者たちよ、そして、投げ捨てられたのち隅のかしら石となった石を学び知れ。……隠された自然の秘密を求めるいかなる探求者の努力も、もしこれとは別の道を歩み、地上的なものの諸力を地上的なものを通じて発見しようとするなら、すべて徒労に終わる。天を、地を通じて認識するのではなく、地の諸力を、天の力を通じて認識することを学べ。肉体を腐敗堕落の状態から真実の性状（temperamentum）へと変容させるだけでなく、このような諸性状（temperata）を極めて永きにわたって保持する不朽不滅の治療薬を求めよ。汝らはこのような薬を天以外のどこにも見出すことはできない。なぜなら天は、地の中心にあらゆるところから射し込み集まる見えざる光線を通じて、すべての元素とそれらの元素から生ずるすべてのものに浸透し、これを産み出し、育みそだてるからである。二親の子ども、すなわち諸元素と天の子どもは、この自然本性を自らの内に保持しており、したがって二親は、可能性としてまた現実として（potentia et actu）、子どもの内に発見することができる。ラピスが錬金術によって産み出されないとしたら、誰が好きこのんで今日までそこに〔地の中心に〕とどまっていようか。[91] けれども汝自身の内部から、つねに変わらずありつづけるものを認識せよ、天においても地においても不変のものを。そして特に、この万有が汝のために創造されてあることを。まさか知らないことはあるまい、天と諸元素とはかつては一つであったが、汝と汝以外のすべてのものを自然に産み出すために、何らかの神的作用のはたらきによって互いに分離されたのだ。汝がこのことさえ知っていれば、他のことはすべて見えてくる。あらゆる産出においてかかる分離（separatio）は必要不可欠である。……汝が求めている一なるものは、その前に汝自身が一にならないかぎりは、決して産み出すことはできない。……[92]

四　錬金術の作業手順の意味

ドルネウスは「結合」のプロセスの第二段階の秘密を以上のように描写している。現代人の悟性にとってはこのような思考内容はむろん夢想的空想のぼんやりとした、得体の知れない産物であるとしか思えない。ある意味では実際そのとおりで、まさにそうであるがゆえに複合心理学の方法で解読するのにぴったりなのである。ドルネウスは上に見たとおり、明らかにひどく錯綜した事実を前にして、これを何とか分かりやすくしようと、「精神的統一」と肉体との結合のために必要不可欠と思われるクウィンタ・エッセンティアがどのようにして産み出されるか、その製造の仕方の説明に迷い込んでいる。むろんわれわれは自問せざるをえない、そもそものなぜこのような錬金術的作業手順がここに割り込んでこなければならないのか、と。「精神的統一」が精神的かつ道徳的な態度を意味していることは極めて明白で、その心理学的性質にはもはやまったく疑問の余地がないとすらいってよいからである。このような疑問を持つということは、現代人の悟性にとってはすでに、心的事象と化学的事象とを分かつ仕切り壁が立てられているということである。この二つのものはわれわれにとっては比較不可能なものである。が、中世の精神にとってはそうではないのだ。中世精神は化学物質とその結合〔化合〕の性質についてはまったく何も知らなかったからである。中世精神が見ているのはただ、互いに結びついて、説明不可能な、それゆえ神秘に満ちた物質を産み出すところの、謎めいた諸物質だけなのである。このような曖昧模糊とした深い謎を前にすると、空想は自由奔放に翼をひろげ、考えられないようなものを自在に組み合わせることにもなりかねない。空想は無制約に活動し、それと気づかないまま、己れ自らを表現することにもなる。達人の心は自由活潑にはたらき、ちょうど画家が自分の空想像を絵に具象化する際に自分のパレットの色を使用するように、化学的な物質と化学的なプロセスとを用いる。したがってドルネウスが「精神的統一」と肉体との結合を描写しようとして自分の化学的な物質や道具立てに手を伸ばすのは、自分の空想を化学的作業手順によって具象化しようとする試み以外の何ものでもない。この目的のために彼は、画家が適切な色を選ぶように、適切な物質を選び出すのである。それゆえ、たとえば蜜が混合のなかに加えられなければならないのは、蜜の純化する性質のためである。パラケルスス学徒であったドルネウスは師の著作から、師が蜜にどれほど大きな讃辞をささげているかを知っていた。それは「地の甘美」であり、あらゆる植物に浸透する「地の樹脂」resina terrae であり、「夏の暑熱の影響」によって「肉体の霊」spiritus corporalis に変ずる「インド人の霊」である。そのため蜜を混ぜるとは、単に不純なものを除去するだけでなく、精神〔霊〕を肉体に変える性質をも獲得するということであり、これは「精神と肉体の結合」coniunctio spiritus et corporis の構想の実現にとって特別に有望であるように思われたのである。むろん「地の甘美」は（地の誘惑の危険は誰もが知っていることであるが）ある種の危険をそなえていないわけではない。われわれがすでに見たように、蜜は死をもたらす毒にも変じうる。蜜はパラケルススによれば「タルタルム」Tartarum〔酒石〕を含んでおり、これはその名前に暗示されているように〔語源はギリシア神話の冥府タルタロス（tartaros）〕、ハデス〔冥府〕と多少の関係を有していて、「昼の光をプリマ・マテリアの状態に引きもどす」。蜜はまた「煅焼されたサトゥルヌス」Saturnus calcinatus、すなわち凶星たる土星の親戚でもある。ところでドルネウスはさらにケリドニアなる物質を持ち出しているが、この物質は眼病、特に夜盲症を、いやそればかりではなく、達人たちの恐れていた精神の暗黒化〔精神の病い〕（「魂の苦悩」afflictio animae、鬱状態《メランコリー》等）を癒す力をそなえている。ケリドニアは「嵐」から、とはつまり人間を襲う情動の嵐から護ってくれる。ケリドニアはその黄色の花によってあの最高の宝である「哲学の黄金」を暗示しているがゆえに、貴重な成分なのである。それはまた、ここでは特別重要なことであるが、メルクリウスから「湿気」humiditas、すなわち「魂」anima[93]を抽き出す。要するにそれは肉体の「精神化」を助け、地上的霊の粋であるメルクリウスのエッセンスを目に見えるものにしてくれるのである。メルクリウスはしかし悪魔でもある。[94] D・ラグネウスがメルクリウスの本性を定義した一節に「汝らとともに在る専制的支配者」Dominus vobiscum というタイトルをつけているのはおそらくそのためであろう。[95]

さらにメルクリアリス（Mercurialis）なる植物が提示されている。これはかつて、ホメロスの魔法の薬草モリュと同じように、ヘルメス〔＝メルクリウス（Mercurius）〕自身によって発見された植物で、それゆえ魔術的効力をそなえていることはいうまでもない。メルクリアリスは特に「結合」に際して大いに助けになる。なぜならそれは男性的形態でも女性的形態でも現われ、それゆえまだこれから生まれてくる子どもの性をあらかじめ決定する力を持っているからである。そればかりか、そのエキスからメルクリウスが生まれるといわれている。つまり仲介者であり（なぜならメルクリウスは「両方の才能をそなえている」utriusque capax からである）かつ大宇宙の救済者であるよう定められていて、したがってまた「上なるもの」superiora と「下なるもの」inferiora の結合のために最高のはたらきをなすところの、あのメルクリウスが生まれるのである。メルクリウスはへルメス・キュレニオス〔キュレネのヘルメス〕として（ということはつまりヘルメス・イテュファリコス〔男根像ヘルメス〕として）、結合象徴において大きな役割を演ずる性愛の魅惑的な力の賦与者なのである。(96) 蜜と同様にメルクリウスも毒として作用する可能性をそなえており、その意味ではすこぶる危険であって、それゆえ当然のことながらドルネウスには、ロスマリン（rosmarinus）を「解毒剤」alexipharmacum として、同時にメルクリウス（すなわち「永遠の水」aqua permanens）の同義語としても、混合のなかに加えるのが得策だと思われたのである。ひょっとしたら「同じものは同じものによって癒される」similia similibus curantur の原則に従ったのかもしれない。メルクリウスとの関連でいえばドルネウスは、錬金術一流のやり方で「ロス・マリヌス」ros marinus（＝海の露）を効果的にほのめかすという誘惑におそらく逆らえなかったものと思われる。教会の象徴表現と軌を一にして錬金術にも「恩寵の露」が存在した。すなわち「生命の水」aqua vitae（「永遠の水」aqua permanens/perpetua、「神の水」と「硫黄の水」という二重の意味をもつ「ヒュドル・テイオン」ὕδωρ θεῖον）がそれである。この水は「大洋の水」aqua pontica、あるいはそのものずばり「海」mare とも呼ばれた。それは錬金術師がその神秘的な「遍歴の旅」peregrinatio（巡礼行）の途上、天の北極にあるメルクリウスの「心臓」に導かれて、船で渡る大海にほかならない〔図5参照〕。メルクリウスの「心臓」の位置は自然自体が磁石の羅針儀によって指し示している。(97) この海はまた再生のための沐浴の水、植物の生育を促す春の雨、「教義の水」aqua doctrinae でもある。

　ロスマリンと同じく百合も「解毒剤」である。しかしそれがすべてではない。はるかにそれ以上のものである。すなわち百合の汁は「メルクリウス的」であり、そればかりか「焼き尽くされない」incombustibilis――この特質はつねに不朽不滅の、「永遠の」本性を暗示している。百合がメルクリウスおよびクウィンタ・エッセンティアそのもの――「人間の瞑想」が到達しうる最高のもの――と見られている事実が、このことを裏づけている。赤い百合は「結合」における男性的なものを、白い百合は女性的なものを、ということはつまり、聖婚において

図5

結合する神的な対《つい》を表わしている。要するに百合はパラケルスス的意味における正真正銘の「ガモニュムス」gamonymus なのである〔二五一頁参照〕。

最後に混合には、肉体と魂とを本当に、文字どおり結びつけているものを欠かしてはならない。つまり人間の血である。人間の血は魂の居所と見なされている[98]。それはラピスの前段階をなす「赤いティンクトゥラ」の同義語であり、そればかりか折り紙つきの魔法の薬、魂を神あるいは悪魔に結びつける「紐帯」ligamentum、すなわち「精神的統一」を肉体に結合することのできる最強の治療薬である。「人間の血」sanguis humanus を混合に加えるという発想は、この処方が字義どおりの意味であると仮定すれば、わたしには少々異常なように思われる。これがそのとおりの意味なのかどうか、この点ははっきりしない。すでに触れた混合成分としての植物の場合はその象徴的価値のゆえに挙げられていることは明らかであるとはいえ、その象徴表現が同時に魔術的性質をも意味していないかどうか、それはどの程度なのか、精確には分からない。もし魔術的性質を意味しているとすれば、処方は字義どおりに取らねばならない。血の場合は疑念はさらに強まる。それは単に「永遠の水」の同義語にすぎないのか。そうであればそれは何らかの液体を意味していると見ることができる。それとも本物の血を意味しているのか。そうであればその血の出所はどこなのかと自問せざるをえない。それは達人自身の血なのだろうか。これを問題にするのは、あとでまた触れるように、ドルネウスがこの著作においてシバ〔サバ〕人の手になる『プラトンの四つのものの書』の影響を著しく受けているという意味で——彼はこの書物に言及はしていないが明らかに知悉している——必ずしも的外れではないようにわたしには思われる。シバ人は魔術的な目的のために人間を犠牲に供したという悪評を立てられていたし[99]、人間の血は今日に至るまで悪魔との契約の署名に用いられてきた。また、建物の基礎を固めるために酒に酔わせた浮浪者を基礎溝に投げ込み、素早く埋め込むという風習は、さほど大昔のことではない。したがって十六世紀の魔術的処方であれば本物の人間の血を用いたということも大いにありうることである。それも人間に替わるものとして用いられたのである。

さて以上の成分が全部混ぜ合わされると、この混合物が「赤あるいは白の葡萄酒の、ないしはタルタルスの天」と混ぜ合わされる。「天」caelum は先に見たように錬金術的作業手順の産物であり、いまの場合その手順は、まず「哲学の葡萄酒」が蒸溜されるという形をとる。この蒸溜を通じて「魂」と「精神」〔霊〕が肉体から分離され、すべての「粘液」phlegma から、すなわち、もはや「精神」を含んでいないすべての液体から解き放たれるまで、何度も何度も昇華される[100]。その残滓、いわゆる「肉体」corpus が、「猛烈この上ない火」によって煅焼されて灰となり、それに熱湯が加えられて「この上なく苦い〔渋い〕灰汁」lixivium asperrimum に変えられ、この灰汁が容器を傾けることによって、灰を残して注ぎ出される。その残滓、すなわちあとに残った灰について、また同じ手順が繰り返される。しかもそれは、灰のなかにもはや「苦味」asperitas（渋味）が残らなくなるまで繰り返される。こうして得られた灰汁は濾過されて、それからガラス器のなかで蒸発させられる。こうして「われらがタルタルム」tartarum nostrum（われらが「葡萄酒石」calculus vini）、自然な「万物の塩」が得られる。この塩が「湿っぽく冷たい場所に置かれた大理石板[101]の上で溶解してタルタルス水〔酒石水〕になる」。このタルタルス水は「哲学の葡萄酒」の、あるいはまた通常の葡萄酒の精髄であり、それがそのあと上で言及した「周回」にゆだねられる。それによって、ちょうど遠心分離器にかけられたかのように、純粋なものが不純なものから分離され、そして「気の色をした」aëris colore 液体が浮き上がってる。これが「天」である。

以上、わたしは読者が錬金術の作業手順について直接的印象を持つことができるようにドルネウスの述べているプロセスを詳細に記した。これを単なる大法螺だと受け取ってはならないだろう。ドルネウスはまちがいなく自分のやっていることを真面目に考える種類の人間だからである。どう見ても彼は自分のことばどおりに信じており、自らそれを実験したと思われる。もちろんわれわれには化学的領域においてどんな成果が得られたかは知るよしもない。しかし彼の瞑想の努力がどんな成果を得たかについては、十分理解できる。

この「天」はドルネウスにとって、人間の内に隠されている「天上的実体」substantia caelestis、つまり秘密の「真理」veritas、「最高の力」summa virtus、「虫に食われることもなければ盗人に掘り返されることもない宝」を表わしている。この宝は世の人々にとっては極めて安っぽい、取るに足らないものであるが、「賢者らにとっては宝石や黄金よりも愛すべきもの」amabilis sapientibus supra gemmas et aurum、であり、「ここから死後にまで持ってゆける」不滅の財産なのである。(102) 好意的な読者なら、この達人が描写しているのはまさに地上の天国にほかならないと考えるかもしれない。わたし個人は、ドルネウスはそんな大それたことではなく、自分の読者に対して彼にとって極めて本質的なものを伝えたかったのだと考える。彼は錬金術作業の必要性をも、その成果をも信じているのである。彼は確信しているのである、肉体の「調製」praeparatio にはクウィンタ・エッセンティアが必要であり、(103) 肉体の精神および魂との「結合」は成就しうるということを。「天」を葡萄酒から造り出すということからして化学的に見れば身の毛のよだつような妄想であるから、それどころか達人が彼の「天」を彼の「ガモニュムス」と、またその他の魔法の薬草と混合しようとしているとなると、理解力は停止してまったく訳が分からなくなる。しかし一方が主として空想から成り立っているように、他方もまた然りである。事態はそれによって興味深いものとなる。なぜなら空想は、それが自然に自ずから生まれたものであれば、必ず何かを意味しているからである。そこでいまや問題は、これらの作業手順は心理学的には何を意味しているかということである。

五　錬金術の作業手順の心理学的解釈

この問題に答えることに強く心惹かれるのは、そこで出会う事柄が現代の心理学にとっても同じように主要関心事をなしているからにほかならない。つまり、ドルネウスは彼にとって特別の意義を有するある空想的プロセスを生み出しているということである。たしかにその場合彼は錬金術的諸観念の一般的な枠内を動いてはいる。しかし彼はあらかじめ示されている図式を繰り返すのではなく、自らの自由な思いつきに従って、彼独自の一連の観念とそれに見合う行動を生み出す。これらもろもろの観念と行動は、容易に見て取ることができるように、象徴的性格をおびている。彼はまず、自分の精神的立場である「精神的統一」と肉体とを結びつけるのに役立つはずの霊薬の製造から始める。早くもここで、二義的曖昧さが顔を出す。「肉体」corpus ということばは彼の人間としての肉体のことをいっているのか、それとも化学的物質のことを指しているのか。見たところまず差し当たりは彼の生身の肉体を指しているように思われる。周知のように精神とは別のことを欲する肉体である。しかし化学的プロセスが始まるやいなや、「肉体」は葡萄酒を蒸溜した結果レトルトのなかに残るものであることが判明する。そしてこの「粘液」phlegma は、煉獄の浄罪の火に投げ込まれた魂という霊妙体さながらに取り扱われる。つまりそれと同じように葡萄酒の残滓も、「気の色をした」クウィンタ・エッセンティアがこの残滓から分離されるまで、昇華する火のなかを幾度となく通過しなくてはならないのである。

はじめからいきなり前提されていて一度として問題視されることのない、人間の肉体と化学物質とのこの奇妙な一体性は、レヴィ－ブリュールがまことに正当にも未開の精神の特徴として主張した「神秘的分有」を表わしている。[104] 同じことは紛れもなく心的事実を指している「精神的統一」unio mentalis にも当てはまる。なぜなら「精神的統一」は同時に肉体のなかに隠された、物質的実体をそなえた「真理」でもあるからであり、これはこれでまた、「粘液」から昇華されて得られるクウィンタ・エッセンティアとふたたび合体する。知的には考えられないようなこの途方もない発想をほんの僅かでも疑ってみるなどということは、錬金術的精神にはまったく思いもよらなかった。もちろんわれわれは、こんなことは「暗黒の」中世にしか起りえないことだと考えるだろう。しかしわたしはこれに対して、この点ではわれわれもまた完全には暗い森から抜け出てはいないと主張せざるをえない。ある哲学者はなんと、ある議論の最中にわたしに対して大真面目にこう請け合ったものである、「思惟が誤謬に陥ることはない」と。またある有名な哲学者は、彼の主張にわたしが若干の批判的異義を唱えたところ、こう大言壮語したものである、「これは正しいにちがいない、わたしがそう思惟したのだから」と。

投影はすべて無意識的一体性〔無意識的同一視〕を意味し、どんな投影も、批判も吟味もされていない自明性としてはじめからいきなり存在していて、もし投影の撤回がありうるとしたら、それはずっとのちになってそういう真相が認識されたときである。われわれが今日、精神および認識と呼んでいる一切は、昔は何千年何百年にわたって事物に投影されていたものであり、今日でもなお多くの人々が個人的な好悪をはじめから普遍的な妥当性を持つものと思い込んでいる。原初の、半ば動物的な無意識性は達人たちにはニグレド、混沌《カオス》、混沌塊（massa confusa）として知られており、また魂が肉体と暗い統一（「自然的統一」unio naturalis）をなして肉体に解きがたく編み込まれている状態、魂の肉体拘束性として知られていた。まさにこの鎖から達人たちは魂を「分離」separatio によって解き放ち、精神的・魂的な対極的立場を、つまり肉体の影響を凌駕している実を示すような意識的かつ理性的な洞察を確立したいと願ったのである。しかしこのような洞察は、すでに見てきたように、事物の現実の姿を覆っている眩惑的な投影を撤回しえないかぎり不可能である。撤回ができれば対象との無意識的一体性は解除され、魂は「鎖から解き放たれる」。この過程は心理学ではよく知られている。というのも心理療法の極めて主要な部分はまさに、患者の世界像を歪め自己認識を妨げるに至ったもろもろの投影を意識化し解消することに存するからである。これを行なうのは、情動的性質を有するある種の異常な心的条件と心的状態、すなわちもろもろの症候を、意識の制御下に置くことである。そこには明白な療法上の意図があって、それは情緒的混乱に対して、理性にかなった、優越的な精神的・魂的な立場を打ち立てることである。

投影は意識の射程内でしか撤回されえない。意識の手のとどかないところでは、修正を加えることすらできない。したがってたとえばドルネウスの場合、心的諸内容の化学物質それ自体への投影はわれわれの目には一目瞭然であるが、彼の努力も結局のところ、投影を投影として見抜き解消するには十分でなかったということである。

このことから明らかなように、彼の認識は他の点では当時の「支配的な見解」よりは深い根柢に達していたけれども、少なくともこの点に関してはまだ当時の意識性の枠内を動いている。そのため奇妙なことにこの達人の目には、肉体〔物質〕に反映されている心的領域がレトルトのなかの化学的調製物と同一のものと映じたのである。それゆえ彼はまた、後者に変化を加えれば前者も変化すると信じている。注目すべきことに、万能薬ないしはラピスを人間の肉体に適用するというような言及は稀である。一般には錬金術的作業手順の実践はそれ自体の範囲にとどまっている。いずれにしてもドルネウスの場合は事情はそうであって、したがって彼の化学的な「天」は、肉体にやどる「天上的実体」、すなわち「真理」と一致している。これは彼にとっては二重性ではなく一体性を意味する。しかしわれわれにとってはそれは一つに通約することの不可能なものである。われわれは化学的過程の何たるかを認識しているおかげで化学的過程を心的過程から区別することができるからである。つまり、今日の意識においてはこのような投影は撤回可能なのである。

「天」に混ぜ合わさるべき例の諸成分を検分すれば、化学物質に投影されている心的諸内容の性質を垣間見ることができる。蜜、すなわち「地の甘美」[105]は、あらゆる生命あるもの、緑なすもの、成長するものに浸透する「肉体の霊」、「生命のバルサム」であることが容易に分かる。心理学的にいえばそこには、あらゆる抑圧的なものと暗きものを排除し克服するところの、存在の歓びと生の衝動が現われている。春のような歓びと期待が漲っているところでは、おそらく精神は自然を、自然は精神を抱擁することができる。「哲学の黄金」の同義語であるケリドニア（chelidonia/chelidonium maius〔クサノオウ・白屈菜〕）はパラケルススの魔法の薬草ケイリ（「黄色イワスミレ」viola petraea lutea）に一致する。ケイリと同様にケリドニアも四弁の黄色の花をつける。ケイリもケリドニアと同じく、「飲用黄金」aurum potabile と見なされることによって黄金に関係づけられる。それゆえケイリも同様にパラケルススの「アニアドゥス」Aniadus[106]、「上に向かって完成してゆくもの」の一つ、すなわち春に集められて永き生を約束する植物の一つである。ドルネウスは自ら特別な一書をささげて、これらの事柄に言及されているパラケルススの論説『永き生について』に注釈をほどこした〔『金属の変成についてのパラケルススの化学の概要』〕。ケリドニアの並はずれた意義は〔ケイリの場合も同じであるが〕その黄金色の花の四要素一組に負うており、これはパラケルススも指摘している。[107] 黄金との類似はつねにそのものに特別の価値があることの強調である。つまりケリドニアが混合に加えられるということは、自己〔ゼルプスト〕の四要素一組と同一の最高の価値が混合のなかに投影されるということである。ケリドニアについて、それは魂をメルクリウスのなかから抽出する、といわれるが、これを心理学的に翻訳すれば、自己の像〔黄金のごとく完璧な四要素一組〕は地の精神〔霊〕からクウィンタ・エッセンティアを抽き出す、というに等しい。

　魂をメルクリウスのなかから抽出する――ドルネウスはこの文言について自ら「合理的にはほとんど理解不可能である」vix intelligibilis といっているが、読者もむろんそう思われるであろうし、わたしもそれに同意する。なぜ不可能なのかということになると、物質と心とをまだはっきりとは区別できない精神状態にまともにかかわり合えばかならず陥らざるをえない並はずれた困難さのゆえだとしか説明のしようがない。つまりこの文言の核心にあるのは、メルクリウスという錬金術的理念、この精神〔霊〕的でもあり物質的でもある二重存在の理念なのである。この形姿に関してはこれ一つを特に取り上げた研究をすでに発表しているので、参照願いたい。[108] わたしがそこで証明したのは、メルクリウスは外面的には水銀に相当するが、内面的には一種の「地の神」deus terrenus であり「宇宙の魂」anima mundi であるということ、換言すればメルクリウスは、神性が宇宙を「想い描いた」とき、その想像から造り出された被造物のなかにいわばとどまりつづけた神性部分、[109] ないしはエイレナイオスの伝えるグノーシス主義者たちのソピア〔智慧〕のように、ピュシス〔自然・物質〕のなかに埋没してしまった神性部分であるということである。メルクリウスはドルネウスが魂にもあるとしている性格をそなえている。つまりそれは「善とともにあれば善、悪とともにあれば悪」bonus cum bonis, malus cum malis であり、したがって道徳的には中間存在である。魂が地上的な肉体〔物質〕になびく傾向を有するように、メルクリウスもしばしば物質中の精神〔霊〕として登場する。つまり地上的なのである。いやそれどころか、たとえばいまわれわれが取り扱っているドルネウスのテクストにおけるように、地下的〔冥府的〕（καταχθόνιος）でさえある。となるとメルクリウスは、ピュシス〔自然・物質〕の魂を拘束している精神〔霊〕（人間の精神ではない）ということになり、それゆえピュシスの魂はこの精神〔霊〕から、すなわちメルクリウスから解き放たれなければならないのである。

メルクリウスは心理学的にいえば無意識を表わしている。というのも無意識は見たところ、メルクリウスというこの生ける物質〔「生ける銀」＝水銀〕に酷似した、そしてメルクリウスに関していわれるパラドクシカルな諸特質のすべてをそなえている「精神〔霊〕」だと思われるからである。無意識中にはあの「火花」scintillae の数々、すなわち、そこからより高い意味が「抽出」されるところの諸元型がやどっている。[110] 隠されたものを惹き寄せる「磁石」は自己《ゼルプスト》である。ないしは、錬金術に即していえば自己の「テオリア」theoria〔観想〕、あるいは自己のイメージ化された象徴であり、これを達人たちはいわば道具として用いている。[111]「抽出」extractio は『パンドラ』のなかにある画に具体的形象を通して描かれている〔本訳書I、図17〕。冠をかぶり、光輪を背後にもつ形象が、「精神〔霊〕」spiritus を、すなわち翼をつけ、光輪を背後にもち、魚の尻尾と蛇の腕をした存在を、土の塊のなかから引き上げている。[112] この異形の存在は、「メルクリウスの霊」spiritus mercurialis、鎖から解き放たれた「物資の魂」ないしは「宇宙の魂」、「大宇宙の息子」filius macrocosmi、月満ちるまで地〔土〕のなかで懐胎された太陽と月の子ども、両性具有のホムンクルス等々を意味する。これらすべての同義語は根本的には、キリストに類似するものとしての、あるいはキリストを補完するものとしての内的人間をいい表わそうとしている。この内的人間という形姿についてさらに知りたいと思う読者があれば、『心理学と錬金術』および『自己の象徴表現に関する考察』[113] において以前わたしが行なった詳しい論述をお読み願いたい。クサノオウ〔白屈菜＝ケリドニア〕は中世の最も愛好された薬用植物であり魔法の植物であった。それは特にその黄色の、乳のような汁のせいで、乳が出なくなったときに用いられる薬のひとつである。それは「魔女の薬草」とも呼ばれた(114)。

さて、その他の混合成分に目を向けることにしよう。すなわちまず「ロスマリンの花」flores rosis marini〔＝海の露の花〕である。ロスマリン（rosmarinus officinalis〔マンネンロウ〕）は古い医学では解毒剤の一種と見られている。察するにこれは、すでに言及したその奇妙な名前と関係していると思われる象徴的理由のせいであろう。海に由来する露は錬金術師にとっては「永遠の水」を表わすのにもってこいのアナロジーであり、当の「永遠の水」はまたメルクリウス以外の何ものでもない(115)。けれどもロスマリンをことのほか重要なものにしているのは、その芳香と美味である。聖霊の「芳香」はグノーシス主義者たちのあいだにおいてばかりでなく、教会の言語にも見出され(116)、錬金術師たちにあってはむろんである。しかし錬金術師たちの場合はそれよりもはるかに頻繁に地下世界〔冥府〕を特徴づける悪臭、すなわち「墓の臭い」odor sepulchrorum に出くわす。ロスマリンは婚礼の風習においても、さらに恋心を呼び覚ます惚れ薬〔愛の魔法〕として盛んに用いられた。それゆえ〔錬金術師にとっては〕結びつける力を有しており、「結合」という目的に特別好都合なのである(117)。これと同じように、聖霊は父と子〔息子〕を結びつける「息」spiratio であるために、錬金術においてもときおり肉体と魂の「紐帯」ligamentum として登場するのである。ロスマリンのこのような種々の側面はそれに見合うだけのさまざまな性質を意味しており、それらの性質はロスマリンが混ぜ合わされることによって物質的な治療薬にも分かち与えられるのである。

メルクリアリスも魔法の薬草であるが、これはロスマリンとちがって愛にではなく性愛に、つまりもう一つ別の結びつける力にかかわっていて、この性的結合力はそれどころか、上にもふれたように、生まれる子どもの性を決定することもできる。赤い百合は硫黄の精髄として錬金術的結婚における男性的パートナー、つまり「白い女」foemina candida と結合する「赤い奴隷」servus rubeus を表わしている。達人いわばこの形象と一体となって、調合している飲料に自らを混ぜ合わせ、さらにこの一体性を強化して揺るぎないものとするためにもう一つの成分として人間の血を用いる。悪魔との契約を固めるためにも用いられるこの「特別の液汁」によって「結婚の紐帯」ligamentum matrimonii を魔術的に強固なものにしようというのである。

以上の諸成分の混じり合った奇妙な混合物をドルネウスは「赤あるいは白の葡萄酒の、ないしはタルタルスの天」と結合しようとする。「天」ないしは「青いティンクトゥラ」は、先に述べたように、葡萄酒の粘液から、ないしは葡萄酒石から昇華を通じて得られたものである。「粘液」が気化させられた葡萄酒の底に残ったものを意味するように、地下世界〔冥府〕あるいは死者の国であるタルタルスは、いわば、かつては生命に溢れていたがいまは盛りをすぎた世界〔宇宙〕の残滓あるいは残留物を意味する。ハインリヒ・クーンラートにあっては、「大宇宙のタルタルスの塩」sal tartari mundi maioris は「サトゥルヌスの塩」sal Saturni および「ウェヌスの塩」sal Veneris と同一のものである[118]。それは「宇宙の魂の火花」scintilla Animae Mundi を含んでおり、あるいはそれどころか「宇宙の魂の火花」そのものですらある[119]。タルタルスは「智慧の塩」でもある[120]。いまふれた「サトゥルヌスの塩」は、タルタルスのなかに囚われているクロノス〔サトゥルヌス〕を暗示している。プルタルコスはテュポン〔セト〕をタルタロス〔タルタルス〕と同一視している[121]。この事実はおそらくサトゥルヌス〔土星〕の凶星としての性質にぴったり符合する。したがって「タルタルスの塩」sal tartari という表現には、死と地獄を想わせる冥府的で暗い響きがともなっている。サトゥルヌスは鉛の意味では、プリマ・マテリアの最もよく知られている同義語の一つであり、それゆえ「哲学者の息子」が生まれてくる「子宮」matrix である。「哲学者の息子」は錬金術師たちの求める「天上的実体」、「天」等々である。

この奇妙な魔法の飲料はどう解釈すればよいのであろうか。ドルネウスは、このような魔法の薬草を混ぜ合わせ、タルタルスから気の色をしたクウィンタ・エッセンティアを蒸溜によって取り出すということを本気でいっているのか、それとも「道徳的」な意味内容を表現するためにこのような秘密の名称と作業手順を利用しているのか。わたしはその両方だと推測する。というのも錬金術師がこのような物質や思考過程によって実際に実験を行なったことも、また特にパラケルスス派の医者がこのような薬や考えによって治療を行なったことも確かだからである。けれども達人たちがこのような飲料を実際にレトルトのなかで調合したとすれば、彼らはきっと混合すべき成分をその魔術的意義にもとづいて選んだにちがいない。したがって彼らはもろもろのイデー〔観念ないしは理念〕、ということはつまりもろもろの心的なプロセスや状態を操作していたのだ。そしてこのようなイデーや心的なものをそれに見合う物質的実体によって暗示していたのである。蜜とともに、感覚の快楽と存在の歓びが混ぜ合わされ、同時にまた、その快楽と歓びによって現世に巻き込まれ埋没することのもたらす「毒」への、つまり致命的な危険への憂慮と不安が、混ぜ合わされる。ケリドニアとともに、「地上の子」としての人間の最高の意味と価値、人格の全体性としての自己《ゼルプスト》、現代の心理療法によっても承認されているところの、「治癒〔救済〕をもたらす」、つまり人格を全きものにする「治療薬」が、ロスマリンによって表わされる精神的な、婚礼の愛と結びつく。そして下なるもの、地上的なるものが欠けることのないよう、メルクリアリスが、赤い百合の象徴で表わされる「赤」、すなわち情熱に衝き動かされる男[122]とともどもに、性愛という要素を付け加える。さらにそこに自らの血をも混ぜ合わせれば、その者の魂全体が投入されることになる。そしてこれらすべてが、青いクウィンタ・エッセンティア、不活性物質から抽出された「宇宙の魂」と結合し、世界に刻印された神の像、周回運動[123]によって産み出されたマンダラと結合する。すなわち、意識的人間の全体が、これまでの自我に代わる人格の新たな中心点、すなわち自己《ゼルプスト》にゆだねられるのである。意識においてキリストが指導的立場を受け継ぎ、純然たる自我中心的生に一つの終止符を打ったように、「大宇宙の息子」、偉大なる光体〔太陽と月〕と暗い地の胎との息子が、魂の領域に足を踏み入れ、単に精神的な意識の明るい高みに立つ人格のみならず、キリストにおいて顕現した光がこれまで理解しえないでいた暗い深みにおける人格をも、つまり人間の全人格を捉える。錬金術はおそらく、キリスト教が明らかに支配しえなかった大いなる影を意識していて、そのため地の胎から救世主を、それも上方から現われた神の息子のアナロジーとして、同時にそれを補充するものとして出現させなければならないと感じていたのである。

「天」の製造は、実験室で執り行なわれる一種の象徴儀礼である。この儀礼の目的は、ある物質の形態をかりて、「神の似像」と同一のものであるあの「真理」、「天上的実体」、あの「バルサム」もしくは生命原理を出現させることにあった。これは心理学的にいえば、化学的な物質と作業手順をかりた個性化過程の具象化、つまり、われわれが今日能動的想像と名づけているものにほかならない。能動的想像はいわば、自然それ自身によって自然発生的に用いられるか、あるいは医者の指導を通じて患者が身につける方法のことである。能動的想像が生ずるのは、また、それを療法として用いなければならないのは、原則として、対立するものの「溶解」（分析！）が進み、その対立の状況が人格の統一ないしは統合（総合！）を絶対に必要とするぎりぎりの地点にさしかかったときである。このような状況はつぎのような場合に必然的に現われる。心的内容、心的根本態度、そして特に夢、これらの分析によって、無意識の補充的ないしは補償的な、またしばしば真っ向から対立している諸モチーフや諸イメージが、意識的人格と無意識的人格のあいだの解消しがたく見える葛藤が顕著になって危機的様相を呈する程度にまで、意識化される場合である。このような無意識との対決が無意識の何らかの部分的側面に限定されている場合は、葛藤は多かれ少なかれ深刻ではなく、解決は簡単である。分別と、僅かばかりの諦念、ないしはそれに見合うルサンチマンとをもって、理性と習慣的生き方の側に立てば事は済む。それによって無意識のモチーフはたしかにふたたびこれまでどおり抑圧されるけれども、しかしその場合、無意識の諸原則に耳を傾けて生きようと意識的に努力せざるをえず、その上うるさくつきまとうルサンチマンのせいで、抑圧されたものの存在を絶えず思い知らされることになり、無意識はそれである程度満足させられる。ところが影の認識が可能なかぎり完璧である場合には、正真正銘の葛藤と方向喪失が生ずる。否と然りが同程度の強さで共存し、もはや理性的な決断によって両者を分かつことができなくなる。治療を要する種類の神経症は、シニシズムや諦念やルサンチマンというような比較的目立たない神経症に変化させることはできない。つまり対立を、もはやこのような仮面で隠すことはできないということである。葛藤は真の解決を必要とし、対立を統一することのできる第三のものを要求する。そうなると知性の論理では歯が立たなくなるのが通例である。論理的な対立には第三のものは存在しないからである。解決をもたらすものは非合理的な性質のものでしかありえない。対立の調停は自然にあってはつねにプロセス、つまりエネルギー的な過程であって、事はことばの最も本来的な意味で象徴的（symbolisch）に運ぶ〔symbolisch の語源であるギリシア語動詞 symballein は「一緒にする、つなぎ合わせる」の意〕。すなわち二つの側面をともに表わしていることがなされるというふうに運ぶのである。それはちょうど滝が上と下とを目に見える形で示しながら、同時にその上と下とを媒介するのと同じである。滝はその場合上でも下でもない第三のものである。葛藤が顕著で、しかも未決着の状態においては、滝の場合と同じように対立の緊張と様態とを具象化しながらそれによってジンテーゼを導入し始動させる夢や空想が現われる。この能動的想像のプロセスは、すでに言及したように、自然発生的に生ずるか、それとも人為的に惹き起こされる。人為的に誘発される場合は、当の本人は、目的に合わせて一つの夢、あるいは夢以外の一つの空想像を選び、それをただひたすら保持し凝視することによって全精神を集中する。ときによっては不機嫌や怒りなどの情動的不調和を利用することもできる。その場合は、そのような気分からどんな空想像が生ずるか、ないしはどんな空想像がそのような気分を表わしているかを発見するよう努めるのがよい。それからその像に注意を集中することによってその像を保持しつづける。すると通例は、ただ凝視しつづけるだけでその像に生命が吹き込まれ、像が変化しはじめる。この変化を細心の注意を払って、持続的に、心に留めていかなければならない。なぜならそれらの変化は無意識的背景で進行している心的プロセスを、しかも意識的記憶材料からなるイメージのかたちで映し出しているからである。このような仕方で、ちょうど滝が上と下とを結びつけているように、意識的なものと無意識的なものとが一つに結びつくのである。そこから一つながりの空想的イメージが生じ、徐々に劇的性格をおびてくる。すなわち、単なるプロセスが一定の展開をもつハンドルングに変わる。このハンドルングは最初は投影された人物や形象によって表現されるので、これを見ているとまるで舞台の場面のように感ぜられる。別言すれば、目を開けたまま夢を見るのである。ところがほとんど例外なく、この内的感覚のたのしみで満足してしまう明らかな傾向が見られる。そうなるともちろん真の進展は期待できず、同一主題の無限のヴァリエーションが生ずる。これはしかし決してこの能動的想像実習の目的ではない。舞台で演ぜられているのは相変わらず、結局のところ観察者にはかかわりのない背景のプロセスというにとどまる。観察者が心を動かされる度合いが少なければ少ないほど、この私的演劇のカタルシス効果もそれだけ少ない。演ぜられるお芝居はただ傍観的に眺められてはならず、そこに深くかかわることを求めているのである。観察者がこの内的舞台で演じられているのは自分自身のドラマだということを理解すれば、劇的葛藤の「急転《ペリペティー》」と「解消《リュシイス》」はもはや無関心に眺めやるというわけにはいかなくなる。彼は、登場する人物や形象、そして問題の劇的紛糾が、彼の意識状態に意図的な関係を有していること、したがって、彼にこれらの空想像を想い描かせた無意識によって自分が話しかけられていることに気づくだろう。それゆえ彼は、自らこの芝居に干渉して、最初の劇作品を自分自身の内なる相手役、内なる他者との真の対決に変ずるよう迫られていると感ずるか、あるいは医者によってそれを勧告される。われわれの内部ではまったく矛盾葛藤のないままであるようなものは何一つないし、心のどこか暗い隅に何らかの否定あるいは補償的な補完を、強化的な同意あるいはルサンチマンを呼び起こさないような意識的立場というものは存在しない。内なる他者との対決はやりがいのあることである。なぜなら、それによって自らの本質の、他人によっては決して示してもらうことのできない側面、もしそうしなかったら決して自分に認めることはなかったであろう側面を学び知るからである。[124] この作業手順の全体をそのつど、それが生じたその瞬間に間を置かず文字に書き留めておくことは、この実習の目的にかなっているというばかりでなく、極めて重要でもあり得策でもある。というのも、自己欺瞞への誘惑がつねに待ち構えており、ときとしてこの危険を効果的に防ぐためには、自分自身に対して文書による証拠をつきつける必要が生ずるからである。訴訟記録は影との交渉においては、事実をしっかり押さえておくために必要不可欠である。唯一このような苦しくも厄介な方法によってのみ、自らの人格の複合的本性への実り豊かな洞察を獲得することができるのである。

六　自己認識

ヘルメス哲学者〔錬金術哲学者〕のことばで表現すれば、意識（すなわち自我人格）のその背景との対決、いわゆる影との対決は、「結合」の第一段階を示すところの、「精神的統一」における精神と魂との結合に当たる。わたしが無意識との対決と呼ぶものは錬金術師にとっては「瞑想」meditatio を意味する。「瞑想」についてルランドゥスはこう述べている。[125]「ある者が目には見えない他者との内的な対話をかわす場合、たとえば自分が呼びかけた神と、あるいは自分自身と、あるいはまた自分自身の善き守護天使と対話をかわす場合、それが瞑想である。」これはいささか楽天的な定義であるが、そこには達人のその「家僕霊」spiritus familiaris との関係が反映していることを付言しておかなければならない。家僕霊は善良でしかありえないという考えが前提されているのである。たとえばメルクリウスはそれからいえば少々信用のおけない道連れであって、これは錬金術師たちの証言に明らかである。ところで「結合」の第二段階、つまり「精神的統一」それ自体の肉体との結合を心理学的に理解するには、影のほぼ完全な認識が得られたとして、そこから生ずる心的状態がいかなる様相を呈するか、具体的に思い浮かべてみなくてはならない。影は大抵の場合、意識人格とは根本的に対立している。この対立は、心的エネルギーを生む落差の前提である。この落差なしには必要な緊張が欠如するであろう。したがって著しい心的エネルギーがはたらいている場合には、それに見合う緊張と内的対立が存在していると考えることができるし、またそう考えなくてはならない。対立は必然的に性格学的性質をおびる。すなわちポジティヴな美徳の存在はその反対物に対する、すなわちそれに見合う悪徳に対する勝利にもとづいている。対立する片割れがなければ美徳は色褪せ、効力を失い、現実性をもたないだろう。意識との関係において影が極端な対立性を示すと、この対立性は無意識における補充的ないしは補償的プロセスによって和らげられ、仲介される。そして、この無意識的プロセスと意識とのぶつかり合いのなかから、最終的にいろいろな結合象徴が生ずる。

　影との対決は最初は道徳的決断を妨げるような、そして信念や確信を無効にする、あるいはそういうものをいだくことを不可能にするような完全な均衡、停滞を惹き起こす。一切が疑わしくなる。それゆえ錬金術師たちはこの初期状態をいみじくもニグレド、「闇」tenebrositas、混沌《カオス》、メランコリー〔鬱状態〕と呼んだのである。錬金術の「大いなるオプス」はこの時点で開始されるが、これはもっともなことで、このように心乱れ引き裂かれた状態で現実に対してどういう態度をとるべきかは、実際ほとんど解答不可能な難問なのである。しかしながら、錬金術についても現代の無意識の心理学についてもさほど詳しくない読者があれば断っておかねばならないが、今日ではこのような状況に陥ることはめったにない。今日ではもはや魔法の物質に取り組む探求者の困惑に共感する人間などいないし、無意識の分析がもたらす作用をわが身で経験した人はごく限られており、夢が提示する客観的な暗示の数々を瞑想の対象にしようなどとはまず誰ひとり思いつかないといっていい。そもそも瞑想という古い術が今日なお実践されることがあるとしても、それはある種の宗教的・哲学的グループの内部に限られていて、その場合も何かについて、つまり主観的に、当の観察者によって意識的に選ばれたか、あるいは師ないしは指導者によって提示された主題について瞑想されるのである。たとえばイグナティウス・ロヨラの流れを汲む心霊修行やインドの影響を受けたある種の神智学的な実践などの場合がそうである。このような方法は集中力を高め、意識を堅固なものにするという価値しかもたず、人格の総合的統一という点では何の意味もない。逆にそれは、意識を無意識から護り、無意識を抑圧するという目的に奉仕する。したがって、それが心理療法でも利用されるのは、意識が無意識の波に呑み込まれそうになり、そのため一種の精神病発作の中間期のような危険性が感じられる症例ないしは状態の場合である。

瞑想や黙想は西洋では一般に評判が悪い。それは怠惰無為の特に非難に値する形式、あるいは病的な自己陶酔と見られている。自己認識のための暇などないし、また自分自身を認識するなどまったくの骨折り損で、そんなことははじめから分かりきっていると思っている。自分がどんな人間かを知るのは簡単だからというのである。人はもっぱら行為のみを信じ、行為の主体を問うことはない。そして行為は何らかの集合的・集団的に評価される業績にもとづいて判断される。無意識の心が存在するということについては、その筋の権威よりも一般大衆の方がよく知っているほどなのだが、しかし人々は、西洋の人間は己れ自らに対して他者として向き合っているという事実、そして自己認識は最も困難な、最も繊細高度な術の一つであるという事実から、未だに何の帰結も引き出していない。

瞑想が無意識の客観的な産物、自然発生的に意識にのぼってくる産物と取り組むとすれば、それは意識内容を「無意識」内容と、すなわち意識的な因果的連鎖から生ずるのではなく、そのものとしては意識されない過程に端を発すると思われる諸内容と結びつけることになる。われわれは無意識の心を知ることはできない。さもなくばそれは意識されていることになる。無意識の心の存在はただ推測されるだけである。それには十分な根拠があるからである。無意識内容の一部は投影される。が、投影それ自体は認識されない。それが投影であるということを知ることができるためにもすでに瞑想が必要である。つまり一方では投影の主体である自らに対する批判的な内省が、他方では投影の客体である対象の可能なかぎり客観的な知識が必要である。ところが主体の在庫調べをするためには、投影が投影であることを見抜かなければならない。というのも投影が対象の本性を歪曲しており、その上投影には、自分自身の人格の在庫品に属し、それゆえ自分自身の人格に統合されるべき品物も含まれているからである。投影を見抜くことは、自己認識の長い道程における最も重要な区切りの一つである。したがって、投影によって不当にも他者のなかに巻き込まれている場合、ドルネウスが肉体世界に編み込まれ囚われている状態から魂を解き放つために、この世に対するほとんど禁欲的と呼べるような態度を勧めているのはある程度納得できる。このとき魂を助けるのが「精神」である。「精神」とはすなわち、投影の生み出したあらゆる幻影と眩惑を振り払って自己を認識しようとする衝動である。

それゆえ「精神的統一」は錬金術的にいっても心理学的にいっても「自己認識」cognito sui ipsius を表わしている。けれども、自己認識とは自我に関する知にほかならないとする現代の偏見とは異なって、錬金術師は自己を自我とは比較不可能な、肉体の闇に隠されている物質的実体、神の似像と同一のものである物質的実体と捉える。[126] この見方はプルシャ・アートマン〔純粋精神原理プルシャとしての個我アートマン〕というインドの理念と完全に一致する。[127] したがってドルネウスが描写しているようなマギステリウム（magisterium〔最終究極のオプス〕）の心的レベルでの準備は、東洋の偉大な諸哲学にいうのと同じような対立の結合に道を開こうとする、そしてこの目的のためにアートマンあるいはタオ〔道〕に似た、対立から自由な原理を打ち立てようとする試み、しかも東洋の影響をまったく受けていない試みだということができる。ドルネウスはこの原理を「天上的実体」substantia coelestis と名づけているが、今日のわれわれなら超越的原理と呼ぶところであろう。この「一なるもの」unum は「ニルドヴァンドヴァ」nirdvandva（二なるもの、すなわち対立からの自由〔無抗争〕）でもありアートマン（自己《ゼルプスト》）でもある。

ドルネウスはこの理念を新たに発明したのではなく、すでに久しい以前から錬金術の秘密の知であったことを以前よりもはっきりいい表わしたというにすぎない。たとえばアルベルトゥス・マグヌスの『賢者の石に関する八つの章からなる書』には「生ける銀」〔水銀〕argentum vivum（「卑俗ならざるメルクリウス」Mercurius non vulgi、すなわち「哲学のメルクリウス」）についてつぎのような文章が見える。[128]

「生ける銀」は冷たく、湿っていて、神はそれとともにあらゆる「鉱石」minerae を創造したが、それ自体は気のように軽やかで、火のなかでは逃げ去る〔揮発する〕。暫く火を持ちこたえているあいだは、それは奇蹟的な高度の業をなし、それのみが生ける霊〔精神〕であり、この世界にそれに匹敵するものは何もなく、それが産み出すことのできるものを産み出せるようなものは何もない。……それは永遠の水（aqua permanens）、生命の水、処女の乳、泉、「明礬」alumen[129]であり、これを飲む者は、死の手に落ちることはない。それは生きているときには業をなし、死ねば最大の業をなす。それは己れ自らに歓びを見出し、己れを孕ませ、ある一日陣痛に苦しんで産み、その毒ですべての金属を殺す蛇である。それは火から逃げ去るが、しかし賢者らはその術を駆使して、それが火に耐えうるようにする。それが火に耐えうるようになるまで、それをそれ自身の地で養うのである。そうすればそれは業をなし変容をもたらす。それは変容させられると同時に変容させる。……それはあらゆる鉱石のなかに見出され、それらすべてに対して「象徴」symbolum[130]〔符合するもの〕をもつ。それはしかし、地と水の要素をそなえた中間的な〔媒介的〕ものから、あるいは繊細な生ける油と極めて繊細な（multum subtili）霊〔精神〕とのあいだの（mediocriter）[131]真ん中で、生ずる。それは水のような地的なものから、その重さ（ponderositas）と上から下への運動、明るい輝き（luciditas）、液体のような流動性と銀色を得ている。……「生ける銀」[132]はしかし濃密な実体を持っているように思われる。これはちょうど「モノカルス」monocalus〔=monocolus? モノコルス・一本足?〕がその途方もない（immensi）[134]重量という点で黄金を凌駕しているのと同じである。[133]それがその本性のままに存在しているときには、それは最も強い結合の性質をおびている（fortissimae compositionis）[135]と同時に、均一性の性質をおびている（uniformis naturae）。なぜならそれは分割されえないからである。それはいかなる仕方によっても部分に分けることはできない。なぜならそれはその全実体をもって火から逃げ去るか、それともその全実体をもって火のなかに存在しつづけるかのどちらかだからである。それゆえそれの内には必然的に完成の原因が見て取れるのである。

メルクリウス〔生ける銀・水銀〕は黄金の魂であり、同時に――こう付言して差支えないが――銀の魂でもある。そうである以上は、メルクリウスと黄金ないし銀とのあいだに結合が成就されなくてはならない。

われらが究極の秘密は、メルクリウスが逃げ去る〔揮発する〕前に流れ出る「メディキナ」medicina〔治療薬・霊薬〕を手に入れることに存する。……太陽とその影である月よりも尊厳に満ちた純粋な肉体はかつて存在しなかった。月がなければ染色する「生ける銀」は産み出されない。……この「生ける銀」を太陽あるいは月と結合する道を心得ている者は、術の硫黄と呼ばれる「アルカヌム」に到達することができる。

メルクリウスはプリマ・マテリアである。プリマ・マテリアはオプスの最初に溶解されなければならず、溶解された〔複数の〕肉体は〔複数の〕「霊」〔精神〕spiritūs に変化させられなければならない。この変化は、ニグレド、墓、死と同じ意味を持つプトレファクティオ、すなわち腐敗を通じて生ずる。霊同士は「花婿」sponsus、「花嫁」sponsa として結びついている。

われらがラピスは水の性質をそなえている。なぜならそれは冷たく、湿っているからである。というのもこの肉体〔物質〕のこのような性状（dispositio）は明白に、あるいは顕著に現前しているといわれているからである。ところでこの中間的（media＝媒介的）性状は、それを通じて深さに達することのできる拡がりである。中間的性状は拡がりと深さのあいだの中間をなしているからである。ちょうど二つの極端あるいは対立物のあいだにおけるように。そして、一つの対立物から他の対立物へ、あるいは一方の極端から他方の極端への移行は、中間的性状による以外に不可能である。〔これが可能なのは〕ラピスが冷たく、湿った性質をそなえているからである。

メルクリウスは単にオプスの最初に位置するプリマ・マテリアとしてのラピスであるばかりでなく、プリマ・ウルティマ（prima ultima＝究極物質）、すなわちオプスの目標としてのラピスでもある。それゆえアルベルトゥスはゲベルのつぎのようなことばを引用している。「というのもラピスは一なるものであり、メディキナは一なるものであって、マギステリウムのすべてはそこに存する。」

このような言説によってアルベルトゥス・マグヌスはドルネウスより三百年以上も前に「天上的実体」substantia caelestis、「生命のバルサム」balsamum vitae、「隠された真理」veritas occulta を描写しているのである。この描写にしても三百年どころかはるかにずっと昔に遡る源泉をギリシアの錬金術にもっているが、ここではそれには立ち入らない。われわれの目的にとってはアルベルトゥスの包括的な叙述で十分である。アルベルトゥスの叙述は超越的実体を夥しい二律背反や矛盾によって描写しているが、それはこのようなケースでは至極もっともなことだといわねばならない。一義的に明瞭な発言は内在的対象についてしかなしえず、これに反して超越的対象については二律背反的にしか発言できないからである。たとえば、それは在りかつない（つまり経験においては）、というぐあいである。物理学でさえも経験によって矛盾する発言を強いられる。たとえば物体および波動によって表わされる光あるいは微粒子の性質のような、超越的な事実を具体的に表現する場合がそうである。それと同じように「生ける銀」も、一方では物質としての水銀であり、他方では「生ける霊〔精神〕」なのであり、この「生ける霊」を特徴づけるにはありとあらゆる象徴的同義語を駆使する以外にない。もちろん「生ける霊」であるのは、それが術の助けによって火に堪えるものに変えられる場合に限られる。「生ける銀」は物質であり物質でない。なぜならそれは自然な現われ方をする実体としては耐火性をもたず、耐火性は術の秘密を通じて獲得され、それによって魔術的肉体に変ずることができるからで、この魔術的肉体の方は、その不可思議さからいって、われわれが現実のなかでそれに出会う見込みは皆無である。これによって明らかに表現されているのは、この「生ける銀」ないしは水銀は、術がそれに耐火性を賦与した場合にそこに啓示されると錬金術師がいうところの、ある超越的な理念を表わす象徴だということである。さらにこう考えることもできる。すなわちこの「隠された性質」qualitas occulta は、メルクリウス〔生ける銀・水銀〕があらゆる金属のプリマ・マテリアを表示しており、「あらゆる金属の父」pater omnium metallorum であり、あらゆる鉱石のうちに見出されうるという意味で、少なくも潜在的にはすでに前もってメルクリウスに内在しているということである。メルクリウスは錬金術作業過程の出発点における材料であるばかりでなく、その過程の結果、すなわち「賢者の石」lapis Philosophorum でもある。したがってそれはそもそものはじめから諸金属のなかの、いやそもそも化学元素全体のなかの重大な例外である。それはいわば、神がそこからあらゆる物質的存在を創造したところの原物質を表わしているのである。術がこの原物質に加える変化の核心はとりわけ、それが「途方もない重量」と分割不可能な全体性を獲得するという点にある。この発言は最初は奇妙に響くが、しかしこれをつぎのような現代の見方とつき合わせてみれば様相を一変する。物質は、ある意味では「均一性の性質」をおびた、見たところは分割不可能な、並はずれて、いな「途方もなく」重い素粒子の数々からできている。それらは自然の礎石であり、それゆえ、自然にも含まれている一切のものをすべて含んでおり、その結果、どの素粒子も宇宙の、森羅万象の全体を表わしている。この見地からすると、錬金術の発言がまるで二十世紀の偉大な物理学的発見の先取りのように思えてくるのは如何ともしがたい。しかしこういっただけではただ錬金術的直観の物理学的真実性を認識したにとどまり、中世の精神においてこの直観と結びついていた象徴的含意を認識したことにはならない。

陽子《プロトン》およびエネルギー量の不連続をアルベルトゥスの理念と比較するという挙に出る以上は、その象徴的発言に関して別の観点から同じような比較を試みることもわれわれの責務であろう。これらの象徴的発言は、ドルネウスに関して大がかりな解釈を行なった際に明らかになったように、メルクリウスの心理学的側面を示唆している。不必要な繰り返しを避けるために、この点についてはメルクリウスおよび錬金術における自己《ゼルプスト》の諸象徴に関するわたしの以前の諸研究を参照願いたい。自己というこの心的全体性の概念の無意識心理学の実践と理論の両面における並はずれた意義を知れば、ヘルメス哲学もまたこの自己という理念に対して、「賢者の石」という形態のもとに、ヘルメス哲学の他のあらゆる概念と象徴に勝る優先権を与えているとしても、もはや驚くことはないであろう。この事実は特にドルネウスによって包括的に、かつ疑問の余地なく明らかにされたが、その際彼は最古の源泉に依拠することができた。すなわち錬金術は、十六世紀の終わり頃になってはじめてアルカヌムのこのような解釈に思い至ったというわけでは決してないということである。自己という理念はむしろ、ヨーロッパでも、近東でも、中国でも、あらゆる世紀を通じて、錬金術の中心的諸象徴を解く鍵をなしている。この点についてもわたしはわたしの先行する研究の一つを御覧いただきたいと思う。(136) 残念ながら錬金術の理念世界の豊かさを一冊の本で論じつくすことは不可能である。

したがってここでは、ラピス〔賢者の石〕という象徴と自己《ゼルプスト》という経験概念とのあいだに、わたしの見るところでは疑問の余地ない関係があるという事実を指摘するだけでよしとしなければならない。自己という現代的概念を方程式に加えてみると、われわれがいま問題にしているアルベルトゥスのテクストのパラドクシカルな発言はさほど大きな困難なしに解明される。メルクリウスは精神〔霊〕にして物質である。そして自己は、その象徴表現から分かるように、心的な領域も肉体的領域も包摂している。この事実はマンダラの数々に特に明瞭に表現されている。(137) しかしメルクリウスはまた「水」でもあり、これは、テクストでも強調されているように、逃げ去りやすいもの〔揮発性のもの〕(気、火)と固定したものないしは堅固なもの (solidum)(地)との中間物である。なぜなら水は液体と気体との集合状態で現われ、しかも氷という形態では堅固なものとして現われるからである。メルクリウスは「水性」aquaeositas を水と共有している。なぜならメルクリウス〔水銀〕は、一方では金属であって諸金属と堅固なアマルガムを形成するが、他方では水のように流動的であり揮発させることができるからである。けれどもメルクリウスがかくもしばしば水と比較されるもっと深い理由は、メルクリウスがその水との類似性のおかげで、水がそなえているあのヌミノースな特性のすべてを一身に体現している点にある。「神の水」ὕδωρ θεῖον と「永遠の水」aqua permanens という観念が、豊かな祝福をもたらす聖なるナイルの水がまだ存在していたはるかな昔から十八世紀に至るまで、錬金術を支配してきたのはそのためである。キリスト教の諸世紀が経過してゆくなかで水は、最初はグノーシス主義的・錬金術的影響のもとに、ヌース（nous＝理性・精神・霊）の意義を与えられた。あの神聖なる容器クラテル（krater〔原義・混合酒器〕）がヌースで満たされたのであるが、その目的は意識を手に入れたいと欲する人間がクラテルによる洗礼の沐浴で更新されるためであった。ついで水は、一方では「教義の水」aqua doctorinae の意義を、他方では奇蹟を惹き起こす魔法の水の意義をおびることになる。そして、すでに非常に早い時期から存在した水とヒュドラギュルム（hydragyrum）ないしはメルクリウス〔ともに「水銀」の意〕との同一視のゆえに、ヘルメス・トリスメギストス的伝統の全体が、いずれにしてもすでに昔からヌミノースな特性を有していた水の意義領域に引き入れられたのである。「万物の子宮にして乳母」matrix et nutrix omnium という水の母性的な原初的側面が無意識とのほとんど類を絶したアナロジーを示していただけに、事はそれだけ容易に運んだ。このような道筋を経て「水」の観念は徐々に、「母の原初の息子」としてはヘルメス哲学的精神〔霊〕であり、化学的肉体〔化学物質〕としては魔術的に調合される水銀であるところの、あの途方もないパラドックスに満ちたメルクリウスへと発展していったのであった。

「己れ自らに歓びを見出す」luxurians in se ipso 蛇は、「己れ自らを抱擁する」(138) デモクリトス的自然（natura）であって、これは「己れの尾を喰らうもの」、ギリシア錬金術のあのウロボロスによって象徴されるが、ウロボロスはメルクリウスの極めてよく知られた一類型である。ウロボロスは対立結合象徴の粋であり、「両極端は相接する」という諺の錬金術的具象化である。このようにしてウロボロスは錬金術作業過程の目標を象徴化しているが、その出発点、「混沌塊」massa confusa ないしは混沌《カオス》を表わしてはいず、こちらの方は結合によってではなく、四大元素間の争闘によって特徴づけられる。「ある一つの日、陣痛に苦しんで産み」in uno die parturiens という表現も同じくメルクリウスに関係している。（ラピスという形態をとった）メルクリウスは「一つの日の息子」filius unius diei と呼ばれるからである。[139] この呼び名は「創世記」一―五の「夕べがあり朝があった。第一の日である」Factumque est vespere et mane dies unus にもとづく（この日に光が創造された）。つまり「一つの日の息子」としてメルクリウスは光なのである。それゆえ、メルクリウスはまた「新しき光」lux moderna、およびあらゆる光体に優越する光として称讃される。[140] 要するにメルクリウスは、惑星として太陽に一番近い位置にあり、そのため「太陽の息子」filius solis と見られていることからも分かるように〔メルクリウスは惑星としては水星を意味する〕、（「太陽の日」dies solis に創造されたものとして）日曜日の子ども〔幸運児〕なのである。同様に熾天使博士聖ボナヴェントゥラ（一二二一―一二七四年）もその『精神の旅路』のなかでこの「一つの日」を用いており、そこで彼は啓示の三段階（「三重の照明」triplex illustratio）について論じている。第一段階の核心は、われわれが「肉体的なもの」corpolare と「時間的なもの」temporale を放棄しなければならないという点にある。それは、霊〔精神〕的であり永遠であって、「われわれを超えたところ」にある「最初の原理」primum principium〔始原〕に達するためである。「それは、主の道へと導かれるということである。」

> われわれは、永遠の霊的な、われわれの内に存在する神の似像であるところの、われわれの精神（mens＝悟性、心）のなかへと足を踏み入れなければならない。それは主の真理のなかに入るということである。われわれはここで永遠なるもの、最も霊的なるもの、われわれを超えたところにあるものへと移行しなければならない。……それは三重の一つの日の照明である。[141]

Oportet nos intrare ad mentem nostram quae est *imago Dei* aeviterna spiritualis et intra nos, et hoc est ingredi in *veritatem Domini*; oportet nos transcendere ad aeternum spiritualissimum et supra nos … haec est triplex *illustratio unius dei*.

「一つの日」とは、光が闇の上方に出現した一日にほかならない。しかしわたしがこの箇所を引用したのは単にそのためばかりでなく、ドルネウスの結合の三段階との関連を示すためである。ドルネウスの結合の三段階は明らかに中世初期の聖職者の瞑想実践にその起源を有しているということである。類似はつぎの三点から見て取られる。一つは感覚世界から離脱する点である。第二に、精神的な内面世界へと、そして神の似像であり真理である「天上的実体」へと向かう点である。第三に、超越的な「一なる宇宙」unus mundus、潜在的な、時の外にある世界に心を向けるという点である。この点についてはのちにまた触れる。その前にまだ、「生ける銀」の本性に関するアルベルトゥスの発言をさらに検討しなければならない。

メルクリウスに帰せられる中間的位置をきっかけとしてアルベルトゥスは注目すべき考えを述べる。彼の目には、横への拡がり（latitudo）という概念は、それを通じて深さに達する「中間的〔媒介的〕性状」dispositio media を表わしているように映ずる。中間的性状は「拡がりと深さの中間をなしている（media est inter profunditatem et latitudinem）からである。ちょうど二つの極端あるいは対立物（contraria）のあいだにおけるように。」このとき彼の目の前に漂っているイメージは、明らかに十字架のそれである。というのも下方に向う深さという観念には上方に向う高さという観念が不可分に結びついているからである。[142] これによって、「四角のメルクリウス」Mercurius quadratus の特徴である四要素一組が暗示されている。「四角のメルクリウス」はまた、そのラピスという形態においては、四大元素から形成されていのである。[143] メルクリウスは宇宙の四要素構成の中心をなし、それによって、自然界〔物質界〕の統一であり精髄であるクウィンタ・エッセンティアを、すなわち「宇宙の魂」を表わしている。こうしてこの象徴は、すでに他の箇所で示したように、現代における自己《ゼルプスト》の諸表現と一致しているのである。

七　モノコルス

アルベルトゥスは明らかにメルクリウスの統一を強調する目的で「モノコルス」monocolus（これが正しい読みであろう）、すなわち一本足という表現を用いている。これはまずまちがいなく錬金術におけるいわゆる「ただ一度のみいわれし語」ἅπαξ λεγόμενον ではないかと思われる。というのもわたしの知るかぎり、これ以外には錬金術文献のどこにもこの語は見られないからである。稀であるか、あるいは見馴れない語を錬金術師が使用するのは一般に、それによって表現される対象の異常さを際立たせるためである（この技法を用いれば陳腐なことも尋常ならざるものとして印象づけることができるのは周知のことである）。たしかにモノコルスはことばとしては一回しか現われないが、画に描かれた像となると話は別で、一本足はいくつかの挿画つきの錬金術本に登場する。とりわけすでに言及したパリ国立図書館フランス写本（Ms. fr. 14765）の場合がそうで（本訳書二〇九頁、二二八頁参照）、写本のタイトルはアブラハム・ル・ジュイフ（Abraham le Juif〔ユダヤ人アブラハム〕）となっている。この写本は、そのタイトルから分かるように、どうやら錬金術師たちがその所在の不明をひどく嘆くとともに死にもの狂いで探し求めた同じ名前の著者による『菩提樹の書』――これはニコラ・フラメルによるアブラハム・ル・ジュイフの文献目録に挙がっている――であるが、それともそれに代わるものであるらしい。この一度として発見されたことのない神秘の書はドイツでもこれがそれのドイツ語版だというものが出版されたが、この偽作は問題の写本とは無関係である。[144] この写本の三二四頁に、一本足の一連の画による描写の最初のものが出てくる（図D）。左側には黄色の長衣をまとって王冠をかぶった男が、右側には白い長衣をまとい司教冠をかぶった、おそらくは司祭と思われる人物が描かれている。どちらにも足は一本しかない。画の下に付けられた説明はメルクリウスを意味するしるし（☿）で始まり、「かくのごとく彼らはただ一を成す」La n'en font qu'un とある。これは、先行するつぎのようなテクストに関係している。「なぜならただ一つのもの、一つの霊薬しか存在せず、そこにわれらがマギステリウム〔最終究極のオプスないしはその成果としての秘密物質〕の一切がある。ここで完成されるのはただ二人の助任司祭だけである（Il n'y a que deux coadjuteurs qui se perfectionnent icy）。[145]」ここで話題になっているのは明らかに「二重のメルクリウス」である。わたしは先に第三章の硫黄に関する節で、この二重のメルクリウスが特にその「赤い」形態において黄金といわば同一であるということを指摘しておいた。そして黄金は一般には「王」rex と見なされる。このことを画の左側の男がもつ赤い王笏が暗示しているのかもしれない。すでに述べたように硫黄には赤い硫黄と白い硫黄がある。つまり硫黄も同じように二重であって、メルクリウスと一致する。赤い硫黄は太陽の男性的な、能動的原理を、白い硫黄は月の原理を表わす。硫黄は一般には男性的性質を有し、女性的な塩と対立対《つい》をなしているので、画に描かれている二つの男性的形姿はおそらくアルカヌムの「精神」animus を複数のかたちで表わしたものであろう。アルカヌムは、たとえばベルナルドゥス・トレヴィサヌスにおけるように、しばしば「王」と呼ばれているからである。

　二つの形姿のこの奇妙な分離ないしは一体化は、問題の写本に何度か見られる。写本の三三一頁に出てくるつぎの像（図E）では、左側の王が青い長衣を着て、黒い足を一本もち、右側の王は逆に黒い長衣と青い一本足である。両者が手にしている王笏は赤である。画の説明は「かくしてそれはなされる。すなわち隠されていたものが明るみに出されるだろう」C'est ainsy que cela se fait : de sorte que ce qui était caché se rend manifeste となっている。[146] これは、先行するテクストにいわれていることであるが、生じつつあるニグレド〔黒〕に関係して

図D　二人のモノコルス（一本足）

図E 「隠されたものの啓示」

いる。ニグレドは、モルティフィカティオ〔死〕、プトレファクティオ〔腐敗〕、ソルティオ〔溶解〕、セパラティオ〔分離〕、ディヴィシオ〔分割〕等の意義を有する。すなわち、総合統一《ジンテーゼ》に先立つところの、溶解ないしは分解の状態を意味する。この画につづく画では、二つの形姿は二つに分けられて、各々が二本の足を持った姿で描かれている。左の人物は宗教界の冠をかぶり、右の人物は俗界の王冠をかぶっている。これは硫黄に関する節で言及した、一方では秘め隠された霊的〔精神的〕な、他方では地上的で肉体的な、硫黄の性質に一致している。左の人物は右半分が青で左半分が黒い長衣をまとっており、右側の人物の長衣はその逆になっている。つまり両者は互いに補い合って補充的な関係をなしている。テクストは説明する、「一七七二年のこの一月という月において九年半を経た色が、この二つの形姿によって表わされている。同様にまた、われらが自然の☿のモルティフィカティオと、別の形態にして変化した死せる水とによって。」画の下にはつぎのような文言が見られる。

極めて長い時　するとプトレファクティオとカルキナティオ〔煆焼〕とインキネラティオ〔灰化〕とフィクサティオ〔固定化〕とコアグラティオ〔凝結〕によって、これらの物質は堅固なものとなるが、しかしこれは、極めて長い時を経たのちに自然に生ずることである。

それゆえこの画はおそらく、妊娠期間を経たのちに生ずるニグレドの完了、すなわち二重のメルクリウス、ないしは二つの硫黄の、つまり肉体的性質と霊的〔精神的〕性質の、完全な分離を描いているのであろう。これはドルネウスの場合は肉体からの魂の離脱と「精神的統一」unio mentalis の成就に当たる。問題の画に従っていえば、その色についてであるが、一方の形姿は他方の形姿の鏡像である。ここに暗示されているのは、ピュシス〔自然・物質〕と精神のあいだには補充的関係が存在しており、一方は他方の鏡像であるということである。[147] おそらくこれが、隠されているものの顕在化への示唆の意味である。すなわち、「精神的統一」のおかげで、投影によってピュシスのなかに隠されていたものが意識化されるということである。「魂の暗い夜」であるニグレドにおいて心的諸内容が肉体への拘束を解かれて肉体から分離し、両者の関係の根柢にあるものの性質と意味が認識されるのである。

つぎの画〔写本の三三五頁〕では、二つの形姿は互いにふたたび近づき、接している〔図版F〕。色も、それ以外の身につけているものも、前と同じである。ただし各々が青い足を一本もっている。画に付された説明には「それゆえ哲学者はいっている、隠されているものを明るみに出し、明るみに出ているものを隠すことのできる者は達人の術を獲得する」とある。その下にはつぎのような文言が見られる。Hic artem digne est consectus〔「ここでは術は相応しい仕方で執り行なわれている」、または「その者は術を相応しい仕方で執り行なった」〕。さらに、「サフラン色〔黄色〕のあとの青い色、それは極めて長い時を経たのちに完璧な黒さ、あるいはプトレファクティオにまで達するであろう」とある。

三三七頁では、前の画の左側にいた〔宗教界の〕王が、同じように王冠をいただいているひとりの女王に歩み寄り、一組をなしている〔図G〕。王は青い下衣の上に黒い長衣を着ている。その王冠も同様に黒であるが、その上の司教冠に似た部分は黄金色のままである。一本の青い足を持っているが、その先端の爪先の部分はまるで黒い色に浸しでもしたかのように黒である。緑色の衣服を身につけた女王はその片方の手を、明らかにからっぽで腕がないように見える王の左の袖のなかに入れている。これは察するに、女王が王の片半分、つまり現世的〔かつ肉体的〕な半分を、いわば「ベター・ハーフ」として代理していることを暗示しているのではあるまいか。彼女の両足は黒である。テクストにはこうある。「不安定なフィクサティオ〔固定化〕が生ずる。するとほどなくやわらかなものが堅固になる。水性のものが地〔土〕のようになり乾燥する。一つのものから他のものへと自然の変化が生ずる。黒い鴉の形態における単一の色、そして男性的な☿〔メルクリウス〕の、かつまた女性的なものの🜍〔硫黄〕、これらが同一の性質を持つようになったのである。」画の下の説明には、「それゆえ神の万能

図F　世俗的な力と宗教的な力

図G　一対の王と女王

の名においてこの黒き地〔土〕を取り、これを極めて巧妙に変成せよ、するとそれは鴉の頭のようになるであろう」とある。二人の人物の脇に付されたテクストには「鴉の頭」caput corvi の説明でもあるかのようにこう語られている。シレノスは羊飼いたちによって虹のすべての色に彩られた花環で縛られていたが、自分の葡萄酒を呑みほしたあとでこういう、「わたしはわたしの束縛を歓ぶ（Je ris de mon lien）。それゆえ哲学者たちもいっているのだ、黒が現われれば歓ばねばならない、と」[148]。そこに注釈がほどこされていて、トロヤは十年間包囲されたのち灰燼に帰せしめられた、とある。

この画は一本足、すなわちモノコルスと地（＝肉体）との結合を表わしている。モノコルスは男性的メルクリウスの硫黄としての極めて能動的な潜勢力[149]を、すなわち黄金の赤い硫黄、ないしは太陽の原動力を意味する。つまりこういうことなのだ。サフラン色〔黄色〕の長衣をまとった王はもともとは黄金であり太陽であったのが、いまや完全な黒に、「黒い太陽」sol niger に変じてしまい、天を表わす彼の青い長衣でさえ黒に覆われているのである[150]。王冠の一番上の部分だけがかろうじて太陽の黄金の輝きを示している。女性の姿をとった地も同じような王冠（ただし全部が黄金色）をかぶっているが、そこからこの地が王に等しい本性を有していることが窺い知られる。つまり、二つともに「硫黄」sulfur なのである。われわれは王の硫黄を精神〔霊〕と呼んでも構わないであろう。この精神が、その明るい本性を暗い黒のうちに隠しながら、女王と結合しているのである。

この地〔女王〕は水の性質をおびているが、これは「創世記」第一章二節と六節の、「地は形なく空しく……神の霊が水の面を動いていた」Terra autem erat inanis ... et Spiritus Dei ferebatur super aquas と、神のことば「水の中に大空あれ」Fiat firmamentum in medio aquarum との合成にもとづいている。その結果、天は地を抱擁する代わりに水ないしは海を抱擁するということになる。これはオシリスとイシスの神話を想起させる。イシスは死せるオシリスの精神〔霊〕と交わり、この結合から神秘的な神ハルポクラテスが生まれる。オシリスは錬金術の諸テクストにおいてある種の役割を演じている。たとえば兄‐妹、母‐息子のペアはそのものずばりオシリスとイシスと呼ばれている。[151] オシリスはオリュンピオドロスでは[152]アルカヌムとしての鉛、ならびに湿ったものの原理[153]であり、フィルミクス・マテルヌスでは生命の原理である。[154] オシリスをメルクリウスと見る錬金術的解釈はグノーシス主義拝蛇教徒のオシリスとヘルメス〔メルクリウス〕の同一視に関係している。[155] ヘルメスと同じようにオシリスも男根像で表現されたが、これは一本足の特徴でもある。[156] オシリスは死してふたたび蘇る神人であり、それゆえキリストと並行的類似関係にある。オシリスは黒っぽい（μελάγχρους）色をしており、[157] そのためアイティオプス（aithiops＝エチオピア人あるいは黒人）と呼ばれるが、[158] アイティオプスはキリスト教的言語慣用では悪魔であり、[159] 錬金術のそれではプリマ・マテリアである。[160] この対立は「二重のメルクリウス」の特徴をよく物語っている。オシリスの血としての葡萄酒は、古代の呪文においてある役割を演じている。[161] オシリスはすでに古代エジプトの文書において太陽と月の性質を合わせもっている。つまりメルクリウス同様ヘルマプロディトス的両性具有なのである。[162]

「鴉」corvus ないしは「鴉の頭」caput corvi はニグレド（「夜」nox、メランコリア等々）の、ということはプトレファクティオ〔腐敗〕、モルティフィカティオ〔死〕、セパラティオ〔分離〕、ソルティオ〔溶解〕等々の伝統的な呼び名である。それは「部分は全体を表わす」の伝で全体を代理する呼称であり、ないしはまた「根本的な事柄」、原理を意味している。それはたとえば「死せる頭」caput mortuum の場合と同じである。「死せる頭」はもともとは「黒っぽい」オシリスの、その頭のことを意味していたが、[163] しかしのちには、オシリスと同じように死と復活によって、すなわち不朽不滅の状態への変容によって特徴づけられる「哲学者のメルクリウス」Mercurius philosophorum を指すようになる。かくして「哲学者のメルクリウス」は『化学の新しき光』の匿名の人物からこう呼びかけられる。「おおわれらが天よ！ おおわれらが水にしてわれらがメルクリウスよ！……おお死せる頭、もしくはわれらが海の残滓よ……これらはすべて、決して安らうことを知らぬ、ヘルメスの鳥[164]のまたの名である」O coelum nostrum! o aqua nostra et Mercurius noster! ... o caput mortuum seu faeces maris nostri ... Et haec sunt aviculae Hermetis epitheta, quae nunquam quiescit.(165) この「ヘルメスの鳥」は鴉であって、これについてはこういわれる。「術の頭は翼をもたずに夜の暗黒と昼の明るさのなかを飛ぶ鴉であることを知れ」Et scitote quod caput artis est corvus, qui in nigredine noctis et diei claritate sine alis volat.(166) この鴉は休息を知らない、決して眠ることのない精神〔霊〕、「気のような飛び去りやすい石《ラピス》」lapis aerus et volatilis、つまり対立的性質の存在である。(167) それは「天」であり、同時に「海の残滓」である。それはまた「水」とも呼ばれているところを見れば、海から立ち昇り天から降り落ちる雨水のことをいっていると考えられる。雲、雨、露という観念は事実錬金術テクストに頻繁に登場し、しかもこの観念の歴史は極めて古い。(168) すでにあるパピルス文書にもこういう文句が見られる。「われは神々の母にして、天と呼ばれる。われはオシリスにして、水と呼ばれる。われはイシスにして、露と呼ばれる。……われはエイドロス（eidolos＝幻影、幽霊）、すなわちまことの幽霊に似ている。」このように呪術師は、パレドロス（paredoros＝「家僕霊」familiaris）を呪文で呼び出そうとして語っているが、この呪術師自身がひとつの霊〔精神〕であり、したがって「夜の鳥」nocturna avis と親縁関係にある。キリスト教の伝統では鴉は悪魔のアレゴリーの一つである。(169)

　ここにわれわれが見ているのは精神〔霊〕のプリミティヴな元型的形態であり、これはわたしがすでに別の箇所で示したように(170)アンビヴァレントな性質をそなえている。この両価性ないしは対立性は古代エジプトのオシリスとセトという兄弟のペアにも、また古代ユダヤ・キリスト教エビオン派〔貧者派〕のキリストとサタンの対立にも現われている。「夜鴉」nyktikorax はすなわちキリストの一アレゴリーなのである。(171)

　「死せる頭」caput mortuum、すなわちコルコタール（colcothar）は、今日では硫酸鉄を灼熱で焼くことによって得られる赤い鉄化合物〔酸化鉄〕を意味するが、これに反して「オシリスの頭」caput Osiridis は黒色で、そのために「鴉の頭」とも呼ばれるのである。『賢者の水族館』は「鴉の頭」を、「見るべき面影もない」deformis omnino speciei キリスト（「イザヤ書」五三―二にもとづく）に比較している。(172) 黒化〔ニグレド〕は大抵は四十日間で生ずるが、これはキリストの復活と昇天のあいだの四十日間、あるいは荒野におけるキリストの四十日間の断食、あるいはユダヤ人の四十日間の砂漠の放浪に照応している。[173] ニグレドの炎熱においては「〈中間的〔仲介的〕本性をもつ魂〉anima media natura が支配力を発揮する」。いにしえの哲学者たちはこの黒〔ニグレド〕を「鴉の頭」あるいは「黒い太陽」sol niger と名づけた。[174]「中間的本性をもつ魂」はプラトン的な「宇宙の魂」、また旧約聖書のソピア（Sophia＝智慧）に対応する。[175] 太陽はこの場合「中間的本性をもつ魂」にいわば包み込まれていて、それゆえ黒い。これは抱卵あるいは妊娠の状態である。黒〔ニグレド〕にはオプスの出発点および終着点として重大な意義が与えられている。[176] それは一般に「鴉」と呼ばれている。[177] われわれの文脈で重要なのはニグレドを地（terra）と見る解釈である。[178] 地は、「中間的本性をもつ魂」あるいはソピアのように原理的に女性的なものである。それは（「創世記」に従って）水から生ずる地である。[179] しかしそれはまた「呪われた地」terra damnata でもある。[180]

「死せる頭」ないしは「鴉の頭」は、上に言及したように、「黒っぽい」オシリスの、また「エチオピア人」の、ないしは『化学の結婚』におけるモール人の頭である。[181] この頭は鍋で煮沸され、そのあとで煮汁が黄金の球のなかにあけられる。ここにはギリシア錬金術の「黄金の頭」*χρυσέα κεφαλή* との関連が見られるが、これに関しては別の箇所で論じたのでここでは暗示するにとどめる。『化学の結婚』のモール人はやはりそこで一役買う、王家の人々の首を刎ねる〔頭を刎ねる〕黒い死刑執行人と同一のものと見てよいであろう。最後にはこの死刑執行人自身が首を刎ねられる。[182] 出来事がさらに進むと、一羽の黒い鳥が首を刎ねられ、あとで出てくるこの鳥の変身も同じ運命に見舞われる。[183] 首切〔断頭〕は、自然が魂に与える「大いなる苦難と悲嘆」passio magna et dolor から「知性」intelligentia を分離するものとして象徴的重要性をもつ。それは頭のなかに住まう「思考」cogittio の解放、魂の「自然の束縛」[184] からの解放である。この解放は、「肉体の克服による精神的統一」unio mentalis in superatione corporis を生み出すという意図に一致している。

図6

モール人（ないしはエチオピア人）は黒い、つまり罪深い人間であり、すでに聖ヒラリウス（三六七年歿）はこれを鴉に喩えている（「鴉は罪人《つみびと》の形に作られている」corvus in formam peccatoris constitutus）[185]。『化学の結婚』では黒い王が登場し、またミューリウスは『改革された哲学』の第二四図で王と女王の関係を二羽の相争う鴉の象徴を用いて描いている[186]〔図6参照〕。鴉が人間の黒い心を表わしているとすれば、「鴉の頭」は人間の頭、ないしは、シバ人〔サバ人〕の錬金術において変容の容器として用いられた「頭蓋鍋」testa capitis を表わしている[187]。シバ人は人間の殺害を前提とした魔術を実践しているという嫌疑をかけられていた。したがって「頭蓋鍋、すなわち元素的人間の頭蓋」testa capitis videlicet capitis elementi hominis はやや禍々しい側面をそなえている。シバ人は、そのなかには脳が入っていて、脳は知性の居所であるという理由で、実際の人間の頭蓋骨を必要としたからである。「知性はかの器官のなかに存在している。魂を支配し、魂の解放を助けるためである[188]。」「〈まるい肉体〉corpus rotundum は自らのまわりに城砦のように頭蓋を築き、この護りを自らのまわりに張りめぐらし、そこに窓をいくつか開けた。」窓とは五感である。しかし「まるい肉体」、すなわち「この生きもの、形態のなかの形態、種のなかの種は、人間である[189]。」しかし「まるいもの」rotundum[190] は経験的な意味での人間を指しているのではなく、「まるい人間」、すなわち「完全無欠な原人間」τέλειος ἄνθρωπος を意味していることは明らかである。

それはそのあと魂を、それが解き放たれて自由になるのを助けるため、より高い世界へと引き上げた。より高い世界はつねに人間のなかである作用をなしている。それは人間の、すなわち死に際しての人間の全き霊感のうちに存する作用であり、より高い世界から流れ出たものがその本来の場所に帰還するまで、人間は必ずや天空への到達の努力をやめはしない[191]。

「より高い世界」mundus superior は「世界のなかの世界」mundus mudorum であって、明らかにドルネウスの「潜在的宇宙〔世界〕」mundus potentialis に一致する。つまり「潜在的宇宙」という発想は、ドルネウスは言及していないが、このテクストに感化されたもので、同様に城砦の観念は「智慧の城砦」castrum sapientiae[192] というかたちで、さらに窓という観念は「永遠の生命の窓」spiraculum vitae aeternae というかたちでドルネウスに出てくる。

「まるい容器」あるいは「城砦」は頭蓋鍋である。『プラトンの四つのものの書』では、「頭は神的器官である。なぜならそれは神的な部分の、すなわち魂の居所を表わしているからである」といわれている。それゆえ哲学者は「この器官を他の諸器官に対するよりも大きな心遣いで遇した。」「それはそのまるさゆえに蒼穹〔天空〕を惹き寄せ、また蒼穹によって惹き寄せられる。同様の仕方でそれは惹き寄せるものによって惹き寄せられる。惹き寄せる主体である知性のところまで惹き寄せられ、この牽引作用が終わりを迎えるまで。人間は動物よりも尊厳に満ちており、動物よりも単一なるものに近い。それは知性のゆえである。」「単一なるもの」simplex/res simplex は、一なるもの（unum）[193]、ドルネウスの「天上的本性」natura caelestis であり、まるく完全なもの、人間の内なる蒼穹あるいは天である[194]。テクストはさらにこうつづく。「プラトンの考え方によれば、人間は最高の正義を有しており、そのオプスを通じて最高の場所に同化されれば、豊かな（largus）上なる実体に達する[195]。」そしてここで、一方では「天」の製造が星をちりばめた蒼穹を、したがってまた惑星の影響（ないしは惑星の霊）

図H　ニグレド（「化学の劇場」、1613年、第IV巻、570頁）

をどの程度まで小宇宙《ミクロコスモス》のなかに引き込むことができるか、そして他方ではこの同じ作業によって人間がいかにして「上なる実体」に、すなわち「宇宙の魂」ないしは「単一なるもの」あるいは「一なるもの」に近づけられるかが、事細かに説明されている。

ニグレドにおいては脳が暗黒化される。たとえば『哲学者の薔薇園』に引用されているヘルメス・トリスメギストスの処方にはこうある。「脳を取れ。……それを最も苦い酢でもって、あるいは男の子の尿でもって[196]、それが暗黒化されるまで擦り潰せ。[197]」闇のなかに包み込むこの暗黒化は同時に、すでに述べたことであるが、そのものずばりメランコリー〔鬱状態〕と名づけることのできる心的状態でもある。『秘め隠されたアウレリア』には、変容物質がニグレドの状態で自分自身についてつぎのように語る箇所がある。

わたしは衰えて弱くなった老人で、またの名を龍という。そのためわたしはある洞窟に閉じ込められている。王冠を身の代として買い戻されるためである。……火と燃える剣がわたしに大いなる苦悩をもたらす。けれども死はわたしの肉と骨を弱くするだろう。……わたしの魂とわたしの精神はわたしを離れる。恐ろしい毒であるわたしは黒い鴉に喩えられる。これがわたしの邪悪の報いなのだ。わたしはいま、三つのものが一なるものへと変ずるために、塵と土のなかに横たわっている。おお、魂と精神よ、わたしのもとを去らないでくれ、わたしがふたたび昼の光を見ることができるために、そして全世界が見たがっているあの平和の英雄がわたしのなかから立ち昇る（exoriatur）ために。[198]

われわれが問題にしているアブラハム・ル・ジュイフと銘打たれたテクストが王と女王に関して描写していることは、神話素のような印象を与える。青い天空の王である太陽が地に降る。そして夜になると、それはその妻である地ないしは海と結合するのである。ギリシア神話のウラノス〔天〕とガイア〔地〕という原像がこのイメージの背景にあると推測される。この状況は鴉と呼ばれているが、この場合も同じようにオルペウス讃歌[199]の創造的な夜、つまり黒い翼をもつ鳥と呼ばれ、風（プネウマ）によって孕んだといわれるあの創造的な夜が背景にある。この結合の子どもについてもすでにここで触れておくのがよいと思われるが、それは銀の卵で、オルペウス教の見解によればこの卵の上の部分は天から、下の部分は地からなっており、その意味ではそれ自体がまたひとつの宇宙、すなわち小宇宙〔ミクロコスモス〕なのである。錬金術的にいい表わせばそれは「哲学の卵」ovum philosophicum である。十八世紀のフランス錬金術には王が登場するが、それは黄金の赤い（熱い）硫黄で、オシリスと呼ばれ、これに対して湿ったもの（aquosum）はイシスと呼ばれた。オシリスは「万物に生命を吹き込むところの……自然のうちに隠された火、火的原理」[200]であり、イシスは「万物の受動的な物質的原理」であった。ばらばらに引き裂かれるオシリスの解体はソルティオ、プトレファクティオ等々に相当する。これについてドン・ペルネティは——以上のフランス錬金術に関する引用は彼からのものであるが[201]——「肉体の溶解《ソルティオ》は精神の凝結《コアグラティオ》である」Solutio corporis est coagulatio spiritus といっている。黒〔ニグレド〕はイシスに属する（アプレイウスによればイシスは「黒い光輝にかがやく漆黒のマント」palla nigerrima splendescens atro nitoreである）。天あるいは太陽がイシスに惹かれると、それはイシスの黒によって包み込まれる。

錬金術的空想がギリシア神話の諸原像と関係していることはあまりにもよく知られていて、改めて証拠を挙げるまでもない。宇宙創造神話の兄‐妹近親相姦[202]、いや宇宙創造神話全体が、昔から錬金術師たちの大いなる業《オプス》の模範であった。しかしながら不可思議な力をもつ一本足の痕跡をギリシア・ローマの伝統に求めてもむだである。ところがヴェーダ神話にはそれが出てくる。それもわれわれが取り扱っているテクストにとって極めて特徴的なかたちで、すなわち太陽神ロヒタ[203]（Rohita＝赤い太陽）の特質として出てくる。ロヒタはアガ・エカパーダ（agā ēkapāda）、すなわち一本足の牡山羊[204]と呼ばれているのである[205]。アタルヴァ・ヴェーダの一三—一の讃歌で、ロヒタはその妻のロヒニー（Rohinī）とともに讃美される。ロヒニーについてはこういわれている。「いざ浮かび出て立て、おお、水のなかなる駿馬よ」——「水のなかなる駿馬は浮かび出て立った」。讃歌はロヒニーへのこの呼びかけで始まり、ロヒニーはこれによって、天の最高の地位に登りつめていたロヒタと結びつけられる。われわれが問題にしているアブラハム・ル・ジュイフのテクストとの類似はあまりにも歴然としているので、著者がアタルヴァ・ヴェーダを知っていたことが何らかのかたちで証明されれば、文献上の影響を無条件に推測せざるをえないほどである。しかしこれを証明することはほぼ不可能といっていいであろう。なぜならそもそもインド文学が知られるようになったのはようやく十八世紀から十九世紀への変わり目の頃で、それも最初はアンケティル・デュ・ペロン[206]のいわゆる『ウプネカット』Oupnek'hat の形においてであった。これはペルシア語のウパニシャッド集成で、アンケティルはこれをラテン語に翻訳して紹介したのである[207]。他方アタルヴァ・ヴェーダが翻訳されたのはようやく十九世紀の後半になってからである[208]。したがって、そもそも類似を説明するとなれば、元型における根源的関連を拠り所にする以外にない。

　以上のすべてから明らかなのは、アブラハム・ル・ジュイフの画は精神と物質的現実との結合を表現しているということである。その場合精神の側から結合の手を差し伸べているのはもはや「卑俗な黄金」aurum vulgi ではなく、「黄金の精神〔霊〕」spiritus auri である。いわば「王」rex の（正しい）半身のみが結合するのである。

女王は「硫黄」である。すなわち王の場合と同様に、地ないしは水のエキスであり精神〔霊〕、つまり地上的な精神〔霊〕なのである。「男性的」な精神の方はドルネウスの「真理」veritas あるいは「天上的実体」substantia coelestis に、ということは内的な光、自己《ゼルプスト》、すなわち「神の似像」に照応し、それがここでその地上的対立物、無意識の女性的な精神〔霊〕と結合されているのである。無意識の女性的な精神は実際的経験においては心理学的なアニマ形象に投影されるが、このアニマ形象を中世の錬金術哲学者たちの魂〔アニマ〕と混同してはならない。錬金術師たちの魂〔アニマ〕は、（哲学的な）純然たる「生ける魂」anima vegetativa、すなわち「肉体と精神〔霊〕との紐帯」ligamentum corporis et spiritus を意味しているからである。心理学的アニマと一致するのは錬金術師たちの「女王」regina である。[209] したがって「結合」はここでは自己認識によって分化された意識（精神）と、それ以前は無意識であった諸内容から抽出された心ないし精神との結合を意味する。このあとの方の精神は、自然発生的にか、それとも能動的想像に促されて意識に達するところの、そして総体として、意識に対して対照的ないしは補償的な関係にある道徳的かつ知的性質の見方を示しているところの、あの空想的な諸イメージの精髄と見なすこともできるかもしれない。しかしこれらの空想的な諸イメージはまず差し当たりは、そして直接的にはまったく「道徳的」でも「知的」でもなく、多かれ少なかれ具体的で感覚的なイメージそのものであり、まず解釈が必要なのである。しかも錬金術師たちはこれらのイメージを一種の「専門述語」として用いており、彼らが彼らの化学物質に期待する秘密の諸性質をそれによって表現しようとしている。これに対して心理学者はこれらのイメージをアレゴリーと見るのではなく、認識されていず、ただ予感されているだけの、深い意味を隠した心的諸内容を暗示している、つまり無意識の諸理念ならびに諸動因、いわゆる「不可抗的観念」idées forces を暗示している、正真正銘の象徴と見る。心理学者の考察法は、感覚的経験では出会えないような諸連関は空想的創造に起因しており、これはこれでまた心的原因にもとづくという経験に立脚している。しかし心的原因は直接知覚することはできず、ただ推論によって突きとめることができるだけである。この探索に当たって心理学者は現代人が提供する空想材料を手がかりにする。現代の空想材料は精神病や夢や、心理療法の治療途上の能動的想像において豊富に生み出され、綿密な研究を可能にする。それが可能なのは、これらの空想の生み手は問いただすことができるからである。こうして心的原因が突きとめられる。これらの空想像はしばしば神話の諸モチーフに驚くほど似ており、その類似の程度からいって、個人的空想の原因は集合的ないしは神話的な諸イメージにとっても有力な原因であると考えざるをえない。換言すれば、人間は別の時代には今日とはまったく別の理由から空想したと、あるいは彼らの空想像は今日とはまったく別の「不可抗的観念」から生まれたと考える明白な根拠は存在しないということである。過去何百年何千年のあいだに文字として残された遺産を見れば、少なくとも普遍的に人間的な諸事実はあらゆる時代を通じて同じであるか、あるいは少なくとも非常に似たように感じられ考えられてきたことが、十分な確実性をもって認識できる。もしそうでなければ、知的な歴史記述を行なったり過去のテクストを理解したりすることなど何ひとつ不可能であろう。どんな場合にも気をつけなくてはならない相違はたしかに存在するが、しかしこれらの違いは大抵は表面的な性質のもので、根本的な諸モチーフの意味に深く分け入れば分け入るほど意味を失う。

そういうわけで錬金術師たちの言語も一目見たときには現代の心理学的な専門述語や概念形成とは完全に異なっている。けれどもその諸象徴をわれわれが現代人の空想に対して用いるのと同一の方法で取り扱えば、われわれが現代の心的諸問題からすでに前もって導き出していたようなある意味が生じてくる。その際こういう異議が唱えられるのは目に見えている。錬金術師たちはまったく別の解釈をしていたのに、現代の空想材料から導き出された意味を無批判に歴史的材料に転用したのではないかという異議である。けれども、しかるべき錬金術師たちはすでに中世の段階で彼らの象徴を道徳哲学的に解釈していたことが明白である以上このような異議は無用である。しかも彼らの「哲学」は「投影された」心理学以外の何ものでもない。すでに言及したように、当時は化学物質の本当の性質は知られていず、これが投影傾向を大いに助長したのである。人は自分の理解できない事柄についてこそ最も多くの思弁を弄し、最も多くの意見を持つものなのである。

八　結合の最初の二段階の内容と意味

ここで読者に改めて申し上げておきたいが、これからわたしが行なう説明は決して脱線ではなく、一見非常に錯綜した状況をある程度解きほぐすためにはどうしてもそれが必要だと考えるからである。状況がこのように入り組んで見えるのは、増幅によって理解を深める目的で五世紀以上にわたる三つの象徴の連関、すなわちアルベルトゥス・マグヌス、ゲラルドゥス・ドルネウス、そして十八世紀の匿名の作者〔アブラハム・ル・ジュイフと銘打たれた写本の作者〕に見られる象徴の連関を描写した結果である。この三人の著者はそれぞれ独自のやり方で錬金術のマギステリウム〔最終究極のオプス〕にかかわる中心的な諸事象と諸形象について論を展開している。もちろん「結合」の秘密に満ちたプロセスに関する記述はこの三人の著者のあいだをなす時期にも、それ以前にも存在しており、そういう他の論説を合わせて引き合いに出すこともできるわけであるが、それは却って混迷の印象を強めるだけであろう。錬金術的空想の手の込んだ織物を解きほぐし理解しやすいものにするというわれわれの目的からすれば、この三人で十分である。

ドルネウスは肉体の束縛からの魂の解放について語り、アルベルトゥスは「生ける銀」〔水銀・メルクリウス〕の精巧を極めた変成あるいは調製を取り扱い、また匿名の著者はサフラン色〔黄色〕の長衣を着た王の二つのものへの分裂を描写しているが、これらは同一のことを別のことばで表現しているだけである。三つのどのケースもアルカヌム〔秘密物質・秘薬〕について語っている。その結果われわれは混迷に、暗闇に、ニグレドに陥る。なぜならアルカヌムは秘密の謂であり、闇につつまれていて正体が分からないのが秘密だからである。そこで、ドルネウスの啓発的な暗示を頼りに、「肉体の束縛からの」e compedibus corporis 魂の解放を現代の心理学のことばを使って、われわれがそれでもってわれわれを取り巻く現象とわれわれ自身の性格像を作り上げているところの素朴な諸投影の撤回と呼ぶとすれば、これによってわれわれは一方では「自己認識」cognito sui ipsis に達し、同時に他方では、われわれの外界を現実的な、ほぼ幻想を脱したまなざしで眺め把握することのできる状態に達することになる。現実を覆っている幻想のヴェールを剝がれることは、必ずしも心地よいものではなく、むしろ不快な、それどころか苦痛に満ちたことである。実際の治療においてはこの段階では医者の側に非常な忍耐と心配りが要求される。仮面を剝いで現実を直視することは原則として難しいというばかりでなく、危険であることも稀ではないからである。幻想というものは、もしそれが何かにとって好都合な面も持っていて、場合によっては苦痛な箇所を霊験あらたかな闇で覆ってくれるのでなければ、これほど始終それをいだくということもないであろう。われわれはときしては、この闇が決して明るくならないよう願いさえする。自己認識はそれ単独で実現されるプロセスではなく、同時に外界の現実が認識されてはじめて可能である。周囲の人々について歪んだイメージをいだいているかぎり、自分を認識することも自分を周囲の人々から区別することも絶対にできないし、また自分自身に対して真の関係を持たないかぎり、他人を理解することは絶対にできない。この二つのプロセスは相互に相手なしには存在せず、したがって手に手をたずさえて進行する。

わたしはこの場で自己認識のプロセスを詳説するわけにはいかない。しかし読者がそれについてあるイメージを得たければ、幼児的な思い込みや依存の広範な領域のことを考えていただきたい。それは精神病理学においてのみならず、いわゆる正常人においても大きな役割を演じており、人間存在の際限なき紛糾を惹き起こすもとになっている。この領域におけるフロイトの業績は並々ならぬものがあるが、そこには一つ欠陥があって、それは得られた認識からあまりにも性急に一つの理論を引き出し、その理論を今度は自己認識の一種の原理ないしは尺度として用いたことである。つまり投影は、それが周知の幼児的空想の前提〔性欲としてのリビドーないしはエディプス・コンプレックス」にかなっている場合にのみ投影と認められ、修正されたのである。しかし、それ以外にも多くの別の幻想が存在するということについては、フロイト心理学はほとんど何も語ってはいず、それもまさにいま述べたような理由にもとづいている。ドルネウスについてふれた折りに見たことであるが、自明のこととして前提されているが実際にはそうではない非常に多くの、非常に本質的な事柄が存在する。たとえばドルネウスの場合でいえば、ある種の物質が魔術的性質を有しているという錬金術的前提がそれで、これらの性質は実際には空想的な投影にすぎない。投影の修正が進行していっても、しかし徐々にある限界に達し、この限界は差し当たりは越えることができない。限界を敷くのは一般には、そのときどきの時代精神の固有の真理概念、ならびに学問的・科学的認識のそのときどきの到達状況である。

自己認識は、予想もしない広さと深さに通ずる一種の冒険である。しかし、心の著しい混乱と闇を解消するには影をある程度包括的に知るだけで十分なこともある。というのも影の知識は、それ以前には大抵の場合夢想だにしなかった人格の問題に気づかせてくれるからである。この事実に鑑みるだけでも、錬金術師たちが彼らのニグレドをなぜ「メランコリー」melancolia、「黒よりも黒い黒」nigrum nigrius nigro、「夜」nox、「魂の苦悩」afflictio animae、「混乱」confusio と呼んだのか、あるいはもっと辛辣に「黒い鴉」と名づけたのかが理解できる。鴉をいささか滑稽なアレゴリーと思うのはわれわれだけであって、それは中世の達人たちにとっては誰もがよく知っている「悪魔のアレゴリー」allegoria diaboli だったからである。[210] したがって、自分たちの心の危険な状態を正しく察知していた彼らには、幸運をもたらすファミリアリス（familiaris＝家僕霊）を作業の助手にし、作業に際して宗教的な祈りの行に熱心に勤しむことは重要な関心事であった。ただひとえに、意識と影の真っ暗な深みとの衝突のもたらす諸結果にうまく対応するためである。影との対決は現代の心理学にとっても決して危険なしにすますことのできる事柄ではなく、それゆえ場合によっては策略と細心の注意をもって回避される。われわれは自らの闇を自分に近づけることを好まず、むしろ、自分は市民的なまともさをそなえた人間だという幻想に浸ることを好む。極めて確かなことであるが、大抵の錬金術師たちは彼らのニグレドをレトルトのなかで取り扱いながら、自分たちの取り扱っているものが本当は何なのかについては露ほども知らなかった。しかしこれまた確かなことは、モリエヌスやドルネウスやミヒャエル・マイアーやこれに類する達人たちは、各自それぞれの流儀で、問題の核心が何であるかを知っていたということである。黄金に対する物欲からではなく、これを知っていたからこそ、見込みがあるとは思えないオプスに何がなんでも取り組まなくてはならないという已むにやまれぬ気持ちが生じたのであり、オプスに彼らの金と財産と生命を捧げたのである。彼らの「精神〔霊〕」は一種の光への信仰であった。この光への信仰が魂をその肉体による拘束から解き放って自らの方へ引き寄せた。ところが魂は地上的な精神〔霊〕の闇、すなわち無意識の闇までも引きずってきた。魂が暗い行為に及ぶのを阻止するためには、分離がぜひとも必要であった。「精神的統一」unio mentalis はそれゆえ一種の意識拡大、「真理の精神〔霊〕」spiritus veritatis による魂の動きの一種の制御を意味する。ところが魂は肉体に生気を吹き込むもの、肉体の生命の源であり、それゆえあらゆる現実化の原理であったから、哲学者たちは、分離ないしは「精神的統一」の結果として肉体とその世界が死んでしまったことを確認せざるをえなかった[211]。それゆえ彼らはこの状態を墓、プトレファクティオ〔腐敗〕、モルティフィカティオ〔死〕等々と名づけた。そしてここで蘇生の問題が、魂と魂を失った〔生命を失った〕肉体とを再結合するという問題が浮かび上がってきたのである。哲学者たちがもしこの「蘇生」(re-animatio〔ふたたび魂・生命を吹き込むこと〕)を直接にそのままずばり行なったとしたら、以前の肉体との結びつきが待っていましたといわんばかりに魂をとらえ、魂はこの結びつきにふたたび引きずり込まれてしまい、すべては元の木阿弥ということになってしまったことであろう。「ヘルメスの容器」に、つまりは「精神的統一」のなかに、かくも用心深く閉じこめられ保持されているこの飛び去りやすい〔揮発しやすい〕存在を一瞬たりとも放任してはならなかった。さもなくばこの逃げ足の早いメルクリウスは飛び去って、自分の以前の性質に逆戻りしたことであろう。錬金術師たちの証言ではこういう事態が出来したことも稀ではなかったのである。直接的で自然なやり方をとるということは、つねに肉体に心を寄せている魂に無造作に勝手な振舞いを許すということであった。魂が精神よりも肉体に執着している以上、魂は精神から離れて以前の無意識性へと逆戻りし、精神の光の幾許かを肉体の闇のなかへと持ち込むということもないであろう。そういうわけで、魂の肉体との再結合はまさに一個の大問題だったのである。この状況は心理学的にはこういい表わすことができるだろう。投影の撤回によって得られた認識は現実との衝突に堪えられず、その結果その認識の真理を現実化することができない、少なくとも望ましいと思われる程度には、また望ましいと思われる仕方では現実化することができないということである。周知のように、正しいと考えられた諸理想は意志の力である期間は、そしてある程度までは無理やり貫徹することはできる。つまり疲労の徴候が現われ当初の熱狂が醒めるまではそれは可能である。しかしそのあとは最初の自由な決断は意志の麻痺へと変化し、それまで抑圧されていた生命があらゆる隙間から自由を求めて外へ飛び出そうとする。残念ながらこれが純然たる理性的決断が例外なしに辿る運命である。それゆえ人間はこのような状況に陥ると大昔から人為的救済手段に頼ってきた。つまり踊り、供犠、祖先の霊との一体化などの儀礼行為がそれで、そこには明らかに、理性の光と意志の力では到達不可能な魂の深層をそのような呪術的行為によって呼び出し、目ざめさせ、記憶に呼びもどそうとする志向がはたらいている。この目的のために、無意識を表現している神話的ないしは元型的な諸観念が用いられた。このような儀礼は現代に至るまで残っていて、敬虔な信者の一日が祈りに始まり祈りに終わる、つまり「入場と退場の儀礼」rite d'entreé et de sortie で始まり終わるというのはその一つの現われである。今日まで残っているこの種の儀礼はその目的をかなりの程度満たしているといってよい。さもなければとっくの昔に廃れていたであろう。過去において儀礼が効力を大きく失った例は、個人あるいは社会集団においてそれまで力をもっていた元型的諸観念がその力を失った結果である。元型的な諸観念（レヴィ－ブリュールの「集団表象」représentations collectives）はそれが無意識的元型を表現しているかぎりではたしかにつねに真理であるが、しかしその言語的、イメージ的形成、つまりその観念的な現われは、時代精神の変転に甚だしく影響される。異質な、場合によっては高度な文化との接触によってであれ、もろもろの発見や新たな認識の結果としての意識および視野の拡大によってであれ、ともかく時代精神が変化すれば、儀礼はその意義を失い、単なる迷信へと退化する。その大規模な例は古代エジプト文化の消滅とギリシア・ローマの神々の死である。似たような大規模な現象は現代の中国にも見られる。

このような状況下では、変化した意識状態をそのつど補償する諸元型の新たな、時代精神に合致した解釈への要求が起こってくる。たとえばキリスト教は、元型を表現している神話の新たな、実情に応じた定式化を意味した。そして元型を表現しているこの神話が儀礼をふたたび力強い生命で満たしたのである。元型は生きた理念であって、繰り返し新たな解釈に機会を与え、新たな解釈のなかで新たな展開を見る。枢機卿ニューマンはキリスト教に関してこのことを正しく見抜いていた。[212] キリスト教の教義も古くからあるいくつもの前段階の新たな解釈であり展開であって、これは神人の伝統から最も顕著に窺い知られる。この伝統はキリスト教の教義の展開のなかでひたすら推し進められ、その際展開をとげたのは当然のことながら新約聖書の正典において言及されている諸元型ばかりでなく、われわれが今日までのところその異教的前段階しか知らないところの、それらに最も近い関係にある諸元型も展開を見た。たとえば最も新しいマリアの教義はその一例である。この教義は紛れもなく、早逝する神とつねに結びついている母なる女神の伝統に関係している。この母なる女神は単に異教的ともいえなくて、旧約聖書のソピア〔智慧〕にその先駆的な姿をすでに明瞭に見て取ることができる。それゆえこの新しい教義の決定は、本来の意味で「信仰の遺産」depositum fidel をはみ出しているとはいえない。神の息子という元型には自明のこととして母なる女神がすでに含まれていて、その結果としてそれはキリスト生誕後の諸世紀を通じて首尾一貫した展開を示したのであるから。[213]「信仰の遺産」は経験的現実においては、諸元型の宝庫に、錬金術師たちの「宝箱」gazophylacium に、そして現代の心理学の集合的無意識に一致しているのである。

神学の側から提出される異議、このような展開における教義の最終的な姿はたとえば使徒時代よりも必然的に完全であり完璧であるという異議は、意味をなさない。もちろん元型の解釈と定式化は最初よりものちの時代の方がはるかに分化されているだろう。とっくの昔からそうであることは教義の歴史を一瞥しさえすれば分かる。たとえば三位一体というものを考えてみるだけでいい。三位一体はそのものとしては正典のどこにも出てこない。だからといって、たとえば初期のキリスト教徒がもろもろの根本的真理について不完全な認識しか持たなかったということには絶対にならない。このように想定するのは悪しき知性主義と同じである。宗教的体験にあって肝心なのは、ある元型がどれほど明瞭に定式化されうるかではなく、その元型がどれほど人を感動させるかということである。重要なのは、わたしがそれをいかに考えるかではなく、わたしがそれにいかに捉えられるかである。[214]「生きた理念」はつねに完全で、ヌミノースな性質をそなえている。人間による定式化は何も付け加えることができないし、何も取り去ることができない。元型は自律的だからである。問題はただ、人間が元型の豊かさに心を捉えられるか否かである。それを多少なりとも定式化することができるとすれば、それはむしろ、それを意識に統合し、それについて前以上に分別をもって語り、その意味をある程度合理的に説明するということである。しかしそれを定式化できる人間が、自らの感動を定式化できない人間よりもそれを多く、あるいは完全な仕方で所有しているわけではない。知的定式化は、原初の体験の記憶が消え去りそうなときに、あるいは原初の体験の非合理性が意識にとってあまりにも捉えがたいものに映ずるときに、はじめて重要になる。それはひとつの補助手段にすぎず、決して本質的なものではない。

キリスト教の話にもどるならば、それは「肉体の克服による精神的統一」であった。まさにこの点で、誤謬をつねとする人間に可能な範囲内ではあるが、儀礼はその目的を果たした。しかし古代に見られた肉体への執着と自然に対する歓びは消滅したわけではなく、その活動の場を罪の目録の内部に移して生きのびた。罪の目録の記載量はいまだ一度も減らされたことがない。ところが自然認識の方は独特の終り方をした。それは古代の時代以来ごく少数の人々のもとで、秘かに栄えただけであったが、しかし世紀から世紀へと連綿としてある種の古代的なものの見方を伝え、こうして中世後期にふたたび目ざめた自然的肉体〔物質〕への関心に豊かな肥料を与えた。もし錬金術師たちが、彼らのキリスト教的な「精神的統一」が肉体世界との結合を未だ成就していないということについて、少なくとも秘かな予感すらもっていなかったとしたら、彼らの探求の神秘的とさえいえる認識衝動はほとんど説明がつかないであろうし、ましてや、すでに十三世紀の終わりには発展を開始した、キリスト教のそれと張り合う彼らの象徴表現にいたっては、説明不可能であろう。キリストとラピスの並行的類似は、自然的肉体世界がキリストと同等の権利への、と同時に「結合」の第二段階の完遂への要求を起こしたことを、他の何よりも明瞭に示している。

こうして、どうすれば「結合」をなしとげることができるか、その方法の問題がつきつけられた。ドルネウスはつぎのようなかたちでこの問題に答えた。彼は肉体の克服の代わりに赤い、あるいは白い葡萄酒のセパラティオ〔分離〕、ソルティィオ〔溶解〕、インキネラティィオ〔灰化〕、スブリマティィオ〔昇華〕等を提案したが、この作業手順の目的は、精神によって真理と認められているところの、人間に神の似像として生れつきそなわっている「天上的実体」を造り出すという点にあった。錬金術師たちが造り出そうと努めた秘密の物質的実体がどういう名で呼ばれようと、それはつねに「天上的実体」であった。すなわち、あらゆる既知の物質が腐敗堕落の可能性を持っているのに反して、不朽不滅の、金属や石のように死んでいるが同時に有機的存在のように生きている、そして一個の万能薬であるところの、超越的な何ものかであった。このような「肉体」には明らかに経験においては出会うことができなかったらしい。達人たちが少なくとも十七世紀にもわたる長いあいだこの超越的な何ものかを追い求めてきた執拗さは、この理念の高度にヌミノースな性質によってしか説明できないであろう。事実、拙著『錬金術と心理学』(215)で述べたとおり、すでにゾシモスの古代錬金術にアントロポス〔原人間〕という元型への明瞭な示唆が見られる。ホムンクルス〔人造小人〕という形姿に至るまで全錬金術の根柢をなしている像である。アントロポスという観念は、原初においては万物が魂〔生命〕を有していたという思想に由来しており、それゆえいにしえの達人たちは彼らのメルクリウスを「宇宙の魂」anima mundi であるとも解釈した。そしてメルクリウスがあらゆる物質に見出されるように、「宇宙の魂」も同じようにあらゆる物質にやどっていると考えたのである。それはあらゆる肉体に存在理由《レゾン・デートル》として、造物主デミウルゴスの像として刻印されていた――自らの被造物のうちに肉化していた、いやそれどころか囚われの身となっていたデミウルゴスの像としてである。これは、ピュシス〔自然・物質〕に呑み込まれている原人間という神話を暗示していた。この「宇宙の魂」を聖書の「神の似像」と同一視するくらい容易なことはなかった。「神の似像」は精神に啓示された「真理」を表わしていた。昔の思想家にとっては魂は決して単なる知的概念ではなく、感覚的に目に見ることのできる具象物であった。すなわち気体のような肉体〔物体〕であるか、あるいは揮発するが物質的固体性をそなえた実体であって、それゆえ、適切な方法を用いれば化学的に抽出し固定できると考えるのは造作もないことであった。化学的抽出と固定という意図のためになされたのが「葡萄酒の粘液」phlegma vini の調製であった。すでに述べたように、それはドルネウスにあっては決して葡萄酒の精や水ではなく、それの固形の残滓、つまり普通なら葡萄酒の本質と価値をなすものとは見なされないであろうような、地上的で肉体的なものであった。

　要するに、錬金術がそのディレンマから抜け出るために試みたのは、今日であれば一種の象徴と呼ぶであろうような、化学的な作業である。錬金術の取る方法は明らかに、「天上的実体」が存在していてその実体は化学的に目に見えるものとして表わすことができるという錬金術の前提の一種のアレゴリーである。つまりその意味では、錬金術にとって作業は象徴的ではなく、実際的目的にかなった合理的なものである。しかし、葡萄酒の残滓の灰化や昇華や遠心分離によって「気の色をした」エキスが生ずるなどありえないことだと知っているわれわれにとっては、錬金術の方法は、文字どおりに受け取れば、純然たる空想である。ドルネウスにしても、彼が現実の葡萄酒を意味していたとはとても考えられない。そうでなくて彼は、錬金術一流のやり方で、「燃える葡萄酒」vinum ardens、「酢」acetum、「霊的な血」spiritualis sanguis 等々を、すなわち、「宇宙の魂」を体現している

「卑俗ならざるメルクリウス」Mercurius non vulgi を意味していたのである。気が地を包み込んでいるように、魂は昔の観念では宇宙を包み込んでいる。すでに別の箇所で述べたように、メルクリウスという概念は極めて容易に無意識という概念と重ね合わせることができるであろう。この概念を方程式に繰り込めば処方はつぎのようにいい表わすことができる。無意識を、その最も卑近な形式の一つにおいて手に取れ。たとえばある自然発生的空想、ある夢、ある非合理的気分、ある情動、あるいはそれに類似したものを手に取れ。そしてそれに作業の手を加えよ。すなわちこの材料に特別の注意を向け、それに全精神を集中し、その変化の様子を客観的に観察せよ。倦むことなくこの作業に専念し、自然発生的空想がさらに変容してゆくさまを細心の注意をもって追いつづけよ。その際、この空想に属さない何かが外からそこに混入してこないように特に用心せよ。なぜなら空想像は自らの内に「それが必要とするすべて」omne quo indiget をそなえているからだ。[216] ――このような処方によって錬金術師たちは、意識的な恣意をまったく介入させることなくつねに無意識の振る舞うがままに任せたと確信できるわけである。要するに、錬金術の作業はわれわれには心理学的な方法、すなわち能動的想像の等価物であるように思われる。

　わたしは読者がこの方法に関して十分な知識を持っていると前提してかかるわけにはいかない。心理療法について一般に知られているのは、医者が患者に対して用いるある種の技法がその核心をなしているらしいということだけである。心理療法の専門家であればこの技法がどの程度の射程を有しているかを知っている。これによって神経症を、いやそればかりか軽度の精神病でさえ実践的治療を行なうことができ、その結果病気は治って、いわば後遺症として残るのはもはや普遍的な人間的問題だけだということになる。普遍的な人間的問題とは、人はどの程度自分自身のことを忘れたがっているか、あるいは、心的な不快や苦しみをどの程度自らに引き受けなくてはならないか、どの程度のものを自分に禁じたり許したりできるか、どの程度まで他人に期待できるか、また期待してはならないか、どの程度まで自分の生の意義を諦め、どんな意義をそれに賦与すべきか、ということである。医者には、神経症がもはや臨床的な症候を示さなくなり普遍的な人間的問題の状態に移行してしまえば、それで治療の扉を閉じるある程度の権利はある。医者が普遍的な人間的問題について知るところが少なければ少ないほど、例外なく生ずる転移を解消させることのできる比較的分別のある患者に出くわす確率はそれだけ大きい。しかし、医者が普遍的な人間的問題についてロでいう以上のことを考えているということを患者がほんの微かでも感じれば、患者はあまりにも早く転移を諦めたりはせず、あらゆる分別に逆らって転移にすがりつづけるであろう。これは根本的には必ずしも無分別だとはいえず、むしろ理解できる事態である。成人した人間でさえしばしば人生の問題にどう対処したらよいか分からず、それればかりかこの点に関しては極めて無自覚で、何らかの解答や確かな手がかりが得られるならどれほど僅かな可能性にでも無批判にすがりつくからである。もしそうでなければ、あらゆる種類の宗派や主義はとっくの昔に死に絶えていたことであろう。けれども無自覚、幼児的依存、極度の自信のなさと自立性の欠如のせいで、すべては雑草のように蔓延る。

医者が何とか患者に分からせようとして伝えたいすべてのために苦闘を辞さない場合は、医者はそれほど簡単には転移の問題を避けて通るわけにはいかない。自分自身の人生の問題を解決することが自分自身にとっていかに困難であるかを医者が知っていればいるほど、患者の不安と自信のなさ、あるいは軽率さと危険な無批判性を無視することはそれだけ難しい。フロイトでさえすでに、転移を間接的な神経症と見なし、そのようなものとして取り扱った。彼はあっさりと扉を閉ざすことができず、分析を通じて患者から転移を取り去るべく非常に骨を折った。しかしながら転移除去の試みは、これを実際的技術の問題として定式化するとなると、見た目ほど簡単ではない。実践はしばしば理論とはやや異なった進行を辿る。医者は、最終的にはひとりの人間の一部分ではなく、その全体を立直らせたいと思うようになるからである。けれどもやがて、この人たちを支えてくれるものは何もなく、この人たちが頼れるものは何もないということが分かってくる。両親のもとにもどる道は彼らにはすでに閉ざされている。そこで彼らは医者にすがりつく。いわゆる理性的な、分別による解決の可能性はすべて試されて、役に立たないことが歴然としている。少なからぬ人が、自分たちがそのなかで育ってきた信仰のことを想い出し、そのうちの若干はふたたびそこに帰る道を見出すが、すべての人ではない。ひょっとしたら彼らもどうすべきか分かってはいるのだが、しかし、無意識が同意しなければ意志と意図だけではほとんど何もできないことを経験を通じて十分知りつくしてもいる。無意識の不可欠の協力を確実に得るために、もろもろの宗教はすでに昔から神話の助けをかりてきた。あるいはむしろ神話はそもそものはじめからつねに、寄る辺なき意識と無意識の強力な「不可抗的観念」idées forces とのあいだに架けられた橋であった。しかしわれわれはすでにア・プリオリにそれに捉えられているのでないかぎり、人為的に、意志の力で神話のメッセージを信ずることはできない。自分の気持ちに正直であろうとすればわれわれは神話の真理に疑念をいだく。なぜなら現代の意識はそれを理解する手段を持ち合わせていないからである。歴史的な判断基準も自然科学的な判断基準も神話の真理を認識するのには向いていない。それは信仰の直観によってしか、あるいは心理学によってしか把握されえない。しかし心理学の場合はたしかに洞察は存在するが、しかしそれは、そこに経験というものが加わらなければ実際の人生には役に立たない。かくして現代人は大抵の場合、「結合」の第二段階の遂行を可能にするあの「精神的統一」の状態ですら生み出すことができないのである。夢やそれに類するものに現われる無意識のメッセージを理解するよう促す医者の手引きは、たしかに現代人である患者に必要な洞察をもたらすことはできるが、しかし現実の経験が問題になる次元では、医者は原則としてもはや助けの手を差し伸べることはできず、患者自らが作業にとりかからなければならない。そうなると彼は錬金術の弟子と同じ状態に置かれる。錬金術の弟子はある師のもとに入門し、実験室のあらゆる術策や技法を学び取る。しかし彼はいつかは自分でオプスに取り組まなくてはならない。それと同じように現代人の場合も、思いがけず差し出された見栄えのしないプリマ・マテリア、蔑まれる空想以外の何ものでもないものを材料に仕事を始める。プリマ・マテリアとしてのこの空想は「家を建てる者の捨てた石」のように「道端に捨てられ」in via ejecta ており、道行く人が見向きもしないほど「安っぽい」。

それを彼らは毎日毎日観察しつづけ、その変化を逐一確認することになる。ついに彼の目が開くまで、あるいは錬金術師たちのことばをかりれば、「魚の目」oculi piscium ないしは「火花」scintillae が暗い溶液のなかに現われるまでこれをつづけるのである。すなわち「魚の目」はつねに開けられたままであり、つねに見つめつづけねばならず、それゆえ錬金術師たちはこれを持続的注意力の一象徴として用いたのである（図ⅠおよびＪ参照）。

火花が現われる、あるいは光が徐々に立ち昇ってくるというのは、自らの空想を自分自身のなかで生じている現実の心的過程だと理解するということである。ある意味では外から、無関心に眺めているが、実は自らがその魂のドラマの行動し苦悩する主人公でもあるのだ。この認識は、重大でもあり不可欠でもある前進を意味する。なぜなら空想像だけを見ているかぎり、聖杯王の悩みを尋ねることを忘れる愚かなパルチファルのようなものである。なぜ忘れるかといえば、自分自身がそこに深く関与していることに気づかないからである。そして空想像の流れが途絶えると、何も起こらなかったに等しい。たといこの作業を千度繰り返そうとも結果は同じである。けれども自らの関与を認識すれば、自らこのプロセスに入り込み、自らそれに応答しなければならない――あたかも自分自身が空想のなかの人物であるかのように、というよりも目の前で演ぜられているドラマが現実であるかのように。すなわち、このような空想が生ずるというのは一個の歴然たる心的事実なのである。それはわれわれが心を持って存在しているということが現実であるように、現実なのである。この重大な作業を遂行せずにいれば、われわれはあらゆる変容を空想像にゆだね、われわれ自身は何ひとつ変わらずもとのままである。「自ら一なるものにならないならば、一なるものを産み出すこともできない」と錬金術師たちはいみじくもいっている。しかし、空想のドラマを目の前にして、場合によっては虚構の人格としてその空想世界に入り込み、それが真の、実際の関与を妨げることもある。いや、そうなると容易に自分自身の空想の犠牲に、それとともに医者なら誰しもその危険性を知っている無意識の諸力の犠牲になり、意識を危機に陥れることさえある。しかし、自らの現実性をもって空想のドラマのハンドゥルングに身を置けば、このハンドゥルングが現実性を獲得するだけでなく、

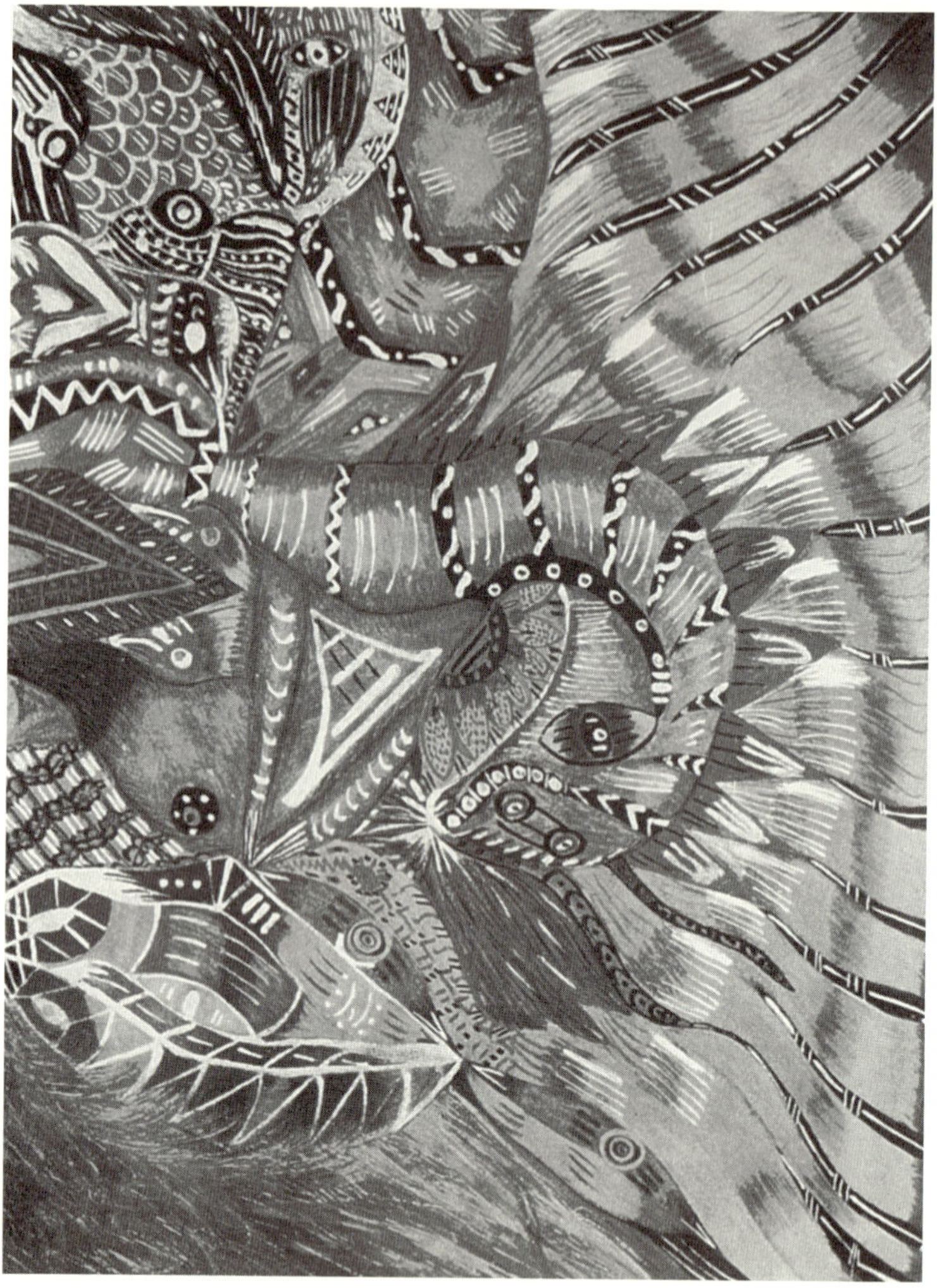

図I　現代人の描いた目のモチーフ

図J　現代人の描いた目のモチーフ

とりとめなく拡がっていく空想の無際限の傾向に対して有効な批判を対置して、バランスをとることができる。というのも、いま生じているのはまさしく決定的な無意識との対決だからである。こうして洞察の現実化、つまり「精神的統一」の現実化が始まる。いまや意識的な個性化の開始の地歩が築かれたのであって、その最初の目標は、全体性象徴を経験し産み出すということである。

患者が自分の空想像をただ観察しつづけるだけで、それが彼にとって何を意味するかを考えないということもさほど稀でない。彼はその気になればその意味を理解できるし、また理解させなければならないが、しかし意味の理解を促すということが治療上役に立つのは、無意識が自分に価値ある洞察を媒介してくれるという事実を患者がまだ十分に確信し切っていないあいだだけである。ひとたびこの事実が認識されれば、それによって医者に依存せずに自立するための認識可能性を手に入れたのだということを、患者にさらに知らしめるべきであるかもしれない。まさにこの結論を患者は引き出したがらない。そのため空想像の単なる観察に浸りつづけるということがしばしば起こるのであり、また医者の方でも、このような方法をわが身で試してみたことがない場合は、患者がこの障害を乗り越えるのを助けることができないことも稀ではない。もちろん障害を乗り越えなくてはならないのはつねに、どうしても作業を継続しなければならない已むを得ない理由がある場合だけである。そこには医学的に、そればかりか倫理的にそうすべきであるというような必然は何もなく、ときおり運命的な必然性が存在するだけである。必要な悟性能力を欠いていない患者の場合でもこの時点で作業の進展が停止し、どうしてもそれ以上前に進まないということがよく起こるのはそのためである。こういう経験がそれほど稀でないところから、わたしとしては、単に審美的な、つまり知覚的な態度から判断的な態度への移行は自明の進展ではないと考えざるをえない。そういう次第で、今日の心理療法の到達点もほぼこの地点までだというのが実情であり、空想像の知覚と形成が有用であることが認められるに至っている。それはことばに書かれてもいいし、鉛筆や筆で画に描かれてもいいし、粘土による造形でもいい。音楽的な表現形態も、実際に作曲され楽譜に記されるかぎりでは、考えられないこともない。しかしわたしの経験ではこういうケースには一度しか出会ったことがない。もっともバッハのフーガの技法にはこういう例が認められるように思われるし、ワーグナーの場合も諸元型の表現がその音楽の一根本特徴をなしている（これらの現象はしかし、個人的必然からというよりは時代精神に対する無意識の補償から生まれたもので、これについてはここではこれ以上立ち入ることはしない）。

けれども単に審美的態度を越えて判断的態度へと歩を進めるという方法については一般にはまだ未知であるように思われる。わたし自身これまでこの問題についてはほとんどはっきりしたことはいわず、暗示するにとどめてきた。軽々に取り扱えない微妙な事柄だからである。わたしはこの方法をすでに三十年前にわたし自身と他の人々で試してみたことがあるが、この方法はたしかに実行可能であり非常に満足すべき結果に通じてはいるが、しかし同時に極めて難しいと白状せざるをえない。患者が先に述べた認識の段階に達しているならばこの方法を躊躇なく勧めてもいい。この課題が彼にとって難しすぎれば、一般にもう最初の時点ですぐに拒絶反応を示し、二度とふたたびこの危険な隘路を通り抜けようとはしないだろう。分析を特色とする心的治療の危険は、精神病気質にあっては精神病が誘発される可能性があるという点に存する。この厄介な可能性は大抵はすでに治療開始の直後に、たとえば夢分析によって無意識に触れられるだけで現われてくる。しかし憂慮すべき突発的な徴候なしに、患者が能動的に想像し彼のもろもろの空想を形に表わすことができるところまで達すれば、原則としてもはや重大な危険はない。それならどんな不安が——そもそもそれを不安と呼べるとしてだが——彼がさらに一歩を進めるのを、つまり判断的態度に移行することを妨げるのかという疑問が当然わいてくるだろう（ここにいう判断とはむろん道徳的かつ知的拘束力をもつ判断である！）。不安と動揺にはつぎのような意味では十分な理由がある。空想に関与し進んで空想に巻き込まれることは素朴な悟性にとっては憂慮すべき危険なことのように思われるのである。なぜならこの一歩はいわば先取りされた精神病を意味するからである。

もちろん先取りされた精神病と本物の精神病とのあいだには非常な違いがある。しかしこの相違は最初は必ずしもはっきり知覚されることも認識されることもなく、それが原因で不安な動揺をきたしたり発作的パニックに襲われたりすることにもなりかねない。本物の精神病の場合には、人はそこに陥り、そこで制御不能な空想の波に、つまり無意識からの侵入物の波に呑み込まれるのであるが、これとは異なって判断的態度は、個人的な、そして特に集合的な意識状態を補償するところの、空想的事象のなかに自ら進んで巻き込まれるのである。この場合の空想への参入は、無意識のメッセージをその補償的内容のゆえに意識に統合し、それだけが人生を生きるに値するものにするところの、そして少なからぬ人々にとってはそもそも生きることを可能にするところの、あの全体性をおびた意義を生み出すという明白な目的のもとに行なわれる。空想への参入がほかならぬ精神病の外観をとるのは、患者が精神病者がその犠牲になるのと同じ空想材料を統合することに起因するが、精神病者はそれを統合できず、それに呑み込まれるからその犠牲となるのである。神話では龍を退治する者が英雄であり、龍に食べられる者が英雄などということはありえない。しかし両者がともに同じ龍にかかわっていることには変わりがない。他方ではまた、龍に一度も出会わない者も英雄ではない。あるいは、その姿を見たけれども、そのあとで自分は何も見なかったと主張するなら、英雄とはいえない。同様に、龍と果敢に対決し、それにもかかわらず破滅しない者のみが宝を、すなわち「手に入れることの困難な宝」を発見し、獲得するのである。こういう人こそ真に、自己を信じている、自信をもっているといいうる人である。なぜなら彼はみずからの自己《ゼルプスト》の暗い底に降りてゆき、それによって自己《ゼルプスト》を獲得したのであるから。この経験が彼に自己《ゼルプスト》の負荷能力に対する信念と信頼、すなわち「信仰」πίστις を与える。というのも、内側から彼を脅かしてきた一切のものを彼はわがものとし、それによって、将来いつかまだ彼を脅かしてくるかもしれない一切のものを同じ手段でもって克服できると信ずるある種の権利を獲得したからである。こうして彼は、彼に自立の力を与える一種の内的な確信を手に入れ、錬金術師が「精神的統一」と呼ぶものをも達成したのである。

一般にこの状態は、視覚的イメージとしてはマンダラによって表現される。患者の描くマンダラにはしばしば天と星辰を指す明瞭なしるしが描き込まれており、したがって「内的」な天、「蒼穹」〔大空〕、あるいはパラケルススのいう「オリュンポス」、すなわちミクロコスモスのような何ものかを暗示しようとしている。これはまた、ドルネウスが「絶え間なき周回運動によって」assiduis rotationis motibus 産み出そうとしたあの円形形成物、すなわち「天」caelum(217) でもある。彼がこのクウィンタ・エッセンティアを化学的物体として造り出したということはどうやらありそうにもないし、彼自身もそれを造り出したとはどこにも主張していないから、となるとどうしてもこういう疑問が湧いてくる。彼は本当に化学作業のことをいおうとしているのかどうか、あるいはむしろ全体としての錬金術的オプスのことを、つまり赤と白の葡萄酒(218)という同義語の形をとった「二重のメルクリウス」Mercurius duplex の変容のことをいおうとしているのではないか、そしてそれによって同時に「赤に至る、ならびに白に至るオプス」opus ad rubeum et ad album のことが暗示されているのではないかという疑問である。後者の可能性の方がわたしには高いように思われる。いずれにしても実験室での作業のことがいわれていることはまちがいない。このような仕方でドルネウスは、人間の内部にア・プリオリに存在する秘密に満ちた中心、同時にひとつの宇宙を、すなわちひとつの全体性を表わしている中心への自分の直観に形を与えているのであって、そうしながら物質の内なる自己〔ゼルプスト〕を模写していることを自覚しているのである。彼は全体性のイメージを蜜、魔法の薬草、人間の血を混ぜ合わせることによって、ということはそのそれぞれに見合う意義を混ぜ合わせることによって、より完全なものにしている。それはたとえば現代人である患者が彼の描くマンダラに無数の象徴的徴表を描き加えることによって、全体性のイメージを完全なものにするのに似ている。またドルネウスは古代のシバやアレクサンドリアの手本に倣って惑星の「影響」inferiores を、あるいはタルタルスをその神話的な冥府の側面とともどもに、彼のクウィンタ・エッセンティアのなかに引き入れるが、これも現代人の場合と異ならない(219)。

要するに、このような仕方でドルネウスは「精神的統一」の現実化の問題、すなわち「精神的統一」と「肉体」との結合という問題を解決し、かくして「結合」の第二段階を成就したのである。われわれであれば、心的等価物が造り出されることによって自己《ゼルプスト》という理念が形態を獲得したのだ、というであろう。しかし錬金術師はこの形態化に、われわれの色褪せた抽象よりも強力で根源的な具象的直観を結びつけている。錬金術師は自らの作業を、魔術的な効力をもつ行為と感じていて、この行為は、調製される物質と同じように魔術的諸特性を賦与する力を有している。魔術的諸特性の投影は、それらの特性に見合った、意識への諸作用が存在していることを暗に示している。すなわち達人はラピスから、あるいはアルカヌムをどう名づけようと当の秘密物質から、あるヌミノースな作用が流れ出ていると感じている。けれどもわれわれの合理主義的精神であれば、現代人が無意識諸内容の直観から描く画にそのようなものがあると認めたりはまずしないだろう。しかし作用の及ぶ対象が意識であるか無意識であるかによって事情はやや異なる。無意識の場合は実際にこのような画から影響を受けるように思われる。患者が自分たちの描いた画に対して示す反応を詳細に調べてみればそのように推測せざるをえない。これらの画は時が経てば患者の心を落ち着かせるような作用を発揮し、内的基盤のような何ものかを作り出す。達人たちは彼らのラピスの作用を、たとえば万能薬や黄金のティンクトゥラ〔染色剤〕や不老長寿のエリキシルに見られるように、昔から心の外に求め、ようやく十六世紀になって、もはや疑いえないほど明瞭に内的作用を暗示するに至るが、これに対して心理学的経験はまず何よりも描かれた画をはじめとするイメージ形成に対する主観的反応を強調し、ありうるかもしれぬ客観的な作用に関する判断は――「自由な開かれた心をもって」libera et vacua mente――いまだ保留している。[220]

九　結合の第三段階――「一なる宇宙」

ラピス〔賢者の石〕の製造が一般には錬金術の最終目標である。しかしドルネウスはこの一般原則の重要な例外をなしている。彼にとってはラピスの製造によってようやく「結合」coniunctio の第二段階が完了する。この点でドルネウスの見方は心理学的経験と完全に一致する。心理学的経験にとっては自己《ゼルプスト》の理念の効果的で具象的な形態化は単なる「入場の儀礼」、いわば予備的行為であり現実化の単なる先取りにすぎない。ある種の内的確信が存在するからといってそれはまだ、達成されたものが外界の阻害的な、いやそれどころか敵対的な影響に対して変わらぬ安定性を獲得したということの証明ではない。達人たちは、不都合な外的事情に禍されて、あるいは技術的誤りのせいで、あるいはデモーニッシュな突発事故――彼らにはそう見えた――によって彼らのオプスが再三にわたって妨げられ、その結果再三にわたって最初からやり直さなければならないという破目に陥った。今日これに類似した道を通って、自らの確信を現実において試そうとする者は誰であれ、同じような経験をすることになるだろう。彼が作り出したものが一再ならず外界と衝突して砕け散り、自分の態度にまだ欠けたところがあるのか、彼の心的視野において何がまだ盲点であるのかを、再三にわたって倦むことなく新たに探求しなければならない破目に陥るだろう。不思議な力をそなえた「賢者の石」が一度として実際に造り出されたことがないように、心的な全体性も経験上は決して達成されることはないだろう。というのも意識は心の全在庫品を包括するにはあまりにも狭く、一面的だからである。つねにわれわれはまた最初からやり直さなければならないだろう。達人たちは昔から、肝心なのは「単一なるもの」res simplex、すなわち単純なものであることを知っていた。現代人は経験を通じて、心のオプスは最大限の単一性、単純さなしには成功しないことを学ばなくてはならない。しかし単純なものは最も難しいものなのである。

一にして単純なものは、ドルネウスが「一なる宇宙」unus mundus と呼んだところのものである。この一なる宇宙が「単一なるもの」(221)である。「結合」の第三の、最高の段階はドルネウスにとって、全体性をそなえた人間と「一なる宇宙」との結合を意味する。すでに見たように彼のいう「一なる宇宙」は、まだ何ものも現実化された状態（in actu）、すなわち二にして多という数の状態にはなく、ただ一なるものしか存在しなかった天地創造の第一日の、潜勢的な宇宙〔世界〕である。(222) 彼は魔術的な作業手順によって生み出された人間の統一を、宇宙とのあいだにも統一を生み出す可能性と見なしていた。しかしこの宇宙はわれわれが目にしているような多様な現実ではなく、ちょうど自己《ゼルプスト》が個別的人格の根拠であり根源であってその過去、現在、未来を包摂しているように、すべての経験的な存在の永遠の究極的根源を意味するところの、一つの潜勢的な宇宙である。瞑想によって認識され、錬金術によって形態化された自己《ゼルプスト》にもとづいてドルネウスは「一なる宇宙」との結合を「期待し熱望した」のである。

この潜勢的な宇宙はスコラ哲学者の原形的宇宙（mundus archetypus）である。わたしの推測では、ドルネウスのこのような見方の直接の手本はユダヤ人ピロン〔フィロ〕ではないか、それも彼の論説『宇宙の活動について』De mundi opificio(223)ではないかと思われる。ピロンの語るところでは、創造主は知的にのみ理解される宇宙のなかに、形体なき天、不可視の地、気と空虚なるものの理念、を創造した。

最後のものとして創造主は人間を創造したが、それは「星々に似た多くの自然物の模像を内包する」ところの「小さな天」であった。ピロンはこれによって明らかにミクロコスモス〔小宇宙〕を、したがってまた心的人間と宇宙《コスモス》との一致を暗示している。彼によれば、創造主の「合理的宇宙」mundus intelligibilis に対する関係は、精神（mens）の肉体に対する関係の「原像」imago ないしは「原形」archetypus である。ドルネウスがプロティノスをも知っていたかどうかは、不確かである。プロティノスは『エンネアデス』第四巻（九―一以下）で、すべての個別的魂はただ一つの魂であるかどうかという問題を論じ、然りと答えるに足る十分な根拠があると考えている。もろもろの魂の統一は存在そのものの統一に一致するというのである。わたしがプロティノスを持ち出すのは、彼が「一なる宇宙」という理念の早い時期の一証人だからである。「魂の統一」は経験的にはあらゆる魂に共通の心的根本構造にもとづく。この構造は解剖学的根本構造と同じようにたしかに見ることも触れることもできないが、しかしそれと同じようにその存在は明白である。

ドルネウスが「結合」の第三段階について語る思想は普遍的なものである。つまりそれは、個人的なアートマン（atman＝個我）と超個人的なアートマン〔ブラフマン・梵〕との、個別的なタオ（tao＝道）と普遍的なタオとの関係ないしは一致である。西洋の人間にはこのような見方はあまりに現実性に乏しいか、もしくはあまりに「神秘的」であるように見える。とりわけ、天地創造の第一日の宇宙と関係を結べばなぜ自己《ゼルプスト》が現実化されたといえるのか、これを理解することができない。経験的世界以外の世界〔宇宙〕を自分たちの見方の圏内にうまく取り入れることができない。厳密にいえば西洋人の戸惑いはこの時点ではじめて生ずるのではなく、「天」caelum ないしは内的統一を作り出すという発想の時点ですでに始まっているのである。こんな思想はあまり聞いたことがないし、嫌になるほど曖昧模糊としている。どんなことに関係しているのか、どこに根拠を求めればよいのか、よく分からない。そういうことはいえるかもしれないが、いえないかもしれない。——要するに、西洋人の経験はここで限界に達し、それと同時に普通は理解も停止し、そして——残念なことだが——あまりにもしばしば、それ以上何かを学んでみようという気もなくしてしまう。それゆえわたしとしては批判的読者にお勧めしたい、先入見はひとまず脇に置いて、まず一度上に述べてきたプロセスの作用をわれとわが身で経験してみてはどうか、そして何ならその上で、判断など下したりしないで、こういうことは全然分からないと率直に告白してはどうか、と。わたしは三十年のあいだこのような心的プロセスをありとあらゆる条件のもとで研究し、錬金術師たちも東洋の偉大な哲学もまさにこのプロセスと同じような経験に関係していること、そしてこのような経験がわれわれの目に「神秘的」と映ずるのは主として心的な諸事象に関するわれわれ無知のせいであることを確信するに至った。

いずれにしてもわれわれは、自己《ゼルプスト》の具象化によって永遠への「窓」が開かれるということ、またどの程度まで開かれるかということを、そしてこれによって中世の人間たちにも東洋の人間にも、一面的な世界観の息のつまるような干渉から逃れる、あるいはそれに堪える可能性が開かれたのだということを、理解できなくてはなるまい。錬金術のオプスが「天」ないしはラピスの製造によってその目標を達成したことが疑いないように、錬金術のオプスに「肉体」の精神化の傾向があるのも疑いえない。それは「上に漂う、気の色をした」液体という象徴表現に現われている。この液体が表わしているものは、「栄光の肉体」corpus glorifikationis、すなわち復活した肉体にほかならず、これが永遠に関係していることは明白である。

ところで、素朴な悟性にとってはリンゴが木から地面に落ちるのは自明であるが、地面がリンゴに向かって上昇するといえば不合理な戯言としか思われないように、素朴な悟性はまた、精神が肉体〔物体〕を、肉体〔物体〕の慣性と重力の影響を何ら蒙ることなく一方的に精神化するのだと、何の疑問も感じずに思い込んでいる。しかし作用というものはすべて相互的なものであり、何ものも自ら変化させられることなく他のものを変化させることはない。錬金術師は、天地創造の際に神性の少なくとも一部、すなわち「宇宙の魂」が物質的被造物のなかに入り込み、──創造行為の作用結果として──そこに囚われているということについては他の誰よりもよく知っていると思っているが、それにもかかわらず一方的な精神化の可能性を信じていて、彼らもまたこの精神化作用の条件がほかならぬ精神の物質化に、すなわち青いクウィンタ・エッセンティアに存するということを考えてみようとはしない。実は錬金術師たちの努力は、たしかに肉体を精神性の近くまで引き上げるが、しかしまた精神を物質の近くに引き下ろしているのだ。物質を昇華させることによって精神を具象化するのである。

この自明の真理は中世の人間にはまだ未知であった。それは現代人にとってもようやく部分的に分かり始めたことである。しかしどこかで、何らかの仕方で、精神─物質、意識─無意識、明─暗などの対立のあいだに統一が生み出されなくてはならないとすれば、それは、錬金術師たちが四大元素の宇宙的争闘が「石にあらざる石」*λίθος οὐ λίθος* によって、つまりパラドックスでしかいい表わすことのできない超越的実体によって調停されると考えたように、妥協ではなくある新しいものであるところの、第三のものにおいて生ずるであろう[224]。ラピスと同一のものであるドルネウスの「天」は、一方ではフラスコのなかに抽出することのできる液体であるが、しかし他方ではミクロコスモスそれ自体である。心理学者にとってはそれは自己《ゼルプスト》、すなわち一方ではあるがままの人間であり、他方ではまさにその同じ人間の説明不可能な、超経験的な全体性である。この全体性はなるほど純然たる要請〔不可欠の仮説〕ではあるが、しかし、あるがままの人間の完璧な認識を所有しているとは何人も主張しえない以上、そこには必然性が内在している。未知なるものは心的人間に関してのみ存在しているのでなく、物質的《ピュシス》〔肉体的〕人間についても同じように存在しており、完全な人間像にはこの未知なるものも関係づけるべきであろうが、それはできない。人間それ自体が一部は経験的であり、一部は超越的なのであって、それ自体が「石にあらざる石」なのである。また、われわれが経験的に物質的と見なしているものが未だ知られざる経験の彼岸では、われわれが此岸において心的であると見て物質的なものから区別しているものと同一でないかどうか、われわれは知らない。たしかに経験からわれわれは、心的なプロセスが物質的プロセスと関係していることは知っているが、この関係がいかなる性質のものであるか、あるいはその関係がそもそもいかにして可能なのか、これを説明できる状態にはない。心的なものと物質的なものがまさしく相互依存関係にあるからこそ、われわれのこれまでの経験を超えたところではそれらは相互に一致しているという推測がすでにいろいろなかたちで表明されてきたが、しかしこれは決して専断的な唯物論的仮説、あるいは唯心論的仮説を意味するものではない。

　心的存在と物質的存在は一致するという以上のような仮定によってわれわれは、そこではまだ何ものも分かたれてはいないという、錬金術師たちのあの「一なる宇宙」、天地創造の第一日のあの潜勢的宇宙という見方に接近する。パラケルスス以前の錬金術師たちは「無からの創造」creatio ex nihilo を信じていた。彼らにとってはつまり、神それ自身が物質の原理であった。しかしパラケルススとその一派は、物質は「創造されざるもの」increatum であり、したがってまた神と空間的にも時間的にも共存している（coexistent/coaetern）と見なした。彼らのこの見解が一元論にもとづくものか二元論にもとづくものか、わたしははっきりさせることができなかった。ただしあらゆる錬金術師にとって、神が「宇宙の魂」anima mundi もしくは「中間的〔仲介的〕本性をそなえた魂」anima media natura という形態をとって物質に拘束されているにせよ、あるいは物質が神の「現実性」を表わしているにせよ、物質が神的な側面を有していたということだけは確かである。彼らの物質は、ましてや天地創造の第一日の潜勢的物質は、決して神的性質を剝奪されることはなかった。パラケルスス派の錬金術師たちだけが「創世記」の二元論的な文言（「地は混沌として虚しく、闇が深淵の面にあり、神の霊が水の面を動いていた」）に影響されたように思われる。

ところでドルネウスが「結合の神秘」mysterium coniunctionis の完成を錬金術の業によって製造された「天」と「一なる宇宙」との結合のうちに見るとき、彼は明言しているが、個人が個人を取り巻く経験的世界に混じり込むとか適応するとかいうことをではなく、潜勢的宇宙との「神秘的合一」unio mystica をいおうとしているのである。このような見解は事実われわれにとっては「神秘的」に見える。もっともこれは神秘的ということばを今日濫用されている現代的意味にとった場合の話である。しかしながらそれは思想を欠いた無意味なことばの羅列なのではなく、中世的言語でいわれているが現代の概念に十分翻訳可能な歴とした見方なのである。「一なる宇宙」という理念は疑いもなく、経験的世界の多様性は経験的世界の統一を基盤として成り立っており、二つ、あるいはいくつかの原理的に異なる世界が共存しているわけでも、混じり合っているわけでもないという見解にもとづいている。この見方に従えばむしろ、分かたれたものや異なったものはすべて同じ一つの世界〔宇宙〕に属している。この同じ一つの世界はもちろん感覚的にとらえうる具体性はそなえていず、ひとつの要請であるが、その蓋然性は、われわれの知る自然法則が当てはまらないような世界はこれまでまだ一度も発見されたことがないという事実によって裏づけられる。物質的世界とは恐ろしくかけ離れている心的世界も同じ一つの宇宙《コスモス》の外側に根ざしているわけではないということは、魂と肉体のあいだには因果関係が存在しており、両者が根本的には同一の性状を有していることを物語っているという否定できない事実から明らかである。

存在するものはわれわれの認識には納まらない。したがってわれわれはその性質の全体についてはいかなる種類の発言もすることができない。一方ではミクロ物理学が物質の未知の部分に、他方では複合心理学が心の未知の部分に手探りで歩を進めている。この二つの研究方向は二律背反によってしか具象化できないような研究結果に達し、奇妙にも類似した――それも一つや二つの類似にとどまらない――諸概念を生み出している。このような傾向がもしも将来もっと強まるならば、両研究方向の対象が一致していて物質と心のあいだには統一があるという仮説は信憑性を獲得するであろう。もちろん、統一的存在がいつか具象的なかたちで明らかにされるという望みはほとんどない、いや全然ないといってもいいだろう。なぜならこの場合、観念や言語では二律背反的命題しか提示できないからである。とはいえわれわれが今日少なくともつぎの事実を認識していることは紛れもない事実である。すなわち、経験的現象は超越的背景の上に成り立っているということである。これは、すでにジェイムズ・ジーンズ卿が述べているように、プラトンの洞窟の比喩によって表現されるような事態である。ミクロ物理学といわゆる深層心理学の共通の背景は物質的でもあり心的でもあって、それゆえそのどちらでもなく、むしろ、その核心が超越的であるがゆえにたかだか暗示的なかたちでしか捉えることのできないような、ある第三のもの、ある中立的本性を有するものである。

われわれの経験的世界の背景は実際「一なる宇宙」であるように思われる。これは少なくとも、「説明原理は必要以上に増やしてはならない」という科学理論の原則にかなうような、蓋然性をそなえた仮説である。超越的な精神物理学的背景は、そこには経験的諸現象を規定しているあらゆる条件がそなわっているという意味で、「潜勢的宇宙」と一致する。これは明らかに物理学とまったく同様に心理学にも当てはまる。より精確にいうなら、マクロ物理学にも意識心理学にも当てはまる。

ところでドルネウスは「結合」の第三の、最高の段階を「天」を作り出した達人と「一なる宇宙」との結合、あるいは関係づけに見ているが、これを心理学的にいい表わせば、意識と無意識との統合ということになるであろう。この結合ないしは等置は、既知数と未知数Xとが組み合わされているので理論的には具象性をもたない。しかし実際的にはそこから、原子物理学が古典的物理学に惹き起こしたのに匹敵するような、意識の大幅な変化が生ずる。ドルネウスが「結合」の第三段階に期待している意識の変化がどのような性質のものであるかは、達人たちが用いた象徴表現から間接的にしか知られない。ドルネウスが「天」と名づけているものは、すでに言及したように、自己《ゼルプスト》の象徴的先取りである。そこからわれわれは、「天」によって追求された全体的人間の実現はともかくもまず有機的〔肉体的〕あるいは心的な苦悩の治癒〔救済〕と見なされたのだと推論することができる。これは「天」が万能薬（medicina universalis/panacea/alexipharmacum/medicina catholica etc.）と名づけられていることからも分かる。「天」は同様に「バルサム」および「生命の霊液」elixir vitae とも、つまり延命、強精、若返りの魔法の飲み物とも見なされている。それは「生ける石」λίθος ἔμψυχος/baetylus、「プネウマをやどした石」[225]、新約聖書の「生きた石」vivus lapis[226] でもある。この「生きた石」は『ヘルマスの牧者』では、教会の塔に石材として塡め込まれる生きた人間を表わしている。特にその不朽不滅の性質が強調されていて、それは魔術的な力を発散し、移ろいゆくものを不滅のものに、不純なものを純粋なものに変える。それは自らを補完し、増大させる（multiplicatio）。それは単一・単純なものであり、それゆえ普遍的なものであり、あらゆる対立の統一である。それはキリストと並行的類似関係にあり、マクロコスモス〔大宇宙〕の救世主と呼ばれる。しかしまた「天」は、人間の神との類似性（「神の似像」としての人間）を、物質のなかに存在する「宇宙の魂」を、そして真理そのものをも意味している。それは「千の名をもつ」存在である。それはミクロコスモス、すなわち「完全無欠な原人間」、「真人」であり、ホムンクルスであり、ヘルマプロディトスである。ここにあげた

「天」の呼び名と意義は、頭が混乱するほど多種多様な呼び名と意義のうちのごく一部にすぎない。当然のことながらわれわれは、このような心的体験を——というのもこれらの呼び名や意義の根本にあるのは心的体験なのだから——いったいどういうふうに合理的概念でいいあらわせばよいのか、少々戸惑いを覚える。それらが完成と普遍性の極致を意味していたこと、そしてそれによってこれと同規模のある体験を特徴づけていたことは確実である。この体験と比較できるのは辛うじて、「神秘的合一」の名状すべからざる神秘（mysterium ineffabile）、タオ〔道〕、サマーディ（samadhi＝三昧）の境地、あるいは禅の「悟り」くらいのものであろう。これらの体験は、理性のいかなる判断基準も歯が立たない純然たる非具象性と極端な主観性の領域に属している。注目すべきことにこれらの体験は経験的なのである。なぜなら東洋においても西洋においても、現代においても遠い過去においても、このような体験が体験主体に対してもつ類を絶した意義と重要性を強調する一致した証言が存在するからである。物質的自然の性質に関するわれわれの知識は、このような体験を何らかの普遍妥当的な基盤から説明できるような手がかりを与えてはくれない。それは心的経験世界の秘密であり、秘密でありつづけ、ただヌミノースな体験としてしか理解しえない。しかしながらそれが事実として存在することは疑いえないのであって、それはちょうどある波長の光が「赤」として感得されるのが事実であるのと同じである。ただし赤緑色盲のみはこの事実に同調できない。

　アルカヌムに関する錬金術師たちのもろもろの発言は、心理学的に見た場合何を意味するのであろうか。この問いに答えるためには、われわれが夢の解釈のために立てた作業仮説を想い起こす必要がある。夢の像および自然発生的な空想像は、意識の内容ないしは意識の態度に対して大抵は補償的な関係にある未だ知られていない、ないしは無意識的な事実内容の象徴、すなわち可能なかぎり最高の表現である。この原則を錬金術のアルカヌムに当てはめると、アルカヌムの最も際立った特性、つまりその統一性と唯一性——「ラピスは一なり」、「一なる治療薬」、「一なる容器」、「操作は一にして配列も一なり」[227]——は分裂した意識を前提にしていると考えることができる。なぜなら自分自身と一つに調和している者は治療薬〔救済薬〕としての統一を必要とすることはないし、そして——こう付け加えてもいいと思うが——自らの分裂に対して無意識である者にもそれは必要ではない。統一の元型が呼び覚まされるには前提として意識された窮境が必要だからである。したがってわれわれはこう推論することができる。哲学的傾向を持っていた錬金術師たちは当時の世界観、つまりキリスト教信仰に、むろんそれが真実であることを確信していたけれども、しっくりいかないものを感じていたということである。古典的なラテン語およびギリシア語の錬金術文献には、それがキリスト教を信奉する錬金術師たちの論説であるかぎりは、キリスト教信仰への疑念を示すような痕跡は見出せないどころか、彼らのキリスト教信仰の堅固さを示す証言に満ちみちている。キリスト教は、神の「救済計画」にもとづく明々白たる「救済」システムであり、神は統一の粋であることを考えれば、それなのになぜ錬金術師たちは自分のなかに、自分自身とのあいだに不統一を感じたのかという疑問のわいてくるのを如何ともしがたい。彼らの信仰が彼らに、見たところ統一と一致とを十分に与えたように思われるからである。(この疑問は現代でもアクチュアリティを失っていないどころか、その反対である!)この疑問に対する答えは、アルカヌムについていわれる他の諸特性を吟味すれば自ずから出てくる。

まず考慮すべきアルカヌムの特性は、その物質的性質である。錬金術師たちはほかならぬこの物質的性質に最も大きな比重を置き、「石《ラピス》」こそ彼らの術の存在理由そのものであったが、しかし「石」を純然たる物質と見なすわけにはいかない。なぜならそれは生きていて、「魂と精神〔霊〕」anima et spiritus をそなえていること、いやそれどころか人間もしくは人間に似た存在であることが、繰り返し強調されているからである。神についても、世界は神の物質的な現われであるといわれたが、しかしこの汎神論的見解は教会の教義によって非難された。というのも教義によれば「神は霊〔精神〕である」からであり、決して物質ではないからである。しかしもしそうであれば、教会の立場は「肉体の克服による精神的統一」に相当する。そこで、キリスト教を信じていた錬金術師たちは悟ったのである、自分たちの見方に従えば自分たちがいま立っている地点は「結合」の第二段階の手前であって、キリスト教の「真理」はまだ「現実化」されていないのだ、と。魂はたしかに霊〔精神〕によって抽象の崇高な諸圏へと引き入れられたが、肉体は魂を奪われてしまった〔生命を失ってしまった〕。しかし肉体もまた生きることへの要求を有している以上、この状況が満足のゆくものでないことに達人たちがいつまでも気づかないはずはなかった。彼らは自らを全きものと感ずることができず、彼らの存在の霊化〔精神化〕が彼らにとってたといどれほどの意味を有していようとも、物質世界における肉体をそなえた生命の「ここで、いま」hic et nunc〔空間的・時間的現在性〕を克服することはできなかった。精神は物質を基準とした生き方に矛盾し、物質は精神を基準とした生き方に矛盾した。キリストは、たといその反対だといかに声高に保証されようとも、結合する要因ではなく、精神的な人間を物質的な人間から切り離す「剣」である。錬金術師たちはある種の現代人とは異なって、意識がさらに発展してゆく必然性と実際的意義とを見抜くに十分な賢明さをそなえていて、それゆえ彼らのキリスト教徒としての信念に拘りつづけ、無意識的段階へと逆戻りすることはなかった。彼らはキリスト教の真理に反対することはできなかったし、また反対する気もなかった。したがって彼らに異端の罪を着せるのも間違いであろう。彼らはむしろ、「精神的統一」を肉体と結びつけるべく努力することを通じて、神の観念によって先取りされている統一を現実化しようとしたのである。

この努力は、この世界は病的な状態にある、すべては原罪のせいで腐敗堕落しているという、鮮烈な感覚に発していた。彼らは、魂はその自然本来の傾向である肉体への愛着から精神によって切り離される場合にのみ救済の可能性を有している、しかしこの分離は物質的な生〔肉体〕の状態を変化させることも改善することもないということを見抜いた。なるほどミクロコスモス、すなわち内的人間は救済される可能性がある、しかし腐敗堕落した肉体の方はそうではない。この洞察は、意識が精神的人格と物質的人格とに分裂する十分な根拠と契機を与えた。錬金術師たちは例外なくパウロとともにこう告白してもよかった、「わたしはなんと惨めな人間なのでしょう。死に定められたこの肉体から、だれがわたしを救ってくれるのでしょうか」(「ローマの信徒への手紙」七

─二四）。それゆえ彼らは、肉体のあらゆる苦しみと魂の分裂状態を癒してくれる「治療薬」〔救済薬〕、肉体を腐敗堕落から解き放ってくれる「不老長寿薬」*φάρμακον ἀθανασίας*、そして原初の旧約聖書の時代の長命を、あるいは不死をさえ与えてくれる「生命の霊液」elixir vitae、これらを見出すべく営々と努力を重ねた。錬金術師は大抵が医者であったから、人間存在の脆さと弱さを思い知らされ、もっと堪えやすい、救済の福音に匹敵する状態をあの世まで待つなど我慢できないというあの焦燥に火をつける機会に、否応なく、たっぷりと出くわした。まさにこの不満と、どうしようもなく噴出してくる苛立ちのうちに、物質的人間〔肉体的人間〕の要求が、同時にまた分裂の堪え難さが現われている。したがって彼らは極めて困難な課題の前に立たされた。すなわち、別の方向に行きたがっている物質的人間を彼の内なる精神的真理と一つに結びつけるという課題である。彼らは不信仰者でも異端者でもなかったから、精神的真理を肉体にいわば都合のよいように合わせるために精神的真理を改変しようなどとは露ほども思わなかった。その上肉体は、道徳的な弱さのせいで原罪を身に招いていたから、不正の状態にあった。したがって手を加えられ調製されなくてはならないのは、肉体とその闇の方であった。この調製の作業がすなわち、すでに見てきたように、天ないしは潜勢的宇宙の物質的等価物であるところの、そしてそれゆえにこれまた「天」と呼ばれているところの、クウィンタ・エッセンティアの抽出であった。この「天」こそ、「精神的統一」と結合される能力を有する、またそれに立派に値する、肉体の精髄をなす部分、すなわち不朽不滅の、それゆえ純粋にして永遠の実体、「栄光化された肉体」corpus glorificatum であった。肉体のそれ以外のあとに残った部分は「永劫に罰せられた地」terra damnata、滓であって、これはその運命にゆだねるほかはなかった。これに対してクウィンタ・エッセンティアたる「天」は、宇宙の純粋で不朽不滅の原物質に、すなわち、神の意図を適切に、全き従順さをもって表わしている神の表現手段に照応していて、したがってその製造は、「一なる宇宙」との「結合」を「期待し熱望する」ことを許したのである。

この解決は明らかに物質の側には不利な一種の妥協であるが、しかしいずれにしても精神と物質の分裂に橋渡しをする注目すべき試みである。けれどもそれは根本的解決ではない。その作業手順が本当の物質的対象において展開されずに、成果を生むことのない投影であったということ、つまり「天」は実際には製造されえなかったという一事を取っただけでもすでに、根本的解決とはいいがたい。それは期待であり熱望であった。そしてこの願望は錬金術とともに消滅し、それによってそもそも議事日程そのものからおろされたように見える。分裂は依然としてあとに残り、逆方向を辿って、一方でははるかに優れた自然認識と医学を成立させ、他方では精神を、もし中世の人間がこれを見たら驚愕のあまり腰を抜かすであろうほどに突き崩し、背景に押しやった。現代科学という「生命の霊液」は生の側からの期待をすでに著しく増大させ、いまよりもはるかに優れた成果を達成できると考えている。これに対して「精神的統一」の方は色褪せ、「キリスト教の真理」は守勢にまわることを余儀なくされている。人間の内に隠されている「真理」などもはやまったく問題にされなくなった。歴史は、錬金術的妥協が未解決のままにやり残したことを容赦ない仕方で埋め合わせた。すなわち物質的人間〔肉体的人間〕が思いがけずも前に押しやられて檜舞台にのぼり、予想だにしなかった規模で自然を制圧したのである。しかし、物質的人間が前面に出てきただけではなく、それと同時に物質的人間の経験的な魂〔心〕も意識されるに至った。なぜならそれは精神の包囲から解き放たれ、その個人的諸特徴が臨床的観察の対象にさえなるほどの具体的な形態をとるに至ったからである。それは久しい以前からもはや生の原理でもなく、あるいは哲学的抽象でもなく、それどころか大脳の化学機構の付帯現象ではないかという疑問さえ表明されている。そればかりではない。精神はもはや魂〔心〕に生命を賦与するものではなく、むしろ精神はその存在を本質的には心的活動に負っているのではないかと推測されている。心理学は今日、科学（Wissenschaft）を名乗ることを許されるに至ったが、これは精神の側からの著しい譲歩を意味する。心理学が自らの諸問題の解明のために心理学以外の諸科学、特に物理学から何を要求できるかは、今後に課せられた問題である。

一〇　「自己」と認識論的制限

すでに何度も詳説したように、ラピスに関する錬金術師たちの発言は、心理学的に見れば自己《ゼルプスト》という元型を描写している。それは現象的にはマンダラ象徴に示されている。マンダラ象徴は自己《ゼルプスト》を、求心的な構造をもつ形象として、しばしば円積法的な円形の四要素一組の形で表現している。そこには、大抵は結合さるべき諸対立の性状を表わすあらゆる種類の副次的象徴が描き込まれている。マンダラ形象はどこから見ても、人格の、自我とは本質的に異なる中心的状態ないしは中心そのものの表現であるように感じられる。それはヌミノースな性質をそなえていて、この事実はその描き方に、もしくは特徴を表わすしるしとして用いられている象徴（太陽、星、光、火、花、宝石など）に現われている。マンダラ象徴には、抽象的で、生彩を欠いた、素っ気ない円形象から極めて鮮烈な照明体験の表現に至るまで、情緒的価値評価のあらゆる度合いが見て取られる。これらの側面はすべてすでに錬金術に認められる。異なる点はただ一つ、それらの側面は錬金術では物質に投影されているのに反して、マンダラ象徴の場合は心的象徴と理解されている点である。要するに「化学の秘密」arcanum chemicum が、その本来のヌミノースな性質を失うことなく、心的な出来事に変換されたということである。

ところで魂〔心〕がどれほど人間化ないしは現実化されるに至ったかに思いを致せば、同時にまた今日その魂が、魂がそれと共存しているところの肉体をも、どれほど表現しているかを思い知ることができる。そこには、錬金術師たちが高々夢見ることしかできず、まったく意識化することのできなかった第二段階の「結合」が現前している。そのかぎりでは心理的なものへの変換は著しい進展を意味する。しかし進展を意味するのはむろん、体験された中心が日々の生活の導きの精神（spiritus rector）でもあることが実際的に示される場合のみである。もちろん錬金術師たちも、ラピスはそれで黄金を造り出さずともポケットのなかに持っていることはできるし、あるいは「飲用黄金」aurum potabile はこの苦くて甘い飲み物を一度も飲んでみたことがなくとも瓶のなかに持っていることはできるくらいのことは、百も承知であった。しかしこれは仮説としてそういうるにすぎなかった。というのも彼らは彼らのアルカヌムを実際に用いるという誘惑にさらされたことは一度もないからである。なぜなら彼らがアルカヌムを製造することに成功したことは一度もないからである。しかしながらこの失敗の心理的意味を過大に考えてはならない。錬金術師たちの場合心理的意味は、予感され感知される元型から発する魅惑に比べれば、いわば背景にあって二の次であった。キリスト教にとって主の再臨が起こらないことはそれほど致命的な障害にならなかったが、錬金術の場合も事情はつまりこれと同じだったのである。元型的理念とつねに手に手を携えている感動は、合理的認識がこれっぽちも存在しない場合でも、全体性体験を予感として媒介することができ、あとから分化される認識はこの予感的体験にもはや何ら本質的なものを付け加えることはできない。少なくとも体験の全き在りよう、その完全性という点ではそれは不可能である。しかしながら、理解力が深まれば、それによって原体験の生気に満ちた本質を繰り返し新たに蘇らせることはできる。元型の無尽蔵の豊かさを考えれば、そこから導き出される合理的認識は比較的僅かな意味しかもちえず、照明は最終段階に認識の結果として現われる場合の方が初期段階にヌミノースな体験として現われる場合よりも高度であると考えるとすれば、それはすでに合理的認識の不当な過大評価のなせる業である。枢機卿ニューマンの教義の発展に関する見解に対してこのように最終段階の照明を高く見る立場からの異論が唱えられたが、しかしこの異論はまさに、合理的理解あるいは知的定式化は全体性体験に何一つ付け加えず、せいぜいのところその再体験を助長したり可能にしたりするだけだということを見逃している。体験が本質的なことであって、体験の知的な具象化や明瞭化がそうなのではない。こういうものが意味を持ち、助けになるのは、原体験への通路が土に埋もれて閉ざされている場合だけである。教義の分化は、教義の生気に満ちた本質を表現しているばかりでなく、その生気が保持されるためにも必要なのである。これと同じように錬金術の根柢をなしている元型も、その生気に満ちた本質とヌミノースな性質を具象化し、そうすることで少なくともその元型を心理学のために保持しておくためにには、解釈を必要とする。錬金術師たちも彼らの体験をできるだけ具象化したが、しかし心理学が今日説明しうるほどにはそれを理解できなかった。けれども彼らの理解の足りなさは彼らの元型的体験の完全性に欠けるところがあることを意味しているわけではまったくなく、同様に、われわれの理解が錬金術師たちの場合よりも包括的で分化されているからといって、それがこの元型的体験に何かを付け加えうるというわけではまったくない。

心理的なものへの転換によって大きな変化が起こる。というのも自己認識からはある種の倫理的帰結が生じ、この帰結は知識の対象であるばかりでなく、実践的な実行をも迫るからである。それが実行に移されるかどうかはもちろん道徳的素質に左右されるが、経験的にいってこれにあまり信を置いてはならない。道徳的素質は一般に悟性と同じく狭く枠づけられた限界をもっている。とはいえ道徳的素質も悟性も同じように重要な要因である。自らを現実化しようとする自己《ゼルプスト》は自我人格を越えて八方に手を伸ばす。自己《ゼルプスト》はその包括的な性質のゆえに自我人格よりも明るくもあり暗くもあり、したがって、自我が最も避けたがるような諸問題を自我に突きつける。そうなると道徳的勇気が萎えるか、それとも洞察が曇るか、あるいはその両方だということになり、最終的には運命が決断をくだす。自我にはどんな場合でもつねに道徳的かつ合理的な反対根拠を持ち出す用意があり、それに縋りつくことができるあいだはそれを脇に押しやることはできないし、また押しやってもいけない。すなわち、義務の葛藤にいわば自ずから決着がついて、われわれの頭を越えたところで、あるいはわれわれの心を越えたところでくだされたある決断の犠牲になってしまったときにはじめて、確かな道の上に立っていると感ずることができるのである。この点に、ほかの場合にはほとんど経験しえない、自己《ゼルプスト》のヌミノースな強さが開示される。それゆえ自己の体験は自我の敗北である。この体験の並はずれた難しさは、自己《ゼルプスト》が昔から「神」と呼ばれてきたものと概念的にしか区別しえず、現実的には両者を区別することができないという点に存する。両概念は外見上は、現実規定的な事実であるところの、まったく同一のヌミノースな要因の上に成り立っているかに見える。

その場合自我がそもそも問題になるのは、抵抗を試み、自らの存在を擁護し、敗北を喫した場合にはそれでもなお自らの存在を是認できるというかぎりにおいてである。このような状況のモデルとでもいうべきものはヨブのヤハウェとの対決である。以上の指摘は生じてくる問題の性質をただ暗示しようがためのものであって、この一般的な説明から、無意識に制圧されるに値するような自我意識の倨傲が個々のケースにおいていつも存在しているという結論を引き出すのは性急である。事実は決してそうでない。というのも、自我意識と自我の責任感とがあまりにも弱すぎて、むしろこれを強化する必要がある場合も非常に頻繁に見受けられるからである。しかしこれは実際的な心理療法上の問題である。わざわざこれに触れたのは、これまでわたしに向けられてきた非難、つまり、わたしが自我の意義を過小評価し無意識を不当なまでに前面に押し出しすぎるという非難を顧慮してのことである。人にそう思い込ませようとするこの奇妙な言いがかりは神学の側から持ち出された。このような批判者は、聖人たちの神秘的体験が無意識にもとづいており、また無意識のそれ以外の諸作用とまったく同質のものであるということに、明らかに思い及んだことがないのである。

錬金術の理想は秘密に満ちた物質的実体を、アントロポスを、「宇宙の魂」を、あるいは「地上の神」Deus terrenus を造り出すことにあり、この理想があらゆる人間的苦悩からの救済者を意味するものとして熱望されたが、この理想とは異なって（錬金術師たちによって準備された）心理学的解釈は、人間の全体性という理念へと向かう。この理念は、分裂の橋渡し、つまり意識と無意識のあいだの疎隔の橋渡しから生ずる心的状態を概念的に捉えようとすることによって、まず第一に療法上の意義を有する。錬金術における補償は、無意識の意識への統合に照応しており、この統合によって無意識も意識もともに変化を蒙る。意識は何はさておき、その視界が外に押し拡げられることによって拡大される。これはまず何よりも心の総体的状況の著しい良好化を意味する。意識に対立する無意識の立場によって意識が蒙っていた阻害が取り除かれるからである。しかしその代わりに、すべて良きものは高い代価を払わねばならないから、それ以前は無意識裡にあった葛藤が意識化され、それによって意識は担保として重い責任を担わされる。いまや葛藤の解決が意識に期待されることになるからである。しかしこの課題を果たすには意識は、中世の錬金術師たちの意識と同じように、装備も心構えもあまり整っていないように思われる。そこで、錬金術師たちと同じように、現代の人間の場合も、自らの意識の窮境を脱するにはある方法が必要となる。つまり無意識内容の探求と形態化が必要なのである。わたしが他の箇所ですでに示したことであるが、われわれは心理療法の努力を積み重ねれば、その結果としてある種の自己《ゼルプスト》体験を期待することができる。この期待は経験からいって報われる。真にヌミノースな体験をすることも稀ではない。しかしこの体験の全体性としての性格を記述的に説明しようと試みてもむだである。このようなものを体験したことのある人はわたしが何をいっているか分かるし、このような体験を知らない人には、いくら説明しても十分には納得してもらえないだろう。いずれにしても世界中の文学作品にはこの種の描写が数知れぬほど存在する。しかし、単なる説明がこの体験をうまく伝えている例があるかどうか、わたしは寡聞にして知らない。

心の治療過程でヌミノースな体験が生ずる可能性があり、しかも相当の確率でこの種の体験が期待できるとしても、別に驚くにはあたらない。なぜならそれは治療などしなくとも心の非常事態ではかなり頻繁に現われるし、また逆に心の非常事態を惹き起こす原因となることもあるからである。この種の体験は精神病理学の専売特許というわけではなく、ごく普通の人々のあいだでも観察される。もちろん現代人は心の内奥で起こる秘かな体験に対しては無知であるか偏見をいだいているから、この種の体験をすぐさま心的異常として片づけ、精神病というレッテルを貼り、ほんの僅かでもこれを理解してみようとはしない。しかしだからといってそれが現われるという事実がこの世からなくなるわけでもないし、それでこの種の体験の何たるかが解明されたわけでもない。

また、適切な理解へのいかなる試みも、この体験のヌミノースな性質に合わせて、これと並行的類似関係にあるある種の宗教的ないしは形而上学的な理念ないしは概念を用いざるをえないということについても、驚くにはあたらない。それというのも、これらの概念は昔からのこの種の体験に具体的に結びついているばかりでなく、つねにこのような体験を定式化し明瞭化するために用いられてもきたからである。けれどもそうなると、科学的な解明の試みが今度は形而上学的解明の誹りを受けるという奇妙な事態に陥る。むろんこのような非難の声を上げるのは、自分が形而上学的概念を所有していると思い込んでいて、形而上学的概念なるものはそれに見合う形而上学的事実を措定する、もしくは妥当性をもって表現するものであるという前提に立っている人に決まっている。ある人間が「神」といえばその結果としてその人が思い描いているような神が存在するはずだとか、あるいは、その人は必然的に現実的実体をもった存在について語っているのだとかいったことは、少なくともわたしには到底ありえないことであると思われる。いずれにしてもその人は、形而上学の側に彼の発言に見合う何かが確実にあるということは絶対に証明できないし、同様に彼に対して、彼が間違っていると証明することもできない。つまり、いずれの場合も証拠不十分が関の山である。したがってわたしとして、このような条件のもとでは、そして人間の能力の限界を顧慮すれば、こう考えるのが適当ではないかと思う。すなわち、われわれの形而上学的諸概念はまず差し当たりは人間化されたイメージおよび意見以外の何ものでもなく、このイメージもしくは意見は超越的な事実をまったく表現していないか、あるいはごく限られた仕方でしか表現していないということである。われわれを取り巻く自然界のことを考えてみるだけでもよい。それは当然のことながらそれ自体としてはわれわれが知覚している像と一致している必然性はまったくない。「自然界」と「知覚界」とは非常に異なる二つの事柄である。この事実を知った上で、われわれの形而上学的世界像は超越的現実と一致しているなどと考える気にはとてもなれない。いずれにしても超越的現実については各人各様、ほとんど見極めがたいほど異なった意見があって、どうあがいてみたところで誰が正しいかをいうことはできない。これは信仰告白を重んずる諸宗教もすでにとっくの昔から認めてきたことで、だからこそこれらの宗教のいずれもが、自分たちの宗教だけが真理であるという要求を掲げているばかりか、その上になお、自分たちの宗教は人間的真理を代表しているのでは全然なく、神によって直接霊感として吹き込まれ啓示された真理そのものなのであるとさえ発言してはばからない。

いかなる神学者もそのものずばり「神」について語り、彼のいう「神」が神そのものであるかのように思い込ませようとする。けれどもある神学者は旧約聖書の二律背反的な神のことをいい、別の神学者は受肉した愛の神のことをいい、またある神学者は天の花嫁をもつ神のことをいい、というぐあいでさらにいろいろと見解があって、誰もが他人のいうことは批判するが、自分自身を批判することはない。

形而上学的主張の多様な相違以上にその極度の不確実さを物語るものはない。しかしだからといってそれらの発言がまったく妥当性をもたないと考えるとしたら、それは大きな誤りであろう。すなわちわれわれにとって最終的に重要な課題は、なぜこのような形而上学的発言がなされるのかを解明することなのである。それには何か理由があるにちがいない。その真の原因が何であるかについては議論の余地がある。われわれが経験上十分な確かさをもっていえるのはただ、真正なケースで決定的役割を演じているのは人間が恣意的に生み出した着想ではなく、人間の意のままにならない、人間にふりかかってくる、ヌミノースな体験であって、これがある宗教的な発言や信念の根拠ともなり契機ともなるということである。それゆえ信仰告白に重きを置く偉大な諸宗教や多くの小さな神秘主義的運動が始まるその一番初めには、その生涯がヌミノースな体験の数々によって彩られている歴史的な生身の個人としての人格が立っているのである。この種の出来事を数多く研究した結果わたしが確信を持ったことであるが、そういう場合、それまで無意識であった諸内容が意識に向かって立ち現われ、その無意識内容が、精神病の観察で知ることのできる病理学的症例で無意識が意識に侵入する場合とまったく同じ仕方で、意識を圧倒する。「マルコ福音書」(三—二一)によれば、イエスもまた彼の身内の者の目にはそういう状態にあるように映じた。——しかし、いわゆる霊感を受けた人々と単なる病理学的なケースとの違いは、霊感を受けた人々が遅かれ早かれ、多少なりとも広い範囲にわたって弟子や信奉者を見出し、その結果彼らの影響が何世紀にも及ぶという点にある。諸宗教の偉大な開祖たちの時代を超えた永続的な影響が彼らの卓越した精神的人格、彼らの模範的な生涯、彼らの全身全霊を傾注する気風にもとづいていることはむろんであるが、これは目下の論点とは何のかかわりもない。人格は実際また成功の一つの根であるにすぎず、成功をおさめえないままに終わる真に宗教的な人格というのも、過去といわず現在といわずつねに存在する。この点についてはマイスター・エックハルトの例を想い起こすだけで十分であろう。しかしひとたび成功が訪れるや、成功というこの判断基準のみにもとづいて、彼らの語る「真理」が世間一般のコンセンサスと符合していること、つまり彼らは、いずれにしても「すでに気配として漂っていた」ことを語っているのであって、それゆえ他の多くの人々の「気持ちを代弁している」のだということが証明されたことになる。これは、われわれが今日嫌というほど知っているように、善においても悪においても、真実においても虚偽においても当てはまる。

人が耳を傾けようとしない賢者は、阿呆と見なされ、世間一般の愚かさを最初に最も声高に代弁して告知する阿呆は、預言者ないしは指導者〔総統〕と見なされる。幸いなことにときおりこれと反対のケースも見られる。さもなくば人類はその愚かさのゆえにとっくの昔に滅んでいたことであろう。

精神的不妊によって特徴づけられる「精神病者」が「真理」を語らないのは、彼が一廉の人物ではないからというばかりではなく、彼がコンセンサスを見出さないからでもある。ところが、コンセンサスを見出しさえすれば「真理」を語ったということになる。形而上学的問題においても、通用するもの、妥当性をもつものが真理であって、それゆえ形而上学的発言にはいつも、承認と妥当性に対する並はずれて強い要求がつきものなのである。というのもその発言の成否はそれが真理であることが証明されることにかかっているが、妥当性こそその証明の唯一の可能性だからである。形而上学的な証明要求はすべて避けがたい「論点先取りの虚偽」petitio principii〔論証さるべきものを論証されたものとして前提する虚偽〕であって、これはたとえば神の存在証明の場合を考えれば、分別ある者なら誰でもすぐに分かることである。

ある形而上学的真理を打ち立てるにはもちろん妥当性の要求だけでは十分ではない。この要求に応える、多くの人々の同じように強い欲求がなければならない。このような欲求はつねに精神的窮境から生ずるものである以上、形而上学的発言の解明にあたっては、当の形而上学的発言に説得される人間の心的状況も考察されなくてはならない。するとこういうことが明らかになる。霊感を受けた人間の発言はまさしく、世間一般の心的窮境に対して補償的関係にあるイメージや観念にほかならないということである。このようなイメージあるいは観念は霊感を受けた人間が意識的に考え出したり思いついたりしたものではなく、体験として彼にふりかかってきたものであって、彼はいわば進んで、あるいは嫌々ながらその犠牲になったのである。ある意識超越的な意志が彼を捉え、これに対して彼は首尾よく抵抗することができなかったのである。もっともなことながら彼は自分を屈伏させたこの優勢な力を「神的」と感ずる。この呼び方にはわたしはまったく異存はないが、しかしどう努力してもわたしには、これを超越的な神の存在を証明するものと見なすことはできない。善意の神が実際に救済をもたらすある真理を霊感として吹き込んだのだと仮定しよう。しかしそれならば、生半可な半真理、いやそれどころか禍い多き妄想が吹き込まれ、この妄想が進んでこれを迎える信奉者を見出したような場合が過去も現在もいろいろと見られるが、この場合はどういうことになるのだろう。この場合はおそらく悪魔の仕業だということになるのであろう。それとも——「悪はすべて人間から」omne malum ab homine という原則に従って——人間それ自身に責めが帰せられるのであろうか。このような形而上学的な「あれかこれか」という論法を適用するのはつぎのような事情からいってやや無理がある。すなわち大抵の霊感はこの両極端のあいだで生じ、まったく真でもなければまったく偽でもなく、したがって——理論的には——その成立を善の力と悪の力の協同に負うているからである。こういう事情が成り立つためには、半分だけ善であるようなある目的に向けて両方の力が協力計画を立てたと考えるか、あるいは一方の力が他方の力の仕事に横合いからちょっかいを出したと考えるか、それとも第三の可能性として、人間は神の意図、すなわち完全な真理を——半真理など問題外であろう——霊感として吹き込むという神の意図を、いわゆる悪魔的な力でもって無に帰せしめることができると考える以外にあるまい。しかしそうなると、いずれの場合も神の全能はどういうことになっているのであろうか。

したがってわたしにはつぎのような態度で臨むのが、まことに旧式な評価の仕方ではあるが、より賢明であるように思われる。すなわち、どんな場合もほかならぬ最高の形而上学的要因なるものは考慮に入れたりせずに、もっと控えめに、人間的なものの範囲内にある無意識の心的な、ないしはサイコイド[228]的な要因を霊感やこれに類する諸事象の源と見なすのである〔サイコイドは、集合的無意識の最深層に属する、本能と結びついた、心に類似した何ものか、またその領域〕。そうすれば大部分の霊感に見られる真理と誤謬の不可解な混交に対してだけでなく、聖書に見られる無数の矛盾に対しても、よりよい思索の回路が見出されるかもしれない。意識を取り巻くサイコイド的アウラはわれわれに、よりよい説明の可能性を、しかもそれほど大騒ぎを惹き起こさないですむ説明の可能性を与えてくれる。その上それは経験的領域の範囲内にある。サイコイド的アウラは比較的自律的な「諸イメージ」の世界を形づくっており、そのイメージのなかには多種多様な神の像も見出される。これらの多様な神の像は、どこでどんな仕方で現われようとも、素朴な人間によってつねに「神」と呼ばれ、単にそう呼ばれるばかりでなくそのヌミノースな性質（これは自律的性質と等しい！）のゆえに事実そういうものだと思い込まれる。今日なお種々さまざまの宗派がこの古来の見方に与しており、それぞれの宗派の神学者たちは霊感によって吹き込まれた神のことばに支えられて、自分は神について妥当な発言をなしうる状態にあるのだと信じている。このような発言にはつねに、これは最終的なもので議論の余地がないという要求がともなっている。したがってどんな言い分であれ、それがほんの僅かでも支配的な考えからずれていれば、橋渡し和解不可能な分裂《シスマ》〔分派〕を惹き起こす原因になってきた。議論の余地のない対象については思考することはできもしなければ許されもしない。それはただ主張できるだけである。それゆえ離反した主張のあいだにはいかなる一致も和解も存在しえない。かくしてキリスト教精神は――実に兄弟愛の宗教であるにもかかわらず――一つの大分裂と多くの小分裂の嘆かわしい芝居を演じてみせ、どの分派も自分たちだけが正しいという唯我正当の陥穽に陥るという救いがたい状態に立ち至ったのである。

人は神を主張し、定義し、判断し、これを唯一正しい神として他のいろいろな神から区別できると思い込んでいる。けれども時が経てば、神あるいは神々について語っているのは実はサイコイド的領域の議論可能なイメージについて語っているのだということをだんだんと意識するようになるかもしれない。何らかの超越的現実の存在はそれ自体としてはたしかに明白であるが、しかし、われわれの知覚をそれ自体としてあるがままに具象化するような知的モデルを構成することは、われわれの意識にとっては途方もない難事である。われわれの立てる仮説は不確かであり暗中模索であって、それがいつか最終的な正当性を獲得しうるという保証はまったくない。世界がその内も外も超越的な背景の上に成り立っているということは、われわれがここにこうして存在しているのと同じくらい確かであるが、しかし同様に確かなのは、元型的内面世界の直接的な知覚ないしは直観が外面世界の直接的な知覚ないしは直観とまったく同じように少なくとも疑わしさと正当性とを同居させていることである。われわれが形而上的な事柄について最終的真理を知っていると確信するとすれば、それは、元型的諸像がわれわれの考え感じる能力を占取したということ以外の何ものも意味せず、こうしてそれらの像はわれわれの意のままになる機能としての性格を失う。それが失われたことはつぎの点から分かる。つまり、直観の対象が絶対的で議論の余地のないものとなり、その周りにある種の感情のタブーが張りめぐらされるのである。しかもこのタブーは、それについて敢えて思考をめぐらそうとする者があれば例外なく異端者、神の冒瀆者と見なされるというほど強い。他の事柄であればそれが何であれ、ある対象についていだいた主観的イメージを客観的批判にさらすというのは誰がみても理性的な分別ある態度だと思うだろう。ところが憑依もしくは極度の感動を前にすると理性は機能を停止する。ヌミノースな元型はときとして理性よりも強い存在として現われる。なぜならそれは、生そのものの切迫した必要性を後盾にすることができるからである。強者として現われるのは原則として、元型が理性によっては除去しえない心的窮境を補償している場合である。元型というものは圧倒的な力をもって個人的な人間の生にも一民族の生にも介入してくるということをわれわれは知っている。したがってそれが「神」と呼ばれるのも何の不思議もない。しかしわれわれは必ずしもつねに直接的な窮境にあるわけではないし、また窮境はかならずしもいつも窮境と感じられるわけではないから、落ち着いてじっくり考えることのできる運命的瞬間というものもまた訪れる。そういうときに憑依ないしは極度の感動の状態について偏見なしに思いをめぐらせば、カトケー（κατοχή＝憑依・極度の感動）という事実それ自体からは、思考や感情を囚にしているものの性質を確実性をもって性格づけるような明確なものは何一つ出てこないということを認めざるをえないだろう――もっともそういう場合にはそのつどそれについて是が非でも何か発言したくなるような衝動が現象として随伴してはいるけれども。真理と誤謬は極めて間近に接しており、極めてしばしば取り違えるほど似て見えるから、健全な悟性をそなえた人間なら、激しい感動をもって自分を襲う事柄を全然疑ってみないなどという真似はできないだろう。「ヨハネの手紙一」（四―一）は、「どの霊も信じるのではなく、神から出た霊かどうかを確かめなさい」と警告している。この警告は、心的非常事態を観察する機会にたっぷりと恵まれた時代に発せられた。われわれは、当時もそうであったように、確かな区別の基準を所有していると信じてはいるが、しかしこの信念の正当性はある程度疑ってかかる必要がある。なぜなら人間のくだす判断に無謬ということはありえないからである。

事情がこのように極端に不確かである以上、わたしとしては、不遜にも人間の悟性には計測不可能な形而上学的判断をくだす前に、心的な無意識が、そしてそればかりでなくサイコイド的な無意識が存在しているという事実を考えてみるほうが、はるかに慎重で分別にかなっているように思われる。それによって内的体験が現実性と生気を失うのではないかと危惧するなら、その心配は無用である。やや慎重な、ないしは控えめな態度をとったからといって体験が妨げられることはない。むしろその逆である。

人間が心理学的考察法によって、万物の尺度としてますます視野の中心に立つようになるという事実は疑問の余地がない。だからといって人間に不当な意義を賦与することにはならない。仏教とキリスト教という偉大な世界宗教にしてからがすでに、それぞれの流儀で、人間に中心的位置を割り当てている。キリスト教はこの傾向をさらに象徴的に、神みずからが現実の人間になったという教義によって強調している。世界中のいかなる心理学も人間に対するこれほどの評価を凌駕することはできないであろう。

原注

第四章

1　フィジー諸島のある男はホカートに対してこう言明した。「酋長だけが信仰されていた。彼は人間の姿をした神だと公言されていた」（ホカート『王と重臣』Lit. B-230, p. 61）。「われわれはつねに、王が神あるいは神々であるという事実を心に留めておかなければならない」（同上 p. 104）。

2　ファラオは創造神の息子である。「ある種の祝祭の折りには〈息子〉は神である〈父〉と祭祀的・神秘的な仕方で一つになる」（ヤーコプゾーン『古代エジプト人の神学における王のドグマ的位置』Lit. B-254, p. 46）。

3　父なる神アモンはたとえばトゥトモシス一世（Thutmosis I）と融合して一体となったが、それは父として王妃とのあいだに息子をもうけるためである（ヤーコプゾーン、同上　p. 17）。あるいは、王は死後も「女神ハトホル（Hathor）の息子ホルス（Horus）」として生きつづけた」（同上 p. 20）。あるピラミッド文書はファラオについて、「メレンレ（Merenre）は偉大なる者なり、偉大なる者の息子なり、ヌト（Nut）これを産み……」と語っている（同上 p. 26）。カー・ムテフ（Ka-Mutef）が王妃を神の母にする（同上 p. 62）。類似の観念を示しているのはカナン人の王の名前アドニ－ベゼク（Adoni-bezek）およびアドニ－ゼデク（Adoni-zedek）で、これらの名前は王が女神イシュタルの息子神アドニス（Adonis）と一体であることをほのめかしている。この事実はフレイザーの記録に拠るが（『金枝篇』Lit. B-170, Part IV, 14）、フレイザーはさらにこう付言している。「アドニ－ゼデクは〈正義の主なる神〉を意味し、それゆえ〈正義の王〉を意味するメルキゼデク（Melchizedek）に、すなわち、サレム（Salem）のあの神秘の王と最高神の祭司とを兼ねる人物の称号に等しい……」

4　フィジー諸島の住民のあいだでは王は「土地の繁栄」と呼ばれる。「〈礁《しょう》の主〉という称号をもつ偉大な首長が位に就くと、住民はこう祈る〔……〕〈田畑を鳴り響かせ給え、われらが土地を鳴り響かせ給え、〔……〕魚たちをわれらが土地へと引き寄せ給え、果物の木々に実をみのらせ給え、われらが土地に繁栄をもたらし給え」（ホカート『王と重臣』Lit. B-230, p. 61)。

5　フレイザー『金枝篇』(Lit. B-170, Part IV, p. 331 ff)。殺害もしくは犠牲のあとに解体がつづく。その古典的な例はオシリスとディオニュソスである。フィルミクス・マテルヌス『世俗的宗教の誤謬』のつぎのことばを参照（Lit. B-164, vol. II, 76)。「……オシリスを殺害し、四肢をばらばらに引き裂き、惨めな肉体のまだ痙攣をつづけている四肢をナイル河の岸辺の至る所から水中に投げ込んだ）... occidit *Osirim* artuatimque laceravit et per omnes Nili fluminis ripas miseri corporis palpitantia membra proiecit (2)。フィルミクスはディオニュソスについてはこういっている。「すなわちギリシア人たちの物語はリベル〔バッカス＝ディオニュソス〕を太陽に関係づけようとする。……この若き太陽神を見たのは誰か。これを欺いたのは誰か。殺したのは誰か。解体したのは誰か。ばらばらに分かったのは誰か。その四肢を食べたのは誰か。……しかし彼らはこの過ちをも、自然のうちに合理的な理由を見出して糊塗しようとする。それは分かちえずして分かたれうる精神、すなわち、分かたれずして分かたれたものだというのである。このような口実をもうけて彼らは、リベル崇拝を正当化しうると信じている」Nam Liberum ad Solem volunt referre commenta Graecorum ... qui vidit puerum solem? quis fefellit? quis occidit? quis laceravit? quis divisit? quis membris ejus epulatus est? ... sed et errorem istum physica rursum volunt ratione protegere: indivisam mentem et divisam, id est *τὸν ἀμέριστον καὶ τὸν μεμερισένον*, hac se putant posse ratione venerari (7, 7)。下エジプト第十一ノモス〔州〕区域の牡牛神もこの文脈に属するものと思われる。この牡牛神は「分かたれたもの」と呼ばれるが、いずれにしても時代が下るとオシリスに関係づけられ、その結果第十一ノモスはその存在権を奪われた（ケース『古代エジプトにおける神々の信仰』Lit. B-266, p. 12, p. 258)

6　「息子は父とその本質を同じくする」（ヤーコプゾーン前掲書 p. 17, p. 258)。

7　死してのち生き返る王はアムン（Amun）と呼びかけられ、イシスの乳を飲む（同上 p. 41)。

8　神と王のカーは、父の力、息子の力、生殖の力としていわば三位一体を形づくっている（同上 p. 58)。

9　レーの十四のカーに応じて、祝祭行列の際には王の十四人の祖先の彫像が引きまわされる。これらの像は、王それ自身においても再生している父なる神の、王に先行する化身である（同上 p. 28, p. 32, p. 62, p. 67）。H・G・ベインズはこれに関してこういっている。「部族の太古からの権威と伝統の持続を護る力は、王の人格への集団的投影という手段で強化される。遠い英雄的祖先、神話的過去の強大な形姿が、王の人格のなかに生きつづけ、現存している。王はまさに生ける過去という理由で、際立った象徴なのである。」（『聖なる王権の心理学的起源』Lit. B-48, p. 91）。

10 この関連で言及しておかなければならないのは、テュポン〔＝セト〕が殺されたオシリスを十四の肉体片に引き裂いたという事実である（プルタルコス『イシスとオシリス』Lit. B-400, cap. 18）。「オシリスの十四の部分への解体を彼らは満月が欠けはじめて新月に至る日数に関連づけて解釈する」（同上 cap. 42）。ヤーコプゾーンはイエスの祖先の系図（「マタイ福音書」一―一七章）を指摘しているが、その第一七章には「こうして全部合わせると、アブラハムからダビデまで十四代、ダビデからバビロンへの移住まで十四代、バビロンへ移されてからキリストまで十四代である」とある。この系図の構成は十四という数を顧慮して無理にこじつけたという気味がある。ファラオの十四人の祖先についてはヤーコプゾーンはこういう。「しかもこの場合もつねに、十四という数を際立たせようとする意識的な意図がはっきり見て取れる」（前掲書 p. 67）。

11 ヤーコプゾーン同上（p. 38）。

12 ヤーコプゾーンは父と息子と王のカーとカー・ムテフとの本質同一性を強調する（同上 p. 38, p. 45 f., p. 58, p. 62）。彼はカー・ムテフが聖霊（*ἄγιον πνεῦμα*）という形姿の雛型であることを明らかにするためにハイデルベルク教理問答書の第五十三番目の問答のつぎのような文言を引用している（同上 p. 65）。「私は信ずる、それ（聖霊）が父と息子と同じように永遠の神であることを、そして第二に、それが私にも与えられていることを」（つまり個人的なカーとして）。ヤーコプゾーンはまた『ピスティス・ソピア』のなかのキリストに関する逸話にも言及している。そこでは聖霊がキリストの分身（つまり本来のカーとして）現われる。この聖霊がマリアの家に入ると、マリアは最初はキリストと見間違える。しかし聖霊は、「私のきょうだいであるイエスはどこにいるのか、私はイエスに会いたいのだが？」とたずねる。ところがマリアは聖霊を幽霊だと思い込み、ベッドの脚に縛りつける。そこへイエスがやってきて、それが聖霊であることに気づき、聖霊と一つに合体する（シュミット編ドイツ語版『ピスティス・ソピア』Lit. B-376, c. 61, 20 ff.）。

13 シュピーゲルベルク『大英博物館の三位一体護符におけるバイト神』（Lit. B-467, p. 225 ff）。

14　ベルトロ『古代ギリシア錬金術集成』参照（Lit. B-55, III, XLI）。これはパリ古写本（コデックス・パリシエンシス）の一つである（Lit. B-110, 2327, fol. 251）（ベルトロ『錬金術の起源』Lit. B-55, p. 58）

15　「ソペ」Sophe は、ベルトロによれば、スーピス王（Cheops-Souphis）という名の一変形である。ベルトロはエウセビオスの著書に出てくるアフリカヌス（三世紀）の論説のある箇所を引いている。「スーピス王は一巻の聖なる書を著したが、私はそれを極めて貴重なものとしてエジプトで購った」（ベルトロ『錬金術の起源』Lit. B-55, p. 58）。

16　「朽ち滅びる運命にある」の箇所は、テクストには *παναφθόρων* とあるが、意味から考えて *παμφθόρων* となるところであろう。ベルトロもこれに従って corruptibles と訳している。

17　ベルトロ『古代ギリシア錬金術集成』（Lit. B-55, III, XLII, 1）。

18　当然のことながらこれは、最も後期の錬金術にも依然として当てはまる。たとえばクーンラートは、王は銀から分離された黄金であると定義している（『ヒュレの混沌』Lit. B-272, p. 388）。

19　ラピスの同義語としての王については以下のような例がある。「賢者の石は化学の王である」Philosophorum lapis est Chimicus Rex（『賢者の水族館』［「ヘルメス博物館」p. 119］）。ランプスプリンクの象徴においては、王はそのものずばり完璧なアルカヌムである。

余は余のすべての敵に勝利してこれを征服し、
毒もつ龍を足下に踏み砕き、
かくして余はこの世の最も偉大にして富める王である。
……………
ゆえにヘルメスは余に森の王という称号を与えた。

Hostes meos omnes superavi et vici,
Venenosumque draconem pedibus meis subegi,

Sum Rex eximius et dives in terris.

....

Hinc mihi Hermes nomen *sylvarum domini* tribuit.（「ヘルメス博物館」p. 358）

「賢者の石は天より降り来る王である」Lapis Philosophorum est rex de coelo descendens.（『結合の会議』〔「化学の術」p. 61〕）。テオバルド・デ・ホゲランデの論説においては、「赤いダイアデムの王冠をかぶった王」Rex diademate rubeo coronatus という表現と並んで、「兜をかぶった気高い人間」homo galeatus et altus という奇妙な表現も見られる（『錬金術の困難』〔「化学の劇場」Bd. I, p. 162〕）。ミューリウスには「支配者〔王〕たるラピス」Princeps lapis とある（『改革された哲学』〔Lit. B-335, p. 17〕）。「最後に……汝は見るであろう、哲学の石、われらが王、支配者のなかの支配者が、ガラスの墓の王の部屋のなかから、その玉座から……この宇宙の舞台へと現われ出るのを……〈見よ、私はすべてを新たにするであろう〉と呼ばわりながら」Denique ... videbis Lapidem Philosophicum Regem nostrum et Dominum Dominantium, prodire ex sepulchri vitrei sui thalamo ac throno ... in scenam mundanam hanc ... clamantem: Ecce, Renovabo omnia.（クーンラート『智慧の円形劇場』Lit. B-271, p. 202 f）。

20　この論述部分の意訳が『心理学と錬金術』に収められているので参照願いたい（Lit. C-26, p. 492 ff——人文書院版、II、一九二頁以下）。

21　これに関しては、多様に変奏されてきたデモクリトスの命題、「自然は自然を歓び、自然は自然に打ち勝ち、自然は自然を支配する」が示唆に富む。この命題の真実性は個性化過程の心理学において独特の裏づけを得ることになる。

22　これについては『賢者の寓喩』のつぎのような注目すべき箇所を参照。「何人かの者はこういっている。〈湿り気を尊重せよ。なぜならそれはいかなる不正をも許さぬ心気高き王であるから。それゆえそれを大切にし、その好意を得るようつとめよ。そうすればそれは汝に慈愛の眼差しを注ぎ、汝の欲するすべてのものをそれから手に入れるであろう〉」Inquiunt quidam, venerare humiditates, reges namque sunt magnanimi iniuriam non patientes, parce ergo eis et eorum capta benevolentiam, et suis oculis tibi dabunt, ut quodvis ab eis habebis.（“Allegoriae Sapientum”, Distinctio XIV〔「化学の劇場」Bd. V, P. 86〕）。

23 再生空間としてのレトルトのいい換えの一つ。

24 『智慧の円形劇場』(Lit. B-271, p. 202)

25 同上(p. 197)。

26 同上(p. 198 f)。

27 キャンベル『アメン・ホテプ三世の神秘の誕生』にはこうある。「聖なる存在、すなわち王に、エジプトの二つの王冠を授ける戴冠の儀式は、王を、生の聖なる階梯において誕生よりも一段高いところへ高めた」(Lit. B-84, p. 82)。

28 キャンベルは前掲書(p. 83 ff)でヘブ・セドの祭礼を描写しているが、そこには「戴冠記念祭は、王が地上のオシリスと見なされるセドの祭礼という形で挙行されたようである」とある。「王は自らのオシリス的本性の面前であたかもそれを崇拝するかのように〈踊る〉、あるいは闊歩するのではない……いや闊歩は、王の完全なオシリス化を示す玉座の獲得――セドの祭礼の最後の行為――を準備するための、儀式における一つの所作なのである」(同上 p. 94)。プレスティッドはヘブ・セドの祭礼について、「この祭礼のもろもろの儀式のうちの一つはオシリスの復活を象徴しており、ファラオがオシリスの役割を演ずるのは、おそらくファラオとこの目出度い出来事とを結びつけて考えるためであった」(『古代エジプトにおける宗教と思想の発展』Lit. B-74, p. 39)。ヘブ・セドの祭礼の意義についてフレイザーは、「この祭礼の狙いは王の寿命を延ばすこと、王の聖なる生命力の更新、若返りであったと思われる」と語っている(『金枝篇』Lt. B-170, Part IV, p. 380)。エジプトの古代都市アビュドスの碑文にはこういう文言が見える。「汝はふたたび復活しはじめる、汝には若き月神のごとくふたたび花開く幸運が与えられる、汝はふたたび若返るだろう……汝はセドの祭礼の更新において再生したのだ」(モレ『ファラオの王権の宗教的性格』Lit. B-330, p. 255 f)。セドの祭礼は三十年ごとに催されたが、おそらくこれら百二十年を周期とするシリウス(=オシリス)年の四分の一を区切りとしたのであろう(フレイザー同上箇所参照)。注目すべきは、この祭礼にはたぶん田畑の豊饒化も結びついていたという事実である。すなわち、区画された田畑のまわりを王が四度巡り歩くということが行なわれた。聖なる牡牛アピスがこれに付き従ったが、これは悪魔祓いのために田畑のまわりを馬でまわるという今日なお行なわれている風習との関連を予想させる(以上についてはケース『古代エジプトにおける神々の信仰』を見よ〔Lit. B-266, p. 296 f〕)。アメノフィス四世は、彼の重要な改革のシンボルである太陽神アトンを、彼の執り行なったセドの祭礼に導入させた(ケース同上 p. 372)。

29 これは「錬金の術叢書」(Bd. I, p. 392 ff) 等に翻刻されている。

30 ときおり出てくる別名アルトゥス(Artus)は、中世の聖杯伝説の同じ名前の王と関連づけられそうであるが、「ホルス」Horus が転訛したものである。しかし『メルリヌスの寓喩』Allegoria Merlini は中世によく知られていた『メルリヌスの預言』Prophetia Merlini とは関係があるかもしれない。

31 メルクリヌスと名乗る人物の詩が遺されている。『哲学者の薔薇園』参照(「錬金の術叢書」Bd. II, p. 242 ff)。

32 おそらく葡萄酒からアルコールを蒸溜するというやり方は十二世紀の初めに発見されたものである(リップマン『錬金術の発生と伝播』参照〔Lit. B-296, II, p. 38〕)。

33 これと同義語である ὕδωρ θεῖον は「神聖なる(θεῖον)水」とも、「硫黄の(θεῖον)水」とも訳しうる。

34 たとえば『賢者の寓喩』には、「隠されたものを抽出するのは水であることを弁えよ」Et scito quod aqua est quae occultum extrahit とある(「化学の劇場」Bd. V, p. 67)。

35 ヤーコプゾーン前掲書 (p. 11)。

36 この関連に属するものの一つは、ミヒャエル・マイアーに出てくる、海のなかに生きながら葬られた、あるいは囚われた王である(『黄金の卓の象徴』Lit. B-314, p. 380)。拙著『パラケルスス論』のテクストを見よ(Lit. C-21, p. 103 ff)。

37 『立ち昇る曙光II』(「錬金の術叢書」Bd. I, p. 196)。「水腫とノアの洪水に気をつけよ」Cave ab hydropisi et diluvio Noe.(リプラエウス『化学大全』Lit. B-432, p. 63)。

38 「馬の腹は最大の秘密である。そのなかにわれらが水腫患者は身を隠している、健康をふたたび取り戻し、あらゆる水から太《ソ》陽《ル》のもとへと解き放たれるために」Equorum venter secretum est maximum: in hoc se abscondit noster hydropicus, ut sanitatem recuperet et ab omni aqua ad solem se exoneret.(マイアー前掲書 p. 261)。

39 「かくして老人が浴房に座している。この老人をよく封をした閉ざされた容器のなかに、可視のメルクリウスが不可視になり身を隠すまで閉じこめておけ」Ita senex in balneo sedet, quem in vase optime sigillato et clauso contine, quoad Mercurius visibilis invisibilis fiat et occultetur.(「化学の劇場」Bd. III, p. 820)。

40 たとえば『立ち昇る曙光I』にはこうある。「かくしてナアマンに対してこういわれた、〈ヨルダン河に行って七度身を洗え、そうすれば汝は清められるだろう。なぜならこれこそ罪を赦されるための唯一の洗礼だからである〉」Et ad Naaman dictum est : Vade et lavare septies in Jordano et mundaberis. Nam ipse est *unum* baptisuma in absolutionem peccatorum.（Lit. B-44）。

41　「おお、四大元素を溶解させる、祝福された海水という形態よ」O benedicta aquina forma pontica, quae elementa dissolvis.（『ヘルメスの黄金論説』〔「化学の術」p. 20〕）。

42　「化学の劇場」（Bd. I, p. 266）。

43　ドルネウスの「真理」veritas という概念は、原テクストのつぎの箇所から分かるように、「智慧」sapientia の同義語である。そこでは「真理」が「求める者はみな、私のもとに来たれ」Venite ad me omnes, qui quaeritis と語る。これは「シラ書〔集会の書〕」二四―一九の「私を渇望する者はみな、私のもとに来たれ」Transite ad me omnes, qui concupiscitis me を多少いい換えたものである。

44　「化学の劇場」（Bd. I, p. 271）。

45　錬金術のオプス（opus alchymicum）にとって自己認識がどれほど重要であるかをドルネウスは他の箇所でも力説している。「……それゆえ人間と天と地とは一つであり、同様に気と水も一つである。人間が大宇宙のなかにあるものを変容させうるとすれば……もっと多くのものを小宇宙のなかで、すなわち自分自身のなかで変容させることができるだろう、それを外ではできるのだから。ただし、人間の最も偉大な宝は人間の内に存在していて、外には存在しないということを弁えていなければならない」. . . igitur homo, caelum et terra unum sunt, etiam aer et aqua. Si homo res in maiori mundo transmutare novit . . . quanto magis id in microcosmo hoc in se ipso noverit, quod extra se potest, modo cognoscat hominis in homine thesaurum existere maximum et non extra ipsum（同上 p. 307）。

46　「自分自身が誰であるかをではなく、何であるかを」quid, non quis ipse sit は極めて的確な表現で、「誰であるか」は人格主義的な問題意識を、「何であるか」は非人格主義的な、客観的な問題意識を見事にいい表わしている。前者の目ざすところは自我（Ich）であり、後者のそれは自己（Selbst）である。詳細は拙著『アイオーン』を参照（Lit. C-33, p. 235 ff）。

47　「化学の劇場」（Bd. I, p. 272）。

48 これが曖昧な文章 "Nemo creatorem poterit melius cognoscere quam ex opere noscitur artifex"（同上 p. 273）の意味である。

49 同上（p. 303）。

50 同上（p. 449）。

51 spagiricum は alchemisch（錬金術的）ないしは okkult（神秘〔心霊〕的）とほぼ同義である。

52 同上（p. 475）。

53 自我執着は悪の極致とも解しうる。ヴェークマン『罪の謎』参照（Lit. B-512, Kap. III）。

54 「水」aqua は、「花嫁」sponsa と「恋人」dilecta の意味、および「智慧」sapientia の意味をもつ。これについては「シラ書〔集会の書〕」二四―一三以下を参照。そこではソピア（智慧）が、愛の女神イシュタルさながらに、棕櫚〔棗椰子〕や薔薇の茂みや葡萄の樹として讃美される。

55 同上（p. 266）。サピエンティアはここで長広舌をふるう。

56 『心理学と錬金術』（第三部第五章の「賢者の石とキリストのアナロジー」〔Lit. C-26）〕——人文書院版、II、一七四頁以下）、および『アイオーン』（Lit. C-33, Beitrag I）参照。

57 医師たちの方法はよく見れば、テュポン（＝セト）によるオシリスの解体の一種の模倣である。しかしながら王はそれ以前に、テュポンの海の水を飲み込んで、その海のなかに溶解しようとする試みをはじめている。

58 さらに詳細な諸関連については拙論『ミサにおける変容の象徴』を参照（Lit. C-22）

59 水による溶解のヴァリエーションとしては、海に沈んでいる、あるいは溺れている王、また「不妊不毛に悩む王」、「母なる錬金術」Mater Alchimia の水腫などがある。溺れる王というモチーフはオシリスに遡る。すなわち、「日々の礼拝」culte journalier の「イシスの嘆き」にはつぎのようなことば見られる。「わたしは海をくぐって地の底まで旅した、わたしの王がいた場所を探し求めて。わたしは夜の闇をついてナディト河を経めぐり、探し求めた……水のなかにいるかの人を、大いなる悲嘆のあの夜に。……わたしは原初の地の人がいま溺れし人としてあるのを（ナディト河で）発見した。……」（モレ『エジプトの秘儀』Lit. B-331, p. 24.）

60　意識と無意識とのこの分離については、ポイマンドレスの変容を目のあたりにするつぎのような幻視を参照。「……やがてわたしは測り知れない光景を見た。そこに生じた一切は、快い、明朗な光であった。これを眺めてわたしは驚嘆の念にかられた。すると間もなく、闇が降りてきた。怖じ気をふるうような真っ暗な闇で、周囲から取り巻くように襲いかかるかに見えた。わたしはその闇が湿ったものに変化するのを見た。その湿ったものはすこぶる混沌としていて火から出るような煙を立ち昇らせた。そしてわたしは、それがこだまのように筆舌に尽くしがたい哀訴の声を発するのを耳にした。何をいっているのか定かでない叫び、まるで光を求めるような叫び声がそれの内から発せられたのである。と、光のなかから湿った物質の上に聖なるロゴスが立ち昇った、人が一つの声、純粋な火、霊的なロゴス（πνευματικὸν λόγον）に耳を傾けることができるように」（スコット編『ヘルメス思想大全』〔ヘルメス文書〕Lit. B-221, Lib I, 4）。これにつづいてポイマンドレスのなかで、混沌の闇からの四大元素の分離が起こる（原典には破損があり、ために意訳した）。「叫び声」についてはミヒャエル・マイアー『黄金の卓の象徴』に出てくる溺れる王の助を求める叫び声を参照（Lit. B-314, p. 380）。

61　ルランドゥス『錬金術事典』参照（Lit. B-437, p. 412, p. 416）。

62　リプラエウス『化学大全』（Lit. B-432, p. 421）。

63　「男は翼をもたずに女の下にある者である。しかしながら女は翼をもっている。それゆえこういわれる、女を男の上方へと投ぜよ、そうすれば男は女の上方へと昇るだろう」Masculus autem est, qui sine alis existit sub foemina, foemina vero habet alas. Propterea dixerunt : Proiicite foeminam super masculum et ascendet masculus super foeminam.（セニオル『化学について』Lit. B-460, p. 38）。

64　「〈サトゥルヌスの塩〉の腹から生ける水が流れ、祝福された生へと滴り注ぐ（salientes in vitam beatam）」（クーンラート『ヒュレの混沌』Lit. B-272, p. 268——「ヨハネ福音書」七—三八には「……その人の腹から生きた水が川となった流れ出るようになる」flumina de ventre eius fluent aquae vivae とある）。「サトゥルヌスの塩」は老人たるサトゥルヌスの「智慧」、鉛のなかに隠れひそむ白い鳩である。

65　ラーナー『キリストの脇腹から流れ出る川』（Lit. B-409, p. 269 ff）。

66　オリゲネス『民数記講解』（Numeri hom. 17, 4——ラーナーから引用〔同上 p. 274〕）。

67 『心理学と錬金術』図一五〇。オリゲネスはキリストについていう、「この岩は刺し貫かれなければ水を恵み与えてはくれないだろう」Haec petra nisi fuerit percussa aquas non dabit.（『出エジプト記講解』——ラーナーからの引用〔同上箇所〕）。

68 アンブロシウス『雅歌注解』（Lit. B-13, Cant. Cant. Comment. 1）。ドルネウスにはこうある。「その声は哲学者らの耳に甘く心地よく響く。おお、真理と正義を渇望する者たちの豊かさの、涸れることなき源泉よ。おお、不完全を悲しむ者の慰めよ！何をさらに求めるのか、汝ら、不安に怯える死すべき者たちよ。なぜ限りなき憂慮で自らの心を苦しめるのだ、汝ら哀れな者たちよ。なにゆえ汝らの狂気は汝らをかくも盲目にするのか。汝らが自らの内にではなく外に求めている一切のものは汝らの外にではなく内にあるというのに」（Sonora vox suavis et grata philosophantium auribus. O fons divitiarum inexhaustibilis veritatem et iustitiam sitientibus! O desolatorum imperfectioni solatium! Quid ultra quaeritis mortales anxii? cur infinitis animos vestros curis exagitatis miseri? quae vestra vos excaecat dementia quaeso? cum in vobis, non ex vobis sit omne quod extra vos, non apud vos quaeritis（『瞑想哲学』〔「化学の劇場」Bd. 1, p. 267〕）。

69 アンブロシウス『詩篇釈義』（Lit. B-16, 45, 12）。アンブロシウスは『書簡』（XLV, 3）ではこう語っている。「楽園そのものは地上的なものではなく、魂の力〔徳〕によって、そして聖霊が注ぎ入ることによって生命と生気を吹き込まれたわれわれの本質においてしかこれを見ることはできない」Paradisum ipsum non terrenum videri posse non in solo aliquo, sed in nostro principali, quod animatur et vivificatur animae virtutibus et infusione spiritus sancti（Lit. B-15＝ミーニュ編『ラテン教父著作集』vol 16, col. 1142——ラーナーから引用〔同上箇所〕）。

70 ラーナー同上（p. 289）。

71 『立ち昇る曙光II』の、読者のための「まえがき」における印刷出版者の弁明を参照（「錬金の術叢書」Bd. 1, p. 183）。合わせて『心理学と錬金術』をも参照（Lit. C-26, p. 512——人文書院版、II、二〇七頁）。

72 グノーシス主義者バシレイデスの息子。

73 詳しくは『心理学と錬金術』を見よ（Lit. C-26, p. 594 ff.——人文書院版、II、三〇五頁以下）。

74 ラーナー『母なる教会』（Hugo Rahner: Mater Ecclesia, 1944, p. 47）。老人と子ども〔少年〕というモチーフに関する他の資料についてはクルティウス『ヨーロッパ文学とラテン中世』を見よ（Lit. B-122, p. 108 ff）。

75 エフラエム・シュルス『讃美歌と説教』(Lit. B-152, II, 620)。

76 同上 (I, 136)。

77 ネルケン『ある分裂病患者の空想に関する分析的考察』(Lit. B-338, p. 538 ff)。

78 ラーナー『神の誕生』(Lit. B-410, p. 341 ff)。

79 〔英語版 (Mysterium Coniunctionis, translated by R. F. C. Hull, 2. edition, Princeton University Press, 1970) の訳者注によれば、二行目の Christi . . . arbore (「キリストの樹によって」) は筆写の際の誤記で、ユングの用いているカッセル版の『古歌』(一六四九年) では Christi . . . ab ore (「キリストの口によって」) となっている。これはボードリアン・ライブラリーの十六世紀のラテン語および英語の写本とも一致している。ユングはこのあと主として「哲学の樹」との関連で論を展開しているが、英語版はこの誤記を理由に、ユングの了解を得てこの論述部分を翻訳から省いている。本訳書はさまざまな理由からこの方針を採らず原著どおりとした。当該箇所は本訳書三七頁一行目から三九頁一〇行目までの部分である――以上、訳注〕。

80 大英博物館エジャトン写本 (British Museum MS. Egerton 845 f. 19^{v})。

81 大英博物館スローン写本 (British Museum MS. Solane 5025)。図は『心理学と錬金術』二五七図〔本訳書I、図14〕。この図のヴァリエーション (同写本) は拙著『パラケルスス論』を見よ (Lit. C-21, p. 100)。『哲学の樹』をも参照 (Lit. C-27, Zürich 1954, p. 424)。

82 大グレゴリウス参照 (ミーニュ編『ラテン教父著作集』Lit. B-328, vol 76, col. 97)。

83 ミーニュ編『ラテン教父著作集』(Lit. B-328, vol. 79, col. 495)。

84 ミーニュ編『ラテン教父著作集』(Lit. B-328, vol. 70, col. 990)。

85 ルスカ編『賢者の群』(Lit. B-443, p. 166 ff)。「増殖」multiplicatio に関してはミューリウスが以下のような、錬金術全体に妥当する法則を提示している。「それゆえそれを汝の欲するだけ、任意の物質に投射せよ、そうすればそれのティンクトゥラは二倍に増殖されるからである。そしてこの、それ自身の一部分が、それ自身にそなわる物質でもって、最初は百の部分を、二度目は千の部分を、三度目は一万の部分を、四度目は十万の部分を、五度目は百万の部分を、真の黄金と銀とを産み出すものに変化させる」Proiice ergo supra quodvis corpus ex eo tantum quantum vis, quoniam in duplo multiplicabitur Tinctura eius.

Et is una pars sui primo convertit cum suis corporibus centum partes ; secundo convertit mille. Tertio decem millia, quarto centum millia ; quinto mille millia in solificum et lunificum verum（『改革された哲学』Lit. B-335, p. 92）。

86 「そのなかに……入れたままにしておけ」impone ei は樹と関係している可能性もある。というのも imponere〔impone の不定詞形〕には、「上に置く」という意味もあるからで、そうするとここは「その〔樹の〕上に……置いたままにしておけ」となる。アルベルトゥス・マグヌスの『アリストテレスの樹』では樹の上にコウノトリがとまっている。これはおそらく、再生を暗示している一種の不死鳥であろう。樹それ自体が出産の場であることもある。古代ギリシア・ローマ神話の「樹からの誕生」というモチーフを想起願いたい。

87 ルスカ編『賢者の群』（Lit. B-443, Sermo 58）。

88 「そこ〔楽園〕の樹々は、人間の思惟を堕落させる情欲、あるいはその他の誘惑である。しかし楽園の、それを通じて善が認識される樹は、イエスその人であり、イエスに関するこの世界の知である。それを受ける者は善を悪から区別する」Arbores quae in ipso [paradiso] sunt, concupiscentiae sunt et ceterae seductiones corrumpentes cogitationes hominum. Illa autem arbor quae est in paradiso, ex qua agnoscitur bonum, ipse est Jesus et scientia eius quae est in mundo ; qua qui acceperit, discernit bonum a malo（ヘゲモニオス『アルケラオス行伝』Lit. B-213, p. 18, line. 15）。

89 「善き父〔神〕は、闇が彼の地を襲ったことを知ったとき、自らの内部から生命の母と呼ばれる一つの力を産み出して、それで最初の人間を包み込んだ。それは五つの元素、すなわち風、光、水、火、物質から成っていて、最初の人間はこれらを武具のように身にまとい、闇と戦うために地に降った」Quodcum cognovisset bonus pater tenebras ad terram suam supervenisse, produxit ex se virtutem, quae dicitur mater vitae, qua circumdedit primum hominem, quae sunt quinque elementa, id est ventus, lux, aqua, ignis et materia, quibus indutus, tamquam ad adparatum belli, descendit deorsum pugnare adversum tenebras（ヘゲモニオス『アルケラオス行伝』Lit. B-213, p. 10, line. 18）。

90 ディオドロス『歴史図書館』（Lit. B-133, 4, 39）。

91 ネボ（Nebo）は水星に相当する。

92 ロシャー編『ギリシア・ローマ神話大事典』（Lit. B-293, III, I, 62, s. v. Nebo）。

93　セニオル『化学について』（Lit. B-460, p. 63）。

94　同上（p. 62）。

95　「新婚の部屋」thalamus は神秘的結婚の儀式の一部をなす。以下の「緑のライオン」に関する論述を参照。

96　錬金術の作業順序は細かな点ではまったく恣意的で、しばしば錬金術文書著者ごとに順序が入れ替わっている。

97　ホゲランデが「さまざまの色がメルクリウス〔水銀〕の表面に（colores in superficie Mercurii）現われる」といっているのは、この種の現象を指していると思われる（「化学の劇場」Bd. I, p. 150）。

98　ノートン『錬金術の規定』（「英国の化学の劇場」p. 54）。

99　「これによって……少しずついろいろな色が現れてくる」Illa res . . . passim apparere colores facit.（『賢者の群』Lit. B-443, Sermo XIII, 9 f）。「これがすなわち、われわれがありとあらゆる名前で呼んでいるところの、オプスを受け容れ飲み込むところの、そしてそのなかからあらゆる色が現われてくるところのラピスにほかならない」hic est igitur lapis, quem omnibus nuncupavimus nominibus, qui opus recipit et bibit, et ex quo omnis color apparet（同上 24 f）。同じくミューリウスには「宇宙のすべての色が現われるであろう」Omnes Mundi colores manifestabuntur とある（『改革された哲学』Lit. B-335, p. 119）。

100　ホゲランデ『錬金術の困難』（「化学の劇場」Bd. I, p. 179）。

101　「しかしながらクウィンタ・エッセンティアが地上にあるあいだは、汝はそれを、太陽が雨を通して輝くときの虹におけるように、太陽の輝きに反照する多様な色において認めることができる」Dum autem Quinta Essentia in terra est, id in multiplicibus coloribus contrarii splendoris Solis cognoscis, quemadmodum cernis in Iride dum Sol per pluviam splendet（『宇宙の栄光』〔「ヘルメス博物館」p. 251〕）。

102　「彼は目のイリス〔虹彩〕を天のイリス〔虹〕と類似のものと見る」*Τὴν κόρην τοῦ ὀφθαλμοῦ παραφέρει καὶ τὴν ἶριν τὴν οὐρανίαν*（オリュンピオドロス〔ベルトロ『古代ギリシア錬金術集成』Lit. B-55, II, IV, 38〕）。

103　アブル・カシム『知識の書』（Lit. B-4, p. 23）。

104　『改革された哲学』（Lit. B-335, p. 121）。

105　「四角形をした最終局面で」in fine quadrangulari とはつまり、四大元素の合成結合の際に、ということである。

106 『アリストテレスの論説』(「化学の劇場」Bd. V, p. 881)。

107 ベルトロ『古代ギリシア錬金術集成』参照(Lit. B-55, Introduction p. 76)。

108 「わが魂を起こす者は、その魂の色を見るであろう」Qui animam meam levaverit, eius colores videbit.

109 citrinitas＝cholera(黄＝胆汁質)、rubedo＝sanguis(赤＝多血質)、albedo＝phlegma(白＝粘液質)、nigredo＝melancholia(黒＝黒胆汁質)。(「化学の劇場」Bd. IV, p. 837)

110 ドルネウス『化学哲学』(「化学の劇場」Bd. I. p. 485)。

111 『心理学と錬金術』(Lit. C-26, p. 230 ff——人文書院版、I、二五一頁以下)および『個性化過程の経験のために』(Lit. C-15, Rascher 1950, p. 135 ff)参照。

112 『智慧の円形劇場』には著者の純朴な祈りのことばが見える。「わたしは衷心よりあなたの温情を乞い願います。あなたがわたしのもとにあなたの聖なる天からルアク・ホクマ・エルを、あなたの叡智の霊をお送り給わんことを。そしてルアク・ホクマ・エルがファミリアリス〔家僕!〕としてつねにわたしを助け、わたしを正しく導き、賢明に諭し、教え、わたしとともにあり、祈り、はたらき、わたしに自然学における、医術における正しき意志と、知と、経験と、能力とを与え給わんことを」Oro ex toto corde Misericordiam tuam, ut mittas mihi de caelis sanctis tuis Ruach Hhochmah-El, Spiritum Sapientiae tuae, qui mihi familiaris semper adsistat, me dextre regat, sapienter moneat, doceat; mecum sit, Oret, Laboret; mihi det bene velle, nosse, esse et posse in Physicis, Physicomedicis (Lit. B-271, p. 221)

113 『智慧の円形劇場』の付録図IVを見よ。

114 同上(p. 202)。

115 ウルガタ聖書原文 "Et iris erat in circuitu sedis similis visioni *smaragdinae*." つまり「エメラルドのような」によって緑色が強調されている。

116 ウルガタ聖書「その頭には虹をいただき、その顔は太陽のようであった」Et iris in capite eius, et facies eius erat ut sol.

117 フィラレタ『閉ざされた王宮への開かれた門』(「ヘルメス博物館」p. 693)。フィラレタは十七世紀の錬金術文書著者である。

118 同上(p. 694)。ここで触れずにすますわけにはいかないのは、「マルスの処理」では注目すべき逆転が生じていることである。

「ウェヌスの処理」ではラピス、すなわち変容さるべき物質は「改めて別の容器に封じ込められる」alii denuo vasi inclusus のに対して、「マルスの処理」の場合はつぎのようにいわれている。「ここで、自分の子どもの体内に封じ込められている母は身をもたげ、浄められ、その非常な……清浄のゆえに一切の腐敗は彼女から消滅する。……知るがよい、かくしてこのわれらが処女地は最後の耕作を受け、太陽の果実が播かれ、熟するのを待つのである」Hic sigillata mater in infantis sui ventre surgit et depuratur, ut ob tantam ... puritatem putredo hinc exulet ... Jam scias Virginem nostram terram ultimam subire cultivationem, ut in ea fructus Solis seminetur ac maturetur（同上 p. 694）。興味深いことに「マルスの処理」では母なる物質は自分の子どもの体内に閉じ込められているということである。つまりここで生じているのは、かろうじて「陰と陽の作業」ということばでしか表現できないような変容である（リヒャルト・ヴィルヘルム編訳『易経』参照〔Lit. B-248〕）。

119 カシオドルス参照（ミーニュ編『ラテン教父著作集』Lit. B-328, vol. 70, col. 1071, 1073, 1096）。

120 ルランドゥス『錬金術事典』によれば「浸漬」digestio とは「自然を荒れ狂わせ沸き立たせることによってある物を他の物に変化させること」である〔Lit. B-437, s. v. Digestio〕）。

121 「ヘルメス博物館」(p. 131)。テクストはこうつづく。「しかしながらすべては善き兆候を示す。すなわち、かくも苦しんだ人間はいつの日か最後には、待望の至福に満ちた結末に達するであろう。聖書もこれを保証しており、そこには（「テモテの信徒への手紙二」三―四〔一―二〕）、キリスト・イエスに結ばれて信心深く生きようとする人はみな、迫害を受けると書かれている。それゆえわれわれは多くの苦難と迫害を通って天国の入口を見出さなくてはならない」Quae tamen omnia bonum praenunciant indicium: quod videlicet tam bene vexatus homo tandem aliquando beatum exoptatumque exitum consecuturus siet: quemadmodum etiam et ipsa SS. scriptura testis est, in qua (2. Tim. 3, Act. 4) legitur, quod videlicet omneis, qui beate in Christo Jesu vivere velint, persequutionem pati cogantur, quodque nos, per multas tribulationes et angustias, regnum coelorum ingredi necessum habeamus.

122 著書私蔵の十八世紀のラテン語写本『エジプト人の秘密の形象』（Lit. B-113, fol. 5）。

123 ドルネウス『金属の変成』（「化学の劇場」Bd. I, p. 559）。

124 オタンのホノリウスは『教会の神秘』のなかでフェニックスに関してこういっている（ミーニュ編『ラテン教父著作集』Lit.

B-328, vol. 172, col. 936)。「フェニックスは赤き者と呼ばれる。それは、エドムからボッラの赤い衣をまとって来るのは誰だといわれている、あのキリストである」Foenix dicitur rubeus, et est Christus, de quo dicitur : Quis est iste, qui venit de Edom tinctis vestibus de Borsa.（「イザヤ書」六三―二の「なぜ、あなたの装いは赤く染まり、衣は酒ぶねを踏む者のようなのか」Quare ergo rubrum est indumentum tuum et vestimenta tua sicut calcantium in torculai? および同六三―三の「それゆえ私の衣は彼らの血を浴び……」Et aspersus est sanguis eorum super vestimenta mea . . . が念頭に置かれている）。ホノリウスはさらにこうつづける。「〈赤い〉を意味するエドムはエサウに与えられた名で、弟ヤコブが兄エサウに食べさせた赤い食べ物に由来する」Edom quod dicitur rufus, est Esau appellatus, propter rufum pulmentum quo a fratre suo Jacob est cibatus. フェニックス神話を物語ったあとでホノリウスは、「この鳥は三日目に蘇ったが、それはキリストが三日目に父によって覚醒させられたからである」Tertia die avis reparatur, quia Christus tertia die susucitatur a Patre と付け加えている。

125 「あるいはそれ自らのうちに溢れんばかりの多彩な色をもつところの、孔雀の目のように」*Ἢ ὡς ᾠὸν ταοῦ ἔχον ἐν ἑαυτῷ τὴν τὸν χρωμάτων ποικίλην πληθὺν*（ヒポリュトス『反証』Lit. B-229, X, 14, 1）。

126 デ・グベルナティス『インド・ゲルマン神話の動物』(Lit. B-203, p. 587)。

127 卵を孵化するために孔雀は、孤独な、人目につかない場所を求めると語ったあとで、この事実に対してピキネルスはこう付言している。「まことに、霊的な魂を保持しつづけるための唯一の手段である孤独こそ、内的な幸福への最も豊富な機会を与えるものである」Et certe solitudo, unicum conservandi spiritualis animi remedium amplissimam internae felicitatis occasionem praebet.（Lit. B-373, lib. IV, cap. LI, p. 316）。

128 メルラのこの発言はピキネルスから引用した。というのもわたしの調べえたかぎりでは、これがどのメルラであるか確認することができなかったからである。

129 ピキネルス『象徴の世界』(Lit. B-373, Lib. IV, cap. LI)。

130 「もしそれが万物の創造主である神でないなら、いったい誰が死んだ孔雀の肉に腐敗しないという性質を与えたのであろうか」Quis enim, nisi Deus creator omnium dedit carni pavonis mortui, neputresceret（『神の国』Lit. B-34, Lit. XXI, cap. 4）。『キュラニデス』においては孔雀は「最も神聖な鳥」avis sacerrima と見なされている。その卵は黄金色を作り出す際に役に立つ。「しかし孔雀は死んでも、その肉は腐敗もしないし、悪臭も放たず、香料に浸されているかのような芳香を放ちつづける」Si autem mortuus fuerit pavo, non marcescit eius caro nec foetidum dat odorem, sed manet tamquam condita aromatibus. 孔雀の脳は媚薬の調合に役立つ。その血を飲むと悪霊を祓うことができ、その糞は癲癇を治す。（ドラット『〈キュラニデス〉に関するラテン語および古代フランス語のテクスト』Lit. B-128, p. 171）。

131 中国の錬金術で孔雀に相当する鳥は「舞い飛ぶ朱鳥〔朱雀〕」である。それは五色をおびていて、これによって色の全体性を体現しており、これらの色は五つの元素および五つの方位に対応している〔本訳書I、二四七頁参照〕。朱鳥についてはさらに、「その羽を除去するために熱い液体をたたえた大釜に入れられる」といわれている。西洋錬金術では鶏は羽をむしられ、鳥は翼を刈り取られるか、自分で自分の羽を食べる。（以上中国の錬金術に関しては魏伯陽の論説による〔『古代中国の錬金術論説』Lit. B-528, p. 258〕）。

132 リプリー〔リプラエウス〕自身は「血」sanguis を「霊」spiritus の同義語と解している。「緑のライオンの霊ないしは血」Spiritus vel sanguis leonis viridis（『化学大全』Lit. B-432, p. 138）。『化学の結婚』ではライオンがつぎのような碑文の刻まれた板を身につけている。「支配者〔王〕たるヘルメス。――かくも多くの害悪が人類に加えられたあと、余はいまここに、神の御心に従い、術に助けられて、治療薬となって流れ出る。飲むことのできる者には余を飲ませよ、欲する者には身を洗わせよ、あえてなす者には余を濁らしめよ。飲め、兄弟たちよ、そして生きよ」Hermes Princeps. - Post tot illata generi humano damna Dei consilio : Artisque adminiculo, medicina salubris factus heic fluo. - Bibat ex me qui potest ; lavet qui vult ; trubet qui audet ; bibite fratres et vivite（Lit. B-435, p. 72）。

133 これについては拙著におけるオプスとミサの類比を参照せよ。『心理学と錬金術』（Lit. C-26, p. 538 ff――人文書院版、II、二二八頁以下）、および『ミサにおける変容の象徴』（Lit. C-22）。

134 プリマ・マテリアから「魂」anima が抽出されるが、これはモルティフィカティオ（mortificatio＝死）に相当する。それから「受胎化」impraegunatio、「形成」informatio、「刻印」impressio、「浸潤」imbibitio、「滋養供給」cibatio 等において「魂」が死せる「肉体」corpus にふたたび入り込み、それによって不滅の状態への蘇生ないしは再生が起こる。

135 これについてはミューリウスを参照（『改革された哲学』Lit. B-335, p. 303）。そこではメルクリウスに関してこういわれている。それは「緑のライオン」であり、「ルベド〔赤〕とアルベド〔白〕の全きエリキシル〔霊液〕であり、〈永遠の水〉であり、〈生命の水〉にして〈死の水〉であり、〈処女の乳〉であり、アブルティオ〔洗浄〕の植物であり〔サポナリア saponaria、ベリッサ berissa、モリュ μῶλυ などの薬草を暗に指している〕、そして〈生命の泉〉であり、これを飲む者は死ぬことがない。そしてそれは一つの色をおび、それらすべてのもののメディキナ〔霊薬〕であり、それらをしてさまざまな色を獲得せしめる。それは、殺し、乾燥させ、湿らせ、温め、冷やし、あらゆる対立を惹き起こすものである」totum elixir albedinis et rubedinis, et est aqua permanens et aqua vitae et mortis, et lac virginis, herba ablutionis et est fons animalis : de quo qui bibit, non moritur et est susceptivum coloris et medicina eorum et faciens acquirere colores, et est illud quod mortificat, siccat et humectat, calefacit et infrigidat et facit contraria. 一言でいえばメルクリウスは名工であり達人なのである。それゆえミューリウスは高揚した口調でさらにこうつづける。「そしてそれは、己れ自らと交合し、己れ自らを孕み、時至れば己れ自らを産み、その毒であらゆる生きものを殺す龍である」Et ipse est Draco, qui maritat se ipsum et impraegnat seipsum et parit in die suo interficit ex veneno suo omnia animalia（通常はもちろん「自らを殺す」interficit seipsum ということばがあり、ここには欠けているが「自らを生かす」vivificat seipsum という表現がつづく）。つまりこのウロボロスは、存在の根拠を自己に置くという「自存在」の特性を神性と共有しおり、それゆえにまた神性から区別しえない。この「水」aqua は、二義的で曖昧な ὕδωρ θεῖον〔「神聖な水」と「硫黄の水」との両義がある〕とは逆に、まさに「神聖」divina なのである。したがってドルネウスのつぎのような荘重な要請も納得できる。「おお肉体よ、この泉に向かえ、汝の知的精神とともにたっぷりと飲み、以後はもはや空しいものへの渇望をおぼえることのないよう。おお、泉はなんと霊妙な作用を及ぼすことだろう。それは二から一を生み、敵対するものに平和をもたらす。愛の泉は、霊と魂から知的精神を作り出すことができるが、いまそれがここでは、知的精神と肉体から一なる男を作り出すのだ。おお父よ、われらはあなたに感謝のことばをささげます、あなたのおかげであなたの子どもたちはあなたのこの泉の作用に与ることができるのです。アーメン」Accede Corpus ad fontem hunc, ut cum tua Mente bibas ad satietatem et in posterum non sitias amplius vanitates. O admiranda fontis efficacia, quae de duobus unum et pacem inter inimicos facit ! Potest amoris fons de spiritu et anima mentem facere, sed hic de mente et corpore *virum unum* efficit. Gratias agimus tibi Pater, quod filios tuos inexhausti virtutum fontis tui participes facere dignatus sis. Amen（『思弁哲学』

〔『化学の劇場』Bd. I, p. 299〕）。

136 あらゆるものがあらゆるものと入り混じるこの内容混交の最もよい例として挙げられるのは夢であって、夢は神話よりもはるかに無意識に近い。

137 すでに『プラトンの四つのものの書』（十世紀頃）は血を溶解剤（medium solutionis）として挙げており（『化学の劇場』Bd. V, p. 157）、また特に強力な溶解剤として「ライオンの糞」stercus leonis を挙げている（同 p. 159）。

138 魏伯陽の論説を参照（Lit. B-528, p. 231 ff）。陰と陽は、内的なものから外的なものへと導く「馭者」である。太陽は陽であり、月は陰である（同 p. 233）。西洋のウロボロスのイメージはここでは、「陰と陽とは互いを飲み、喰らう」と表現されている（同 p. 244）。「陽は与え、陰は受ける」（同 p. 245）。これをいい換えて、「龍は虎に生命の息吹を吹き込み、虎は龍からこれを受け取る。両者は互いに生気を与え合い、恩恵を与え合う」（同 p. 252）。西洋において「二重のメルクリウス」Mercurius duplex が「東洋的」orientalis かつ「西洋的」occidentalis と呼ばれるように、中国では龍（陽）が東方を、虎（陰）が西方を占めている。「道は長く、杳として謎に満ちているが、道の終わりでは陽と陰は一つに結びつく」（同 p. 260）。

139 ミューリウスの上で言及した箇所を参照〔注135〕。

140 ランプスプリンクの象徴図を参照（『ヘルメス博物館』p. 349）。

141 なぜなら「飛ぶライオン」leo volans はメルクリウスと同一視され、メルクリウスは翼をもつ龍と翼をもたない龍からできているからである（ニコラ・フラメル『賢者の術概要』〔『ヘルメス博物館』p. 173〕）。

142 ミューリウス『改革された哲学』（Lit. B-335, p. 190）。

143 激情的な情動の爆発は大抵、無意識内容が自覚されていない結果適応が不十分である場合に起こる。

144 これに関してミヒャエル・マイアーはライムンドゥス・ルリウスからつぎのことばを引いている。「この地を、闘いに強い緑のライオンと呼ぶ者もあれば、われとわが尾を喰らう、あるいは凝固させる、あるいは殺す龍と呼ぶ者もあった」Alii appellaverunt hanc terram Leonem viridem fortem in praelio; Alii draconem devorantem, congelantem vel mortificantem caudam suam（『黄金の卓の象徴』Lit. B-314, p. 427）。

145 前注144を見よ。

146 「しかし一つの例外を除いて何ものもこの不浄な肉体に浸入することはできない。例外とは、哲学者らによってふつう緑のライオンと呼ばれているものである」Sed nullum corpus immundum ingreditur, excepto uno, quod vulgariter vocatur a philosophis Leo viridis（マイアー同上 p. 464、およびリプラエウス『化学大全』Lit. B-432, p. 39）。

147 マイアーは「なぜなら〔地は〕その霊から見離されて荒寥としているからである」quia depopulata [terra] est a suis spiritibus と付言している（同上 427）。

148 マイアー同上。

149 引用原文 “Medium coniungendi tincturas inter solem et lunam.”（Riplaeus : Tractatus duodecim portarum――マイアー同上 p. 464、およびリプラエウス『化学大全』Lit. B-432, p. 39）。

150 ヴァレンティヌス『化学著作集』（Lit. B-500, 248）。

151 引用原文 “Qui sui ipsius spiritus tam multa devorat”（「ヘルメス博物館」p. 219）。

152 アルカヌムとしてのライオンに関するこれ以外の例証は『結合の会議』に見られる（「化学の術」p. 64）。そこではライオンは「ヘルメスの銅像」aes Hermetis を意味している。ライオンのいま一つの同義語は、その透明性のゆえに魂の象徴でもある「ガラス」vitrum である（カエサリウス『奇蹟についての対話』参照〔Lit. B-83, I, 32, IV, 34〕）。これはモリエヌスにおいても同じで、モリエヌスはライオンを秘密にしておかなければならない三つの物質の一つとして挙げている（『金属の変成』〔「錬金の術叢書」Bd. II, p. 51 f〕）。『哲学者の薔薇園』にはこうある。「われらが緑のライオンには真の物質が潜んでいて……この真の物質はアドロプ、アゾト、または緑のドゥエネクと呼ばれる In Leone nostro viridi vera materia . . . et vocatur Adrop, Azoth aut Duenech viride（「錬金の術叢書」Bd. II, p. 229）。

153 「赤いライオン」はおそらく「赤い硫黄」sulphur rubeum に対応するものとして後になって生まれた概念であろう（パラケルスス以来ではないかと思われる）。ミューリウスは二頭のライオンを「赤い硫黄と白い硫黄」sulphur rubeum et album と同一視している（『改革された哲学』Lit. B-335, p. 209/Schema 23, p. 190）。

154 クーンラート『ヒュレの混沌』（Lit. B-272, p. 325）。

155 アルテフィウス『智慧の大いなる鍵』（「化学の劇場」Bd. IV, p. 238）。この論説はハラン起源ではないかと推測される。

156 『大パリ魔法パピルス』（line 1645――プライゼンダンツ編訳『ギリシア魔法パピルス』Lit. B-362, I, p. 126）。

157 ラウレンティウス・ウェントゥラ（「化学の劇場」Bd. II, p. 289）。

158 それが人間であれ動物であれ、原始林であれ溢れる河であれ、野性的な自然と付き合うには、思いやり、慎重さ、礼節が必要である。犀も水牛も不意打ちで驚かされるのを嫌う。

159 ヴィーラント『ジニスタン』（一七八六―八九年）に収められているメルヘンの一つ（Lit. B-519, p. 218-279）。

160 アプレイウスではろばは薔薇を食べることによって人間の姿を取りもどすが、『賢者の石』では一輪の百合を食べることによってそれが叶う。『大パリ魔法パピルス』では、ろばは第五時の太陽のエンブレムである。

161 そのほかに、グリフィン〔鷲の頭と翼、ライオンの身体をもつ怪獣〕、駱駝、馬、仔牛とも同列に置いている（「化学の劇場」Bd. I, p. 163）。

162 ドルネウス『思弁哲学』（「化学の劇場」Bd. I, p. 301）。

163 ミーニュ編『ラテン教父著作集』（Lit. B-328, vol. 172, col. 914）。「悪魔は龍およびレオ〔ライオン〕とも呼ばれる」Draco etiam et leo diabolus appellatur（同 col. 916）。

164 アブラハム・ル・ジュイフは、ディアナの鳩たちは眠るライオンを目覚めさせると語っている（アブラハム・エレアザル『太古の化学作業』（Lit. B-2, p. 86）。

165 「ヘルメス博物館」（p. 645）。「もし汝が汝の願いを叶えたいのなら」si voto tuo cupis potiri は、voto（votum）には「願い」の他に「誓約」の意味があることを考えると、ひょっとしたらもう少し含みをもっているかもしれない。

166 「秘められた意味の名〈大バビロン、みだらな女たちや、地上の忌まわしい者たちの母〉」Mysterium: Babylon magna, mater fornicationum et abominationum terrae（「ヨハネ黙示録」一七―五）。

167 推測するに、「町から二ないし三マイル離れた」という意味であろう。

168 『哲学大全』（「ヘルメス博物館」p. 173）。

169 アラビア人の文献では、エジプト王マルクース（Marqūs）として言及されている（『エメラルド板』Lit. B-442, p. 57）。

170 「……石、それを知る者はそれを自らの目に置く」... lapidem, quem qui cognoscit, ponit illum super oculos suos.

171　ＥＳＰ実験が示しているように、時が心理的に相対的なものであるという事実を顧慮すればこういえる〔Ｊ・Ｂ・ラインの研究を参照〔Lit. B-426, 427〕〕。

172　このような見方の厄介な性質について一言釈明しておかなければならない。このような材料をよく知っている人であれば、自我と外我ないしは非我のような繊細微妙な、しかも実際上重要な区別を、概念を用いて説明することが容易な業ではないということに同意してくれるであろう。実際の経験においてはこの区別はつぎのような特徴を呈するというかぎりでは一目瞭然である。すなわち、非我の産物は個人的な諸内容に比べて極めて特殊な「啓示」の性格を有しており、それゆえいわば他の存在から吹き込まれたものであるかのように、あるいは自我から独立した対象の知覚であるかのように感ぜられることが稀ではないということである。元型の経験はしたがってしばしばヌミノースな性質をおびており、それゆえそれは、ほかならぬ心理療法の面において極めて重要なのである。

173　この箇所の議論はレオ〔ライオン〕という概念を出発点にしているので、その関連で私はここでブルーノ・ゲッツの小説『空間なき王国』（一九一九年）に読者の注意を促したい（Lit. B-186）。ゲッツは恋特有のあの熱っぽい気分を実に見事に描写しており、それは、最後に魔術師が愛し合う一組の男女を小さくしてガラス壜のなかに入れることで終わる。まさしくこのような性愛的な熱がレオの一部をなしているように思われる。『ライオン狩り』のなかの対話のある箇所はつぎのようなぐあいに展開されているからである。「彼の母が彼にいった、〈マルコスよ、あの火は熱の熱さよりも熱くあってはならないのではあるまいか?〉するとマルコスが母に応えた、〈母上、熱の状態でなければいけません。私は戻って、火を煽りたててまいります〉」Dixit enim ei mater sua : O Marchos, oportet ne hunc ignem esse leviorem calore febris? Dixit ei Marchos, ô mater, fiat in statu febris. Revertor et accendo illum ignem. 火といわれているのは、花婿であるレオの新床の役目をはたす落し穴のなかで燃えている火のことなのである（セニオル『化学について』Lit. B-460, p. 63）。

174　「ヘルメス博物館」(p. 653 f)。

175　アブル・カシムにあっては、ウェヌスは「高貴な者、不純なもの、緑のライオン、色の父、プレイアデス星団の孔雀、フェニックス」等々の異名をもつ（ホームヤード『アブル・カシム』Lit. B-232, p. 419）。

176　「ヘルメス博物館」(p. 30 f)。これはバシリウス・ウァレンティヌスからの引用である。

177　「娼婦」であると同時に「花嫁」であるという矛盾は非常に古い起源をもつ。「雅歌」の花嫁であるイシュタルは、一方では神々の娼婦、「天の女奴隷」、ベルティ（Belti）、黒い女であり、他方では母にして処女である（ヴィテキント『雅歌とイシュタル祭祀』Lit. B-523, p. 11, 12, 17, 24）。クーンラートもまた、自らウェヌスとアルカヌムとの同一性を主張していながら、ラピスの母を「処女」virgo、「無垢の生殖」generatio casta と呼び（『ヒュレの混沌』Lit. B-272, p. 62）、また、「混沌の純潔の腹」ということもいっている（同 p. 75）。これはキリスト教の伝統に触発されたというよりもはるかに強く、すでに古くイシュタルについて同じことをいわせたあの元型が執拗に自己を主張した結果である。アニマという元型においてはつねに母、娘、妹〔姉〕、花嫁、そして娼婦が合体している。

178　「薔薇」については以下に論述する〔六三頁以下〕。

179　ウェヌスの色の豊かさについては、バシリウス・ウァレンティヌスも七つの惑星に関する論説のなかの「ウェヌスについて」という詩句でこれをつぎのように称讃している（『化学著作集』Lit. B-500, p. 167）。

透明で、緑色で、愛らしく輝くわたしは
いろいろな色にすっかり染まっている。
けれどもわたしの内には一つの赤い霊がやどっていて、
わたしはその名を知らない。

180　「ヘルメス博物館」（p. 339）

181　デスパニエ（マンゲトゥス編「霊妙化学叢書」Bd. II, p. 652）。

182　マイアー『黄金の卓の象徴』（Lit. B-314, p. 178）。

183　デスパニエ『ヘルメス哲学の秘法』（Lit. B-26, p. 82）

184　「けれどもウェヌス〔＝金星〕は東に昇るとき太陽に先んずる」Venus autem, cum sit orientalis, Solem praecedit.（ルスカ編『賢者の群』Lit. B-443, Sermo 67, p. 166）。

185 「化学の劇場」(Bd. I, p. 883 : Annotata quaedam ex Nicolao Flammello)。マグネシアはまた「東の月石」aphroselinum Orientis という名でも呼ばれる(同 p. 885)。

186 古典的な異名は「武装せる女」armata である。ペルネティによればウェヌスは軍神マルスと、太陽と同じ性質をもつ火を通じて結びつく(『神話・錬金術事典』Lit. B-369, s. v. Vénus)。これに関しては剣で牡牛を殺すウェヌスを参照(ラジャール『ウェヌス祭祀』Lit. B-285, Planche IX ff)。

187 バシリウス・ヴァレンティヌス『化学著作集』(Lit. B-500, p. 73 f)。

188 テクストはさらにこうつづく。「すると汝は火のなかに大いなる業〔オプス〕のしるしを見るであろう。すなわち、黒、孔雀の尾、白、黄、赤を」Ignesque debito videbis Emblema Operis magni, nempe nigrum, caudam pavonis, album, citrinum, rubeumque(「ヘルメス博物館」p. 683)。

189 その猥褻な描写がベネディクトゥス・フィグルスに見られる(『オリュンピアの新たな薔薇園』Lit. B-163, I. p. 73)。

190 「半陰陽のウェヌス」Venus androgyna は非常に古い雛型的モチーフである。ラジャールの研究を参照(『オリエントの半陰陽のウェヌスの図像象徴表現』Lit. B-284, I, p. 161 ff/『ウェヌス祭祀』Lit. B-285, Planche I, nº. 1)。

191 『化学著作集』(Lit. B-500, p. 62)。

192 クーンラート『ヒュレの混沌』(Lit. B-272, p. 91)。

193 同上(p. 233)。同義語としてさらにつぎのようなものがある。「ウェヌスの塩」Sal Veneris、「ウェヌスの礬〔硫酸塩〕」Vitriolum Veneris、「サトゥルヌスの塩」Sal Saturni、「赤いライオン」leo rubeus、「緑のライオン」leo viridis、「礬〔硫酸塩〕硫黄」sulphur vitrioli. これらすべては「宇宙の魂の火花」scintilla animae mundi、すなわち、種々の強力な本能のうちに顕現する能動的原理である。

194 ミューリウス『改革された哲学』(Lit. B-335, p. 17)。

195 グリムのメルヘン『ガラスのびんの中のおばけ』を参照(『メルクリウスの霊』Lit. C-24, Zürich 1953, p. 71 ff)。

196 ベルトロ『古代ギリシア錬金術集成』(Lit. B-55, V, VII, 18/19)。

197 ベルトロ『中世の化学』(Lit. B-54, III, p. 61 ff)。

198 『メルクリウスの霊』（前掲箇所）。

199 「つぎのことを銘記せよ。自然はそもそもの初めから太陽〔黄金〕と銀〔月〕とを造る意図をもっているが、しかしウェヌスのせいで、すなわちこの腐敗堕落した生ける銀〔水銀〕が混入したせいで、また悪臭を放つ地のせいで、それが叶わない。母胎にいる子どもが、その精子は清浄であったのに、たまたまその居場所のせいで子宮の腐敗堕落から病弱と腐敗堕落をわが身に引き受け、その結果、精子の清浄さにもかかわらず腐敗堕落した子宮によって癩にかかり穢れるように、すべての不完全な金属もまた同じであって、ウェヌスと悪臭を放つ地によって腐敗堕落するのである」Et nota quod natura in principio suae originis intendit facere Solem vel Lunam, sed nod potest propter Venerem corruptum argentum vivum, commistum, vel propter terram foetidam, quare sicut puer in ventre matris suae ex corruptione matricis contrahit infirmitatem et corruptionem causa loci per accidens, quamvis sperma fuerit mundum, tamen puer sit leprosus et immundus causa matricis corruptae, et sic est de omnibus metallis imperfectis, quae corrumpuntur ex Venere et terra foetida（「錬金の術叢書」Bd. I, p.318）。

200 ドルネウスに見られるつぎの神秘的な箇所もこのことを暗示していると思われる。「このわれらがオプスに取りかかる際には東にライオンを南の方に鷲を探し求めよ。……汝は汝の道を南に向けなくてはならない、そうすれば汝はキプロスで汝の願うもの〔誓約したもの〕を獲得するであろう。それが何であるかについてはこれ以上語ることは許されない」Leonem tuum in oriente quaeras et aquilam ad meridiem in assumptum hoc opus nostrum . . . tuum iter ad meridiem dirigas oportet ; sic *in Cypro votum consequeris, de quo latius minime loquendum*（「化学の劇場」Bd. 1, p. 610）。錬金術師たちにとってキプロスは疑いもなくウェヌスと結びついていた。この点については、拙著『パラケルスス論』で言及した、パラケルススの『永き生について』に関するドルネウスの注釈をも参照願いたい。この注釈はパラケルススに見られる「ウェヌスの諸性格」characteres Veneris に触れたものだが、ドルネウスはこれを「愛の盾にして甲冑」amoris scutum et lorica だと解釈している。（『パラケルスス論』Lit. C-21, p. 174 f）。

201 ドルネウスが「薔薇色の血」に言及するとき、「それゆえ汝らにいう（とパラケルススは語っている）……」Proinde vobis dico（Paracelsus inquit）. . . と断っているところから見て（「化学の劇場」Bd. I, p. 609）、このモチーフの源はパラケルススではないかと推測される。

202 『ヒュレの混沌』(Lit. B-272, p. 93, p. 196)

203 クーンラートは「大宇宙のひとり子である息子の、術の力によって開かれた脇腹から……流れ出た、薔薇色の血と天の霊気に満ちた水」といっている(同上 p. 276)。

204 ベネディクトス・フィグルスにはこうある。「私は汝に警告せざるをえない。誰にも、それがたとい最愛の人であっても、宝であるわれらが秘密を明かしてはならない。われらが薔薇園の赤と白の薔薇の花を、悪臭を放つ山羊が食い荒らすようなことになってはならないからである」(Lit. B-163, p. 15)

205 「白い薔薇は夏期に東において完成される」Completur rosa alba tempore aestivali in Oriente.(ミューリウス『改革された哲学』Lit. B-335, p. 124)。

206 『賢者の水族館』(「ヘルメス博物館」p. 118)。

207 『宇宙の栄光』にはつぎのようなことばが見える。「……いかにすれば園が開かれ、気高い薔薇をその咲き匂う園に見ることができるか……」... quomodo hortus aperiendus, et rosae nobiles in agro suo conspiciendae sient ...(「ヘルメス博物館」p. 218)。

208 たとえば「薔薇色のパポスの女」*ῥοδίη Παφίη*、薔薇色のアプロディテ」*'Αφροδίτα ῥοδόχρους*、「薔薇色のキプロスの女」*κυπρογένεια ῥοδόχρους*〔パポスの女もキプロスの女もアプロディテのこと。アプロディテ=ウェヌス〕(ブルッフマン『ギリシア詩人の作品に見られる神々の形容語』Lit. B-77)。

209 **Κόκκινος**、coccineus〔文語訳「緋色」、新共同訳「赤」〕(「ヨハネ黙示録」一七—三)。

210 「たとえ、お前たちの罪が緋のようでも、雪のように白くなることができる。たとえ、虹のようであっても、羊の毛のようになることができる」Si fuerint peccata vestra, ut coccinum quasi nix dealbabuntur ; et si fuerint rubra, quasi vermiculus, velut lana alba erunt(「イザヤ書」一—一八)。

211 この間の事情と見事に一致しているのはヴィーラントの錬金術のメルヘン〔『賢者の石』〕に出てくる王妃で、不貞の罪を犯した王妃は薔薇のように赤い色をした山羊に変身させられる。

212 「アンチ・クリストは大娼婦バビロンにおいてダンの血筋に生まれるだろう。それは母の胎内で悪魔に満たされ、コロサイで悪行によって育まれるだろう」Antichristus in magna Babylonia meretrice generis Dan nascetur. In matris utero diabolo replebitur et in Corozaim a maleficis nutrietur（Lit. B-235〔ミーニュ編『ラテン教父著作集』Lit. B-328, vol. 172, col. 1163〕）

213 「露に濡れた薔薇が茨のただなかに咲いているように、ウェヌスの歓びも決して苦さを免れない」Ut Rosa per medias efflo-ret roscida spinas, sic Veneris nunquam gaudia felle carent（ゲオルギウス・カメラリウス――ピキネルス『象徴の世界』から引用〔Lit. B-373, p. 665 f〕）。

214 引用原文 "Et ita tandem, in unum contentum corruat imbibendo cum uno fermento, id est aqua una, quia aqua est fermentum aquae"（『結合の会議』〔『化学の術』p. 220〕）。

215 「彼自ら最初の人としてこれをなした。彼らを揺るぎない態度で秘儀の共同体に導き入れようとしたのである。それゆえ彼自らわれとわが血を飲んだ」*Πρῶτος αὐτὸς τοῦτο ἐποίησεν ἐνάγων αὐτοὺς ἀταράχως εἰς τὴν κοινωνίαν τῶν μυστηρίων : Διὰ τοῦτο τὸ ἑαυτοῦ αἷμα αὐτὸς ἔπιεν*（『マタイ福音書講解』七三〔ミーニュ編『ギリシア教父著作集』Lit. B-329, vol. 57-58, col. 739〕）。

216 テオドレトス『一夫一婦制について』五にはこうある。「同様に主は二つのギリシア語の文字、つまり最初の文字と最後の文字を初めと終わりのしるしとして身にまとい自らの身において一つに結びつけた。なぜなら、アルファが切れ目なく流れてオメガに達し（「黙示録」一―八）、オメガがアルファへと逆流するように、彼自らのうちに初めから終わりへ流れ終わりから初めへ逆流する万物の流れが見出されること、それゆえあらゆる神慮はそれが始まったところの彼自らにおいて終わるということを示そうとしたのである」Sic et duas Graeciae litteras, summam et ultimam, sibi induit Dominus, intii et finis concurrentium in se figuras uti quemadmodum Α ad Ω usque volvitur（Apok. I, 8） et rursus Ω ad Α replicatur, ita ostenderent in se esse et initii decursum ad finem et finis recursum ad initium, ut omnis dispositio in eum desinens per quem coepta est（Lit. B-486）。

217 「自らの」水を飲むという一種のことば遊びは必ずしも許容できないものではない。なぜなら「永遠の水」aqua permanens の同義語の一つは「少年たちの尿」urina puerorum だからである。

218 「化学〔錬金術〕を学ぼうとする者は誰でも哲学を、しかしアリストテレスのそれではなく、真理を教える哲学を学ばなくてはならない。……なぜならアリストテレスの教えは隅から隅まで、虚偽を隠蔽する最上の隠れ蓑である二義性から成り立っているからである。アリストテレスはプラトンやその他の人々を自分を偉く見せるために非難したけれども、非難のために用いた手段以上にいい手段は見出せなかった。すなわち二義性という手段である。すなわち彼は左手では自らの著述を攻撃しながら、同時に右手ではそれを遁辞を弄して擁護し、またその逆の手を用いた。このようなソフィスト的トリックは彼のすべての著述に見られる」Quicunque Chemicam artem addiscere vult, philosophiam, non Aristotelicam, sed eam quae veritatem docet, addiscat . . . nam eius doctrina tota consistit in amphibologia, quae mendaciorum optimum est pallium. Cum ipse Platonem et reliquos reprehendisset, quaerendae famae gratia, nullum potuit commodius instrumentum reperisse, quam idem, quo in reprehendendo fuerat usus, amphibologico sermone scilicet, scripta sua contra sinistram oppugnantem, dextro subterfugio salvans et e contra ; quod Sophismatis genus in omnibus eius scriptis videre licet（ドルネウス『瞑想哲学』〔「化学の劇場」Bd. I, p. 272〕）。

219 世界は錬金術師たちにとっては「神の似像にして象徴」imago et symbolum dei であった。

220 メルクリウスも同様に「弓の射手」sagittarius と見なされている。

221 『ケルビムのような旅人』（Lit. B-18, III, 11）。

222 テクストのこの部分は文意がはっきりしない。二十二連はこうなっている。

Erat sine scopulis thalamus et planus
Et cum parietibus erectus ut manus
Prolongatus aliter sequeretur vanus
Fructus neque filius nasceretur sanus.

（寝室は突き出た角がなく平らで、
伸びた手のように真っすぐな壁に囲まれていた。

さもなくば誕生は空しく終わるであろうし、
健やかな息子は生まれないであろう。）

223 spirificare〔spirificans の不定詞〕の意味は、spiram facere〔旋回をなす、渦をなす〕で、蛇のように身をくねらせることである。spiritum facere〔精神を実現する、成す〕の意味には取れないように思われる。「天をもたないまま」sine coeli polis は一種の、詩の語調を整えるための塡句で、おそらく、この出来事が天においてではなく「瓢箪」cucurbita（＝フラスコ）のなかで生じていることをいおうとしたまでで、それ以上の意味はないであろう。

224 一六六七年出版に初版の『沈黙の書』（Rupellae 1677；「霊妙化学叢書」Bd. I, p. 983 ff）。この奇妙な図絵集は現代の復刻版もある。ルナ〔月〕はその図五に、ソル〔太陽〕ないしはポイボス・アポロン〔太陽神アポロン〕は図六に描かれている。

225 前にすでに述べたように〔本訳書I、五〇頁以下〕、新月における合《ごう》は錬金術師たちには不気味な出来事と考えられた。私にはまたこの関連で特に、母の「蛇のごとき襲撃」viperinus conatus が想起される〔本訳書I、四六頁〕。この事実は神話的な「神なる息子」の早逝と並行関係にある。

226 『心理学と錬金術』参照（Lit. C-26, p. 130――人文書院版、I、一二二頁以下）。

227 同上（p. 327 f――人文書院版、II、一九頁以下）。

228 アンゲルス・ジレージウスはサピエンティア〔智慧〕についてつぎのようにいっている。

全世界はひとりの処女によって作られていて、
ひとりの処女によって新たにされ、復元される。

229 教会の教義《ドクトリン》が聖霊の教えの発展という点でひょっとしたら教会の教義に期待できたかもしれないことを必ずしも果たさなかったということは、いまは亡きカンタベリーのテンプル大僧正との会話の際に大僧正の方から自分でいわれたことである。聖霊の教えの心理学的側面については拙論『三位一体のイデーの心理学のために』を参照願いたい（Lit. C-23, Zürich 1953）。

230 この考えはたとえばアンゲルス・ジレージウスにおいて極めて明白な形をとるようになる。

231 マイスター・エックハルトの雄大な説教『沈黙の静けさがすべてを包み、夜が速やかな歩みで半ばに達したとき……』（『智慧の書』一八―一四）』を参照（ファイファー編『十四世紀ドイツの神秘思想家』Lit. B-336, B. II, I, 3）。ここではその最初のことばだけを引用しておくが、ここにこの説教のテーマ全体が含まれている。「われわれはいまこのとき、父なる神が生んだ、そして絶え間なく永遠に生みつづけている永遠の誕生について、その同じ誕生がいまこのとき人間の本性のなかにも生まれたことを祝おう。聖アウグスティヌスは、この誕生はつねに生じていると語っている。しかしもしそれがわたしの中で生じないならば、わたしにとって何の役に立とう。しかしそれがわたしの中で生じれば、それは一切を導くもととなる。それゆえわれわれはこの誕生について語ろう、それがわれわれの中で生ずるということ、あるいは善き魂において完遂されるということについて。なぜなら父なる神が永遠のことばを語るのは完全な魂においてであるから。……かの智慧の人のことばにはこうある、〈沈黙の静けさがすべてを包むとき、天上の玉座から私の中へとひとつの秘密のことばが降る〉」。

232 『ケルビムのような旅人』（Lit. B-18, II, 101-104）。

233 決定的な箇所はつぎのごとくである。「このようにして父なる神はその息子を神性の真の統一において生む。そして他の仕方ではなくまさにこれと同じ仕方で、父なる神はその息子を魂の根柢と本質において生み、こうして魂と合一するのである」（ファイファー編『十四世紀ドイツの神秘思想家たち』Lit. B-336, II, p. 6）。「聖ヨハネはこう語っている、〈光は暗闇で輝き、その本来の姿を現わし、この光を認めた者たちはみな、力を得て神の息子になった。すなわち神の息子になる力を賦与されたのである〉」（同上 p. 9）。

234 『心理学と錬金術』（Lit. C-26）の図六四、八二、一一四参照。

235 同上（p. 570 ff――人文書院版、II、二六〇頁以下）。

236 「われらが容器のなかで受難が生ずる」In vase nostro fit passio とミューリウスはいう（『改革された哲学』Lit. B-335, p. 33）。受難の苦悩というモチーフは、すでにゾシモスの幻視のなかに見られる。

237 鷲はライオンのつぎにくる、より高い変容段階を表わす。ライオンが四足獣としまだ地に縛りつけられているのに反して、鷲は「精神〔霊〕」spiritus を表わしている。

238　ブラント『著名な福音書家によせる六行詩』（Lit. B-73）。この小冊子の挿図はこれ以上考えられないほど狂気じみている。主形象として、たとえばヨハネの場合は鷲というぐあいに、それぞれの福音書家のシンボルを描き、その形象の上やまわりに、福音書の各章に見られる主題、奇蹟、比喩、出来事等々を配している（図A、B）。

239　拙論『ユリシーズ』参照（Lit. C-10）。

240　ある批判者はわたしを溶解職人〔精錬職人〕の仲間に数えている。わたしが比較宗教心理学を展開しているからというのがその理由である。溶解職人という名称は、わたしがあらゆる宗教的観念やイメージを心理的と呼んでいるという意味では首肯しうる（ただし心理的と呼んでいるだけで、そのような観念やイメージに秘められていると考えられる超越的意義について云々する権限はわたしにはない）。つまりわたしは、キリスト教の教義と心理学とのあいだにひとつの関係を作り出したのである。この関係は私見では必ずしもキリスト教の教義に不利にはたらくとはかぎらない。わたしの批判者は溶解融合過程が始まっていることに嫌忌の意を表明することによって、はからずも彼の信仰体系の同化能力を僅かながら信じていることを告白している。なんといっても教会は、本来自らとは本質を異にするアリストテレスを同化することができたし、異教の哲学から、異教の祭祀から、そして——忘れてはならない重要なものとして——グノーシス主義から、それに毒されることなくどれほど多くのものを取り入れたことであろう。教会の教義が、宿命的に敵対関係にある心理学を同化することができれば、それは教会の教義の生命力の証である。なぜなら生命とは同化作用にほかならないからである。もはや同化する力のないものは死ぬ。アリストテレスの同化は、その当時アラビヤ人の側から迫っていた危険を追い払う防壁となった。神学的批判は、心理学を何がなんでも論難し否定しようとする前に、このような事実に目を向けてもらいたい。心理学は、かつての錬金術と同じように、宗教的諸象徴の意義を貶めようなどとは毫も意図していない。

241　「化学の術」（cap. III, p. 22）。

242　ヘゲモニオス『アルケラオス行伝』（Lit. B-213, p. 10）。

243　フィラレタ『開かれた門』（「ヘルメス博物館」p. 654）。

244　「ヘルメス博物館」（p. 96）。

245　『ロシヌスからサラタンタへ』にはこうある。「つづいて天が、調製された不完全な肉体に溶かし合わされて、いうところによれば、ついに肉体と、形と外見とにおいて一つになる。そしてそれは上昇〔出現・始まり〕と呼ばれる。なぜならこのときわれらがラピスが生まれるからである。それはまた哲学者らによって王とも呼ばれる。すなわち『賢者の群』にはこういわれている、〈火から生まれ、王冠《ダイアデム》をいただくわれらが王を敬え〉」Deinde fermentum tangit cum corpore imperfecto praeparato, ut dictum est, quousque fiant unum corpore, specie et aspectu et tunc dicitur Ortus; quia tunc natus est lapis noster, qui vocatus est rex a Philosophis ut Turba dicitur: Honorate regem nostrum ab igne venientem, diademate coronatum（「錬金の術叢書」Bd. I, p. 281）。

246 引用原文“... quare signo illum notabili notavit Omnipotens, cuius nativitas per Orientem in Horizonte Hemisphaerii sui philosophicum annunciatur. Viderunt Sapientes in Evo Magi et obstupuerunt statimque agnoverunt Regem serenissimum in mundo natum. Tu, cum eius Astra conspexeris, sequere ad usque cunabula, ibi videbis infantem pulcrum, sordes semovendo, regium puellum honora, gazam aperi, auri donum offeras, sic tandem post mortem tibi carnem sanguinemque dabit, summam in tribus Terrae Monarchiis medicinam（「ヘルメス博物館」p. 654 f）。

247 「そして汝らは王衣をまとったエリキシルを見るであろう」Et videatis iksir vestitum regni vestimento（ルスカ編『賢者の群』Lit. B-443, p. 147, line 25）。

248 「賢者の石は天より降り来た王である。その山々は銀で、その川という川は黄金で、その地は高価な石と宝石でできている」Lapis Philosophorum est rex de coelo descendens, cuius montes sunt argentei et rivuli aurei et terra lapides et gemmae pretiosae（『結合の会議』〔「化学の術」p. 61〕）。

249 「地上の王」Βασιλεὺς ὢν ἐπὶ γῆς.

250 ベルトロ『古代ギリシア錬金術集成』（Lit. B-55, III, XLII, 18 ff）。

251 『改革された哲学』（Lit. B-335, p. 10）。

252 同上（p. 285）。『哲学者の薔薇園』ではルリウスからの引用として言及されている（「錬金の術叢書」Bd. II, p. 329）。同じような引用が『哲学者の薔薇園』にオルトゥラヌス（Ortulanus）とアルナルドゥス（Arnaldus）に由来するものとして見られる——「魂が肉体に流れ入り、王冠をいただく王が生まれるからである」quod infunditur anima corpori et nascitur Rex coro-

natus（同上 p. 272）。『哲学者の薔薇園』は「赤いティンクトゥラに関するヘルメスの謎」Aenigma Hermetis de tinctura rubea としてつぎの文を引用している。「私は王冠をいただきダイアデムで飾られ、王の衣を着せられる。なぜなら私はあらゆる肉体に歓びを吹き込むからである」Ego coronor et diademate ornor et regiis vestibus induor : quia corporibus laetitiam ingredi facio（同上 p. 378）。アヴィセンナの『小論説』にはこういう文句が見える。「この灰を蔑ろにするな。せぜなら神はこの灰にふたたび液状の性質を与え、最後には神の命で王が赤いダイアデムの冠で飾られるからである。それゆえ汝がこのマギステリウム〔秘術〕を試みるのは当然至極である」Cinerem ne vilipendas, quia Deus reddet ei liquefactionem et tunc ultimo Rex diademate rubeo divino nutu coronatur. Oportet te ergo hoc magisterium tentare（『錬金の術叢書』Bd. I, p. 422）。

253 『ヒュレの混沌』（Lit. B-272）。

254 同上（p. 286 f）。合わせてクーンラート『智慧の円形劇場』の先に引用した箇所を参照（Lit. B-271, p. 197〔本書八頁、注25〕）。

255 「それの一部」とは物質としての王の一部で、王はいまここで突然物質〔アルカヌム〕と見られているのである。

256 「増殖」multiplicatio はしばしばティンクトゥラの自然発生的自己補充の意義をもっていて、サレプタの寡婦《やもめ》の油瓶を想起させる〔「列王記上」一七―八～一五〕。

257 ベルナルドゥス・トレヴィサヌスの論説に出てくる王の浴房の寓話を想起願いたい〔本訳書I、一〇四頁〕。この寓話の詳細は『賢者の石に関する黄金論説』にある（『ヘルメス博物館』p. 41 ff./p. 13, p. 28）。

258 『アリスレウスの幻視』（『錬金の術叢書』Bd. I, 146 ff）。

259 「ヘルメス博物館」（p. 654）。

260 「哲学者らの王は死んだように見えたけれども生きていて、水の底から叫ぶ、〈誰か余を水のなかから救い出し、ふたたび乾いた地の上に引き上げてくれる者がいれば、その者には永久に富をつかわそう〉。この救けを求める叫び声は多くの人の耳にとどくけれども、哀れみの情に動かされて王を救けに赴こうとする者はない。彼らはこういう、〈誰がいったい海に潜ったりしようか。誰が自分自身を直接の生命の危険にさらしてまで他人の危険を取り除こうとするだろう。〉ごく少数の者が彼の嘆きに耳をかすけれども、彼らは自分たちが聞いている声をスキュラとカリュブディスのどよめき吠える声のこだまだと思う。それゆえ彼らは家にのんびりとくつろぎ、王の宝のことも王の身の安全のことも心にかけない」Et quamvis exanimis ipse philosophicorum Rex videatur, tamen vivit et ex profundo clamat : Qui me liberabit ex aquis et in siccum reducet, hunc ego divitiis beabo perpetius. Hic clamor etsi audiatur a multis nulli tamen eius commiseratione ducti, quaerere regem subeunt. Quis enim, inquiunt, se demerget in aequor? Quis suo praesentaneo periculo alterius periculum levabit? Pauci sunt eius lamentationi creduli et putant vocem auditam esee Scillae et Charybdis resonos fragores et boatus. Hinc ociosi sedent domi nec regiam gazam, ut nec salutem curant（『黄金の卓の象徴』Lit. B-314, p. 380）。合わせて『心理学と錬金術』をも参照（Lit. C-26, p. 449 ff――人文書院版、II、一四七頁以下）。

261 この部分はおそらく「詩篇」六九―三以下に関係していると思われる。「私は深い沼にはまり込み、足がかりもありません。大水の深い底にまで沈み奔流が私を押し流します」（三）。「叫び続けて疲れ、喉は涸れ、私の神を待ち望むあまり目は衰えてしまいました」（四）。「泥沼にはまり込んだままにならないように私を助け出してください。私を憎む者から、大水の深い底から助け出してください」（一五）。

262 『太陽の輝き』（サロモン・トリスモジン『金羊皮』第三論説〔Lit. B-494, p. 21〕）。『心理学と錬金術』の図一六六を参照。

263 「真の〈哲学者のアンチモン〉は、かの王の息子が沈め隠されているように、海の底に隠されている」Verum philosophorum antimonium in mari profundo, ut regius ille filius demersum delitescit（『黄金の卓の象徴』Lit. B-314, p. 380）。

264 ミヒャエル・マイアー『黄金の卓の象徴』（Lit. B-314, p. 378）。これはバシリウス・ヴァレンティヌスの『アンチモンの凱旋車』に関連していると思われる。この論説はまずドイツ語で一六〇四年に出版された模様である。ラテン語版はこれよりあとに出た（一六四六年）。シュミーダー『錬金術の歴史』参照（Lit. B-50）。

265 『心理学と錬金術』（Lit. C-26, p. 449 f――人文書院版、II、一四七頁以下、および一六五頁注33）。

266 エピファニオス『パナリウム』（Lit. B-154, Haeresis 36, cap. 4）。

267 エピファニオス『アンコラトゥス』（Lit. B-154, Bd. I, p. 20）。

268 同上（p. 104 f）。この箇所は以下のとおりである。「すでに鳥は死に絶え、完全に焼きつくされ、炎も燃えつきてしまうと、あとには肉の生《なま》の残骸だけが残る。そのなかから一つの日に貧弱な蠕虫が現われ、翼が生えて新たになり、こうして三日目になると次第に成熟し、その場に見出される治療薬の助けによって完全に成熟した姿になる。そして高く飛び立って自らの祖国にもどり、休息する。」

269 『心理学と錬金術』図一〇～一二参照。

270 『メルクリウスの霊』(Lit. C-24) および『パラケルスス論』参照 (Lit. C-21, p. 106)。

271 クーンラート『ヒュレの混沌』(＝『信条』) (Lit. B-272, p. 195)。原典ではこの箇所はつぎのように印刷されている。"filius unius (SVI) diei, der SOHN eines (Seines) Tages ; in deme seind warm, kald, feucht unnd trucken . . ."〔「一つの(彼の)日の息子〔ラテン語〕、一つの(彼の)日の息子〔ドイツ語〕、その日は温かく、冷たく、湿っていて、乾いていて……」〕。

272 サトゥルヌス〔土星・鉛〕については、占星術ではたしかに最も悪しき性格を賦与されている凶星であるが、しかし同時に浄めるものでもあることを指摘しておかなければならない。というのも真の清浄は罪の悔悛と贖罪によってのみ達成されるからである。たとえばマイスター・エックハルトは説教『天の諸力が揺り動かされるからである〔「ルカ福音書」二一―二六〕』のなかでつぎのように語っている。「さらにわれわれは、神が自然の天を七つの惑星で、すなわち他の星よりもわれわれに近い存在である七つの高貴な星で飾った事実を銘記しなければならない。最初の星はサトゥルヌス〔土星〕で、次はユピテル〔木星〕で、次は……。さて、魂が至福に満ちた霊的な天になると、私たちの主はこれを、聖ヨハネが黙示において見たのと同じ星々で飾る。聖ヨハネはあらゆる王のなかの王が神の栄誉に満ちた玉座に座し、その手に七つの星をもっているのを見たのである。そこであなたがたは銘記しなければならない、最初の星であるサトゥルヌスは浄めるものであり、……。すなわち魂の天においては、サトゥルヌスは天使のような清浄さを身におび、報償として神性のヴィジョンをもたらす。それゆえ私たちの主はこういわれたのだ、〈浄い心をもつ者は幸いである、彼らは神を見るであろうから〉」(ファイファー編『十四世紀ドイツの神秘思想家』Lit. B-336, Bd. II, p. 212, 40)。クーンラートのいうサトゥルヌスもこの意味に解さなければならない。ウィゲネルス『火と塩』のつぎのようなことばも参考になる。「鉛は、それを通じて神がわれわれを訪れ回心に導くところの、苦悩と苦難を意味する。鉛は諸金属のあらゆる不完全さ〔不浄〕を焼きつくし滅亡させるが(アラビア人ボエトゥスがそれを〈硫黄水〉と呼んだのもそのためである)、これと同じように悔悛は、われわれが人生において身につけた多くの汚れを洗い流してくれる。それゆえ聖アンブロシウスも悔悛を天国への鍵と呼んでいるのである」Plumbum vexationes et molestias significat, per quas Deus nos visitat et

ad resipiscentiam reducit. Quemadmodum enim plumbum omnes metallorum imperfectiones comburit et exterminat, unde Boethus Arabs illud aquam sulphuris vocat, ita quoque tribulatio in haec vita multas maculas, quas contraximus, a nobis abstergit : unde S. Ambrosius illam clavem coeli appellat（「化学の劇場」Bd. VI, p. 76)。

273 「茨の中に咲きいでた百合の花」Lilium inter spinas（「雅歌」二―二)。

274 「その骨と髄のなかからそれはまず蠕虫として再生し、それから雛鳥になる」Ex ossibus et medullis eius nasci primo ceu vermiculum, inde fieri pullum（『博物誌』Lit. B-397, Lib. X, Cap. II)。

275 クレメンス・ロマヌス『使徒教令について』(Lit. B-99, Lib. V, c. VIII)。

276 アルテミドロス『夢の象徴』(=Oneirokritikā, Lit. B-28, Lib. IV, c. 47)。

277 キュリロス『神秘的教理説明』(Lit. B-124, XVIII, 8)。

278 アンブロシウス『兄弟の死別について』(Lit. B-14, lib. II, c. 59) および『ヘクサメロン』(Lit. B-17, V, c. 23)。

279 カルダヌス『繊細さについて』(Lit. B-86, c. 30)。

280 フェニックス神話がそもそも取り上げられ、解釈を通じてキリスト教に受容されたという事実は、この神話の生命力、生きいきとした力の一つの証であるが、しかし同時に、多くの神話を解釈し同化する術を心得ていたキリスト教の生命力の一つの証でもある。解釈学の意義を過小評価してはならない。解釈は魂に有効に作用するからである。すなわち解釈は、無意識の内にいまなお生きいきと現存している遠い過去、祖先の生を、今日的なものに意識的に接合し、それによって、現在只今の瞬間を拠り所にする意識と無限に長い時間的拡がりのなかで生きる歴史的な魂とのあいだに、心理的に極めて重要な結合を生み出す。人間のあらゆる精神的産物のなかで最も保守的な産物として、諸宗教はそれ自体がすでに、永続する過去への有効な架け橋であり、その生きいきとした現在性を教えてくれる。神話をもはや同化できないような宗教は、自らの最も独自な機能を忘れている。しかし精神が生きいきとした生命力を維持できるのは神話の持続性のおかげであり、この神話の持続性を保持するには、各時代が神話を自らのことばに翻訳し自らの精神の一内容にする以外に道はない。元型に啓示される「神の智慧」sapientia Dei は、どれほど激しい振動によって平衡が失われようともふたたび平衡が回復されるということをつねに気遣っている。それゆえ哲学的錬金術の魅惑は少なからず、それが非常に多くの重要な元型に新たな表現を与えたという事実にもとづいている。いや、すでに嫌というほど見てきたように、哲学的錬金術はそればかりでなくキリスト教をも受容しようと試みたのである。

281　この並行的類似に関する豊富な例はピキネルス『象徴の世界』を見よ（Lit. B-373, Lib. IV, c. LVI）。

282　ニコラウス・カウシヌス『エジプト人の智慧の象徴』に収められているホラポロ『象形文字文書撰』を見よ（Lit. B-91, p. 71）。

283　『象形文字文書撰』（Lit. B-242, Lib. I, p. 32）。

284　「すなわちそれが生まれると、万物の変化と更新が生じる」Hic enim dum nascitur, rerum viscissitudo fit et innovatio（同上 Lib. II, p. 54）。

285　「コロサイの信徒への手紙」一―二〇にも同様のことばが見られるし、ある意味では「ローマの信徒への手紙」八―一九以下もこのことをいっている。

286　教義は、キリストが自らの肉体とともに煉獄に降った、と説明している。

287　教義学者たちのこの思弁は十七世紀になってからのものであるが、クーンラートが書いたのは十六世紀のことである。『プロテスタント神学・教会百科事典』のケーラーの記述を見よ（Lit. B-417, 8, 204）。

288　これに関しては、フェニックスと同一視されている獣オルトゥスのことに触れた上述部分を参照〔本訳書I、二六八頁以下〕。オルトゥスは多彩な色をもつという点でもフェニックスと同じである。カウシヌスはエピファニオスからの抜き書きとしてフェニックスについてつぎのように述べている。「フェニックスは孔雀よりも美しい。孔雀は黄金色と銀色の翼をもっているが、フェニックスはヒアシンスとエメラルドの色をした翼をもち、いろいろな宝石の色で飾られている。しかも頭には冠をいただいている」Phoenix avis pavone pulchrior est ; pavo enim aureas argenteasque habet alas ; Phoenix vero hyacinthinas et smaragdinas, preciosorumque lapidum coloribus distinctas ; coronam habet in capite（『エジプト人の智慧の象徴』Lit. B-91, p. 71）。

289　チューリッヒ聖書は、「夕べがあり、朝があった。第一の日である（ein erster Tag）」。

290　「闇が深淵の面にあった」Tenebrae erant super faciem abyssi（「創世記」一―二）。ヤーコプ・ベーメ参照（『原理一覧』Lit. B-65, I, 3）。ベーメはここで闇を三つの原理〔発端・起源〕の最初のものと呼んでいる。

291　エイレナイオスが言及しているヴァレンティノス派にあっては、アカモトによって創造された万物の王たるデミウルゴスは「父－母」と呼ばれていて、一種のヘルマプロディトス、男女両性具有である（『異端駁論』Lit. B-250, I, 51）。この種の伝承を錬金術師たちは知りえたと思われるが、私は関連の痕跡を発見できなかった。

292　錬金術に出てくる諸形象、特に金属神たちは、つねに占星術的観点からも見られていた。

293　Fra Marcantonio Crasselame : Sopra la composizione della pietra dei Philosophi. 一六六六年初版はラテン語（Lit. B-479）。

294　フランス語版（一六八七年）の原題 “La Lumière sortant par soimesme des Ténèbres”. つぎに引用されるイタリア語の詩はその三頁以下にある。

295　「それはメルクリウスにおける二重の動きを示している。一は下降、他は上昇である。下降の動きが、太陽の光という手段と、その本性からいって下なる肉体の方を向いている他の星々という手段とによって、物質に形を与えるはたらきをし、またこの動きにそなわる生ける霊の活動によって、物質のなかでいわば眠っている自然の火を目覚めさせるはたらきをするのに対して、上昇の動きはもちろん肉体を浄めるはたらきをする」（同上フランス語版 p. 112）。最初の下降は天地創造の歴史（「創世記」）に属し、それゆえ錬金術師たちはこれを問題にしない。従って彼らは彼らの錬金作業《オプス》を「上昇」から始め、解き放たれた魂《アニマ》（「永遠の水」aqua permanes）をふたたび死せる（浄化された）肉体と一つに結びつけるところの「下降」で完了するのである。この結合がすなわち、「息子」filius の誕生である。

296　「それから光が生じ、その光から生命が生じ、その動きから霊が生ずる」（同上 p. 113）。

297　これについてのつぎの拙論を参照。『メルクリウスの霊』（Lit. B-24, Zürich 1953, p. 128）、『心理学と錬金術』（Lit. C-26, p. 439 ff――人文書院版、II、一三九頁以下）。クラッセラメはパラケルススの影響を受けている。彼は彼のメルクリウスをパラケルススの「イリアステス」Illiastes と同一視している（『パラケルスス論』Lit. C-21, p. 67, p. 81）。

298　『ヘルマヌスへの書簡』ではラピスについてこういわれている。「それは自分自身から上昇し、黒化し、下降し、白化し、増大し、縮小し、……生まれ、死に、復活し、それゆえ永遠に生きつづける」Ascendit *per se*, nigrescit, descendit et albescit, crescit et decrescit . . . nascitur, moritur, resurgit, postea in aeternum vivit（「化学の劇場」Bd. V, p. 900）。

299 その例は洞窟に住むトロポニオスや（ローデ『プシュケー』Lit. B-433, I, p. 121）、エレクテイオンの地下に住むエレクテウスである（同上 p. 136）。ヘロス〔半神〕たち自身、しばしば蛇の姿をしているか（同上 p. 196）、あるいは蛇が彼らのシンボルである（同上 p. 242）。死者一般が蛇として描写されることも稀ではない（同上 p. 244）。錬金術のヘロスであるメルクリウスがそうであるように、錬金術のいま一つの古い権威的存在であるアガトダイモンも蛇の姿をしている。

300 地下世界における太陽神ラーの蛇舟を想起せよ（バッジ『エジプトの天国と地獄』Lit. B-80, p. 66, p. 86）。大蛇（同上 p. 94, p. 98, p. 120, p. 149）。巨怪な蛇の粋は大蛇アポピス〔アペピ〕である（バッジ『エピプト人の神々』Lit. B-81, I, p. 269）。バビロニアでこれに相当するのはティアマトである（同上 I, 277）。使徒バルトロメウス〔バルトロマイ〕のキリストの復活に関する書には次のような記述がある（バッジ『コプト語聖書外典』Lit. B-79, p. 180）。「さてそれから、死であるところのアッバトーンと、死の六人の息子たち、ガイオス、トリュポン、オピアト、プティノン、ソトニス、コンピオンとは、身をくねらせながら眼前にある神の息子の墓へと侵入した、まことに、蛇の姿をして〔この「蛇」はもともとは σκωλήκιον（蠕虫）であったのが文書の破損で「蛇」と解読されたのかもしれない・ユング注〕、彼らの偉大なる盗人とともに、身をくねらせて入っていたのである。」これに関してバッジはつぎのようにコメントしている。「コプト人のアメンテには死が六人の息子たちと一緒に住んでいて、七つの頭をもつ一匹の蛇、あるいは七匹の蛇の姿をしていたが、われらが主のからだがいつアメンテへやってきたかを探ろうとして、われらが主の墓に身をくねらせて侵入したのである。グノーシス主義に見られる七つの頭をもつ蛇は、ナウの蛇の一現象形態にすぎず、……この怪物に対する信仰は少なく見積もっても古く第六王朝に遡る」（同上 Introduc. LXIII）。『死者の書』（第八三章）に出てくる「アメンテの七匹のウラネウス」はおそらく「人間のからだの上に生息し、人間の血を吸って生きる、ラスタウの蠕虫たち」（ネクトゥ・アメン・パピルス cap. Ib〔バッジ同上箇所〕）と同一のものだと思われる。ラーがアポピスを長槍で突き刺したとき、アポピスはそれまでに呑み込んでいた一切のものを吐き出した（バッジ『オシリスとエジプト人の復活』Lit. B-82, I, p. 65）。これはプリミティヴな鯨・龍神話に多様な形で繰り返し現われるモチーフである。大抵は、それ以前に呑み込まれていた英雄と一緒に、その父と母も怪物の腹から吐き出される（フロベニウス『太陽神の時代』Lit. B-172, I, p. 64 ff）。あるいは死が呑み込んでいた一切合財が吐き出される（同上 p. 98, p. 101, p. 106, p. 108 f）。以下から見て明らかなように、このモチーフはアポカタスタシス〔万物復元・更新〕の、プリミティヴな段階における先駆形態である。

301 「七つの頭をもつ龍、この闇の支配者は、その尾で星々の一部を天から叩き落とし、それらを罪の霧で覆い、夜の闇で覆った」Eptacephalus draco, princeps tenebrarum, traxit de coelo cauda sua partem stellarum et nebula peccatorum eas obtexit atque mortis tenebris obduxit（ホノリウス『教会の神秘』Lit. B-241, col. 937）。

302 「人生の半ばにあって陰府の門に行かねばならないのか」In dimidio dierum meorum vadam ad portas inferi（「イザヤ書」三八―一〇）。

303 「わたしは陰府に自分のための家を求め、その暗黒に寝床を整えた。墓穴に向かって〈あなたはわたしの父〉と言い、蛆虫〔蠕虫〕に向かって〈わたしの母、姉妹〉と言う」Infernus domus mea est et in tenebris stravi lectulum meum. Putredini dixi: Pater meus et mater et soror mea, vermibus（「ヨブ記」一七―一三以下）。「だが、どちらも塵に横たわれば、等しく、蛆虫〔蠕虫〕に覆われるではないか」Et tamen simul in pulvere dormient, et vermes operient eos（「ヨブ記」二一―二六）。

304 ニーダー『エッダ』（Lit. B-342, p. 39）。

305 ヤーコプ・グリム『ドイツ神話』（Lit. B-201, III, p. 240）。

306 ニーチェ『ツァラトゥーストラはかく語りき』のなかでツァラトゥーストラは自分を噛んだ蛇に対して、「龍が蛇の毒で死ぬなどということがかつてあったろうか」という（Lit. B-343, p. 99）。彼はつまり、龍の種族の英雄なのであって、従ってまた彼は「賢者の石」とも呼ばれているのである（同上 p. 229）。

307 錬金術がいみじくもこれと同じイメージを使っているのは驚くべきことである。すなわち錬金術の業《オプス》は宇宙創造の業の再現である。それは闇（ニグレド）のなかから光を取り出す。そのラピスは一なる者であり（「ラピスは一である」Unus est Lapis）、この一なる者は「少年」puer、「子ども」infans、「小さな男の子」puellus の姿で生ずる。それは無限の増殖能力を有する。

308 ブルクシュ『古代エジプト人の宗教と神話』（Lit. B-78, p. 103 f）。

309 蠕虫はいわばプリミティヴな太古的生存形式であって、そこからやがて決定的な形態、あるいは少なくともこれに対立する形態、すなわち地上的動物に対して鳥が生ずるのである。この対立対《つい》――蛇と鳥――は古典的である。ツァラトゥーストラの二つの動物、鷲と蛇は、時の循環を、すなわち永劫回帰を象徴している。鷲と蛇はいう、「というのもあなたの動物であるわれわれは、おおツァラトゥーストラよ、あなたが何者であり、何者にならなければならないかをよく知っている。あなたは永劫回帰の教師なのだ」（『ツァラトゥーストラはかく語りき』同上 p. 321）。そのほかに、「回帰の円環」（同上 p. 335）、（「アルファにしてオメガ」同上 p. 338）ということばも見られる。その喉に蛇が這い込んだ牧人も回帰のイデーと結びつけられている（同上 p. 232 ff）。彼は（龍として）蛇とともにウロボロスの環を形づくるのである。「循環は結果ではない、それは原法則である」（「アフォリズム二九〔ホルネッファー『ニーチェの永劫回帰の教説』Lit. B-244, p. 78〕）。さらに、天使たちがまず最初に、蠕虫のように這うことしかできないひとりの人間を造ったというサトゥルニヌスの教説も参考になる（エイレナイオス『異端駁論』Lit. B-250, I, XXIV, 1）。ヒポリュトスの書き留めているところに従えば、人間は人間を造った天使たちの弱点のゆえに「身をよじらせてもがく蠕虫」のようであったと考えられていた（『反証』Lit. B-229, VII, 28, 3）。

310 『心理学と錬金術』の図二一七を参照。この図で蛇が木〔木の十字架〕に吊されていることにもこの事実が間接的に暗示されている。すでに上で言及した（本訳書Ⅰ、一一三頁以下）錬金術のカドモス神話、および『心理学と錬金術』図一五〇を参照。

311 アスクレピオスの入っている卵を魔法で誘き出す詐欺師アレクサンダーの物語を参照（ルキアノス『詐欺師アレクサンダー』Lit. B-302, 12）

312 ホノリウス『教会の神秘』（Lit. B-241, col, 914）。

313 原タイトル "De promissionibus"（ミーニュ編『ラテン教父著作集』Lit. B-328, vol. 51, col. 833——キュモン『テクストとモニュメント』から引用〔Lit. B-121, I, p. 251〕）。

314 『パラケルスス論』（Lit. C-21, p. 105 f）。

315 この部分も聖書からの引用である——「わたしは虫けら〔蠕虫〕、とても人とはいえない。人間の屑、民の恥」（「詩篇」二二—七）。これが「わが神、わが神、なぜわたしをお見捨てになるのか」で始まる詩章のなかのことばであることは興味深い。なぜなら「栄光の王」のその正反対のものへの、すなわち被造物中最も価値なきものへの変化が、神に見捨てられた状態だと感じられているからである。このことばは「マタイ福音書」のイエスのことば、「エリ、エリ、レマ、サバクタニ」Eli, Eli, lema sabachtani（＝「わが神、わが神、なぜわたしをお見捨てになったのですか」）と同じである（二七—四六）。

316 『反証』（Lit. B-229, V, 8, 18）。

317 『アンコラトゥス』（Lit. B-154, 45）。

318 「ヘルメス博物館」(p. 117 f)。

319 「神の怒りの火」ignis divinae irae はヤーコプ・ベーメの「神の怒りの火」göttliches Zornfeuer を暗に指し示している。直接の影響関係があるかどうかは私には分からない。ここで引用している論説では、神の怒りはキリストに向けられることによって神それ自身に向けられている。ベーメはこの問題を『曙光』(Lit. B-60, cap. 8, p. 14 ff) および『神智学の諸問題』(Lit. B-64, p. 3, p. 11 ff) でつぎのような意味だと説明している。怒りの火は一方では被造物の七つの性質の一つ、すなわち(「点火された」)「苦さ」に発しており、他方では「神の啓示」の最初の原理〔発端・根源〕、すなわち闇(「創世記」一—二)と関係していて、この闇が「火にまで達する」のである(『原理一覧』Lit. B-65, I, 2 ff)。火は光の中心に隠れていると同時にあらゆる被造物のうちに隠れていて、ルシファーによって点火されたというのである。

320 「苦しめられ」は "assatus" であるが、これは文字どおりには「焼かれ・焙られ」を意味する。assare(焼く・焙る)という語を錬金術師たちが用いるのは鉱石を焙焼する場合である。

321 薔薇色のティンクトゥラによってキリストとライオンが結びつく〔本訳書六四頁参照〕。

322 ドン・ペルネティの『エジプト人とギリシア人の寓話』もその一例で、これはすこぶるおもしろい(Lit. B-370)。すなわち彼はここで、古代神話の錬金術的性質を証明しているのであるが、実はほかならぬその古代神話こそ錬金術的諸観念の源泉だという事実が目に入っていないのである。

323 『反証』(Lit. B-229, VII, 27, 4-5)。

324 『心理学と錬金術』をも参照(Lit. C-26, p. 485——人文書院版、II、一八二頁以下)。

325 ライゼガング『聖なる霊』(Lit. B-288, p. 78 f)。

326 ウー、デイヴィス共著『古代中国の錬金術論説』(Lit. B-528, p. 241)。

327 ゾシモスのアントロポスを参照(『心理学と錬金術』同上 p. 492 ff——人文書院版、II、一九一頁以下)。

328 ウー、デイヴィス共著(同上 XVIII, p. 251)。

329 精神史的諸前提のまったく異なる中国にも「真人」というかたちでアントロポスの理論が存在することは極めて注目に値する不可思議事である。

330 これをゆめゆめ自我と混同してはならない。

331 その後十七世紀になると、ヤーコプ・ベーメにおいて最も顕著に見られるような、これと反対のプロセスが現われた（『賢者の水族館』がほぼ両傾向の分水嶺をなしている）。教義的キリスト像が優位を占めはじめ、これが錬金術的諸観念によって増幅され、補強されたのである。

332 これをたとえばモリエヌスはつぎのようにいい表わしている。「安息への入口は極端に狭く、何人も魂の苦悩を味わわずして入ることはできない」Nam requiei aditus nimis est coarctatus, neque ad illam quisquam potest ingredi, nisi per animae afflictionem（「錬金の術叢書」Bd. ii, p. 18）。

333 「なぜなら化学〔錬金術〕には、主から主へ動く高貴な肉体が存在する」Esse in Chemia nobile aliquod corpus, quod de dmino ad dominum movetur（マイアー『黄金の卓の象徴』Lit. B-314, p. 568）。「真のメルクリウスの霊と硫黄の魂」（Verus Mercurii spiritus et sulphuris anima）は、「龍と鷲、王とライオン、精神〔霊〕と肉体」draco et aquila, rex et leo, spiritus et corpus と並行関係にある（『黄金論説』〔「ヘルメス博物館」p. 11〕）。「老いたる龍」senex-draco は王として再生させられなければならない（『真のヘルメス』Lit. B-505, p. 16）。王と女王は一本の龍の尾として描写される（アブラハム・エレアザル『太古の化学作業』Lit. B-2, p. 82 ff）。ニグレドの状態において王と女王は一匹の黒い蠕虫と龍に変ずる（同上 p. 38）。蠕虫ピュトンは王の血を吸いつくす（同上 p. 47）。

334 錬金術の諸象徴は占星術の影響を色濃く受けているので、獣帯〔黄道十二宮〕の主星である獅子〔座〕が「小王」Regulus と呼ばれていること、またカルデア人たちが獅子〔座〕をライオンの「心臓」と考えていたという事実を知っておくことは重要である（ブシェ－ルクレール『ギリシア占星術』参照〔Lit. B-69, p. 438 f〕）。「小王」は王たちの誕生時の星位として吉兆を表わす。「心臓」cor　は錬金術においてはアルカヌムの呼び名として重きをなしている。それは「火、ないしは物凄い炎熱」iginis vel maximus ardor である（ルランドゥス『錬金術事典』Lit. B-437, v. cor.　p. 170）。

335 『心理学と錬金術』図四参照。同じくロイスナー編『パンドラ』を参照（Lit. B-361, p. 227）。この図には、「ライオンをその血において殺せ」Döt den Loewen nun im sihn plutt という題銘が付されている。前足を切り落とされたライオンという象徴はセニオルに由来する（『化学について』Lit. B-460, p. 64）。

336 王の頭をした鷲が翼を呑み込んでいる図がリプリー・スクロウルにある（『心理学と錬金術』図二二八）。〔一一三頁、図4〕

337 これまでのところ私はどの文書にもダンテとの関連を示す箇所は発見できなかった。

338 ベルトロ『古代ギリシア錬金術集成』（Lit. B-55, II, IV, 28）。

339 オピウコス（Ophiuchos＝蛇遣〔座〕、Anguitenens, Serpentarius）がなぜデーモンであるかを説明するのは難しい。それは天文学的には蠍座のなかに位置しており、それゆえ占星術的には毒と医師に関係している。事実古代ギリシア・ローマではオピウコスは主としてアスクレピオスのことであると考えられていた（ロシャー編『ギリシア・ローマ神話大事典』Lit. B-293, VI, 921 f）。ヒポリュトスにはつぎのような言及がある。星座エンゴナシ（Engonasi＝跪く者）が汗してはたらくアダムを、したがって最初の天地創造を表わすのに対して、オピウコスは第二の天地創造、すなわちキリストを通じての再生を表わしている。というのもオピウコスは蛇が「冠」corona（「ダイアデム」στέφανος、「北の冠」corona berealis、ディオニュソスに愛されるアリアドネの冠）に到達するのを妨げるからである（『反証』Lit. B-229, IV, 47, 5 ff――ブシェ・ルクレール『ギリシア占星術』をも参照〔Lit. B-69, p. 609. note 1〕）。この解釈は「救済者」アスクレピオスになかなかうまく符合する。古代ではまた蛇遣いは蛇遣座の星位のもとに生まれると見られていて、ひょっとしたらこの事実がはたらいて（と同時にあるいは「毒をもつ」蠍というイメージも加わって）オピウコスを邪悪なものと見る解釈が割り込んできたのかも知れない。

340 「鉛」μόλυβδος はアルカヌムを意味する。

341 「マタイ福音書」一三―三一の「天の国は辛子種に似ている」Simile est regnum coelorum grano sinapis を指している。

342 「化合の単一性」unionis simplicitas はおそらくは「単一なるもの」simplex の、つまりイデアの教説に関係していると見てまちがいあるまい。「単一なるもの」とは「プラトンが感覚によってではなく知性によって理解されるものと呼んでいるところのものである」quod vocat Plato intelligibile non sensibile.「単一なるものとは想像しえない部分である」Simplex est pars inopinabilis. それは「分割不可能」indivisibile で、「一つの本質からなっている」est unius essentiae.「魂」anima は単一なるものである。「オプスは、それを単一なるものに変化させないかぎり完成されない」Opus non perificitur nisi vertatur in simplex.「四大元素の単一なるものへの転換」Conversio elementorum ad simplex.「人間は動物よりも崇高で、単一なるものにより近い。それはその知性のゆえである」Homo est dignior animalium et propinquior simplici et hoc propter intelligentiam.

（以上『プラトンの四つのものの書』〔『化学の劇場』Bd. V. p. 120, 122, 130, 139, 179, 189〕）。

343　「彼らはそれ〔真理〕の力が奇蹟を惹き起こしうるほどに強いことを見出した」Eiusque [veritatis] talem ess virtutem compererunt, ut miracula fecerit（ドルネウス『思弁哲学』〔『化学の劇場』Bd. I, p. 298〕）。

344　ドルネウス『トリスメギストスの自然学』（『化学の劇場』Bd. I, p. 433）。

345　同上（p. 434）。

346　つまり中心点は、単純に神（一なる者としての）ではありえない。なぜなら中心点が病気にかかるのは人間においてでしかありえないからである。

347　ドルネウス『短き生』（『化学の劇場』Bd. I, p. 530 f）。

348　veterem（老いたる）をet unientem（そして一なるものを）とする別の読み方もある〔「この黒き霊にして一なるものを手に取り……」〕。

349　ルスカ編『賢者の群』（Lit. B-443, Sermo XLVII, p. 152）。

350　『メルクリウスの霊』参照（Lit. C-24）。

351　『賢者の群』（同上 p. 149）。

352　「悪魔はそれらを天にまで持って上がろうとしたが天から投げ落とされ、その後それらを人間の心に植えつけようとした、すなわち野心、残忍、中傷、離反である」Diabolum ista in caelum erexisse decidens ac deiectus ab eo, nec non illa postmodum in mentem humanam infigere conatum fuisse videlicet ambitionem, brutalitatem, calumniam, et divortium（『短き生』〔『化学の劇場』Bd. I, p. 531〕）。

353　一六〇四年に出たある錬金術論説のタイトルは『太古の騎士戦争に関するエウドクススとピュロフィリウスの対話』となっている。拙論『母親元型の心理学的諸相』を参照（"Die psychologischen Aspekte des Mutterarchetypus" in "Von den Wurzeln des Bewußtseins" 1954）。

354　ドルネウスと同じように『賢者の水族館』もつぎのようにいっている。「人間は神によって苦悩の溶解炉のなかに置かれ、古いアダムと肉に対して死に（「エフェソの信徒への手紙」第四章）真に新しい人間になったのかように……ふたたび蘇るまでに、ありとあらゆる種類の苦しみとさまざまの不幸と不安に悩まされつづける」Homo a Deo in fornacem tribulationis collocatur et ad instar compositi Hermetici tamdiu omnis generis angustiis, diversimodisque calamitatibus et anxietatibus premitur, donec veteri Adamo et carni（Ephes. 4）siet mortuus et tamquam vere novus homo . . . iterum resurgat（「ヘルメス博物館」p. 129）。

355 ここで著者は「智慧の書」第五章の参照を促しているが、それは明らかに三～四節の次の部分のことであろう。「この者たちを、かつてわれわれは嘲笑い、罵りを浴びせた。われわれは愚かにもその生き方を狂気の沙汰と考え、その死を恥辱と見なしていた」Hi sunt, quos habuimus aliquando in derisum et in similitudinem improperii. Nos insensati vitam illorum aestimabamus insaniam et finem illorum sine honore.〔ウルガタ聖書〕著者はここで「ヨブ記」第三〇章にも言及しているが、そのうち特に一〇節が重要である。「彼らはわたしを忌み嫌って近寄らず、平気で顔に唾を吐きかけてくる」Abominantur me et longe fugiunt a me et faciem meam conspuere non verentur.

356 四十日後にノアは鴉を放つ（「創世記」八—六）。洪水の水嵩の高まり（同七—六）。「わたしは四十日四十夜地上に雨を降らせることに」Ego pluam super terram quadraginta diebus et quadraginta noctibus（同七—四）。「〔イエスは〕……荒れ野の中を霊によって引き回され、四十日間、悪魔から誘惑を受けられた」[Jesus] . . . agebatur a Spiritu in desertum diebus quadraginta, et tentabatur a diabolo（「ルカ福音書」四—一～二）。モーセは四十日四十夜、主なる神とともにとどまる（「出エジプト記」三四—二八）、イスラエルの民の四十日間にわたる荒れ野の旅（「申命記」八—二）。

357 『賢者の水族館』（「ヘルメス博物館」p. 130）。

358 ウー、デイヴィス共著『古代中国の錬金術論説』（Lit. B-528, VIII, 238）。これについては拙論『ミサにおける変容の象徴』のなかの苦悩のモチーフに関する論述を参照（Lit. C-22）。

359 『ヒュレの混沌』（Lit. B-272, p. 186 f）。

360 この引用には「悲しみ」tristitia とあるが、通例の錬金術テクストでは、ニグレドの同義語は「メランコリー」melancholia〔鬱状態〕である。「メランコリー、それはニグレドである」Melancholia id est nigredo（『結合の会議』〔「化学の術」p. 125 f〕）。

361 「化学の術」(p. 14)。

362 ブッセ『グノーシス主義の主要問題』(Lit. B-71, p. 58 ff)。

363 アニマは、ペルソナが自我と外界とのあいだを仲介するのと同じように、意識と集合的無意識とのあいだを仲介する。『自我と無意識の関係』(Lit. C-6, Zürich 1945, p. 117 ff)。

364 アルベルトゥス・マグヌス『アリストテレスの樹』につぎのような箇所がある。「そこにはまるで月の輪であるといわんばかりの様子でコウノトリが一羽とまっていた」Ciconia ibi sedebat, quasi se appellans circulum lunarem(「化学の劇場」Bd. II, p. 527)。コウノトリは白鳥(cygnus)や鵝鳥(anser)と同じく、母性の意味をもっている。

365 王の神格化とキリストの誕生との一致はつぎのような形で示される。「けれども最後に〔オプス〕は、改めてユピテルの玉座において完了し、その玉座からわれらが強力この上なき王は華麗を極めたルビーで飾られた王冠を受け取るであろう。〈かくして年は自らの歩みで巡り流れゆく〉」Postremum vero [opus] in altero regali Jovis solio desinet, a quo Rex noster potentissimus coronam pretiosissimis Rubinis contextam suscipiet, 'sic in se sua per vestigia volvitur annus'(Lit. B-26, p. 82)。アブラハム・エレアザルにはこうある。「わたしはこの黒い十字架に磔にされなくてはならない。そして酢をともなった悲惨によってそれから洗い浄められ、白くされなくてはならない、わたしの頭の内部にあるものが太陽あるいはマレッ〔気=霊〕に似てきて、わたしの心がざくろ石のように輝き、古きアダムがわたしの内からふたたび生じ来るように、おお、アダム・カドモンよ、あなたは何と美しいことであろう! 宇宙の王のリクマ〔riqmah=多彩な色の衣〕で飾られたさまはどうだろう! ああわたしはケダル〔「雅歌」一―五〕のように黒い。……」(『太古の化学作業』Lit. B-2, p. 82)。

366 「王は復活した。それは死せる石に注ぎ込まれた……魂である」Rex ortus est, id est anima . . . lapidi mortuo infusa est(『「賢者の群」に関する省察』(「錬金の術叢書」Bd. I, p. 181)。

367 同上(p. 180)。

368 ひとりの個人のなかには複数の魂が存するという未開の思考の主張はわれわれの確認結果と一致している。この問題に関しては以下の諸著を参照。タイラー『未開の文化』(Lit. B-497, p. 391 ff)。シュルツェ『自然民族の心理』(Lit. B-456, p. 268)。クローリー『魂の観念』(Lit. B-120, p. 235 ff)。フレイザー『金枝篇』(Lit. B-170, Part II, p. 27, p. 80 ; Part VII, II, p. 221 ff)。

369 『心理学と錬金術』図一四九参照。

370 対立物の戦いの局面は、大抵は戦う動物、たとえばライオン同士、龍同士、狼と犬の争闘によって表現される。実例は「ヘルメス博物館」のランプスプリンクの諸象徴を参照〔本訳書I、三一頁図5、三三頁図7はその一例である〕。

371 これについては『心理学と錬金術』を参照（Lit. C-26, p. 594 ff――人文書院版、II、三〇三頁以下）

372 『心理学と錬金術』参照（同上、p. 54 f, p. 77 ff――人文書院版、I、五三頁以下、七九頁以下）

373 古代後期になるとパンはもはやグロテスクな牧羊神ではなくなり、すでに哲学的な意味をおびていた。ヒポリュトスが言及しているグノーシス主義拝蛇派では「多数の形姿をもつアッティス」*πολύμορφος Ἄττις*（『反証』Lit. B-229, V, 9, 9）、アダム、コリュバス（Korybas）、パパ（Papa）、バクケウス（Bakcheus）等と同義である。失われた神を悼む嘆きの歴史はプルタルコスの『神託の衰退について』に見られる（Pultarch: De defectu oraculorum, 17）。これのいわば現代版が、ツァラトゥーストラの「神は死んだ！」である。このくだりは文字どおりには以下のごとくである。「とても信じられないことだ！　あの老聖者は自分の森にいて、まだあのことを何も聞いていないのだ、神が死んだということを！」（ニーチェ『ツァラトゥーストラはかく語りき』序説二）。

374 「混沌《カオス》の真ん中に幸いにも一つの小さな玉が明瞭に見分けられる。それはこの探求に役立つ一切のものが結びつく究極の結合点である。全体よりも有能であるこの小さな場、その全体を内に含んでいるこの部分、その主要部分よりも豊かなこの付属部分、その宝物の貯蔵庫が開かれると二つの物質が現われるが、しかしそれは実は一つの単一なるものである。……この二つのものから一つの完全なもの、単一にして豊かなもの、部分なき合成物、賢者らの分割不可能な斧（cogneu）が合成され、そこから運命の巻物が立ち現われ、混沌の彼方へと平坦に伸びひろがり、それから整然と正しい終局へと前進してゆく。」ベロアルド・ドゥ・ヴェルヴィユは、無意識のなかに一なるものが芽生えるさまを以上のように描写している（『ポリフィロの夢』Lit. B-53, Recueil Stéganographique, II, f）。

375 ライオンはその火の性質にふさわしく「情動的動物」の極致である。したがって血、すなわちライオンのエキスを飲むということは、自らの情動の諸内容を自らに一体化するということを意味する。傷によってライオンはいわば身に穴をうがたれている。ということはつまり、情動が武器の狙いたがわぬ一撃によって、すなわち、情動の諸動機を見抜く認識の鋭い光に貫かれているということである。錬金術でライオンを傷つけたり、その肉体の一部を切断したりするのは事実「欲望」concupiscentia の馴致の意味を有している（ベロアルド同上箇所参照）。

376 たとえば七世紀から八世紀にかけて書かれたモリエヌス・ロマヌスの論説『金属の変成』のなかですでにこういわれている。「すなわちこの物は汝から抽出される。というのも汝もまたその物の鉱石だからである。すなわちそれは汝において発見される。もっと精確にいえば、汝のなかから取り出される。汝がこれのことを実際に体験すれば、この物に対する愛と想いは汝のなかでもっと増すであろう。そして知れ、この物こそ真実で疑いなきものでありつづけることを」Haec enim res a te extrahitur: cuius etiam minera tu existis; apud te namque illam inveniunt, et, ut verius confitear, a te accipiunt; quod cum probaveris, amor eius et dilectio in te augebitur. Et scias hoc verum et indubitabile permanere（「錬金の術叢書」Bd. II, p. 37）。

377 意識と影との対決はたとえばフロイトの考えでは抑圧内容の意識化によって、アードラーの考えでは虚構の基準の意識化によって生ずる。

378 この命題は、必ずしもすべての葛藤状況にそのものずばり適用されてはならないという意味で、ある種の限定を必要とする。理性が決定してもまだ何らの害ももたらさないような事柄は、安んじて理性の決定にゆだねるべきである。ここでいっている葛藤・抗争は、理性がもはや心を危険にさらさずには統御不可能な葛藤・抗争である。

379 しかしいずれにしても聖霊がオプスの際の「家僕霊」spiritus familiaris であってもらいたいと望む錬金術師たちは存在した。

380 イシスの秘儀における「太陽化」solificatio を想起せよ。アプレイウス『黄金のろば』（Lit. B-24）の第十一章にはこうある。「頭には花の冠をいただき、その冠は四方八方に太陽の光線のように光を放つ白い棕櫚の葉で飾られていました。こうしてわたしは太陽を真似て着飾り、女神の立像そっくりになり……」Et caput decore corona cinxerat palmae candidae foliis in modum radiorum prosistentibus. Sic ad instar solis exornatum et in vicem simulacri constituto . . .

381 ある心的内容と自我との関係が意識である。自我と結びついていないものは、いつまでも無意識のままである。

382 この永遠に繰り返される心理的状況は元型的なもので、たとえばグノーシス主義のデミウルゴスの最高神に対する関係に現われている。

383 この図式からも分かるように、結合象徴は二つの面で現われる。一つは暗黒への下降の際で、そこでは結婚はいわば邪悪な性格をおびる（近親相姦、殺害、死）。他は上昇の前で、そこでは結合はもっと天上的な性格をおびる。

384 一八九七年に発見されたオクシュリュンコス・パピルス断片5にはつぎのようなことばが見られる。「イエスはいう、〈ふたりいれば、必ず神なしにはいないが、たったひとりであれば、よいか、わたしがその人とともにある。石を拾い上げよ、そこに汝はわたしを見出すだろう。木片を裂いてみよ、そこにわたしがいる〉」（グレンフェル、ハント共著『イエスの新たなことば』Lit. B-199, p. 38）。テクストはいうまでもなく断片である。プロイシェン『アンティレゴメナ』参照（Lit. B-403, p. 43）。

385 特に『賢者の群』がそうである。

386 バルデサネスに見られる十字の形をした半陰陽の像を参照。

387 ヤーコプ・ベーメに至ってもまだアダムを「男の乙女」と呼んでいる（『三つの原理』Lit. B-61, 10, 18/17, 85）。このような考えはすでにアウグスティヌスによって論難されている。

388 たとえばライヒェナウ古写本の洗礼図を見よ（Reichenauer Codex Lat. Mon. 4453）。

389 トリノにある聖骸布の図は異様というほかない。ヴィニョン『キリストの聖骸布』参照（Lit. B-506）。

390 『キリスト教のグノーシス』（Lit. B-277, p. 316）。

391 ケプゲンはここでつぎのような注釈を付している。「処女性の理想を市民道徳に都合のいいように歪曲した宗教改革者たちでさえこの点では何ら変更を加えてはいない。彼らにとってもイエスは男と女のアンドロギュノス的半陰陽なのである〔強調はユング〕。ただ一つ解せないのは、イエスの処女性を認めながら、どうして処女が僧職につくことを非難できたのかということである」（同上 p. 319）。

392 セニオル『化学について』（Lit. B-460, p. 108）。ヴァレンティノス派のモナス〔モナド〕の形容詞「何ものも必要としない」*ἀπροσδεής* を想起願いたい（ヒポリュトス『反証』Lit. B-229, VI, 29, 4）。

393 このイエスのことばの原文は以下のごとくである。*ὅταν τὸ τῆς αἰσχύνης ἔνδυμα πατήσητε καὶ ὅταν γένηται τὰ δύο ἓν καὶ τὸ ἄρρεν μετὰ τῆς θηλείας οὔτε ἄρρεν οὔτε θῆλυ*（クレメンス『雑纂』Lit. B-98, III, 13, 93）。

394 引用原文 " Confert enim Deus hanc divinam et puram scientiam suis fidelibus et servis illis scilicet quibus eam a primaeva rerum natura conferre disposuit . . . Nam haec res nihil nisi donum Dei altissimi [esse] potest ; qui prout vult et etiam cui

vult, ex suis servis et fidelibus illud committit et monstrat . . . Praeponit enim Dominus ex suis servis quos vult et eligit, ut hanc scientiam divinam homini celatam quaerant et quaesitam secum retineant”(『金属の変成』〔「錬金の術叢書」Bd. II, p. 22 f〕)。この一見無意味でエゴイスティックなやり方は、錬金術のオプスを一種の神的な秘法〔神秘〕であると見れば納得がいく。神的な秘法であれば、それがこの世に存在しているというだけで十分なのである。

395 「なぜなら錬金術師たちの最初の師はこういっているからである、〈門をたたきなさい。そうすれば、開かれる〉」Dicit enim primus spagirorum Dux : Pulsate et aperietur vobis(ドルネウス『トリスメギトスの自然学』〔「化学の劇場」Bd. I, p. 413〕――師のことばは「マタイ福音書」七―七)。

396 引用原文“Nam evenire quandoque solet, ut post multos annos, labores et studia . . . nonnulli sint electi, multis pulsationibus, orationibus et investigatione sedula praemissis”(ドルネウス同上箇所)。アブラハム・エレアザルは「なぜならこのラピスは神によって試され選ばれた者たちにのみ属しているからである」という(『太古の化学作業』Lit. B-2, II, p. 53)。

397 オルダス・ハックスリーのつぎのようなことばに私はただ共鳴するほかはない。「十七世紀の終わり頃には神秘主義思想は、古くはキリスト教において有していたその意義を失ってしまい、今日では半死半生という以上の状態にある。〈それがどうしたというのか〉と尋ねられるかもしれない。〈なぜ死んではいけないのか〉、〈生きていて何の役に立つのか〉。――これらの質問に対する答えはこうである。ヴィジョンなきところでは、人間は死ぬ。そして、もし地の塩である人々がその塩の風味を失えば、地を殺菌状態に保持してくれるものはもはや何もなく、地が完全な腐敗に陥るのを防いでくれるものは何もない。神秘主義者たちは、真の現実に関する多少の知識が無知と幻覚に満ちた人間世界に濾過されてくるフィルターである。世界が完全に非神秘的であれば、それは完全な盲目と狂気の世界であろう」(『陰の実力者――宗教と政治の研究』Lit. B-247, p. 82)――「神学者が再生しない人、あるいは生まれ変わらない自然人と呼ぶような人々の住む世界では、おそらく教会も国家も、過去の記録がわれわれに示している教会や国家のうちの最上のものよりも目立って良くなる見込みは決してないであろう。社会の構成員の大多数が、神中心の生き方をする聖者への道を選ぶような時がこないかぎり、社会が大きく改良される可能性は皆無である。それまでは、いついかなるときにも存在しているごく少数の神中心の聖者が、社会がその政治と経済の活動によって自らの内部に生み出す毒を、ほんの僅かでも薄め和らげることができる。福音書のことばをつかえば、神中心の聖者は、朽ちはてて回復不能の腐敗

に陥ることから社会を護ってくれる塩なのである」（同上 p. 248）

398 ホゲランデはつぎのようにいっている。「かくして王と女王もラピスの合成物と呼ばれる。……夫と妻、男と女もこのように呼ばれるが、それはそれらの一体性、能動性と受動性のゆえである。ロシヌスいわく、〈黄金の術の秘密は男と女に存する〉」Sic etiam lapidis compositum Rex et Regina dicuntur . . . Sic vir et mulier dicuntur, Masculus et femina propter copulam videlicet et actionem et passionem. Rosinus : Artis auri arcanum et mare et femina consistit（「化学の劇場」Bd. I, p. 162）。

399 『立ち昇る曙光Ⅰ』（Lit. B-44, Parab. XII）。

400 『秘密の箱』（「化学の劇場」Bd. VI, p. 314）。

401 『尺度あるいは規範』（「化学の劇場」Bd. II, p. 149）。

402 グレゴリウス・マグヌス（ミーニュ編『ラテン教父著作集』Lit. B-328, vol. 79, col. 23）。ミューリウスは神についていう、「神のごときプラトンは、それ〔神〕は火の実体のなかにあるといった。神それ自体に存する神の名状しがたい輝きと、神を取り巻く愛のことをいおうとしたのである」Quem divus Plato in ignea substantia habitare posuit : intelligens videlicet inenarrabilem Dei in seipso splendorem et circa seipsum amorem（『改革された哲学』Lit. B-335, p. 8）。

403 『メルクリウスの霊』（Lit. C-24, Zürich 1948, p. 129）。

404 「わたしはわたしの恋人の頭を飾る冠です」Ego, corona, qua coronatur dilectus meus（『立ち昇る曙光Ⅰ』（Lit. B-44, Parab. XII）。

405 「ヘルメス博物館」（p. 50）。

406 そこで「純粋のダイアモンドで造られた極めて見事な冠に飾られていた」Praestantissima corona ex adamantibus meris concinnata decorata といわれているが、これはおそらく女王の頭を飾っている星の冠のことであろう。

407 ミーニュ編『ラテン教父著作集』（Lit. B-328, vol. 172, col. 834）。

408 「父なる神とイエス・キリストの秘密を悟るためです。智慧と知識の宝はすべて、キリストの内に隠れています」In agnitionem mysterii Dei patris et Christi Jesu : in quo sunt omnes thesauri sapientiae et scientiae absconditi（『コロサイの信徒への手紙』二―二～三）。

409　錬金術師たちは、何を女性的と呼ぶか、肉体かそれとも魂か、迷っている。心理学的に女性的といえるのは、心を通じてただ間接的にしか経験されない肉体ではなく、魂である。そして男性的であるのは精神である。

410　この説明は男の錬金術師にしか当てはまらない。周知のように女性においては事態は逆になる。

411　たとえばミヒャエル・マイアーにはこうある。「他人の精神によって、また金で動く手によって作業をする者は、自分の仕事が真理から離れているのを見出すだろう。反対に、まるで術における奴隷のように、他人のために奴隷的作業を行なう者も、女王の神秘に分け入ることはできないであろう」Qui per alienum ingenium et manum mercenariam operatur, aliena a veritate opera videbit. Et vice versa, qui alteri servilem praestat operam, uti servus in arte, nunquam ad Reginae mysteria admittetur（『黄金の卓の象徴』Lit. B-314, p. 336）。このような作業の遂行については『心理学と錬金術』参照（Lit. C-26, p. 428――人文書院版、II、一二二頁）。

412　『太古の化学作業』（Lit. B-2, II, p. 72）。

413　おいで、もっと高いところへお昇り。
おまえだということが分かれば彼は付いて行きます。

（『ファウスト』第二部、一二〇九四～五行〔「輝ける聖母」の「かつてグレートヒェンと呼ばれた贖罪の女」への呼びかけ〕）

414　「錬金の術叢書」（Bd. II, p. 294 f――『立ち昇る曙光I』からの引用）。

第五章

1　引用原文 “Iste est Philosophorum Mercurius, ille celeberrimus Microcosmus et Adam.”（『象形文字のモナス』〔「化学の劇場」Bd. II, p. 222〕）。

2　「アダムとアダムに似ているものを手に取れ。ここで汝はただアダムだけを名指し、妻ないしはエヴァの名については黙していて、名指さなかった。なぜなら、この世の汝の同類たちには汝に似せて造られているものがエヴァであることが分かっていて、それを汝は知っているからである」Accipe Adam et quod assimilatur Adam, nominasti hic Adam et tacuisti nomen foeminae seu Evae et non nominans eam, quia scis quod homines qui sunt tui similes in mundo, sciunt quod illud, quod tibi assimilatur, est Eva（『ロシヌスからエウティキアへ』〔「錬金の術叢書」Bd. I, p. 248〕）。

3　アゾク＝アゾト（Azoth）＝「二重のメルクリウス」Mercurius duplex（ルランドゥス『錬金術事典』Lit. B-437, s. v. Azoth）

4　「それゆえ彼らは極めて強力な精神的才能と知的理解力で、つぎのように断言した。彼らのラピスは生きものであり、これを〈われらがアダム〉と名づけ、このアダムは彼の見えざるエヴァを自らの体内にやどしているが、それは偉大なる万物の創造主によって彼らふたりが一つに結びつけられたあの瞬間以来のことである。この理由のゆえに哲学者らのメルクリウスは、〈神秘に満ちたやり方で合成されたわれらがメルクリウス〉と呼ぶ以外に適切な呼び方はなく、かの卑俗なメルクリウスではない。……彼らのメルクリウスには賢者らの求める一切のものが潜んでいる。……賢者の石の材料は真のヘルマプロディトスにしてミクロコスモスであるアダム以外の何ものでもない」Qua propter ingenio et intellectu validissimis adseverarunt suum lapidem esse animalem, quem etiam vocaverunt suum Adamum, qui suam invisibilem Evam occultam in suo corpore gestaret ab eo momento, quo virtute summi conditoris omnium unita sunt. Ea de causa merito dici potest Mercurium philosophorum nihil aliud esse, quam compositum eorum abstrusissimum Mercurium et non vulgarem illum. ... est in Mercurio quicquid quaerunt sapientes ... lapidis philosophorum materia nihil aliud est quam ... verus hermaphroditus Adam atque microcosmus（『金属の変成』〔「化学の劇場」Bd. I, p. 578〕）。「自然はまず初めに達人に対して、哲学のアダムがメルクリウス的物質へと変化させられることを要求する」Natura in primis requirit ab artifice ut philosophicus Adam in Mercurialem substantiam adducatur（同上　p. 589）。「……この最も聖なるアダム的ラピスは、賢者らのアダム的メルクリウスから合成される」… compositio huius sacratissimi lapidis Adamici fit ex sapientum Adamico Mercurio（同上 p. 590）。

5　エヴァと融合している「原初の父」としてのアダムというイメージ。ネルケン『ある分裂病患者の空想に関する分析的考察』参照（Lit. B-338, p. 542）。

6　「見よ……」以下の原文 “Ecce Adam heic duo sunt, fixatum et constans unum, fugax alterum”（「ヘルメス博物館」p. 269）。

7 「そしてアダムは主であり、王にして支配者であって……」Et Adamus erat Dominus, Rex et Imperator …（『宇宙の栄光』〔「ヘルメス博物館」p. 269〕）。

8 『ラピスのプリマ・マテリア』（「ヘルメス博物館」p. 425）。私はこれに当たるドイツの原形は残念ながら発見できなかった。

9 「兜をかぶった気高き人間」homo galeatus et altus（「化学の劇場」Bd. I, p. 162）。

10 パラケルススの造語。察するところアダム（Adam）とエノク（Henoch）を合成したものであろう。『パラケルスス論』参照（Lit. C-21, p. 79）。

11 ドルネウスはアデクを「目に見えざる最も大いなる人間」invisibilis homo maximus と呼んでいる（ドルネウスの編纂によるパラケルスス『永き生について』〔Th. Paracelsi Libri V de Vita Longa, Frankfurt am Main 1583, p. 178〕）。

12 十八世紀の羊皮紙文書『エジプト人の秘密の形象』（Figurarum aegyptiorum secretarum で始まり laus Jesu in saecula で終わっている本来は無表題の文書——ユング私蔵〔Lit. B-113, fol. 17〕）。

13 ミーニュ編『ラテン教父著作集』（Lit. B-328, vol. 178, col. 974）。

14 ヴュンシェ『ユダヤ教とイスラム教の伝説圏における人類最初の夫婦の創造と堕罪』（Lit. B-527, p. 10）。アダムは二つの顔をもっていた。神はアダムを鋸で切って半分に分けた、それがつまりアダムとエヴァであった。

15 ヴュンシェ（同上 p. 24）。

16 詳しくは『心理学と錬金術』参照（Lit. C-26, Zürich 1952, p. 435 ff——人文書院版、II、一三五頁以下）。

17 「哲学の人間と呼ばれる第二のアダム」secundus Adam vero qui dicitur homo philosophicus（『立ち昇る曙光Ⅰ』Lit. B-44, Parab. VI）。

18 『賢者の群』（Lit. B-443, Sermo VIII）。

19 ジャビル・イブン・ハヤン（Gabir〔Dschaber, Dschäbir〕ibn Hajjan）。古典的著書『秘術の最高の成就』Summa perfectionis の著者であるラテン名のゲベル（Geber）は、かつてはジャビルと同一人物と見なされていた。ジャビルをめぐる論争の現段階についてはリップマン『錬金術の発生と伝播』に報告がある（Lit. B-296, II, p. 89）。

20 『均衡の書』Le Livre des Balances（ベルトロ『中世の化学』Lit. B-54, III, p. 148 f）。

21 たとえばミューリウス『改革された哲学』を見よ（Lit. B-335,p. 168）。

22 アダムの胴体はバビロニアの土から取られ、その頭はイスラエルの地から、手足はその他の国々から取ってこられた（『タルムード』〔Lit. B-480, Tr. Sanhedrin 38a〕）。

23 「化学の劇場」（Bd. V, p. 109）。

24 テクストはここからアルカヌムとアダムの比較に移る。

25 「〔神は〕最初の人間の塵を地の四隅から集め始めた。赤、黒、白、緑の塵である。赤い塵は血になり、黒い塵は内臓の、白い塵は骨と神経のためであり、緑の塵は肉体となった」[Deus] incepit autem colligere pulverem primi hominis e quatuor terrae angulis, videlicet rubrum, nigrum, album et viridem. Ruber pulvis factus est sanguis, niger fuit pro visceribus, albus pro ossibus et nervis, viridis factus est corpus（ガンズ『聖俗年代記』Lit. B-174, p. 24）。同じくシンガー編『ユダヤ百科事典』を参照。ここにはさらにいろいろな文献が挙げられている（The Jewisch Encyclopaedia, Edited by Isidore Singer, New York and London, 1925, 12 vols, s. v. Adam）。

26 『ユダヤ百科事典』（同上 s. v. Adam）。

27 ベーツォルト訳『シリアの宝の洞窟』（Carl Bezold : Die Schatzhöhle, Leipzig 1883-1888, p. 3）。本書は未編集の三つの古写本からなるシリア語テクストの独訳である。

28 コーフート『タルムード・ミドラシュのアダム伝説』（Lit. B-278）。

29 これに関してはヤーコプ・グリムが『ダーラムの教会儀礼』Rituale Ecclesiae Dunelmensis に採録されたラテン語のヴァージョン（十世紀）、その他いろいろな資料を挙げている（『ドイツ神話』〔Lit. B-201, I, p. 468〕）。本文中に示したテクストはラインホルト・ケーラー『中世の物語文学』から引いた（Lit. B-276, II, p. 2）。この「問答」の源泉はアングロサクソン語のサトゥルヌスとソロモンの対話である（ソープ『サトゥルヌスとソロモンのある対話』Lit. B-491, p. 95 ff）。

30 セビーリャのイシドルス『物の性質について』（Lit. B-251, p. 21——シンガー編『ユダヤ百科事典』に引用されている〔同上 s. v. Adam〕）。

31 七についてはさらに、アダムの七人の息子、およびガヨマルトの血から生ずる七つの金属を想起願いたい。同じ不確かさが

『コーラン』の七人の眠り人の伝説（第一八章《スーラ》）にも見られる。ヴァージョンの違いによって、七人の若者であったり八人の若者であったり、あるいは八番目が犬であったり、あるいはまた三人の若者と一匹の犬であったり、まちまちである。私の講義『再生のさまざまな側面』を参照（Lit. C-20, Zürich 1950, p. 75）。アダムはあるときは赤、黒、白の三色、またあるときは白、黒、赤、緑の四色をしている（シンガー編『ユダヤ百科事典』同上 s. v. Adam）。

32 引用原文 "... Evam a viro suo divisam tanquam naturalem binarium ab unario sui tenarii"（「化学の劇場」Bd. I, p. 527）。

33 別の箇所では悪魔についてこういわれている。「すなわち悪魔は、一という数が三という数を護っているためにアダムの三という数を通って中に入ることはできなかったので、エヴァの二という数の中に侵入しようとしたのである」Scivit enim per ternarium Adami non patere potuisse aditum unario protegente ternarium, binarium igitur Evae tentavit ingredi（「化学の劇場」Bd. I, p. 542）。

34 引用原文 "Nam Elementa circularia sunt, ut Hermes sentit, quodibet a duobus aliis circumdatur, cum quibus convenit in una qualitatum ipsorum sibi appropriata, uti est terra inter ignem et aquam participans de igne in siccitate, et de aqua in frigiditate. Et sic de caeteris"（「化学の劇場」Bd. VI, p. 3）。

35 引用原文 "Homo igitur, qui magni mundi est imago, et hinc microcosmus seu parvus mundus vocatus (sicut mundus ad archetypi sui similitudinem factus, et ex quatuor elementis compositus, magnus homo appellatur) etiam suum coelum et terram habet. Nam anima et intellectus sunt ejus coelum ; corpus vero et sensualitas ejus terra. Adeo ut coelum et terram hominis cognoscere, idem sit quod plenam et integram totius mundi et rerum naturalium cognitionem habere"（同上箇所）。

36 ガンズ『聖俗年代記』を参照（Lit. B-174, p. 24）。この書のなかに『ラビ・エリエゼルの聖なる諸章』（Lit. B-375）が含まれていて、ここで引用した箇所はその第一一章にあり〔注25で引用した文のすぐあとにつづく〕、原文は以下のごとくである。"... Statura autem eius [Adam] erat ab uno fine mundi usque ad alium."

37 シンガー編『ユダヤ百科事典』（同上 s. v. Adam）。他の文書によれば、緑は肌と肝臓にも関係している。

38 このことにはゾシモスも言及している（ベルトロ『古代ギリシア錬金術集成』Lit. B-55 III, XLIX, 6）。ゲフケン『シビュラの託宣』をも参照（Lit. B-176, III, 24 f）。

39　ある金曜日の第六時に「ヘヴァ（Heva＝エヴァ）は罪の樹〔禁断の樹〕に登った、そして第六時に救世主は十字架に登った」（ベーツォルト訳『シリアの宝の洞窟』p. 62）。合わせて、キリストの十字架の死を「妻」matrona との結婚（conjugium）と見るアウグスティヌスの解釈を想起願いたい。

40　ベーツォルト訳『シリアの宝の洞窟』（同上 p. 7 ff）。

41　同上（p. 76）。

42　『アダムの聖書』はリースラー『聖書外の古代ユダヤの書』を見よ（Lit. B-428, p. 1087）。

43　カウチュ編訳『旧約聖書外典・偽典』（Lit. B-21, p. 517）。

44　『ラビ・エリエゼルの聖なる諸章』第二〇章（ガンズ『聖俗年代記』Lit. B-174, p. 46）。R・シェルフ博士の御指摘によって分かったが、洞窟は実際はキリャト・アルバ（＝テトラポリス〔四つの都市〕）と同一ではない。キリャト・アルバは、洞窟があるヘブロン〔ヨルダン西部の都市〕の呼び名だからである。

45　「それゆえ最初の人間であるアダムの内には……上で触れたこれら概念ないしは種が、行為する魂〔プシュケー〕から流出する単一なるものに至るまで、すべて包含されている」In Adamo ergo protoplaste ... continebantur omnes illae notiones sive Species supradictae a Psyche factiva usque ad singularitatem emanativam（『魂の変革について』De Revolutionibus animarum〔Cap. I, § 10——クノル・フォン・ローゼンロート編『ヴェールを剝がれたカバラ』Lit. B-263, II, Pars III, p. 248〕）。

46　ベルトロ『古代ギリシア錬金術集成』（Lit. B-263, IV, XX）。

47　同上（p. 15）。

48　「それから私は〔ライオンの〕頭と手〔前足〕と足を集め、それらと一緒に、彫像から、すなわち白と黄色の石のなかから抽出された水を温める。雨の降る時期に天から落ちてくる水である」Deinde caput, manus et pedes [leonis] colligo et calefacio eis aquam extractam a cordibus statuarum, ex lapidibus albis et citrinis, quae cadit de coelo tempore pluviae（セニオル『化学について』Lit. B-460, p. 64）。

49　ステイプルトン『ムハマド・ビン・ウマイル』（Lit. B-472）。

50 すでに『キュラニデス』には山羊について次の記述が見られる。「けれどもアヘンチンキ〔鎮痛・睡眠剤〕は山羊の髭から取られている、すなわちムーミアあるいはヒソプス〔香料植物?〕、あるいは汗から」Laudanum autem barbae eius i.e. mumia vel ysopos aut sudor（ドラット『〈キュラニデス〉に関係するラテン語および古フランス語のテクスト』Lit. B-128, p. 29）。

51 「創造されたすべてのものの根源は……根源的湿気、宇宙の種子、ムーミア、プリマ・マテリアのなかに……含まれている」Universae creaturae fundamenta ... contineantur in ... Radicali humido, Mundi semine, Mumia, Materia prima（クーンラート『ヒュレの混沌』Lit. B-272, p. 310 f）。

52 これに関しては『パラケルスス論』参照（Lit. C-21, p. 85, p. 119）。

53 マイアー『黄金の卓の象徴』（Lit. B-314, p. 19）。

54 「かくして汝はつねに、水を洗い浄め、火を乾燥させることによって彫像の心臓から油を得る」Et ideo per ablutionem aquae et desiccationem ignis semper extrahis oleum a corde statuarum（ライムンドゥス・ルリウス『覚え書き』Lit. B-299, p. 115）。油についてルリウスはいう、「この油は、哲学者のティンクトゥラであり、黄金にして魂であり、香油である」Hoc oleum est tinctura, aurum et anima, ac philosophorum unguentum（同上 p. 127）。ルリウスの後継者であるパリのクリストフォルスはこういっている。「かの油ないしは聖なる水は……とりなし人と呼ばれる」Illud oleum seu aqua divina ... et vocatur *Mediator*（『解明』〔「化学の劇場」Bd. VI, p. 214〕）。したがって、最後にドン・ペルネティがここで引いた『覚え書き』の箇所をつぎのようなフランス語で引用しているのも何ら不思議でない。『汝はかの神を彫像の心臓から、水の湿った沐浴と火の乾いた沐浴によって得る』Vous tirez ce *Dieu* des cœurs des statues par un bain humide de l'eau et par un bain sec du feu（『神話・錬金術事典』Lit. B-369, p. 472）。

55 トマス・ノートン『錬金術の規定』（「英国の化学の劇場」p. 21）。

56 ノートンはテクストのこれに続く箇所では、このうち鉄、銅、鉛に言及している。

57 これに関しては『精神の象徴』のなかの拙論『メルヘンにおける精神の現象学のために』を参照（Zur Phänomenologie des Geistes im Märchen, in: Symbolik des Geistes, Zürich 1948, p. 3）。

58 ルリウスの論説は数十にものぼり、私が目にしうるのはそのごく僅かなので、この物語の素姓を明らかにするという試みは断念した。

59　ディオニュシウスは錬金術文書に引用されいる。「化学の劇場」を見よ（Bd. Vi, p. 91）。

60　「彼らはそれら〔彫像〕に窓を開け穴を穿って、そのなかに彼らの崇拝する神々の像を据え置いた。それゆえこれらのヘルメス像は見栄えがしないけれどもそのなかに神々の極めて美しい像を隠しもっているのである」Faciebant autem in iis [statuis] cum ostia, tum concavitates, quibus deorum quos colebant, simulacra imponebant. Apparebant itaque viles eiuscemodi statuae Mercuriales, sed intra se deorum ornamenta（καλλωπισμούς）continebant（ディオニュシウス・アレオパギタ『天界の位階』Lit. B-134, c. II, §5 [Paraphrasis Pachymerae]）。

61　ビュアリーはこの箇所に関する注釈のなかでつぎのようにいっている。「これらの像の内部は空洞になっていて、黄金あるいはその他の高価な素材で作られた神々の小像を納めておくための小箱の役目を果たしている」（『プラトンの「饗宴」』The Symposium of Plato, Translated and edited by R. G. Bury, Cambridge 1909, p. 143）。

62　「雅歌」の「どうかあの方が、その口づけをもってわたしに口づけしてくださるように。葡萄酒にもましてあなたの胸は快い」Osculetur me osculo oris sui : quia meliora sunt ubera tua vino（一―一）をめぐる、アビラの聖テレサあるいは十字架の聖ヨハネス〔ホアン〕の瞑想をお読み願いたい。ついでながらにいえば、この箇所はドイツ語訳〔たとえばルター〕では ubera が誤訳されていて、Brüste（胸）であるべきところが Liebesbezeugungen（愛のことば）となっている〔ルター訳や、チューリッヒ聖書は Liebe（愛）〕。

63　ヒポリュトスでこれに相当する箇所は以下のごとくである。カルデア人たちは最初の人間をアダムと呼び、「そして彼らは、これは地〔土〕がただひとりの存在として産み出した人間だと主張する。この人間は息をしていなくて（ἄπνουν）、彫像（ἀνδριάντα）のように静止して動かず（ἀσάλευτον）、さながら、多くの力（δυνάμεων）によって産み出されたあの天上の人、大いなる称讃の的である原人間アダマスの似像（εἰκόνα）である」（『反証』Lit. B-229, V, 7, 6）。

64　ブッセ『グノーシス主義の主要問題』（Lit. B-71, p. 34 f）。マンダ教聖典『ギンザー』のこの物語はセニオルのつぎの箇所に解明の光を投げかけてくれるかもしれない。そこでセニオルは爬虫類の雄についてこんなふうにいっているのである。「それは大理石の上に、その像に、精子をふりかける」proiiciet semen suum supra marmorem in simulachrum（『化学について』Lit.

B-460, p. 78)。

65 コーヘン『エメク・ハ・メレク』Kohen : Emek ha-Melech（前掲シンガー編『ユダヤ百科事典』s. v. Adam）。

66 これに関してはエフラエム・シュルスのつぎのような簡潔にして含蓄に富む文章がある。「二人のアダムが創造された。第一のアダム、われらが父は、死すべく造られたので死すべく定められており、罪を身におびている。第二のアダム、われらが父は、復活すべく定められている。なぜなら彼は不死であって、死をもって死と罪に打ち勝ったからである。第一のアダムは父であるが、かの第二のアダムは第一のアダムの父である」Duo Adam efficiuntur : unus, pater noster, in mortem, quia mortalis factus est, peccans : secundus, pater noster, in resurrectionem, quoniam immortalis cum esset, per mortem devicit mortem atque peccatum. Primus Adam, hic, pater : posterior illic, etiam primi Adam est pater（『悔悛について』De poenitentia〔『全集』Lit. B-153, p. 572〕）。

67 ミューリウス『改革された哲学』（Lit. B-335, p. 19）。ミューリウスは原典をめったに示さない人物だったので、これがミューリウス自身の考えであるかどうかはすこぶる疑わしい。どこかから書き写した可能性もある。とはいえ私にもその出所は証明できない。この部分の全体はこうである。「いまだ哲学的実践の第二部について説明するという課題が残っている。第二部ははるかに難しく、はるかに崇高なものである。これについては、多くの哲学者らが強い想いのすべてと精神的努力のすべてを傾けてこれを求め憔悴しきっていると、書かれているのをわれわれは読む。なぜなら、ひとりの人間に生命を取り戻させるのは死に向かわせるよりもはるかに難しいからである。ここに神の業が必要となる。すなわち魂を産み出し、生命なき肉体を生ける彫像へと形づくるのは最大の神秘なのである」Restat nunc pars altera philosophicae praxeos, longe quidem difficilior, longe sublimior. In quo omnes ingenii neruos, omnia denique mentis curricula multorum philosophorum elanguisse legimus. Difficilius et enim hominem faceres reviviscere, quam mortem oppetere. Hic Dei petitur opus : Maximum quidem mysterium est creare animas, atque corpus inanime in statuam viventem confingere.

68 『パラケルスス論』（Lit. C-21, p. 153 ff）。

69 「……かくしてあの、全世界を壊滅させる大いなる火が天より降されるだろう。するとふたたび一つの魂が天より降され、その魂は新たな世紀の只中で〔悪に〕対峙させられ、罪ある物のあらゆる魂は永遠に鎖につながれる。しかしこれは彫像が到来するときに起こる」 … et ita demittitur magnus ille ignis qui mundum consumat universum ; deinde iterum demittunt animam, quae obicitur inter medium novi saeculi, ut omnes animae peccatorum vinciantur in aeternum tunc autem haec fient, cum statua venerit（ベーソン編・ヘゲモニオス『アルケラオス行伝』Lit. B-213, XIII, p. 21, line 20 ff）。

70 『ケパライア』Kephalaia（カール・シュミット編『ベルリン国立図書館のマニ教写本』Lit. B-318）。

71 『ケパライア』（Kap. XXIV, v. 33 f——同上 p. 72）。

72 同上（Kap. LIX, v. 29 f——同上 p. 149）。

73 同上（Kap. LIX, v. 8——同上 p. 150）。

74 同上（Kap. LXII, v. 10 ff——同上 p. 155）。

75 同上（Kap. LXXII, v. 3 ff——同上 p. 176）。

76 同上（Kap. LXXII, v. 2 ff——同上 p. 177）。

77 「われわれはいまや地上の火から天上の火へと、すなわち、感覚世界の目と心臓にして見えざる神の像であるところの太陽へと上昇する。聖ディオニュシウスは太陽を、神の明らかに目に見える彫像と呼んでいる」（『化学の劇場』Bd. VI, p. 91）。

78 ディオニュシウスより古い権威であるアンティオキアのテオピロス（二世紀）はつぎのようにいっている。「太陽は神を表わし、これに対して月は人間を表わす」 *Ἥλιος ἐν τύπῳ θεοῦ ἐστιν ἡ δὲ σελήνη ἀνθρώπου*（Theophilus Antiochensis : Ad. Autolycum Lib. II ［Lutetiae Par. 1605, p. 94c］）。

79 『ヴェールを剝がれたカバラ』（Lit. 263, I, Pars I, p. 546）。

80 すなわち、ヤコブが天の梯子の夢を見たあとで据え置いたベテルの石にほかならない（『創世記』二八―一八〜一九）。

81 「〔息子は〕ティフェレトに属する最も輝かしいものである」［filius］ Clarissimum est, quod ad Tiphereth pertineat（『ヴェールを剝がれたカバラ』Lit. 263, I, Pars I, p. 202）。息子は「花婿」sponsus である（同 p. 366）。

82 マルクトは「花嫁」sponsa である（同上 p. 366, p. 477）。「イスラエル共同体」ecclesia Israël もマルクトと呼ばれている。さらにまた、ティフェレトとマルクトは兄妹である（同 p. 120）。「マルクトはまた〈母〉の名で呼ばれる。なぜなら彼女は、深淵全体の涯に至るまで彼女の下に存在するありとあらゆるものの母だからである」Matris quoque nomine vocatur Malchuth,

quia mater est omnium sub ipsa existentium usque ad finem totius Abyssi（同 p. 120）。

83　「その〔太陽の〕美しさは婚礼の部屋から現われる花婿に比せられる。それは花婿の部屋から出てくる花婿さながらである」Pulchritudo eius［solis］cum sponso ex camera sua nuptiali prodeunte comparata. Et ipse tanquam sponsus procedens de thalamo suo（「化学の劇場」Bd. VI. p. 92）。

84　アウグスティヌス『説教』（Lit. B-42, Sermo CXX, 8［Ed. Parisina 1838 T. V, 2662］）。

85　「ヘルメス博物館」（P. 688）。

86　「混沌《カオス》」としてのプリマ・マテリアも同様に四大元素からなっており（「化学の劇場」Bd. VI, p. 228）、四大元素は互いに争っている。オプスの課題はまさに、これらの元素を和解させ、一なるもの、すなわち「哲学者の息子」filius philosophorum を生じさせる点にある。ヒポリュトスに出てくるグノーシス主義者たちもすでにまったく同様に考えていた。彼らはアダムの上昇と再生について語った（「けれども彼の上昇、すなわち再生について、彼が肉としてではなく霊として生まれるように……」*Περὶ δὲ τῆς ἀνόδου αὐτοῦ, τουτέστι τῆς ἀναγεννήσεως, ἵνα γένηται πνευματικός, οὐ σαρκικός* …〔『反証』Lit. B-229, V, 8, 18〕）。この上昇と再生を通じてアダムは霊化〔精神化〕される。彼は「戦いにおいて強い」といわれる。「戦いはしかし、好戦的な諸元素からなる彼自身の肉体の内にある」*Πόλεμον δὲ λέγει τὸν ἐν σώματι, ὅτι ἐκ μαχίμων στοιχείων πεέπλασται τὸ πλάσμα*（同上 V, 8, 19）。

87　「アンチモンには、何らかの他の単純な物質におけるよりも多くの治癒力が、したがってまたより多くの染色力ないしはティンクトゥラが潜んでいる」Latere in antimonio plus virtutis medicinalis quam in ullo alio simplici·ideoque etiam plus virtutis tingentis seu tincturae（『黄金の卓の象徴』Lit. B-314, p. 368）。

88　同様にミューリウスもいう、「それゆえ、ラピスはどんな人間のなかにも存在するといわれる。アダムがそれを楽園から身に携えて持ち出したので、その素材からどんな人間においてもラピスないしはエリキシルが抽出されうるのである」Et ideo dicitur quod lapis in quolibet homine. Et Adam portavit secum de paradiso, ex qua materia in quolibet homine lapis noster vel Elixir eliciatur（『改革された哲学』Lit. B-335, p. 30）。

89　「ヘルメス博物館」（p. 268）。

90 グノーシス主義拝蛇教徒の見解によれば、カルデア人たちはアッシリア人のオアンネス（Oannes）をアダムと同一視していた。彼らがオアンネスを天上のアダム的人間の似像（「あの天上の人、大いなる称讃の的である原人間アダマスの似像」*εἰκόνα ὑπάρχοντα ἐκείνου τοῦ ἄνω, τοῦ ὑμνουμένου Ἀδάμαντος ἀνθρώπου*）と見なしていたというのである（『反証』Lit. B-229, V, 7, 6）。

91 『神学大全』（Lit. B-488, I, 94）。同じ考えはカバラにも見られる。「この人間（アダム）の形姿は上なるものと下なるもの形姿を含んでいて、両者がこの人間の内に含まれているので、そして、その形姿の内に上なるものと下なるものが含まれているので、それゆえあの老聖者はこの形姿に似せて造られたのであり、同様にあの短慮の人（se'ir anpin＝microsopus）もこれに似せて造られたのである」（『ゾハル』Lit. B-466, III, 141 b）。

92 「アダムがエノクに伝授し、エノクは閏年の神秘に導き入れられた」Adam tradidit Enocho, qui introductus in mysterium embolysmi intercalavit annum（ガンズ『聖俗年代記』Lit. B-174, p. 16）。

93 ヒヴォールゾーン『シバ人の宗教』（Lit. B-95, I, p. 189）。

94 同上（II, p. 601）。

95 「アダムはいった、〈これは、祝福された聖なる方〔神〕がわれとわが指でそこに書くことになるであろう〔石〕板である〉」Dixit Adam : hae sunt tabulae, quibus inscripturus est Sanctus benedictus digito suo（ガンズ前掲書 p. 46）。

96 『化学の奇蹟』（「化学の劇場」Bd. I, p. 774 f）。

97 「世界は水によって新たにされる、いやむしろ罰せられる、あるいはほとんど滅ぼされる」（『金属の変成』〔「化学の劇場」Bd. I, p. 617〕）。

98 同上（617 f）。

99 ラシエル（Rasiel）はアラム語の ras（＝秘密）に由来する。

100 ペーター・ベーア『ユダヤ人の過去および現在の宗派の歴史・教義・見解、あるいはカバラ』（Lit. B-50, I, p. 11 f）。神秘の書『セフェル・ラシエル』Sefer Rasiel は、カバラのなかでも最も古い文書である（最初の印刷は一七〇一年）。これば『ゾハル』に引かれている『シフレ・デ－アダム・カドマー』Sifre de-Adam Kadmaa と同一の書と見なされている（前掲シンガー編『ユダヤ百科事典』s. v. Adam)。別の版のいうところに従えば、この書はもともと宝石で出来ていて、そこには神がアダムに贈った七つの魔法の道具を表わす聖なる名が刻み込まれていた（グルーンヴァルト『新しい幽霊・魔法文学』Lit. B-205, p. 167, f. n. 4)。

101 系列はつぎのような順番である。アダム、エノク、ノア、アブラハム、イサク、ヤコブ、モーセ、キリスト（『講話』Lit. B-101. XVIII, 14, XVII, 4)。

102 盤古（P'an Ku）の P'an は「卵の殻」、Ku は「固い、固くする」を意味し、つまり盤古とは「未発達、未開発、すなわち胎児である」（ハスティングス編『宗教・倫理大事典』Lit. B-151, IV, 141a)。

103 モーセも角を生やした姿で描かれる。

104 これについてはキリスト教における、アントロポスのテトラモルフ（Tetramorph＝四形姿、天使・鷲・ライオン・牡牛）との関係を想起願いたい。

105 盤古は四世紀の道教の哲学者葛洪によっていわば発見されたといわれている。

106 元始天尊は一種の「創造されざるもの」increatum から、すなわち創造されざる、不朽不滅の気から成っている。

107 この記述については、ウァーナー『中国の神話と伝説』参照（Lit. B-516, p. 76 ff)。クラウス・W・クリークは盤古伝説のたいへん美しい再話を提供し、そのなかに無数の道教的・錬金術的モチーフを編み込んでいる（『中国の神話と伝説』Lit. B-282, p. 7 ff)。

108 『心理学と錬金術』(Lit. C-26, p. 218——人文書院版、I、二〇七頁以下)。

109 リヒャルト・ヴィルヘルム訳『中国の民話』(Lit. B-508, p. 69 ff)。

110 グリム兄弟『子どもと家庭のためのメルヘン集』〔グリム童話〕(Lit. B-273, I, p. 44 ff)。

111 エイレナイオス『異端駁論』(Lit. B-250, I, V, 3)。

112 オリゲネス『ケルソス駁論』(Lit. B-346, Lib. VI, cap. 24)。

113 『心理学と錬金術』の多数の関連箇所参照（索引の「マンダラ」を見よ）。さらにヴィルヘルム／ユング共著『黄金の花の秘密』(Lit. C-39) および『無意識の諸形態化』のなかの私の症例報告的記述を参照 (Gestaltungen des Unbewußten, Rascher,

Zürich 1950)。

114　「互いに分離している十の圏円があって、それがもう一つの圏円に囲まれていて、この圏円は宇宙の魂であるといわれ、レビアタンと呼ばれている」Decem circulos a se invicem disiunctos complectebatur alter circulus, qui huius universitatis anima esse ferebatur, et cuius nomen erat Leviathan（オリゲネス同上 cap. 25)。

115　「そこ〔ダイアグラム〕には、ベヘモトと呼ばれるものが最下位の圏円の下に描かれている。レビアタンの名は、このダイアグラムを描いた破廉恥極まる人物によって二度、すなわち円の外側の縁と中心に書き込まれている」In eodem [diagrammate] reperi eum, qui vocatur Beemoth sub infimo circulo collocatum. Leviathanis nomen ab impii diagrammatis auctore bis erat scriptum, in superficia scl. et in centro circuli（同上 cap. 25)。

116　「けれども、〔レビアタン〕は万物を通過してゆく魂であると、この神を恐れぬダイアグラムはいった」Animam tamen omnia permeantem impium hoc diagramma esse ponit（同上 cap. 25)。

117　同上（cap. 27)。

118　同上（cap. 30)。

119　「さてしかし彼らはいう、ライオンに似た天使〔アルコン・ヤルダバオト〕とサトゥルヌス星〔土星〕とは親密に結びついていると」Nunc autem angelum leoni similem aiunt habere cum astro Saturni necessitudinem（同上 cap. 31)。ブッセ『グノーシス主義の主要問題』をも参照（Lit. B-71, 351 ff)。

120　ヤルダバオトに対する祈りのなかで祭司はいう、「汝ヤルダバオトよ、最初と七度目に……息子と父のための完全なる業を」Tibi, prime et septime ... opus filio et patri perfectum（オリゲネス同上 cap. 31)。

121　ライゼガングはこのダイアグラムをわたしとは別なふうに再構成しているが、しかしアルコンの七つの圏のことを顧慮していない（ライゼガング『グノーシス主義』Lit. B-288, p. 169)。

122　『異端駁論』（Lit. B-250, I, IV ff)。

123　オリゲネス同上（cap. 31)。

124　デミウルゴスは「七なるもの」hebdomas　であるが、アカモトは「八なるもの」ogdoas　である。ライゼガング前掲書（p.

317)。

125 「クロノスにはまず何よりも七なるものが帰属する……しかしレアに帰属するのは八なるものである」Τῷ μὲν Κρόνῳ προσήκει ἡ ἑβδομάς μάλιστα καὶ πρῶτος … τῇ δὲ Ῥέᾳ ἡ ὀγδοάς（ダマスキオス『原理について』Lit. B-126, §266)。

126 エイレナイオスは、（ヴァレンティノス派の考えに従えば）ソピア〔ソフィア〕の生命を与える者（キリスト）への憧れのなかから「宇宙の、そして宇宙創造者の魂全体」が生まれ出たといっている（『異端駁論』Lit. B-250, I, IV, 2)。

127 オリゲネス（同上 cap. 31)。オリゲネスが書きとめているように、グノーシス主義者たちはこの処女プルニコスを、十二年のあいだ病いに苦しんだ「血を流す女」に比較している。すぐ上で触れた太元聖母、「第一原因の聖なる母」も、十二年のあいだ身籠っていたことに注意願いたい。

128 集落形態としてのマンダラについては、『転移の心理学』における拙論を参照（Lit. C-29, p. 105)。

129 「なぜならこの二つの金属は太陽と月の色を身におびるからである」Quia Solis et Lunae colores haec duo metalla referunt.

130 オリゲネス（同上 cap. 22)。

131 引用原文 "Redemptor autem noster in carne veniens, pleiades iunxit, quia operationes septiformis spiritus simul in se et cunctas et manentes habuit"（グレゴリウス『ヨブ記講解』Lib. XXIX, cap. 16〔ミーニュ編『ラテン教父著作集』Lit. B-328, vol. 76, col. 519〕)。

132 ベーメ『三つの原理』(Lit. B-61, cap. 18, 22)。

133 ベーメ『三重の生』(Lit. B-62, cap. 5, 41)。

134 同上（cap. 11, 15)。これに関してはパラケルススおよび錬金術師たちにおける「創造されざるもの」increatum を参照（『心理学と錬金術』Lit. C-26, p. 439 ff――人文書院版、II、一三九頁以下)。

135 『三重の生』（同上 cap. 6, 73)。

136 ベーメ『ティルケン駁論』(Lit. B-67, II, 227)。

137 ベーメ『大いなる神秘』(Lit. B-63, cap. 9, 11/cap. 11, 10)。

138 『三つの原理』(同上 cap. 17, 81)。
139 同上(cap. 13, 9 f)。
140 ベーメ『キリストの受肉』(Lit. B-66, P. I, cap. 11, 10)。
141 『三重の生』(同上 p. 5, 56)。
142 アヴァロン訳『蛇の力』(Lit. B-461)。
143 このモチーフについては『変容の象徴』参照(Lit. C-35, Zürich 1952, p. 350 f, p. 353 f, p. 356, p. 365, p. 395 f, p. 691)。
144 「惚れ込む」sich vergaffen という表現はパラケルススに由来する(『アゾトの書』Lit. B-379, Sudhoff : XIV, p. 574)。
145 バーダー『全集』(Lit. B-46, VII, p. 229)。
146 私のバーダーに関する以上の記述は、バウムガルト『フランツ・フォン・バーダーと哲学的ロマン主義』にもとづく(David Baumgart : Franz von Baader und die philosophische Romantik, 1927)。この本の存在を親切にも御教示くださったのはアニエラ・ヤッフェ夫人である。
147 オリゲネス『創世記講解』(Lit. B-351, I, 7〔ミーニュ編『ラテン教父著作集』Lit. B-328, vol. 12, col. 151〕)。
148 「何人も自らの内にアダムとエヴァをもっている。なぜなら、人類が最初の罪を犯したとき、蛇が示唆し、エヴァが喜び、アダムが同意したように、われわれはこれと同じことが日々起きているのを見る。すなわち、悪魔が示唆し、肉が喜び、精神が同意する」Habet in se unusquisque Adam et Evam. Sicut enim in illa prima hominis trangressione suggessit serpens, delectata est Eva, consensit Adam : sic et quotidie fieri videmus dum suggerit diabolus, delectatur caro, consentit spiritus(グレゴリウス『悔悛の七つの詩篇』Lit. B-196, V, 8〔ミーニュ編『ラテン教父著作集』Lit. B-328, vol. 79, col. 608〕)。
149 コーフート『タルムード・ミドラシュのアダム伝説』(Lit. B-278, p. 80)。
150 前掲シンガー編『ユダヤ百科事典』(s. v. Adam)。
151 『シラ書のアルファベット』(シェフテロヴィッツ『古代ペルシアの宗教とユダヤ教』Lit. B-447, p. 218)。
152 『賢者の水族館』(「ヘルメス博物館」p. 97)。
153 ヴュンシェ『ソロモンの玉座と競技場』(Lit. B-526, p. 50)。

154 オリゲネス『雅歌講解』(Lit. B-348, II)。

155 『均衡の書』(ベルトロ『中世の化学』Lit. B-54, III, p. 140)。

156 エイレナイオス『異端駁論』(Lit. B-250, I, 30, 9)。ブッセ『グノーシス主義の主要問題』(Lit. B-71, p. 198)。ベーツォルト『シリアの宝の洞窟』(p. 3)。コーフート『タルムード・ミドラシュのアダム伝説』(Lit. B-278, p. 72, p. 82)。シンガー編『ユダヤ百科事典』(s. v. Adam)。ヴュンシェ『人類最初の夫婦の創造と堕罪』(Lit. B-527, p. 11)。

157 グリューンバウム『ユダヤ・ドイツ詞華選』(Lit. B-204, p. 180)。adamah はヘブライ語の dam (=血)にも関係している。となるとアダムは、「赤い地を出自とする者」という意味とも考えられる。

158 「〈神が人間をお造りになった〉、すなわち、神が人間を粘土から形づくったということである。しかし〔第二のアダムは〕神の姿に倣って、似像として造られている。彼はわれらが内なる人間であり、目に見えず、肉体を持たず、汚れを知らず、不死である」,Plasmavit Deus hominem' id est finxit de terrae limo. Is autem qui ad imaginem Dei factus est et ad similitudinem, interior homo noster est, invisibilis et incorporalis et incorruptus atque immortalis (オリゲネス『創世記講解』Lit. B-351, I, 13)。

159 フィロ〔ピロン〕は土から造られた死すべきアダムから、神の像に似せて造られたアダムを区別し、このアダムについてつぎのようにいっている。「けれども〔神の〕似像として造られた者は、一つのイデア、ないしは種、ないしは刻印であり、精神的で非肉体的、男でもなく女でもなく、不朽不滅の性質をそなえている」*Ὁ δὲ κατὰ τὴν εἰκόνα ἰδέα τις ἢ γένος, ἢ σφραγίς, νοητός, ἀσώματος οὔτε ἄρρεν οὔτε θῆλυ, ἄφθαρτος φύσει* (『天地創造について』B-372, De opificio mundi §134)。

160 『金属の変成』(「化学の劇場」Bd. I, p. 578)。

161 『反証』(Lit. B-229, V, 6, 4)。

162 『ミドラシュ』(Bereschith Rabba VIII)。ブッセ『グノーシス主義の主要問題』参照 (Lit. B-71, p. 198)。

163 『ミドラシュ』(同上箇所)。シェフテロヴィッツ『古代ペルシアの宗教とユダヤ教』(Lit. B-447, Kap. 19, p. 27)。アダムの背中は重要な意味を有する。たとえばイスラムのある伝説にはこう語られている。「それから神はアダムの子孫たちとも契りを結んだ。すなわち神がアダムの背中に触れると、なんと、世界の涯に至るまで生まれる予定のすべての人間が、彼の背中から蟻ほどの大きさで這い出し、彼の左右に列をなして並んだのである」（ヴァイル『イスラム教徒の聖書伝説』Lit. B-514, p. 34）。それから神がこの小さな魂〔人間〕たちにアダムの背骨に戻るよう命ずると、彼らは背骨のなかで死に、ひとまとめにされて一つの精神になった（ガザリ『彼岸の知における貴重な真珠』Lit. B-179, p. 7）。以上の背中に関する注は、アプトヴィツァー『アラビア・ユダヤの創造理論』からの孫引きである（Lit. B-23, p. 217）。

164 グラウバー『塩の本性』（Lit. B-182, p. 12）。

165 ベーツォルト編『シリアの宝の洞窟』（p. 3）。

166 ライツェンシュタイン／シェーダー共著『古代シンクレティズム研究』（Lit. B-421, p. 114）。

167 前掲シンガー編『ユダヤ百科事典』（s. v. Adam）。

168 同上。

169 同上。

170 『ゾハル』（Lit. B-466, I, 34/III, 19）。

171 これが「シラ書」に従っている点については、アントニウス・ファン・ダーレ『偶像崇拝と迷信の起源と発展』を参照（Lit. B-125, p. 112）。

172 同上（p. 111 f）。

173 エイレナイオスの伝えるグノーシス主義バルベロ派の教義では、エンノイア〔思慮〕とロゴス〔ことば〕によって遣わされたアウトゲネス〔自ら生ずるもの〕（そのまわりには四本の燭台が立っている）が「アダマスと呼ばれる完全な真の人間」を生み出した（『異端駁論』Lit. B-250, I, 29, 2 f）。

174 以下を参照。『女神シュリアについて』de dea Syria, cap. 28（ラーベ編『ルキアン評註』Lit. B-304, p. 187）。ロシャー編『ギリシア・ローマ神話大事典』（Lit. B-293, s. v. *κόρυβος* 1392b）。

175 ヒポリュトス『反証』（Lit. B-229, V, 8, 9 ff）。

176 カール・シュミット編訳『ピスティス・ソピア』（Lit. B-376, p. 17, 2/p. 27, 8）。「アイオーンの支配者」としてのアダムについては、リツバルスキー『マンダ教徒のヨハネ書』参照（Lit. B-295, p. 93, 4）。

177　エウテュミオス・ジガデノス『完全武装』panoplia（ミーニュ編『ギリシア教父著作集』Lit. B-329, vol. 130）。同じ観念はマンダ教聖典『ギンザー』にも見られる（Lit. B-181）。

178　ヴュンシェ『生命の樹と生命の水の伝説』（Lit. B-525, p. 23）。

179　私はS・フルヴィッツ博士に、アダムに関する資料を網羅的に俯瞰しているムルメルシュタインの仕事を御教示いただいたことに対し感謝の意を表する。ムルメルシュタイン『アダム——メシア理論への一寄与』参照（Lit. B-334, Bd. XXXV, p. 242 ff/Bd. XXXVI, p. 51 ff）。「普遍的魂」については以下を参照。同上（Bd. XXXV, p. 269/Bd. XXXVI, p. 52）。アプトヴィッツァー『アラビア・ユダヤの創造理論』（Lit. B-23）。アプトヴィッツァーはつぎのようなハガダ〔ユダヤ教宗教説話〕を紹介している。

（一）アダムがまだ生命なき肉体として横たわっているあいだ、神は彼に（つまり彼の精神〔霊〕に）、いずれ彼の内から生まれてくることになるすべての正しき人々を見せた。その正しき人々の各々はアダムの肉体の各々の部分にその発端をもっていて、ひとりはアダムの頭に、他のひとりはその髪に、また他のひとりひとりはその額、目、鼻、口、下顎に起源をもつ。それを証明するのは「ヨブ記」（三八—四）で、そこで神はヨブにこう語りかけているのである。「おまえがどういうふうに造られているのかわたしに話してみよ、おまえはアダムのからだのどの部分から出てきたのか、頭からか、額からか、それとも他のからだの部分からか。これに答えれば、わたしと口論することを許そう。」

（二）最初のアダムは世界の涯から涯までとどくほど大きかった。だから天使たちは彼の前で「神のようだ」と叫ぼうとした。そこで神はアダムのからだからいろいろな部分を取り去って、それを彼のまわりに並べ置いた。アダムは神にいう、「なぜわたしのからだから奪うのですか」。神はアダムに答える、「おまえの損害は何倍にも償おう。——神がいわれたのはつぎのようなことである——ダビデの息子は、肉体にやどるすべて魂が塵に変じて人となるまでは、到来しないだろう。ここにあるおまえのからだの部分を手に取り、世界のあらゆる地に運んでゆけ。おまえがそれらの部分を投げれば、それは塵に変化して人となるだろう。そしてそこにおまえの子孫たちが住むことになるだろう。おまえがイスラエルの民に定めた場所は、イスラエルの民のものとなり、他の民に定めた場所は、他の民のものとなるだろう。」

このハガダがいわんとしていることはつまり、アダムのなかにすべての人類が包合されていたということである、アダムの魂のなかにすべての魂が、その肉体のなかにすべての肉体が。

180 リツバルスキー前掲書（p. 168, 7）。

181 『心理学と錬金術』に収められているゾシモスのテクストを参照（Lit. C-26, p. 492 ff——人文書院版、II、一九二頁以下）。

182 ベルトロ『古代ギリシア錬金術集成』（Lit. B-55, III, XLIX, 4-12）。

183 ロイヒリーン『驚異のことば』（Lit. B-424）は一四九四年、『カバラ主義者の術』（Lit B-423）は一五一七年に出た。

184 ピコ『弁明』Apologia の出版は一四九六年である。

185 一七六〇年出版の『太古の化学作業』（Lit. B-2）で、編者はシュヴァルツブルクのユリウス・ゲルウァシウスである。

186 論説の序文を参照。原稿は枢機卿リシュリューが所持していて、フラメルが「樹皮」に書かれていたこの書をある知人から二フロリンで買い取ったと伝えられている。『太古の化学作業』は本来の『菩提樹の書』ではなくのちの偽作で、十八世紀の初めのものである。初版は一七三五年である。

187 この言いまわしはマイアーに見られる。「化学〔錬金術〕にはある高貴な肉体が存在し、それは主から主へと移り行き、その発端には酢〔苦さ〕をともなった非惨が、その終局には歓びをともなった悦楽がある」Esse in Chemia nobile aliquod corpus, quod de domino ad dominum movetur, in cuius initio sit *miseria cum aceto*, in fine vero gaudium cum laetitia（『黄金の卓の象徴』Lit. B-314, p. 568）。

188 著者の言に従えば、マレッ▽（Marez）は「地」、すなわちヘブライ語の erez を意味する。

189 リクマ（rigma）はヘブライ語で、「多彩な色で織られた衣」。

190 ケダル人は黒い天幕のなかで暮らしていた。

191 メセク（mesech）はヘブライ語で、「混合飲料、香料入りワイン」。

192 「……ネフェシュと呼ばれる魂は、生ける霊である。純然たる肉体的な霊という意味ではなく、自然発生的な、原初的な、種子的な霊であって、これを近時の哲学者らはアルケウスと称している。これは、哲学者らのいう生ける魂ないしは形態をそなえた魂に、またプラトン主義者らのいう〈欲望の座〉に当たる」... Psyche, quae ipsis nephesch dicitur, sit spiritus vitalis, non quatenus plane corporeus sed insitus ille atque primitivus et seminalis, quem recentiores *Archeum* vocant, cum quo correspondet Philosophorum anima vegetativa seu plastica, et Platonicorum *τὸ ἐπιθυμητικὸν* seu concupiscibile（論説『魂

の変転について』に対するクノル・フォン・ローゼンロートの注釈〔『ヴェールを剝がれたカバラ』Lit. B-263, II, Pars III, p. 247〕）。ネフェシュは一種の「血をそなえた魂」であって、それゆえ血を食することが禁じられたのである（「レビ記」一七―一四参照）。

193 「〔このアダムを〕カバラ主義者は最初の人間であるアダムとは区別して、アダム・カドモンと呼ぶ。……なぜなら最初の人間であるアダムが人類のなかでそうであるように、このアダムは神から流出する一切のもののなかで第一の場所を占めるからであり、その結果このアダムは、パウロもまた「コリントの信徒への手紙一」一五―四五〜四九で暗示しているところの、あの救世主の魂であるとしか考えられないからである」〔Adam〕a Cabbalistis Adam Kadmon dicitur, *ad differentiam Adami Protoplastae* ... eo quod inter omnia a Deo emanata primum occupet locum, prout protoplastes in specie hominum : ita ut per illum nihil commodius intelligi queat, quam anima *Messiae*, quem et *Paulus* ad I Corinth. 15, vers. 45-49 indigitat（論説『魂の変転について』に対するクノル・フォン・ローゼンロートの注釈〔同上 II, Part III, p. 244〕）

194 「〈王〉の〈女王〉への愛は、神の〈シオン〉Zion への、ないしは〈シャロム〉Schalom、すなわち平和ないしは完成と呼ばれるあの原初の力への愛、〈雅歌〉において……歌われている〈シュラムの乙女〉Sulamith への愛にほかならない」（ミュラー『ゾハルとその教え』Lit. B-333, p. 48）。

195 ゲルショム・ショーレム執筆「カバラ」の項（クラッキン編『ユダヤ百科事典』Lit. B-150, IX, Sp. 630 ff）。文学博士R・シェルフ女史の御指摘に感謝の意を表する。

196 『ヴェールを剝がれたカバラ』（Lit. B-263, I, p. 28, s. v. homo）。アウグスト・ヴュンシェはつぎのようにいっている。「アダム・カドモンに関しては、カバラ主義者の諸文書を読んでも完全に明確な像を得ることはできない。それはあるときはセフィロトの全体と考えられており、あるときはセフィロトの前に存在する、そしてセフィロトの上に位置する最初の放射〔流出〕、神がそれを通して……現象し、……自らを全創造のいわばプロトタイプ（マクロコスモス）として告知したところの最初の放射であるように見える。後者の場合には、アダム・カドモンはあたかも神と世界とのあいだに挿入された最初の啓示、いわば第二の神（δεύτερος θεός）、ないしは神のことば（λόγος＝ロゴス）であるかのような印象を与える」（「カバラ」の項〔『プロテスタント神学・教会大事典』Lit. B-417, 9, 676, 14〕）。このあとの方の見方は、特にイサーク・ルリアの影響下にある『ヴェールを剝がれたカバラ』の見方に一致している。この場合アダム・カドモンは「エン・ソフとセフィロトの仲介者」である（前掲シンガー編『ユダヤ百科事典』s. v. Cabbala)。S・フルヴィッツ博士は『ゾハル』のつぎの箇所に私の注意を向けてくださった。「人間が創造されるや、一切が、上なる世界と下なる世界が形づくられた。というのも一切は人間の内に含まれているからである」(Lit. B-466, III, 48a)。この見解に従えばアダム・カドモンは、世界〔宇宙〕それ自体を体現している「最も大いなる人間」homo maximus にほかならない。人間とその天上のプロトタイプはいわば「双子」である（『タルムード』Lit. B-480, Sanherdin 46b)。アダム・カドモンは神的な玉座の車に乗る「最高の人間」、「最高の冠」（ケテル）、「普遍的魂」anima gneralis である。イサーク・ルリアによれば、アダム・カドモンは十のセフィロトを自らに内包している。これらの十のセフィロトは十の求心的な圏円となって彼の内部から出てゆくが、これらの圏円が彼のネフェシュ（魂）なのである。これについては、オリゲネス『ケルソス駁論』に出てくる拝蛇教徒のダイアグラムに関する上述箇所を参照〔本訳書一八四頁以下〕。

197 エジプト起源についてはつぎの二著を参照。ブッセ『グノーシス主義の諸問題』、ライツェンシュタイン／シェーダー共著『古代シンクレティズム研究』。ペルシア起源については、ドイセン『哲学の歴史』を参照（Lit. B-130, I, 1, 228)。インド起源については、アーベック『インドとイランの救世主信仰』を参照（Lit. B-1)。

198 「エゼキエル書」三四―三一には一見このようなことは何も書かれていないように見える。しかしウルガタ聖書の当該箇所にはこうある。「おまえたちはわたしの群、わたしの牧草地の群、人間である」Vos autem greges mei, greges pascuae meae, *homines* estis. この「人間」homines はヘブライ語原典では「アダム」Adam である。ただしこの場合「アダム」は集合概念である。

199 括弧内の挿入は編者クノル・フォン・ローゼンロートによる。

200 『魂の変転について』de Revolutionibus Animarum（『ヴェールを剝がれたカバラ』Lit. B-263, II, Pars III, p. 248)。

201 これに関しては同上参照（cap. III, §1, p. 255f)。

202 同上（p. 251)。括弧内の挿入は編者クノル・フォン・ローゼンロートによる。

203 *Τὸ ἓν γίνεται δύο, καὶ τὰ δύο γ', καὶ τοῦ γ^{του} τὸ ἓν τέταρτον*（ベルトロ『古代ギリシア錬金術集成』Lit. B-55, VI, V, 6)。『心理学と錬金術』をも参照（Lit. C-26, p. 244――人文書院版、I、二一五頁以下)。

204　このラビの名アブラハム・コヘン・イリラ（Abraham Cohen Irira）の綴りは、より正しくはアブラハム・ハコヘン・ヘレラ（Abraham Hacohen Herrera）である。

205　『ヴェールを剝がれたカバラ』（同上 I, Pars, III, Poeta Coelorum, cap. VIII, §3, p. 116）。引用原文 "Jam Adam Kadmon emanavit ab uno simplici, adeoque est unitas : sed et descendit, et delapsus est in ipsam naturam suam, adeoque est duo. Iterumque reducitur ad unum, quod in se habet, et ad summum ; adeoque est tria et quatuor."

206　「そしてこれが、なぜ本源的な名（神の名 JHWH）が、三つは異なっており、一つは二度使われている四つの文字を有するのかの理由である。すなわち、一番目のヘー〔H〕はヨード〔J〕の妻であり、二番目のヘー〔H〕はヴァウ〔W〕の妻なのである。一番目はヨードから直接まっすぐに生じ、二番目は逆方向に反転して生ずる」Et haec est causa, quod nomen essentiale habeat quatuor literas, tres diversas, et unam bis sumptam : quoniam He primum est uxor *τοῦ* Jod ; et alterum, uxor *τοῦ* vav. Primum emanavit a Jod, via directa et alterum a Vav, via conversa et reflexa（同上 §4）。

207　J、すなわちヨード〔ヘブライ語第十文字 י〕の、いま一つ別の解釈が『ゾハル』に見られる。「恋する乙女（「雅歌」一―五〜六）が熱い恋慕の想いを胸に恋人の前に立つとき、すなわち彼女が恋の苦悩にもはや堪えられなくなるとき、彼女はわが身をことばを絶するほど小さくし、ヨードのような一つの小さな点にしか見えなくなる。こうして彼女は彼女の仲間の群から身を隠す。そしてこのヨードという文字は他の文字のように白い部分〔空白部〕をもっていないので、彼女は〈わたしは黒い……ケダルの黒い天幕のように〉というのである。ヨードという文字が白い内部空間をもたないことは、われわれはすでに学んだ」（Lit. B-466, p. 350）。

208　「ヨード〔前注のヘブライ文字参照〕は、それはシンプルであるから、一なるものであり、原初的であり、数の1のごときものである。なぜならそれは、数においても、点であるという意味でも、あらゆる肉体に先んじてある最初のものだからである。しかしこの点はそのまま縦に動けば線を、すなわちヴァウ〔ו〕を生み出す」Jod, quia simplex, est unum et primum quid, et simile uni, quod numeris, et puncto, quod corporibus omnibus prius est. Punctum autem, secundum longitudinem motum producit lineam, nempe Vav（『ヴェールを剝がれたカバラ』同上 I, Pars 3, Diss. VII, §1, p. 142）。「ヨードという文字は、それ自体は一つの点であるから、初めにも真ん中にも終わりにもなることができる。まことにそれは、十という単位の初めであり、もろもろの単位の終わりであって、それゆえふたたび一に還る」Litera Jod quae *punctum* ipsum, facta est principium, medium et finis; imo ipsa etiam principium Decadum et finis unitatum atque ideo redit in unum（『ヴェールを剝がれたカバラ』同上 II, Pars I, Introductio in Librum Sohar, Sect. I, cap. XXXVII, §1, p. 203）。ヨードのはたらきに関して注目すべきはつぎの箇所である。「祝福された方〔神〕の智慧は、これほどの輝きのなかでも諸世界が顕現しえず、それは光が甚だ大きかったにもかかわらずまだ弱いからだということを見抜くや、ふたたび文字ヨードに向かって、もう一度降っていって輝きの圏を打ち破り、汝の光を送り遣るようにと命じた。それは前よりもやや濃密な光であった」Quoniam Sapientia Benedicti videbat, quod etiam in splendore hoc non possent manifestari mundi, cum Lux ibi adhuc nimis magna esset atque tenuis; hinc iterum innuit literae huic Jod, ut denuo descenderet et perrumperet sphaeram splendoris atque emitteret lucem suam, quae paulo crassior erat.（同上 Sect. VI, cap. I, p. 259）。点は「内なる点」punctum internum であり、この「内なる点」は「イスラエル共同体」congregatio Jisraëlis としての、すなわち「花嫁」sponsa としての「内なる薔薇」rosa interior と一つに重なる。「薔薇」のその他の属性には以下のようなものがある。「妹」soror、「女友だち」socia、「鳩」columba、「全き女」perfecta、「〔女の〕双子」gemella（同上 Pars II, Tres Discursus initiales Libri Sohar, Comm. in Diss. I, §12 f, p. 151）。ヨードは「冠の頂」summitas coronae に付属しており、下降して智慧（Chochmah）のなかに入る。すなわち「それは光と顕著な影響を、かの智慧のなかに振り撒く」Lucem atque Influentiam insignem vibrabat in illam Sapientam（同上 I, Pars II, Theses Cabbalisticae I, p. 151）。ヨードは、「海の噴泉」scaturigo maris〔あるいは「男の噴泉」?〕が注ぎ込む「容器」vas ないしは「小容器」vasculum であって、この容器から「智慧に向かって迸り流れる泉」fons scaturiens sapientam が流れ出る（同上 II, Pars III, Pneumatica Kabbalistica. Diss. I, cap. I, §3, p. 141）。

209 「ヴァウは生命を、すなわち、自らを己れ自らにおいて啓示する本質存在の流出であり運動であるところの生命を意味する。つまりそれは、本質存在と理解とを一つに結びつける仲介者である」Vav denotat vitam, quae est emanatio et motus essentiae, quae in se ipsa manifestatur: estque medium uniendi et connexionis, inter essentiam et intellectum（同上 I, Pars III, Abraham Cohen Irira: Porta Coelorum〔アブラハム・コヘン・イリラ『諸天の門』〕Diss. VII, cap. I, §3, p. 141）。

210 神性四文字には四要素一組の多数の象徴が付随している。これについては上注『諸天の門』参照（同上 cap. III, §5, p. 145）。

211 「ヘーは、本質存在と実在存在が合わさった存在を意味する」He designat ens, quod est compositum ex essentia et existentia.「ヘーは究極的には、知性あるいは悟性的精神の映像であり似像である」He ultimum est imago et similitudo intellectus vel mentis（同上 §2, §4）。

212 「しかしながら種の区別は直線によって表わされる」Sed differentias specificas designari per rectilineum. そしていわゆる「数の相違」differentiae numericae は対立と関係している。「数の相違は、天秤に似た均衡関係にかかわる。この関係においては〔対立するものの〕顔と顔とが向き合っていて、同じ完成状態ないしは同じ種の二つあるいはそれ以上のものがただ男と女というようなかたちでしか区別できない。数の相違はまた、前と後というような時間的関係によっても説明される……」Differentias autem numericas referri ad dispositionem bilanciformem, ubi facies faciei obvertitur, et duo vel plura ejusdem perfectionis, et speciei, tantum distinguuntur, ut *mas et foemina*, Quae differentiae numericae etiam denotantur per id, quod dicitur anterius, et posterius ...（同上 Diss VI, §9, p. 118）

213 「エン・ソフから、すなわち、アダム・カドモンであるところの最も普遍的な一者から、宇宙は生まれた。アダム・カドモンは一にして多であり、万物は彼から生まれ、彼のなかにある。……けれども類の相違は、求心的ないくつもの円によって表わされる。それはちょうど存在するものが物質、つまり生きた、感覚的に知覚されうる肉体と、理性的なものとを包括しているようなものである。……このようにアダム・カドモンは万物の秩序を、類をも種をも個をも表わしている」Ab Aen-Soph, i. e. Uno generalissimo, productum esse Universum, qui est Adam Kadmon, qui est unum et multum, et ex quo et in quo omnia ... Differentias autem genera notari per circulos homocentricos sicut Ens, substantiam, haec corpus, hoc, vivens, istud sensitivum ; et haec rationale continet ... Et hoc modo in Adam Kadmon repraesentantur omnium rerum ordines, tum genera, quam species et individua（同上）。これに関してはゲルショム・ショーレム『ユダヤ神秘主義』を参照（Lit. B-452, p. 211）。

214 グノーシス主義ヴァレンティノス派においては、人間は「毛皮のような長衣」をまとっている（エイレナイオス『異端駁論』Lit. B-250, I, 5, 5）。

215 これについては拙論『本能と無意識』参照（Lit. C-7/9）。

216 諸儀礼は原始的な段階では最初は特に意味をもたない所作であった。それらはやや高度な段階になって神話的な意味を与えられた。

217 ここでは、欲動の定義と分類が極端に意見の対立する事柄であるという事実はまったく問題ではない。いずれにしても「欲動」Trieb ということばは誰もが知っている、誰もが了解していることばである。〔Trieb は心理学では「欲動」と訳すが、通例は「衝動」または「本能」という訳語が当てられている。英語では instinct と訳されるのが普通である〕。

218 上ですでに言及した、悪の原因としてのティフェレトとマルクトの分離を参照〔本訳書I、四九頁〕。

219 この関連でアブラハム・エレアザルは（キリスト教においてしか意味をもたない）一象徴、すなわち、「ヨハネ福音書」（三―一四）に従ってキリストの先駆形態と見なされる「杭に吊された青銅の蛇」という象徴を用いている。

220 インドにあっては、治療に失敗した呪い師の罰は、四頭の馬に引かせて四つ裂きにすることだという（口伝えに聞いたことで、真相は保証のかぎりではない。重要なのはただそこに見て取られる理念である）。

221 パリ国立図書館フランス語写本（Lit. B-111, p. 123）。

222 「自然界においては、イェソドは自らの内に生ける銀〔水銀・メルクリウス〕を含んでいる。なぜなら生ける銀は変容の術全体の礎だからである」In naturalibus Jesod sub se continet argentum vivum quia hoc est fundamentum totius artis transmutatoriae（『ヴェールを剝がれたカバラ』Lit. B-263, I, p. 441）。

223 「〔イェソドは〕人間界においては、両性の生殖器官を意味する」in personis denotat membrum genitale utriusque sexus（同上 p. 440）。イェソドに振り当てられている神名はエル・ハイ（El-chai）で、「それゆえアドナイ〔主〕はつねに、エル・ハイの圏域に飛んでゆきたいと、絶えざる恋情に燃えている」Quapropter pervolare semper Adonai ad Mensuram El-chai *continua aestuat cupidine*（同上 p. 441）。イェソドはまた「堅固なもの」、「誠実なもの」とも呼ばれる。なぜならイェソドはティフェレトの「流入」influxum を下方へと、マルクトのなかへと導くからである。「〔イェソドは〕彼と彼女のあいだの堅固な梯子となって、上方から流れ落ちる極めて繊細な性質の種子〔精子〕がこぼれ散ってしまわないようにする」Ipse autem hic gradus firmus est inter Illum et Illam, ut natura seminis subtilissima e supernis demissa non dimoveatur（同上 I, p. 560）。イェソドの異名はとりわけ以下のようなものである。「救済の天使」angelus redemtor、「生ける水の泉」fons aquarum viven-

tium、「善悪の認識の樹」arbor scientiae boni et mali、「レビヤタン」、「ソロモン」、「ヨセフの息子たる救世主」Messias filius Joseph. セフィロト樹の第九番目のセフィラ（＝イェソド）は、そもそも「契約（ないしは割礼）の器官」membrum foe-deris (seu circumcisionis) と呼ばれている（同上 I, Pars II, Apparatus in Librum Sohar p. 10）。『ゾハル』では、セフィラ〈イェソド〉に関する思弁に際して男根象徴の使用が目立つ」（ゲルショム・ショーレム『ユダヤ神秘主義』Lit. B-452, p. 224）。ショーレムはこういったあと「ここに精神分析的解釈の広い余地があることはいうまでもない」と付け加えている（同上）。（フロイト的な）精神分析が心的諸内容を性的言語に翻訳するというかぎりでは、ここには精神分析の活躍の余地はまったくない。というのも『ゾハル』の著者はこの作業をすでにやっているからである。フロイト派が示しうるのはただ、一切は「ペニス」に収斂させうるということだけである。しかし、そのファルス〔男根〕が何を象徴しているのかという点については、精神分析によっては何も発見されなかった。こういう場合にはどうやら検閲が「いうことをきかなかった」のだろうと憶測された。ショーレム自身が示しているように、いやそればかりか力説しているように、『ゾハル』の場合の性欲は、（その露な生なましさにもかかわらず）「宇宙の根源的基礎」fundamentum mundi と解されなくてはならない。

224 前注参照。

225 これについては『アイオーン』参照（Lit. C-33,p. 370 ff）。

226 ヴォルフラム・フォン・エッシェンバッハにおいては〔『パルチファル』〕「ざくろ石」は、一角獣の角にひそむ治癒・救済をもたらす石である。『心理学と錬金術』参照（Lit. C-26, p. 631――人文書院版、II、三三七頁以下）。

227 ロベルト・アイスラーは、この書を実際に見もせずに、この論説は後代の偽作であるとするショーレムの見解に疑義を呈しているが（Lit. B-146, p. 202）。われわれがここに紹介したテクスト部分はこの論説の由来と成立に関しておそらく決定的な箇所であると思われる。ヘルマン・コップ『錬金術』をも参照（Lit. B-279, I, p. 314 ff）。コップは一七三五年の初版を実際に確認し、その上、編者であるシュヴァルツブルクのゲルヴァシウスを著者と見ている。

228 『転移の心理学』参照（Lit. C-29, p. 97 ff）。

229 『心的エネルギー論』参照（Lit. C-9）。

230 シュラムの乙女のことを「雅歌」はこう歌っている（四―八）。

花嫁よ、レバノンからおいで
おいで、レバノンから出ておいで。
アマナの頂から、セニル、ヘルモンの頂から
獅子の隠れ家、豹の住む山から下りておいで

レバノン、獅子、豹はヴィテキントによればイシュタル女神に関係している（『雅歌とイシュタル祭祀』Lit. B-523, p. 166）。

231 アブラハム・エレアザル『太古の化学作業』（Lit. B-2, II, p. 52）。

232 「緑色によって処女性があらかじめ萌芽として示されているように思われる」Viriditate enim videtur praefigurari virginitas（ギレルムス・メネンス『金羊皮の書』〔『化学の劇場』Bd. 5, p. 434〕）。

233 『哲学者の薔薇園』（『錬金の術叢書』Bd. II, p. 220）。

234 引用原文 "Nonne spiritus Domini, qui est amor igneus quum ferebetur super aquas, edidit eisdem igneum quendam vigorem, cum nihil sine calore generari possit? Inspiravit Deus rebus creatis ... quendam germinationem, hoc est viriditatem, qua sese cunctae res multiplicarent ... Omnes res dicebant esse virides, cum esse viride crescere dicatur ... Hanc ergo generandi virtutem rerumque conservationem Animam Mundi vocare libuit"（『改革された哲学』Lit. B-335, p. 11）。

235 引用原文 "Unde Aristoteles ait in libro suo : Aurum nostrum, non aurum vulgi : quia illa viriditas, quae est in eo corpore, est tota perfectio eius, quia illa viriditas per nostrum magisterium cito vertitur in aurum verissimum"（ウィラノウァ『錬金術の鏡』〔『化学の劇場』Bd. IV, p. 605〕）。

236 これは「ヨブ記」二八—五、つまり「大地から食物が生え出し、その大地の下を人は火のようになって掘り返している」のことであるにちがいない（ウルガタ聖書 Terra de qua oriebatur panis in loco suo, igni subversa est）。ルター訳聖書はつぎのとおりである。「人はまた大地の下から火を取り出す、上では食物が生え育っているというのに。」

237 「ヨブ記」二八—七。ウルガタ聖書は以下のごとくである。Semitam ignoravit avis, nec intuitus est eam oculus vulturis. 引用文中のテクストは明らかにウルガタ聖書には従っていず、ルター訳聖書からラテン語に翻訳しているように見える。ルター

訳はこうである Den Steig kein Vogel erkannt hat und kein Geyers-Aug gesehen.〔文意は三者とも同じ。構文と語彙の点から比較されている・訳者〕。ヘブライ語原典をドイツ語に訳せば、「それは禿鷹も知らず、鷹の目もそれを見つけることのできない道である」Ein Pfad ist's, den der Geier nicht kennt und den des Falken Auge nicht erspäht.

238 輝けるラピスは三つのものから作られ、
神の息吹〔霊感〕を吹き込まれなければ
何人もこれを手にすることはない。

Lapis candens fit ex tribus
Nulli datur nisi quibus
Dei fit spiramine.　（ヨハネス・デ・テッェン『賢者の石』Lit. B-485, p. 64）

239 「創世記」（八―一一）。

240 ルター訳聖書「雅歌」五―一一は以下のごとくである。
頭は純粋この上ない黄金で、
巻き毛は縮れ、鴉のように黒い。

241 ヘブライ語のシェメシュ（shemesh＝太陽）は男性名詞としても女性名詞としても用いられる。初期カバラの「バビル書」にはこうある。「では黄金はなぜ〈ザハブ〉ZaHaB といわれるのか。なぜならこの語には三つの原理が一つになっているからである。まずザカル（Zakhar＝男性的なもの）。これを魂であるところの文字ザイン（Zayin＝Z）が指し示しており、この魂をヘー（He＝H）が指し示している。ではヘー自体のはたらきは何か。ヘーはザインにとって玉座なのである。……そしてベート（Beth＝B）はそれらの永続を〔保証する〕」（ショーレム『バヒル書』Lit. B-451, p. 39, §36）。太陽と月の結合に関しては「ヨハネ黙示録」の星の冠をかぶった女を参照（一二―一）。

242 縮れ毛のモチーフに関しては、本書第二章のアエリア・ラエリア・クリスピス碑文に関する私の論述を参照願いたい〔本訳書I、八七～九頁〕。

243 サロモン・トリスモジン『金羊皮』（Lit. B-494, Tract. III : Splendor Solis, p. 28）。

244 ベルトロ『古代ギリシア錬金術集成』（Lit. B-55, III, X, 1）。

245 これは「ダニエル書」二―三二に関連している。そこではネブカドネツァル王が夢のなかで見る純金の頭をした立像の幻視が描写されている。ベルトロ前掲書を参照（IV, VI, 1）。

246 ソーンダイク『魔法と実験科学の歴史』（Lit. B-490, I, p. 705）。教皇シルウェステル二世（かつてはレースのジェルベール〔Gerbert de Reims〕）は錬金術に携わった形跡がある。その証拠は何よりも、「円積法」quadrata circuli に関するジェルベール宛の手紙（十二世紀初頭）と称せられるもので、ボードリアン・ライブラリーに所蔵されている（Lit. B-108）。ソーンダイクは、この手紙を書いたのはジェルベール自身だと見ている。

247 『ミサにおける変容の象徴』参照（Lit. C-22, Zürich 1954）。そこにその他の資料が示されている。

248 これに関しては『心理学と錬金術』参照（Lit. C-26, p. 237 f——人文書院版、I、一二二頁以下）。さらに「まるいもの」、「モール人の頭」（クリスティアン・ローゼンクロイツ『化学の結婚』Lit. B-435, p. 111）。太陽によって熱せられる黄金の球（同 p. 113）。頭〔首〕を切られた者たちの血を啜る（同 p. 117）。死者の頭と「球体」sphaera（同 p. 120）。ラウレンティウス・ウェントゥラにおけるプリマ・マテリアの発生源としての「頭蓋」cranium（「化学の劇場」Bd. V, 151）。同様に『プラトンの四つのものの書』ではこういわれる。「容器は……達人がこの蒼穹と頭蓋骨の変成者になりうるには、まるい形をしていなくてはならない」Vas ... oportet esse rotundae figurae : Ut sit artifex huius mutator firmamenti et testae capitis（「化学の劇場」Bd. V, p. 151）。アルベルトゥスの『アリストテレスの樹』にはこうある。「その頭は永遠に生きる。それゆえそれは〈栄光の生〉と呼ばれ、天使たちがこれに仕える。神はこの像を歓びの楽園に据え置き、その像のなかに神みずからの姿と似像を置いた」Caput enim vivit in aeternum et ideo caput denominatur vita gloriosa et angeli serviunt ei. Et hanc imaginem posuit Deus in paradiso deliciarum et in ea posuit suam imaginem et similitudinem（「化学の劇場」Bd. II, p. 525）。「……この似像を担っているエチオピア人の黒い頭がよく洗われるまで」... quousque caput nigrum aethiopis portans similitudinem fuerit

bene lavatum（同 p. 526)。ヒポリュトスの言及する拝蛇教徒の場合は、原人間エデム（Edem）の頭は楽園を意味し、そこから流れ出る四つの川は四つの感覚を意味する（『反証』Lit. B-229, V, 9, 15)。ヒポリュトスはまた、魔術のトリックとしての「口をきく頭蓋」についても報告している（同上 IV, 41)。アルベルトゥスのテクストとヒポリュトスのそれとのあいだには、少なくともその意味の上である関係がある。ひょっとしたら「コリントの信徒への手紙一」のつぎの箇所が共通の典拠かもしれない。「……すべての男の頭はキリストであり、すべての女の頭は男であり、キリストの頭は神だということ」… quod omnis viri caput, Christus est : caput autem mulieris vir : caput vero, Christi, Deus（一一―三)。アルベルトゥスのテクストの典拠はつぎの箇所と考えられる。「男は神の姿と栄光を映す者ですから、頭に物をかぶるべきではありません」Vir quidem non debet velari caput suum : quoniam *imago et gloria Dei* est（一一―七)。復讐のための記憶のしるしとしての頭が、シャーロット・ゲスト夫人の編訳によるウェールズの騎士物語集『マビノギオン』（一八四八年）のなかの『永遠の息子』のなかに見られる（新版 Lit. B-305)。すでにギリシアの錬金術師のあいだで、「一なるもの」*ἁπλοῦν*、すなわちプリマ・マテリアは、「黄金の頭」*χρυσέα κεφαλή* と呼ばれていた（ベルトロ『古代ギリシア錬金術集成』Lit. B-55, IV, VI, 1)。

249 『哲学者の薔薇園』（「錬金の術叢書」II, p. 264)。

250 「すなわち、かの天上の水の霊が脳にその座所と居所とを獲得したので……」Cum igitur spiritus ille aquarum supracoelestium in cerebro sedem et locum acquisierit …（ステーブス『セフィロトの天』Lit. B-473, p. 117)。

251 『アリスレウスの幻視』（「錬金の術叢書」Bd. I, p. 147)。

252 『プラトンの四つのものの書』（「化学の劇場」Bd. V, p. 124, p. 127, p. 187)。

253 同上（p. 124)。またこうもいわれている。「……われわれはオプスの始めに器官（すなわち脳あるいは心臓）を、それがそこから産み出されたところのものへと変化させなければならない。しかるのちにそれを精神によって、われわれの欲するところのものへと変化させる」… oportet nos vertere membrum (scl. cerebri s. cordis) in principio operis in id ex quo generatum est, et tunc convertimus ipsum per spiritum *in id quod volumus*（同 p. 128)。membrum という語はここでは「からだの部分」、「からだの器官」という意味で用いられている（同書の一二八頁にも “membrum cerebi”〔脳の部分・器官〕という表現が見られる)。文言に従えば、ここでいわれているのは、脳の「単一なるもの」simplex への変容である。いずれにしても、つぎのことばからも分かるように、脳はすでに「単一なるもの」に関係しているのであるが。「なぜならそれはその形においては三角形であり、他のすべてのからだの部分よりも、単一なるものに似ているからである」nam est triangulus compositione et est propinquius omnibus membris corporis ad similitudinem simplicis.

254 このことにアルベルトゥス・マグヌスは特に心を打たれたようである。というのも彼は、頭のなかで黄金が生まれるということに対して若干の証拠をにぎっていると思い込んでいた。彼はいう、「鉱石の最も強力な力はどんな人間のなかにもやどっている。特に頭部の歯と歯のあいだにやどっている。従って時至れば、黄金は微小な、細長い粒状でそこに見出される。……ラピスはどんな人間の内にも存在するといわれるのはそのためである」Maxima virtus mineralis est in quolibet homine, et maxime in capite inter *dentes*, ut suo tempore inventum est aurum in granis minutis et oblongis ... propter hoc dicitur quod lapis est in quolibet homine（リプラエウス『哲学の公理』のなかの引用〔「化学の劇場」Bd. II, p. 134〕）。これはこのことばが書かれた古代の、歯に詰める黄金の詰め物のことをいったものであろうか。

255 ウー／デイヴィス共著『古代中国の錬金術論説』（Lit. B-528, p. 260）。

256 ベルトロ『古代ギリシア錬金術集成』（Lit. B-55, I, III, 1）。

257 同上（III, II, 1）。

258 同上（III, XXIX, 4）。

259 『象徴一覧』（「化学の劇場」Bd. II, p. 123）。

260 「白い石」は錬金術師たちによって「ヨハネ黙示録」のつぎの箇所に関係づけられた。「勝利を得る者には隠されていたマンナを与えよう。また、白い小石を与えよう。その小石には、これを受ける者のほかにはだれにも分からぬ新しい名が記されている」Vincenti dabo manna absconditum et dabo illi *calculum*（ψῆφον）candidum : et in calculo nomen novum inscriptum, quod nemo scit, nisi qui accipit（二―一七）。

261 『アリスレウスの幻視』（「錬金の術叢書」Bd. I, p. 148）。

262 それゆえほかならぬ悪魔が「ルシファー」〔原義は「光をもたらす者」〕と呼ばれるのである。したがってペノトゥスはその『象徴一覧』で、脳に蛇をも帰属させている。原初の父と母〔アダムとエヴァ〕の最初の自立的な動きは蛇のおかげだからである。グノーシス主義のナース（naas＝蛇）と錬金術の「メルクリウスの蛇」serpens mercurialis も同じ線上にある。

263 ヒポリュトス『反証』（Lit. B-229, IV, 51, 13）。

264 この関連系列にはアッティス、オシリス、蛇、キリストが含まれる。

265 テクストはこのことばのあとに、「しかし誰もそれに気づかない」γινώσκει δὲ αὐτὸ（εἶδος）οὐδείς と付け加えているが、それによってまたしても無意識性が暗示されている。

266 「主の御声は水の上に響く」（「詩篇」二九―三）。「主は洪水の上に御座を置く」（同二九―一〇）。ミヒャエル・マイアーに見られるこれとの錬金術的並行現象については『心理学と錬金術』を参照（Lit. C-26, p. 449――人文書院版、II、一四七頁以下）。本文中の引用箇所はヒポリュトス『反証』（同上 V, 8, 13）。

267 シオンの土台に組み込まれるこの石は、あるいは「ゼカリヤ書」のつぎの箇所（四―九～一〇）に関係しているかもしれない。「ゼルバベルの手がこの家の基を据えた。彼自身の手がそれを完成するであろう。……誰が初めのささやかな日をさげすむのか。ゼルバベル手にある選び抜かれた石を見て喜び祝うべきである。その七つものは、地上をくまなく見回る主の御目である」Manus Zorobabel fundaverunt domum istam, et manus eius perficient eam ... et laetabuntur et videbunt lapidem stanneum in manu Zorobabel. Septem isti oculi sunt Domini, qui discurrunt in universam terram. この箇所はある錬金術師によって「賢者の石」に関係づけられたが、「主の目」が土台石〔かなめ石〕の上についていたと考えられるからだというのがその根拠である。

268 『反証』（同上 V, 7, 35 f）。［ ］内は、テクスト本文が判然としない部分。

269 『哲学者の薔薇園』には、「それゆえ葉の繁る白い地に魂を播け」Seminate ergo *animam* in terram albam foliatam とある（「錬金の術叢書」Bd. II, p. 336）。「葉の繁る地」についてはマイアー『化学の探求』のなかの寓意図《エンブレム》VIを参照（Lit. B-313, p. 16 ff）。「葉の繁る地」という象徴はおそらくセニオルに由来する。その『化学について』には以下のような箇所がある。「同様に彼らはこの水を、下なる世界に生気を与える雲と呼ぶが、この呼び名で彼らが考えているのは葉の繁る水である。これはわれらが主がヘルメスに向かって多くの名をもつ卵であると語って聞かせたあの哲学者の黄金にほかならない。下なる世界とは肉体であり、彼らが尊い魂をそれに還元するところ燃えつきた灰である。そしてこの燃えつきた灰と魂はすなわち賢者らの黄金であり、これを彼らは彼らの白い地に、そして真珠が星のようにちりばめられた、葉の繁った、祝福された、乾いた地に播く。この地をヘルメスは葉の繁った地、銀の地、黄金の地と呼んだのである」Similiter nominant hanc aquam Nubem vivificantem, mundum inferiorem et per haec omnia intelligent Aquam foliatam, quae est aurum Philosophorum, quod vocavit dominus Hermes Ovum habens multa nomina. Mundus inferior est corpus et cinis combustus, ad quem reducunt Animam honoratam. Et cinis combustus, et anima sunt aurum sapientum, quod seminant in terra sua alba, et terra margaritarum stellata, foliata, benedicta, sitiente, quam nominavit terram foliorum et terram argenti et terram auri. ——「そこでヘルメスはいう、〈葉の繁った白い地に黄金を播け。この葉の繁った白い地は、灰から抽出された灰であるところの勝利の冠なのであって……〉」In quo dixit Hermes : Seminate aurum in terram albam foliatam. Terra alba foliata est corona victoriae, qua est cinis extractus a cinere ... (Lit. B-460, p. 41)。論説『大いなるラピスの合成について』では、「ディアナ星」stella Diana が「地」terra の同義語として言及されている（「化学の劇場」Bd. III, p. 33)。

270

「ルナ」〔月〕と「地」というタームが錬金術で使用される場合、両者のあいだに区別がない場合が多々ある。『ラッパの響き』ではつぎの二つの文章がほとんど何の媒介もなく直接連続している。「ルナは母であり、太陽《ソル》の種子が播かれるべき畑である」Ergo *Luna* mater et ager in quo solare seminarique debet semen——「わたし〔太陽〕は、良き地に播かれる種子のようなものである」Ego enim sum sicut semen seminatum in *terram bonam*（「錬金の術叢書」Bd. I, p. 464)。産むペアはつねにソルとルナであるが、少なくとも同じくらいしばしば地は母として登場する。一般的にいって、ルナは恋人と花嫁を表わすのに対して地は母なるものを表わしているように見える。『閉ざされた王宮の開かれた門』にはこうある。「われらが処女なる地が最後の手入れを受けたことを知れ、そこに太陽《ソル》の果実が播かれ実りを迎えるためである」Jam scias Virginem nostram terram, ultimam subire cultivationem, ut in ea fructus Solis seminetur ac maturetur（「ヘルメス博物館」p. 694)。地は「金属の母」mater metaroum であり、そもそもあらゆる被造物の母である。それは「白い地」terra alba としては「全き白いラピス」lapis albus perfectus である（『アルナルドゥスの書簡』〔「錬金の術叢書」Bd. II, p. 490〕)。しかし他方、このアルベド〔白〕の状態は「満月」luna plena と呼ばれると同時に「実り豊かな白い地」terra alba fructuosa とも呼ばれる（ミューリウス『改革された哲学』Lit. B-335, p. 20)。ルナがその恋人に憧れるように、地はルナの魂を自らに引き寄せる（リプラエウス『化学大全』Lit. B-432, p. 78)。ルナはソルにいう、「わたしはあなたからあなたの愛撫のことばによって魂を受け取るでしょう」Recipiam a te animam adulando（セニオル『化学について』Lit. B-460, p. 8)。『ミクレリスの論説』にはいう、「地に降り落ちる水を通じてアダムは創造された。それはすなわち、より小さな宇宙と呼ばれる」Aqua supra terram incidente, creatus est Adam, qui et mundus est minor（「化学の劇場」Bd. V, p. 109)。この文言は、われわれが上に言及したアブラハム・エレアザルのテクストの、ノアないしはノアの洪水の作用を想起させる。「より小さな宇宙」mudus minor に関しては同じ『ミクレリスの論説』のつぎの箇所が重要である。「同様にまた人間はミクロコスモス〔小宇宙〕とも呼ばれる。なぜならそれはそれ自身の内に天と地の、ソルとルナの形態をやどしており、それらは地上では目に見えると同時に目に見えない形態であって、それゆえそれは、より小さな世界と呼ばれるのである」Similiter homo dictus est mundus minor, eo quod in ipso est coeli figura, terrae, solis et lunae, ac visibilis super terram *ac invisibilis figura*, quare mundus minor dictus est（同上)。「地は諸元素の母といわれる。なぜならその胎に〈息子〉を孕んでいるからである」Terra dicitur mater elementorum, quia portat filium in ventre suo（ミューリウス同上 p. 185)。『宇宙の栄光』では「息子」filius に、英雄のしるしであるいわば「二重の誕生」とでもいうべき特徴が与えられる。「彼はその最初の誕生においてはソルとルナから産み出されたとはいえ、成長の過程では地の要素を身におびたと考えられる」Quamvis in primo suo partu per Solem et Lunam generatur, et de terra in accretione sua postulatus siet（「ヘルメス博物館」p. 221)。「父が〔母を通じて〕息子を得る、とはすなわち、地が霊〔精神〕を身におびるということである」Pater suscipit filium, hoc est, terra retinet spiritum（ミューリウス同上 p. 137)。地とルナ〔月〕とのこのような同一視は古代にすでに見られる。「全宇宙の一部が地であり、エーテル界の一部が月であるから、彼らは月のことを〈エーテルの地〉呼んだのである」Quia totius mundi pars una pars terra est, aetheris autem una pars luna est: Lunam quoque terram sed aetheream vocaverunt（マクロビウス『スキピオの夢注解』Lit. B-307, I, 19, 10)。すでにペレキュデスにあっても月は、そこからもろもろの魂が生まれるところの、天の地である。フィルミクス・マテルヌスではそればかりか、ルナは「人間の肉体の母」humanorum corporum mater である（『マテセオス書八』Lit. B-165, V, praef. 7)。月と地の豊饒との関係については、ラーナー『ルナの神秘』を参照（Lit. B-411, LXIV, p. 61 ff)。

271　この問題は『転移の心理学』の随所で取り扱っている（Lit. C-29)。

272 この困難を物語っているのは普遍論争で、周知のようにアベラールはその「概念論」によってこれを調停しようと試みた。『心理学的類型』〔『人間のタイプ』〕(Lit. C-3, Neuaufl. 1950, p. 64 ff)。

273 この原則に神智学と形而上学はいまなお立っている。

274 司祭でもあったヨドクス・グレヴェルスはこういっている。「わが親愛なる読者よ、私のことばの正しい意味を捉え、哲学者らが、まず種子を選別して、しかるのちに選ばれた種子を卑俗な地にではなく手入れの行き届いた畑と苗床に播く庭師や農夫に喩えられるということを、よく理解せよ」Accipe itaque tu, charissime, verborum meorum legitimum sensum, et intellige, quia philosophi similes sunt hortulanis et agricolis, qui primum quidem semina deligunt, et delecta *non in vulgarem terram*, sed in excultos agros aut hortorum iugera seminant ——「すなわち、哲学者の太陽と月が良き種子として手に入ったら、地そのものをあらゆる汚れと雑草から浄め、入念に耕さなくてはならない。かくして地の用意が整ったら、上述の太陽と月の種子をそこに播かなくてはならない」Habito autem Sole et Luna philosophorum tanquam semine bono, terra ipsa ab omnibus suis immunditiis et herbis inutilibus expurganda est et diligenti cultura elaboranda, in eamque sic elaboratam Solis et Lunae praedicta semina mittenda sunt(「化学の劇場」Bd. III, 785)。

275 「地、すなわち人類が、宇宙のあらゆる圏域を越えて高められ、至聖の三位一体の霊的な天上に据え置かれる」Ubi terra, hoc est humanitas, exaltata est supra omnes circulos Mundi, et in caelo intellectuali sanctissimae Trinitatis est collocata(『化学の術についての書』〔「錬金の術叢書」Bd. I, p. 613〕)。この地こそまさに正真正銘の楽園である。それは「恵みと智慧の園」hortus felicitatis et sapientiae である。「それはすなわち、聖なる三位一体の分かちがたい統一の秘密を内にやどしている、神の贈り物なのだ。おお、全自然の芝居を内にやどす光輝この上なき知識よ、自然の解剖学よ、地の占星術よ、神の全能の証しよ、死者の復活の証拠よ、罪人の復活のしるしよ、来るべき審判の紛うかたなき試しにして永遠の祝福の鏡よ!」Donum namque Dei est, habens mysterium individuae unionis sanctae Trinitatis. O scientiam praeclarissimam, quae est theatrum universae naturae, eiusque anatomia, astrologia terrestris, argumentum omnipotentiae Dei, testimonium resurrectionis mortuorum, exemplum resurrectionis peccatorum, infallibile futuri iudicii experimentum et speculum aeternae beatitudinis!(ヨドクス・グレヴェルス、「化学の劇場」Bd. III, p. 809)

276 『ゾハル』(I, 55b) にはつぎのようにいわれている。「神は彼らを男でも女でもあるものとして創造した。それゆえ男性的なものと女性的なものを同時に含んでいないような形姿は、天上的な形姿ではない。つぎの秘密の言い伝えもそのことを証明している。〈来たりて見よ、男性的ものと女性的なものとが一つに結ばれていないようなところには、聖なる方は——聖なる方に祝福あれ！——住まわれてはいない〉」(S・フルヴィッツ博士の口述の御教示による)。これについては『エジプト人の福音書』のイエスのつぎのようなことばがある。「おまえたちが羞恥の衣をかなぐり捨てて、二つが一つに、男性的なものが女性的なものと一つになれば、もはや男でも女でもない」 Ὅταν τὸ τῆς αἰσχύνης ἔνδυμα πατήσητε καὶ ὅταν γένηται τὰ δύο ἕν καὶ τὸ ἄρρεν μετὰ τῆς θελείας οὔτε ἄρρεν οὔτε θῆλυ (クレメンス・アレクサンドリヌス『雑纂』Lit. B-98, III, 6, 45)。『ゾハル』(III, 7b) によれば、神性それ自体においては男性的原理と女性的原理が区別されている (『プロテスタント神学・教会大事典』中のヴュンシェの記述による〔Lit. B-417, IX, 679, 43〕)。

277 「それゆえ地の中心には物凄い、灼熱の火 (太陽光線から集められた) が燃えていて、それは深淵または冥府と呼ばれ、ここには月下界の火以外の何ものも存在しない。というのも、先に触れた原理、つまり太陽の熱と水の熱という原理の地上的残滓の汚れが、まさに火と地であるからである。それらは永劫の罰を宣せられた者たちのために用意されているのである」Quamobrem in centro terrae ignis est copiosissimus aestuantissimusque (ex radiis solaribus ibi collectus), qui barathrum sive orcus nuncupatur, neque alius est ignis sublunaris: faeces enim sive terrestres reliquiae principiorum praedictorum, videlicet caloris solaris et aquae, sunt ignis et terra: damnatis destinata (メンネンス『金羊皮』〔「化学の劇場」Bd. V, p. 370〕)。

278 「すなわちそれ〔龍〕は火に打ち勝つもの、火が打ち勝つことのできないものである。しかし火は愛に満ちてそれのうちに安らい、それに歓びを感ずる」Ipsum enim est, quod ignem superat, et ab igne non superatur: sed in illo amicabiliter requiescit, eo gaudens (ゲベル『秘術の最高の成就』〔「錬金術論集」cap. LXIII, p. 139〕)。

279 エレアザルはこの「古き産む父」をアルバオン (Albaon=「黒い鉛」plumbum nigrum) と同一視している。

280 「原初の混沌」という表現はクーンラート『ヒュレの混沌』から来ている。

281 『メルクリウスの霊』参照 (Lit. C-254, Zürich, 1948, p. 99)。

282 アブラハム・エレアザル『太古の化学作業』（Lit. B-2, I, p. 63）。

283 原語は χαλκολιβάνῳ で、ウルガタ聖書では aurichalcum（＝黄金・銅金）と翻訳されている。後者はギリシア語の ὀρείχαλκος（＝黄金・銅＝銅の合金）から来ている。

284 これについては、人の子〔キリスト〕に相当するカバラのティフェレトの二重の側面を参照。ティフェレトについてはこういわれる。「右側ではそれは義の太陽と呼ばれる（「マラキ書」四―二〔三―二〇〕）、がしかし、左側ではゲブラ〔裁きの火〕の劫火の炎熱から生じた〔太陽〕と呼ばれる」Ad dextram vocatur Sol justitiae Mal. 4, 2, sed ad sinistram [Sol] a calore Ignis Gebhurae（『ヴェールを剝がれたカバラ』Lit. B-263, I, Pars I, p. 348）。ゲブラに帰属している第二日についてはこうある。「この日に地獄《ゲヘナ》が創造された」In illo creata est gehenna（同 p. 439）。

285 『ヴェールを剝がれたカバラ』（同上 p. 165, s. v. Botri）。

286 「けれどもそれが平和の、ないしは完成の盟約と呼ばれるのは、その在り方が平和と完成をもたらすもとだからであり、……コル〔＝すべて、全〕と呼ばれるこの在り方が天と地に遍在しているからであって、タグルム〔旧約聖書アラム語訳〕は、それは天と地と一つに結びついていると説明している」Foedus Pacis autem seu perfectionis propterea dicitur, quia iste modus pacis et perfectionis autor est inter Tiphereth et Malchuth ... Quia ... modus ille, qui vocatur Col, est in Coelo et in terra, ubi Targum hac utitur paraphrasi, quod uniatur cum coelo et cum terra（同上 p. 210, 5）。

287 同上（p. 500）。

288 同上（p. 674, p. 661）。

289 「遠くのきょうだい、すなわちティフェレトよりも、近く……より善い」Propinquus ... et melior quam frater e longinquo, qui est Tiphereth（同上 p. 677）。

290 「……なぜならこのイスラエルの強き者はネザハとホドのあいだにある名前だからである」… quod robustus Jisrael sit nomen medium inter Nezach et Hod（同上 p. 14）。

291 「固められた要塞」castella munita（同上 p. 156）ならびに「葡萄の実」botri（同上 p. 165）として、ネザハとホドは「睾丸」testiculi の意を有する。

292　イェソドはティフェレトと同様に「信頼すべき友」amicus fidelis と呼ばれる。「『ゾハル』にはあの若者のことばとしてこういわれている、この義の人〔イェソド〕は、〈雅歌〉七―一〇の〈わたしは恋しい人のもとへ急ぐ〉にもとづいて信頼すべき友と呼ばれる、と」In Sohar, in historia illius Puelli, dicitur, quod Justus［Jessod］vocetur Amicus fidelis ad locum Cant. 7. 10. Vadens ad dilectum meum ――「そしてそれゆえイェソドは友である。なぜならイェソドは二人の愛する者たちにして友同士を一つに結びつけるからである。というのもイェソドを通じてティフェレトとマルクトの結合が生ずるからである」Et hinc Jesod dicitur Amicus, quia unit duos dilectos et amicos : quia per ipsum fit unio Tiphereth et Malchuth（同上 p. 247）。

293　同上（p. 560）。このあたりの象徴表現は性的である。「〔イェソドは〕彼と彼女とのあいだの堅固な梯子となって、上方から流れ落ちる極めて繊細な性質の種子〔精子〕がこぼれ散ってしまわないようにする」Ipse autem hic gradus firmus est inter illum et illam, ut natura seminis subtilissima e supernis demissa non dimoveatur（同上 p. 560）。ちなみに、「強い」fortis、「たくましい」validus という形容詞は、イェソドと同様にティフェレトにも当てはまる（同上 p. 13）。

294　同上（p. 710）。

295　同上（p. 340）。

296　同上（p. 165）。

297　同上（p. 660）。「義の人は宇宙〔世界〕の礎」Et Justus fundamentum mundi（「箴言」一〇―二五）。

298　引用原文は上注222を参照。

299　「これが、まことに神秘的に星と呼ばれているものである。……そしてこの星から、すでに言及したあの〈流入〉が流れ出るのである。この生ける銀〔水銀〕が……〈まるい水〉と呼ばれる」Hoc est illud quod non sine mysterio vocatur stella ... et ab hac stella fluit influentia haec, de que loquimur. Hoc argentum vivum ... vocatur Aqua Sphaerica（同上 p. 441 f）。

300　同上（p. 442）。

301　引用原文 “Haec［aqua］dicitur filia Matredi, i. e. ... Viri aurificis laborantis cum assidua defatigatione ; nam haec aqua non fluit e terra, nec effoditur in mineris, sed magno labore et multa assiduitate elicitur et perficitur. Huius uxor appellatur Aqua auri sive talis Aqua, quae aurum emittit. Cum hac si desponsatur artifex, filiam generabit, quae erit Aqua balnei regii"（同上 p. 442）。この論述は錬金術論説『アエシュ・メザレフ』Aesch Mezareph に由来すると思われる。それを『ヴェールを剝がれたカバラ』の編者クノル・フォン・ローゼンロートが手を加えて「資料篇」のなかに取り入れたのであろう。

302 ある単語の計算値〔各文字はそれぞれ数値をもっていてそれを足し合わせる〕が他の単語の計算値と一致する場合、これを「イソプセポス」Isopsephos という。

303 六十四という数は四の倍数として最高度の全体性を表わしている。易経の卦の六十四という数〔六十四卦〕もおそらく同じように理解しうるだろう。それは「谷の霊」〔谷神《こくしん》〕の道、すなわち、龍ないしは渓流さながらにうねるように曲折しているタオ〔Tao＝道〕を表わしている。これについては以下を参照。ルセル『龍と牝馬』（Lit. B-436, p. 28）。チャルナー『老子の遺産』（Lit. B-495, p. 11）。

304 Kamea はイタリア語の cameo から来ている。中世ラテン語では cammaeus。

305 『ヴェールを剝がれたカバラ』（同上 p. 443）。

306 「『ゾハル』ではこの文字は〈生命の泉〉と呼ばれる」In Sohar haec litera dicitur scaturigo vitae（同上 p. 439, p. 366）。

307 「この名称〔「鳥の雛」〕は、最も低いところから最も高いところへと照り返す光の神秘のゆえに義の人に関係しているといわれている。そのことばはこうである。アエフロヒムは、まだ完全な実をつけていない花である。それは、最も低いところから最も高いところへと逆向きになっている〔根と梢とが逆さになっている〕樹のイメージにおけるセフィロトであり、しかもイェソドに関係している」Haec appellatio dicitur referenda ad *Justum* sub mysterio Lucis reflexae ab imo ad summum. Verba sunt haec: Aephrochim sunt flores, qui fructum nondum praebent perfectum. Suntque Sephiroth sub notione arboris, quae ab imo sursum conversa est, et quidem circa Jesod（同上 p. 144）。

308 「羽、翼、これは器官、しかも生殖器官である。……この名は、義の人という異名をとるイェソドを表わす名である」Penna, ala: it membrum, et quidem genitale ... hoc nomen exponit de Jesod, cui cognomen Justi tribuitur（同上 p. 22）。

309 『心理学と錬金術』図二八参照。

310 「フェニックス、……その頸のまわりの金色に輝く羽からは……人間の本性に反するあらゆる情動を望ましい平静状態へと引き戻すのに極めてよく効くメディキナ〔霊薬〕が作り出され、利用される」Phoenix ... ex cuius pennis circa collum aureolis

… Medicina ad omnes affectiones humanae naturae contrarias in temperiem sanitatis optatam reducendas utilissima … inventa et usurpata est（『黄金の卓の象徴』Lit. B-314, p. 599）。

311 『ヴェールを剝がれたカバラ』（同上 I, Pars I, p. 499, p. 737）。

312 「すなわちそれは上なる水の出口であり、その上に二つのオリーブがある。ネザハとホド、すなわち男の二つの睾丸である」Iste enim est effusorium aquarum supernarum : Et duae olivae super illud, sunt Nezach et Hod, duo testiculi masculini（同上 p. 330）。

313 同上（p. 544）。「泉」fons という呼び名については同上（p. 215）。

314 同上（p. 551）。

315 これに関しては『メルクリウスの霊』参照（Lit. C-24）。

316 『ヴェールを剝がれたカバラ』（同上 p. 348）。

317 同上（p. 156, p. 266, p. 439）。

318 「マルクトがこのように呼ばれるのは、裁きの熱によって彼女に点ぜられるゲブラ〔裁きの火〕のゆえである。……そしてマルクトは、夫から彼女に向かって降り流れくる流入物を群を養うために沸き立たせ煮立たせるべく定められた場である」Sic vocatur Malchuth ex parte Gebhurah quae illam accendit, fervore iudicii … estque locus destinatus ad coctionem et elixationem influentiae, a marito demissae ad nutritionem catervarum ——「周知のごとく女が子どもを産むために己れの温かさによって精子を煮立たせるように……」Sicut notum est : foeminam calore suo excoquere semen ad generandum …（同上 p. 465）。

319 「……これはあの神の息子のことをいっている。すなわち、世界の罪を懲らしめるために長きにわたって恐ろしいライオンを真似ていたが、やがて死の時が近づくと最も神聖な聖体の秘蹟に臨み、甘美この上ない蜜に満ちた蜂の巣に変容したあの神の息子である」… De Dei filio intelligit, qui in castigandis mundi sceleribus formidandum Leonem sat diu imitatus paulo post, morte propinquante, dum SS. Eucharistiae Sacramentum instituit, in melleos favos longe suavissimos se ipsum convertit（ピキネルス『象徴の世界』Lit. B-373, Lib. V, cap. XXII, p. 456）。

320 引用原文 “Saepius Adonai nomen Sephirae ultimae, et ipsa Malchuth, Regnum, ita dicitur ; quoniam ipsum totius mundanae fabricae fundamentum extat ”（同上 I, Pars I, p. 16）。

321 引用原文 “... lapis capitalis, a quo omnes catervae superiores et inferiores in opere creationis promunutur in esse ”（同上）。『ゾハル』（231a）の文言は精確に訳すと以下のごとくである。「そして宇宙〔世界〕は、一つの石が手に取られたときにはじめて創造された。この石は礎の石と呼ばれる。この石を聖なる方は——聖なる方よ称えられてあれ！——手に取り、これをテホム〔深淵〕に投じた。石は上から下へと沈んでいった。そこに彼の方は宇宙の根を植えつけた。これが宇宙の中心点である。この中心点に最も神聖な方が立っておられる。それゆえこういわれているのだ。〈誰が隅の親石を置いたのか〉（「ヨブ記」三八—六）。あるいは〈堅く据えられた礎の、貴い隅の石だ〉（「イザヤ書」二八—一六）。あるいは〈家を建てる者の退けた石が隅の親石となった〉（「詩篇」一一八—二二）。来たりて見よ、この石は火と気と水から造り出されたのだ。……この一つの石には七つの目がある（「ゼカリヤ書」三—九）。これはモリヤの岩、イサクの犠牲である（「創世記」第二二章）。それはまた宇宙の〈臍〉でもある。」

322 引用原文 “Sapphireus, quia varium a supernis gradibus colorem trahit et in creatis *mox hoc, mox contrario modo operatur* : nam bonum nonnunquam, quandoque malum, nunc vitam, nunc interitum, nunc languorem, nunc medelam, nunc egestatem, nunc divitias ministrat ”（『ヴェールを剝がれたカバラ』同上 I, Pars I, p. 16）。

323 同上（p. 16, p. 18）。

324 彼はその著作を「哲学者、あらゆる宗教の神学者、ならびに化学の術の愛好者に」Philosophis, Theologis omnium religionum atque Philochymicis 推奨している（同上 I, Pars I の題扉）。

325 同上（p. 16, p. 18）。

326 同上（p. 16 f）

327 「石」は単に「上なるもの」にばかりでなく、マルクトにも関係している。「この永遠の名には、文字ヨード（י）の秘密が含まれている。しかもこの秘密が最も多く含まれているのはマルクトの内である。というのもマルクトの内には文字ヨードが存在しているからである。すなわち、未だ形を与えられていない物質の塊と文字ヨードの形（י）は、石の形をしており、マルクトは、その上に建物の上の部分全体が建てられるところの礎であり石であるからである。マルクトについて「ゼカリヤ書」三—九では、七つの目をもつ一つの石であるといわれている」In hoc nomine perpetuo mysterium literae י [Jod] involvitur, et quidem ut plurimum in Malchuth, quatenus in ista existit litera Jod. Informis enim massa et figura τοῦ י figuram habet lapidis; et Malchuth est fundamentum et lapis cui totum aedificium superius superstruitur. De ea dicitur Zach. 3, 9: Lapis unus septem oculorum（同上 p. 17）。これについては、私がモノイモスの「一つの点」κεραία、すなわち「イオータ」について論じている本書の第二章をも参照願いたい〔本訳書I、七三～七四頁〕。「下の石」は『ミドラシュ』の「石の息子」アルミルス（Armillus）の伝説では悪い意味をおびる。「十人の王のミドラシュ」ではつぎのようにいわれる。「サタンが降り来って、石とともにローマに出没するだろう。この石は身籠って、アルミルスを生むだろう」——「この石はベリアルの妻で、ベリアルが彼女と同衾したあと、彼女は身籠り、アルミルスを生む」——アルミルスは「斜視で、赤い目をしており、二つの頭をもち、足は緑色である」——「彼の髪は黄金のように赤い」。要するにアルミルスは、第二のアダムの敵対者として想定されているテュポン〔＝セト〕的形姿の一つである。「彼はエドム人たちのところにやってきて彼らにいうだろう、自分はおまえたちの救世主だと」。ローマの石は「天地創造の最初の六日間のうちに創造された美しい少女の姿をしている」。アルミルスは、ペルシアの伝説でイイマ（Yima＝原人間）を打ち負かすアジ・ダハカ（Aži-Dahaka）に相当する。ムルメルシュタイン『アダム』参照（Lit. B-334, p. 75 ff）。アルミルスに関する類話ついてはフルヴィッツ『死にゆく救世主の形姿』参照（未完の原稿〔S. Hurwitz: Die Gestalt der sterbenden Messias〕）。

328 『パラグラヌムの書』（Das Buch Paragranum, hrsg. von Franz Strunz, Leipzig 1903, p. 77）。

329 引用原文 "Materia saphyrea: liquidum illud in quo non est materia peccans"（パラケルスス『永き生について』〔Lit. B-394, hrsg. von Adam von Bodenstein, p. 72〕）。

330 『パラケルスス論』（Lit. C-21, p. 86）。

331 パラケルスス前掲書（p. 72）。

332 ロドカエウス『ヘルマプロディトスの小冠』Corollarium de Hermaphrodito（『ヘルマヌスへの書簡』〔『化学の劇場』Bd. V, p. 899〕）。

333　オフィリズム（Ophirizum）そのものが何であるかは知り得なかった。たぶん、その純粋さが諺のようになっている「オフィルの黄金」のオフィル（Ophir）から派生した語であると思われる（「ヨブ記」二二―二四、「イザヤ書」一三―一二）。ロイスナー編『パンドラ』では、「混じりけのない黄金」purum aurum のことを「オブリズムの黄金」Obrizum aurum と呼んでいる。これはセビーリャのイシドルス『語源の書』の説明と一致する（Lit. B-252, Lib. XVI, c. XVII : Obrycum aurum）。ラテン語の obrussa、ギリシア語の *ὄβρυζον χρυσίον* は「純金」の意味をもつ。ピコ・デラ・ミランドラにも言及がある（「化学の劇場」Bd. II, p. 392）。

334　ミューリウス『改革された哲学』（Lit. B-335, p. 151）。

335　アルベルトゥス・マグヌス『アリストテレスの樹』（「化学の劇場」Bd. II, p. 526）。この部分は『ヨハネ黙示録』二一―二一の「透き通ったガラスのような純金」に関係する。

336　ヨハネス・フリデリクス・ヘルウェティウス『黄金の仔牛』（「ヘルメス博物館」p. 826）。

337　ベーツォルト訳『シリアの宝の洞窟』（第5章注27、p. 826）。

338　ピキネルス『象徴の世界』（Lit. B-373, Lib. XII, Nr. 93）。

339　「……なぜならサファイア石は天の色をしているからである。それゆえサファイアによって天上的な者たちの徳が象徴されている。なぜならこれらの霊たちは……天の最も高い場所の崇高さをそなえているからである」… quoniam lapis sapphirus aerium habet colorem. Virtutes ergo coelestium lapide sapphiro designantur, quia hi spiritus ... superioris loci in coelestibus dignitatem tenent.»（グレゴリウス・マグヌス『エゼキエル書講解』Lit. B-194, Lib. I, Hom. VIII）。グレゴリウス・マグヌス『ヨブ記講解』をも参照（Lit. B-197, Lib. XVIII, cap. XXVII）。

340　これに関しては『立ち昇る曙光I』参照（Lit. B-44）。

341　「水晶は……水から凝結され、固まる。われわれは水の流動性がいかに大きいかを知っている。それゆえわれらが救世主の肉体はある意味で水に喩えられる。それは死の瞬間に至るまで苦しみを蒙りつづけたからである。すなわちそれは誕生、成長、困憊、飢え、渇き、死において、受難に至る人生のあらゆる瞬間を流動しつつ貫き流れたのである。……しかしわれらが救世主は、その復活の栄光を通じて滅び朽ちやすさから不朽不滅の堅固さへと蘇ったので、水から変じた水晶のように固くなった。水晶も救世主も同一の性質をおびるに至ったのである。すなわち水は、復活を通じてその滅びの弱さから不朽不滅の強さへと変化したとき、水晶へと変じたのである。けれども心せよ、この水晶は恐ろしい、すなわち戦慄をもよおさせるといわれる。……真実を知る者は誰でもはっきり知っている、人類の救済者が裁く者として姿を現わすとき、その姿は義の人々には壮麗に見えるが、瀆神の徒には恐ろしく映ずるということを」Crystallum ... ex aqua congelascit, et robustum fit. Scimus vero quanta sit aquae mobilitas corpus autem redemptoris nostri quia usque ad mortem passionibus subiacuit, aquae simile iuxta aliquid fuit: quia nascendo, crescendo, lassescendo, esuriendo, sitiendo, moriendo usque ad passionem suam per momenta temporum mobiliter decucurrit ... Sed quia per resurrectionis suae gloriam ex ipsa sua corruptione in incorruptionis virtute convaluit, quasi crystalli more ex aqua duruit ut in illo et haec eadem natura esset. Aqua ergo in crystallum versa est, quando corruptionis eius infirmitas per resurrectionem suam ad incorruptionis est firmitatem mutata. Sed notandum quod hoc crystallum horribile, id est, pavendum, dicitur ... omnibus vera scientibus constat quia redemptor humani generis cum iudex apparuerit, et speciosus iustis, et terribilis erit iniustis（『エゼキエル書講解』同上 Lib. I, Hom. VII）。

342 『ヴェールを剝がれたカバラ』（Lit. B-263, II, Pars II, Tract. IV : Commentarius generalis, p. 61）

343 マクロプロソポス（Makroprosopos）はアジルート（Aziluth＝神性流出界）の体系の最初の三要素一組、すなわちケテル（Kether＝冠）・ビナ（Binah＝知性）・ホクマ（Chochma＝智慧）に当たる。「むろん、父にして母であるマクロプロソポスが、回復後の流出界の冠、智慧、知性であることはまちがいない」Certum quidem est, quod macroprosopus, Pater et Mater, sint Corona, Sapientia et Intelligentia mundi Emanativi post restitutionem. この三要素一組は真の三位一体であって、「……空虚世界の最初の三つの部分から、あの最も聖なる古き人の内に含まれている三つの上なる頭が形づくられる。けれどもこの三つは流出界ではすべて合わせて一つとして数えられ、この一つのものがすなわちマクロプロソポスである」... e tribus punctis primis mundi inanitionis constituta sint tria capita superna, quae continentur in *Sene Sanctissimo*. Omnia autem *tria numerantur pro uno* in mundo Emanativo, qui est macroprosopus（同上 §166, p. 56 f）。ロゴス・マクロコスモス（*λόγος μακρόκοσμος*）ないしはロゴズ・マクロプロソポス（*λόγος μακροπρόσωπος*）ということばがすでにアレクサンドリアのピロンに見られる。

344 引用原文 “Forma secunda vocatur *Ros crystallinus*; et haec formatur a Severitate Basiliae, Adami primi, quae intrabat intra Sapientiam Macroprosopi: hinc in crystallo color quidam emphaticus rubor apparet. Et haec est Sapientia illa, de qua dixerunt, quod in illa radicentur Iudicia ... ”（『ヴェールを剝がれたカバラ』同上 p. 61）。「王国」Basilia はマルクトに関係している。

345 キリストは教父たちの言語では石《ラピス》と呼ばれる。たとえばグレゴリウス・マグヌスはこういっている。「聖なる書物で石という場合、それはわれらが主にして救済者を意味する」（『サムエル記上釈義』Lit. B-195, ib. IV, cap. VII）。

346 ベルトロ『古代ギリシア錬金術集成』（Lit. B-55, III, VI, 5）。『心理学と錬金術』参照（Lit. C-26, Zürich 1952, 404 ――人文書院版、II、九九頁以下）。

347 これに関しては『メルクリウスの霊』参照（Lit. C-24, Zürich 1948）。

348 同上（p. 39 f）

349 ディオニュシウス・アレオパギタ『天界の位階について』（Lit. B-134, Cap. III, §3）。

350 引用の仕方は不正確である。〔ウルガタ聖書 “estote ergo vos perfecti sicut et Pater vester caelestis perfectus est”〕

351 シュラムの乙女の運命はある意味では、エイレナイオスの伝えるグノーシス主義者たちにおけるソピアの喪失に符合する。

352 『心理学と錬金術』参照（Lit. C-26, p. 397 ff ――人文書院版、II、九九頁以下）。

353 ゲリュオンは、ゴルゴンの血のなかから跳び出してきたクリュサオルと、オケアノスの娘カリロエとのあいだに生まれた息子である。

354 ヒポリュトス『反証』（Lit. B-229, V, 8, 4）。

355 同上（V. 6, 6 f）。

356 同じようなイメージがエピファニオス『パナリウム』に見られる（Lit. B-154, Haer. XXX, cap. III）。それによればエルクサイ派はこう主張した。アダムはキリストであった。キリストはアダムのなかに降り入り、アダムの肉体を身につけて、アブラハム、イサク、ヤコブのもとにやってきた。――ゴルゴタの丘のアブラハムの墓に関しては、『パナリウム』（同上　Haer. XLVI, cap. V）参照。

357 「オシリス、天のものなる月の角《つの》」はアッティスの別名である（『反証』同上 V, 8, 4）。

358 「ヨハネ福音書」一―三のもじり。

359 『反証』（同上 V, 8, 4 f）。

第六章

1 『神秘主義とその象徴表現』（Lit. B-464, p. 79）。

2 『錬金術の発生と伝播』（Lit. B-296）。

3 ルスカ編『賢者の群』（Lit. B-443, p. 119, line 27）。

4 同上（p. 127）。

5 同上。

6 同上（p. 126）。

7 ベルトロ『古代ギリシア錬金術集成』（Lit. B-55, III, XI, 2）。

8 「しかしながら鉱物と植物はヘルマプロディトス的性質を有する。それらは両性をそなえているからである。それにもかかわらずそれらのなかから、生きものにおけると同じように、形相と質料の結合が生ずる」Mineralia tamen atque vegetabilia Hermaphroditae sunt naturae, eo quod utrumque sexum habeant. Nihilominus fit ex seipsis coniunctio formae et materiae, quemadmodum fit de animalibus（アエギディウス・デ・ウァディス『対話』〔「化学の劇場」Bd. II, p. 99〕）。

9 「それゆえ二つの硫黄と二つの水銀が存在するといわれる。その二つの在り方についてはこういわれる。それぞれは一つずつであり、互いに仲睦まじく、それぞれが他を自らの内に含んでいる」Unde duo sulphura et duo argenta viva dicuntur et sunt talia, quod unum et unum dixerunt, et sibi congaudent, et unum alterum continet（『ロシヌスからサラタンタへ』〔「錬金の術叢書」Bd. I, p. 302〕）。

10 同上（p. 302）。

11　諸元素の混交と結合は「合成の秩序」ordo compositionis と呼ばれる（『プラトンの四つのものの書』〔「化学の劇場」Bd. V, p. 182〕）。魏伯陽の論説（十一世紀）にはこうある。「道は長く、杳として謎に満ちているが、道の終わりでは陽と陰は一つに結びつく」（ウー、デイヴィス共著『古代中国の錬金術』Lit. B-528, p. 210 ff）。

12　ミヒャエル・マイアー『黄金の卓の象徴』（314, p. 178）。

13　「赤い男」と「白い女」、あるいは「赤い海砂」と「月の痰」（『黄金論説』〔「ヘルメス博物館」p. 9〕）。

14　同上（p. 11）。

15　すでに『賢者の群』においてそうである（Lit. B-443, p. 117）。

16　それぞれの「結合」copulatio は、「月経中のメルクリウス〔水銀〕」mercurius menstrualis のなかで行なわれるか（『「賢者の群」に関する省察』〔「錬金の術叢書」Bd. I, p. 161〕）、あるいは、「永遠の水」aqua permanens のなかで沐浴することによって生ずるが、この「永遠の水」もまたメルクリウスである。メルクリウスは男であり、女であり、またその結合から生まれてくる子どもである。

17　「ヘルメス博物館」（p. 622 ff）。

18　これについては『アイオーン』を参照願いたい（Lit. C-33, p. 237 ff）。

19　「人間が最高の善に到達したいと思うならば、……まず神を、そして己れ自らを……よく知らなければならない」Si enim homo ad summum bonum pervenire cupit, tunc ... primo Deum, dein seipsum ... agnoscere illum oportet（『賢者の水族館』〔「ヘルメス博物館」p. 105〕）。

20　「けれども敬虔は、天から降り来る恩寵であって、それはあらゆる人々に、己れ自らを、自らの真の姿を認識することを教える」Pietas autem est gratia divinitus prolapsa, quae docet unumquemque seipsum, vere ut est, cognoscere（ドルネウス『瞑想哲学』〔「化学の劇場」Bd. I, p. 462〕）。「……そして中心を認識し理解するよう熱心につとめ、全身全霊をもって中心に向かわなくてはならない」... ad amussim studeat centrum cognoscere ac scire, eoque se totum conferat（同上）。

21　ベルトロ『中世の錬金術』（Lit. B-54, III, p. 50）。

22　「それゆえ作業の時間的な節目を細心の注意をもって観察すると同時に、己れ自らをも観察しなければならない。そうすればオプスは成就する」Sit ergo diligens inspectio in tempora casus rei, sicut inspectio eius in ipsum et perficitur opus（「化学の劇場」Bd. V, p. 144)。同じく、「……智慧の探求者は己れ自らを監視しなければならず……」...oportet inquisitorem sapientiae custodire seipsum ...（同 p. 141)。

23 「……汝が、汝のガラスのなかで自然物が時を同じくして混じり合うのを眺めるとき……」... cum in vitro tuo conspexeris naturas insimul misceri ...（「ヘルメス博物館」p. 685)。

24 『「賢者の群」に関する省察』（「錬金の術叢書」Bd. I, p. 159)、およびホゲランデ（「化学の劇場」Bd. I, p. 180)。

25 リプラエウス『化学大全』(Lit. B-432, p. 38, p. 81)。同様にラウレンティウス・ウェントゥラにはこうある。「それゆえ墓を掘り、妻をその死んだ夫とともに埋めよ」Effodiatur ergo sepulcrum et sepeliatur mulier cum viro mortuo ...（「化学の劇場」Bd. II, p. 291)。この箇所は『賢者の群』に依拠している (Lit. B-443, Sermo LIX)。

26 「太陽と月とのあの大いなる蝕《しょく》」magna illa Eclipsis Solis et Lunae（「ヘルメス博物館」p. 686)。これについては『転移の心理学』参照 (Lit. C-29, p. 153 ff)。

27 ドルネウス『トリスメギストスの自然学』（「化学の劇場」Bd. I, p. 418)。同じく『金属の変成』では、「第三のものが必要である」tertium esse neccesarium といっている（「化学の劇場」Bd. I, p. 577)。

28 ラウレンティウス・ウェントゥラ（「化学の劇場」Bd. II, p. 32)。

29 同上 (p. 332)。

30 リプラエウス（「化学の劇場」Bd. iII, p. 125)。同じく「ヘルメス博物館」(p. 39)。

31 『ロシヌスからサラタンタへ』（「錬金の術叢書」Bd. I, p. 281)

32 『結合の会議』（「化学の術」p. 74)。このテクストには「芳香を放つルナ」Luna odorifera という表現が見られるが、これと対照をなすものとして錬金術には「墓の匂い」odor sepulcrorum という語が出てくる。

33 「芳香を放つミュロン〔香油・バルサム〕」Μύρον εὐωδέστατον（ヒポリュトス『反証』Lit. B-22 9, VII, 22, 19)。

34 「天と地のあいだに存在する気の水は万物の生命原理である。すなわちこの水は肉体を溶解して霊〔精神〕と化し、死せるものを生き返らせ、男と女の結婚を生ぜしめる」Aqua aeris inter caelum et terram existens est vita uniuscuiusque rei. Ipsa

enim aqua solvit corpus in spiritum, et de mortuo facit vivum, et facit matrimonium inter virum et mulierem（ミューリウス『改革された哲学』Lit. B-335, p. 191）。

35 「……乾いたものを湿らせ、固いものを軟らかにし、肉体同士を結びつけ、柔和にする……」... Siccum humectare, et durum lenificare, et corpora coniungere et attenuare ...（『化学の劇場』Bd. V, p. 112）。

36 『化学の結婚』（Lit. B-435）。

37 ケレーニイ『エーゲ海の祝祭』（Lit. B-267, p. 55）。

38 『「賢者の群」に関する省察』（『錬金の術叢書』Bd. I, p. 160 f）。

39 「かの精神（霊）と物質との二としての在り方には、聖なる結婚の絆である第三のものが隠れている。これこそ、両極端にかかわりつつ、昔も今もあらゆるもののうちに絶えず生きつづけている中間的なもの〔媒体〕にほかならない。両極端がなければ中間的なものは決して存在しえず、中間的なものがなければ両極端は存在しえない。この三なるものから一なるものが生ずる」Sub isto binario spirituali et corporeo tertium quid latuit, quod vinculum est sacrati matrimonii. Hoc ipsum est medium usque huc in omnibus perdurans, ac suorum amborum extremorum particeps, sine quibus ipsum minime nec ipsa sine hoc medio esse possunt, quod sunt, ex tribus unum（ドルネウス『トリスメギストスの自然学』〔『化学の劇場』Bd. I, p. 418〕）。

40 これに関しては、アブル・カシムに出てくる、あらゆる知識が見出されるが区別と対立は見出されない「山」を想起願いたい（ホームヤード編『知識の書』Lit. B-4, p. 24）。詳しくは『心理学と錬金術』参照（Lit. C-26, p. 584——人文書院版、II、二九七頁、三四〇頁原注1）。

41 『メルクリウスの霊』（Lit. C-24, Zürich 1948, p. 71 f）。

42 『マンダラ象徴について』（Lit. C-32, p. 199 ff）。

43 『心理学と錬金術』（同上 p. 438——人文書院版、II、一三六〜一三八頁、一六一頁原注2）。

44 『共時性——非因果的連関の原理』参照（『自然の解明と心の構造』の内〔Lit. C-38〕）

45 全般的な説明については、ライン『心の新たな開拓者』および『心の射程』を見よ（Lit. B-426, 427）。ここで問題にしている現象に関する議論については、『共時性——非因果的連関の原理』参照（同上 p. 15 ff）。

46　「バルサム」はすでにゾシモスにおいて、「永遠の水」aqua permanens の同義語として登場する（ベルトロ『古代ギリシア錬金術集成』Lit. B-55, III, XXV, 1）。

47　『パラケルスス論』（Lit. C-21, p. 85 ff）。

48　「人間の肉体にはエーテルに似たある種の物質がやどっていて、この物質が肉体中の諸元素の爾余の部分を保持し、存続させる」Est enim in humano corpore quaedam substantia conformis aethereae, quae reliquas elementares partes in eo praeservat et continuare facit（『瞑想哲学』〔『化学の劇場』Bd. I, p. 456〕）。

49　「われわれはわれらが錬金術治療薬が肉体的であることを否定しようとは思わないが、それは錬金術の精神〔霊〕に覆われており、精神的〔霊的〕作用が作り出したものだといいたい」Spagiricam autem nostram medicinam esse corpoream non negamus, sed spiritalem. dicimus esse factam, quam spiritus spagiricus induit（同上 p. 456）。「バルサム」の同義語の一つは、「哲学的でありかつ卑俗な」philosophicum et vulgare、したがって「二重」duplex の性質を有する「葡萄酒」である（同上 p. 464）。

50　「われわれは、瞑想哲学の本質は精神的統一による肉体の克服にあると結論する。けれどもこの最初の結合によってはまだ賢者ではなく、智慧の精神的な弟子が生まれるだけである。精神の肉体との第二の結合によってはじめて、原初の統一〔宇宙の潜在的統一〕との完全で至福に満ちた一体化を願い、期待することのできる賢者が現われ出るのである。全能の神の配慮によって、われわれすべてがそのようになれますよう、そして全能の神が全のなかの一であられますよう」Concludimus meditativam philosophiam in superatione corporis unione mentali facta, consistere. Sed prior haec unio nondum sophum efficit, nec nisi mentalem sophiae discipulum : unio vero mentis cum corpore secunda sophum exhibet, completam illam et beatam unionem tertiam cum unitate prima sperantem et expectantem. Faxit omnipotens Deus ut tales efficiamur omnes et ipse sit in omnibus unus（同上 p. 456）。

51　たとえばロイスナー『パンドラ』の図（Lit. B-361）。『心理学と錬金術』図二三二はその一つ〔=本訳書I、二三七頁、図17〕。

52　『転移の心理学』参照（Lit. C-29, p. 96 ff）。近親相姦象徴は、同族婚的リビドーの侵入によって説明しうる。最初の近親間結婚（「交差いとこ婚」cross-cousin-marriage）が純然たる族外婚に席を譲る。この族外婚は同族婚的要求を満足させない、そこでこの要求が近親相姦象徴にそのはけぐちを求めるのである。

53 すでに錬金術師デモクリトス（少なく見積もっても古く紀元一世紀あたりの人物だと推測される）に認められる。彼にあっては、それは自然物（φύσεις）の婚礼の抱擁である（テクストはベルトロ『古代ギリシア錬金術集成』〔Lit. B-55, II, I ff〕）。注目すべきことに、錬金術的オプスの最後にして最大の例、すなわちゲーテの『ファウスト』は、処女なる母の神格化、女王にして女神たるマリア－ソピアの讃美で終わる。マリアを「女神」dea と呼ぶ例はマグデブルクのメヒティルトにも見られる。

54 このことと、象徴が、その対象を明確には知らない直観的観照の可能なかぎり最高の形象化であるという説明とは矛盾しない。このような観照はつねにまた、その対象をそれ独自のやり方で具象的に示そうとする傾向を基盤として生ずる。

55 もう一つの例は『個性化過程の経験』に収められている（Lit. C-15, Zürich 1954, p. 95 ff）。

56 これに関する詳細はハイラー『新しいマリアの教義』を参照（Lit. B-214）。

57 ミヒャエル・マイアー『化学の探求』のエンブレムL（Lit. B-313, p. 148〔＝本訳書I、六六頁図11〕）。また、ルスカ編『賢者の群』をも参照（Lit. B-443, Sermo LIX）。

58 『化学の探求』（同上 p. 46）、「ヘルメス博物館」（p. 351, . 357）。

59 『メルリヌスの寓喩』（「錬金の術叢書」Bd. I, p. 393）。

60 「それゆえ精神（mens）が正しく合成されているといえるのは、精神（animus）が魂（anima）と、精神が肉体の欲望と心の情動とを制御しうるようなぐあいに結びついている場合である」Mens igitur bene dicitur esse composita, quoties animus cum anima tali vinculo iunctus est, ut corporis appetitus et cordis affectus fraenare valeat（ドルネウス『瞑想哲学』〔「化学の劇場」Bd. I, p. 451〕）。

61 同上。

62 ドルネウスはこの関連でつぎのような「神のことば」verbum Dei を引いている。「自分の生命〔魂？〕を愛する者はそれを失い、自分の生命〔魂？〕を憎む者はそれを永遠に保つ」Qui diligit animam suam, perdet eam, et qui odit animam suam, in aeternum custodit eam（同上 p. 453）。「マタイ福音書」一六—二五、「ルカ福音書」一七—三三、「ヨハネ福音書」一二—二五参照。

63 魏伯陽にこれに類似する説明が見られる。「あらゆる側面が閉ざされていれば、その内部は内部交通的迷路によって形成される。防護は、悪魔的で望ましくない一切のものを退けうるほどに完璧である。……思考の停止が望ましく、思い悩むことは愚かしい。神聖なる気〔霊、エーテル的精髄〕が隅々まで満たす。……これを得る者は栄え、これを失う者は滅びるであろう」（ウー、デイヴィス共著『中国古代の錬金術論説』Lit. B-528, p. 238)。

64 比較的古い時代の諸証言は『心理学と錬金術』にまとめて紹介されている（Lit. C-26, p. 488 以下——人文書院版、II、一八六頁以下)。

65 「すなわち、悪い人生を送っている人間が智慧の息子たちの秘密の宝を所有することはできないし、健全さを欠いた者はそれを獲得したり、探求したり、まして探し当てたりするには不適格である」Impossibile est enim vitae malae hominem possidere thesaurum sapientiae filiis reconditum, et male sanum ad eum acquirendum vel inquirendum, multo minus ad inveniendum aptum esse（『瞑想哲学』同上 p. 457)。

66 「弟子たちに神の助力を懇い願うよう勧め、この恩寵を受け取るために細心の注意を払って努力する必要があるということを銘記させなくてはならない」Admonendos esse discipulos putavi auxilii divini implorationis, deinceps accuratissimae diligentiae in disponendo se ad eiusmodi gratiam recipiendam（同上)。

67 「智慧」がいう、「わたしは真のメディキナ〔霊薬〕、すなわち、もはやそうでないものをそれが腐敗堕落以前にそうであったところのものへと、しかもはるかに善きものへと修正し変化させる、そしてまた、いまはそうでないものをそうであるべきものへと修正し変化させるメディキナである」Ego sum vera medicina, corrigens ac transmutans, id quod non est amplius, in id quod fuit ante corruptionem, et in multo melius, item id quod non est, in id quod esse debet（同上 p. 459)。

68 「分離」distractio〔葛藤・不和〕は、「幾人かの人が自死と呼んでいる」voluntariam mortem nonnulli vocant ところのものである。これに関しては『哲学者の薔薇園』のなかの一連の図における王と女王の死を参照。これらの図は『転移の心理学』に再録され、注釈をほどこされている（Lit. C-29, p. 154 ff)。

69 「哲学の葡萄酒」は「天の精髄」essentia caelestis を内に含んでいる（『瞑想哲学』同上 p. 464)。

70 「力と天上的活力」virtus caelestisque vigor（同上 p. 475）。

71 「けれども真理は最高の徳であり、難攻不落の要塞である」At veritas est summa virtus et inexpugnabile castrum（同上 p. 458）。

72 引用原文 "Libera tamen ad suam unitatem redit. Hoc est unum ex arcanis naturae, per quod ad altiora pertigerunt spagiri"（同上 p. 464）。

73 「穀粒」のラテン語 grana は、「漿果〔の種〕」の意にも用いられる。

74 この操作の詳細は以下に言及する。

75 「絶え間ない周回運動、輪の円循環において」assiduis rotationis motibus, rotae circulo（『瞑想哲学』同上箇所）。

76 ヨハネス・デ・ルペスキッサ『クウィンタ・エッセンティア』を見よ（Lit. B-438）。クウィンタ・エッセンティアは天に相当する（同 p. 15）。それはまた「葡萄酒の精」esprit du vin とも「生命の水」eau de vie とも呼ばれる。それは「天の色をした」de la couleur du ciel（p. 19）「人間の天」ciel humain（p. 17）である。

77 この箇所ではドルネウスは、おそらくアルテフィウスの論説『智慧の大いなる鍵』第二部の魔術的方法に依拠していると思われる（『化学の劇場』Bd. IV, p. 236 ff／マンゲトゥス編『霊妙化学叢書』Bd. I, 507 ff）。精神〔霊〕ないしは魂を肉体と結合して肉体を変容させるために惑星の精神たちを無理やり降下させる術である。『リプリー・スクロール』およびその異本に描かれた沐浴のなかでの「結合」coniunctio を参照（『心理学と錬金術』二五七図はその一例）。

78 引用の「それゆえ……似ている」の部分の原文 "Sunt igitur stellae nobis inferiores individua quaevis a natura hoc in mundo inferiori producta coniunctione videlicet earum et caeli tanquam superiorum cum inferioribus elementis"（ドルネウス『瞑想哲学』同上 p. 466）。

79 『瞑想哲学』（同上 p. 465 f）。

80 「蜜のエリキシルは人間の肉体を、内的かつ外的なあらゆる不完全性から護り、浄化する」（ペノトゥス『霊薬について』〔『化学の劇場』Bd. I, p. 730〕）。パラケルススの『錬金術薬剤師の光』（Lit. B-384, p. 193 ff）の第一章は蜜の問題に割かれている。蜜のプリマ・マテリアは「地の甘さ」をその本質としており、「そのなかには植物に属する一切合切のものが集約的に含まれている」。蜜は「地の樹脂」resina terrae であり、「夏の流入〔影響〕」Aestivalische Influentz によって「肉体をそなえた精神〔霊〕」spiritus corporalis に変化させられるところの一種の「インド人の精神〔霊〕」Indischer Spiritus である。蜜は洗礼者ヨハネの食べ物であった（以上、同 p. 222 ff）。

「第三の高揚」において蜜は「致命的なもの」に、すなわち、「致命的タルタルス」Tartarus mortalis と同じように死をもたらす毒になる（パラケルスス『タルタルス的病気について』Lit. B-393, p. 88 f / Hg. von Johann Huser, Strasbourg 1589-1590, 2. Teil, Kap. XIV, p. 239）。蜜はタルタルスを内に含む（同 Huser, p. 223）。蜜は「永遠の水」aqua permanens（＝「神聖な水」ὕδωρ θεῖον）としてすでにゾシモスに出てくる（ベルトロ『古代ギリシア錬金術集成』Lit. B-55, III, XXV, 1）。ゾシモスおよび『賢者の群』では、蜜は「酸っぱいもの」（酢）と対立対《つい》をなしている（『賢者の群』Lit. B-443, Sermo XXXVII, 16）。

81 「ケリドニア」chelidonia は『賢者の群』の異本に秘密の名として出てくる。この異本はルスカ編のテクストとはかなり相違している。「これを黄金のケリドニア、カルネク、……ゲルドゥムと呼ぶ哲学者もいた」Quidam Philosophi nominaverunt aurum Chelidoniam, Karnech ... Geldum（「錬金の術叢書」に翻刻されている〔Bd. I, p. 1 ff〕）。「ゲルドゥム」をルスカは「より大いなるカリドニウムL」Chalidonium maius L. であると説明している（ルスカ編『賢者の群』Lit. B-443, p. 28）。ディオスコリデスは、燕はこの薬草〔ケリドニア〕で雛の盲目を治した、と記している（『薬用植物』Lit. B-136, II, p. 17）。タベルナエモンタヌス『薬用植物図鑑』は、さらに目薬（たとえば夜盲症に対する）としてこれを挙げている（Lit. B-477, I,p. 106）。ルランドゥスでは、ケリドニアは黄金の暗号名の一つであるが（『錬金術事典』Lit. B-437, p. 98）、これはたぶん花が黄色いためであると推測される。燕の雛の胃には小石が二つ見出される、それは「ケリドニウムの石」lapides Chelidonii で、一つは黒、もう一つは赤である（同 p. 98 f）。ケリドニアは、目薬（「ケリドニアの液汁」succus Chelidoniae）としては、「メルクリウスの湿気」humiditas Mercurii（＝「メルクリウスの魂」anima Mercurii）を抽出するために用いられるが、それはその色のゆえである（ドルネウス『金属の変成』〔「化学の劇場」Bd. I, p. 582〕）。「ケリドニアの塩」sal Chelidoniae は「月経促進剤」emmenagogon であり「溶解剤」resolvens である（同 p. 759）。ケリドニアはラピスの名であり（「化学の劇場」Bd. IV, p. 822）、精神病の治療薬である（「化学の劇場」Bd. V, p. 432）。パラケルススにあっては、四つのケリドニアが「アントス」anthos と同じ意味をもっている（『パラグラヌムの書』Lit. B-386, II, Teil: De Philosophia, p. 68-90――これに関しては『パラケルスス論』のなかの「ケイリ」Cheyri についての叙述を参照〔Lit. C-21, p. 86 f〕）。ケリドニアは雷雨を予防する一種の予防薬としての効用をも有する（パラケルスス『隠秘哲学』Lit. B-389, p. 537）。

82 ロスマリン（rosmarin）のロス（ros=露）は「永遠の水」aqua permanens を意味する。ロスマリンはタベルナエモンタヌスによれば一種の解毒剤である（『薬用植物図鑑』同上 p. 312）。

83 タベルナエモンタヌスによれば、植物のメルクリアリス・テスティクラタ（mercurialis testiculata=ヤマアイ〔山藍〕――〔テスティクラタは字義どおりには「睾丸」を意味する〕）は、「モリュ」moly と同じようにメルクリウスによって発見され、雌雄別株で、月経促進剤である（同上 II, p. 940 f）。ディオスコリデスによれば、メルクリアリスは、「膣」vagina に挿入されると、生まれてくる子どもの性を規定する（『薬用植物』Lit. B-136, IV, p. 169）。「野生のメルクリアリスは、そのなかでメリクリウスが生まれるところの明礬水である。それは……黄金色をしている」Mercurialis saeva est aqua aluminum in qua Mercurius generatur ... est aurei coloris（ルランドゥス『錬金術事典』Lit. B-437, p. 334）。

84 「百合」lilium はメルクリウスであり、「硫黄のクウィンタ・エッセンティア」quinta essentia sulphris である（それゆえ赤い）（ルランドゥス同上箇所）。「錬金術の百合、ないしはメディキナ〔霊薬〕の百合……、それは、至高の創造者の顕在化であるすべてのもののうちで、人間が瞑想しうる最も高貴なものである」Lili Alchemiae et Medicinae ... nobilissimum hoc omne quod ex altissimi conditoris manifestatione meditationibus hominum obtingere potest（ドルネウス『金属の変成』〔「化学の劇場」Bd. I, p. 608〕）。「百合のアンテラ」anthera liliorum（アンテラは雄蕊を意味すると推測される）は、解毒剤である（パラケルスス『マクルスの詩歌』Lit. B-391, Sudhoff: p. 414）。「百合の液汁」succus liliorum は「メルクリウス的」mercurialis であり、「不燃性」incombustibilis である（グラセウス『秘密の箱』〔「化学の劇場」Bd. VI, p. 327〕）。「白い百合」と「赤い百合」の結合（同 p. 335）。

85 「血」は「赤いティンクトゥル」（=「永遠の水」）の同義語の一つであり、ラピスの前段階の一つである（ルランドゥス『錬金術事典』同上 p. 421）。「赤毛の人間の血」sanguis hominis ruffi=「硫黄」sulphur=「ソルのメルクリウス」Mercurius Solis（同 p. 422）。

86 ペノトゥス『霊薬について』には、タルタルスについてこうある。「それは錬金術において奇蹟をなす。なぜならそれの媒介によって日の光はプリマ・マテリアに変えられるからである」Miranda praestat in spagyrica arte, nam eo mediante lux diei in primam materiam reducitur（『化学の劇場』Bd. I, p. 749）。リプラエウスは「煅焼されたサトゥルヌス〔鉛・土星〕」saturnus calcinatus を「黒い葡萄を原料とするタルタルス」tartarus ex uvis nigris と呼んだといわれる（オルテリウス『ディスクルスス』〔『化学の劇場』Bd. VI, p. 471〕）。

87 これは上注77で言及したアルテフィウスの論説にもとづくのかもしれない。

88 ドルネウス『瞑想哲学』（同上 p. 470）。

89 引用原文 "Corpus tandem in amborum iam unitorum unionem condescendere cogitur et obedire"

90 あるいはこのことばが、錬金術を表わす spagirisch〔パラケルススの造語〕という語の元になっているのかもしれない。spagirisch は、ギリシア語の σπάειν（spaein＝引き裂く・分離する）と ἀγείρειν（ageirein＝集める・結合する）との合成語だからである。

91 引用原文 "Quis haerebit adhuc nisi lapis in generatione spagirica?" すなわち、「地の中心」とラピスとが互いに不可分の照応関係にあるといっているのである。

92 『瞑想哲学』（同上 p. 466 ff）。

93 すなわち「精髄《エッセンス》」。

94 これについては『メルクリウスの霊』参照（Lit. C-24, Zürich 1948, p. 118）。

95 『化学の調和』（『化学の劇場』Bd. IV, p. 820）。

96 『メルクリウスの霊』（同上 p. 121）。

97 『心理学と錬金術』（Lit. C-26, Zürich 1952, p. 504, p. 279 ――人文書院版、II、一九九頁、I、二五三～四頁）および図九七参照〔本訳書二七五頁、図5〕。『アイオーン』をも参照（Lit. C-33, p. 194）。

98 これはパラケルススにも当てはまる。パラケルススの「アニマ」、すなわちメロジーナ（Melosina）は、血のなかに住んでいる（『パラケルスス論』〔Lit. C-21, p. 102〕）。

99　これに関しては、ヒヴォールゾーン『シバ人の宗教』に収められているモハメッド・ベン・イシャク・エン－ネディム『フィリスト』Fihrist-el-U'lum からの覚書を参照（Lit. B-95, II, p. 19 f）。そこには油と硼砂のなかで人体が解離される様子が記述されている。解離された屍体の頭は占いに用いられる。『ミサにおける変容の象徴』に収められているローレンス・ヴァン・デル・ポストの報告をも参照（Lit. C-22, Zürich 1954, p. 274 f）。

100　クリスティアノスには「死者の頭」caput mortuum に関してつぎのような描写がある。「黒く、魂がなく、死んでいて、いわば息が絶えている」*μέλαν καὶ ἄψυχον καὶ νεκρὰ καὶ ὡς εἰπεῖν ἄπνους*（ベルトロ『古代ギリシア錬金術集成』Lit. B-55, VI, XII, 1）。「粘液」は道徳的な意味をも有する。すなわち「またあなたの智慧の種子をわれらが心臓に播き、心臓から粘液を、すなわち腐敗した胆汁と沸き立つ血を追い払い、われらを至福の者の歩む道へ導き給え」Item sapientiam tuam semina in cordibus nostris, et ab eis phlegma, choleram corruptam et sanguinem bullientem expelle, ac per vias beatorum perducas（『賢者の寓喩』〔『化学の劇場』Bd. V, p. 66〕）。蒸溜の残滓である「黒い地」は「灰」であり、その灰について『ミクレリスの論説』はこういう、「灰を軽く見てはならない。……そのなかには永続する灰であるところの冠が潜んでいるからである」Ne cinerem vilipendas ... in eo enim est Diadema quod permanentium cinis est（『化学の劇場』Bd. V, p. 104）。

101　人間の内には「大理石のようなタルタルス」marmoreus tartarus、すなわち「極めて硬い石」lapis durissimus がある（ルランドゥス『錬金術事典』Lit. B-437, p. 322）。大理石の、あるいは蛇紋石の酒杯は、毒を防ぐといわれる（ヘルヴィヒ『医薬・化学事典』Lit. B-217, p. 162）。「つぎのことも弁えよ。霊〔精神〕は大理石の家に囲まれているのである。それゆえ死せる霊が出てくることができるように出口を開け」Item scitote, quod spiritus est in domo marmore circundata, aperite igitur foramina, ut spiritus mortuus exeat（『賢者の寓喩』同上箇所）。

102　『瞑想哲学』（『化学の劇場』Bd. I, p. 458）。これは明らかに人間の不死不滅をいおうとしている。

103　「それゆえ、肉体を善き状態に調整するために、われわれは錬金術治療薬を用いる」Ad corporis igitur bonam dispositionem artificiatam, utimur spagirico medicamento（同上 p. 457）。

104　レヴィ－ブリュールの見方は近年人類学者によって問題視されているけれども、それは決してこの現象の存在を未開人のあいだに認めえないからではなく、人類学者たちがこの現象を理解できなかった結果である。人類学以外の分野の専門家の多くもそうであるが、これらの批判者たちは、無意識の心理について何も知りたがらないのである。

105　これに関しては、パラケルススの「テレニアビン」Tereniabin、「マンナ」Manna ないしは「野蜜」、あるいは「五月の露」を参照〔いずれもアルカヌムとしての糖蜜〕（『パラケルスス論』Lit. C-21, p. 119 f）。

106　同上（P. 86 f）。

107　「……かくして、ケイリの花を見れば分かるように、錬金術は四つのものから一つの調和的全体を作り出す」（『永き生について』Lit. B-394, Sudhoff : p. 301）。

108　『メルクリウスの霊』（Lit. C-24, Zürich 1948, p. 68 ff）。

109　特に『賢者の水族館』参照（「ヘルメス博物館」p. 112）。

110　「思惟を抽出する」extrahere cogitationem を参照（『プラトンの四つのものの書』〔『化学の劇場』Bd. V, p. 144〕）。

111　これについては『アイオーン』参照（Lit. C-33, p. 228 ff）。

112　ロイスナー編『パンドラ』（Lit. B-361, p. 253）。『心理学と錬金術』図二三二。〔本訳書Ⅰ、図17〕

113　『アイオーン』第一部（同上 p. 15 ff）。

114　ベヒトルト－シュトイブリ『ドイツ迷信辞典』参照（Lit. B-208, s. v. Schelkraut）。

115　この露はまた、「士師記」六－三六以下にもとづいて、「ギデオンの露」ros Gideonis というかたちでも言及される。これはすでに古代にもあった観念である。すなわちマクロビウスにはこうある。「……その〔月の〕光のなかには何ものかがあって、それがそこから流れ落ち、肉体を湿らせ、一種の隠れた露のようにそれを浸す」… quaedam inest lumini [lunae], quod de ea defluit, quae humectat corpora et velut *occulto rore* madefaciat（『サトゥルナリア』Lit. B-308, VII, 16）。死者を蘇らせ、聖者の糧となる露が『ゾハル』に見られる（Lit. B-466, fol. 128b）。エイレナイオスの伝えるグノーシス主義には「光の露」という観念が見られる（『異端駁論』Lit. B-250, I, 30, 3/III, 17, 3）。神の恩寵としての露がラバヌス・マウルスに出てくる（ミーニュ編『ラテン教父著作集』Lit. B-328, vol. 112, col. 1040）。ステーブスでは露は「甘美な蜜に満ちた、天の飲物」mellifluum coeli nectar である（『セフィロトの天』Lit. B-473, p. 139）。ヘルメス・トリスメギストスが『エメラルド板』で、「その父は太陽、その母は月である」Pater eius Sol, Mater Luna というとき、「その」は露のことを意味していた（同上）。露は『賢者の群』には始終登場する（たとえば Sermo 58〔Lit. B-443〕）。

116 テオドロス・ストゥディテスにはこうある。「あなたは正しき信仰が香油よりも芳しく匂うようにし給うた」Rectam fidem super unguentem olere fecisti（ピトラ『聖なる屑拾い』Lit. B-377, I, 337）。聖霊は「世界全体を知識の芳香で満たした」Odore scientiae totum perfudit orbem（同 p. 341）。マンダ教には「力強き生の芳香」という観念が見られる（リッバルスキー『ギンザー』Lit. B-181, p. 110, 13）。サピエンティアの芳香については、ヒエラポリスの神殿のなかと、そのまわりに漂う母なる女神の芳香（ルキアノス『シリアの女神について』Lit. B-303）、および「エノク書」の生命の樹の芳香（カウチュ編『旧約聖書外典・偽典』Lit. B-21, II, p. 254）を参照。さらにつぎの二論文を参照。ネストレ『霊の証としての甘き香り』（Lit. B-339, p. 95）。ローマイアー『神の芳香について』（Lit. B-297, 41 ff）。

117 ベヒトルト－シュトイプリ『ドイツ迷信辞典』参照（Lit. B-208, s. v. Rosmarin）。

118 『ヒュレの混沌』（Lit. B-272, p. 263 ff）。

119 同上（p. 264）。

120 同上（p. 260）。

121 『イシスとオシリス』（Lit. B-400, cap. 57, 3）。

122 すなわちこれは、ドルネウスが生きていた当時盛んに行なわれた「砂占い術」における「赤い男」Rubeus を意味する。

123 マンダラの周回については、『マンダラ象徴について』（Lit. C-32, p. 225 f）ならびに『アイオーン』（Lit. C-33, p. 370）を参照。

124 これに関しては『自我と無意識の関係』参照（Lit. C-6, Zürich 1945, p. 159 ff）。

125 『錬金術事典』（Lit. B-437, s. v. meditatio）。

126 『アイオーン』参照（同上 p. 63 ff）。

127 これは中国の錬金術においては「真人」、つまり完全無欠な原人間（τέλειος ἄνθρωπος）である。魏伯陽はいう、「真人は、卓越せるものの極致である。真人は、在って在らぬものである。真人は、突然沈下してはまた突然盛り上がる広大な水の集積に似ている。最初集められたときには、白いものに分類されるかもしれない。それに処理の手を加えよ、そうすればそれは赤に変ずる。……白いものは処女のように内部にやどる。四角と円、直径と容積が、互いに混じり合い互いを規制し合う。それは、天地の始まる前に実在しており、荘厳な上にも荘厳で、気高く、畏れ敬われていた」（ウー、デイヴィス共著『古代中国の錬金術論説』Lit. B-528, p. 237 f)。

128 「化学の劇場」(Bd. IV, p. 948 ff)。

129 ここではメルクリウスの同義語である。ルランドゥス『錬金術事典』参照（Lit. B-437, p. 24)。

130 「象徴」symbolum はもともと、二つに割られた、両半分がぴったり一致するコインを意味する。アエギディウス・デ・ウァディス『自然と哲学の息子の対話』にはつぎのような文言が見える。「……一致と……不一致、これをわれわれはシュンボリザティオ〔象徴〕と解する」... concordantia et ... discordantia, quam symbolizationem intelligimus（「化学の劇場」Bd. II, p. 107)。ここにいう「象徴」は四大元素の結合能力を意味しており、それは「四大元素の絆」retinaculum elementorum である（ライムンドゥス・ルリウス『理論と実践』〔「化学の劇場」Bd. IV, p. 133〕)。

131 medioxime ではなく、mediocriter という読みを採る。

132 モノカルス（monocalus）はおそらくギリシア語 μονόκαυλος（「一本の茎を持った」）から来ていると考えられるが、たぶんモノコルス（monocolus）、ギリシア語の μονόκωλος、すなわち「一本足の」の誤植であるか、あるいは後期ラテン語で「睾丸を一つしかない者」、つまり半去勢者を表わすモノカレウス（monocaleus）の誤植である（デュ・カンジュ『ラテン語彙集』Lit. B-140, s. h. v.)。モノカレウスであれば、メルクリウスのアンドロギュノス的半陰陽の性質に対する示唆であるかもしれない。モノケルス（monocerus/μονόκερως＝一角獣）という校訂も一考に値する。というのも一角獣はメルクリウスを意味し、十六世紀の、殊に十七世紀の錬金術には周知の存在だったからである（『心理学と錬金術』参照〔Lit. C-26, Zürich 1952, 587 ff——人文書院版、II、二九九頁以下〕)。ホラポロによればカブト虫（scarabaeus）も一角で、カブト虫はライデン・パピルス文書ではオシリスと同一視されている（プライゼンダンツ編訳『ギリシア魔法パピルス』Lit. B-362, II, p. 60)。

133 テクストは最良の状態にはない。わたしは praeponderat（「凌駕している〔のと同じである〕」）で一旦文章は終わり、dum in sua natura（「それがその本性のままに……ときには」）で新たな文章が始まると解釈する。

134 明らかにそのアルカヌム的本性のことをいっている。

135 fortissimae naturae は文字どおりには単に「最も強い性質をおびている」であるが、「結合性・粘着性」のようなものを意味していると思われる。

136 『アイオーン』(Lit. C-33)。

137 これに関しては『個性化過程の経験』(Lit. C-15) ならびに『マンダラ象徴について』(Lit. C-32) を参照。

138 ベルトロ『古代ギリシア錬金術集成』(Lit. B-55, II, I, 3)

139 文字どおりには「一つの(彼の)日の息子」filius vnius (SVI) diei となっている。クーンラート『信条』(Lit. B-272, p. 195)。

140 たとえば、「そしてわたしはあらゆる光をわたしの光で照らし出す」Et illumino omnia luminaria lumine meo〔ミューリウス『改革された哲学』Lit. B-335, p. 244、『哲学者の薔薇園』〔「錬金の術叢書」Bd. II, p. 381〕〕。

141 ボナヴェントゥラ『神への精神の旅』〔ボナヴェントゥラ『三小論』Lit. B-68, p. 295〕。

142 「エフェソの信徒への手紙」に「……〔キリストの愛の〕広さ、長さ、高さ、深さがどれほどであるか」… quae sit latitudo et longitudo et sublimitas et profundum ということばがある(三―一八)。

143 四大元素を表わす錬金術のしるしは十字架である。

144 アブラハム・エレアザル『太古の化学作業』(Lit. B-2)。

145 わたしが個人的に所蔵しているラテン語写本『エジプト人の秘密の形象』では "Duo tantum sunt coadjutores qui hic perficiuntur" となっている〔意味は同じ〕(Lit. B-113, fol. 19)。図Dはパリ古写本の三二四頁のものでなく、『エジプト人の秘密の形象』(fol. 20) から取られたものであるが、両写本の諸図版は一致している。

146 『エジプト人の秘密の形象』のこの図の説明のラテン語は "Sic fit, ut quod latuit, pateat"〔意味は同じ〕。

147 これはちょうどアルベルトゥスが、黄金の「内部」は銀であり、銀の「内部」は黄金であると考えているのと同じである。すでに触れた白い魔術師と黒い魔術師の夢をも参照願いたい〔本訳書I、一〇九頁〕。

148 ドン・ペルネティは「腐敗」putrefactio についてつぎのようにいっている。「それはわれわれに対して混合物の内部を暴いて見せる。……それは……隠れたものを顕現させる。それは偶然性の死であり、生成への第一歩である」(『エジプト人とギリシア人の寓話』Lit. B-370, I, p. 179)。

149 王の一本足は右の足である。右足は昔から男性的で幸福を約束するものであると見なされてきた。それゆえ行進の際には右足から踏み出さなくてはならない。そのほかに足は歴然たる男根の意味を有する（エグルモン『足と靴の象徴とそのエロス的性質』参照〔Lit. B-11〕）。

150 モノコルス自体がすでに「黒い地」になっている。すぐ上の引用中の「この黒き地〔土〕を取り……」はこの事実にもとづいている。

151 ミヒャエル・マイアー『黄金の卓の象徴』（Lit. B-314, p. 344 f）。

152 ベルトロ『古代ギリシア錬金術集成』（Lit. B-55, II, IV, 42）。

153 プルタルコスの「湿ったものの原理」ὑγροποιὸς ἀρχή に照応する（『イシスとオシリス』Lit. B-400, c. 33）。

154 「オシリスは果実の種子であるといわれる」Frugum semina Osirim dicentes esse（『世俗的宗教の誤謬』Lit. B-164, 2, 6）。

155 オシリスは同様にロゴスとも、さらにはまた、屍体および墓とも並行関係に置かれる（ヒポリュトス『反証』Lit. B-229, V, 8, 10/V, 8, 22/V, 9, 5/V, 9, 8）。

156 『反証』（同上 V, 8, 10）。ギリシア神話には一本足は出てこないが、これに似たような存在を、オイディプス（Oidipus〔原義は「腫れた足」〕）、メランプス（Melampus〔原義は「黒い足」〕）のような名前、さらにはポルキュデス〔ポルキュスの娘たち〕に見られる「一つ歯」、「一つ目」のような観念が、暗にほのめかしている。

157 プルタルコス上掲書（c. 22）。

158 デルガー『義の太陽と黒き者』（Lit. B-138, p. 64）。

159 マリー＝ルイーゼ・フォン・フランツ『ペルペトゥアの殉教』（『アイオーン』Lit. C-33, p. 467 f）。

160 「化学の劇場」（Bd. III, p. 854）。アルベルトゥス・マグヌス『アリストテレスの樹』ではニグレドないしは「鴉の頭」caput corvi が「アエティオプス〔＝アイティオプス〕の黒い頭」caput nigrum aethiopis と呼ばれている（「化学の劇場」Bd. II, p. 526）。

161 ライツェンシュタイン『ヘレニズムの秘儀宗教』参照（Lit. B-418, 204）。

162 ヤーコプゾーン『古代エジプト人の神学における王』では、オシリスに対してつぎのように呼びかけられている。「栄えあれ、……天においてレー〔ラー・太陽神〕として昇り、月に姿を更新する者よ」(Lit. B-254, p. 23)。

163 リップマン『錬金術の発生と伝播』参照(Lit. B-296, p. 180, p. 303, p. 326)。

164 ヘルメスの鳥は、通常はガチョウである。

165 「ヘルメス博物館」(p. 581 f)。

166 『哲学者の薔薇園』(「錬金の術叢書」Bd. II, p. 258)。

167 同上(p. 259)。

168 「それ〔水〕は、まるい雲とも呼ばれ、同様にまた死、ニグレド〔黒〕とも、また闇、影とも呼ばれる」Vocatur quoque *rotunda aliqua nubes, mors* itidem, *nigredo*, utpote tenebrae et *umbra*(『アルゼ書』〔「ヘルメス博物館」p. 327〕)。ルペスキッサはこれを「暗青色の雲」une nuee perse と呼ぶ(『クウィンタ・エッセンティア』Lit. B-438, p. 29)。同じくルスカ編『賢者の群』では影と一緒に言及されている(Lit. B-443, p. 120 f)。「このオプスは雲が天から生ずるときのように突然に成就する」Istud opus fit ita subito sicut veniut nubes de caelo(ホゲランデ〔「化学の劇場」Bd. I, p. 204〕)。「雲の水」aqua nubis はメルクリウスの謂いである(ミューリウス『改革された哲学』Lit. B-335, p. 108, p. 304、アブル・カシム『知識の書』Lit. B-4, p. 420)。「黒い雲」nebulae nigrae はニグレドである(ミューリウス同上 p. 234、『ヘルメスの黄金論説』〔「化学の術」p. 15〕)。非常に古い『コマリオスの論説』には、「海から立ち昇る雲」*Ἐκ θαλάσσης ἀναβαίνει ἡ νεφέλη*、「新しき水」*τὰ νέα ὕδατα*、「眠れる者たちを目覚めさせる」ところの「生命の治療薬」*τὸ φάρμακον τῆς ζωῆς* という観念が見られる(ベルトロ『古代ギリシア錬金術集成』Lit. B-55, IV, XX, 8)。ラバヌス・マウルスの場合もこれに似ていて、雲は「聖霊の慰め、およびキリストの昇天」を表わす(ミーニュ編『ラテン教父著作集』Lit. B-328, vol. 112, col. 1007)。このラバヌス・マウルスの見方と同方向にあるのは、『コマリオスの論説』のことば、「海から立ち昇る雲は〈祝福された水〉*τὰ ὕδατα τὰ εὐλογημένα* を運ぶ」である(ベルトロ同上 IV, XX, 12)。アウグスティヌスは使徒たちを雨雲に喩えており、雨雲はまた「創造者が肉のうちに姿を隠していること」occultatio creatoris in carne をも表現している(『詩篇注解』Lit. B-39, 88, 7)。同様にまた、荒れ野におけるユダヤの民を導く「雲の柱」はキリストの先駆形態である(同 98, 10)。これはエピファニオス『アンコラトゥス』の場合も同じである（Lit. B-154)。ヒルデガルト・フォン・ビンゲンは聖霊について、「あなたから雲が流れ出る」De te nubes fluunt といっている（レミ・ドゥ・グールモン『神秘的ラテン人』Lit. B-191, p. 136)。錬金術の観念は典礼の文言、「天よ、露を滴らせよ。雲よ、正義を注げ。地が開いて、救いが実を結ぶように」Rorate coeli de super, et nubes pluant justum : aperiatur terra et germinet salvatorem の影響を受けているかもしれない（ローマ・カトリック教会降臨祭第四日曜日の入祭文＝「イザヤ書」四五―八」。また、エレウシスの秘儀のことば、「雨を降らせよ、実りをもたらせ」ὕε, κύε も想起される（ヒポリュトス『反証』Lit. B-229, V, 7, 34)。マンダ教では雲は女性的なものを意味する。それゆえあるテクストにはこうある。「彼方に、彼方に、わたしは立っている、わたしと、わたしとともに生まれ出た雲とが」（リッバルスキー『ギンザー』Lit. B-181, p. 339)。

169 フーゴー・ラーナーは一九四五年のエラノス学会における講演（「エラノス年鑑」には掲載されなかった）で、教父文献における悪魔のアレゴリーとしての鴉について話した。

170 『メルヘンにおける精神の現象学』(Lit. C-30)。

171 夜鴉をキリストのアレゴリーと見る見方は、「詩篇」一〇二―六〔七〕の「廃墟の夜鴉のように」Ὡσεὶ νυκτικόραξ ἐν οἰκοπέδῳ（ウルガタ聖書 "sicut nycticorax in domicilio"）にもとづく（日本語訳では「ふくろう」)。その例はたとえばエウケリウス・ルグドゥネンシス『霊的規定につて』(Lit. B-156, V）や、ラバヌス・マウルス（ミーニュ編『ラテン教父著作集』Lit. B-328, vol. 112, col. 1006）に見られる。『メルヘンにおける精神の現象学』における鴉の磔《はりつけ》を参照（Lit. C-30, p. 36)。

老いた鴉がもはや自分の雛を養うことができなくなって、われとわが身を雛の餌に供するという、アエリアヌスによって伝えられる話にもとづいて、カウシアヌスはこういっている。「鴉は年をとると自らを雛の餌に供するが、しかしわれらがフェニックスである主キリストは……自らを天の食べ物としてわれわれに供する」Corvus se pullis senio confectum praebet in pabulum : at Phoenix noster Christus Dominus ... se nobis in coelestem alimoniam praebuit（Lit. B-90, p. 271)。すなわち鴉がキリストの、ないしは聖餅《ホスチア》の一アレゴリーであることが分かる。

172 「ヘルメス博物館」(p. 117)。

173 同上（p. 91, p. 117)。

174 『化学の術に関する書』はこの関連で、黒と白と赤の三つの太陽という三位一体的イメージに言及している（「錬金の術叢書」

Bd. I, 610)。『ヘルメスの黄金論説』に対する注では、哲学者の山には三羽の鴉が棲むといわれる。すなわち「術の頭〔始まり〕である黒い鴉と、真ん中である白い鴉と、すべてのものに終わりをもたらす赤い鴉」Niger qui caput est artis, albus qui medium et rubeus qui finem rerum omnium imponit である（「化学の劇場」Bd. IV, p. 703)。『結合の会議』はそれどころか四羽一組の鴉に言及している。『エル・ハビブの書』El-Habîb ではマリアが、赤のうちに「宇宙の頭」を認識せよ、という（ベルトロ『中世の化学』Lit. B-54, III, p. 100)。

175 これに関してミューリウスは、もしルシフェルが「中間的〔仲介的〕本性をもつ魂」ないしは神を自らのうちにそなえていれば、地獄へと追放されることはなかったろうと述べている（『改革された哲学』Lit. B-335, p. 19)。

176 「汝の物質が黒くなるのを見たら、歓べ。それは術の始まりだからである」Cum videris materiam tuam denigrari, gaude: quia principium est operis（「錬金の術叢書」Bd. II, p. 258)。「鴉の頭は術の始まりである」Caput corvi artis est origo（ホゲランデ〔「化学の劇場」Bd. I, p. 166〕)。

177 「それはアンチモン、瀝青、炭、鴉、鴉の頭、鉛、焼かれた銅、焼かれた象牙と呼ばれる」Anitmonium, pix, carbo, corvus, caput corvi, plumbum, aes ustum, ebur ustum dicitur（ホゲンランデ同上箇所)。

178 「このニグレドは地と呼ばれる」Ista nigredo nuncupatur terra（『哲学者の薔薇園』〔「錬金の術叢書」Bd. II, p. 265〕)。

179 「かくして汝は二つの元素を手にする。まず水それ自体、そのあとで水から地を得る」Et sic habes duo elementa, primo aquam per se, dehinc terram ex aqua（同上)。

180 「呪われた地、もしくは死者の頭」Terra damnata seu caput mortuum（ステイネルス『アンチモンについて』Lit. B-474, p. 2)。

181 クリスティアン・ローゼンクロイツ『化学の結婚』(Lit. B-435, p. 111)。

182 同上（p. 92)。

183 同上（p. 117, p. 120)。

184 『プラトンの四つのものの書』参照（「化学の劇場」Bd. V, p. 186)。シバ人の魔術的儀礼における首の切断については、『ゾシモスの幻視に関する若干の注釈』参照（Lit. C-18, Rascher 1954, p. 160 ff)。

185 ヒラリウス『詩篇講解』（Lit. B-226, CXLVI, 12）。

186 『改革された哲学』（Lit. B-335）。ここで争っているのは王と女王の黒い魂である。プリニウスの伝えるアリステアスの物語によれば、人々はアリステアスの魂が鴉の姿で彼の口から飛び立つの見た（『博物誌』Lit. B-397, Lib. VII, cap. LII）。鴉が黒い魂の象徴である一方で、鳩は明るく輝く魂の象徴である。『化学の結婚』の鴉と鳩の争いを参照（ローゼンクロイツ同上 p. 18）。

187 「この術に必要な容器はまるい形でなければならない。達人が蒼穹と頭蓋鍋を変容させうるためである」Vas autem necessarium in hoc opere oportet esse *rotundae* figurae : ut sit artifex huius mutator *firmamenti et testae capitis*（『プラトンの四つのものの書』〔『化学の劇場』Bd. V, p. 150 f〕）。

188 「上の部分は頭蓋で、これは知性の座所である」Locus superior est cerebrum, et est sedes intelligentiae（同上 p. 187）。

189 引用原文 “Et animal forma formarum et genus generum est homo”（同上 p. 186）。

190 「容器は上なるものと下なるもの〔上なる世界と下なる世界〕に似せてまるく造られている。すなわち、そのなかで産み出されるべき物にとって、この形が極めて適しているからである。なぜなら、物はそれに似たものによって一つに結ばれるからである」Vas autem factum est rotundum ad imitationem superius et inferius. Est namque aptius rerum ad id cuius generatio quaeritur in eo, res enim ligatur per suum simile（同上 p. 150）。

191 「より高い世界へ引き上げた……到達の努力をやめはしない」の部分の引用原文 “Mundus superior habet semper effectum in homine, et perfecta inspiratio eius scilicet hominis in morte sua, usque ad firmamentum, nec deest perventio, donec revertatur, quod egressum est de mundo superiori, ad locum suum”（同上 p. 186）。

192 「汝は輝く難攻不落の〔智慧の〕城砦を見るか？」Videtisne relucens illud et inexpugnabile castrum ?（『思弁哲学』〔『化学の劇場』Bd. I, p. 278〕）。「真理は……難攻不落の城砦である。この砦に……かの真の宝が隠れていて……死んでのちそこから取り出される」Veritas est ... inexpugnabile castrum. Hac in arce verus ... continetur ille thesaurus, qui ... asportatur hinc post mortem（『瞑想哲学』同 p. 458）。「城砦」castellum はマリアのアレゴリーの一つである（ゴデフリドゥス『主日説教』Lit. B-184, col. 32）。ドルネウスは、いわば層をなして重なっている四つの城砦を区別している。最下層の砦は水晶で出来ていて、「哲学の愛」Philosophicus amor を護っている。第二のそれは銀で出来ていて、ソピア〔叡智〕を内に囲っている。第三のそれはダイアモンド（adamantina）で出来ていて、ここに達することができるのは「神の意志によって引き上げられた」per divinum numen assumti ごく少数の者にかぎられる。最後の第四の砦は黄金で出来ているが、不可視であり（「感覚では捉えられない」non cadit sub sensum）、一種の楽園《パラダイス》（「何の憂いもなく、あらゆる種類の永遠の歓びに満たされた、永遠の至福の場所」perpetuae felicitatis locus, sollicitudinis expers et omni repletus gaudio perenni である（『思弁哲学』同上 p. 279）。これに関しては、『心理学と錬金術』で論じた『プラトンの四つのものの書』のなかの四つの変容段階を参照（Lit. C-26, Zürich 1952, p. 339 ff ――人文書院版、II、五一頁以下）。

193 オタンのホノリウスは『教えの手引』のなかでつぎのようにいう。「被造物は神の精神において単一で、不変で、永遠なるものとして構想されたが、しかし被造物それ自体は多様で、可変で、移ろいゆくものである」Creatura in divina mente concepta est *simplex, invariabilis et aeterna*, in se ipsa autem multiplex, variabilis transitoria（Lit. B-237, col. 1179）。

194 イスラム・グノーシス主義では、処女の時代に処女の要求によって天使ハルス（Hārūs）が生まれた。ハルスは惑星、獣帯〔黄道十二宮〕、天の諸力から全部で三百六十の霊を取り集め、そこから最高の天の形（すなわち、まるい形！）に似せて人間アダマヌス（Adamānūs）を創造した。アダマヌスはハルスと同じように巨大であった。ハルスは「上なる原人間〔アントロポス〕」*ἄνω ἄνθρωπος* に相当する。このような見方は明らかにシバ人の影響を受けている（ライツェンシュタイン、シェーダー共著『古代シンクレティズム研究』Lit. B-421, p. 114）。これに関連して、「天のような頭」*ᾧ οὐρανὸς κεφαλὴ* という観念が存在する（ライツェンシュタイン『ポイマンドレス』Lit. B-419, p. 16）。また、オタンのホノリウスは『サクラメンタリウム』のなかでミクロコスモスを、その頭は天のようにまるく、両の目は太陽と月である、と描写している（Lit. B-238）。

195 「化学の劇場」（Bd. v, p. 189）。

196 「苦い酢」も「男の子の尿」もともに「永遠の水」の同義語である。

197 「錬金の術叢書」（Bd. II, p. 264）。

198 「化学の劇場」（Bd. IV, p. 569 f）。

199 論説『開かれた門』では以下のようにいわれている。「ライオンが死ねば、鴉が生まれる」Moriente leone nascitur covus. ライオン、すなわち「欲望」concupiscentia が死ねば、死の黒が現われる。「おお、永遠の死の悲しき光景と姿よ、けれどもそれは、達人にとって歓迎すべき告知なのだ！……汝は知らねばならぬ、そこに閉じこめられている霊〔精神〕は生命を賦与する力をもっていて、万能の神の意志が定めた時がくれば、死せる肉体に生命を戻し与えるということを」O triste spectaculum et mortis aeternae imago : at artifici dulce nuntium ! ... Nam spiritum intus clausum vivificum scias, qui statuto tempore ab Omnipotente vitam hisce cadaveribus reddet. ニグレドの暗黒の夜には生命を賦与する生命の霊が活動しており、達人はこれをよく知っている（「ヘルメス博物館」p. 691）。

200 オシリスは通常は湿ったものの原理と見なされており、この方が古代の伝統によく符合している。

201 ペルネティ『エジプト人とギリシア人の寓話』（Lit. B-370, I, cap. II f）。

202 ケレーニイ『ギリシア人の神話』（Lit. B-269, p. 23 ff）。

203 スーリア（Surya＝太陽）の同義語（『アタルヴァ・ヴェーダ讃歌』Lit. B-29, XIII, 1, 32）。

204 山羊は攀じ登るという点で性的な意味を賦与されるが、それは別にしても特に牡山羊には、足の場合と同じように〔前注149参照〕、性的な意味があると見られている。「結合」が問題になっている状況を考えれば、この性的側面は無視できない重要性をそなえている（この点については、上でメルクリアリスに関して述べたことをも参照願いたい〔前注83〕）。

205 『アタルヴァ・ヴェーダ讃歌』（同上 vol. XLII, XIII, 1, 6, p. 208）。また、一脚の拍節（単詩脚拍節、ギリシア語でいうモノポディアないしはモノポディアイオス〔μονοποδία/μονοποδιαῖος〕）もエカパーダ（ēkapāda＝原義「一本足」）と呼ばれる。アガ・エカパーダ（agā ēkapāda＝一本足の牡山羊）には、「群を追う者、羊飼い」、および「生まれざる」ないしは「永遠の」という副次的な意味がある（マクドネル『サンスクリット・英語辞典』Lit. B-306, s. h. v.／『アタルヴァ・ヴェーダ讃歌』同上 vol. XLII, p. 664）。

206 アンケティル・デュ・ペロンは一七三一年から一八〇五年まで生きた。『ウプネカット』は一八〇二年から一八〇四年にかけて印刷出版された。最初のドイツ語訳は一八〇八年に出た。

207 このラテン語訳は周知のようにショーペンハウアーにおいて大きな役割を演じた。『ウプネカット』には『ウプネカット・ナライイン』Upnek'hat Nariin と題する一節があり、これが『アタルヴァ・ヴェーダ』の一部の抜粋である。しかしそこにはエカパーダ〔一本足〕に関しては何も出てこない。

208 グリル訳『アタルヴァ・ヴェーダの百の詩』、一八八八年出版（Lit. B-30）。

209 『アイオーン』参照（Lit. C-33, p. 27 ff）。

210 悪魔の象徴としての鴉は、パウリヌス・アキレイエンシスに見られる（Lit. B-365, col. 253）。「夜の鳥」としての鴉は、ウォルベロに見られる（Lit. B-524, col. 1159）。メルヘン『樹の上のお姫さま』を参照（『メルヘンにおける精神の現象学』Lit. C-30, Zürich 1948, p. 41 ff）。

211 『ミクレリスの論説』にいう、「周知のように、魂は自らの肉体と合体する前に死んでしまった、そしてその肉体も同様である」Notum est, quod anima antequam suo corpore misceretur, mortua fuerat, et eius corpus similiter（「化学の劇場」Bd. V, p. 106）。すなわち肉体から切り離されれば魂もまた死んでいるように見えるということである。

212 『キリスト教教義の発展』（Lit. B-341）。

213 四三一年のエペソ公会議で処女マリアにテオトコス（Theotokos＝神の生みの母）の称号が教義上で認められ、一八五四年に「無原罪の御やどり」〔聖母マリアはその母にやどったときから無原罪であったということ〕が認められた。

214 「……はっきり知られているように、はっきり知ることになる」… cognoscam sicut et cognitus sum（「コリントの信徒への手紙一」一三―一二）。

215 紀元一四五年頃の人である魏伯陽の「真人」をも想起願いたい。

216 これはラピスに関して頻繁に、繰り返し用いられていることばである。

217 『マンダラ象徴について』の図五〇（Lit. C-32, p. 224）、およびインディアンのマンダラの青い中心を参照。

218 赤（＝☉・太陽）と白（＝☾・月）は錬金術の色である。

219 『個性化過程の経験』の図一三（Lit. C-15. Zürich 1950, p. 144）。

220 わたしがここでほのめかしているのは、元型と共時性現象とのあいだの関係である。

221 この表現は『プラトンの四つのものの書』では秘密物質〔アルカヌム〕の名称として用いられている。

222 同様に聖トマスはプリマ・マテリア〔第一質料〕を「潜勢的存在」ens in potentia と捉えている（『神学大全』Lit. B-488, p. I, 66, Art. I）。これに関しては本書第三部〔『結合の神秘』に付録として付け加えられた部分〕の『立ち昇る曙光』に関するマリー＝ルイーゼ・フォン・フランツの論述を参照。

223　ピロンのこの著作は当時すでに（ドルネウスが執筆していたのは一五九〇年頃）ラテン語によるペトロニルス版が出版されていた（一五六一年、リヨン）。おそらくドルネウスはこの版を用いたと推測される。

224　石の象徴表現の歴史は甚だ古く、それは単に、石の象徴表現が今日なお生きている未開人の観念世界の一部をなしていることによってのみならず、極めて古い諸文化の記録文書に出てくるという事実からも分かる。たとえばボガズキョイ〔古代ヒッタイト王国の首都ハットゥシャシュの遺跡のあるトルコ中北部の村〕出土のフルリ語のテクストに登場する。神々の父クマルビの息子は石で、ウリクミと名のる。それは「恐ろしい」閃緑石《せんりよくせき》で、「水のなかで育つ」。この石はギリシアの石の神話素と並行関係にある。すなわちクロノスが呑み込んだ石がそれで、ゼウスの命令で呑み込んだ子どもを無理やり吐き出すはめに陥ったクロノスは、まず最初にこの石を吐き出した。ゼウスはこの石を礼拝の対象としてピュト〔デルポイ〕に据え置いた。ウリクミは巨人的存在であり、おもしろいことに神々の危険な敵である（以上、ギューターボック『クマルビ』Lit. B-206）。

225　ベルトロ『古代ギリシア錬金術集成』（Lit. B-55, III,VI, 5）。

226　「……あなたがた自身も生きた石として〔霊的な家に〕造り上げられるようにしなさい」... ipsi tamquam lapides vivi superaedificamini（「ペトロの手紙一」二―五）。「エフェソの信徒への手紙」二―二〇をも参照。

227　『哲学者の薔薇園』（「錬金の術叢書」Bd. II, p. 206）。

228　『心的なものの本質に関する理論的考察』（Lit. C-31, p. 523 ff）。

著者あとがき

錬金術は溢れるほど豊かな象徴を通じて、宗教的儀礼ないしは神の業にも比べられるような、人間精神の営々たる努力をわれわれに垣間見させる。もちろん宗教的儀礼とは異なって、錬金術の「作業」は集団的な、形式と内容を厳密に定められた行為ではなく、むしろ、基本原理は互いに共通の面をもっているにもかかわらず個人的な企てであって、そこでは個々の人間が、統一を造り出すという超越的目標を達成するために全身全霊を賭けた。それは一見和解しがたく見える対立を和解させる業であり、その際和解させらるべき対立は、錬金術に特徴的なことであるが、物質的《ピュシス》な諸元素の自然界における敵対関係であるばかりでなく、同時に人間の内に存する道徳的葛藤もまたそこに含まれている。努力の対象が外面からも内面からも、物質的にも心的にも眺められることによって、錬金術の業はいわば全自然に拡がっていて、その目標は、経験的であると同時に超越的な側面を有する象徴のうちに存する。

錬金術がいわば暗中模索の状態を繰り返しながら、理論的な前提と実践的な試みの無数のヴァリエーションを通じて、多くの世紀が経過するなかで手探りで道を見出したように、C・G・カールスを嚆矢とする無意識の心理学は錬金術が見失った道を再び発見し、それをもう一度辿りはじめた。それは奇しくも歴史のあの瞬間、すなわち錬金術師たちの努力がゲーテの『ファウスト』においてその最高の詩的表現に到達したときであった。カールスが著作に励んでいたとき、彼はもちろん、自分が未来の経験的心理学への哲学的な橋を架けていて、その心理学が錬金術の古い処方を再び発見し、今度はいわば文字どおりそれをもう一度辿りなおすことになろうとは、夢想だにしていなかった。経験的心理学はこの再発見によって、いわば「それ〔ラピス・アルカヌム〕は糞尿のなかに見出される」in stercore invenitur を地でいったのである。しかし今度は、あらゆる人々に投げ棄てられて道のいたるところにころがっている安っぽい、見栄えのしない物質に投影されたかたちでではなく、その間に臨床的に経験可能になっていた、人間の心の苦悩に満ちた闇のうちに見出したのである。錬金術師たちの精神を魅了し、混乱させるとともに照明したあらゆる対立、怪異な幻影と奇妙な象徴のすべては、この心の闇にのみ存在した。そしてすでに千七百年にわたって錬金術師たちを無我夢中にさせてきたのと同じ問題が心理学者に突きつけられたのである。これらの対立にいかに対処すればよいのか。投げ棄てて、それから逃れることができるだろうか。それともそれが紛れもなく存在していることを認めなくてはならないのだろうか。そしてそれを調和へともたらし、多様で矛盾に満ちたものから統一を造り出すのがわれわれの務めであろうか。むろんこの統一は自ずから生まれるものではなく、人間の努力に――「神が許し給うならば」Deo concendente――かかっているのであるが。

錬金術から心理学へと張りわたされた見えざる糸を発見した最初の人としての功績は、残念ながらあまりにも早く世を去ったヘルベルト・ジルベラーに帰せらる。しかしながら当時の心理学的認識の状態はまだあまりにも未熟で、またあまりにも人格中心主義的な諸前提にとらわれすぎていて、錬金術の問題全体を心理学的に把握することはできなかった。まずその前に、一方では錬金術の、他方では心の因習的な過小評価を排除する必要があった。今日ではわれわれは、錬金術が無意識の心理学のためにどれほど多くの下準備をしたかを見極めうる状態にある。それはすなわち一方では――これは意図したことではなかったが――山なす象徴表現を生み出すことによって現代の象徴解釈にとって途方もなく貴重な観察材料をあとに残し、他方では意図的な合成・統合・統一の努力によって、われわれが患者の夢に再発見することになる象徴的作業手順を暗に示したのである。今日のわれわれは、わたしが本書で描写してきた錬金術的な対立過程の全体が一個人の個性化過程にもまったく同じように当てはまるということを確認することができる。もちろんそこには見すごせない相違があって、一個人では錬金術象徴表現の豊かさと拡がりに達する見込みはない。錬金術象徴表現の強みはまさに千七百年の歳月がこれを築き上げたという点にあるのに対して、個人の場合はその生涯は短く、その間になしうる経験も意のままにできる表現可能性もごく限られている。したがって、個性化過程の本質を個別的ケースに即して描写するのは、困難であるばかりでなく得るところも少ない。一つひとつのケースで目立つ特徴も異なれば、過程の開始についても、早いケースもあれば遅いケースもあり、心的前提も見極めがたいほど種々さまざまであるから、個別のケースで示しうるものはつねにあれやこれやといったヴァージョンもしくは局面にとどまる。わたしが実際に経験できたいかなる個々のケースも、あらゆる側面を示し、それによって俯瞰的であると見なしうるほどの普遍性はそなえていない。個性化過程の症例報告的記述を試みようとすれば、最初も終わりもない断片のモザイクで満足せざるをえず、その解明と理解に関しては、同じ領域で同じように年季を積んだ研究者を頼みにするという結果になるだろう。それゆえ錬金術がわたしにもたらした恩恵は測り知れないほど大きい。錬金術はわたしの経験が存分に生かされるだけの拡がりをもった材料をわたしに提供し、そのおかげでわたしは個性化過程の最も主要な側面を描写することができたのである。

訳者あとがき

本書は凡例にも示した通り Carl Gustav Jung : Mysterium Coniunctionis—Untersuchungen über die Trennung und Zusammensetzung der seelischen Gegensätze in der Alchemie の全訳である。原著は初め二分冊の形で、「心理学論文叢書」第十、十一巻として、一九五五年と五六年に出版された（Psychologische Abhandlungen Bd. 10 und Bd. 11, Zürich）。底本には全集版第十四巻（Bd. 14/I, II, Zürich 1968）を使用したが、編者代表のマリー＝ルイーゼ・フォン・フランツの言にある通り、ユングの筆になる本文および注は初版と同じ紙型が用いられており、初版とまったく同一である。必要に応じて英訳を参照した（The Collected Works, Vol. 14, Translated by R. F. C. Hull, 2. Edition, Princeton University Press, 1970）。なお、ユングが「著者まえがき」で言及している通り、『結合の神秘』には第三部としてフォン・フランツの『立ち昇る曙光』が添えられている（全集版では第十四巻補巻）。トマス・アクィナスの著とされる『立ち昇る曙光』のラテン語原典、フォン・フランツによるドイツ語訳、文献学的注釈および厖大な評釈的論述からなる。極めて興味深いものではあるがユングの著述ではなく、それゆえ本訳書には含まれていない。

ところで一つだけお断わりしておかなければならないのは、全集版にはその後改訂版が出ているという事実である。まったく迂闊なことに訳者が「改訂」に気づいたのは訳書第II巻校正の最終段階でのことで、正直いって大いに慌てた。訳者の手元にある新版は一九九〇年の第五版であるが、奥付に当たる題扉の裏面には単に「一九九〇年第五版」とあるだけで、通例指示さるべき「改訂」の語はどこにもなく、編者まえがきにも、本訳書に訳出したフォン・フランツの一九六八年の「全集版編者まえがき」のあとに、ただ「追記、引用文のドイツ語訳はこの新版では引用の直後の本文ないしは脚注のなかに移し置かれた。一九八三年冬 編者」という記述があるのみである。初版ではラテン語・ギリシア語引用文はその一部がドイツ語訳されて本文・脚注に挿入されていたが、一九六八年の全集版では、フォン・フランツの「全集版編者まえがき」にある通り、ラテン語・ギリシア語に関するかぎりそのすべてが訳出されて、巻末に付録として収録された。つまりその巻末の付録が、一九八三年の時点で本文・脚注に織り込まれたという意味である（脚注は本訳書では巻末にまとめられている）。本訳書では当初から日本語訳と原文とを併記するという方針をとっていたから、この移動は何ら問題にならない。

それだけのことかと思って見過ごしていたところ、まず索引がまったく様相を一変していることに、訳書の索引作りの段階で気づいた。そしてよく見ると、本質的なことではないが、一、引用文が再度原典に当たって精確に引用されている（引用文が文の冒頭から引用されているか中途から引用されているかが精確に示されている）こと、二、注におけるユング自身の著述からの引用箇所の指示がすべて全集版にもとづいていること、三、英語、フランス語、イタリア語からの引用に従来はなかったドイツ語訳が添えられていること等、他にもいくつかの変更点があることに気づいた。索引を除いて、これらの点は本訳書では生かされていない。本訳書は索引および文献一覧（第I巻所収）を除いて、ユング自身が責任を負っている初版通りである。

索引は、初版でユングが謝辞を呈しているL・フルヴィッツ夫人の手になるものに代わって、改訂版ではマグダ・ケレーニイ（Magda Kerényi）によってまったく新たな構想のもとに作成されている。比較してみた結果、一長一短はあるが、ケレーニイの方が適切であると判断し、本訳書でもこれを参考にして作成した。

翻訳を進める上で最も難渋したのは、『心理学と錬金術』の場合と同様、錬金術用語と無数の錬金術テクストからの引用である。特に錬金術テクストの場合は化学的な意味でも心理学的な意味でも真意は隠されている。ユングはまさにその隠された無意識の心理を読み解いてみせるのである。しかし、真意を隠している表面上の脈絡は存在するわけで、たといどれほど不条理な文言であろうとも日本語に移す以上は日本語として一応筋の通るものでなければならない。だからといって、これに意を用いすぎるあまり訳者の偏った解釈を訳文に押しつけることは許されない。文学作品の翻訳などの場合も事情は同じであろうが、錬金術テクストの場合はこの問題性がいわば剝出しの形で翻訳者に突きつけられる。ラテン語をドイツ語に訳す場合にはそういう問題は少ないかというと必ずしもそうではない。原著巻末に付録として掲げられたドイツ語訳を見ると、牽強付会というか恣意的といえるか、誤訳とさえ思われかねない訳もかなりあるように見受けられた。したがって本訳書ではあまりこれに捉われないようにした。ただし、本文・脚注に織り込まれているドイツ語訳（これはあまり多くない）は、ユング自身が目を通したものでありユングの心理学的解釈と密接不可分の関係にあるという理由で、これを尊重した。いずれにしても、日本語訳にラテン語・ギリシア語の原文を添えたのは翻訳の本道に反するし煩雑極まりないことであるが、それを重々承知の上で敢えてこのような形をとったのは以上のような錬金術テクストの特殊な性質を顧慮したためであって、日本語訳の責任を回避するものではない。原文はあくまで補助的なもので、必要のない読者はこれを無視していただいて一向に差支えない。

注は原著ではすべて脚注であって、ユングは読者が絶えず注を参照しながら読み進めるという前提に立って論述している。本文が樹の幹と枝であるとすれば注は無数の葉に当たる。両者が一体となって欝蒼と生い茂る一本の大樹を形成している。しかし本訳書では、技術上の困難から、注は一括して巻末に収録せざるをえなかった。

＊

ユング（一八七五―一九六一年）が本格的に錬金術研究を開始したのは一九二八年、東洋学者リヒャルト・ヴィルヘルムとの出会いに触発されてのことである。爾来およそ三十年、後半生のすべてを錬金術研究にささげたといっても過言ではない。錬金術にはそれほど彼を魅了するものがひそんでいたのである。その間錬金術とは直接にはかかわらない重要な著述も数々発表されたが、これらの著述にも陰に陽に錬金術への没頭の痕跡を見出すことができる。一九四四年には、それまでの錬金術研究の成果をまとめた『心理学と錬金術』が世に問われた。もちろんそれ以前もそれ以後も、『転移の心理学』(一九四六年)をはじめとして錬金術関係の小論がいくつも発表されている(それらの多くはエラノス学会などであらかじめ講演され、後に推敲を加えられたものである)。『結合の神秘』は、このように営々としてつづけられた錬金術研究の最後を飾るものである。しかも、第二章第三節の「ボローニャの謎」(初出一九四五年)と第三章第三節の「硫黄」(初出一九四八年)を除いてすべて新たに書き下ろされたもので、錬金術の心理学的意義の全貌を一つのまとまった構想のもとに書き表わした唯一の著作だと称して差支えない。その後も、アニエラ・ヤッフェ夫人に口述した『自伝』の他に「空飛ぶ円盤」に関する考察などいくつか小論に手を染めているが、以上の意味において『結合の神秘』はいわばユング畢生の大著であり、「著者まえがき」の「これはわたしの最後の書物である」という述懐には著者の意気込みと万感の思いが込められている。

『結合の神秘』以外の錬金術に関わる、あるいは錬金術研究から派生した重要な著作のうち日本語に訳されているものを翻訳年代順に挙げれば以下の通りである。『心理学と錬金術』(池田紘一・鎌田道生訳、人文書院、一九七六)「共時性——非因果的連関の原理」(河合隼雄・村上陽一郎訳『自然現象と心の構造』所収、海鳴社、一九七六)、「ヨーロッパの読者のための注釈」(湯浅泰雄・定方昭夫訳『黄金の華の秘密』所収、人文書院、一九八〇)、『ヨブへの答え』(野村美紀子訳、ヨルダン社、一九八一/林道義訳、みすず書房、一九八八)、『心理学と宗教』(村本詔司訳、人文書院、一九八九〔『ヨブへの答え』を含む〕)、「精神現象としてのパラケルスス」(島津彬・松田誠思訳『オカルトの心理学』所収、サイマル出版会、一九八九/榎木真吉訳『パラケルスス論』所収、みすず書房、一九九二）、『アイオーン』（野田倬訳、人文書院、一九九〇）、『転移の心理学』（林道義・磯上恵子訳、みすず書房、一九九四）。未だ日本語に訳されていない錬金術小論として、『ゾシモスの幻視』、『メルクリウスの霊』、『哲学の樹』の三篇がある。

『結合の神秘』が何を書き表わしたものであるか、何ゆえ錬金術がかくもユングを魅了したのか、錬金術研究はユングにとっていかなる意義を有していたのか、これについては下手な解説はつけないことにする。「著者まえがき」にすでに雄弁に語られており、また『心理学と錬金術』の第一部「錬金術に見られる宗教心理学的問題」以上に見事な解説があろうとは思われないからである。錬金術に没頭した根本動機は「全集版編者まえがき」のフォン・フランツのつぎのことばに尽きている。「ユングは錬金術的伝統の探求を通じて、自分自身の直接的で個人的な〈無意識への下降〉によって得られた体験と洞察の数々を客観的に存在する類似材料に結びつけ、そうすることによって自らの体験と洞察とをことばにいい表わすことができるようになったということである。同時にまたそうすることによって、自らの洞察をヨーロッパの精神的発展の歴史的源泉に結びつけることも可能になったのである。」

ただ翻訳者として二三注釈めいたことを述べることが許されるとすれば、それはユングの独特の論述の仕方についてである。ユングに最も特徴的な考察法は「増幅」amplificatio である。これはすでに夢の分析を行なう際の重要な手段であったが、錬金術研究においてはそれがまことに多様に、縦横に駆使されている。不可解な一モチーフに出会った場合、それを時代や民族を越えた多彩な類似モチーフと比較考量し、その意味するもの、その背景に隠されているものに徐々に接近するという方法である。

増幅は、まず何よりも無数の錬金術文書の言説相互のあいだに適用される。謎めいた類似の文言を突き合わせながら、その文言の背後で動いている錬金術師の魂の秘密、心的過程をさぐろうとするのである。しかし増幅はまた、グノーシス文書、聖書をはじめとする聖典類、教父やラビたちのことば、神話、メルヘンをはじめとする広義の詩的想像力の産物等々、実に広範囲に及んでいる。それゆえ読者にはそれらの比較対照が一見脇道のように思われ、本筋を見失いかねない。本筋である縦糸に対して増幅によって拡げられる横糸があまりにも多数で多岐多様なのである。しかもしばしばその横糸がほとんど独立した一章を形成するほど太いものであったりする。けれども、いわばそれがユングの真骨頂であり、ユングを読む醍醐味でもあって、辛抱強くこれについていけばしだいに縺れた糸が解けてゆき、縺れを縫って一本の赤い糸が見えてくる。

論述はまた堂々巡りの観を呈している。何度も何度も同じところに還ってくる。しかしこれもまた増幅法の特徴であって、増幅は横に拡がっているばかりでなく縦の方向にも伸びており、すでに述べられたこと、あるいはこれから述べることへとつねに開かれている。したがって繰り返しと見えるものもつねに一段高い次元における繰り返しであり、論述は堂々巡りではなく螺旋を描いて徐々に高まり、進展しているのである。つねに一貫しているのはいうまでもなく「対立の結合」というモチーフである。第一章「結合の諸要素」から第三章「対立の化身」までは考察はどちらかといえば分析的に、第四章「王と女王」以降は総合的に展開して、最終章「結合」で頂点に達する。第六章の第八節と第九節の結合の三つの段階に関する論述は、それまで縦横に拡がり高まりながら延々と積み重ねられてきた諸考察の総括であり結論であるといって差支えない。

この関連で興味深いのはユングの文体である。ユングはしばしば神秘思想家のレッテルを貼られているが、少なくともその文体は即物的・科学的であるという印象を受ける。これはフロイトと比べてみればよく分かる。同じ無意識の世界を扱うのでもフロイトの場合は、語られるべき事実あるいは内容が比較的明瞭に見えていて、いわば科学的・理論的に隙間なく構築されている。語るべき内容は目の前にある。フロイトはそれをどういい表わすか、どう納得のゆくように説明するかに腐心している。したがってフロイトの文体は極めてレトリカルであり、論全体もしばしば一篇の物語あるいは推理小説ででもあるかのように巧みに組み立てられていて、ほとんど文学作品を読んでいるかのような錯覚すらおぼえる。これに反してユングの場合は、語られるべき対象そのものは謎とパラドックスに満ちており、いわば神秘のヴェールに覆われている。むろんその核心は直観ないしは予感されている。しかしそれは、その本性上これとはっきり名指すことができない。ユングはそれをどう科学的・論理的・即物的に説明するかに腐心している。増幅法を用い、さまざまのアスペクトから光を当て、往きつ戻りつし、中核にある名状すべからざるものの周りをぐるぐると廻りながら、それを能うかぎり明確な、概念的なことばでいい表わそうとつとめている。中核にあるものはいわばユングにとってアルカヌムであって、その意味では中世の科学者であった錬金術師たちが魂の秘密を科学（化学）のことばで語ろうとしたのと軌を一にしているかもしれない。むろん錬金術師においてはそれは無意識的・無自覚的な行為であった。ユングにおいてはそれは意識的・自覚的な行為であり、投影を魂の内部へと引き戻して無意識そのものの実体に迫ろうとする行為である。しかしたといアルカヌムが物質にではなく魂の内部にやどるものであることが自覚されたとしても、それは依然として謎に包まれており、投影の覆いを剥いで意識に近づけるべくそれについて語るには、まさに科学的・論理的・即物的に語る必要があったし、またそれ以外になかったのではないかと推測される。ユングが至る所でくどいほど自らの心理学を「科学」だと主張しているのは、それが経験にもとづいていること、宗教や神学とは次元を異にすることを強調するためではあるが、上の文脈で考えるとき、一層の含蓄を有しているように思われる。

最後に私事にわたるが、ドイツ文学の学徒である訳者がなぜユングの錬金術心理学に関する書物を翻訳しようと志したかについてこの場で若干の釈明をすることをお許しいただきたい。訳者はかつてある文章のなかでこう書いた。少し長いが、率直に気持ちを吐露しているので引用する。「ユングのおもしろさに惹かれた最初は『心理学的類型』（『タイプ論』）で、三十年近く前の学生時代である。タイプの分類やその組合せの妙もさることながら、むしろユングの観察と思考の一種独特のダイナミズム、心の事実に忠実であろうとするがために生ずる破綻とも見えかねない一種の論理のうねり（開かれた論理！　パラドックスを許容する勇気！）、そしてまさにそれゆえに活きいきと伝わってくる心の不思議さと深さへの洞察、これが私を魅了したのである。ユングの考えを体系的に整理してみることも大切であるが、その本領は叙述の過程、叙述のスタイルそのものにあるということの印象、言い換えれば、整理の網の目からもれるような部分にこそ大いなる示唆があるという印象は、これ以後いろいろなものを読むに及んでますます強くなった。／しかし何といっても、心底から震撼させられたのは『心理学と錬金術』をはじめとする錬金術ないしは宗教心理学関係の著作であった。それまではやはりどこか隔靴掻痒の感を免れなかったが、一切が一挙に身近なものに感ぜられるようになった。もちろん、厖大な例証と考察を辿るのはまるで迷宮を巡るような思いであったが、そこに展開されるイメージの具体性が、それまで私が理解していたユングの考えにいわば血と肉を与えたのである。こんなおもしろいものがなぜ紹介されないのだろうと不思議に思った。ずぶの素人でありながら『心理学と錬金術』を翻訳する暴挙に出たのは、若さと無知とを別にすれば、ひとえにこの思いからである。出来栄えはともかく、仕事中ユングの精神が自分に乗り移っているかのような錯覚をおぼえ、熱に浮かされるように訳した。そして二十年近く経ったいま、あの時ほどではないにしろ相変わらず夢中になって、『結合の神秘』の翻訳に取組んでいる。」

訳者の関心を惹いたいま一つのものは、ユングの錬金術心理学とゲーテの『ファウスト』との関連である。たとえばユングはゲーテ没後百年の一九三二年にある新聞社のアンケートに答えて、ゲーテとの出会い、特に『ファウスト』との出会いの重要性を強調し、こう述べている。「若干の詩を除けば、わたしにとってはただ『ファウスト』のみが生命にあふれた何ものかである。『ファウスト』は私にとってつねに一種の探究の対象だった。……『ファウスト』の横におくとゲーテの他のものはすべて色あせて見える。もっとも、詩のなかにも不滅のものが輝いているが。」さらにアンケートのあとにコメントを付してこう語る。自分がゲーテにおいて評価しているところのものは「たのしむ」対象にはなりがたい。なぜならそれは「あまりにも大きく、あまりにも刺激的で、あまりにも謎に満ちているからです。『ファウスト』は、ギルガメシュ叙事詩、易経、ウパニシャッド、老子、ヘラクレイトスの断片に端を発し、ヨハネ福音書、パウロの書簡、マイスター・エックハルト、ダンテへと連綿と築かれた、世界史の泥沼の上に架かる精神の橋梁の最も新しい支柱です。『ファウスト』に関してはどれほど深く瞑想しても、それで尽きるということは絶対にありません。第二部には汲めども尽きせぬ秘密がまだたくさん残されているからです。『ファウスト』は超俗的で、それゆえ時空を超えています。それはひとしく過去であり未来であって、それゆえ最高の生命に満ちた現在なのです。それゆえ私がゲーテの本質と見る一切は『ファウスト』のなかに包含されています。」

そして最晩年にユングは『自伝』のなかで自らの錬金術研究をこう回顧している。「錬金術に関する私の仕事はゲーテに対する私の内的関係を示すものである。ゲーテの秘密は、彼が遠い昔から連綿とつづいている元型的変容のプロセスにとらえられていた点にある。彼は『ファウスト』を〈大いなる業〉opus magnum ないしは〈神の業〉opus divinum と見ていた。それゆえ彼は正当にも『ファウスト』を自分の〈本業〉Hauptgeschäft と称したのである。ゲーテの内部に息づきはたらいていたものが生きた実体であること、超個人的な心的過程、〈元型世界〉の大いなる夢であることを知れば、深い感銘をおぼえずにはいられない。」さらに死の直前の一九五五年、ユングはあるところからファウスト文学についての論文執筆の依頼を受け、高齢のゆえをもってこれを辞退しているが、その返事のなかで出版間近の自著『結合の神秘』の参照を促し、こう語っている。『結合の神秘』のなかに「『ファウスト』を形づくっている——錬金術的側面に関するかぎりでの——一切の歴史的背景」が書かれており、それによって「ゲーテの〈本業〉から発せられるヌミノースな作用の多くは説明されるように思われる」。

ところが意外なことに、『ファウスト』へのこれほどの共感を語りながら、全著作を通じてユングの『ファウスト』への言及はまことに少なく、『結合の神秘』においてもごく僅かな詩句の引用を除けば本質的言及は皆無に近い。ニーチェの『ツァラトゥーストラはかく語りき』については大がかりなゼミナールが開かれたことを思えば（これはのちに大部の書物として出版された）、奇異の感を免れない。しかしそれは、錬金術の詩としての

『ファウスト』の芸術的結晶度に対する畏怖を別にすれば、おそらくこの作品がユング自らの心の現実にあまりにも近しく、ほとんど対象化が不可能だったからではあるまいか。あるいはそれがあまりにもヌミノースなものに、すなわちアルカヌムに満ちみちていて、直接言語化するのが憚られたためであろうか。いずれにしても、『結合の神秘』と『ファウスト』との関連はユングにとっては直観的に自明のものであったとしても、関連の網の目はわれわれには一筋縄では解きがたい。以上もまた『結合の神秘』を翻訳してみようと思い立った私的な動機である。

*

ユングの後半生の錬金術研究ないしは宗教心理学研究に対する関心も錬金術それ自体に対する関心も、以前とは比べものにならないくらいに高まっており、わが国でもこれに関する多くの書物が出版されている。何の指標もなく手さぐりで『心理学と錬金術』を翻訳した三十数年前を思えば今昔の感に堪えない。この翻訳がそれらの日本での研究・紹介の成果に負うていることはいうまでもない。本書を理解する上で一般の読者に特に役立つと思われるものは、『心理学と錬金術』を除けば、何といっても『転移の心理学』（上掲）である。『哲学者の薔薇園』の一連の錬金術的図像を分析したもので、小著ではあるが大変まとまっていて、ユングの錬金術研究への関心の在処と考察法を概観する上で啓発的である。ユングの生涯の研究活動における本書の位置を知りたい読者は、ゲルハルト・ヴェーア『ユング伝』（村本詔司訳、創元社、一九九四）、あるいは同著者の『C・G・ユング――記録でたどる人と思想』（安田一郎訳、青土社、一九九六）が参考になる。アニエラ・ヤッフェ編『ユング自伝』全二巻（河合隼雄・藤縄昭・出井淑子訳、みすず書房、一九七二／一九七三）の重要性は言を俟たない。錬金術それ自体に関しては、ヨハンネス・ファブリキウス『錬金術の世界』（大瀧啓裕訳、青土社、一九九五）とスタニスラス・クロソウスキー・ド・ローラ『錬金術図像大全』(磯田富夫・松本夏樹訳、平凡社、一九九三)が極めて示唆的である。前者はユングの錬金術研究の線上でそれを発展させたものであるが、多くの図版があり、錬金術そのものについての情報にも富む。後者は錬金術図像の集成であるとともに、それらの図像に付せられた文言の翻訳および注釈を含み、いわば錬金術文書の実相をある程度窺い知ることができる。

すでに第I巻の翻訳を上梓してから五年近い月日が流れている。訳者が昨今の大学改革の渦に巻き込まれ時間的制約を受けたことも一因であるが、何よりも訳者の力不足が原因で、予想以上の難行苦行を強いられた。第I巻を購入された読者、再三の遅延に理解を示された人文書院に、この場をかりて衷心よりお詫び申し上げる。『心理学と錬金術』出版のときと同様、今回も編集者として樋口至宏氏の手をわずらわせた。度重なる約束違反に寛容な態度を示されたばかりでなく、翻訳に関しても貴重な御教示をたまわり、索引作成にも御協力いただいた。氏の辛抱強い励ましがなかったならば本訳書は日の目を見なかったであろう。ここに記して深甚の謝意を表する。

二〇〇〇年初春

池田紘一

473[77],476[86]
リュッケルト Fr. Rückert I 436[334]

ル

ルキアノス Lucianus Samosatensis II 408[311],479[116]
ルスカ J. Ruska（『賢者の群』『エメラルド板』も見よ） I 179,420[217,218],463[610]
ルスペキサ Johannes/Jean de Ruspecissa（14世紀中頃に活躍したフランスの錬金術師．フランシスコ会修道士） I 244,390[8], II 473[76],483[168]
ルセル E. Rouselle I 421[227], II 459[303]
ルーミー Dschelaleddin Rumi II 168
ルランドゥス Martin Rulandus（1532-1602 ドイツの医者・古典文献学者．『錬金術事典』） I 175,209,338[74],354[191],366[79], 369[98],385[223],405[115],408[142],416[203],435[331], 445[429],449[478],460[578], II 15,162,164,290, 376[61],382[120],410[334],421[3,4],474[81],475[83-85], 477[100],480[129]
ルリウス／ルルス Raymundus Lull(i)us（1235頃—1315 カタロニアの神秘思想家・神学者・詩人・錬金術師．フランシスコ会修道士） I 383[209],404[103],408[141], II 174, 386[144],399[252],426[54,58],480[130]
ルリャ Isaak Lurja II 171,425[45],440[196]

レ

レーア J. Röhr I 392[26]
レイスブルーク Jan van Ruisbroeck I 418[208]
レオ・ヘブラエウス Leo Hebraeus I 374[139]
レヴィ-ブリュール L. Lévy-Bruhl I 16, 466[643], II 279,325,477[104]
レサー F. Ch. Lesser I 337[67]
レーマン E. R. Lehmann I 392[26]

ロ

ロイスナー H. Reusner（『パンドラ』も見よ） I 368[95]
ロイヒリーン Johannes Reuchlin I 48, II 193,439[183]
老子 I 212,421[227]
ロシヌス Rosinus II 162
『ロシヌスからエウティキアへ』 I 244, 255,358[5], II 420[2]
『ロシヌスからサラタンタへ』 I 244, 335[52],347[154],373[125],405[119],414[185],415[191], 422[235],460[580], II 63,398[245],466[9,10],468[31]
ローゼンクロイツ Chiristian Rosencreutz →『化学の結婚』
ローデ E. Rohde II 406[299]
ロドカエウス G. Ph. Rhodochaeus de Geleinen Husio II 232
ローマイアー E. Lohmeyer II 479[116]
ロマノス Romanos I 461[587]
ロリキウス Johannes Lorichius I 375[156]

術師．そのアラビア語の論説はアラビア語からラテン語に翻訳された錬金術論説の最初期のものに属する．伝記的事実不明） I 94,246,366[70,71],372[119,120],403[92],462[590],468[661,667], II 152,324,387[152],410[332],416[376]
モリス R. Morris I 350[169]
モレ A. Moret II 19,372[28],375[59]
『門の書』 I 372[119]

ヤ

ヤーコプゾーン H. Jacobsohn II 367[2,3],368[6-8],369[10-12],373[35],483[162]
ヤッフェ A. Jaffé I 362[37]

ユ

ユリアヌス Julianus Apostata II 131

ヨ

ヨアキム，フィオーレの →「ジョアッキーノ・ダ・フィオーレ」
ヨエル D. H. Joel I 418[207]
『預言者イシスの息子ホルスへのことば』 I 46
ヨハネス／ホアン〔聖〕，十字架の St. Juan de la Cruz II 427[62]
ヨハネス・ア・メフング Johannes a Mehung/Jean de Meung I 407[126]

ラ

ライゼガング H. Leisegang I 335[51], II 409[325],433[121,124]
ライツェンシュタイン R. Reitzenstein I 335[51],339[79],340[94,96],341[98],395[49],458[559], II 437[166],441[197],482[161],487[194]
ライン J. B. Rhine II 250,389[171],469[45]
ラヴォー M. B. Lavaud I 439[365]
ラキニウス Ianus Lacinius I 326[6],337[65]
ライムンドゥス・ルリウス →「ルリウス」
ラグネウス Davidus Lagneus I 366[71],372[123],427[286], II 45,273,476[95]
ラジャール F. Lajard II 391[186,190]
ラセス（ラシス）Rhases/Rhasis I 332[33],463[610]
ラダクリシュナン Sarvepalli Radhakrishnan I 374[143]
『ラッパの響き』 I 326[5],441[385], II 453[270]
『ラテン碑文大全』 I 85,341[97],376[160]
ラーナー H. Rahner I 63,173,250,341[99],344[126],345[135,136],351[181,182],412[173],415[198],425[273],446[441-444],447[445-448,453], II 29,376[66],377[67,69,70],378[78],453[270],484[169]
ラバヌス・マウルス Rabanus Maurus I 331[31],374[144], II 478[115],483[168],484[171]
『ラビ・エリエゼルの聖なる諸章』 II 167,171,181,423[36],425[44]
ラマヌジャ Ramanuja I 450[487]
ラルギエ L. Larguier I 431[312]
ランプスプリンク Lambsprinck Abraham Edler von（15世紀前半［？］に活躍したドイツの錬金術師・ヘルメス哲学者．詳細不明） I 32, II 370[19],386[140],415[370]

リ

『リグ・ヴェーダ』 I 399[67],419[211],468[664]
リケトゥス Fortunius Licetus I 123
リシュリュー Armand-Jean du Plessis Richelieu II 439[186]
リツバルスキー M. Lidzbarski II 437[176],439[180]
リップマン E. O. von Lippmann I 332[34],381[195],385[223],460[582], II 243,373[32],422[19],483[163]
リード J. Read I 385[221]
リプリー／リプラエウス George Ripley Riplaeus（1415［？］-1490［？］ イギリスの錬金術師．ブリドリントン司教座聖堂参事会会員．詳細不明．『化学大全』，『古歌』〔前掲書の内〕他） I 93f., 106,154,244f., 250,326[1],345[138],347[154],371[117],394[40],397[60],402[81],402[78],403[93],413[181], II 27-100,129,134f., 137,139,148f., 373[37],384[132],387[146,149],411[336],451[254],453[270],468[25,30],

180f., 208,229,324,373[36,38],376[60],386[144],387[146,147],400[260],401[264],410[333],420[411],430[87],439[187],452[266,269],459[310],467[12],471[58],482[151]
マイモニデス Maimonides II 181
マクロビウス Macrobius I 172,188,364[56],411[167],412[174],414[185,189],425[269,271],II 453[270],478[115]
マスウーディー Masudi II 167
マダタヌス Hinricus Madathanus I 365[69]
マティエ・ド・ヴァンドーム Mathieu de Vendôme I 117f., 128
マニ Mani/Manes I 67,337[68], II 177f.
『マビノギオン』 II 449[248]
『魔法パピルス』 →「プライゼンダンツ」
『マリアと十字架の口論』 I 61
マリヌス Marinus I 355[206]
マリウス・L・ミカエル・アンゲルス →「ミカエル・アンゲルス」
マール E. Mâle I 452[511]
マルウァシウス Caesar Malvasius I 87, 98ff., 110,114,117,368[96],376[158],377[170]
マルクス・グラエクス Marcus Graecus I 381[195]
マルティアル Martial I 125
マンゲトゥス J. J. Mangetus I 94, II 137

ミ

ミカエル・アンゲルス Marius L. Michael Angelus I 87
『ミクレリスの論説』 I 37,154,161,**332**[37], II 167,247,453[270],477[100],489[211]
『未知の著者の小論』 I 332[33]
『ミドラシュ』 II 191,196,436[162,163],461[327]
「ミモー・パピルス」 I 338[77]
ミュラー E. Müller I 326[5], II 440[194]
ミューリウス Joannes Danielis Mylius（17世紀前半に活躍したドイツの医学者・化学者.『改革された哲学』） I 34,75,154, 159,161,179,242f., 244,246,280,316, 328[20,21,22],335[51],338[69,71],345[138],359[12],360[27],361[31],366[70,79],369[103],372[123],383[209],390[9],393[38],394[40],395[45],402[75,80],403[86,87],405[113,114],407[134],416[203],420[221,222],422[234,242],423[243],430[310],440[373],444[421],445[429],452[508],460[582],461[584,586],463[609], II 44,98,176,218,314,378[85],380[99],384[135],386[139,142],391[194],393[205],397[236],419[402],423[21],428[67],430[88],453[270],463[334],468[34],481[140],483[168],485[175]
ミルウェスキンドゥス Milvescindus I 332[37]

ム

ムメルシュタイン B. Murmelstein II 438[179],461[327]

メ

メーアポール F. Meerpohl I 363[54]
メイトランド E. Maitland I 227
メヒティルト Mechthild von Magdeburg II 471[53]
メルラ Merula II 50,383[128]
『メルランの物語』 I 117
『メルリヌスの寓喩』 II 17ff., 24ff., 51,54, 67,373[30],471[59]
『メルリヌスの預言』 II 373[30]
メネンス Wilhelm/Guilelmus Mennens I 226,412[174],425[274],437[341], II 447[232], 456[277]

モ

モノイモス Monoimos I 73f., 83,367[90], II 461[327]
モハメッド・イブン・ウマイル Mohammed /Muhammad ibn 'Umail Al-Tamini →「セニオル」
モハメッド・ベン・イシャク・エン-ネディム Mohammed ben Ish'Aq En-Nedim II 477[99]
モリエヌス Morienus Romanus（7世紀頃に活躍したシリア・アラビアの伝説的錬金

ヘルウェティウス Johannes Fredericus Helvetius II 463[336]
『ペルシアの哲学者たちの断片』 I 226
ヘルダーリン Fr. Hölderlin I 280
ベルトロ Marcellin Berthelot I 369[104], 381[195], II 12,370[14,15],391[197],436[155]
ベルナルドゥス・トレヴィサヌス Bernardus Trevisanus（1406-1490 イタリアの錬金術師．「賢者の石」を見出したと伝えられる人物．詳細不明） I 37,104,207, 365[69],378[183,186],390[10],402[80],403[91,92], II 20,38,181,303,400[257]
ベルヌーイ R. Bernoulli I 435[331]
ペルネティ Dom A.-J. Pernety（『神話・錬金術事典』） I 116,338[71],354[198,199],360[26], 371[117],385[223],408[142],409[156],435[331], II 137, 317,391[186],409[322],426[54],481[148]
『ヘルマヌスへの書簡』 I 356[214],403[85], 422[234], II 232,405[298],462[332]
『ヘルメス思想大全』 I 365[69],419[212], II 376[60]
ヘルメス・トリスメギストス Hermes Trismegistos（錬金術の伝説上の始祖．その名は「三重に偉大なヘルメス」を意味し，エジプトの智慧の神トートの呼び名とされる） →『黄金論説』，『エメラルド板』（事項索引も見よ）
『（聖）ペルペトゥアの殉教』 I 68,355[204]
ペレキュデス Pherekydes I 104,379[187], II 453[270]
ヘレナ，テュロスの Helena von Tyrus II 177,196
ベロアルド・ドゥ・ヴェルヴィユ Béroalde de Verville II 415[374,375]
ヘロドトス Herodotos I 328[22], II 186

ホ（ボ，ポ）

『宝石のなかの宝石』 I 406[123]
ボエトゥス Boethus Arabs II 402[272]
ホカート A. M. Hocart II 367[1],368[4]
ホゲランデ Theobald de Hoghelande I 375[147],390[13],404[101,103], II 44,54,370[19], 380[97,100],419[398],483[168],485[176,177]
ポーディジ J. Pordage I 423[256]
ボーデンシュタイン A. von Bodenstein I 390[15], II 232
ボナヴェントゥラ Johannes Fidanza Bonaventura II 34,300
ボヌス →「ペトルス・ボヌス」
ボネルス →「アポロニオス」
ホノリウス，オタンの Honorius von Autun I 57,60,252,260,334[48],395[49], 435[331],450[482], II 55,64,157,382[124],407[301], 408[312],487[193,194]
ホフマン E. T. A. Hoffmann I 232
ホームヤード E. J. Holmyard II 389[175]
ホメロス Homeros I 343[116],360[22],381[201], 395[45],426[275], II 273
ホラティウス Horatius I 370[113]
ホラポロ Horapollo I 426[277], II 107, 404[284],480[132]
ホランドゥス Joannes Isaacus Hollandus（16～17世紀の錬金術師．詳細不明） I 241,280,433[320],456[541]
『ポリフィロの夢の恋愛合戦』 I 282, 423[247],457[551],458[563]
ポルフュリオス Porphyrius I 329[25]
ホルネッファー E. Horneffer II 407[309]
ホワイト V. White I 436[340],441[376]

マ

マイアー C. A. Meier I 385[214],459[567]
マイアー Michael Maier/Majer（1569-1622 ドイツ生まれの医者・作家・錬金術師．ハプスブルク家のルドルフ二世の侍医．多数の錬金術論説を遺す．『黄金の卓の象徴』他） I 29,45,48,65,77,83,87-93,119,138f., 172,265-273,274,278,282-296,326[3],339[78],341[101],356[212],364[58], 368[92,95],369[100,102],370[111],371[117],372[119], 385[221],386[231],389[2],423[245],446[433],453[516,517], 458[562],460[571],468[669], II 53,60,101f., 174,

ア魔法パピルス』） I 74,181,188,248, 298,338[77],339[81],340[90],360[28],374[141],422[232], 426[275,276],446[437],463[599], II 388[156,160],480[132]
プラトン Platon I 119,127,267,386[228], 423[251,256],430[310],451[499], II 175,191,195, 199,313,347,394[217],411[342],439[192]
『プラトンの四つのものの書』 I 135,160, 181,185,416[203],430[310], II 221,246,276, 315,386[137],411[342],449[248],450[253],467[11], 478[110],485[184],486[187–192]
フラメル Nicolas Flamel I 94,365[68], 390[10],407[131],431[312], II 55,60,194,302, 386[141],439[186]
フランス Anatole France I 231
フランツ M.-L. von Franz I 355[204],364[66], II 482[159]
ブラント Sebastian Brant II 91-94,398[238]
プリスキリアン Priscillian I 284
プリニウス Plinius I 171,385[223], II 106, 403[274],486[186]
『ブリハッド・アーラニヤカ・ウパニシャッド』 I 419[211]
フルヴィッツ S. Hurwitz I 343[115], II 461[327]
ブルクシュ H. Brugsch I 338[77],349[167], II 407[307]
プルタルコス Plutarchos I 172,181,226, 246,340[87,93,95],371[117],374[137],377[171],412[171], 467[657], II 369[10],415[373],482[153,157]
ブルッフマン C. F. H. Bruchmann II 393[208]
フルリティス Flritis I 444[426]
フレイザー Sir J. G. Frazer II 367[3,5], 372[28],414[368]
ブレスティッド J. H. Breasted II 372[28]
ブレンターノ Cl. Brentano I 387[245]
プロイシェン E. Preuschen II 417[384]
プロイス J. Preuß I 392[26]
フロイト S. Freud I 18,125,132,319,323, II 263,323,331,416[377],445[223]
プロクロス Proclus I 328[22],391[18]
プロティノス Plotinos II 342
フロベニウス L. Frobenius I 450[493], II 406[300]

ヘ（ベ，ペ）

ベーア P. Beer II 431[100]
ベインズ H. G. Baynes II 368[9]
ヘゲモニオス Hegemonius（『アルケラオス行伝』） I 69,329[23],353[187],355[206],356[213], 357[217],383[209],414[190],422[238], II 38,177, 379[88,89],398[242],428[69]
ベーコン Roger Bacon I 19
ペタシオス Petasios II 124
ベッカー F. Becker I 441[378]
ペトルス・デ・シレント Petrus de Silento I 354[196]
ペトルス・ボヌス Petrus Bonus（13～14世紀 イタリアの医者・錬金術師．詳細不明） I 19,44,326[3],328[17],332[37],337[65], 342[105],346[146],358[1],392[27]
ベネディクトゥス・フィグルス Benedictus Figulus II 391[189],393[204]
ベネディクトゥス・フェルナンディウス Benedictus Fernandius I 437[341]
ペノトゥス Bernardus G. Penotus/B. à Portu Aquintanus（1520/30-1620 フランス生まれの錬金術師．パラケルスス信奉者） I 224,280,297,372[123],402[80],403[84], 412[170],438[354], II 47,155,222,451[262], 473[80],476[86]
ベーメ Jacob Böhme I 145,211,304, II 84,187f., 225,404[290],409[319],410[331], 417[387]
ペラギオス Pelagios I 72
ヘラクレイトス Herakleitos I 78,248
『ヘリオドロスの歌章』 I 44,331[31],***337***[67], 341[102],365[69]
『ペリヌスの言辞』（「アポロニオス，テュアナの」も見よ） I 179ff., 182,***341***[100], 438[349]
ヘルヴィヒ Chr. von Hellwig II 477[101]

I 87-93,97,368[95],369[97],370[107,108,110]
バロルドゥス Wilhelmus Barold(on)us I 376[157]
ハント A. S. Hunt II 417[384]
『パンドラ』(ロイスナー編) I 56,104, 162,239,348[155],354[195], II 283,410[335], 463[333]

ヒ(ビ,ピ)

ヒヴォールゾーン D. Chwolsohn I 331[26], II 431[93,94],477[99]
ピエリウス Pierius I 459[570]
ヒエロニュムス Hieronymus I 251
ピキネルス Picinellus I 306,426[277],437[341], 453[513],459[570], II 49f., 383[127,128],394[213], 404[281],460[319],463[338]
ピコ・デラ・ミランドラ Pico della Mirandola (1463-94 イタリア・ルネサンスの哲学者.新プラトン主義の再発見者にしてカバラ研究者) I 185f., 393[37],423[250,251], 424[260,261], II 193,439[184],463[333]
ビショフ E. Bischoff I 418[207]
ピトラ G. B. Pitra I 433[317],454[519],461[587], 462[593], II 479[116]
ピベキオス Pibechios I 381[201]
ヒポリュトス Hippolytus(『反証』) I 73, 78,164,176,191,252,254f., 264,305,307f., 340[85],355[206],360[25],363[55,57,61],367[90],371[117], 374[146],376[166],383[209],397[57],420[216], 427[285,289],435[332],447[457],468[658], II 44,48, 115,118,191,223,240f., 383[125],407[309], 411[339],415[373],417[392],427[63],430[86],431[90], 437[175],449[248],452[266],466[357],468[33], 482[155,156],483[168]
『秘め隠されたアウレリア』 I 282,316
ビュアリー R. G. Bury II 427[61]
ピュタゴラス Pythagoras I 59
ヒラリウス Hilarius I 64,251,306,353[183], II 314
「ピリピ福音書」(レビ人の) I 329[25]
ヒルカ A. Hilka I 415[195]
ヒルデガルト・フォン・ビンゲン Hildegard von Bingen II 483[168]
ピロン〔フィロ〕Philo Iudaeus/Alexandrinus I 335[51],378[178], II 12,190,196, 342,436[159],464[343],490[223]
ビン・ゴリオン M. J. Bin Gorion I 467[655]

フ(ブ,プ)

ファイファー Fr. Pfeifer I 388[246],448[469], II 397[233],402[272]
ファーガソン J. Ferguson I 350[173],368[96], 369[97]
フィキヌス/フィチーノ Marsilius Ficinus /Marsiglio Ficiono (1433-99 イタリアの哲学者・古典文献学者.新プラトン主義者) I 95, II 178
フィクテス Fictes I 444[426]
フィラレタ Eirenaeus Philaletha/Philalethes (Johannes Baptista van Helmont 1577-1644 の偽名.ブラバント出身の貴族・医者・哲学者・錬金術師.パラケルスス思想の最も正統な継承者といわれる.『閉ざされた王宮への開かれた門』) I 61,113,197,200,203,220, ***350***[173],383[209], 402[74],414[182], II 46,55,60f., 97,101f., 180, 398[243],453[270],487[199]
フィールツ-ダーフィット L. Fierz-David I 457[553],458[563]
フィルミクス Firmicus Maternus (4世紀のラテン語著述家.占星術の分野で新プラトン主義思想を展開) I 46,94,369[103], 373[133],375[153],412[173], II 311,368[5],453[270], 482[154]
フサイン M. Hidayat Husain I 381[195]
ブシェ-ルクレール A. Bouché-Leclercq I 406[124], II 410[334],411[339]
ブッセ W. Bousset I 337[68],355[206],363[53], 383[209],419[212],458[558], II 414[362],427[64], 433[119],436[156,162],441[197]
プトレマイオス Ptolemaeus II 186
プライゼンダンツ K. Preisendanz(『ギリシ

438[351,353], 455[539], 456[540], 460[573], II 21f., 23, 25, 45, 48f., 63, 120, 125ff., 153, 162f., 168, 181, 190, 232, 248, 250ff., 254, 257-266, 267-271, 271-278, 280-283, 285, 292f., 296ff., 301, 306, 315, 319, 321-324, 328ff., 339f., 341ff., 345-348, 374[43,45], 377[68], 384[135], 388[162], 392[200,201], 394[218], 412[343,352], 417[394], 418[395], 422[11], 424[33], 431[97], 467[20], 468[27], 469[39], 470[48-50], 471[62], 472[65-67,69], 473[70,71,75,77], 474[81], 475[84], 477[102,103], 479[122], 486[192], 490[223]
トレウィサヌス →ベルナルドゥス・トレウィサヌス
ドレクセリウス Hieremia Drexelius I 376[157]

ナ

ナイトハルト J. G. Neidhardt I 449[481]

ニ

『肉体の尺度』 II 195
ニーチェ Fr. Nietzsche I 249, 311f., II 407[306,309], 415[373]
ニーダー F. Nieder II 407[304]
ニューマン〔枢機卿〕J. H. Newman II 326, 355

ネ

ネストレ E. Nestle II 479[116]
ネルケン J. Nelken I 363[50], 378[178], II 35, 421[5]

ノ

ノイマン E. Neumann I 399[66]
ノートン Thomas Norton（1548-1604. イギリスの著名な錬金術師. 詳細不明. ブリストル市長で聖メアリー・レドクリフ教会の建築費用を「賢者の石」による黄金の製造によって賄ったと伝えられる）I 383[209], II 43, 174f., 426[56]

ハ（バ，パ）

ハイラー Fr. Heiler II 471[56]
パウサニアス Pausanias I 328[22], 350[174]
バウムガルト D. Baumgardt II 435[146]
パウリヌス・アキレイエンシス Paulinus Aquileiensis II 489[210]
パウリヌス，ノラの Paulinus von Nola II 34
「ハガダ」 II 438[179]
『バシリアヌスのアフォリズム』 I 407[139]
バシリウス Basilius I 275
バシリウス・ウァレンティヌス →ウァレンティヌス
バシレイデス Basileides/Basilides（2世紀中頃. アレクサンドリアで活躍した代表的グノーシス主義者. バシレイデス派の祖）I 43, 145, 279, 376[166], II 118, 247, 377[72]
バーダー Fr. von Baader II 188, 435[146]
ハックスリー A. Huxley II 418[397]
バッジ Sir Wallis E. A. Budge I 347[151], 356[213], 372[119], II 406[300]
バッハ J. S. Bach II 337
ハーディング E. Harding 438[350]
『バビロン・タルムード』 I 467[655]
パラケルスス Paracelsus（1493-1541. ドイツ語圏スイスの医者・化学者・錬金術師. バーゼル大学化学教授. 医薬化学の祖）I 42, 76, 78, 137, 153, 161, 222ff., 235, 355[205], 366[77,79], 390[15], 402[80], 403[90], 416[199], 441[379], II 164, 173, 231, 251, 261, 272, 276, 281f., 286, 339, 346, 392[200,201], 405[297], 422[10,11], 435[144], 473[80], 474[81], 475[84], 476[90,98], 478[105,107]
ハリド・イブン・ヤジト Khalid ibn Jazid I 189-193, 422[240], *427*[279], 429[303]
バルデサネス Bardesanes I 355[206], II 417[386]
バルトロメウス〔使徒〕Bartholomaeus II 406[300]
ハルナック A. von Harnack II 143
バルノー Nicolas Barnaud von Crest

ツ

ツィンマー H. Zimmer I 386[229]
ツェクラー O. Zöckler I 350[169]
ツェプコ Daniel von Czepko I 436[336]

テ（デ）

ディー／デー Johannes〔John〕Dee（1527-1608 イギリスの著名な占星術師・数学者．神秘主義・巫術・錬金術を研究） I 75,326[4],424[258], II 162
ディオニュシウス・アレオパギタ Dionysius Areopagita II 175,178,235, 427[59,60],429[77,78]
ディールス H. Diels I 379[187]
ディオドロス Diodorus Siculus I 340[86,88,89],371[117],374[142], II 379[90]
ディオスコリデス Dioscorides I 415[198], 416[203], II 474[81],475[83]
『ティックネ・ゾハル』 I 418[207]
テオドレトス Theodoretus Cyrensis I 353[187], II 394[216]
テオドル・バル・コナイ Theodor bar Konai I 346[141]
テオドロス・ストゥディテス Theodorus Studites I 433[317], II 479[116]
テオピロス Theophilus von Antiochia II 429[78]
デスパニエ Jean d'Espagnet（17世紀 フランスの錬金術師．ボルドー最高法院長） I 207,413[179],431[314],434[324], II 390[181,183]
テツェン Johannes de Tetzen/Johannes Ticinensis II 448[238]
『哲学者の薔薇園』 I 29,47,54f., 96,112, 155,174,178,182ff., 190,194,245ff., 276, 296,315,335[52],341[100],359[9-13],369[103], 371[116],383[209],407[127],413[178],415[193],422[241], 423[246],427[290],430[310],431[311],440[327],441[385], 442[396],444[421],456[543,544],461[583],462[589], II 11,160,218,221,316,373[31],387[152], 399[252],452[269],472[68],481[140],483[166,167], 485[178,179]
『哲学者の階梯』 I 354[194],443[411]
デモクリトス Demokritos I 76
偽デモクリトス I 114,346[145],405[118], 408[143], II 12,14,299,371[21],471[53]
デュ・カンジュ Du Cange/Charles du Fresne I 337[66],415[198], II 480[132]
デュフレノア N. Lenglet Du Frenoys I 427[294], II 137
デルガー F. J. Doelger I 447[453], II 482[158]
テルステーゲン G. Tersteegen I 436[336]
テルトゥリアヌス Tertullianus II 66f.
デルフィナス Delphinas I 45
テレサ〔聖〕，アビラの St. Teresa von Ávila II 427[62]
テンプル大僧正 Frederick Temple II 396[229]

ト（ド）

ドイセン P. I. Deussen I 399[67],419[211], II 441[197]
トゥリウス Johannes Turrius I 98,121f., 368[95]
トニオラ Johannes Toniola I 368[94]
トマス・アクィナス Thomas Aquinas I 19,285,305, II 181,489[222]
トラウベ L. Traube I 386[226]
ドラット L. Delatte I 435[331], II 383[130], 426[50]
トリスモジン Salomon Trismosin（15～16世紀 伝記的事実不明．『太陽の輝き』） II 101f., 221
ドルネウス Gerardus Dorneus（16世紀 ドイツの医者・錬金術師．パラケルスス主義者．『創造の自然学』，『思弁哲学』，『瞑想哲学』，『金属の変成』，『トリスメギトスの自然学』他） I 43,44,61,70,75,77,80f., 94,135ff., 140,147,154,161,175,185,225, 240,278-281,289,316,329[25],332[34],333[47], 335[52],337[65],355[205],356[213],357[218],363[51], 366[74],373[126],375[149],391[16,19,20,23],393[30], 394[44],403[96],411[166],412[173,174],416[200],430[310],

ス

スティーヴンソン R. L. Stevenson I 232
ステイネルス Henricus Steinerus II 485[180]
ステイプルトン H. E. Stapleton I 327[11], 381[195,196,199], 383[208], 384[210], 421[228], II 425[49]
ステパノス Stephanus von Alexandria I 462[591]
ステーブス J. Chr. Steebus I 77, 95, 362[39], 390[15], 391[16], 412[171], 467[652], II 449[248], 478[115]
スポン Jacob Spon I 368[93]

セ

『聖杯』（ユシェ編） I 435[331]
『誓約について』 II 114
セニオル Senior/Zadith filius Hamuel（『化学について』） I 32, 106f., 110f., 139, 172, 190, 241, 242, 300, 302, ***327***[11,12], 332[41], 346[141], 348[155], 350[174], 356[214], 359[3], 381[195], 383[209], 389[5], 411[167], 420[218,219,221], 421[228], 423[248], 424[265], 428[300], 429[301], 432[315], 442[386], 455[533], 456[544], 463[602,603], 464[611], II 28, 56, 63, 173ff., 178, 376[63], 380[93,94], 389[173], 410[335], 417[392], 427[64], 453[270]
『セフェル・ラシエル』 II 431[100]
ゼーラー E. Seler I 347[150]
セルウィウス Servius I 459[570]
センディウォギウス Michael Sendivogius（1556頃—1636　ポーランド生まれの錬金術師）→　『化学の新しき光』

ソ（ゾ）

ソクラテス・スコラスティクス Socrates Scholasticus I 353[187]
偽ソクラテス Pseudo-Socrates I 72
ゾシモス Zosimos von Panopolis（紀元3～4世紀頃　アレクサンドリアで活躍した錬金術師．その著述は最古の錬金術論説と見なされ中世において高い評価を受けた） I 19, 61, 244, 290, 327[9], 331[28], 391[21], 431[312], 462[591], 463[598], 464[616], II 12, 14, 172, 193, 222, 328, 397[236], 409[327], 424[38], 470[46]
『ゾシモスからテオセベイアへ』 I 444[420]
『ゾハル』 I 50, 343[118], 349[165], 378[177], II 178f., 182, 193, 209, 431[91,100], 437[170], 440[196], 442[207], 445[223], 456[276], 458[292], 459[306], 461[321], 478[115]
ソープ B. Thorpe II 423[29]
ソーンダイク L. Thorndike II 449[246]

タ（ダ）

タイラー E. B. Tylor II 414[368]
「タグルム」〔旧約聖書アラム語訳〕 II 457[286]
『立ち昇る曙光』 II 44f., 81, 122
『立ち昇る曙光 I』 I 19, 171f., 297, 336[61], 337[64], 338[73], 345[132], 348[159,160], 354[203], 363[46], 364[58], 365[69], 367[85], 375[147], 378[180], 381[201], 391[24], 392[29], 433[317], 442[390], II 154f., 195, 373[37,40], 419[404], 420[414], 422[17], 463[340]
『立ち昇る曙光 II』 I 173, 338[71,72], 369[104], 380[188], 383[209], 402[83], 408[147], 415[198], 416[199], 433[317], II 377[71]
「ダニエル黙示録」（ギリシア語およびアルメニア語の） I 337[68]
タベルナエモンタヌス Tabernaemontanus I 175, 415[198], II 474[81], 475[82,83]
タバリー Tabari II 167
タビト・イブン・クッラ Tabit ibn Qurra I 185
『卵について』 I 429[308]
ダマスキオス Damascius II 186, 434[125]
『タルムード』 II 423[22], 440[196]
ダーレ Antonius van Dale II 437[171,172]
ダンテ Dante Alighieri II 124, 411[337]
ダンジュ René d'Anjou II 236

チ

『智慧の大いなる鍵』 I 327[11]
チャルナー E. H. von Tscharner II 459[303]
『沈黙の書』 I 431[312,313], II 76, 396[224]

127,166,390[184],398[245,247],412[349],417[385],
466[3-6],467[15],468[25],473[80],474[81],478[115],
483[168]
『「賢者の群」に関する寓喩』 I 175,429[301]
『「賢者の群」に関する省察』 I 142,424[266],
II 414[366,367],467[16],468[24],469[38],473[80]

コ（ゴ）

『コーカサスのメルヘン』 I 450[490],451[499]
コップ H. Kopp II 446[227]
ゴデフリドゥス Godefridus, Abt von Admont II 486[192]
コーフート A. Kohut II 423[28],435[149],436[156]
コマリオス Komarios（『コマリオスの論説』） I 72,297f., 383[209],369[104],462[591]
II 12,173
『コーラン』 I 347[153],379[187], II 423[31]
コルドウェロ Mose Cordovero I 342[107]
ゴルトシュミット G. Goldschmitt →『ヘリオドロスの歌章』
コロンナ Francesco Colonna →『ポリフィロの夢の恋愛合戦』

サ（ザ）

サウス Mr. South I *431*[312]
ザカリウス Dionysius Zacharius I 403[86],405[111],408[142]
サトゥルニヌス Saturninus I 78
サトルネイロス Satorneilos I 363[55]

シ（ジ）

ジーケ E. Siecke I 426[275]
シェーダー H. Schaeder I 337[68],346[141],354[201],376[166], II 437[166],441[197],487[194]
シェフテロヴィッツ J. Scheftelowitz I 373[129], II 435[151],436[163]
シェルフ R. Schaerf I 452[512]
ジェルベール Gerbert de Reims →「シルウェステル二世」
『死者の書』 II 406[300]
『シフレ・デ-アダム・カドマー』 II 431[100]
ジャストロー M. Jastrow I 348[161]
「シャール・ケドゥシャ」 I 360[25]
『シフラ・デ・ゼニウタ』 II 233
シメオン・ベン・ヨハイ Simeon ben Jochai II 211
シモン・マグス Simon Magus/von Gitta（1世紀 魔術師シモン．グノーシス主義シモン派の創始者．「使徒行伝」8.9-24では改宗したサマリア人） I 67,78,176f.,181,185,196,421[227]
ジャビル・イブン・ハヤン →「ゲベル」
シュヴァイツァー A. Schweitzer I 336[57]
シュヴァルツ C. Schwartz I 126,368[96]
『周易参同契』 →「魏伯陽」
シュタイナー R. Steiner I 144
シュトルキウス・デ・シュトルケンベルク Stolcius de Stolcenberg I 34,326[2],327[7],423[243]
シュピーゲルベルク W. Spiegelberg II 11
シュピッテラー C. Spitteler II 67f.
シュルツ W. Schultz I 383[209]
シュミーダー K. Chr. Schmieder I 347[149],427[294], II 401[264]
シュルツェ F. Schultze II 414[368]
シュレーバー D. P. Schreber I 343[118]
ジョアキーノ／ヨアキム・ダ・フィオーレ Gioacchino/Joachim da Fiore I 56
ジョイス James Joyce II 90f.
ショーペンハウアー A. Schopenhauer I 149, II 488[207]
ショーレム Gershom Scholem I 342[113],343[115],344[125], II 211,440[195],444[213],445[223],446[227],448[241]
シラー Fr. Schiller I 213
『シリアの宝の洞窟』（ベーツォルト編訳） II 167,170f., 191,232f., 436[156]
シルウェステル二世〔教皇〕Sylvester II 221,449[246]
ジルベラー H. Silberer I 16, II 243,492
ジーンズ Sir James Jeans II 347

クリストフォルス Christophorus von Paris II 426[54]
グリム兄弟 Brüder Grimm I 106,114, II 184,391[195]
グリム，ヤーコプ Jacob Grimm II 407[305],423[29]
クリュソストモス Joannes Chrysostomus I 380[191], II 66,394[215]
グリューンバウム M. Grünbaum II 436[157]
クルティウス E. R. Curtius I 458[560,563], II 90,377[74]
グールモン Rémy de Gourmont II 483[168]
グルーンヴァルト M. Grunwald II 431[100]
グレウェルス Jodocus Greverus II 455[274,275]
グレゴリウス大教皇 Gregorius Magnus I 48,251,426[277],440[373],433[317], II 187f., 233,378[82],419[402],435[148],463[339,341],464[343], 465[345]
クレメンス，ローマの Clemens Romanus I 419[213],436[339], II 106,182,187,189
クレメンス，アレクサンドリアの Clemens Alexandrinus I 426[278], II 152,456[276]
グレンフェル B. P. Grenfell II 417[384]
クローフォド J. P. Wickersham Crawford I 386[225]
クローリー A. E. Crawley II 414[368]
クーンラート Heinrich Khunrath（1560-1605 ドイツの医者・錬金術師，パラケルスス主義者，『智慧の円形劇場』，『ヒュレの混沌』） I 76,82f., 175,242ff., 250,310, 315,359[17], ***367***[83],408[142],442[396],443[401-405], 460[582],464[613], II 15,45ff., 62f., 98,105, 107f., 128,173,259,285,370[18,19],372[26], 376[64],381[112,113],387[154],390[177],393[203], 400[254],402[271,272],426[51],456[280],481[39]

ケ（ゲ）

ケクレ F. Kekulé I 386[224]
ゲウァルティウス Joannes Casparius Gevartius I 98,123f.
ケース H. Kees II 368[5],372[28]
『結合の会議』 I 53ff., 75,136,159,188, 277,297,326[3,5],327[9],332[32],345[137], ***347***[149], 348[154],356[214],361[31],380[188,189],383[209],389[7], 390[9],402[80],403[85,89],407[125],408[147,148],412[172], 414[185],430[310],431[314],455[533],460[582], II 66, 98,247,370[19],387[152],399[248],413[360],468[32], 484[174]
ゲーテ J. W. Goethe I 15,88,111,137, 148,193,204,206,212,227,267,307, 355[211], II 59,65,100,124,129,237,420[413], 471[53],491
ゲッツ B. Goetz II 389[173]
ゲドレノス Gedrenus I 353[188]
ゲフケン J. Geffcken I 451[498], II 424[38]
ケプゲン Georg Koepgen I 143f., 396[53], II 150-154,417[391]
ゲベル／ジャビル・イブン・ハヤン Geber/Gabir〔Dschabir〕ibn Hajjan（8世紀のアラビアの自然学者・数学者，多数の錬金術論説を著す，ラテン名ゲベルで知られる） I 194,369[104],403[89,91],461[583], II 166,296, ***422***[19],456[278]
ケーラー Ludwig Koehler II 404[287]
ケーラー Reinhold Köhler II 423[29]
ゲルウァシウス，シュヴァルツブルクの Julius Gervasius von Schwartzburg II 439[185],446[227]
ケルソス Celsus II 184,186
ケレーニイ K. Kerényi I 15,48,247, 389[247],409[156],459[567], II 469[37],488[202]
『賢者の寓喩』 I 72,179,241,341[100], 359[14,15],413[177], II 371[22],373[34],477[101]
『賢者の水族館』 I 310,372[123],382[205], 411[168], II 47,97,115ff., 121f., 127,189, 312,370[19],393[206],412[354],467[19],478[109]
『賢者の群』（ルスカ編） I 47,61,71f., 75, 96,153,159,180,194,241,255,327[11], 332[33,37],335[51],346[146],359[6],361[33],375[148], 393[38],394[40],403[95],405[109],420[223],429[308], 432[316],444[426],463[600],465[642], II 37f., 98,

II 387[152]
『化学哲学の泉』 I 413[181]
『化学者の秘密の哲学』 I 406[124]
『化学の新しき光』（センディウォギウス） I 74f., 78, 390[14], 409[156], II 311
『化学の結婚』（ローゼンクロイツ） I 15, 68, 72, 292, 359[19], 446[432], II 52, 63, 100, 124, 247, 313f., 384[132], 449[248], 486[186]
『化学の術についての書』 I 140, 361[37], 408[140], 440[373], II 484[174]
カシオドルス Cassiodorus II 37, 382[119]
ガザリ Ghazali II 436[163]
『カタ・ウパニシャッド』 I 418[209]
葛洪 II ***432***[105]
カッセル D. P. Cassel I 337[67]
カペレ P. Capelle I 414[190]
カメラリウス Georgius Camerarius II 394[213]
カールス C. G. Carus II 491
カルダヌス Hieronymus Cardanus II 106
ガルネルス Garnerus de St. Victor I 374[140]
ガルランディウス Garlandius I 463[610]
ガレノス Galenus I 385[223]
偽ガレノス／ガレヌス I 173ff., 415[197]
「寛大この上なき神」（教皇勅書） I 437[340,345], 441[375]
ガンズ D. Ganz II 423[25], 424[36], 431[92,95]

キ（ギ）

ギカティラ Joseph ibn Gikatilla I 344[125], 418[207]
キケロ Cicero I 304, 411[167]
魏伯陽（『周易参同契』） I ***198***, 247, 298, 433[322], 446[435], II 120, 128, 222, 384[131], 386[138], 472[63], 479[127], 489[215]
キャンベル C. Campbell I 371[117], 374[137], II 372[27,28]
ギューターボック H. G. Güterbock II 490[224]
キュモン F. Cumont I 458[559], II 408[313]
キュリロス，エルサレムの Kyrillos von Jerusalem I 298, 353[189], 378[186], II 106
『ギリシア・エピグラム撰集』 I 386[231]
キルヒャー Athanaisus Kircher I 376[157]
キングズフォード A. Kingsford I 227
『ギンザー』 II 427[64], 438[177], 479[116], 483[168]
『均衡の書』 II 436[155]
『黄金造りの術』 I 370[107]

ク（グ）

クザーヌス Nicolaus Cusanus I 145, 212
グッドイナフ E. R. Goodenough I 331[31], 454[524]
クノル・フォン・ローゼンロート Knorr von Rosenroth（1631/36-89 ドイツのヘルメス哲学者にしてカバラ主義者，『ヴェールを剝がれたカバラ』） I 48, 337[68], 342[107,109-112], 343[115,122], 344[125], II 195, 200, 229, 231, 425[45], 429[79,81,82], 439[192], 440[193,196], 441[200], 442[205,206,208], 445[222,223], 457[285-291], 458[292-301], 459[307,308], 460[311-314,316-318], 464[342], 465[344]
グベルナティス Angelo de Gubernatis II 49
グラウバー Johann Rudolf Glauber（1604-70「17世紀のパラケルスス」呼ばれたドイツの錬金術師） I 236f., 242, 301, 302ff., 310, 405[114], 463[608], 440[372], II 191
グラタロルス Gratarolus I 337[62], 338[70], 451[497]
グラセウス Ioannes Grasseus（16/17世紀―1689 ドイツの錬金術師，「賢者の石」を本当に見出したと伝えられる） I 309, 317, II 155, 475[84]
『クラテスの書』 II 62, 246
クラッセラメ Fra Marcantonio Crasselame II 109, 405[295-297]
クリーク C. W. Krieg II 432[107]
クリスティアノス Christianos I 173, ***414***[188,189], 462[597], II 477[100]
クリステンセン A. Christensen I 356[213]

ヴォーン Thomas Vaughan I ***350***[173]
『宇宙の栄光』 I 250,300,302,310,316f., 320,359[18],413[181],422[233],439[362],442[398-401], 444[413], II 53,163,181,380[101],393[207],422[7], 453[270]
ウーゼナー H. Usener I 378[186]
『ウプネカット』 II 318,488[206]
ヴュンシェ A. Wünsche I 418[207], II 422[14,15],435[153],436[156],438[178],440[196], 456[276]

エ

エイレナイオス Irenaeus（『異端駁論』） I 276,307,363[55],367[90], II 184,186,282, 405[291],407[309],434[126],436[156],437[173],444[214], 465[351],478[115]
エウケリウス Eucherius Lugdunensis I 166, II 484[171]
エウスタティウス Eusthatius Macrembolites I 386[231]
エウセビオス，カイサリアの Eusebius von Kaisareia I 267, II 370[15]
エウテュミオス Euthymios Zigadenos II 438[177]
『易経』（ヴィルヘルム編訳） I 439[367], II 51,381[118]
エグルモン Aigremont II 482[149]
『エジプト人の秘密の形象』 I 328[18],340[83], 365[69],401[73], II 382[122],422[12],481[145,146]
エッカート E. E. Eckert I 337[68]
エックハルト Meister Eckhart I 78,127f., 254,448[469], II 35,81,84,361,397[231],402[272]
『エッダ』 II 112f.
エピファニオス，サラミスの Epiphanius von Salamis（『パナリウム』，『アンコラトゥス』） I 46,67,329[25],353[187],354[203], 376[166],396[52],397[57], II 103,105,108,115, 401[268],404[288],465[356],483[168]
エフラエム・シュルス Ephraem Syrus I 64,332[33],396[53], II 34,428[66]
『エメラルド板』（ヘルメス・トリスメギストス〔ルスカ編〕） I 43,92,99,142,177f., 275f., 279f., 333[43],337[63],405[117],419[211], 438[351],454[527],458[564],459[566],469[672], II 125f., 388[169],418[115]
エリアーデ M. Eliade I 326[6],356[214]
『エル・ハビブの書』 II 484[174]
エルボ・インテルフェクトル Elbo Interfector I 296
エルマン A. Erman I 339[79,80]
エレアザル →アブラハム・エレアザル
エレミア・ベン・エレアザル Jeremia ben Eleazar II 192

オ

オウィディウス Ovidius I 340[85],379[187]
『黄金の花の秘密』（ヴィルヘルム編訳，ユング注釈） I 439[366],449[476], II 432[113]
『黄金論説』（ヘルメス・トリスメギストスの） I 38,42,336[59],363[52],359[10],394[39], 444[421], II 96,128,374[41],484[174]
『黄金論説』 I 73,153,309,359[4],402[77], 442[397],465[636], II 60,156f., 400[257],410[333], 467[13,14]
オスタネス Ostanes I 34f., 298,463[598]
オランドゥス Eirenaeus Orandus I 94
オリゲネス Origenes I 241,284,329[25], 345[135],423[256], II 29,43,184f., 188f., 190, 377[67],433[144-116,120,123],434[127,130],436[158], 440[196]
オリュンピオドロス Olympiodoros I 56, 198,331[26],334[49],371[117],390[11],393[35], II 124,126,311,380[102]
オルテリウス Orthelius I 336[54], II 476[86]
オルトゥラヌス Ortulanus II 399[252]
オロシウス Paulus Orosius I 458[556]

カ（ガ）

カウシヌス Nicolaus Caussinus I 306, 468[668], II 404[282,288],484[171]
カエサリウス，ハイスターバッハの Caesarius von Heisterbach I 182,

Perron II 318, ***488***[206]
アンゲルス・ジレージウス Angelus Silesius I 145,150,211,271,350[168],396[52],398[65],400[69,70],404[102],452[507], II 71,81f.,84,396[228],397[230]
アントニウス，パドゥアの Anthonius von Padua I 436[340]
アンブロシウス Ambrosius I 63,167,453[513], II 29,106,402[272]

イ

『硫黄について』 I 154,156f., 389[248],402[79,80],403[94],405[108,112,115],409[155,156],434[330],II 245
イグナティウス・デ・ロヨラ Ignatius de Loyola I 251,270,452[505], II 291
『イシスからホルスへ』 I 338[77]
イシドルス（イシドール），セビーリャの Isidorus von Sevilla I 244,425[272],451[501], II 423[30],463[333]
イシドロス Isidorus（バシレイデスの息子） I 379[187], II 33
イズキエルドゥス Sebastianus Izuquierdus I 251

ウ

ヴァイル G. Weil II 436[163]
ウァーグナー Richard Wagner I 317, II 337
『ヴァージャサネイー・サムヒーター』 I 399[67]
ウァーナー E. T. C. Werner II 432[107]
ヴァルヒ Chr. W. F. Walch I 355[209]
ウァレンティヌス Basilius Valentinus（15世紀頃の著名な錬金術師，ただしユングの注 I 442[397]を見よ） I 242,328[16],406[124],429[306], ***442***[397], II 35,53,60ff., 163,389[176],390[179],401[264]
ヴァン・デル・ポスト L. Van der Post II 477[99]
ヴィクトル Hugo von S. Victor II 165
ウィゲネルス Blasius Vigenerus/Blaise de Vigenère（1523-96 フランスの歴史家・言語学者・錬金術師） I 50ff., 242f., 250, 310,316f., 343[123],413[177],439[368],443[401],444[414],446[439],463[604,606,607], II 168,178f.,402[272],430[83]
ウィッキス F. Wickes I 364[60]
ヴィテキント W. Wittekindt I 348[161],379[187],412[169],413[180],434[324], II 390[177],446[230]
ヴィニョン P. Vignon II 417[389]
ヴィラモーヴィッツ-メレンドルフ U. von Wilamowitz-Moellendorff I 409[156]
ウィトゥス Richardus Vitus/Richard White of Basingstoke I 98,120ff.,368[95],387[237]
ヴィーラント Chr. M. Wieland II 54,388[159],393[211]
ヴィルヘルム R. Wilhelm（『易経』，『黄金の花の秘密』も見よ） II 432[109]
ヴィンター J. Winter I 418[207]
ウエイト A. E. Waite I 343[119],350[173],460[576]
ヴェークマン H. Wegmann II 375[53]
『ヴェーダンタ・スートラ』 I 450[487]
ウェラヌス Caietanus Felix Veranus I 124
ヴェリング Georg von Welling（18世紀ドイツのヘルメス哲学者） I 236,304,440[372],465[632]
ウェルギリウス Vergilius I 121
『ヴェールを剝がれたカバラ』→ クノル・フォン・ローゼンロート
ウェントゥラ Laurentius Ventura I 193f.,335[52],356[212],371[117],372[123],375[147],394[42],401[72],402[76],407[135,136,138],417[206], ***427***[292], II 388[157],449[248],468[25,28,29]
ヴェントラント P. Wendland I 427[287]
ウォルタ Achilles Volta I ***368***[96]
ヴォルフラム・フォン・エッシェンバッハ Wolfram von Eschenbach II 26,446[226]

医者） I 29,266,375[154],303[203],451[497],
II 399[252]
アウグスティヌス Augustinus I 48,51ff., 68,251,252,267,298,335[52],345[134],351[182], 349[166],355[206], II 50,179,383[130],417[387], 425[39],483[168]
アエギディウス・デ・ウァディス Aegidius de Vadis I 402[78],426[278], II 466[8],480[130]
アエリアヌス Aelianus I 247, II 484[171]
アガティアス Agathias Scholasticus I 120, ***386***[231]
アグノストゥス Irenaeus Agnostus I 394[42]
アグリッパ Agrippa von Nettesheim I 63,435[331]
『アタルヴァ・ヴェーダ讃歌』 II 488[203,205,207],489[208]
アテナイオス Athenaeus I 386[228],387[241]
アテナゴラス Athenagoras I 46
アードラー A. Adler II 416[377]
アプト A. Abt I 447[448]
アプトヴィツァー V. Aptowitzer II 436[163],438[179]
アブラハム・エレアザル／アブラハム・ル・ジュイフ Abraham Eleazar/A. le Juif（『太古の化学作業』） I 79,199,316, 434[325], II 158,194-196,206-212,221,224-226,235,280,317f., 321,388[164],410[333], 414[365],418[396], ***439***[185,186],445[219],447[231], 453[270],456[279]
アブラハム・コヘン・イリラ Abraham Cohen Irira II 202f, ***442***[204],443[209-212]
アブラハム・フォン・フランケンベルク Abraham v. Franckenberg I 211
アフリカヌス Africanus II 370[15]
アブル・カシム Abu'l-Quasim Muhammad I 34ff., 43,329[24],331[29],378[179],417[205], II 44,389[175],469[40],483[168]
アプレイウス Apuleius I 46, II 54,317, 388[160],416[380]
アーベック E. Abegg II 441[197]
アベラール Abélard I 295, II 455[272]
アポロニオス，テュアナの Appolonius von Tyana/Belinus I 179,420[223]
偽アポロニウス I 421[227]
アメノフィス四世 Amenophis II 372[28]
アラトゥス Aratus I 191
『アラヌスの言説』 II 20
アリストテレス Aristoteles I 123,186, 362[40], II 394[218],398[240]
偽アリストテレス I 255-260,263,271, 335[52], II 219
『アリストテレスの論説』（『アレクサンダー大王にあてた賢者の石に関する論説』） I 94,100,255-263,359[16],375[147],377[169], 448[467,470], II 44
『アリストテレスの小論説』 I 353[186]
『アリスレウスの幻視』 I 29,93,130,266, 328[15],336[53],407[127],430[309],449[474], II 40, 56,75,101,221,451[261]
『アルゼ書』 I 245,375[154]
アルテフィウス Artefius I 180f., II 53, ***387***[155],473[77],476[87]
アルテミドロス Artemidoros II 106
アルドロヴァンドゥス Aldrovandus, Ulisses I 100-103,104,121,125,368[96]
アルナルドゥス・デ・ウィラノウァ〔ビラノバ〕 Arnaldus de Villanova（1235？-1311/1313 スペインの医者・哲学者・錬金術師） I 194,241,431[311],451[497], II 399[252],453[270]
『アル・ハビブの書』 I 335[51]
アルフィディウス Alphidius I 327[9]
アルフルトゥス Arfultus II 37
アルベルトゥス・マグヌス Albertus Magnus（1193-1280 ドイツの中世最大の哲学者・自然学者・神学者で「普遍博士」と呼ばれる） I 19,44,157f., 160, 182,285,375[151],407[128],415[192],422[236], II 293,296ff,301,321,379[86],414[364],449[248], 451[254],463[335],481[147],482[160]
アンケティル・デュ・ペロン Anquetil du

人名・論説名索引

1) 本索引は基本的には人名索引である。

2) 論説名が見出しとして挙げられているのは,『アリストテレスの論説』のように著者名が論説名に含まれている場合,『硫黄について』のように著者が明らかでない場合,『賢者の群』のように錬金術論説を集めた書物で当の論説集の名で引用されている場合にかぎられる。ベルトロ編『古代錬金術集成』, ミーニュ編『ラテン教父著作集』,『ギリシア教父著作集』はそれ自体として引用されることはほとんどないので省略した。

2) 錬金術論説以外でも, 特に著者名を挙げることのできない文学作品名や教典名も採録した。ただし聖書の引用については「事項索引」に掲げる。

3) 欧文表記は基本的に原書通りとした。これは第Ｉ巻末「個別的・一般的文献」の表記とほぼ一致している。日本語片仮名表記とは一致しない場合もある。

4) 錬金術師および錬金術に特に深い関わりをもつ人物には（ ）内に簡単な伝記的注をほどこした。本書中に何らかの注釈がある場合は当該箇所のページ数をイタリックにした。ただし錬金術師の多くは論説のみ伝えられ伝記的事実は不明である。したがって伝記的注のほどこされていない重要な錬金術師も多数ある。

5) 人名のあとの（ ）内に論説名が挙げられている場合は, しばしば人名ではなくその論説名で引用されていることを示す。

6) 注番号の採録は以下の場合にかぎる。

a) 人名・論説名がそこにしかなく, 本文中にない場合。

b) 引用出典を示す注については, 本文中では誰の（何の）引用か判断できない場合。

c) 出典が本文の文脈から明らかな場合でも, 本文では知りえない何らかの新たな情報が記載されている場合。

7) 記号等については「事項索引」を参照。

ア

アイスラー R. Eisler Ｉ 340[82], 412[169], 413[175], 434[324], II 446[227]

アヴァロン A. Avalon II 435[142]

アヴィセンナ Avicenna (980頃-1037 ペルシア・アラビアの哲学者・百科全書著者・

ロヒニー　II 318
ローマ，ローマ人　I 305, II 326
　都市～のカピトリヌスの丘　I 377[171]
ローマ・カトリック　→「カトリック」

ワ

若者，少年　I 88,200,217,287,357[217], II 38
　翼をつけた～　I 201,207,209ff., 213
惑星（「星辰」も見よ）　I 29,35f., 42f., 158, 173,186,225,274f., 280,282-296,348[161], 412[174],420[220], II 44,88,131ff., 175,184ff., 191,315,339,390[179]
業　→「オプス」
若返り　II 25,34,36,50,372[28]
鷲　I 29,112,166,183,187,191,197ff., 348[155],463[598], II 52f., 63,88,124,185, 229,397[237],398[238],432[104]
鰐　I 426[276]

～と異教性　II 193-196
～と音楽　I 385[221]
～と化学　II 83
～とカバラ　II 165,172,180,193-196,
199,201,209,226-232,240
～とキリスト教（教会，教義）　I 18f.,
131,143ff., 150,164-169,185,191,212,
218,237-241,272f., 280f., 297f., 320f.,
323, II 12,15f., 28-39,46-51,66-73,
75f., 80ff., 86f., 94,108f., 114,115-122,
137,140,148f., 152ff., 156f., 176f., 193-
196,224,226,233f., 252f., 286,326,350-
353,403[280]
～とグノーシス　I 307f., II 32,222f.
～と神秘思想　II 165
～と心理学　I 18,20ff., 96,142,145f.,
154,170,190f., 193-198,202f., 206f.,
213,221,224-234,257-264,269f., 282ff.,
288-296,299f., 311-315,319-324,375[156],
376[157],394[40],409[154],453[514], II 23-26,
29f., 43ff., 51f., 53f., 57f., 66f., 71f., 79,
83f., 94f., 117f., 119-129,129-140,141-
150,158ff., 164,171,193,195,198f.,
216f., 224,235-242,244,246,248-255,
257-266,271,278-290,290-302,319f.,
321-340,345-350,354-358
～と神話　I 117,181,228, II 51,117f.,
158f., 260,317f., 407[307],409[322]
～と聖杯伝説圏　II 26
～と占星術　I 228,289f., II 133,405[292]
～と物理学　II 351
～とマニ教　I 65ff., II 177
～におけるアダム　→「アダム」
～における彫像　II 172-180
～の言語表現（ことばづかい）　I 29,71,
211,358[2], II 145,233,290,293,311,
317,320,321,346
～の神話　II 121
アラビアの～　I 175
医学的～　I 81
ギリシア～　I 134,173,297,335[51],
II 86f., 221f., 246,296,313,318,350
シバ人の～　II 314
西洋～　I 189,247,298, II 120,128
中国～　I 170,198,247,298,413[180],
II 52,222,298,479[127]
中世～　II 81,137,358
哲学的（思弁的）～　I 17,19,110,116,
134,136,241,263,333[47], II 32,59,244,
248,350,403[280]
フランス～　II 317
ラテン語～文献　I 241, II 63,68,350
錬金術師，哲学者　I 17,20,43,62,74,82,
83,92,94,96,129,138,141f., 154,156f.,
159f., 161-164,166,168,170,171,173,198,
220f., 224,241,252,255,264,277,279f.,
282,294,302,314f., 318,321-324,396[53],
402[80],403[95],409[154],433[323],434[324],460[573],
II 22,30,32,38,59,75,84,99,106,117f.,
122,124,128f., 145,166f., 243f., 246,250,
254,328,332f., 343ff., 350
～の物質　II 51f., 244,266,296,329,357
煉獄　I 250,266,394[40], II 279
連想　II 249
～実験　I 197,262

ロ

老賢者　I 147
～の元型　→「元型」
老女　I 44,46,67,88,121
老人（「少年」も見よ）　I 104,109,283,
II 34,37f., 316
ロゴス，分別　I 124,145,185,191f., 229,
233,247f., II 29,35,109,135,437[173],
440[196],482[155]
～とエロス　I 124,230
宇宙創造の～　I 145
ロスマリン　II 268,274,284ff.
ロトの妻　I 93,386[231]
ろば　II 185
金の～　II 54
ロヒタ　II 318

310,420[219],421[225], II 15f., 150,158,
173,196,227,251,258,261,270,277,
279f., 282f., 290,317,350f., 353,384[135],
473[77]
～と肉体　I 32,37ff., 82,97,139,191
279f., 297,299,335[51],361[37],407[139],
425[274],464[616], II 128,188,192,245,247,
253f., 258f., 264f., 270,271f., 276,279f.,
290,292f., 313,324f., 327f., 332f., 336,
338ff., 342ff., 351ff., 384[134],410[333],
430[86],468[34],487[199]
～と物質　I 436[340], II 352f.
～の罪　I 361[37],367[81],370[108]
悪しき～　I 110,204f., 211,240, II 62
宇宙の～　I 408[145]
黄金の～　II 318
家僕～　I 111,135,193,287,331[26],
II 135,290,312,323
神の～　I 185,249f., II 81f., 225
黒き～　II 126
死の～　I 108,111,297,299f., II 112,113
真理の～　I 333[43]
聖霊　I 42,56,95,141,143f., 154,215,
237,248ff., 296,298,333[43],350[168],397[57],
453[515], II 11,46f., 73,81,103,116,118,
153f., 184,187,238,247,255,284,369[12],
377[69],416[379],483[168]
生命の～　I 68,138,154,161,205,262f.,
283,303, II 112
祖先の～　II 209,228,325
智慧の～　I 309, II 111f.
光の～　II 112
プネウマとしての～　I 177,249,307f.,
II 13-16,19,87,173,196,234
メルクリウスの～　I 40,248, II 283,
410[333]
もろもろの～（幽霊，悪霊）　I 100,248,
297,382[201], II 191f., 295,312,369
霊液（エリキシル）（「バルサム」「霊薬」も
見よ）　I 82,277,383[209], II 98,384[135],
430[88]
生命の～　I 46f., 130, II 81f., 174,251,
340,348,352
霊感　I 136,169
霊薬，メディキナ，薬，治療薬　I 92,97,
162,167,194,271ff., 279,281,309,430[310],
431[311], II 18,50,96,106,125,143,174,
278,286,303,349f., 384[135],459[310],472[67],
475[84]
万能薬　I 92,130,211,274,287,320,
II 81,251,265,267,281,328,340,348
錬金術治療薬　II 125,251,260f., 477[103]
レト　I 259,380[187]
レバノン　II 446[230]
レビス（ふたなり）（「ラピス」も見よ）
I 76,316,369[98], II 45
レビヤタン　I 251,266,316, II 184f., 445[223]
レブフダ　II 170
レムレス（死者の霊）　I 224,297
錬金術（「化学」「術」も見よ）　I 15-22,36,
41,43,44ff., 50,53,56-63,65-70,74,78,
87,89-97,100,104,112,116f., 120,129-
133,134,136ff., 139,165,168f., 171-175,
177f., 195,199,220f., 235-252,257,260,266
-273,276-324,329[25], II 17,20,48f., 59,
94f., 100,102ff., 154,162-169,176,207-
220,220-242,243-256,256f., 263,266-271,
271-278,278-290,311,321-340,341-353,
370[18],476[36],478[107]
～作業（オプス，過程）　I 17,32,69,72,
129,135,141,147,160,196f., 240,244,
247,250,256,263,265,274f., 279,287,
295,382[205],394[40],431[314],432[315,316],
448[467],460[582],468[661], II 21,39,44f.,
47ff., 55,63,75,83f., 107,110ff., 120,124
-128,137,158,162,175,180,261,265,271
-278,278-290,291,297,299,313,318,
324,328ff., 332,339,341,344,374[45],
380[96,99],384[133],391[188],407[307],414[365],
418[394],467[22]
～象徴　→「象徴」
～的解釈学　II 25

駱駝　II 388[161]
ラシエル　II 182
ラトン（不浄なからだ）　I 296,461[585,586]
ラピス（賢者の石）（「石」も見よ）　I 18, 41f., 44f., 65,69,71ff., 89,92,94f., 115f., 140,150,152,158f., 170,194f., 199,201, 221,226,236f., 240ff., 244,246,258f., 271, 280f., 295,301f., 309f., 326[3],327[9],330[25], 336[54],337[65],356[212],361[37],389[6],392[27], 424[258],427[286],429[302],430[310],431[311],434[328], 438[349],456[543], II 14,16,21,23,29,34,37, 44,46,48,53,60f., 64,81,108,116,120, 122,129,147,149f., 163,166,176,179f., 209,211,222,230f., 233,246,249f., 254, 260,263,265,271,281,295-302,312,340, 341,345,349f., 354f., 390[177],398[245],399[248], 405[298],407[306],418[396],421[4],430[88],451[254], 474[81],475[85],489[216]
　～としてのキリスト　→「キリスト」
　王の同義語としての　II 370[19]
　自己の象徴としての～　II 24
　ふたなりの～　I 369[98]
　マルクトとしての～　I 373[136]
ラビたちの見方（「ユダヤ教」も見よ） II 192f.
ラファエル（大天使）　II 185
ランプスプリンクの象徴　I 32, II 370[19], 386[140],415[370]

リ

理性，分別（「知性」「ロゴス」も見よ） I 124,129f., 169,319f., II 325,364
理性の女王化　I 319
リビドー，情欲，要求　I 186, II 69
　同族婚的～　II 470[52]
リベカ　II 171
龍　I 32,47,65,96,113-116,153,157-160, 182ff., 251,259,266,278,281f., 285,289, 316,354[203],369[103],403[84], II 50,52f., 60ff., 64,105f., 112,124,163f., 183,225,229,257, 316,370[19],384[135],415[370],459[303]
　～の頭　I 158f., II 55
　～の尾　I 157,242f., 409[306], II 410[333]
　～の牙　I 113f.
　～の殺害　I 114,422[241], II 112,338
　老いたる～　II 164,410[333]
凌辱　I 409[156]
両親　II 331
両性具有　→「ヘルマプロディスト」「アンドロギュノス」
療法　→「心理療法」
リリト　I 162, II 192
臨床的な症候　II 311,353

ル

ルアク・エロヒム　I 82, II 16,46
類人猿　→「猿」
ルシフェル　I 153,159,217,361[37], II 225, 234,409[319],451[262],485[175]
ルター訳聖書　→「聖書」
ルナ　→「月」
ルナリア　I 175f.
　～の液汁　I 195
ルビー　I 431[314], II 414[365]
ルベド（赤化，赤）（「色」も見よ）　I 37, 140,289, II 75,381[109]

レ

レー（ラー）　I 46, II 368[9],406[300],483[162]
レア〔Lea〕　II 171
レア〔Rhea〕　I 350[174], II 186
霊，精神　I 17,27,32,39f., 67,70,74f., 81f., 90,97,126,130f., 152f., 161,168,176ff., 181,185f., 193,199ff., 210,218f., 223f., 233,239f., 245-250,279,298,305,307f., 312f., 358[1],361[37],383[209],428[298],429[302], 440[373],456[544], II 12-16,23,30,46,53,70, 75,97,119,126,133f., 166,173,211,241, 244,261f., 266,279f., 283,294,300,306, 319,397[237],405[296],414[365],450[250,253],487[199]
　～と自然　II 252,281,351
　～と魂　I 32,41,70,75,82,277,288,307,

283,313,315,322,452[504], II 57,67,69,
90f., 95,128,131-134,183,198,203,235,
249,255,288f., 291,320,330,332,386[136]
～象徴 I 309, II 492f.
～における混交 II 203
～の解釈 I 110,112,202f., 288,409[154],
II 349
～の分析 I 288, II 57,287,337
願望～(幼児的) II 139
近親相姦の～ I 193
個別的な～の例 I 109,112,193,384[211],
405[121], II 481[147]
刺激～ I 144
百合 II 268,274,286

ヨ

陽 I 248, II 257
～と陰 I 103,421[227], II 52,182f., 207,
250,257,381[118],386[138],467[11]
溶解 →「ソルティオ」
容器 I 32,36,47,67,96f., 106,159,196,
212,226,256f., 271,281f., 298,339[82],
356[213],428[298], II 20,27,30,50,52,63,69,
73,78f., 115,120,157,246,277,315,349,
382[118],443[208],449[248]
秘密の～ I 281
ヘルメスの～ I 36,42, II 30,73,324
養子化，養子縁組 I 67, II 41,76,134
幼児性 I 323, II 139,262,322,331
妖精（ニンフ） I 110, II 55
泉の～ I 200,207,211
樹の精ハマドリュアス（「ドリュアス」も
見よ） I 101f., 385[318]
曜日 II 187
ヨエル（男のような乙女） I 69
ヨーガ I 270
抑圧 II 118,264,287,416[377]
欲動 →「衝動」
欲望，淫欲，性欲 I 69,125,186,191,204f.,
312, II 24,38,139,140,415[375],487[199]
預言（者） II 182f., 186f., 189
ヨシュア I 373[132], II 195
四日熱 I 54
ヨード I 360[25], II 422[206,207,208],461[327]
ヨブ II 127,357
夜 I 214,344[125], II 130,317
～の航海 I 258
昼と～ →「昼」
ヨルダン河 I 380[191], II 373[40]
ヨーロッパ I 241
エウロペ（神話の） I 113
四大元素 →「元素」
四段階性，四区分（オプスの） I 256,
II 166,201f.
四要素一組，四要素構成 I 27,34-43,75,
77,143,236f., 240f., 257,260-264,269,272,
309, II 169f., 171,202,207f., 213f., 282,
301,443[210]
～としての四大元素 I 77,240, II 79,
245f.
結婚の～ II 170,202f., 213
対立する～ I 42,237,264,467[655]
二重の～ I 37f., 311
モーセの～ I 240

ラ

ラー →「レー」
ライオン I 32,59,157,166,183f., 187,190f.,
202,260,312,346[140],350[174],403[84],435[331],
II 42,50,52-56,59,61-67,69,71,88ff., 91,
102,109,124,139f., 159,185,219,230,247,
384[132],389[175],391[193],415[370],425[48],432[104],
447[230],487[199],
獣帯としての～(獅子宮) I 54,187,225,
265, II 410[334]
来世・現世（彼岸・此岸） I 144, II 345
楽園，パラダイス，エデンの園（「樹」も見
よ） I 106,109f., 131,140,217,254,265,
273,280,317,394[40],414[189], II 29,80,108,
171,180ff., 188f., 207,225,449[248],455[275]
～の川 II 29,44,469[671]
～の蛇 I 157, II 77

265,284f., 313, II 175
精神（霊）にして物質（肉体）としての～ II 298,410[333]
ソルの～ II 475[85]
トート・～（「ヘルメス・トリスメギストス」も見よ） II 63
二重の～ I 51,69,115,135f., 142,239f., 383[209], II 52,62,112,303,311,339,421[3]
卑俗ならざる～ II 293,330
プリマ・マテリアとしての～ II 228,297
両性具有・半陰陽としての～ I 43,236, II 176,209,480[132]
メルジーネ（メロジーナ） I 56,106,162, II 37,476[98]
メルヘン（昔話・童話） I 106,110,263, 450[490], II 20,54,184,391[195],489[210]
メロエ遺蹟の迷宮 II 47

モ

妄想（「精神病」も見よ） I 21,195,363[50]
狂気 I 52,59,124,198,350[174],433[321], II 125
木材 I 247,386[228]
沐浴，水浴，浴房 I 104,106,108,157, 201f., 410[157],416[202],449[477], II 20,39,61f., 117,133,158,163f., 228,244,274,299, 467[16],473[77]
婚礼の～ I 104-106
モグラ I 198
文字（「ヨード」も見よ） I 334[49],360[25], 465[639], II 202,229
魔法の～ I 38
モーセ I 248, II 29,432[101,103]
モナス（モナド） I 73ff., 96,279, II 30, 417[392]
モノコルス II 294,302-321
森 I 32,156
モリュ I 415[198], II 273,384[135],475[83]
モール人 II 313f.
モルティフィカティオ，殺害，死 I 183f., 202,250,297, II 19,127,306,311,324, 368[5],384[134,135],416[383]

ヤ

矢 I 52,57,89,347[154],350[168],409[156],410[157], II 63,241
山羊 II 393[211]
山羊座（摩羯宮） I 34f., 225
ヤコブ II 171,432[101],465[356]
～の夢 II 429[80]
ヤハウェ（エホバ） I 250,418[207], II 183, 185,202,357
山 I 281, II 194,217,257,447[230]
闇，暗闇，暗黒 I 49,53,68,79,95,108, 144,146,154,171,185f., 188,190,197f., 201f., 214,219f., 227,239,250,286,288, 312f., 315,321ff., 350[174],351[182],361[37], 363[50],391[24],397[60],468[664], II 39,97, 100-114,125f., 129,173,207,245,404[290], 409[319],416[383],483[168]
～と「明るさ」 →「明るさと暗さ」
～と光 →「光」
～の支配者 I 68f., 407[301]
ヤルダバオト II 109,185

ユ

友情 I 123
幽霊 →「霊」
愉悦 II 65
ユダヤ教，ユダヤ I 217,307,336[57],360[25], II 147,191,193f., 197,225,313,483[168]
～・キリスト教 II 182,185,312
～・ヘレニズム II 12
ユダヤの地の泉 I 318,320
ユノ I 29,100ff., 118,411[167], II 49
ユピテル I 431[314]
神話上の～（「ゼウス」も見よ） I 101, II 414[365]
天体としての～（木星） I 29,225
ユミル I 356[213]
夢 I 15,17,20-23,108f., 112,121,128,144, 148,162,195,199,202f., 257,264,280f.,

息子，息子身分（「息子〔filius〕」も見よ）
I 48,55,142-145,168,182,308,376[166], II 36,48f., 51f., 98,118,367[2]
父と～　I 182,193,297, II 10,36,38,67, 145,212,252,284,453[270]
母と～　→「母」
息子〔filius〕 I 143f., 193, II 64,429[81]
王の～　I 144,199, II 37,49,64,80,96, 106,107,118,135f., 147f., 164,401[263]
娼婦の～　II 64
ソルの（太陽の）～　I 184, II 300
大宇宙の～　I 47,82,144,158,168,178, 239, II 16,31,63,283,286
哲学者の～　I 36,45,69,92,95,182, 191ff., 277,287,330[25],397[57], II 97,118, 212,285,405[295],430[86]
一つ目の～　I 424[258], II 105f., 107f.
娘（「妹」も見よ）
～と父　I 233f., 436[340]
～と父の近親相姦　→「近親相姦」
～と母　I 142,233,406[122], II 161,390[177]
神秘の～　I 177
紫（緋色）→「色」

メ

目　I 29,57,59,94f., 223,261f., 349[167], 371[117],393[35],419[211], II 44,56,98,235, 461[321],461[327],487[194]
～の病気　II 273,474[81]
宇宙の～　I 393[37]
多くの～　→「多くの目」
神の（主の）～　I 94f., 261
魚の～　I 80,93f., 94f., 322,372[120–123], 468[677], II 333
名状しがたいもの（「秘密」も見よ） I 293
迷信　I 298
瞑想　I 270,294, II 261f., 274,290ff., 301, 475[84]
冥府，地下世界，地獄　I 141,224,235,250, 290,297,364[58],372[119],434[330], II 112ff., 283,285,456[277]
～の神々　→「神」（冥府の神々）
迷宮，迷路　II 47,128,472[63]
牝牛　I 113f.
巡り歩き（儀礼における）（「周回」も見よ） II 372[28]
メセク（混合飲料） I 79, II 194
メデア　I 48
メディキナ　→「霊薬」
メニト（エジプトの女神） I 349[167]
メフィストーフェレス　I 193
melach（ヘブライ語「塩」） I 310
メランコリー，鬱状態　II 83,122,128,208, 218,273,291,316,323,413[360]
メランプス　I 385[218], II 482[156]
メルカバ　I 452[512]
メルキゼデク　I 367[3], II 170
メルクリアリス（「治療薬」も見よ） II 268,273,284,488[204]
メルクリウス（「水銀」「水星」「ヘルメス」も見よ） I 39-43,54,56,68f., 72ff., 77, 81ff., 89,97,100,106,115f., 134,137f., 141-144,153,155,157ff., 162,166,173,181f., 183f., 209f., 239,241ff., 248,269,272-275, 280,283-288,291,293f., 300,303,331[26], 346[140],371[116,117],395[45],402[80],410[157],434[324], II 16,19,29,42,52f., 55,60ff., 69,87f., 105f., 109-112,126,156,162,165,175f., 180,190,209,227f., 282ff., 290,295,297-301,306-311,324,329,373[39],384[135],410[333], 483[168]
～の泉　I 56
～の下降　II 111f.
～の蛇　→「蛇」
～の蛇杖　I 410[157]
アントロポス（原人間）としての～ I 42,239,272f.
射手としての～　II 63,395[220]
樹としての～　I 106, II 228
四角の～　II 301
少年としての～　I 283
神話上の～（「ヘルメス」も見よ） I 181,

宇宙」
ミサ（「聖体の儀式」も見よ） I 165,
II 33,384[133]
水 I 27,32,34,37,47,72,75f., 78,82,90,
94,97,118,134f., 144,159,162,166f., 173,
192,197-201,203,205,207,210,219,223,
226,241,243f., 247,252f., 288,296-301,
302f., 307f., 310,316,317ff., 320,329[25],
334[49],339[82],366[79],369[104],381[201],383[209],
395[45],409[156],413[177],416[202,203],429[306],
431[314],456[541,544],464[616],467[655], II 15,17-
26,28ff., 37,52,54,66f., 75,87,101,110,
134,148,162,164,166f., 173f., 181,207,
218,223,228f., 233,247f., 274,276,298f.,
306,310-313,318f., 393[203],445[223],452[269]
永遠の～ I 32,46,82,182,195,241,243,
288,296,299,302,335[51],346[142],357[214],
395[45],416[202], II 19f., 28ff., 50,64,79,
134,162,244,247,274,284,299,394[217],
405[295],467[16],470[46],474[80],475[82,85],487[196]
己れ自らの～ II 43
恩寵の～ I 318, II 28
海水 →「海」
救済の～ I 378[186]
教義の～ I 305,318, II 29,274,299
黄金の～ →「黄金」
原初の I 319
元素としての～ I 270,306,311,346[144],
420[218], II 13,169,245,298,461[321],485[179]
至福の～ I 468[661]
神聖なる～ I 153,297ff., II 274,299,
373[33],385[135],474[80]
水腫 II 19,375[59]
聖水 I 300
生命の～ I 173,278,299,339[82], II 274,
294,385[135]
洗礼の～ I 252,255,296,301,380[191],
464[616]
大洋の～ I 134,252,296,310,319,
II 25,274
メルクリウスの～ I 182
羊水 II 39
われらが～ I 271
湖 I 384[211], II 24
自ら生ずるもの（女なしに生むもの）
II 188,437[173]
蜜 →「蜂蜜」
蜜蜂 II 230
ミトラ，ミトラ教（「秘儀」も見よ） I 183,
373[134], II 14
緑 →「色」
民族学者 I 466[643]
ミンネザング（中世の恋愛歌） II 236

ム

無 I 74, II 109
無意識 I 19ff., 36,38,102,114-117,125,
138,142,144,147ff., 158,163f., 167-170,
176,195f., 197ff., 206f., 218,235,249,253f.,
257ff., 260,264,266,282,295,302,312,
315,319f., 324,328[13],367[86],384[211],394[40],
397[54],409[154],423[255], II 10,24,51f., 54,57,
69,83f., 104f., 117f., 122,129-136,138f.,
141,143ff., 148f., 156,164,172,184,195,
204,214,216,222f., 235,246,248ff., 255,
259,283,287f., 290ff., 299,319,324f., 330-
340,357f., 360,363,403[280],416[381]
～と意識 →「意識」
～の諸内容 →「内容」
～の自律性 I 320
～の対立的モチーフ（「意識と無意識」も
見よ） II 287
個人的～ I 253
サイコイド的～ II 365
集合的～ I 117,122,126,145,147,163,
224,253,398[65],450[491], II 9,30,33,35,
57,70,248,326,414[363]
無からの創造 II 345
無自覚，無意識(性)，無知 I 86,112,258,
319,365[69], II 95,138,154,248,259,280,
325,331,386[143],452[265]
無意識性と意識性 I 419[212]

367[3],373[30]
ホロスコープ　I 284,289f.
本質同一性（ホモウシア）　II 10,17,34,48,51,67
本能　I 16,193, II 164,204

マ

埋葬　I 297
マカオン　I 409[156]
マギ（東方の三博士）　II 98
マグネシア　II 60,391[185]
マクペラ　II 171
マクロコスモス　→「大宇宙と小宇宙」
マクロプロソポス（「エン・ソフ」も見よ）　II 233
呪い師　II 445[220]
魔女　I 108
　～の薬草　II 284
交わり，交合，合体，結合（「結婚」も見よ）　I 49,88,130,177,189f., II 55
マナ　I 466[643]
マナス　I 419[211]
マニ教，マニ教徒　I 44,65-70,95,115,346[141],351[182],376[166], II 38,97,177f.
マネス　I 224,297
魔法，魔術（師），呪文，魔法の薬草・飲料　I 46,48,109f., 135,320,331[26],338[77],348[161], II 26,51,54,56,143,253,273f.,276,278,281,284f., 299,312,314,320,323,339f., 431[100],473[77],481[147],485[184]
　愛の～　I 59, II 284
マヤ（ブッダの母）　I 379[187]
マーヤ　I 150,440[373]
マラリア　→「四日熱」
マリア（処女，祝福された処女，聖母）　I 61,141f., 145,188,215,226,378[178],379[187],456[545], II 50,64,76,82,157,177,224,233,241,252,369[12],471[53],486[192]
　～の戴冠　II 90,95,252
　～の肉体の被昇天の教義　I 237,436[340], II 254f.
　～の無垢の受胎（無原罪の御やどり，汚れなき御やどり）の教義　I 237, II 256,489[213]
　～被昇天　I 307, II 80,252,256
　～被昇天の教義　I 237f., 239f., 436[340],437[345], II 252f., 256f., 326f.
　「神を生み給いし母」としての～　I 239, II 489[213]
　「閉ざされた園」としての～　II 64
　「人間を生み給いし母」としての～　I 239
マリア・プロフェティサ（「マリアの公理」）　I 99f., 260f., 267, II 184,202,245
マーリン（魔術師）　I 110, II 17
まるいもの　I 34,76f., 91,182,396[53], II 30,48,78f., 130f., 148,220ff., 314f.,479[127]
マルクト　I 48ff., 307,337[68],349[165],373[136], II 178ff., 195f., 207,227f., 240,445[218,223],461[327],465[344]
マルコス　I 106, II 41,56,389[173]
マルス（火星，鉄）　I 35,225,274,366[79],403[96], II 243,381[118]
　神話上の～（「アレス」も見よ）　I 118, II 391[186]
マンダ教　I 306,383[209], II 176,193,479[116],483[168]
マンダ・ダイェー　II 176
マンダラ　I 42,258,265,280,309,457[549], II 148,169,184,186,249,286,298,338f.,354,489[217]

ミ

ミイラ（ムーミア）　II 173f.
未開(人)，原始的観念，プリミティヴ　I 193,319f., 466[643], II 57f., 112,149,203ff., 407[309],477[104],490[224]
ミカエル（大天使）　II 185
右　II 482[149]
右-左　I 326[5],393[35], II 228,457[284]
ミクロコスモス　→「小宇宙」「大宇宙と小

ヘルマプロディトス，両性具有（「アンドロギュノス」も見よ） I 41f., 56,61,78,88, 118,183,198,200,209,227,230,287, 350[174],383[209],414[182],420[218],428[299], II 44, 46,60,62,105f., 109,148,150,183,190, 209,212,240,244,283,311,348,405[291]
ヘルメス（「メルクリウス」も見よ） I 181, 331[26], II 109f., 113,175,273,311
～・イテュファリコス（男根的～） I 113, II 192,274,311
～・カドミロス I 385[217]
～・キュレニオス（キュレネの～） II 63,222,229,274
～・クリオポロス（小羊をかつぐ～） I 287
～の鳥 I 75,247, II 46,229,312
～の灰 →「灰」
地下世界の～ II 112
ヘルメス・トリスメギストス I 35f., 44, 46,56,74f., 95f., 99,104,139,175,181,189, 247f., 256,285f., 294,328[17],391[21],427[280], 461[585], II 109f., 125,169,174,181,221, 299,316,452[269],478[115]
ヘレナ（『ファウスト』の） →人名「ゲーテ」
ヘレナ（テュロスの） →人名「ヘレナ」
ヘレニズム I 248,306f., II 11,12,54,119, 147
ヘレネ（神話の） I 426[275]
ヘロス（半神・英雄） I 284f., II 112f., 338
変容，変化，変成，変身 I 42,44,48,65, 100,112,134f., 140,147,159,163,180, 183f., 198f., 250,256f., 263,271f., 275,277, 288,291,302,324,334[49],373[126],426[277], 430[310],433[323],435[332], II 13,16-26,32ff., 37,39,43f., 49f., 52,54,68,72,74,82,101, 108,117,132-137,143,159,162-166,173, 201,206-220,235ff., 238,294,313f., 316, 330,381[118],486[192]

ホ（ボ，ポ）

ポイベ I 410[156]
ポイマンドレス教団 I 464[616]
法，掟 I 217,360[24], II 147
自然法則 II 346
方位（四つの） I 29,42,247,260,265,273f., II 167,169ff.
五つの～ II 384[131]
芳香 →「臭い」
宝珠（王権の象徴としての） II 9
豊饒の促進 I 130,331[26], II 10,17,19,149, 236,372[28]
月と～ II 236,453[270]
宝石 →「石」「サファイア石」「エメラルド」
宝瓶宮 I 225
抱擁（「結婚」も見よ） I 65,157
抱卵，孵化 I 196,258, II 313
ボガズキョイ II 490[224]
牧者 I 42,285ff.
ホクマ（智慧） II 443[208],464[343]
ボゴミール派の教義 II 193
星（「星辰」「惑星」も見よ） I 78,186, 222f., 329[25],412[174], II 102,118,132,226, 267,342,354,407[301]
～座（個々の星座も見よ） I 449[480], II 411[339]
恒～ II 186
補充的（「意識と無意識」も見よ） I 144, II 306
補償（「意識と無意識」も見よ） I 144,164, 166,207,223, II 24,104f., 133,144,164, 166,207,337f., 357,362
ホセア II 236
ポセイドン I 257
ホド II 228,460[312]
ホムンクルス I 17,436[338], II 24,59,74, 82,100,120,166,283,328,348
ホモウシア →「本質同一性」
ポルキュデス II 482[156]
ホルス I 95,338[77],371[117], II 11,36,191,

155,245,250,316,351[174],366[78], II 25,267,
328,351
普遍論争　II 455[272]
不毛　II 101
ブラフマン　I 399[67],418[209]
フランス革命　I 319, II 137
プーリーの寺院建築　I 259
プリマ・マテリア　I 17,36,41,43,44f., 47f., 68,71-75,81f., 92,100,116,123,140,152, 180,198,239,245,256,269,310,332[36], 369[98],371[117],397[57],460[582], II 40,52,64, 66,140,158,165f., 173,175f., 180,193,195, 229,269,273,285,295,311,332,384[134], 449[248],473[80],476[86],489[222]
フリーメーソン　I 337[68]
プルシャ　I 163,331[27],419[211], II 119,196
～・アートマン　II 293
プルトン（「ハデス」も見よ）　I 141,409[156]
プルニコス　II 186
プレイアデス星団　II 187,389[175]
プレギュアス　I 409[156]
プレロマ　I 363[55], II 184
プロテウス　I 83, II 248
プロテスタンティズム　I 273, II 84,108, 136f.
分析（「精神分析」「心理学」「心理療法」も見よ）　I 196,288,315, II 287,337
集団～　I 397[58]
分派離教　I 39
分離　→「セパラティオ」
分裂　II 127,264,349ff., 352,357
～症　I 146,409[154]

へ（べ，ぺ）

ヘイマルメネ（星辰の定め）　I 35f., 36,290
ヘカテ　I 59,224,346[141],426[275]
ペサロ司教座聖堂　I 441[378]
ヘスペリデス　→「樹」
ベトザタ　I 201
ペネロペ　I 426[275]
蛇　I 47,56,61f., 75,77,100,106ff., 111, 113,116,129,157,166,187,202,224,236, 239f., 248,255f., 258f., 287f., 324,328[16], 329[26],339[79],346[141],354[203],361[37],422[237], 435[331],452[264], II 37,53,55,77,106,112-114,127,159,183,185,187f., 194,222,283, 299,411[339],452[264]
アポピス　II 406[300]
ウロボロス　I 89,114,153,157,281,316, 330[26],346[144],396[53],405[119],424[264], II 43, 51,53,66f., 71,112,140,229,299,384[135], 386[138],407[309]
翼をつけた～　II 11
毒～，～の毒　I 54,89,236,435[331], II 207,294
七つの頭を持つ～　II 112
三つの頭を持つ～　I 395[51]
メルクリウス（ヘルメス）の～(龍)　I 100,116,236,248,256,261,263,312, 468[663], II 105f., 225,234,451[262]
楽園の～　→「楽園」
霊～　I 259
ヘブ・セドの祭礼　II 17,19f.,372[28]
ベヘモト　I 317, II 184
ベヤ　I 96,383[209],462[589]
ヘラ　II 41,241
ヘラクレス　I 181, II 41,241
～座　I 427[285]
ペラト派　I 447[456],469[671]
ベリアル　II 461[327]
ヘリオス　I 188,202,226,299,391[21],412[171], II 47,54,131,241
ヘリオドゥーレ（神殿に仕える娼婦）　II 212,390[177]
ヘリオポリス　I 269
ペリカン（哲学の）　I 38,40f., II 60
ペリッサ　I 175, II 384[135]
ペルシア，ペルシア人　I 284, II 147,183, 186,191,196,461[327]
ペルセポネ　I 59
ペルソナ　II 159,414[363]
ペルティ　II 390[177]

憑依　I 230, II 126,365
病気　II 125f., 129,148
病理学（的）（「精神病理学」も見よ）
I 85f., 132f., 167,457[549], II 360
ヒラニヤガルバ（黄金の胎児）I 262,331[27]
ピラミッド　I 458[564]
ピラミッド文書　II 367[3]
ウナス王に関する～　I 56
昼（南）II 170
ヒンドゥー教　II 147
昼と夜　I 67,72,142,148,190,212,226f., 244,424[258],429[304,305], II 113,312

フ（ブ，プ）

ファウスト　I 193, II 100,134
ファメノト（エジプト暦の春）I 226,371[117]
ファラオ　II 11,17,19,67,367[2,3],369[10]
ファルマコン（「霊薬」「治療薬」も見よ）
I 167, II 143
不安，恐怖　I 69,195,230,288, II 338
フィジー諸島　II 367[1],368[4]
フェニキア　I 340[87]
フェニックス（不死鳥）I 112,266,268f., 272f., 274,286,295,299,373[126],446[433], 463[598], II 47,105-108,112,114,183,229, 379[86],382[124],389[175],484[171]
フォークロア　II 51
フォスフォルス　I 155
不可抗的観念　II 320,332
不完全さ（「完全性」も見よ）II 26,74, 101,126,377[68]
不朽（「腐敗堕落」も見よ）I 17
福音（「聖書」も見よ）I 310
～書著者（「四頭立ての車」としての四人の）I 260,271f., 435[331]
～のシンボル　II 398[238]
～的意図　I 426[274]
複眼　→「多くの目」
復元（「アポカタスタシス」も見よ）
II 196,250
符合，対応　I 315
～の教義　I 235,315, II 69,258
不死　I 17,64,291,340[86], II 50,76,140, 184,352,477[102]
不死鳥　→「フェニックス」
プシュケー（魂）II 13,19,60,241
プシュコポンポス　I 114,269
双子（「双子宮」も見よ）II 440[196],442[208]
プタヒル　II 176
復活（「キリスト」も見よ）I 111ff., 180, 272,286,298,334[48],434[328], II 18f., 47f., 75,122,156,372[28],412[354],455[275]
～した体　→「肉体」（栄光の肉体）
～と死　→「死」
復活祭　II 108,130
仏教　I 353[188], II 365
物質，質料　I 56,68f., 90,122,131,147, 168,239,243,244-247,258,281,302,315f., 333[43,47],346[141],356[213], II 19,32f., 122, 234,244,261f., 259ff., 328f., 344-347,350f., 354,387[152],461[327]
～の魂　I 165, II 19,295
霊（精神）と～　→「霊」
ブッダ　I 67
物理学（者）I 139, II 267,296f., 347f.
～と心理学　→「心理学」
原子～　I 117, II 348
ミクロ～　II 347f.
葡萄酒　I 135, II 268,277,285,311,328f., 339
～色　→「色」
哲学の～　II 267,277,472[69]
パンと～　I 430[310]
葡萄の樹　I 433[317], II 155,375[54]
フードつきマント　I 379[187]
プトレファクティオ（腐敗）I 135,155, 196,297,365[69],409[156], II 22,115,127,295, 306,311,317,481[148]
プネウマ（「霊」「風」も見よ）I 130,177, 201,341[101], II 317,348
腐敗　→「プトレファクティオ」
腐敗堕落，腐朽破滅　I 54,88,91,116,130,

ヒ

火　I 27,32,34,65,74ff., 81,97,112,140, 147,152,157,166,195,204,206,225f., 236, 247f., 250,266,270,274,279,286f., 296ff., 310f., 316,335[49],383[209],390[9],391[19],409[156], II 13,32,42,97,101,105,115f., 127,174, 218f., 225f., 229f., 270,277,279,294,354, 389[173],391[186],398[245],410[334],428[69],429[77], 447[236]
　～の舌　I 248
　元素としての～　I 37,72,244,256,269f., 301,306,329[25],334[49],420[218],456[543], II 37,168,245,298,461[321]
　地獄の～　→「地獄」
美，美しさ　I 342[106]，II 65,191,212,228
ピエタ　II 90
ヒエラポリス　II 479[116]
ヒエロスガモス　→「聖婚」
光　I 36,49,62,69,76,78,80,82,95f., 130, 134,139,148f., 154f., 180,186,191ff., 200, 202,211,219f., 226f., 232,278,307f., 317, 320f., 351[176],351[182],363[53],370[110],439[368], 455[531,533],466[644]，II 108f., 113,173,185, 190f., 193,211,286,296,300,354,459[307]
　～と暗黒（闇）I 51,54,69,72,139,149, 185f., 232,254,283,290,308，II 108, 117,129,134,301,310,324,407[307]
　～の種子　I 100
　～の火花　→「火花」
　～の霊　→「霊」
　光線　II 183
　自然の～　I 80,137,169,318，II 68
彼岸，あの世（「来世・現世」も見よ） I 253，II 57,352
秘儀　I 253,291ff., II 247
　～参入者　II 185
　～伝授者　I 106,285
　～の神々　I 72
　イシスの～　II 416[380]
　ウェヌスの～　I 283
　エレウシスの～　I 293，II 483[168]
　オルペウスの～　I 328[22]
　ミトラの～　I 183，II 186
蟇蛙　I 65,187,377[169]
飛行，飛翔　I 32
　～機（夢のモチーフとしての）I 281
ピション　II 44
秘蹟　I 141,173
被造物（あらゆる）I 245，II 453[270]
羊　I 329[25],381[201]
ヒッタイト人　I 434[324]
一つの日　I 424[258]，II 105-109,300f.
人の子　→「人間」
ピナ　II 464[343]
ピナリウス（数《かず》の「二」も見よ）I 240
日の老いたる者（「老人」も見よ）II 31f., 35ff., 54,76
火花，宇宙の魂の火花　I 78-83,93,95f., 137,262,302f., 308,320，II 15f., 283,333, 391[193]
ヒマヴァト（ヒマラヤ）II 218
ヒマラヤ杉　II 20
秘密　I 183,221,241f., 291ff., II 140,150, 158,160,182,189,253f., 267
　～の術（「術」も見よ）I 279
　～の名　→「名」
　～への通暁の度合　I 183,283
秘め隠された霊的（精神的）性質　II 306
媚薬　I 415[198]，II 384[130]
ピュシス，物質（物質的・肉体的自然）（「自然」も見よ）I 29,95,130,144,160,168, II 13f., 33,164,199,263,283,306f., 329, 345,350-353
　～的なものと心的なものの一致　II 345-349,491
　自然（ピュシス）的でもあり道徳的・精神的でもある　II 121
ピュタゴラス派　I 50,317
ピュト（デルポイ）II 490[224]
ピュトン　II 225,410[333]
ヒュレ（物質）I 68，II 53,196
豹　II 446[230]

蓮　II 113
八　→「八要素一組」「オクターブ」「数《かず》の八」
蜂蜜　II 219,230,268,272,274,281,339,478[115]
八要素一組，八なるもの　I 37, II 168,186,433[124]
ハデス（冥府）　I 205,297, II 112,273
鳩　I 104,110f., 197,199ff., 309,317,453[515], II 11,55,57,155,219f., 238,376[64],442[208],486[186]
　野〜　I 434[324]
ハトホル　II 11,113,367[1]
花　I 377[176], II 155,354
花婿　II 179,430[83]
　〜と花嫁　I 48ff., 56,63,65,88,110,131f., 173,209f., 236,336[53],349[166], II 59,149f., 165,195,220,295
花嫁　I 59f., 63,141,152,171f., 172,200,213,215,285,342[111],343[115],348[158],349[165],363[46],442[390], II 60f., 63,66,87,149,155,160,212f., 375[54],429[82],447[230]
　〜の部屋　I 49,437[340], II 42,56,73f., 179,430[83]
　天の〜　II 36
母，母性　I 44ff., 47f., 61,68,70,73,79,88,116,142,156,171,178,182,184,195,227,298,363[53],378[178,186], II 28,50,51f., 61f., 67,75f., 79f., 156,187,198,381[118]
　〜と息子　I 45f., 193,436[340],440[370], II 41f., 59,78ff., 245,257,310
　〜と娘　→「娘」
　〜なる錬金術　II 20,375[59]
　〜にして恋人　I 211, II 66,161,212
　〜にして処女（「マリア」も見よ）　I 68, II 129f., 390[177]
　〜にして妻　I 224, II 212,390[177]
　〜と息子の近親相姦　→「近親相姦」
　〜神（〜なる女神）　I 434[324], II 326
　宇宙の〜　I 226
　神々の〜　II 312
　神の〜（聖〜）（「マリア」（「神を生み給いし母」としての）も見よ）　I 228, II 34,71,136
　万物の〜　I 245,317
　母性世界，〜なる太古世界　II 134,139
　母胎　→「子宮」
　錬金術における〜　II 129f., 148
バビロン　I 157, II 55,59,64,69,369[10],406[300],423[22]
　大〜　II 64,388[166]
パポスの女　II 393[208]
ハマデュリアス　→「妖精」
ハム　I 79
薔薇　I 103f., II 60,63ff., 375[54],442[208]
　〜の十字架　II 65
パラクリト　I 56,62,144,378[178], II 81,153
薔薇十字団　I 291
パラドックス（錬金術における）　I 71-128,252,316, II 226,239,257,345
パラノイア　I 146
ハラン，ハラン派　I 180f., 185,193,327[11], II 221,387[155]
春（「季節」も見よ）　I 299,371[117]
パルヴァティー　II 207f., 211,217f.
バルサム（「霊液」も見よ）　I 77,81,134f., II 251,253,266,287,348
　生命の〜　I 61f., II 281,296
パルチファル　II 34
バルベロ，バルベロ派　I 357[216], II 437[173]
ハルポクラテス　II 36,310
ハルモニア　I 113-116
パレドロス　→「霊」（家僕霊）
パン（牧羊神）　I 266,268, II 138
パン　II 225ff.
盤古　II 183
汎授精　II 234
汎神論　II 350
万有（「宇宙」「世界」も見よ）　I 38,72,468[664]

内的（内なる）～／外的（物質的・肉体的）～ I 170,210,344[131],351[182], II 30,118ff., 164,190,200,201,223,283,351f., 353
半人半獣 I 268
光の～ II 193
人の子（人間の息子）（「キリスト」「神」も見よ） I 73f., 168, II 102,118,120,127f., 191,226,229,235
ホモ・サピエンス I 16
未開人 II 204
最も偉大なる～ II 183,193,201,206,441[196]
認識 I 154,213,314, II 12,22,94,241,280,327,332,337,353
～論 II 354-366
神の～ II 241
自己～ II 22f., 246,264,290-302,319,322f.
妊娠，受胎，身重，孕む，身ごもる，宿す I 45,118,157,222,224,226,307,403[93],409[156],427[284], II 16,43,50,70,74,82,134f., 139,148,183,306,313,384[135],434[127],461[327]
魂の受胎 II 67
ニンフ →「妖精」

ヌ

ヌース（「理性」「霊」「プネウマ」も見よ） I 75,138,177,185,248,256,291,307,324, II 29,120,164,299
霊蛇（ヌースの蛇） →「蛇」
ヌミノース，ヌーメン，精（霊），神霊 I 104ff., 108,112,152,168,207,239,293,380[191],385[218], II 30,141,172,239,244,299,327f., 340,354-361,363f., 389[172]

ネ

ネキュイア I 381[201]
ネザハ II 228,460[312]
ネストリウス派 I 239
ネフェシュ II 195,439[192],440[196]
ネブカドネツァル II 449[245]
ネフテュス I 299
ネボ →「水星」
眠り人（七人の） II 424[31]
ネルガル（ニルガル） I 348[161]
ネレイデス II 247
粘液（葡萄酒の） II 277,279,285,329
粘液質 →「気質」
粘土 →「地」

ノ

ノア I 79,437[341], II 181,194,207,220,373[37],413[356],432[101],453[270]
～の方舟 I 259, II 170
ノイローゼ →「神経症」
脳 I 135, II 220-242,314,316
～の石 II 222
飲み物（「媚薬」も見よ） II 355
魔法の～ II 348

ハ（バ，パ）

灰 I 97,152f., 161,242,246,300,413[178],416[203],411[385],454[524], II 105,107,115,130,277,399[252],452[269]
～色 →「色」
～化 →「インキネラティオ」
拝蛇教徒，拝蛇派 I 164,383[209],435[332], II 44,176,184f., 190f., 240f., 311,415[373],431[90],449[248]
バイト II 11
墓，墓穴，墓場 I 65,96f., 103,106,108-111,120,256,278,297f., 365[69],371[117],372[119],378[186], II 15,24,39,73ff., 112,246f., 257,295,370[19],482[155]
～の臭い I 372[119], II 73,284
バクケウス II 415[373]
白鳥 II 48,229
柱 →「柱像」
バジリスク I 41,187,222f., 369[103]
バシレイデス派 II 48f., 118,234,251

苦さ　I 244-252,311,313f., 317, II 277
肉　I 41,54,130,142,351[182],430[310], II 13, 16,47,74,139,412[354]
肉体，からだ（「肉」も見よ）　I 17,27,32, 54,68f., 70,90,97,135f., 147,154,164,188, 212,223,245,252,268,288,304,308f., 329[25],331[31],358[1],365[69],391[20],393[37],396[53], 414[185],430[310],437[345], II 13,15,19,53,64, 75,79,108,115f., 126f., 157,163,169,173, 176ff., 230,252,261,265,266,279,281, 300,310,329,352f., 423[22,25],452[269],473[80], 478[115]
　～と魂　→「魂」
　～と霊（精神）　→「霊」
　～の結合　II 108,116,264,339,405[295]
　栄光の～　I 239,300, II 344,352
　化学的物質としての～　I 69,300,328[13], 359[5],428[298], II 22,53,253,279,295, 299,339,410[333]
　神秘の～（神秘体）　II 149,152,157,225
　ヒュレ的～　I 32
　不完全な～　I 245
ニグレド，黒化（「色」の「黒色」も見よ） I 57,65,79,96,135,198,250,258,322, 350[174],394[40],409[156],460[571], II 83,101, 122f., 127,207f., 235,280,291,295,303, 306f., 311,312f., 316f., 321,323f., 381[109], 407[307],410[333],413[360],482[168],487[199]
二元論（数《かず》の「二」も見よ）　I 27,67f., 114f.
　～と一元論　II 346
虹　I 159,409[150], II 44,46,48
西と東　I 27
似像（「原像」「像」も見よ）　II 178,427[63]
二分割　II 248
二本の角　→「角」
ニルドヴァンドヴァ　I 97,282, II 293
人間　I 21ff., 34,52,62,81f., 115,122,135f., 140,146f., 163f., 208,211ff., 218,240,260, 268,274,288,320,323,333[44,47],430[310], II 33,44f., 47,50,116,118f., 120ff., 125f., 127f., 136f., 138f., 140,143ff., 147,169, 197,200f., 203f., 223,237f., 265,314ff., 331f., 342f., 345,352f., 357f., 362,365f., 374[45],412[354],491f.
～と宇宙（世界）　I 253, II 169,342f., 440[196]
～と神　I 73,76f., 115,120,150f., 170, 216f., 418[208], II 22,71f., 81,84f., 136f., 205f., 220,239,258,260,269,344,348, 359,362,412[354],429[78],467[19]
～と動物　I 268, II 10,238,315,388[158], 411[342]
～の顔，姿，像　I 260,453[514]
～の創造　I 356[213,214], II 269,342,436[158], 440[196],487[194]
～類似性　I 17
新しい～　I 41
大いなる～　II 164,169
完全無欠な，完成した，まるい，一なる，全体的～　I 74,170,218, II 126,178, 195,212,216,241f., 314,348,437[173], 479[127]
球形をした原～　II 191
群衆的～　II 104
形而上学的概念の～的色合い　II 359
現代の～　I 269, II 204,239,358
原～（「アントロポス」も見よ）　I 34,38, 42,49,79,265,272f., 303,346[141],419[211], II 80,130,150,164,178,192,195,199f., 203,207,209,212,216,223,237f., 314, 328f., 431[90],449[248]
最初の～（「アダム」も見よ）　II 31,97, 191,193,196,425[45]
小宇宙としての～（「大宇宙と小宇宙」も見よ）　II 167,169,453[270]
真の～（「真人」も見よ）　II 120ff., 437[173]
人類　I 121f., 456[545], II 71,149,206,224
西洋の～　II 343
中世の～　II 353
超人　I 312
哲学的～　II 109,422[17]

～と人間　→「人間」
獣帯　I 32,34,283，II 191,410[334],487[194]
獣的本性　II 56
獣の心，動物的・獣的な魂　I 268f., 273，II 33,56,106,203f
動物形姿による象徴表現　I 29,34,111，190,193,215,260，II 54f., 70
野獣　I 215
蜥蜴　II 47
「解きて結べ」　I 17
徳　I 353[183],357[218]
毒　I 54,82,89,157,167,183,208f., 222ff., 244,255,346[146],393[38],422[237]，II 42,50, 53,55,106,124,211,230,272,385[135], 407[306],411[339],477[101]
解～剤　II 274,284,475[82]
独身主義（聖職者の）　I 131
特性（四つの）　I 27f., 37,99，II 48,168, 208
ドクトリン（教え・教義）（「教義」も見よ）　I 305，II 326
トーテム，トーテミズム　II 149,206
～的「会食」　II 149
トート　→「メルクリウス」
ドドナ　I 106
ドミナ（女主人）　I 48
虎　I 224，II 386[138]
鳥（個別の鳥「鷲」「鴉」なども見よ）　I 32,35f., 75,97,154,184,187,195,246ff., 329[25],384[212],386[228],429[302,303],457[549]，II 46,48,49,106,219,229,313,317
朱鳥　I 247，II 384[131]
ヘルメスの鳥　→「ヘルメス」
霊鳥　I 269,273
トリノの聖骸布の図　II 417[389]
ドリュアス（「妖精」も見よ）　I 102
奴隷　I 29
赤い～　I 104,341[103],413[180]，II 284
トロポニオス　I 409[156]，II 406[299]
トロヤ　II 310

ナ

名，名称，呼び名　I 72,418[207]
神の～　→「神の名」
千の～　I 47,72ff., II 348
秘密の～　II 285
ナアマン　II 20
内向　I 222，II 262
内省，自らの内面の観察　II 117,262,292
内容　I 149,288,292f., II 134,145,249, 403[280]
意識～　I 158,209，II 105,131,133,249, 292
心的～　I 170，II 95,240,281,287,307, 319,416[381],445[223]
魂（心，情動）と～　I 123,126，II 57, 415[375]
投影の～　II 244
ヌミノースな～　II 244
無意識の～　I 86,170,195f., 207,209, 220,253,258,289,293,299,315,428[300]，II 53,57,83,122,130,134,249,259,292, 319,338,340,358,360
抑圧の～　II 416[377]
ナイル河　I 273f., 282f., 339[82]，II 20,233, 247,299,368[5]
謎　I 88f., 122,124,266,283,376[157],386[228], 455[536]
パナルケスの～　I 386[228]
ヘルマプロディトスの～　I 188f., 375[156]
ボローニャの～（アエリア・ラエリア・クリスピス碑文）　I 83-128
棗椰子　I 379[187]，II 375[54]
鉛　I 54,72,76,198,284,286,309,317, 371[117]，II 124f., 155,162,180,187,216, 229f., 236,244,285,311,376[64],402[272], 426[56],456[279]

ニ

臭い，香り　I 250,297,316,372[119]，II 64, 73,102,105,129,155,247,284
ニオベ　I 120f., 376[157]

188,198,249,251,347[148],422[237], II 33, 124,176,222
アガト〜 →「アガトダイモン」
テュポン I 134,246,316f., 341[103],371[117], 374[137],438[349], II 25,285,369[10],375[57], 461[327]
テルツィア I 348[161]
テレスポロス I 459[567]
テレニアビン II 478[105]
テレビントス I 67
点 I 71-77,417[206]
天 I 90,95,136,180,329[25],384[212], II 154f., 196,312,339,342,417[383]
〜体（「月」「惑星」「太陽」「星」も見よ） I 136
〜の女王 I 342[111]
〜の梯子（ヤコブの） II 429[80]
〜の女神 II 129
〜と地 I 27,34,37,50,67,90,141,143f., 159,171,249,251,275-280,321,360[24], 390[8],413[177],421[227],456[541], II 16,44,69, 110,167,169,183,196,206,207,227,248, 267,271,277f., 317,374[45],454[270],479[127]
アレゴリーとしての〜 I 55,69,81,154, 226, II 156f., 266f., 270f., 274,310
神の居所としての〜 I 137,275,281, 456[545], II 77,88,183,224,312,318
昇天（「キリスト」「マリア」も見よ） I 275,281,297f.
神話上の〜 →「ウラノス」
天文学上の〜（天空） I 192,262,329[25], 449[480], II 9,49,131,267,315,396[223]
錬金術師の〜 I 95, II 277f., 281,285ff., 312,315ff., 342-349,352f.
転移 I 18, II 331
癲癇 I 59,415[198], II 384[130]
天使 I 69,76,111,158f., 201,304,331[26], II 46,108,116,184f., 189,191,225,241, 269,407[309],432[104],438[179],449[248]
〜ハルス II 487[194]
死の〜 II 167
堕〜 II 194
テンテュラ II 113
天秤座，天秤宮 I 34f., 225, II 60
天文学 II 182,411[339]

ト（ド）

銅 I 134, II 13,98,243f., 426[56]
統一，一性 I 36,49,161,279,418[208], II 141,166,202,248f., 267,302,342f., 346, 350f., 491
一と多 I 36,282,329[25],358[1], II 113
一と四 I 279
同一化 I 466[643]
投影 I 114f., 123,126,138,145,147f., 149, 165,168,213,233,258,280,315,319,324, 399[66], II 33,57,83f., 117f., 133-136, 138ff., 145f., 201,216,244,262f., 265,280f., 288,292f., 306,320,322f., 325,340,353,354
無意識の〜 I 152,161,228, II 261,280
同化 II 94,140,214,398[240]
同居 II 165,188
道教 →「タオ」
洞窟，穴 I 106,266,381[197],408[142], II 164, 171,316,347,406[299]
童形の馭者（『ファウスト』の） I 436[338], II 100
統合 I 196,257ff., 299,324, II 45f., 67,69, 140,201,357
童児 →「子ども」
童女 →「少女」
道徳，モラル I 114,314f., 318,324, II 23f., 47,70,127,139,207,215f., 230, 253,260-266,271f., 285,319,356,477[100], 491
〜哲学 II 320
トゥトモシス一世 II 367[3]
動物，獣，動物象徴 I 32,186f., 190f., 193f., 202,215,266,269,405[121], II 33,57, 257
〜的自然（本性） II 54
〜的人間 II 204

～夜症（夢遊病） I 222
月神 II 372[28]
月石 II 391[185]
新月 I 52f., 56,59f., 96,171,187,193, 198,219,221f., 231f., 278,312,317, 342[111],350[174],351[182],371[117],374[137], 409[156],421[227],425[274], II 77,369[10]
神話上の～ →「セレネ」
占星術の～ I 431[314]
太陽と～ →「太陽」
満月 I 53,59,172,188,197f., 219,278, 301,348[161],351[182], II 78,130,222,226, 369[10],453[270]
角（二本の角） I 240,435[331], II 182,480[132]
翼 I 29,32,72,157,192,199f., 207,210f., 215,217,244,271f., 275f., 281,379[187], 429[302], II 11,27f., 43,48,53,219,229, 283,312,384[131],386[141],401[268]
妻（「女」も見よ） I 101,182
罪 I 130,141,157,215,217f., 233,251,252f., 271,299,313,329[25],354[203], II 33,64,70, 103,177,189,197,199,203,206,314,351, 373[40],402[272],407[301],455[89],460[319]
原罪，堕罪 I 53,61f., 115,129,217, 356[213],361[37],394[44],476[656], II 23,27,50, 181f., 190,195,199,211f., 269,351,428[66]
冷たさ（冷） I 27,37,65,72,171,181,256, 283,286,311,433[320], II 106,166f., 169, 293,295,384[135]
露 I 46f., 61,69,77,173,299,347[147],425[271], II 44,233,274,284,312
剣 I 89,342[114],346[146], II 226,316

テ（デ）

ディアナ I 197,199-202,206f., 214f., 406[122],409[156],416[202], II 20,55,57
ティアマト II 406[300]
ディヴィシオ（分割） II 306
庭園 I 103, II 393[207]
ディオニュソス I 328[22], II 24,36,64, 150f., 192,411[339]
ディゲスティオ（消化） I 196
ティフェレト I 48f., 307, II 178ff., 195f., 227f., 229,231,445[218,223],457[284]
ティル紫 →「アルカヌム」
テイレシアス I 381[201]
ティンクトゥラ（チンキ・染色剤） I 116, 226,242,255,278,281,282,302,430[310], II 28,37,43,53,64,97,116,276
赤い～ I 133f., II 276
哲学者の～ I 255, II 426[54]
テオクアロ I 56
テオセベイア I 244,431[312],464[616]
テオファニー（神の顕現） II 238
溺死 II 52,164,375[59]
デコクティオ（煎出） I 196
鉄（「マルス」も見よ） II 102,243,426[56]
硫酸～ II 312
哲学 I 121,123,126,305, II 14,244,253, 291
～者 →「錬金術師」
～者の息子 →「息子」
アリストテレス～ II 68
異教の～ II 398[240]
インド～ I 120,175,282, II 84
ギリシア～ I 185, II 147
新プラトン主義～ II 68
スコラ～ II 68
ストア～ II 259
中国の～ I 114, II 84,250,257
中世の～ II 320
東洋の～ II 343
ヘルメス～ I 117,295, II 68,290
瞑想～ II 251,261
ユダヤ・ヘレニズムの～ II 12
錬金術～ →「錬金術」
テテュス I 83,343[116],360[22]
テトラモルフ（四形姿） I 271, II 432[104]
テホム（深淵） II 461[321]
デミウルゴス I 158,469[671], II 186,329, 405[291],416[382],433[124]
デーモン（ダイモン） I 108,114,124,135,

442[208],455[275],467[22],470[50]
力（「徳」も見よ） I 70,95,135,136f., 154, 242,318, II 19,33
天上的な～ II 266f.
知性，知的 I 70,123,136,175,185,230, 233,248,295,313,416[203], II 45,169,189, 222,252,288,314,319,355,411[342]
～主義 II 327
乳（ミルク），授乳 I 78,162,381[199], II 41,52,71,75,88,283f., 368[7]
父 I 73,79,142-145,178,182ff., 195,355[206], 404[103], II 51f
～親殺し I 342[106]
～親像 I 233
～と息子 →「息子」
～と娘 →「娘」
～なる神 →「神」
下なる～ I 469[671]
父－母（父と母の一体性） I 227, II 191,195,405[291]
不在の（未知）の～ I 56,363[53]
父性世界 II 134
治癒（「心理療法」も見よ） I 146,252, II 26-100,126,286
中国，中国人（「錬金術」，「哲学」も見よ） II 51,182,326,384[131],386[138],409[329]
中心（点） I 38,40,76f., 242,278,282f., 309, II 126,184,186,354
中世 I 86,165,235,237ff., 302,305, II 32ff., 70,135ff., 143,215,224,253f., 272,279,283,297,301
柱像，柱（「錬金術における彫像」も見よ） I 106,383[209], II 173,175f., 177f., 240
チューリッヒ聖書 →「聖書」
超越（的） I 119f., 302, II 293,296f., 301, 344-347,359,362,364,398[240],491
超心理学 II 250
超人 →「人間」
彫像 →「錬金術における彫像」
直観 I 230
治療の神 →「アスクレピオス」
治療薬（「メディキナ」「メルクリウス」「ファルマコン」も見よ） I 61,82,89,167, 272,282,338[77],393[30],415[198],448[463], II 83, 125f., 142f., 251,260f., 268,270,284,352, 384[132],446[226],474[81]
不死の（生命の）～ I 340[86], II 352, 483[168]
チンキ →「ティンクトゥラ」
沈殿（スブメルシオ） I 297

ツ

ツァラトゥーストラ II 407[306,309],415[373]
対，ペア（男女の，神的な） II 154,188, 275ff.
通過移行，横断 I 252f., 263,274f., 284, II 52,187
杖，カドゥケウス I 288, II 55
アスクレピオスの～ I 288, II 113
蛇～ I 288, II 55,113
ヘルメス（メルクリウス）の～ I 287f., 410[157], II 55,113
牧者の～ I 287
月（ルナ） I 27,29,35,45,47,50-55,59f., 63,65,69,113,121,138,171-235,243f., 246,248f., 265,277f., 297,312,326[6],329[25], 342[111],347[154],371[116],383[209],391[24],406[122], 409[156],440[372], II 24,44,60,74-80,87, 129f., 148f., 154,175,222,230,236,241, 453[270],478[115],483[162]
～植物（ルナリア） I 441[385]
～とソル →「太陽」
～と地 II 223f.
～と知性 I 181.
～の樹 →「樹」
～の地 →「地（白い地）」
～の花嫁 I 214
～の光 I 222,232,289
～の本性 I 220-235
～の牝犬 I 196
～の闇 →「蝕」
～の輪 I 182

～と精神（霊） →「霊」
～と肉体 I 32,67,128,173,302,331[31], 383[209],396[53],418[207], II 52,58,176,192, 201,263,276,282f., 284,292f., 298,324f., 347,351f., 354,399[252]
～の下降 I 284
～の現実性 II 224,240,263
～の火花 →「火花」
～の変転 I 353[188]
宇宙の～ →「宇宙」
死者の～ I 381[201],414[190]
祖先の～ II 10,206,403[280]
動物の～ →「動物」
不死の～ I 231, II 262
物質の～ →「物質」
普遍的～, 全体的な～ II 193,201
タムズ II 149
タルタルス II 268,277,285,339
単一なるもの I 160f., 180f., 196, II 202, 221,315f., 341,348,411[342],449[248]
男根 I 192, II 192,209,229,445[223],482[149]
断食 I 382[205]
誕生, 出産 I 54,73,79,100,108,135,154, 176,193,221,257,279,284,290,358[1], 379[187],409[156], II 15,17,34,41,49,70-75, 79f., 107,130,183,211f., 247,379[86],405[298]
岩石からの～ I 94
キリストの～ →「キリスト」
再生 I 70,112,130,193,196,253,263, 269,271,274,283,298f., 412[173], II 17, 25,37,50,70,73,77,97,101,107,115, 183,379[86],384[134],411[339]
早産 I 100
息子の～ I 84, II 454[270]
秘密の胎児の～ I 278f.
男性, 男性的, 男性的なもの →「男」
タントラ仏教 I 440[373], II 188

チ

血 I 40f., 47,61,108,136,142,162,173, 175,195,286,297,310,316,334[48],345[132], 356[213],363[50],430[310],448[465], II 33,42,50f., 52,59f., 63-67,69,71,87f., 139,157,219, 268,276,285f., 311,339,410[335],423[25], 423[31],436[157],440[192],449[248],465[353]
～を食することの禁止 II 439[192]
キリストの～ →「キリスト」
月経の～ I 223, II 87
霊的な～ I 41, II 329,384[132]
地 I 29,32,80,113,159,198,200f., 217f., 255f., 467[655], II 10,76,116,170,223f., 229f., 306,310,342,372[28],397[237],439[188], 447[236],455[275]
～の中心 I 78,135,172,242,247,278, 302,394[42], II 111,170,271,456[277]
～上世界 I 302,304, II 70,438[179]
～上的なもの I 135,152,159,218,243, 249,311,456[545], II 283,319
アダマ（赤い～） II 190,219,225f.
アレゴリーとしての～ I 235,261,282f., 342[111],456[541], II 15,75,167,184,191, 195,207,212,236,241,294,483[168]
元素としての～ I 29,32,37,76,242,256, 270,311,329[25],355[206],456[546], II 13,37, 169,245,298,485[179]
白い～ I 172,259, II 211,221,224
神話上の～ I 46,56f., 172, II 156,162, 207,310,313,317
地球としての～ I 29,78,168,171f., 186 ff., 391[24],424[259], II 175,186
天と～ →「天」
粘土（土くれ） II 166,436[158]
母としての～ II 28,453[270]
物質としての～ I 68,93f., 152,175,200, 203,207,242,248,258f., 280f., 300f., 302,346[144],394[40],413[178], II 53,158, 167,169,192,211,219,224f., 230,269, 392[199],477[100],482[150]
智慧, 叡智（「サピエンティア」「ソピア」も見よ） I 47,122,180,183,211,286,295, 300,303-307,309ff., 314f., 404[107],458[564], II 12,24,104f., 157,182,188,233,261,

381[118],388[160],391[186],448[241],449[248],484[174]
〜英雄　Ⅰ 266
〜化（ソリフィカティオ）　Ⅱ 199,208,211
〜神　Ⅱ 318,368[5]
〜と月（ルナ）　Ⅰ 32,51,54f.,60,62,65,69,72,80,87,97,103f.,115f.,131,133f.,138,142,144,147f.,152ff.,161,171-188（随所）,191ff.,196,202,209,211,228ff.,236,265,276,278,289,297,327[12],345[135],351[182],371[116],[117],391[16],394[42],406[124],409[156],429[302],[304],[305],439[362],460[582]，Ⅱ 53,76,80,134,143,149,154,183,188,194,212,220,235,283,295,303,311,386[138],434[129],453[270],455[274],476[86],487[194],489[218]
〜と月（ルナ）の結合　Ⅱ 76,220,224
〜の樹　Ⅰ 196
〜の車　Ⅰ 452[512]
〜の食膳　Ⅰ 328[22]
〜の動物，〜獣　Ⅰ 198,312
黒い〜　Ⅰ 135,139,187,190,232f.,312,345[138]，Ⅱ 310,313
裁きの〜　Ⅰ 226
神話上の〜　Ⅰ 198,409[156],426[276]，Ⅱ 113,318
占星術上の〜　Ⅰ 34,52,289
天体としての〜　Ⅰ 29,36,42f.,50,59,78,87,133-136,148f.,171,249,283,289,329[25],383[209],407[139]，Ⅱ 13,49,60,98,103,300,476[86]
日の出　Ⅱ 160
対立　Ⅰ 17,20,27-34,47,77,97,114ff.,124,143,199,211f.,224,227,253,316,384[211],398[65]，Ⅱ 104f.,112,114,124,140,162,190-196,198,203ff.,207,211,226,290f.,295,312,319,415[370],491f.
〜からの解放　Ⅰ 282
〜(反対)の一致（結合，統一）　Ⅰ 17,21,41,60,71,97,110,111,129,131,133,145,158,187,191,199,202,212-216,218,254,257,264,265,277f.,289,322,326[6],398[65],467[655]，Ⅱ 24,46,152,159,207f.,227,243-256,257f.,259,266,288,290f.,293,299,348,354,385[135],491
〜の化身　129-324（随所）
〜の分離　Ⅰ 249，Ⅱ 104
〜対《つい》　Ⅰ 34,67，Ⅱ 245,407[309]
タウタバオト　Ⅱ 185
タオ（道），道教　Ⅰ 212,421[227]，Ⅱ 183f.,206,250,293,343,349,459[303]
多血質　→「気質」
戦い，戦争，争闘　Ⅰ 164,210，Ⅱ 127
達人　→「錬金術師」
タパス（苦行）　Ⅰ 258
タパバオト　→「オノエル」
旅　→「神秘主義」（神秘的な旅）
ダビデ　Ⅰ 275，Ⅱ 369[10]
タブー　Ⅱ 56,204
タブリティウス　→「ガブリクス」
卵　Ⅰ 75,335[52],391[22],429[308]，Ⅱ 114,317,452[269]
宇宙〜　Ⅱ 106
魂，心，心的〔Seele/anima, seelisch〕（「心」も見よ）　Ⅰ 22,27,32f.,48f.,67,75f.,78,86,90,95ff.,121f.,125,127f.,129,131,133,141,146f.,151,153f.,168,173,182,183,188,199,203f.,207-212,235,237,256f.,259,264,269,276f.,282,284,290,293,297,300,302f.,344[131],358[1],364[63],376[157],380[191],392[25],394[40],408[145],409[154],416[203],422[241],423[256],429[306],430[310],435[332],437[345],440[373],452[512],456[544]，Ⅱ 10,13f.,15,29,33,43,44,50,52,57f.,63,64,67,69,75,107,112,115,118ff.,124f.,127,130,133,135,138,151,166,169,173,176f.,180,187f.,195,200f.,208,246f.,261f.,269f.,273,276,279,282f.,285,289,306f.,313ff.,319,321f.,341ff.,352,358,384[134],387[152],403[280],405[295],411[342],414[368],416[378],433[114],448[241],452[269],453[270],492f.
アニマ・ムンディ　→「宇宙の魂」

セフィロト，セフィラ Ⅰ 49f., 175,331[31], 378[177], Ⅱ 195f., 209,227f., 230f., 240f., 459[307]
セム Ⅱ 170
セレネ Ⅰ 59,176,188,201,226,412[171]
禅 Ⅱ 349
善，善きもの Ⅰ 145f., 216f., Ⅱ 379[89]
～と悪 Ⅰ 27,34,35,46,67,82,115,145, 213,216f., 233f., 249f., 316,323,342[111], 358[1], Ⅱ 128,213,258,262f.
全質変化 Ⅰ 55, Ⅱ 75
洗浄 Ⅰ 259,296f., Ⅱ 208
罪の～ Ⅰ 296,299
占星術 Ⅰ 32,52,156,228,289f., 329[25], 428[298], Ⅱ 44,133,405[292],410[334],411[339], 455[275]
全体性 Ⅰ 18,34,36f., 43,56,90,143,151, 161,163,169f., 197,240,257ff., 261f., 265, 269,272f., 277,280,303,398[65], Ⅱ 130f., 133ff., 145,164,172,196,214,216,222, 224,239,246,265,336,338f., 345,355,357, 459[303]
蠕虫 Ⅱ 105f., 108,112ff., 115,407[309]
千年至福説 Ⅱ 58
善の欠如 Ⅰ 115
洗礼（「水」も見よ） Ⅰ 231,252f., 277,296f., 299f., 304,380[188], Ⅱ 20,34,39,52,164, 222,299,417[388]
前論理的状態 Ⅰ 466[643]

ソ（ゾ）

僧 Ⅰ 120
像，イメージ（無意識の）（「元型」も見よ） Ⅰ 292, Ⅱ 178,288f., 363
夢の中の～，患者が描く～ Ⅰ 17f., 42, 309,313,457[549], Ⅱ 163,301,336,340
双子宮（「双子」も見よ） Ⅰ 225
増殖，増大 Ⅱ 37,150,348,400[256],407[307]
想像（「空想」も見よ） Ⅰ 122,128,270
能動的～ Ⅰ 148,164,313,322, Ⅱ 84, 287,319,330,337
創造（世界の） →「宇宙」
創造主 →「神」
創造的 Ⅰ 154,195, Ⅱ 209
増幅 Ⅰ 426[278]
自己～ Ⅱ 244
祖先（「霊」「魂」も見よ）
～の時代 Ⅱ 205
ソピア（ソフィア，叡智）（「智慧」「サピエンティア」も見よ） Ⅰ 46,228, Ⅱ 184, 186,238,282,313,326,375[54],415[373],471[53], 486[192]
ソフィスト Ⅱ 394[218]
ソルティオ（溶解） Ⅰ 195f., 289,297, 371[116], Ⅱ 22f., 127,306,311,317,328
ソロモン王 Ⅱ 155ff., 160,445[223]
存在 Ⅰ 131,143,149,270, Ⅱ 105,230,248, 251,342f.

タ（ダ）

多，多数 Ⅰ 282,329[25], Ⅱ 248,342
ダイアモンド Ⅰ 124, Ⅱ 419[406],486[192]
大宇宙（マクロコスモス）と小宇宙（ミクロコスモス） Ⅰ 38,68,76f., 316,329[25], 366[74],407[139],419[211], Ⅱ 16,193,232,348, 374[45],440[196]
大宇宙の息子 →「息子」
体液 Ⅱ 168
太元聖母 Ⅱ 183,434[127]
退行 Ⅰ 114
太古的材料 Ⅱ 204
胎児 Ⅰ 224,279, Ⅱ 23,74,392[199],432[102]
秘密の～ Ⅰ 278f.
錬金術の～ Ⅱ 76
太祖 Ⅱ 97
太陽，ソル Ⅰ 42f., 53-56,65,67,75,81,94f., 131-151,139,155,159,162,169,171,182ff., 225,236,260,265,269,290,301,303,311, 322,422[242],428[300], Ⅱ 9,13,27f., 44,54, 60,62,67,74f., 77,80,98,102,110f., 131-134,145,150,156,178f., 187,190f., 194, 211,226,229,300,310,317,354,368[5],

ピリピ福音書　I 329[25]
ピスティス・ソピア　II 192,369[12]
シビュラの託宣　I 267,383[209]
トマス行伝　I 378[178], II 129
翻訳～
ウルガタ～　I 52,245,304,344[129], 345[132],447[461],449[481],450[485],457[555], II 103,108,178,235,381[115,116],413[355], 441[198],447[236,237],457[283],484[171]
ギリシア語七十人訳～　I 447[441]
チューリッヒ～　I 411[159],447[461], 449[481],450[485], II 103,404[289],427[62]
ルター訳～　II 427[62],447[236,237],448[240]
聖女　→「聖者」
生殖，産む，発生，生成　I 123,131,135, 145,154,192,252,316,380[189],391[23], II 10f., 17,23,35,47,76,81,209,390[177], 453[270],460[318],481[148]
生殖器官　I 40, II 209,459[308]
星辰，天体（「ヘイマルメネ」も見よ） I 35,50ff., 94,168,187,192,223,226,290, 330[25],342[114], II 9,339
精神　→「霊」
聖人　→「聖者」
精神的統一　→「霊（精神）と肉体」
精神病　I 22,132,198f., 343[118],365[50],433[322], II 90,127,138,163,291,320,330,361, 337f., 474[81]
精神病理学　I 132f., II 132,322,337,358
精神分析　→「心理学」（フロイトの）
精神療法　→「心理療法」
聖賜物（カリスマ）　II 73,81,103
聖体の儀式（「ミサ」も見よ）　II 67,460[319]
聖体拝領　I 339[82], II 225
性的言語表現　II 209,445[223],458[293]
聖土曜日　I 373[133]
性の規定（決定）　II 150f., 273,284,475[83]
反対の～　I 230, II 214
聖杯伝説　I 317,435[331], II 26,33,373[30]
生物学　I 16,21, II 95,204
聖餅（ホスチア）　II 32,230,484[171]
聖変化　II 67
聖母（「マリア」も見よ）
守護のガウンをまとう～　II 41,75
生，生命　I 72,81,135,173,196,263,294, 344[125],345[134], II 47,242,247
～原理　II 247,311,468[34]
～と死　→「死」
～の意義　I 212f.
～の樹　→「樹」
～の霊　→「霊」
永遠の～　I 286,300, II 258
西洋　I 150f.
～と東洋　I 151, II 349,386[138]
性欲　II 445[223]
聖霊運動　I 56, II 236
生理学　II 204
ゼウス（「ユピテル」も見よ）　I 113f., 350[174],409[156], II 490[224]
世界（「宇宙」も見よ）　I 81,240,251, 376[361],412[174], II 261,395[219],418[207],440[196]
～観（宇宙像）　I 81,165,293, II 135, 186,216,250,265,344
経験的～　II 346f.
この～（この世）　I 53,254,294,302f., 344[131], II 13
星辰の～　I 412[174]
内面～　II 301,364
被造物の～（創造界）　I 53, II 13,111
物質～　I 43,143, II 246,347,351,359, 364
三つの～　I 439[368]
四つの～　I 235
世界－非世界　I 95
石板（十戒の）　II 181
世俗化　I 126
切断（前足，羽，翼など）　I 155,195, II 48,124,312,415[375]
セツ派　I 78,307
セト　II 182,312
セパラティオ（分離）　I 195,280,288, II 127,280,306,311,328

申命記 II 231,413[356]
士師記 I 392[25],453[518], II 230,478[115]
列王記上 II 20,400[256]
列王記下 I 48,452[512], II 20
ヨブ記 I 251,316, II 219,224,226,230,407[303],413[355],438[179],447[236,237],463[333]
詩篇 I 52,164,275,351[182],396[53],411[161,162],437[341],453[518], II 103,115,192,223,231,235,401[261],408[315],452[266],461[321],484[171]
箴言 II 458[293]
雅歌 I 18,43,57,59,65,79f., 171,199,260,272,348[161],364[63],365[69],378[177],411[168],413[180],425[267], II 116,165,195,211f., 220,235,390[177],403[273],414[365],427[62],442[207],448[240]
預言の書 I 396[53], II 236
イザヤ書 I 110,164,254,343[115],411[159],413[180],454[524], II 115,312,382[124],393[210],407[302],461[321],463[333],484[168]
エレミヤ書 I 447[452]
エゼキエル書 I 260ff., 271,449[481],450[484], II 200,211,232f., 441[198]
ダニエル書 I 450[483],461[587], II 31,209,234,449[245]
ホセア〔書〕 I 255,447[461], II 236
ゼカリヤ書 I 94,261,373[132],449[481], II 452[267],461[321],462[327]
マラキ書 I 395[49], II 27
智慧の書 II 413[355]
シラ書 I 51,344[129],448[469], II 374[43],375[54],437[171]
新約～ I 166, II 34,46,136,326,348
福音書 II 226
マタイ～ I 158,296,305,336[53],367[90],427[283],428[300],434[328],437[341],469[670], II 108,116,150,157,189,235,369[10],408[315],411[341],418[395],471[62]
マルコ～ I 304,306,463[608], II 116,360
ルカ～ I 39,254,260,333[44],360[24],361[37],418[208], II 108,116,157,402[272],413[356],471[62]
ヨハネ～ I 185,248,303,333[45],351[178],360[25],366[73],397[57],427[291],432[316],433[317],434[329],454[528],455[537],466[644],468[665],469[671], II 48,91,109,114,135,152ff., 222,226,376[64],445[219],466[358],471[62]
使徒言行録 I 454[520], II 107,116
信徒への手紙
ローマの～ II 116,197,351f., 404[285]
コリントの～一 I 333[43],376[166], II 168,196,440[193],449[248],489[214]
コリントの～二 I 334[49],351[182],437[342], II 179
ガラテヤの～ II 146
エフェソの～ I 40,217f., II 107,116,197,412[354],481[142],490[226]
フィリピの～ I 64,351[182], II 116
コロサイの～ I 284,297,305,352[182], II 190,197,404[285],419[408]
テサロニケの～一 I 454[524]
テモテの～二 I 382[121]
ヘブライ人への手紙 II 116
ペトロの手紙一 II 55,108,116,490[226]
ヨハネの手紙一 II 365
ヨハネ黙示録 I 77,212,259,342[114],373[135],396[53],428[300], II 46,59,62,69,102,114,149,151,209,226,229,253,388[166],393[209],394[216],451[260],463[335]
旧約・新約～外典・偽典
第四エズラ書 I 360[26]
エノク書 I 436[337]
アダムとエヴァの生涯 II 171
エジプト人福音書 I 343[120], II 152
使徒バルトロメウスの書 II 406[300]
ヘルマスの牧者 I 41,285-288, II 348
ヨハネ行伝 I 331[31]

325
～と物理学　II 353
～と錬金術　→「錬金術」
アードラーの～　II 416[377]
医学的～　I 203,221,438[350], II 83,141
意識～　II 348
キリスト教的～　II 259
経験的～　I 86,263, II 94,214,239,248f., 492
原初の（未開人の）～　II 10,203
個性化過程の～　II 371[21]
自然科学的～　II 217
深層～　II 347
超～　→「超心理学」
転移の～　I 18
複合～　II 271,347
フロイトの～（精神分析）　II 416[377],445[223]
分析～　II 204
無意識の～　I 16,22,146,202, II 291, 492,477[104]
心理学者　I 87,93,141,319f.
心理素　I 55,224,226, II 164,239
心理療法　I 16ff., 22,202,264,293,319, 322f., 397[58],466[643], II 83f., 134,141f., 255,259,263f., 280,286,291,320,330, 336f., 357f., 389[172]
分析療法　I 429[303]
心霊修行　II 121
ロヨラの～　II 291
神話　I 22f., 113f., 121,201,224,253,266, 409[156],441[376], II 9,112,118,131,159,176, 216,326,332,338f., 386[136],406[300],409[332]
～素　I 22,50, II 35,66,117,147,159, 317,490[224]
～と心理学　→「心理学」
～と錬金術　→「錬金術」
～の解釈　I 184f., II 106f.
ヴェーダ～　II 318
ギリシア～　II 317,482[156]
ゲルマン～　II 112

ス

酢　I 246,288,322, II 194,208
水牛　II 388[158]
水銀（ヒュドラギュルム）　II 299
水銀，生ける銀（「メルクリウス」も見よ） I 20,115,153,156,157f., 298f., 316,371[116], 390[10],403[89,96],429[306], II 63,127,228,244, 282f., 293-297,301,321,445[222],466[9]
水晶　II 232f., 486[192]
水星（「メルクリウス」も見よ）　I 20,225, 329[25],403[96], II 300,379[91]
数　→「数《かず》」
スキュティアノス　I 67
スキュラとカリュブディス　II 400[260]
スコラ哲学　→「哲学」
ストア学派　I 184,412[174]
スーピス王　II 370[15]
スリエル　II 185

セ（ゼ）

性愛理論　I 125
性交，性的行為（「交わり」も見よ） I 49, 193
聖婚（ヒエロスガモス） I 15,49ff., 132, 141,172,186,193,218, II 17,20,57,59, 165,179,212,252f., 256,274
聖痕（スティグマ）　II 121,153
精子　→「種子」
聖者，聖人，聖女　II 64,73,103,121,357, 418[397]
聖書　I 306f., II 14,91,256,326,363
旧約～　I 304ff., II 34,46,136,313,326
モーセ五書　II 166
創世記　I 61f., 112,129,185,216, 304,336[53],382[205],399[66], II 46,108, 166,178,187,189,194,207,221,237, 300,310,313,346,404[290],413[356], 429[80],448[239]
出エジプト記　I 418[207], II 29,207, 232,413[356]
レビ記　I 464[624]

植物　I 69,136,174f., 192, II 10,33
　月の～(月の草)　I 175
　魔法の薬草（「ケリドニア」「ケイリ」「モリュ」も見よ）　II 281,339
食物　II 150
書字の発明　II 189
諸宗混合（シンクレティズム）(「ヘレニズム」も見よ）　I 248,306, II 119,131
処女，乙女（「マリア」も見よ）　I 44f., 56, 59,68,88,109f., 121,201,269,280,285f., 413[180], II 15,34f., 86ff., 91,114,151,155, 157,183,186f., 191,396[228],446[230],453[270]
　～宮（獣帯の）　I 225
　～と母　→「母」
　～の時代　II 487[194]
　～の乳　I 429[306], II 294,385[135]
女性，女性的，女性的なもの　→「女」
女性蔑視　I 228
シリウス　II 372[28]
(聖）シリヴェスター伝説　II 114
シレノス　II 175,310
白　→「色」
神学　I 262f., II 10,33,94f., 256f., 326f., 357,360,363,398[240]
　～と心理学　→「心理学」
人格　I 96,163,169,196,257f., 280,284, 291,319,323, II 41,67,72,131f., 140,215, 235,259,262f., 286f., 290,291f., 323,342, 351,354,360f.
　～の分裂　I 17
心気症　I 195
神経症　I 17,22,146,233,290, II 84,127, 134,264,287,330f.
信仰　I 39,62,165,169,298,305,321,324, 392[27],456[539], II 23,38,324,332,350, 479[116]
　～告白主義　I 218
　～システム　II 94,398[240]
　～の遺産　II 326
真人　II 120,348,479[127],489[215]
神聖四文字　II 202
心臓，心〔Herz〕　I 57,60,75ff., 135,163, 181,242,300,310,374[137],407[139],419[211], 435[331],457[549], II 20,23,37,211,274, 410[334],471[60]
深層心理学　→「心理学」
身体因，身体的　I 144,332[34]
神託，託宣　I 106, II 174,221
　～の頭　II 221,477[99]
神智学　II 291,455[273]
心的　→「心」「魂」
　～現象学　II 94,145,160
神的なもの　I 36,143,191,383[209],425[269], II 17,107,119,153
神殿　I 373[133]
人馬宮　I 225
神秘，奇蹟　I 74,94,141,184,209,211ff., 218,221,242,269,275,291ff., 299,310, 431[312], II 16,17,33,119,137,153,173, 176,227,230,232,239,257,417[394],420[411], 459[307]
　～主義，～思想，～的　I 132,175,309, 350[168], II 14,17,84,94,130,136f., 141, 153f., 195,328,357,360
　～的合一　I 218, II 211,346
　～的な旅　I 265,270,282-296, II 274
　～的分有（融即）　I 315, II 279
　～の妹（娘）　I 177,196
人文主義（者）　I 126, II 193
真理　II 21f., 69,266,281,348,359-365
　啓示された～　II 94,359
心理学，心理　I 15f., 20,21,85,96,114, 132,137f., 148,154,163-170,184f., 224, 228,254,258,262,268,282f., 396[53], II 94f., 138,143,214,254f., 265,320,323, 326,332,365
　～とカバラ　II 201f.
　～とキリスト教　II 118f., 197,326f., 398[240]
　～とグノーシス主義　II 223
　～と神学　II 144f.
　～と神話（学）　I 101,228, II 171,320,

65,154,170,194,207f., 238,301,417[386], 427[62]
集団表象　I 16, II 325
修道院　I 131,308,367[90]
終末論　I 212,336[57]
祝祭　II 247
種子，精子　I 78f., 110f., 135,154,157,172, 383[209], II 23,35,48,111,188,192,211, 267,427[64],445[223],453[270],455[274],458[92], 460[318],477[100],482[154]
主体（主観）→「客体（客観）と主体（主観）」
受胎　I 358[1], II 15,317
術（「錬金術」も見よ）I 32,62,72,90f., 97,195,241f., 250,279,288,295,318,320, 324,333[47],466[643], II 24,32,81,99,111f., 140,143,161,246,267,294,297,384[132], 420[411]
シュラムの乙女　I 79, II 194f., 196,198f., 207,208-213,217-220,230,235-238,440[194]
棕櫚　→「棗椰子」
循環　I 258
小アジア　I 434[324]
小宇宙（ミクロコスモス）（「大宇宙と小宇宙」も見よ）I 48, II 59,162,250,259, 316f., 339,342,351
小王　→「ライオン」
女王（王妃）I 44, II 50,60f., 67,70-73, 87,154-161,319
　～たる母　II 49ff., 66,69,87
　～の神格化　II 156
　シバの～　I 309, II 155ff., 160
　南の国の～　II 157,160
昇華（スブリマティオ）I 299, II 328
浄化　I 302, II 13,235,238
象形文字文書　II 181f.
城砦　II 24,314f.
証書　I 284,290
少女（童女）I 88
　神的・天上の～　I 128, II 184
上昇　I 289, II 129
　～と下降　I 38,144,274-283,286,297, II 112,416[383]
　神秘的～　II 235
象徴（象徴表現，象徴言語，象徴思考）I 15,20ff., 29,32,34,50f., 69,96,111,133, 143,146,158,161,164,166,168,176,257f., 261-264,269,309,328[13],329[25],351[182], 423[255],449[480],453[514], II 32,50,57,90,95, 138,209,234f., 249f., 255,288,291,297f., 319,329,336,349,354,368[9],445[223],458[293], 480[130],491ff.
　キリスト教（教会，教義）の～　II 149, 233f., 238f., 257,274,328
　自己（ゼルプスト）の～　→「自己」
　死と墓による～　II 257
　秘教的な～　II 257
　錬金術の～　I 18,20ff., 29,63,173,183, 188f., 190,196,202-220,227,235,251, 256,258,271,283,289f., 453[514], II 12, 26,38f., 48,52,57,70,90,135,139f., 141f., 148f., 154,162,164,226,233f., 238f., 243f., 253,257,259ff., 266,273f., 276,279,283f., 296,320,328,339,348, 387[152],410[334],491ff.
衝動，欲動　I 130,215, II 204f., 258f., 262
　権力～　I 125,295
情動　I 230,313f., II 53f., 139,258f., 280, 330,415[375],459[310]
情熱　I 124,129,186,190,202,205, II 286
　～（苦悩）の矢　II 42,69
少年　II 407[307]
　～と老人　I 283,458[560], II 34f., 76,100, 135
　永遠の～　I 128,212
娼婦　I 45,46f., 68,88,125,363[50], II 59f., 62f., 64,212
情婦　I 68
照明（イルミナティオ）→「悟り」
蒸溜　I 281,286
蝕　I 53f., 56,96,232,350[174], II 247
　月～　54,59,96

四季　I 29,34,37,247,356[213]
子宮　I 44,106,141,172,224, II 16,35,39, 74f., 246,285,392[199]
始源, 起源　I 78,142,253
自己（ゼルプスト）　I 18,34,93,151,158, 161,163f., 191,197,214,221,224,257f., 260-263,265,269f., 282,308f., 360[25],398[65], 449[480],465[638,641], II 24,30,121,130,148f., 164,172,201,258,283,286,293,298,302, 319,338ff., 341ff., 345,348,354-366,374[46]
　〜性　I 121f.
　〜認識　→「認識」
　〜の象徴（「ラピス」も見よ）　II 239
　〜の四要素一組　II 282
地獄（「冥府」も見よ）　I 166,201,235,251, 266,270,316,361[37],405[114], II 102,112f., 285,457[284],485[175]
　〜の火　I 204, II 101,105,225,234
　〜への下降　II 69,124
シジギー　I 177, II 154
死者　II 113,406[299]
　〜の国　→「冥府」
　〜の魂　→「魂」
　〜の霊　→「霊」「レムレス」
地震　I 218,434[328], II 108
自然（「ピュシス」も見よ）　I 20,54,62, 74f., 78,82f., 101,114,145,168f., 172,188, 222,230,233,248,256f., 302,317,324, 326[3],346[145],370[110],377[169],408[145], II 14, 33,37,46,53,63,69,94,110f., 128,167, 225,236,297,313,353,388[158],421[4],455[275]
　〜科学, 〜探求　I 86,133,145f., 165, 168,321, II 69,84,94,145,214,240,353
　〜哲学　I 16,18,20,154,185,240
　〜物　II 243f.
　〜法則　→「法」
　母なる〜　I 145
　霊（精神）と〜　→「霊」
湿, 湿気　I 27,35,36,54f., 61f., 65,67,72, 74f., 76,135,152,154,171f., 182,188,200, 205,244,311,316,371[117],413[177],420[218], 433[320], II 19,25,52,111,134,166,207, 257,293,295,311,317,384[135]
実験
　超感覚的知覚（ESP）〜　II 250,389[171]
　連想〜　→「連想」
実証主義　II 263
シッダシラ　I 95
資料　→「物質」
使徒　I 67,260,304,310, II 157,326,483[168]
四なるものとしてのアダム　→「アダム」
自動症　I 230
シバ（サバ人）　I 306,331[26], II 276,314, 339,487[194]
シビュラ（エリュトゥラの）　I 266f., 269, 272,273,285f., 294
ジャイナ教　I 95
社会　I 147, II 255,418[397]
シャクティ　I 440[373], II 156,188,262
シャブタイ（「サトウルヌス（惑星としての）」も見よ）　II 229
写本（コデックス）
　アシュバーンハム〜　I 57
　アバラハム・ル・ジュイフ〜　II 302
　ブルキアヌス〜　I 363[47]
　ベロリネンシス〜　I 361[33],391[22]
シャーマニズム　I 326[6]
車輪　I 69,256-262,271, II 31
シャロム　II 440[194],479[123]
週　II 187
周回（「巡り歩き」「円運動」も見よ）　I 336[61],396[53]
宗教, 宗教的　I 16,21,39,151,166,169, 207,218,254,263,293,319,323,396[53], II 14,81,84,90,94f., 136,141-154,205f., 235,260,291,327,332,360,363,491,403[280]
　〜心理学　II 398[240]
　〜的帰依　I 207
　〜の開祖たち　II 360
　信仰告白〜　II 359f
集合的無意識　→「無意識」
十字架　I 29,60f., 118,143,383[209], II 62,

312
殺害　→「モルティフィカティオ」
ザディク　→「義の人」
サテュロス　I 266,268
サトゥルニア　I 383[209]
サトゥルヌス（土星，鉛）I 68,76,96,156f., 162, II 229,236,273,285,376[64],391[193]
　神話上の～（クロノス） I 299, II 09,186
　占星術上の～　I 35,283,289ff., 403[96],406[124],438[349], II 106,109,133
　惑星としての～　I 29,225,274,283-286,288,289f., 317,329[25], II 186,229
悟り，照明（イルミナティオ），光明化 I 112,155,226,283,319,398[66], II 199,212,235,238,300,355
悟り（禅の） II 349
砂漠の放浪（ユダヤ人の） II 313
サバト　II 229
サピエンティア（智慧）（「智慧」も見よ） I 36,56,76,122,176,215,228,242,304f., 309ff., 317,333[43], II 25,29f., 73,160,186,374[43],375[54,55],396[228],442[208],479[116]
　～の愛　I 157
　～の塩　→「塩」
　神の～　I 145,169,185,306, II 81,153,403[280]
　父なる神の～　I 397[57]
サファイア石　II 230-233
サポナリア　II 384[135]
サマーディ（三昧） II 349
サムソン　II 230
サラ　II 171
サラマンダー　I 424[262], II 225
猿
　犬頭の～　I 266
　類人～　I 268
サレムの王　II 367[10]
三一性（「三位一体」，数《かず》の「三」も見よ） I 143,236
三角形　I 76, II 11,451[253]
三区分　II 201
三位一体（「教義」も見よ） I 82,143,163,235ff., 239f., 286,418[208],456[545], II 11,53,98,181,224,234,327,464[343]
　錬金術的～　I 235f., II 245
三要素一組，三一性（「三位一体」も見よ） I 235f., 260f., 286, II 202,234,464[343]

シ（ジ）

死　I 53,70,100,135,140,179f., 202,251,252,278,283,297,302,361[37],409[154],465[629], II 17,75,97,101,112f., 121f., 127,244,246f., 258,263f., 285,294f., 316,416[383],483[168],487[199]
　～すべき定め　I 53
　～と生　I 34,358[1],465[629], II 247
　～と復活　II 311
シヴァ　I 440[373], II 156,188,218
シェキナ　I 48f., II 227,240
塩　I 76,81f., 97,153,161f., 175,235-324（随所）,405[114], II 16,24f., 53,111,130,245,277,285,303,391[193],474[81]
　智慧の～　I 304-311
潮の干満　I 244
シオン　II 223,440[194]
鹿　I 32,59,201,342[111],435[332]
自我　96,149ff., 197,206,213,216,259,271,293, II 23f., 58,131f., 134f., 143,146ff., 159,214,286,293,354,356f., 374[46],410[330],414[363]
　～意識　→「意識」
　～関与性　II 249
　～コンプレクス　→「コンプレクス」
　～人格　I 34, II 290,356
　～膨張　I 199, II 148
　超～（フロイトの） II 263
　非～　I 218, II 58,133
四角　I 181,303, II 44,78f., 191,246,479[127]
　～と円，円積法　→「円」
時間，時　I 188, II 300,389[171],407[309]
　～と空間　II 250,257

コ（ゴ）

睾丸　II 457[291],460[312],480[132]
交合（「性交」も見よ）　I 193，II 188
交差いとこ婚　II 470[52]
耕作　II 17,189
仔牛　II 388[161]
更新　II 19,26,49,54,70,80,86,100,105,
117,129,132f., 136,141-154,163
洪水（ノアの）　I 259，II 46,181,207,220,
223,373[37],453[270]
鉱石　II 13,293
行動様式　I 16
コウノトリ　I 175,182，II 379[86],414[364]
劫罰　I 251
鉱物　I 412[174],417[206]，II 33,466[8]
光明化　II 199
蝙蝠　I 119
合理主義　II 136,355
光輪　II 283
黒人　II 311
小熊座　→「熊」
心，心的，心理，心理的〔Psyche, psy-
chisch〕 I 17,20,23,86,115,132,138,
142,148ff., 152,162-165,185,193,197,
221,228,237,249,257f., 264,268,280,
288ff., 293,302,323,332[34],371[114],429[303],
431[312]，II 10,39,43,58,95,119,124,131ff.,
137,140,145f., 158,164,172,204,213ff.,
224,240,255,257,272,280ff., 286,288,
290ff., 298,333,340,341,345,347,349,
353,358,362f., 365,492f.
心的障害　I 198
心的諸内容　→「内容」
孤児　I 44-65（随所）
個人　I 210，II 255,493
集団の中の～　I 147,210,234，II 68,292
悟性　→「知性」
個性化　I 224,293，II 215,258f., 265,336
～過程　I 82,283，II 161,235,239,257,
287,371[21],493
～の原理　I 362[37]
古代　II 70,138,150,327f.
国家　I 208
孤独　I 254f.，II 217f.
ことば　II 109,187
子ども，童児　I 287，II 34ff., 41,74,82,
98,130,273,283f.
神の～　I 172，II 36,82,90,113
小羊　I 212,287，II 253
コリュバス　II 192,222,415[373]
コルキス　I 385[218]
ゴルゴダ　II 170f., 465[356]
ゴルゴン　II 465[353]
コロニス（鴉）　I 409[156]
混沌　→「カオス」
～塊　→「カオス」
コンプレックス　I 198,262f.
エディプス・～　I 132
自我～　I 96，II 131f.
自律的～　I 290
心的～　I 96，II 132
無意識の～　I 96，II 118,132

サ（ザ）

犀　I 166，II 388[158]
サイコイド（「無意識」も見よ）　II 363f.
最後の審判　II 18,455[275]
最後の晩餐　II 66f., 139
最初（原初）の両親（「アダム」「エヴァ」も
見よ）　I 158,361[37]
再生　→「誕生」
祭壇　I 449[479]
盃　→「容器」
魚　I 32,166,426[277],429[300]
～の尻尾　I 239，II 283
～の目　→「目」
双魚宮としての～　I 32,225
作業（錬金術の）　→「オプス」
ざくろ石　II 15,179,194,211
蠍《さそり》　I 88,187，II 411[339]
天蠍宮　I 225
サタン，サタナエル　I 250,397[57]，II 193,

59, 61, 80, 148f., 159f., 165, 180, 202, 247f., 252f., 257, 284, 469[39]
〜集団システム　II 213
〜の四要素一組　→「四要素一組」
カナでの〜　I 91
化学の〜（人名「ローゼンクロイツ」も見よ）I 129, II 41, 59, 247, 257, 260
血族外（内）〜　I 114, II 470[52]
小羊の〜　II 59, 149, 152, 253
神秘的な〜　I 61, 131, II 17, 253, 380[95]
魔法の〜　I 110
黙示録的な〜　II 148f.
錬金術的な〜　II 23f.
ケテル　I 49, 331[31], 418, II 240, 441[196], 464[343]
解毒剤（「治療薬」「霊薬」も見よ）II 106, 274, 348, 475[82,84]
ケノシス（空無化）I 63f., 437[343]
ゲブラ（裁きの火）II 457[284], 460[318]
ケリドニア（クサノオウ）II 268, 273, 281f., 286, 474[81]
ケリマト　II 170
ゲリュオン　II 240
ケルブ　I 275f.
検閲　II 445[223]
圏円　→「円」
原形　II 342
元型　I 49, 70, 117, 127, 146, 193, 212, 225, 230, 239, 257, 285, 293, 344[125], 396[53], II 51, 119, 131, 133f., 143, 154, 172, 202, 213, 233, 247, 249, 253, 256, 257, 263, 283, 318, 326f., 337, 342, 354ff., 364, 389[172], 403[280], 416[382], 489[220]
アニマの〜　I 102, 128, 294, II 236, 390[177]
アントロポスの〜　→「アントロポス」
意味の〜　I 294
王の〜　II 16f.
王の更新の〜　II 136
神の〜　I 366[75]
神の更新の〜　II 34
神の息子の〜　II 326
結合の〜　I 117
原人間の〜　II 237
自己の〜　II 354
七の〜（数《かず》の「七」も見よ）II 187
集合的無意識の〜　I 132
神的童児の〜　I 128
神的童女の〜　I 128
精神の〜　II 312
天上の婚礼の〜　I 327[6]
統一の〜　II 350
マンダラ象徴における〜　II 249
無意識の一〜としての意識　II 131
老賢者の〜　I 294
原罪　→「罪」
原子　I 96, II 248
〜物理学　→「物理学」
幻視，ヴィジョン　I 42, 61, 157, 260f., 264, 268, 271, 329[25], 378[178], 386[224], 449[481], II 46, 63, 67, 209, 211, 233, 449[245]
元始天尊　II 183, 432[106]
賢者の石　→「ラピス」
賢者，智慧ある者（「錬金術師」「老賢者」も見よ）I 166, 274, 309, 370[113], II 156, 361
元素　I 29, 34, 37, 38, 46, 63, 75, 77f., 82, 89f., 99, 129, 140, 161, 242, 249, 257, 259, 261, 263, 265, 277, 279, 306, 311, 318, 329[25], 332[34], 358[1], 360[26], 374[146], 390[15], 422[241], II 14, 19, 37, 53, 85f., 112, 127, 166f., 168f., 180, 208, 246, 271, 301, 374[41], 380[105], 411[342], 467[11]
〜の抗争　I 116, II 300, 345
〜の分裂　II 245
五つの〜　II 39, 86f., 97, 384[131]
原像，似像（「元型」も見よ）I 124, 128, 138, 178, II 119, 140, 169, 178, 318, 342
神の〜（「神の像」も見よ）I 81, II 190, 266, 287, 293, 301, 319, 329, 348, 395[219]
原人間　→「人間」
権力衝動　→「衝動」

380[101], 473[76], 475[84]
空虚にして実体なきもの　II 16
空想（心理学的意味における）　I 21,128, 195,204,230,264,288,313,315, II 57,67, 204,255,262,278,288f., 320,330,333-338
～的イメージ，～像（「像」（夢の中の，患者が描く）も見よ）　II 319f., 330,333, 349
幼児的～（「幼児性」も見よ）　II 322
空無化　→「ケノシス」
供儀　II 67
孔雀　II 42f., 45-50,66f., 76,139f., 389[175], 404[288]
～の尾　II 43,46,48,72,391[188]
鯨　I 258,266, II 406[300]
薬　→「霊薬」「治療薬」
グノーシス，グノーシス主義（者）　I 38, 75,83,95f., 100,143f., 150,158,164,227, 240,253,255,275,287,307f., 331[26], 363[50], 426[277], 468[658], II 12,14,30,32,73,115, 120,150,164,176,192,222,233,248,282, 284,299,398[240], 406[300], 416[382], 434[127], 465[351], 478[115]
～と心理学　→「心理学」
イスラム・～　II 487[194]
キリスト教の～　II 58,188
シモン・マグスの～思想　I 176,185
ユダヤ的～　I 79, II 195
クピド，キューピッド　I 56,156, II 60, 63,124
クブリクス　I 67
熊　I 187, II 185
大～(座)　I 191,449[480], II 170
小～(座)　I 191
クマルビ　II 490[224]
雲　I 94,166, II 183,312
暗さ，暗闇　→「闇」
グリフィン　II 388[161]
クリュサオル　II 465[353]
車　I 255-260,262f., 272
蛇ののる～　I 261
クレオパトラ　I 72, II 173
黒　→「色」「ニグレド」
クロノス　I 252,299,317, II 187,285, 490[224]

ケ（ゲ）

敬虔　II 22
経験（心理学的認識としての）　I 16,188, 196f., 271,316, II 83f., 94f., 142,160, 239f., 332,341,345ff., 353,363,492
～的心理学　→「心理学」
計算値　I 310, II 228
啓示，示現　I 169,306,320ff., II 10,68,80, 94,119,136,440[196]
形而上学，形而上（学）的　I 136, II 33, 224,240,248f., 255,358-365
系統樹　→「樹」
啓蒙（思潮・主義）　I 165, II 137,146
契約の聖櫃　I 437[345]
ケイリ　I 416[199], II 281,474[81]
ケクロプス　I 380[191]
化身　I 129-324（随所), II 248
ケダル　I 79, II 194,439[190]
血縁　I 91
月経　I 136,222f.
結合，統一，合一　I 27-70,80,88,90,111, 116,131,171,177,193,278,288,329[25], 406[124], 429[302], 434[328], II 24,45,46,51f., 53,55,61,79,108,134,149,224,240,243-246,284f., 319,342,416[383]
～の元型　→「元型」
～の神秘　I 212, II 47
～の諸段階　II 256-266,301,321-353
精神と物質の～　II 318,344f.
肉体と魂の～　→「霊と肉体」「精神的統一」
反対物の～　→「反対物」
両性の～　I 130, II 179
結婚，婚礼（「聖婚」も見よ）　I 42f., 45, 49,60,88,91,117,171,190,199ff., 212, 221f., 289,326[6], 350[174], 424[258], II 23,56ff.,

アントロポス・～　I 42,272,303, II 48
イデーとしての～　I 62
神の息子～　I 267,457[545], II 153,286
樹としての～　→「樹」
救世主（救済者）～　I 52,68,69,147,164,239,252,267,272,276,310,350[168],362[37],456[545], II 16,118,233,259,286,348
元型としての～　I 164
賢者の石（メルクリウスの類比）としての～　I 18,41,94,161,164,168,236,272f.,280f., II 15f., 64,136,233,260,328,348,375[56]
自己の象徴としての～　I 465[641]
十字架の～　I 60f., 267,272,284,349[166],449[479], II 16,37f., 179,197,208f., 425[39]
神秘の～　II 230
太陽（ソル）としての～　I 60,142
ダビデの息子としての～　II 201
智慧の塩としての～　I 304,310,465[641]
とりなし人としての～　I 237
人の子～　I 164,280f., II 120
大宇宙の息子としての～　II 63f.
黙示録の～　II 148f., 209,226,229,235
ロゴスとしての～　I 185, II 109
キリスト教　I 39,48,55,62,97,108,114,126,131,154,175,193,248f., 253f., 265,273,305,331[31],378[178],382[205],425[274], II 12,14,94,112,114,117f., 130,135,141f.,147,149ff., 152,183,193,224f., 238f., 256,263,311f., 327f., 355,363,365,403[280],445[219]
～教義　→「教義」
～信仰　→「信仰」
～と心理学　→「心理学」
～と錬金術　→「錬金術」
初期の～　II 327
儀礼, 儀式　I 132,165,218,250,292f., 300,441[376], II 204ff., 225,325ff., 341,491
黄金《きん》　I 36,42,48,77,80,96,130,133-136,141,147,152f., 161,172,196,211,245,247,265,277,286,297-321,326[3],335[51],350[172],371[116],385[223],394[40],433[323],453[517], II 12-16,19,63,81,98,102,127,154,160,174f.,180,187,191,194,211,216,219,224,228,230,232,244,254,269f., 273,278,281f.,294f., 303,310,313,317,324,340,354f.,378[85],461[327],474[81],486[192]
～造り　I 19,136,204,295, II 13,82,194,228,243
～造りの術（クリュソポエイア）　II 13
～の胎児　I 331[27]
～のティンクトゥラ　I 140
～の水　II 228f.
色としての～　→「色」（金色）
飲用～　II 281,355
金属としての～　I 75,133, II 42f
哲学者の～　I 36,211,327[9]
卑俗な～（卑俗ならざる～）　II 37,244,318
銀　I 80,136,172,196,225,265,277,297,335[51],389[6], II 63,102,154,174f., 317,370[18],378[85],486[192]
～色　→「色」
金牛宮　I 186,225
近親相姦　I 114,130-133,193,202, II 41,51,55ff., 134,252,416[383]
兄と妹の～　→「兄」
父と娘の～　II 51
母と息子の～　I 45,56,131,351[174],413[177], II 51,56,212
金属　I 36,45,75,153,155,158,168,175,194,225,242,244,383[209],412[174],420[220], II 13,60,90,102,111,125,133,175,234,297ff., 328,392[199],402[272],423[31]
禁欲　I 351[182], II 261

ク（グ）

クウィンタ・エッセンティア　I 95,136,172,242,247,261,317f., 361[32],438[358], II 46,79,86f., 245f., 265,266-271,274,278,279,282,285f., 302,339,344,352,

教義，ドグマ　I 115,126,141,143,396[53],
II 12,68f., 94,108,118ff., 122,136f., 144,
149,154,239,326f., 355
～の歴史　II 327
神の人間化の～　II 366
教皇不可謬性の～　II 256
キリストの肉体ともどもの地獄行の～　→
「キリスト」
三位一体の～　II 11
マリア被昇天の～　→「マリア」
マリアの無垢の受胎の～　→「マリア」
凝固化　I 155
共時制　II 250,489[220]
恐水病，狂犬病（「水」も見よ）　I 61,198,
350[174]
凶星，邪悪なるもの　I 35,283,286,317,
438[349]，II 106,273,285
強迫現象　I 230
恐怖（症）（「不安」も見よ）　I 195,230
教父，教父神学　→「教会」
狂気　→「妄想」
狂乱　II 125
玉座　I 260,270，II 9,31,233,370[19],372[28],
448[241]
倨傲，傲慢　I 125,191,204
去勢男　I 119
ギリシア，ギリシア人　II 10,326,368[5]
～・ローマ　II 147,326
ギリシア語七十人訳聖書　→「聖書」
キリスト，イエス　I 39,40,56,61,62ff., 91,
131,141f., 158,163,166,185,215,217,237,
266f., 272,344[131],349[166],380[191],382[205],
433[317],435[331],468[665]，II 28,36f., 118f.,
121f., 135f., 139,146,149,153,156f., 179,
182f., 188,197,224f., 283,286,311,312f.,
351,369[10,12],377[67],411[339],434[126],445[219],
452[264]
～像　II 150
～と悪魔　I 158,170,396[56],397[57]
～とアダム（第二のアダム）　I 57,162,
II 115,150,176,187,196,465[356]
～とアダム・カドモン　II 209,238
～と教会　II 152,189,195
～における統一・更新　II 107
～のアレゴリー　I 40,142,167，II 71,
90,101,114,115,140,312
～のアレゴリーとしてのフェニックス
II 48,106f., 382[124]
～のアレゴリーとしてのライオン
II 114,409[321]
～の樹→　「樹」
～の犠牲　II 67
～の犠牲死　II 225
～の兄弟　→「兄」
～の国　I 299
～の十字架上の死（受難）　I 61,64f.,
164,218,352[182]，II 47,107f., 115f., 117,
121,127,425[39]
～の受肉　I 275,456[545]，II 116,181,226
～の地獄行　I 218，II 107f.
～の象徴　I 166
～の昇天　I 281,382[205],456[545]，II 116,
312f., 483[168]
～の生誕　I 164，II 414[365]
～の先駆的形態　II 483[168]
～の断食　II 313
～の血　I 41,252,255，II 64,66,179,225
～の到来　I 266,269,272
～の肉体　I 351[182]，II 32,108,225,230
～の肉体ともどもの地獄行　II 404[286]
～の人間化　I 143,144f., 275,457[545],
II 120f.
～の人間性　I 331
～の墓　II 108
～の花嫁　I 224
～の復活　I 218,272,287,334[48],351[182],
434[328],457[545]，II 37,107,116,176,
382[124],406[300],428[66],463[341]
～のまねび　I 62,270，II 121
アンチ・～　→「アンチ・キリスト」
アンドロギュノスとしての～　→「アンド
ロギュノス」

冠，王冠　I 36,43,44,49,431[314],454[524],
II 9,17,53,98,101,105,130,156,283,303-310,316,404[288],477[100]

キ（ギ）

気，空気，空中　I 29,32,37,68,177,201,215,217,298,309,329[25],425[269]，II 183,225,294,298,342,374[45],414[365],432[106]
～の水　II 247,468[34]
要素（元素）としての～　I 270,311,456[543]，II 13,37,167f., 245,461[321]
気（神聖なる）　I 298，II 472[63]
樹，木　I 61,104,106,118,156,174f., 182,277,418[207-209],433[317]，II 38,44,53,170
～としてのキリスト　II 37
～の精霊　I 101,106
～のニンフ　→「妖精」
アショーカ～　I 380[187]
神としての～　I 418[207]
キリストの～　II 36f., 38
系統～　I 45，II 37
珊瑚～　I 175
生命の～　I 106,378[178,180]，II 479[116]
セフィロトの～　→「セフィロト」
誕生の場としての～　I 379[187]，II 39,379[86]
月の～　I 174,196
哲学の～　I 72,175,294,329[25],433[317]，II 37f., 43,47,50
認識（智慧）の～　I 106,342[111],344[125]，II 37f., 207,379[88],445[223]
ヘスペリデスの林檎の～　I 385[218]
錬金術の～　I 104,174f., 432[316]，II 408[310]
黄色　→「色」
気質　I 289，II 45
傷を負うというモチーフ　I 52,57-61,162
犠牲，供犠　I 108,113,298,301,350[170],381[201]，II 19f., 114,150,225,368[5]
人間の～　II 276
奇蹟　II 55,76,81f., 97,108
～の薬草　I 416[199]
北　II 152
～と南　II 257
祈禱教団　I 397[57]
機能　II 45
超越～　I 253,257
四つの～　I 257ff., 260f., 264,265f., 269f., 311，II 171
劣等（下位）～　I 253,262,265,274
義の人（ザディク）　II 209,229,459[307,308]
キプロス　II 392[200],393[208]
客体（客観）と主体（主観）　I 148f., II 131
球　I 256,259,281,396[53],430[310]，II 191,415[374],449[248]
窮境，苦悩　II 122f., 127f., 206f., 350,358,362,364,442[207]
救済　I 218,239，II 40,176,234,351f.
救済者（「キリスト」も見よ）　I 290，II 34,80
救済する女　I 46
救世主（「キリスト」も見よ）　I 47,49,144,164，II 81,201,425[39],445[223],461[327]
～の魂　II 440[193]
球体（「球」「まるいもの」も見よ）　I 180,182,396[53]，II 30
旧約聖書　→「聖書」
キュノスラ　I 191
キュベレ　I 350[174]
教会（「エクレシア」も見よ）　I 39,42,48,51ff., 56,60,115,126,133,143,165,173,188,224,226,236f., 250,286,291,296,298f., 305ff., 318,324,351[182],422[237]，II 28f., 34,47,50,55,64,68,73,75f., 80f., 94,136,150ff., 154,176,225,233,234,241,254,256,259,284,350
～と国家　II 418[397]
～の歴史　I 62
教父，教父神学　I 51,142,166,224,251,255,285,433[317]，II 37,253,484[169]
真の～　I 39
東方～（ギリシア正教会）　I 433[317]，II 225

147,152f., 165,170,173,175,177f., 187f., 211,251,274,276,290,326,344,352,356, 359-366,367[3],383[130],417[384],418[396],419[402], 455[275],456[276],485[175]
神人（「キリスト」も見よ） I 56,64,144, II 10,11,16,196,311,326
～と悪魔 I 240
～としてのラピス II 251
～と世界 II 350,440[196]
～と人間 →「人間」
～との類似性（似姿） I 290, II 70,190, 348,449[248]
～と物質 II 258
～に等しい者 II 10
～の愛，愛の～ II 34,136,226,360, 440[194]
～の恩寵 II 10,107
～の国 I 39,144,304,344[125],349[165], 361[37], II 40,80
～の化身（「キリスト」も見よ） II 14, 17,369[9]
～の更新 II 141-154
～の三性 →「三位一体」
～の証明 II 362
～の食物 →「テオクアロ」
～の像（イメージ） I 150,261, II 300, 363
～の誕生 I 220
～の父 II 490[224]
～の名 I 310,418[207], II 202,445[223]
～の母（「マリア」も見よ） II 10f., 49, 52,90
～の息子（「キリスト」も見よ） I 56, 145, II 10f., 16,34,67,81,84,142,193, 367[2,3],396[225]
～の目 →「目」
～の霊（精神） →「霊」
戦さの～ I 348[161]
一なる者としての～ I 349[165], II 412[346]
隠れた～ I 240
旧約聖書の～ II 34,136,360
死せる～ II 47
自然における～ II 94
女性的～ I 239
創造神（創造主） II 10,22,113,176,185, 191f., 269,342,345f., 367[2],405[291],434[126]
地上の～ II 357
父なる～ I 237,277f., 453[515], II 10f., 17,34f., 67,76,367[3],379[89]
呪われた～ II 184f.
冥府の～ I 297,348[161], II 222
老人としての～ II 344ff.
亀 II 183
カメレオン I 197f
ガヨマルト I 356[213], II 119,191,196
鴉 I 72,110f., 166,187,428[300],434[324], II 46,48,127,310,311-314,317,323
ガラス I 300, II 15,57,232
狩り I 201
カリス（「聖杯伝説」も見よ） II 27
カリロエ II 465[353]
軽石 I 119,416[203]
カルデア人 I 423[256], II 176,410[334],431[90]
カルポクラテス I 271
カルマ I 284
川 II 24
変わりやすさ I 53f., 64
感覚，感官，五感 I 122f., 270, II 44,314, 449[248]
～性（～的なもの） II 169,261f.
～世界 II 301
～的経験 II 319,329
患者 →「医者」（分析医と患者）
～が描く絵（像） →「像」
感情（「情動」も見よ） I 311,313f., II 214, 252,364f.
完成 I 324, II 219,235,238,241f.
完全性（「不完全さ」も見よ） II 17,79,216
乾燥 I 27,37,67,72,74,134,182,244,248, 301,311,421[227], II 25,166,169,207,257, 384[135]
肝臓 I 381[199,200]

248,382[124],484[174]
三十一（「マリア・プロフェティサ」も見よ） I 260,267, II 184,202,224
四（「特性」「元素」「方位」「四季」「四要素一組」も見よ） I 27,29,34-43（随所),75,77,99,104,143,153,160f., 240, 255-264,265-273,274,279f., 285,382[205], 418[207],435[331], II 44f., 79,127,166-171, 175,183,202,208f., 211,245f., 281,372[6], 449[248],459[303],486[192]
五 I 113,247, II 384[131]
六 I 225, II 406[300]
七（「惑星」も見よ） I 36,38,40,45,95, 102,158,261,273f., 282ff., 342[114],363[53], 373[132,133],383[209], II 21,45,102,160, 168,175f., 181,183-187,226,373[40], 390[179],424[31],431[100],461[321,327]
七十一 II 184,186f.
八（「八要素一組」も見よ） I 96, II 182ff., 185ff., 423[31]
九 II 63,71
十 I 279,418[208], II 184,186,440[196]
十一 II 368[5]
十二 I 36,103,418[208],449[481], II 183, 434[127]
十四 II 10
十六 II 209,229
二十八 I 171
三十 II 73,372[28]
四十 I 108,382[205], II 127,183,312f.
五十 I 343[115]
六十 II 191
六十四 II 229,459[303]
七十二 II 182
七十八 I 310
八十三 II 191
九十 II 191
百二十 II 372[28]
百二十七 II 191
百五十 II 73
百八十 II 38
三百六十 II 191,487[194]
六百七十 II 182
千五百 II 182
風（「プネウマ」も見よ） I 47,82,201,276, 307f., 420[218],429[306], II 167,317
火星 →「マルス」
片目，一つ目 I 119, II 482[156]
ガチョウ（ヘルメスの鳥） II 483[164]
葛藤 I 17,32,114,293,295f., II 70,138f., 141ff., 148,205,259,263,287f., 357f., 491
割礼 II 445[223]
カドゥケウス（蛇杖） →「杖」
カドミナ I 385[223]
カドモス I 113-116, II 408[310]
カトリック I 239,296,300, II 108,137, 150
カナン人 II 367[3]
蟹座，巨蟹宮 I 34f., 172,225,265
カーバ神殿 II 189
ガバタ II 171
カバラ I 49f., 175,260,310,316,326[5], 331[31],337[68],349[165],373[136],376[157],455[533], II 164f., 193ff., 201f., 230,232,233,240, 431[100],457[284]
　心理学と～ →「心理学」
　錬金術と～ →「錬金術」
寡婦 I 44-65（随所), II 196,207
カブト虫 II 480[132]
ガブリエル II 82,185,189
ガブリクス I 67
　～とベヤ I 29,45,56,196,343[117],427[290], 462[589], II 40,56,163
カベイロス I 459[567], II 192
髪，髪の毛 I 136,369[98], II 226,230,462[327]
　縮れた～ I 87, II 220
神，神々 I 34,39,64,75,76f., 86,91,95f., 135f., 145,150,160,164,180,218,235,252, 254,275,283,286,303,355[206],370[110], 375[156],376[164],389[248],393[36,37],396[52],398[65], 404[102],418[208],436[336],440[373],469[671], II 10, 32f., 37,46,48,85,103,113,116,136,143,

209,212,226-234,311,341[103],343[120],378[177],416[203],421[227],428[298],429[302],440[372], Ⅱ 46,134,149,151f., 158f., 175,187f., 202f., 207,213f., 237f., 240,273f.,303,307,319,420[409,410],456[276]
乙女　→「処女」
オノエル　Ⅱ 185
オピウコス　Ⅱ 124,411[339]
牡羊　Ⅰ 366[79],381[201]
～座（白羊宮）　Ⅰ 34f., 225,366[79]
オフィリズム，オフィル　Ⅱ 232,463[333]
オプス　→「錬金術」
思いつき（「空想」も見よ）　Ⅰ 315
オリュックス　Ⅰ 451[496]
オリュンポス　Ⅰ 141
オルトゥス　Ⅰ 266,268f., 271f., 285, Ⅱ 404[288]
オルペウス　Ⅰ 328[22],331[26],344[124]
～教　Ⅰ 419[212], Ⅱ 317
音楽　Ⅰ 385[221], Ⅱ 336f.
～におけるオクターブ　Ⅱ 187
恩寵　Ⅰ 237,299, Ⅱ 478[115]
雄鶏　Ⅰ 59,429[301], Ⅱ 55,384[131]
女，女性，女性的，女性的なもの　Ⅰ 27,29,47ff., 53,65,96f., 104f., 111,130,142,171,182,199,224,227-235,240,278,302,307f.,310,312ff., 317,342[111],383[209],464[614],467[655], Ⅱ 15,24,28,52,60,67,130,134,136,151,179,186ff., 203,240,245-248,252,313,460[318],483[168]

カ（ガ）

カー　Ⅱ 10f., 16f.
～・ムテフ　Ⅱ 11,16,367[3]
ガイア　Ⅱ 317
外界　Ⅱ 414[363]
解釈学　Ⅰ 185, Ⅱ 95,106f.
改宗　Ⅱ 141f.
解体，引き裂く，喰いちぎる　Ⅰ 93,201,240,438[349], Ⅱ 21,24,52,221,317,368[5],369[10]
階段　Ⅰ 281, Ⅱ 187
怪物，異形　Ⅰ 269,271,285, Ⅱ 283,406[300]
海綿　Ⅰ 175,416[203]
解離　Ⅱ 477[99]
カイン　Ⅰ 469[671], Ⅱ 170
ガウン（王の象徴的付属物としての）　Ⅱ 9
カエサル　Ⅱ 10,14
カオス（混沌）　Ⅰ 17,36,82,101,116f., 198,202,245,249ff., 319,350[174],421[227], Ⅱ 15,31,40,43,60,66,109f., 117,127,134,137,139,166,182f., 185,225,245,280,291,300,390[177],430[86]
科学（「自然科学」も見よ）
経験～　Ⅱ 84,145,239
化学（「錬金術」も見よ）　Ⅰ 16,117,165,168,428[298], Ⅱ 13f., 19,38,95,117,122,137,224,243,246f., 253,260,272,278,280f., 319,329,339,410[333]
鏡　Ⅰ 222f., 404[107]
影（心理学上の）　Ⅰ 147f., 163,190f., 213,230,253,293,312f., 317,374[137],398[65], Ⅱ 140,141,235,262,287ff., 290f., 323
自己の～　Ⅰ 398[62]
影（通常の物理的意味における）　Ⅰ 54,68,72,138ff., 166,170,187f., 322,389[7],439[369], Ⅱ 483[168]
下降（「上昇」も見よ）　Ⅰ 290,293f., Ⅱ 69
神の～　→「キリストの地獄行」
メルクリウスの～　→「メルクリウス」
樫の木　Ⅰ 100-106,113,116,379[187]
翼をつけた～　Ⅰ 379[187]
鍛冶の術　Ⅱ 189
数　Ⅰ 16,342[113],465[639], Ⅱ 444[212]
奇数　Ⅰ 376[164]
一（「一なるもの」も見よ）　Ⅰ 40,400[70],431[311], Ⅱ 16,202,248,342
二（「レビス」も見よ）　Ⅰ 41,194,240,369[103],400[70], Ⅱ 202,248,342
三（「三位一体」「三要素一組」も見よ）　Ⅰ 99,235,260,265-273,273,341[103], Ⅱ 16,101f., 167f,175,187,202,240f.,

エレクテウス　I 380[191], II 406[299]
エロス（「クピド」も見よ）I 124,156,
　230f., 233,303,313, II 205,252
　〜的側面　II 55,62,69
　〜とロゴス　→「ロゴス」
エロヒム（神）I 82,399[66], II 15
円，円環，圏，輪　I 34,38,42,76f., 143,
　182,249,257,261,303,326[3], II 78,169,
　184ff., 191,202,246,267,339
　〜運動（周回）I 34,38ff., II 267,277,
　　281,286,339
　〜積法，四角と〜　II 78,354,449[246]
エンゴナシ（跪く者）I 192, II 411[339]
エン・ソフ　II 196,199,203
エンデュミオン　I 201
エンノイア（思慮）II 437[173]
　〜とエピノイア　176f.
延命　I 17, II 372[28]

オ

尾（「孔雀の尾」「蛇」（ウロボロス）も見よ）
　I 157, II 67
オアンネス　II 431[90]
オイディプス　II 482[156]
オイフォーリオン（『ファウスト』における）
　I 436[338], II 100
王　I 34,49,93,96,104,106,109f., 130f.,
　164,184,195,349[165],364[58],371[117],378[185],
　430[310],449[477],456[544], II 26-154,156,159,
　257,303,307,309f., 317,321
　〜冠（「冠」も見よ）I 331[32], II 156,
　　399[252]
　〜権　II 10,160
　〜笏　II 98
　〜と女王（王妃）I 29,49,54,104f., 133,
　　II 9-161（随所）,162,180,307,310,314,
　　318f., 440[194],472[68]
　〜の殺害　I 371[117], II 19
　〜の神格化　II 129,148,159
　〜の神性　II 10,368[8]
　〜の息子（「息子」「神の息子」も見よ）
　　II 63,136,148
　〜の娘（王女）I 68, II 63
　海の〜　I 130,371[117], II 101,222
黄金　→「黄金《きん》」
黄金時代　I 130, II 177
牝牛（「牝牛アピス」「金牛宮」も見よ）
　II 432[104]
　アレゴリーとしての〜　I 260,467[655],
　　II 185
　神話上の〜　I 113f., II 368[5]
牝牛アピス　II 372[28]
覆い　I 379[187]
狼　I 32,166,187,266, II 139,415[370]
　〜男　I 466[643]
多くの色　II 43
多くの目，複眼　I 74,262,371[117],374[142]
大熊座　→「熊」
オクターブ　→「音楽」
オケアノス　I 73,83,343[116],360[26]
オシリス　I 45f., 95f., 299,349[167],356[213],
　371[117], II 15,24,47,196,212,310f., 312f.,
　317,368[5],372[28],415[373],452[264],466[357],480[132]
牝山羊　I 108, II 318
オデュッセウス　I 381[201]
男，男性　I 312,344[130],397[54]
　〜と女，女性　I 49,65,88,97,124,133,
　　176,227,230,232f., 311f., 357[217],358[1],
　　431[312], II 24,62,214,216,245,376[63],
　　419[398],468[34]
　〜にして女，女性（両性具有）（「アンドロ
　　ギュノス」「ヘルマプロディトス」も見
　　よ）I 45,121,177,226f., II 150f.,
　　190ff., 241,466[8]
　〜のような女　I 45,48,69
　赤い〜　I 29,289,341[103]
　男性的なもの　I 49,68,111,142,157,209,
　　307,312,326[5],391[23], II 27f., 60,151,
　　179,246-248,257,310
　男性的（なもの）と女性的（なもの）
　　I 27,29,35,37,56,65,69f., 78f., 81,
　　115f., 121,124,129f., 142,157,176,196,

184,219,282,285f., 302,313,329,344ff., 348,357,391[193],434[126]
～の魂の火花　II 285,391[193]
～の中心　I 68, II 131,169ff., 461[321]
～卵　→「卵」
～霊　→「霊」
一なる～　II 248-252,264,341-353
元型的～　II 342
合理的～　II 342
超天上的～　I 77
鬱状態　→「メランコリー」
馬　I 109f., 261,449[481], II 318,338[161], 445[220]
海　I 36,37f., 74,79,83,94,108,130,134, 136,175,189,235,243f., 245f., 250f., 253ff., 258f., 266f., 298,308,316f., 342[111],344[125], 364[58],416[202],443[401], II 24f., 30,50,52, 117,130,222,247,274,312,317,373[36], 375[59],401[263]
～獣　I 251
～神　I 83
～水　I 235,241,243,296-301,443[409]
紅～　I 252-264,266,268f., 274, II 52
われらが～　I 32
ウラノス　II 317
ウリクミ　II 490[224]
ウルガタ聖書　→「聖書」
ウルカヌス　I 78,341[103]
ウロボロス　→「蛇」
運命　I 284,339[78], II 231,336,415[374]

エ

永遠　I 77,304, II 344
永劫回帰　II 407[309]
エイドス（形相）II 199
英雄神話　II 145
エヴァ（「アダムとエヴァ」も見よ）I 69, 129,302,383[209],440[372],469[671], II 162,171, 188,194,211,216
～の子ども　II 170
～の創造　II 188
エクストラクティオ（抽出）I 195
エクバタナ　II 186
エクレシア（教会）（「教会」も見よ）I 63, 131,142,144, II 76,80,149,188,224
霊的～　I 39,42,56,62
エーゲ海の祝祭（人名「K・ケレーニイ」も見よ）II 247
エジプト，エジプト人　I 56,68,79,95,134, 246,252,269,273,290,298,331[26],338[77], 349[167],374[137], II 10f., 16f., 18ff., 24ff., 33, 67,112,113,173f., 196,311,312,326
～・ヘレニズム　II 12,68
エジプト脱出　II 207
エセネピュス　I 299
エチオピア人　I 68,364[66], II 311,313f.
エデム　I 162, II 449[248]
エーテル　I 62,261,425[269], II 87,251, 454[270]
エドフ出土文書　II 20
エドム　I 79, II 382[124],461[327]
エナンティオドロミー　II 104
エネルギー（心的エネルギー）（「リビドー」も見よ）II 290
エノク　I 331[26], II 422[10],431[92],432[101]
エビオン派，貧者派　I 396[52],397[57], II 312
エピノイア　I 181,185
～とエンノイア　→「エンノイア」
エペソ公会議　I 239, II 489[213]
エホバ　→「ヤハウェ」
エマナティオ（流出）II 228,464[343]
エメラルド　II 46
エラタオト　II 185
エリキシル　→「霊液」
エリコ　I 345[134]
エリュティア島　II 240
エルクサイ派　II 465[356]
エルサレム　I 67,348[161], II 184
天の（聖なる，約束の）～　77,94,137
エル・ハイ　II 445[223]
エレウシスの秘儀　→「秘儀」
エレクテイオン　II 406[299]

II 15,45,281,303,310,381[109],391[181],
425[48]
金～　I 266,268,285f., 312,446[433], II 45,
186,209,220,221,282,307,404[288],
459[310],475[83]
銀～　II 186,230,295,404[288]
黒～　I 46f., 53f., 57,67f., 72,79,109f.,
111f., 135,139,155,175,187,197f., 232,
243,244,247f., 250,255,258,266,268,
286ff., 300,304,316,350[174],374[137],
377[169],381[199],409[156],422[241],449[481],
460[582],461[585,586], II 46,72,79f., 102,
104,115,127,167,169,189,194ff., 199,
206-213,218f., 230,235-238,268,306,
310,313,317,390[177],391[181],423[31],442[207],
448[240],456[279],474[81],477[100]
白～　I 29,42f., 53,67,72,104,109-112,
152,154,156,162,173ff., 190,196,225,
243,244,247f., 259,266,268,277,285,
289,296,300,302,309f., 316,327[9],358[1],
369[101],378[177],413[178],431[314],432[315],
435[331],449[481],460[582], II 16,43,48,52,
64f., 79f., 104,155,167,169,194,211,
217,221,222ff., 226,238,244f., 268,274,
277,285,303,328,339,376[64],384[135],
387[153],391[181],405[298],423[31],425[48],479[127],
484[174]
灰～　I 288
緋（紫）～　I 54,154,346[146],446[433],
451[501], II 47,60,64
葡萄酒～　I 44
緑～　I 67,154,182,406[123],435[331], II 42,
45ff., 50,52-55,59,62,71f., 88,169,219,
307,349,384[132],389[175],390[179],423[25],
423[31],461[327]
色恋沙汰　→「愛」
岩　II 29
陰　→「陽」
因果律　II 251
インキネラティオ（灰化）　II 328
インディアン　I 450[481], II 24
インド，インド人　I 97,150,163,259f.,
263,331[27], II 147,196,208,291,293,318,
445[220]
淫欲，性欲　→「欲望」

ウ

ウァレンティノス派　II 405[291],417[392],
434[126],444[214]
上と下，上なるものと下なるもの（「上昇と
下降」も見よ）　I 27,37f., 42f.
ウェヌス（銅，金星，女神）
～の秘儀　I 283
占星術上の～　I 186,303,403[96],431[314],
II 47,60,394[213]
半陰陽の（ヘルマプロディトス的）～
II 60,391[190]
女神としての～(「アプロディテ」も見よ)
I 29,44,134, II 64,391[186],394[213]
錬金術における～　I 155ff., 161,209,
434[324], II 46f., 60-64,72,102,124,163f.,
175,243,381[118]
惑星としての～　I 29,35,225, II 60
内なる声（「幻視」も見よ）　I 329[25]
宇宙（「万有」「世界」も見よ）　I 34,73,82,
95f., 135,141,143,149,163,241,245,256f.,
323,326[3],329[25],337[63],361[34],376[163],393[37],
404[107],418[207],420[277], II 13,30f., 80,98,
167,169,186,203,206,209,224,250,301f.,
317,339,346f., 352
～と神　→「神」
～と人間　→「人間」
～の軸　I 383[209]
～(世界）の創造（天地創造）(「無からの
創造」も見よ）　I 75,123,149,180f.,
192,249f., 252,279,303f., 355[206],358[1],
419[211], II 13,31,58,108ff., 131,166f.,
176ff., 182f., 248,317,342-346,407[307],
411[339],461[327]
～の創造論　II 58,241,293
～の魂　I 82,100,122,239,261,300,302f.,
308,422[242],440[373], II 16,30,33,46,87,

〜と無意識の補償関係　I 199,207,227f., 295, II 69,287,289,291,319,332,349
〜の内容　→「内容」
自我〜　I 142,163,400[68], II 131,133, 134f., 140,143,216,357
集合的な〜　II 338
無意識の一元型としての〜　→「元型」
分裂した〜　→「分裂」
意識化　I 36,133,195,254,259,282,290, 299,319, II 69,72,84,117,130,133,142, 201,215,223,238f., 263,280,287,307,362, 416[377]
意識性　I 290,293,319, II 281,325
イシス　I 45f., 48,299,371[117], II 47,207, 212,310,312,317,368[7],375[59]
〜-ネフテュス　I 299
医者，医学　I 137,146,162,173,287f., 305, 321,425[272], II 18,25f., 411[339]
分析医と患者　I 18,146f., 195,233, II 141f., 215,263f., 280,287,289,320, 330-337
イシュタル　I 177,348[161],379[187],434[324], II 212,236,367[3],375[54],390[177],447[230]
イスキュス　I 410[156]
泉，井戸　I 70,104,106,116,157,162,200, 204ff., 207,211,278,318,320,342[111], 344[125],347[153],378[186],414[189],418[207], II 24, 29,61,163,294,384[135],445[223]
〜のニンフ　→「妖精」
生命の〜　II 459[306]
イスラエル　II 200,228
〜共同体　I 344[125],349[165],378[177], II 429[82]
〜の民　I 274, II 201,207
〜の地　II 423[22],438[179]
イスラム，イスラム教　II 167,192,211, 436[163]
イソプセポス（「計算値」も見よ）　II 228, 459[302]
異端　I 67,115,425[272], II 136,351
〜者　I 39
一なる宇宙　→「宇宙」
一なるもの（数《かず》の「一」も見よ）　I 41,46, 72,89,156,160f., 178,194,255,282,349[165], 401[70],436[336], II 44,79,126,135,140,168, 186,315,341f.
一にして全　I 72, II 66
一角獣　I 32,166,403[84], II 34,183,446[226], 480[132]
一致（意味ある）　II 251
一本足　→「モノコルス」
遺伝学　I 290
犬　I 32,59,61,172,187,188-202,224, 346[141], II 54,185,415[370],423[31]
狂〜　I 197,200,201,215, II 54
祈り　II 153,323,325,381[112],433[120]
イービス　I 247
衣服を剝ぐというモチーフ　I 78f.
意味　I 294
妹，姉妹（「兄と妹」も見よ）　I 57,171, 178f., 182f., 349[167],406[122], II 390[177],442[208]
〜にして妻　II 40
癒し，救済　I 194,253,323, II 97
イリアステス　II 405[297]
イリス　I 159, II 44,46,49
イルミナティオ　→「照明」
色　I 41,156,161,244,247,288,313f., 346[146], II 43-50,129,166,168,186,310, 384[135],389[175],404[288]
〜のたわむれ　II 148
青（空）〜　I 41,189,190,192,247, II 45,47,267,285f., 306f., 310,489[217]
赤〜　I 29,35,42f., 61,72,96,103f., 134, 152,156,175,190,196,244,247,266,268, 285f., 316,335[51],341[103],346[140],346[146], 356[213],358[1],361[32],372[123],405[121,123], 407[139],429[301],430[310],431[314],449[481], II 43,45,48,52f., 60,64,72,79,97,102, 155,167,169,225,230,233,244f., 268, 274,277,284ff., 303,310,317f., 328,339, 349,391[181,193],423[31],436[157],461[327],474[81], 479[122],484[174],489[218]
黄〜　I 67,72,175,244,247,451[500],460[582],

〜としてのキリスト　I 236, II 149,150, 157,176,224
〜としての教会　II 150
〜としてのメルクリウス　I 43,236
〜としてのラピス　II 149f.
アントロポス，原人間　I 68,170,218ff., 303,395[49], II 14,48,59,114-129,130,147, 178,183,193,237,314,348,461[327]
〜としてのアダム　→「アダム」
〜としてのイイマ　II 461[327]
〜としてのキリスト　→「キリスト」
〜としてのメルクリウス　→「メルクリウス」
〜の教義　I 82
〜の元型　II 120,199,206,328f.
グノーシス主義の〜　I 287,395[49]
プロト〜　I 78
錬金術における〜　II 14,122,193
アンフォルタスの傷　I 317

イ

イイマ　II 461[327]
家　I 344[125]
黄金の〜　I 32
家（宮《きゅう》，宿《しゅく》）I 428[298]
イエスのことば　I 212
イェソド　I 49, II 209,227-230
硫黄　I 62,67,82,97,134f., 140,147,151-170,172,200f., 202,204ff., 209f., 214,235f., 240f., 243,278,299,301,304,316f., 341[103], 346[146],351[176],433[320],434[330], II 16,20, 53ff., 60,62,102,111,117,244f., 274,284, 303,306,310,317,319,387[153],402[272], 410[333],475[84]
二重の〜　I 152
イオータ（「ヨード」も見よ）I 74,367[90], II 461[327]
医学，医術（「医者」も見よ）I 397[58], II 181,284,286,353
怒り　I 186,272, II 116,136
〜の火　II 225
生きもの　II 244
異教，異教徒　I 193,298,301,312, II 12, 32,66,141,193,196,200,326
イクシオン　I 409[156]
生ける石　→「石」
生ける銀　→「水銀」
イサク　II 171,432[101],461[321],465[356]
石　I 41,95,108,116,159,344[125],373[132,133], 375[147],376[157],383[209],386[228],412[174],416[203], II 56,61f., 75,130,155,163,179,223,233f., 238,293,328,343,348
生ける〜　II 348
軽〜　→「軽石」
キュテレの〜　II 62
賢者の（錬金術の）〜　→「ラピス」
ベテルの〜　II 180,429[80]
宝〜(「サファイア石」「エメラルド」「ルビー」も見よ）I 36,44, II 189,211, 269,278,354,404[288]
意志　I 35,408[145], II 141,325,332
〜の自由　I 290
意識　I 20,23,34,35,96,114f., 119,121, 132,137f., 142,144ff., 148-151,158,163, 166-170,175f., 193,197,216,218,249, 257ff., 262,264,270,290,295,302f., 311, 319,346[141],433[323],447[458], II 67,70,84,94, 104,117f., 129-140,141,143-149,158,171, 204f., 207,222,246,249,255,259f., 280f., 286,290f., 299,319,323-327,333,336,340, 341,360,363f., 403[280]
〜閾　I 447[458]
〜と無意識　I 147,187,190f., 195f., 196f., 199,207,219f., 226-232,262,265,269f., 280,288f., 293,299f., 428[298,300],467[655], II 24,26,52,102,117f., 143f., 148f., 159f., 201,203,215,239,259,262ff., 287ff., 291f., 344,348,349ff., 357f., 376[60]
〜と無意識の間の葛藤　II 287
〜と無意識の混合　II 26
〜と無意識の補充的関係　II 287,291

兄，兄弟　I 157,341[103],374[137]
　～と妹　I 32,114ff., 142,153,184,
　　II 184,221,257,310,429[82]
　～と妹の近親相姦　I 202, II 51,318
　～のペア　II 312
　キリストの～　I 396[52],397[57], II 153
アニマ　I 100f., 106,110,114,121,147,196,
　207,224f., 230,233,269,273,344[130],398[65],
　II 62,66f., 130,158f., 187,195,203,214ff.,
　235ff., 262f., 319,476[98]
　～とアニムス　I 176,230
　～とアニムスの憑依　I 230,233
　～投影　I 100f., 233
　～の元型　→「元型」
アニムス　I 230,233
　～とアニマ　→「アニマ」
アヌビス　II 20
油　I 159,241f., 433[319], II 174,294
アブラハム　II 182,369[10],432[101],465[356]
アフラマズダ　I 356[213]
アフリカ　I 265f., 269
アフレマン　I 356[213]
アプロディテ（「ウェヌス」も見よ）　I 113,
　299
アベル　II 170
アポカタスタシス（万物復元・更新）（「復
　活」も見よ）　II 107,406[300]
アポロン　I 257,410[156], II 150
　ポイボス・～　II 98,396[224]
アミタバ　I 339[82]
アモン　II 367[3],368[7]
雨　I 69,256,259, II 274,312
アメリカ　I 265
アメンテ（「冥府」も見よ）　II 112
アモール（「エロス」も見よ）　I 123
アラー　II 211
アラバストロン　II 222
アラビア，アラビア人　I 171, II 81,189,
　398[240]
アラビア・フェリックス　I 269,273f.
アララト山　II 182
アリアドネの冠　II 411[339]
アルカヌム　I 19,39,46,69,71-77,79,88ff.,
　135,141,150,160ff., 166,168f., 172,178,
　209,235-244,247,261,277,291,300,302f.,
　309,316,342[105],366[79],389[7],429[308],
　430[309,310],460[582], II 30,33,39,51,53,59f.,
　98,102,105,121,162-172,181,212,221,
　225,231,246,251,263,266,303,311,321,
　340,349f., 355,370[19],387[152],390[177],410[334],
　411[340],480[134],489[221]
アルケウス　I 78,81
アルコン　I 69,284,289f., II 109,131,184
アルセニクム　I 209,354[195]
アルテミス　I 379[187],410[156], II 207
アルトゥス　II 373[30]
アルファとオメガ　I 303, II 66,394[216],
　407[309]
アルベド（白，白化）（「色」の白も見よ）
　I 37,104,172f., 196,226f., 243,250,300,
　301,308, II 43,75,212,222,226,381[109],
　453[270]
アルミルス　II 461[327]
アルラウネ（マンドラゴラ）　I 175,417[206]
アレクサンダー伝説（アルメニアの）
　I 451[499]
アレクサンドリア　II 18,24ff., 339
アレゴリー，寓喩　I 32,51,92,153,166,
　175,248,251,272,306,309,331[26],350[174],
　384[212], II 32,37,51,57,71,76,140,234,
　260,319,323,329
　錬金術師の～　I 202-220,309, II 60,161
アレス　I 113
アンク（「生命」も見よ）　II 11
暗黒　→「闇」
アンチ・キリスト　I 143,166,337[68], II 55,
　64,90,114
アンチモン　II 102f., 181,485[177]
アンドロギュノス，半陰陽，両性具有（「ヘ
　ルマプロディトス」も見よ）　I 17,38,76,
　121,236,371[117], II 149,152,188,191
　～としてのアダム　II 165,176,191

アジア　I 265
アジ・ダハカ　II 462[327]
アジルート　II 464[343]
アスクレピオス　I 288,409[156],425[272], 459[567], II 113f., 411[339]
アスタルテ　I 199,383[207]
アステカ　I 56
アストロラーブ　I 261
汗，発汗　I 69,383[209],449[477], II 17,20,24
アゾク　II 162
温かさ（温・暖・熱）I 27,37,61f., 72,75, 94,134f., 148,180,182,283,289,393[38], 420[218],425[271], II 166ff., 384[135]
頭　I 49,346[144], II 220-242,313ff., 477[99], 487[194]
死せる～　II 311,313f., 449[248],477[100]
神託の～　→「神託」
断～(斬首)　II 313,449[248]
七つの～　II 62,112
二つの～　I 41, II 45,462[327]
三つの～　I 395[51]
アダマ　→「地」
アダマス　II 192
サバオトとしての～　II 192
アダマヌス　II 191,487[194]
アダム　I 51,57,265,336[61],360[25],384[209], II 37,61f., 97,115,176,187,190-196,198, 211f., 222,233,240,411[339],415[373]
～・カドモン　I 79,360[25], II 164,196f., 198f., 201ff., 209,212f., 217,230,237f., 240f., 414[365]
～とウェヌス　II 62f., 163f.
～とエヴァ　I 129, II 150,161-242（随所）
～の再生　II 115,163,236,430[86]
～の神人的本性　II 188
～の創造（「人間」も見よ）II 166f., 191ff., 453[270]
～の智慧　II 181
～の二義性（対立的性質）II 163,190-196
～の埋葬　II 170f., 465[356]
～の息子　II 423[31]
アルカヌムないしは変容物質としての～ II 162-172,180,423[24]
アンドロギュノスとしての～　→「アンドロギュノス」
岩としての～　II 223
内なる～　II 201
王としての～　II 163
原人間としての～(「人間」も見よ) II 193,195
最初の人間としての～　→「人間」
神秘的～　I 38
全体性としての～　II 171f., 200-206
第二の～(「キリスト」も見よ)　II 176, 187,195f., 201,212,224,230,237f., 422[17],461[327]
プリマ・マテリアとしての～　II 165f., 180,193
古き～(「アダム・カドモン」も見よ) I 200,209f., 213f., II 196-200,414[365], 415[373]
ヘルマプロディトス的～　I 42, II 150, 162,176,190f., 224,240
ミクロコスモスとしての～　I 38,42, II 167,440[196],454[270]
四なるものとしての～　II 169ff.
ラピスとしての～　II 163,180,190,430[88]
錬金術における～　I 180-189,190-196
アッシリア人　II 431[90]
アッティス　I 351[174],370[117], II 452[264], 466[357]
アデク　I 78, II 164
アテネ　I 171
アドナイ　II 230,445[223]
～・サバオト　I 384[209]
アドニス　I 350[174], II 149,367[3]
アドニ・ベゼク　II 367[3]
アートマン（「プルシャ」も見よ）I 150f., 163,263,419[211], II 293,343
アトン（エジプトの）II 372[28]

事項索引

1） 見出し語は原則としてそのままの形で当該ページに出てくるが，見出し語が当該ページの内容にかかわる場合も少数ある。

2） 小見出し語の～は，そこに大見出し語が入ることを意味する。「聖書」（新約）の項では小見出し語を代理する場合もある。

3） →は，「　」内の見出し語を見よ，を意味する。

4） I は第 I 巻を，II は第 II 巻を意味する。

5） 数字はページ数を意味する。右肩の数字は注番号を意味する。

6） ページ数のあとの f. は次ページにわたることを，ff. は次々頁にわたることを意味する。35-38のようにハイフンがある場合は，その間のすべてのページ数（ないしは注番号）にまたがることを意味する。

ア

愛，恋　I 60,70,125,129,131,210,217,334[48],344[131],348[161]，II 66,136,155,173,211,284,286,392[200],427[62],442[207]
　～の宗教（「神の愛」も見よ）　II 363
　～の魔法　→「魔法」
　～の女神　II 64,164
　色恋沙汰　II 56,164,244
アイオーン　I 47,176，II 36,192
アイティオプス（「エチオピア人」も見よ）　II 311
愛欲　II 69
青　→「色」
赤　→「色」
アカイア・パリス　II 174
赤い男　→「男」
アガ・エカパーダ　II 318
アガトダイモン（「デーモン」も見よ）　I 35f.,248,256,331[26]，II 406[299]
アカモト（八番目の圏としての）　II 186,405[291]
明るさと暗さ，明るきものと暗きもの　I 27,72,215,298,398[65],421[227]，II 213,257,312,344
悪　I 49,51,67ff.,134,159,199f.,202,213-220,234,249,284,288,323，II 55,126,234,375[53],379[88],428[69]
　善と～　→「善」
アクタイオン　I 201
アグディスティス　I 351[174]
悪魔　I 56,67f.,115,134,143f.,158f.,166,201,236,239f.,249,251,304,312,347[148],395[57],405[121]，II 47,55,64,102,112,124,127,168,234,273,276,311f.,323,362,435[148],451[262]
　～との契約　II 276,285
　神と～　→「神」
アコリ　II 11
朝〔東〕　II 170
足（「モノコルス」も見よ）　II 482[149],488[204]

訳者紹介

池田紘一（いけだ・こういち）

1940年生まれ。九州大学名誉教授。

専攻　ドイツ文学・ユング心理学。

訳書　フロイト『芸術論』（人文書院、共訳）、『フロイト書簡集』（人文書院、共訳）、M・ルルカー『聖書象徴事典』（人文書院）、ユング『心理学と錬金術』（人文書院、共訳）、ヤコービ『ユング心理学入門』（日本教文社、共訳）、「トーマス・マン」（学研世界文学全集、共訳）他。

結合《けつごう》の神秘《しんぴ》　II

二〇〇〇年五月三一日初版第一刷発行
二〇二〇年十月三〇日初版第三刷発行

著者　C・G・ユング
訳者　池田紘一
発行者　渡辺博史
発行所　人文書院
京都市伏見区竹田西内畑町九
電話・〇七五―六〇三―一三四四
振替・〇一〇〇〇―八―一一〇三
印刷　創栄図書印刷（株）
製本　坂井製本所

ISBN978-4-409-31026-7 C1311

http://www.jimbunshoin.co.jp/

人文書院の既刊本より

ユング・コレクション　結合の神秘（I・II）
C・G・ユング著　池田紘一訳
無数の錬金術文書の背後に動く錬金術師の魂の秘密、心的過程を探り、錬金術の心理学的全貌を明らかにした唯一の著作。
I 7000円　II 7000円

ユング・コレクション　診断学的連想研究
C・G・ユング著　高尾浩幸訳
従来の言語連想検査を一段と緻密なものにし、コンプレックスの定義を確立し、無意識、抑圧を実験的に証明。ユング出世の重要論文。
6300円

ユング・コレクション　子どもの夢（I・II）
C・G・ユング著　氏原寛監訳
豊かで複雑な夢の意味を、ダイナミックな方法で見出そうとするユング派の徹底討論。夢分析を行う人に送る決定版。
I 6800円　II 6800円

ユング・コレクション　夢分析（I・II）
C・G・ユング著　入江良平訳
臨場感に溢れ、ユングの夢分析の真髄に触れられる本。豊富な参考資料と示唆を駆使してある男性患者をどう治療したかを詳細に報告。
I 7000円　II 7500円

無意識の心理
C・G・ユング著　高橋義孝訳
ユング自身によるユング理論の解説ともいうべき本書は、最も興味深い問題である無意識を様々な例を引いて解き明かす。
2200円

自我と無意識の関係
C・G・ユング著　野田倬訳
内面のドラマともいうべき、無意識的な心の変遷過程をたどる。ユング思想の全体を浮かびあがらせる絶好の入門書。
2200円

黄金の華の秘密
C・G・ユング著　湯浅泰雄他訳
ヴィルヘルムの紹介によってユング思想に新たな展開をもたらした道教の瞑想の書。注と解説を充実し、一般的な理解を可能にした。
2800円

心理学と錬金術（I・II）
C・G・ユング著　池田紘一他訳
無意識の世界と錬金術の間にパラレルな関係を発見したことによって自らの思索を深めたユングの代表作である。
I 6800円　II 6800円

価格（税抜）は2020年10月現在のもの